Hilarion Petzold · Peter Schay · Wolfgang Ebert (Hrsg.)

Integrative Suchttherapie

Hilarion Petzold · Peter Schay
Wolfgang Ebert (Hrsg.)

Integrative Suchttherapie

Theorie, Methoden, Praxis, Forschung

2., überarbeitete Auflage

Bibliografische Information Der Deutschen Nationalbibliothek
Die Deutsche Nationalbibliothek verzeichnet diese Publikation in der
Deutschen Nationalbibliografie; detaillierte bibliografische Daten sind im Internet über
<http://dnb.d-nb.de> abrufbar.

1. Auflage 2004
2., überarbeitete Auflage Januar 2007

Lektorat: Stefanie Laux

Der VS Verlag für Sozialwissenschaften ist ein Unternehmen von Springer Science+Business Media.
www.vs-verlag.de

Umschlaggestaltung: KünkelLopka Medienentwicklung, Heidelberg
Druck und buchbinderische Verarbeitung: Krips b.v., Meppel
Gedruckt auf säurefreiem und chlorfrei gebleichtem Papier
Printed in the Netherlands

ISBN 978-3-531-15104-5

Inhalt

2. Integrative Konzepte für die Diagnose und Therapie Suchtkranker

3. Praxeologische Perspektiven und Praxisbeispiele Integrativer Suchttherapie

Hilarion G. Petzold, Peter Schay, Wolfgang Ebert

Vorwort

Mit dem Buch „Integrative Suchttherapie“ hat die Deutsche Gesellschaft für Integrative Therapie, Gestalttherapie und Kreativitätsförderung e.V. (DGIK) sich der Vielfältigkeit der erfahrungswissenschaftlichen Praxis des Arbeitsfeldes der Suchtkrankenhilfe zugewandt, in dem die Aspekte von Beratung, Psychotherapie, medizinischer Rehabilitation u.v.m von wesentlicher Bedeutung für den Betreuungs- und Behandlungserfolg sind. Die DGIK bewegt sich damit in der Tradition schulungsübergreifender Forschungsergebnisse wie sie auch in den richtungsweisenden Beiträgen von *Petzold*, *Grawe* u.a. zum Ausdruck kommt.

Dieses Werk führt in umfassender Weise in die psychotherapeutische und sozialtherapeutische Arbeit mit Suchtkranken ein. Seine Zielsetzung ist, Suchttherapeuten, Psychotherapeuten, Sozialartbeiter, Pädagogen, Ärtzte, Angehörige helfender Berufe, aber auch Patienten und Klienten sowie Eltern und Freunden und Bezugspersonen eine möglichst breite Information zu Themen der Diagnostik und Möglichkeiten der Therapie, sowie zu den Bedingungen und Kontexten süchtigen Verhaltens zu vermitteln.

Auch wenn die Autoren aus der Perspektive der „Integrativen Therapie“ schreiben – oder vielleicht gerade deshalb – haben die hier zusammengestellten Wissenstände und fachlichen Informationen eine übergreifende Bedeutung. In der Behandlung von Suchtkranken, von Alkoholikern, Drogenabhängigen, Polytoxikomanen, Spielsüchtigen ist eine „schulen- und richtungsübergreifende“ Ausrichtung der Weg, den es einzuschlagen gilt, ein Weg *differentieller* und *integrativer* Modelle, Konzepte und Methoden. Monomethodische Ansätze haben in diesem Feld wenig Aussicht auf therapeutische Erfolge, denn sie vermögen den Bedürfnissen der Patienten und Klienten und ihrer relevanten Lebensnetzwerke nicht gerecht zu werden. Wenn man Sucht, Drogenabhängigkeit und Alkoholismus, als eine Erkrankung des „*ganzen Menschen*“ in seiner körperlichen, seelischen, geistigen und sozialen bzw. sozioökologischen Realität sieht, wie es der *biopsychosoziale* „Integrative Ansatz“ stets vertreten hat, wird evident, daß therapeutische Maßnahmen sich mit den somatischen Realitäten einer vielfach geschädigten, „multimorbiden“ Leiblichkeit auseinandersetzen müssen – etwa durch Formen der

Sporttherapie, der Atem- und Bewegungstherapie. Bei den in der Regel vorliegenden schwerwiegenden Belastungen, die man in Biographien von Suchtkranken findet: traumatisierende Gewalt- und Mißbrauchserfahrungen, Entbehrungen und Defizite, zerbrochene Familien, soziale Entwurzelung – Einflüsse, die die seelische Entwicklung schwerwiegend beeinträchtigt haben, werden umfassende Maßnahmen suchtspezifischer Diagnostik (*Osten*, dieses Buch) und einer differentiellen Psychotherapie und Sozialtherapie erforderlich. Nur sie kann Entwicklungsdefiziten, Traumanachwirkungen, Beziehungsstörungen, Doppeldiagnosen (PTBS, BPS), somatischen Erkrankungen (Hepatitis C, HIV u.a.), komplexen Komorbiditäten usw., wie sie für diese Patienten oft kennzeichnend sind, gerecht werden (*Ebert, Könnecke-Ebert*; *Schneider; Ostermann,* dieses Buch).

Macht man sich überdies klar, daß Süchtige oft über Jahre in Lebenswelten sozialisiert worden sind, in denen kognitive und emotive Muster der Devianz, der Resignation, des Werteverlustes, der negativen Zukunftserwartungen dominierten, so daß bei vielen Patienten sich eine „negativistische Geisteshaltung" ausgebildet hat, dann müssen Wege gefunden wurden, durch die es zu einer „Neuorientierung" kommen kann, zu einer „neuen Sicht auf das Leben und die Welt" (*Orth, Petzold*, dieses Buch). Da Werte, Normen, Lebensauffassungen – deviante wie konstruktive – wesentlich in gruppalen Überzeugungen, kulturellen und subkulturellen Vorstellungswelten gründen (*Lammel*, dieses Buch), wird die Kenntnis solcher „kollektiver Kognitionen, Emotionen und Volitonen/Willensakte" wichtig und damit eine Zentrierung auf die Arbeit mit den sozialen Netzwerken – selbstverständlich in geschlechterdifferentieller Ausrichtung (*Vogel*, dieses Buch), um konkrete *Lebenslagen* zu beeinflussen und Wiedereingliederungsmaßnahmen erfolgreicher zu machen (*Schay, Pultke,* dieses Buch).

Das geht natürlich in der Regel nur über längere Zeiträume, und so wird im „Integrativen Ansatz" aufgrund seiner Ausrichtung an der „Entwicklungspsychologie der Lebensspanne" und der Longitudinalforschung dezidiert das Konzept einer „Karrierebegleitung" vertreten. Arbeit mit Suchtkranken sieht sich aufgrund der Komplexität der Lebensverläufe und -situationen, durch die verschiedenen Grade an Chronifizierung, die unterschiedliche Ressourcenlage der Patienten und Klienten, die von „gut" bis „desolat" rangiert, häufig in der Situation, sich mit längeren Karriereverläufen befassen zu müssen, *Risikofaktoren* zu mindern und *Schutzfaktoren* bereitzustellen,(*Petzold, Schay, Hentschel*, dieses Buch).

So verstandene therapeutische Arbeit ist immer von der gegebenen gesundheitspolitischen und sozialpolitischen Lage und von der gesellschaftlichen Gesamtsituation abhängig, und Zielsetzungen und Maßnahmen werden immer wieder zu kontextualisieren sein.

In den deutschsprachigen Ländern ist die Suchttherapie und besonders die Drogentherapie mit der „Integrativen Therapie" und ihren „erlebnisaktivierenden" und „soziotherapeutischen" Methoden eng verbunden. Und umgekehrt ist der „Integrative Ansatz" der Psycho- und Soziotherapie mit der

Suchttherapie eng verbunden, denn viele seiner Konzepte und Methoden wurden in der Behandlung von Suchkranken – Alkoholikern und Drogenabhängigen – entwickelt. Von *Hilarion Petzold* und seinen Mitarbeitern wurden Entwicklungen auf den Weg gebracht, die das gesamte „Feld" der Drogentherapie nachhaltig beeinflußt haben:

- 1967 Gründung der ersten Therapeutischen Wohngemeinschaft für Drogenabhängige im Europäischen Raum in Paris (vgl. *Vormann, Heckmann* 1980)
- 1971-1976 Initiierung zahlreicher Therapeutischer Gemeinschaften und Drogenberatungsstellen und Begleitung in ihrer Aufbauphase (vgl. *Petzold, Vormann* 1980),
- 1971-1973 Konzipierung, Beratung und Realisierung der ersten „Therapieketten" als Verbundsysteme (Hamburg, Hannover, Frankfurt, Nürnberg, München, vgl. *Petzold* 1974).
- 1972 erste deutschsprachige Ausbildung für Soziotherapie im „Integrativen Ansatz" (damals als Integration von Elementen aus Gestalttherapie/Psychodrama/Verhaltensmodifikation/kreative Medien/Bewegungstherapie), die vor allem Mitarbeiter für den Bereich der Arbeit mit Suchtkranken in einem vierjährigen Curriculum qualifizierte (ebenda), das später zu den ersten VDR-anerkannten Ausbildungen gehören sollte.
  Seit 1972 wurden mehr als 1500 Psycho- und Soziotherapeuten für den Suchtbereich ausgebildet, die an zahlreichen Einrichtungen in Deutschland, Österreich und der Schweiz in klinisch-stationären, hochschwelligen und niedrigschwelligen Bereichen zum Wohle von Patienten und Klienten mit den Methoden der Integrativen Therapie tätig sind. Aus dieser Arbeit in den frühen 70er Jahren entwickelten sich das „Fritz Perls Institut für Integrative Therapie" (FPI) und die „Europäische Akademie für Psychosoziale Gesundheit" (EAG) zu einer der bedeutendsten Weiterbildungsstätten im Feld der Suchtkrankentherapie.
- Seit 1972 Forschungsprojekte im Bereich der Sozialtherapie mit Suchtkranken.
- 1974 Durchführung einer der ersten Ausbildungen für Supervision in Deutschland, die zunächst einen Schwerpunkt im Suchtbereich hatte und heute in Kooperation mit den Universitäten in Amsterdam und Krems als Hochschulstudium durchgeführt wird (*Schreyögg* 1991, *Petzold* 1998).

All diese Aktivitäten und Initiativen in den vergangenen 35 Jahren müssen als Hintergrund für die Herausgabe dieses „Handbuches" gesehen werden. Es wurde hier ein Erfahrungsschatz gewonnen und ein Wissensfundus erarbeitet, dem im europäischen Raum wenig an die Seite zu stellen ist. In klinischen, rehabilitativen und sozialpädagogischen Einrichtungen, ambulanten Diensten, Beratungsstellen, Substitutionsprogrammen u.s.w. arbeiten Integrative Therapeuten im Feld der Suchtkrankenhilfe, so daß psychotherapeutische und soziotherapeutische ***Theorie, Praxis, Forschung***, ***Lehre/Ausbildung*** und ***Supervision*** stets verbunden sind. Aus diesem *Synergieeffekt* gehen beständig neue Erfahrungen hervor, die sich in zahlreichen Publikationen niedergeschlagen haben. Durch die Graduierungs- bzw. Diplomarbeiten, die Behandlungsjournale mit einer standardisierten Dokumentation eines therapeutischen Prozesses, die von den Ausbildungsabsolventen verfaßt werden, entsteht *akkumuliertes Wissen*, daß in den gesamten Bereich der Drogentherapie hineinwirkt und von den Helfern genutzt werden kann, die hier tätig sind – ganz gleich welcher Berufsgruppe sie angehören (Psychologen, Sozialarbeiter, Ärzte, Krankenschwestern, Pädagogen usw.) oder welcher therapeutischen Orientierung sie sich zugehörig fühlen. Eine umfangreiche Textsammlung von *Petzold, Thomas* (1995) zur „Integrativen Suchtherapie" hat schon einmal einen Überblick über verschiedene Einsatzmöglichkeiten und Aufgabenfelder gegeben. Das vorliegende Werk hat nun einen systematischeren Weg gewählt:

Es werden „Perspektiven Integrativer Suchttherapie" bzw. „Integrative Perspektiven auf das Feld der Suchtherapie" vorgestellt.

„Integrative Suchttherapie" behandelt in **Teil 1** „Kontext und Rahmenbedingungen der Suchttherapie aus einer integrativen Sicht", die soziologische, sozialpsychologische und feldstrukturelle Perspektiven verbindet. **Teil 2** bietet kompakte Übersichtsartikel zu „Integrativen Konzepten für die Diagnose und Therapie Suchtkranker". **Teil 3** stellt „Praxeologische Perspektiven" und konkrete, „dokumentierte Praxisbeispiele" in theoretisch reflektierten Behandlungsberichten von der Diagnosestellung über die Therapieplanung, den Therapieablauf bis zum Behandlungsabschluß sowie spezifische Vorgehensweisen in Behandlungen vor.

Wir hoffen, daß wir mit diesem Werk einen nützlichen Beitrag zum Felde der Suchttherapie und der Arbeit mit Abhängigkeitskranken leisten können, indem wir die Theoriekonzepte, die methodischen Innovationen, die konkrete therapeutische Praxis, Modelle und Forschungsergebnisse vorstellen, die auf dem Boden dreißigjähriger Erfahrung erarbeitet werden konnten. Eine Besonderheit dieses Werkes besteht überdies darin, daß alle Beiträge von Absolventen – einige sind inzwischen Lehrtherapeuten und Supervisoren – und Dozenten der „Europäischen Akademie für psychosoziale Gesundheit" geschrieben wurden. Fachleute, die in den verschiedenen Bereichen der Suchtkrankenarbeit engagierte Arbeit für unsere Patienten und Klienten und mit ihnen leisten, um die Chancen für ihre erfolgreiche Rehabilitation zu verbessern.

Hilarion G. Petzold, Peter Schay,
Wolfgang Ebert, Wolfgang Scheiblich
Deutsche Gesellschaft für Integrative Therapie,
Gestalttherapie und Kreativitätsförderung e.V. (DGIK)/
Europäische Akademie für Psychosoziale Gesundheit (EAG)

Hilarion G. Petzold und Peter Schay

Vorwort zur 2. Auflage

Die Deutsche Gesellschaft für Integrative Therapie, Gestalttherapie und Kreativitätsförderung e.V. (DGIK) und die Herausgeber, freuen sich, daß von ihrem Fachbuch „Integrative Suchttherapie" bereits nach kurzer Zeit eine zweite Auflage erscheint; zeigt das doch eine erfreuliche Annahme des Werkes im Felde der Suchtkrankenhilfe und der Drogentherapie.

Für die „Neuauflage" wurden einige Beiträge aktualisiert und zur Verbesserung der Übersichtlichkeit ein Gesamtliteraturverzeichnis erstellt.

Das vorliegende Buch und das Anfang 2006 erschienene Werk „Integrative Suchtarbeit" geben eine Gesamtdarstellung der „Integrativen Suchtkrankenhilfe und Drogentherapie", wie wir sie in den vergangenen 40 Jahren gemeinsam mit vielen Kolleginnen und Kollegen entwickelt haben. Damit konnte ein Reichtum an Erfahrungen in allen Bereichen dieses Feldes gewonnen werden, die nicht nur für den „Integrativen Ansatz" von Bedeutung sind, sondern von allen Mitarbeitern, die mit Abhängigkeitsstörungen arbeiten, genutzt werden können: Sozial- und Psychotherapeuten, Psychologen, Sozialarbeitern, Sozialpädagogen, Ärzten, Beratern u.a.. Die schulenübergreifende, integrative Orientierung, die den „Methodenmonismus in der Psychotherapie (*Caspar, Grawe* 1989; *Grawe* 2005a, b; *Petzold* 1975k, 1982) überwindet, ermöglicht dies. Diese neue Integrationsbewegung – sie wurde als das „neue Integrationsparadigma" benannt (*Petzold* 1992g) – überwindet durch ihre Fundierung in der empirischen Psychotherapieforschung (*Dobson, Craig* 1998; *Grawe* et al. 1994; *Petzold, Märtens* 1999) und in der neurobiologischen Grundlagenforschung (*Grawe* 2004; *Petzold, Wolf* et al. 2000; *Schiepeck* 2003) die engen Grenzen des Schulendenkens und eröffnet im Feld der Praxis eine innovative Methoden- und Strategieentwicklung (*Schay* 2006), die den professionellen Mitarbeitern, vor allem aber den Klienten und Patienten zu gute kommt. Der Integrative Ansatz mit seinem Ausbildungs- und Forschungszentrum, der „Europäischen Akademie für Psychosoziale Gesundheit und Kreativitätsförderung" in Hückeswagen, hat in Theorie und Praxis hier Pionierarbeit geleistet im engen Austausch mit anderen Innovationszentren wie mit *Klaus Grawe* (2005b, *Petzold* 2005q) und seiner Forschergruppe in Bern seit Anfang der achtziger Jahre oder mit dem Zentrum für psychosoziale Medizin an der Donau-Universität Krems (*Anton Leitner* 2004), wo ein Master of Science in „Integrativer Therapie“ erworben werden kann - das Verfahren ist seit 2005 in Österreich nach dem dortigen Psychotherapiegesetz anerkannt.

In all diesen Entwicklungen wurden die traditionellen Verfahren der Psychotherapie, die Gestalttherapie, die Psychoanalyse, die klassische Verhaltenstherapie überschritten, in Richtung einer „Allgemeinen Psychotherapie“, einer „Integrativen Psychotherapie (*Grawe* 1998; *Norcross, Goldfried* 1992; *Petzold* 1992a, 2001a; *Sponsel* 1995), die z.T. die Errungenschaften der herkömmlichen Grundorientierungen nutzen konnte, sie zum größeren Teil aber hinter sich lassen mußte (*Grawe* 2004).

Für die *Sozialtherapie* und *Psychotherapie* im Bereich der Suchtkrankenhilfe und -therapie wurde diese Entwicklungsarbeit bislang überwiegend von unserem Integrativen Ansatz geleistet - und zwar seit Anfang der 70er Jahre in schulenübergreifender, methodenintegrativer Ausrichtung (*Petzold* 1974b), wie die von uns herausgegebenen Fachbücher ausweisen. Eine solche Arbeit schlägt sich einerseits in der Rezeption und Entwicklung innovativer, forschungsgestützter Theorien und Methoden nieder – etwa aus der longitudinalen Entwicklungspsychologie des „life span developmental approach“ (*Petzold, Schay, Hentschel* dieses Buch) oder aus den Neurowissenschaften mit dem „dynamischen Regulationsmodell“ in der Spiegelneuronen-Nutzung in der nonverbalen Arbeit mit dem „informierten Leib“ (*Petzold, Orth, Sieper* „Integrative Suchtarbeit“; *Petzold* 2004h), weiterhin in der *salutogenetischen, ressourcenorientierten* Arbeit mit heilsamen Imaginationen und kreativen Medien (*Hüther* 2004; *Petzold, Orth* 2006; *Weyer, Menkoff* 2006), für die unsere Fachbücher vielfache Beispiele liefern. Andererseits zeigen sich die Entwicklungen in der Erarbeitung einer konsistenten Ausbildung und der Schulung eines Lehrkörpers, der diese Innovationen vermittelt, denn ohne kompetente Lehrtherapeuten ist eine hochwertige Qualifizierung von Sozial- und Psychotherapeuten in einem integrativen Modell der Behandlung von Suchtkranken nicht möglich. Die Neuauflage von „Integrative Suchttherapie“ und das soeben erschiene „Integrative Suchtarbeit“ machen überzeugend deutlich, daß es nicht genügt, eine gestalttherapeutische oder experientielle oder humanistisch-psychologische oder wie auch sonst geartete Ausbildung durchlaufen zu haben, um das neue integrativtherapeutische Wissen weiterzugeben, sondern daß hierfür sorgfältige Schulung und Supervision erforderlich sind, wie das bei jedem anderen Ansatz – etwa der Verhaltenstherapie oder tiefenpsychologischen Orientierung – gleichfalls selbstverständlich ist. Der VDR hat mit seinen begrüßenswerten Initiativen zur Qualitätssicherung in der Suchtkrankenarbeit deshalb entsprechende Anforderungen an die Lehrtherapeuten von Weiterbildungseinrichtungen gestellt, was ihre Ausbildung und Kompetenz im gelehrten Verfahren und was ihre Erfahrung in der Therapie Suchtkranker anbelangt.

Auch die Möglichkeit, die der VDR eingeräumt hat, eine verkürzte Ausbildung in der Sozialtherapie bei Vorliegen entsprechender, anrechenbarer

Vorausbildungen in unterschiedlichen Therapieverfahren an der „Europäischen Akademie für psychosoziale Gesundheit“ zu absolvieren, ist eine sinnvolle Maßnahme der Qualitätssicherung, die eigentlich nur mit einem methodenübergreifenden Ansatz gut zu realisieren ist, wie die empirischen Untersuchungen in der Ausbildungsforschung zu diesem Aufbau- bzw. Ergänzungscurriculum gezeigt haben (*Petzold, Rainals* et al. „Integrative Suchtarbeit“).

Die gute Resonanz auf die Erstausgabe von „Integrative Suchttherapie“ ist Ausdruck der Brauchbarkeit der Integrativen Konzepte und auch ein Zeichen dafür, daß der Weg moderner Methodenintegration eine Aufgabe der Zeit ist und das dieses Faktum auch erkannt wird.

Wir haben mit unseren Mitarbeitern – den in Integrativer Therapie spezifisch ausgebildeten Lehrtherapeuten – die Erfahrung gemacht, daß eine Verknüpfung bzw. Verschränkung von a) klinischer und sozialtherapeutischer Theoriearbeit und Wissens*kompetenz*, b) von differentieller, methodenpluraler Praxis*performanz*, c) von Forschung und evaluativer Qualitätssicherung, die beste Voraussetzung für ein inhaltlich hochwertiges und innovatives Verfahren mit einem effektiven Methodenspektrum ist. Das wiederum ist auch die Grundlage für eine effektive Ausbildung in einem solchen Ansatz, denn genau diese Elemente enthält die Ausbildung in Integrativer Sozialtherapie „Sucht“, die professionelle und persönliche Selbsterfahrung, differentielle Methodenvermittlung, Theoriearbeit und Evaluationsbemühungen verbunden hat, wie die Graduierungsarbeiten, Behandlungsjournale und Forschungsprojekte der Absolventen dieser Ausbildung, die einen großen Teil unserer beiden Fachbücher ausmachen, zeigen. Im Umkehrschluß kann man dann annehmen: wo solche Investitionen in ein Ausbildungsverfahren und die Behandlungsmethode nicht vorgenommen werden, kann das Ergebnis nicht überzeugend sein. Wir gehen deshalb von folgendem Prozeßmodell der Qualitätsentwicklung aus:

> Evaluationen von Therapie und Ausbildungspraxis führt → zu neuen wissenschaftlichen Ergebnissen → und zu → neuer Methodenentwicklung. → Ihr fortlaufender Transfer ins Praxisfeld → ermöglicht neue Erfahrungen und generiert neue Erkenntnisse. Deren → Auswertung und erneute Aufarbeitung in Theorie- und Methodenentwicklung → unter Beiziehung internationaler Forschung schafft wieder neue Ergebnisse in Theorie Praxis: eine „*Spirale des Erkenntnisgewinns*“ (*Petzold* 1991a).

Suchttherapie muß beständig solche Prozesse der Theorie- und Methodenentwicklung, d.h. der *Qualitätsentwicklung* betreiben, muß aus der Suchtforschung, Psychotherapieforschung, aus der Grundlagenforschung in Psychologie, Sozial-, Bio-, Neurowissenschaften fortlaufend auf einem aktuellen Stand gehalten werden. Nur dann kann ein Standard erreicht und gehalten werden, der den komplexen Fragestellungen der Behandlung von Suchtkranken heute in ultrakomplexen, globalisierten Gesellschaften gerecht werden kann und der anspruchsvollen Aufgabe der Ausbildung von qualifizierten Suchttherapeuten und -beratern zu entsprechen vermag. Im Integrativen Ansatz haben wir uns diesem Ziel verpflichtet, nicht zuletzt mit dem Blick auf das übergreifende Feld, denn schaut man auf das Faktum, wie wenig etwa in den traditionellen Therapieverfahren und auch von den humanistisch-psychologischen Methoden, etwa der Gestalttherapie, der wissenschaftlichen Gesprächstherapie oder auch den tiefenpsychologischen Schulen in den Bereich der Suchtkrankenarbeit investiert worden ist und wird, was Forschung, Theorien- und Methodenentwicklung anbelangt, so wird man um der Patienten willen motiviert, die eigenen Erkenntnisse, Erfahrungen und Forschungsergebnisse in kollegialer Weise den Mitarbeitern in der Suchtkrankenarbeit und Drogentherapie aus unterschiedlichsten beruflichen und therapeutischen Orientierungen zur Verfügung zu stellen. Denn uns ist bewußt: nur in gemeinsamen, übergreifenden Prozessen der Wissensgenerierung und Methodenentwicklung und mit einer forschungs- evaluationsfreundlichen Kultur, in einem Klima wohlwollender, „weiterführender Kritik" und mit einer Grundhaltung, die „für Patienten engagiert" ist (*Petzold* 2006p), wird man in diesem schwierigen Bereich psychosozialer Hilfeleistung und Therapie und in diesem Brennpunkt gesellschaftlicher und gesundheitspolitischer Aufgaben weiterkommen.

Univ.-Prof. Dr. mult. Hilarion G. Petzold und Peter Schay
Deutsche Gesellschaft für Integrative Therapie,
Gestalttherapie und Kreativitätsförderung e.V. (DGIK)/
Europäische Akademie für psychosoziale Gesundheit (EAG)

1. Kontext und Rahmenbedingungen der Suchttherapie – Perspektiven aus integrativer Sicht

Ute Antonia Lammel

Phänomenologie einer Jugendkultur der 90er Jahre und Anfragen an Soziale Arbeit in Praxis und Ausbildung

Nachwort im Mai 2006

Die Feldstudien, die dem folgenden Artikel zugrunde liegen, wurden im Jahre 2003 abgeschlossen (*Lammel* 1997-2003). Die beobachteten Dimensionen dieser Jugendkultur und deren hier dargelegten Deutungen haben im Verlaufe der letzten 3 Jahre ihr Gültigkeit nicht eingebüßt. Insbesondere die Erkenntnisse zur Dynamik des jugendlichen Nachtlebens sind nach wie vor aktuell, wenn gleich sich die Raving-society in ihren Schattierungen seit Ende der 1990 Jahre weiterentwickelt hat. 2006 können zu diesen Entwicklungen 4 Aspekte genannt werden: 1. Veranstaltungsorte und Partys gehören im Zuge der Kommerzialisierung dieser Jugendszene und im Gegensatz zur Situation Mitte der 1990er Jahre inzwischen selbstverständlich in die Veranstaltungskalender des städtischen Kulturlebens. 2. Insiderwissen ist nicht mehr erforderlich, um die Locations aufzufinden und Zugang zur Party zu erhalten. 3. Im Jahr 2004 fand die Love-Parade als öffentliches Medienereignis erstmals nicht mehr statt. Mit der Love-Parade in Berlin verschwand auch die dominante Medienpräsenz dieser Jugendkultur, was sich möglicherweise mit der geplanten diesjährigen Parade am 15. Juli 2006 wieder ändert. 4. Die Bedeutung der Raving-society scheint im Verhältnis zu anderen Jugendkulturen (z.B. Hipp-Hopp-Kultur) seit der Jahrtausendwende leicht abgeschwächt.

Getanzt wird nach wie vor in den Feierkulturen der nächtlichen Partywelten. Am 30.04.2006 feierten 20.000 junge Techno- und House- Fans den 15. Geburtstag der Mayday in der Dortmunder Westfalenhalle, 16 Stunden lang. Das Feiern ist intensiv, laut, schrill, bunt und zeitintensiv. Die Dominanz der Bässe provoziert noch immer die Hingabe an die Beats und die im Erfahrungsbericht beschriebenen ekstatischen Bewegungen und Emotionen. Die Suche nach Rausch und Ekstase findet für viele Partygänger und Partygängerinnen nach wie vor unter Zuhilfenahme von Partydrogen (Alkohol, Cannabis, Amphetamine, Ecstasy, Halluzinogene, Kokain …) statt. Auch wenn Jugend-, Musik- und Rauschkulturen Wandlungsprozessen unterworfen sind, so haben doch einige Aspekte des folgenden Textes für das Verständnis der jugendlichen Sehnsucht, der Suche nach außeralltäglicher Erfahrung in Parallelen Welten weiterhin Bedeutung. Als Anregung für die Entwicklung von Konzepten der Vorbeugung gegenüber Suchtgefahren im Jugendalter und der Frühintervention möchte ich Ihnen insbesondere die Überlegungen zum Sog der nächtlichen Welten, zur Identitätsentwicklung im Jugendalter und zur Dynamik der Regression empfehlen. Vor dem Hintergrund des fundamentalen gesellschaftlichen Wandels zu Beginn des 21. Jahrhunderts sind insbesondere die in der Beschäftigung mit der Raving-society aufgespürten Fähigkeiten und kreativen Potentiale der Jugendlichen für die Unterstützungs- und Entwicklungsarbeit mit der heranwachsenden Generation von Bedeutung. Diese Potentiale sollten als Zugangswege und Ansätze in Praxis und Ausbildung auch im Jahr 2006 Beachtung finden.

Szenario

24.00. Eingeschleust in die bizarre Romantik einer ‚abgefuckten', ausgedienten Produktionshalle. Dunkelheit. Hier und da Neonstreifen auf nackter Haut. Nur mit Mühe lassen sich buntgeschmückte Paradiesvögel im Dunkel erkennen. Vorsichtiges Ertasten der netzverhangenen Hallen. Nebelschwaden hüllen die Körper. Kühle und Leere verunsichert. Suche nach einer Wand, die hält. Die Körper säumen die Wände. Einsamkeit und Sehnsucht. Neugierde. Aufregung. Die monotonen Sounds der Mega-Boxen ergreifen das Atmen, das Herz. Herzschlag und Beats sind eins. Menschenmassen strömen. Die Masse beginnt zu tanzen. Sich Hingeben. Abtauchen in den Klängen der Unterwelt. Die Musik, die Körper. Abtauchen in ein Meer von Licht und Farben. Tropische Wärme. Stroboskoplicht verzerrt die Bewegungen. Phosphoreszierende Symbole, in die Welt geworfen, verzaubern. Aufgehoben, warm, Kommunikation der Leiber. Die Augen schaffen keine Strukturen. Hingebung an die allesumfassende Atmosphäre. Glücksverzückungen. Schreie. Jubel. Die Zeit löst sich auf in Ewigkeit. Nicht aufhören können. Keine Grenzen spüren. Hunger und Durst vergessen. Ganz alte Bilder paaren sich mit Futurvisionen. Tanzen ohne Ende.
Die Brutalität der Neonröhren in verdreckten Toiletten zerren jäh auf den Boden der Realität. Verzerrte, überschminkte Gesichter --- schnell vergessen in der Dunkelheit.
Keine Müdigkeit. Die Spannung bleibt. 5.00 Uhr morgens, Entspanntheit und Glücksgefühle übertönen im Morgengrauen das fast endzeitliche Nach-Party-Szenario.
Rauschmittelfreie Techno-Impressionen. Dezember '97.

Faszination und Grenzüberschreitung werden deutlich und erklären vielleicht die Gier nach mehr. Ca. 3,5 Mio. junger Technoanhänger tanzen Wochenende für Wochenende in Deutschland ihre Dauerparty. Die Totalität der abgeschotteten Party-Welten, wie im Eingangstext beschrieben, läßt innerhalb kürzester Zeit Rauschzustände entstehen.

Die Dynamik des „sich Fühlens an der Grenze" zwischen „Ich" und „Wir", als feste Konstante im Prozeß des Erwachsenwerdens, die Suche nach Grenzüberschreitung/**Grenzauflösung** in irgendwie rauschhaften Inszenierungen, auch im Konsum von Rauschmitteln, bilden Ausgangspunkt meiner Studien.

Am Beispiel der Raving-society werden Versuche der Jugend aufgespürt, gesellschaftlichen Wandel zu adaptieren. Diese Jugendkultur der 90er Jahre wird im Hinblick auf jugendliche Bewältigungsmuster und den Prozeß der Identitätsfindung in der Jugendphase und Adoleszenz beleuchtet. Die rauschmittelfreien Techno-Impressionen im Eingangstext deuten Rausch- und Ekstasequalitäten[1] größeren Ausmaßes an, die sich auch ohne die Einnahme von Rauschmitteln in dem inszenierten Setting erzeugen lassen und Auswirkungen auf Selbstbilder und Gruppenidentität haben. Das in den Medien präsentierte Bild „Rave = Drogenkonsum“ erscheint einseitig, blockiert einen ressourcen-orientierten Blick auf diese Jugendkultur und läßt der Entwicklung von zukunftsweisenden pädagogischen Konzepten keinen Raum. Es folgt nun der Versuch, Potentiale und Möglichkeiten der Szene zusammenzutragen, um daraus Anregungen für die Soziale Arbeit im 21. Jahrhundert zu entwickeln. Der aktuelle gesellschaftliche Kontext, Universalstrukturen des Phänomens, gruppenspezifische und psychodynamische Facetten werden in **Teil I** blitzlichtartig zusammengetragen und bilden die Grundlage für Anforderungen an Soziale Arbeit in Theorie und Ausbildung des **Teil II**.

1. Jugend in der Jahrtausendwende

Ausgangspunkt für die Betrachtung der Rave-Besucher, der Techno-Kids, bilden zunächst allgemeine Überlegungen zu Jugend in dieser Zeit der Jahrtausendwende. Die Betrachtung der demographischen Entwicklung[2] zeichnet das Bild einer krisenhaften Gesellschaft in der Zeit des soziokulturellen Wandels.

Soziokultureller Wandel

Auf die Nennung aller Aspekte dieses Wandels soll an dieser Stelle verzichtet werden. Im Zusammenhang mit der Raving-society sind insbesondere die Veränderungen im Bereich der familiären Strukturen und der Sozialisationsbedingungen für junge Menschen in Deutschland von Bedeutung. Die zunehmende Individualisierung (z.B. Zunahme der Single-Haushalte) und die fortschreitende Auflösung historisch gewachsener Bindungsstrukturen, insbesondere der Familien (hohe Scheidungsrate u. Zunahme der Einelternfamilien), bei gleichzeitiger Zunahme neuer, alternativer Lebensformen (z.B. zusammengesetzte Familien) führt insbesondere Kinder und Jugendliche in Orientierungslosigkeit. Es bleibt abzuwarten, ob die neuen Lebens- und Vergemeinschaftungsformen Sozialisationsfunktionen der traditionellen Familien übernehmen. Die zunehmende Bedeutung der Peer-group-education scheint das Vakuum vorübergehend zu füllen, ist vielleicht als eine Form der Selbsthilfe unter den Altersgleichen zu verstehen.

---

1 Ekstase: gr.-lt. Aus sich herausgetreten-Sein – (religiöse) Verzückung, rauschhafter Zustand, in dem der Mensch der Kontrolle des normalen Bewußtseins entzogen ist, Duden, Bd. 5, 1997

2 vgl. *Wieseler S.*, in Jahrbuch der Sozialen Arbeit 1999, *Ginzel U.* u.a. (Hrsg.), Frankfurt 1998, 75

Informationsgesellschaft

Die Individualisierung und Enttraditionalisierung im soziokulturellen Bereich vollzieht sich vor dem Hintergrund eines ökonomischen Strukturwandels.

Rasante Fortschritte der technologischen Entwicklung begründen den Wandel von der Industrie- zur Informations- und Mediengesellschaft[3].

Globalisierung und die Echtzeitdimension[4] der Nachrichtenübermittlung haben direkte Auswirkungen auf die menschliche Entwicklung generell und für das Thema Raving-society interessant, auch Auswirkungen auf Entwicklung von Jugendkulturen. Fragmentarisch werden einige Aspekte der Informations- und Mediengesellschaft gesammelt.

Virtuelle Welten

Computerbildschirme, Cyberspacerealitäten und digitale Kommunikation beherrschen mehr und mehr Arbeits- und Freizeitsituationen. Jugendliche und Heranwachsende kommunizieren bereits heute einerseits virtuos und spielerisch weltweit mit ihren Dialogpartnern, andererseits zeichnen sich ihre Lebenssituationen zunehmend durch einen Mangel an Sinnlichkeit aus. Künstlich geschaffene Identitäten in virtuellen Welten werden in Zukunft zunehmend das reale Handeln, den Gang von Ort zu Ort, das haptische Ertasten und Erfahren von Gegenständen, die reale zwischenmenschliche Kommunikation verdrängen.

Verlust der Körperlichkeit

On-line-Kommunikation ersetzt zunehmend face-to-face-Kontakte und Berührung durch Bildschirme und Papier. Der Übergang von der Industriewirtschaft zur Informations- und Medienwirtschaft bringt damit eine Reduktion des Menschen auf die geistigen Potentiale mit sich. Insbesondere in Arbeits- und Produktionsprozessen wird die Körperkraft kaum noch gebraucht. Die neuen Lebens-, Lern- und Arbeitsgestaltungen werden neue Möglichkeiten der Kommunikation eröffnen und gleichzeitig zu neuen „Behinderungen" führen.

Die Zunahme der Extremsportarten, das Dauertanzen auf dem Dancefloor läßt vermuten, daß körperliche Erfahrung und Grenzerfahrung im Freizeitbereich zurückerobert wird[5].

---

3 vgl. *Ruß A.*, in Jahrbuch der Sozialen Arbeit 1999, ebenda, 117

4 vgl. *Virilio P.*, 1996, 112

5 vgl. *Klein G.*, Body talk, in: *Artmaier H., Hitzler, R.* u.a., Techno zwischen Universalstruktur und Lokalkolorit, München 1997, 67-70

Echtzeit-Dimension.

Der technologische Fortschritt macht heute die Gleichzeitigkeit von Ereignissen weltweit möglich. Nachrichten werden unmittelbar in Echtzeit Übertragen. Diese Möglichkeit führt dazu, daß auch Moden und Stile überall auf der Welt gleichzeitig entstehen können und damit „Kontinent-Nischen" nicht mehr existieren. Sind in den 50er bis hin zu den 80er Jahren Jugendkulturen und -subkulturen meist zeitverzögert, z.B. von Amerika nach Europa gekommen, so geschieht die Entstehung heute fast gleichzeitig. Das bedeutet auch Verlust der kreativen Nischen, in denen Jugendkulturen ihre Ausdrucksformen zunächst unbeobachtet ausbreiten konnten, im Bereich von Underground-Musik, Tanzstilen, Moden. Die Echtzeitdimension wirkt sich beschleunigend auf Entwicklungen aus. Aus Underground entsteht heute schnell Mainstream weltweit. Bei gleichzeitiger Beachtung der aggressiven Politik der Medienmacher führt der technologische Fortschritt zur kommerziellen Ausbeutung der jugendlichen Subkulturen und in Folge zur Vermassung ursprünglich überschaubarer Gruppen/Sozialisationsmilieus. Die Jugendkulturen werden damit auch ihrer Integrationskraft in der Phase des Erwachsenwerdens beraubt. Jugendliche werden einem Aktualitäts-Druck unterworfen, immer wieder Neues kreieren zu müssen. Es bleibt kaum Zeit zu verweilen, sich zugehörig fühlen zu können. Druck zum up-to-date und Highspeed bestimmen das Bild und erzeugen Streß.

Bildungsanforderungen

Andere Streßfaktoren entstehen im Bildungsbereich. Die Globalisierung der Wirtschaft, ein anspruchsvoller technologischer Standart fordern in Zukunft qualifizierte Arbeitskräfte. Der gleichzeitige Mangel an Arbeits- und Ausbildungsplätzen und fehlende Zukunftsperspektiven setzt junge Menschen unter Leistungsdruck. Hoher Erwartungsdruck der Elterngeneration bezüglich eines qualifizierten Schulabschlusses bei gleichzeitigem Mangel an Unterstützungs- und Orientierungshilfen bilden Hauptstressoren in der Jugendphase[6].

Stressbewältigungsmuster

Dieser Streß muß bewältigt werden. Die Vorbildfunktion der stressbewältigungsmuster der Erwachsenenwelt ist an dieser Stelle von großer Bedeutung. Wir befinden uns zunehmend in einer Doping-Kultur. Medikamenten-Alkoholkonsum und Extemsportarten werden selbstverständlich von Erwachsenen, Eltern, Lehrern zur Leistungssteigerung und Entspannung eingesetzt.

(„Geschätzte Zahlen 1998: 2,5 Mio. Alkoholkranke, 1,5 Mio. Medikamentenabhängige, 250 000 Abhängige von „harten" Drogen, 5-6 Mio. Rau-

6 vgl. *Hurrelmann, K.*, 1997, 105-118

cherinnen u. 8-9 Mio. Raucher, seriöse Angaben über patholog. Glücksspiel und auch über Ausmaße von Eßstörungen liegen nicht vor.")[7]

Wie sich diese neue Welt auf die Identitätsbildung von Menschen auswirken wird, ist kaum absehbar, weil mit nichts Bisherigem vergleichbar. Dennoch sollten mögliche Auswirkungen antizipiert werden, um pädagogische, begleitende und therap. Konzepte an das neue Zeitalter anzupassen. Die Analyse jugendspezifischer Coping-strategien/Lebensbewältigungsstrategien[8] ist an den Anfang pädagogischer Unterstützungsleistung zu stellen.

Jugendspezifische Bewältigungsformen manifestieren sich neben Individualverhalten vor allem in Jugendkulturen und jugendlichen Subkulturen und sind am ehesten in den Lebenswelten – den social worlds[9] – der Jugendlichen zu verstehen. Im Sinne Petzolds bilden diese sozialen Lebenswelten als Sozialisationsinstanz eine" Matrix personaler Identität".

> „Jugendkulturen zeichnen sich durch eigene Kodifizierungen von Sprache, Gestik und vor allem Musik aus. Sie schaffen sich durch die ästhetische Überhöhung des Alltags eigene Symbolsysteme, die sich als Stil bezeichnen lassen und aus der einzelnen Jugendkultur eine Miniaturgesellschaft machen"[10].

Nach dieser Definition ist die Raving-society eine Jugendkultur, die in den 90er Jahren als die größte Jugendbewegung aller Zeiten bezeichnet wird. Zur Klärung der Frage von jugendlichen Coping-Strategien an der Schwelle zum 21. Jahrhundert erscheint diese Bewegung bedeutsam.

3. Parallele Erlebniswelten

Ich wähle die Raving-society/die Technobewegung als Beispiel, da diese Jugendkultur als Miniaturgesellschaft wie keine andere Ausdruck der „Modernen Welt", einer vielschichtigen Gesellschaft, einer schnellebigen Zeit, einer geschwindigkeitsorientierten Gesellschaft, einer weit verbreiteten Doping-Kultur, Konsum- und Vermarktungs-Kultur ist – also kurzum als Beispiel für den herrschenden Werte- und Normenkodex steht.

Die Techno-Kids sind an einer Überwindung bürgerlicher Werte und Normen nicht interessiert. Abgrenzung, wie wir sie beispielsweise aus der Jugendkultur der 60er und 70er Jahre in Erinnerung haben, ist nicht das Streben. *Corsten, Hofer, Kruse, Dumic* und *Herma* zeigen in der Auswertung von Interviews mit Berliner Szenegängern, daß es sich nicht um eine Subkultur handelt. Sie bezeichnen die Szene als Soziotop und konstatieren:

> „Dabei handelt es sich um ein Soziotop, der sich zwar von der Außenwelt unterscheidet, der aber eine Konsequenz bzw. ein Reflex der Außenwelt ist. Der Begriff Sub-

7 vgl. Jahrbuch Sucht, DHS, 1999
8 vgl. *Petzold, H.G.*, Integrative Therapie, Bd. II/2, 1993, S. 585/588/743
9 vgl. *Petzold, H.G.*, ebenda, 1993, 871
10 vgl. *Meueler, Ch.*, Pop und Bricolage, in: *SpoKK* (Hrsg.), 1997, 32-39

> kultur würde hier nicht passen, denn einerseits grenzt man sich aus , anderseits bezieht man gewisse typische Merkmale, die sehr zentral für die Außenwelt sind: Technikvorstellung und Wohlfahrt mit Massenkonsum als Basisinstitution"[11].

Im Unterschied zu subkulturellen Jugendgemeinschaften treten heute zunehmend Freizeitszenen, die wähl- und abwählbar sind[12] in Erscheinung, die nicht Abgrenzung im Sinn haben, sondern eher eine Parallele Welt zur Alltagswelt bilden. Das Party-Wochenende als Belohnung für den Alltag. Die Party als Auszeit für die Seele.

> „Parallelwelten sind geschlossene Sinn-Systeme aufeinander bezogener Inhalte und Werte. Sie treten in der Jugendkultur vor allem in drei Formen auf: – als Computer-Welten, – als Hingabe an einen Star, – als nächtlicher Partyrausch alles mit steigender Tendenz"[13].

Ich stimme mit *Mackenroth* überein, daß es sich bei der Technobewegung um eine der umfassendsten Parallelwelten handelt. Interessant erscheint die Totalität dieser Erlebniswelt.

4. Raving-Society.

Die Raving-society ist eine Musik- und Tanzkultur mit dem Ziel ekstatischer Selbstüberschreitung. Nicht selten findet das Ekstaseerleben mit Hilfe von Partydrogen seine Steigerung. Die Technobewegung entstand Ende der 80er und hat bis zum Ende der 90er Jahre eine starke Kommerzialisierung und damit auch „Vermassung" erfahren. War die Bewegung zunächst eine Clubkultur, so gibt es heute verschiedene Varianten von Clubveranstaltungen bis hin zu Mega-Raves mit mehr als 20.000 Menschen. Die Pioniere der Bewegung ziehen sich bereits aus den Massenveranstaltungen wieder in die Clubs zurück. Am 10. Juli 1999 tanzte eine Masse von 1,4 Mio. junger Technoanhänger in Berlin die Love Parade „music is the key".

Setting

Die Raves (Tanzpartys) finden in alten Bunkern, Produktions- und Lagerhallen statt und hauchen ausgedienten Hallen für eine begrenzte Zeit neues Leben ein. Spielt sich das Partyleben, für Szenefremde nicht zugänglich, hauptsächlich in nächtlicher Dunkelheit ab, so prägen die Open-Air-Paraden (z.B. Love Parade Berlin) das Bild der Szene in den Medien; ausgeflippt, schrill,

---

11 *Corsten, Hofer* u.a., Von der Unnatürlichkeit einer Szene, in: *Artmaier, H.* u.a. (Hrsg.), Techno zwischen Universalstruktur und Lokalkolorit, München 1997, 33-41

12 vgl. *Vollbrecht R.*, Kurssbuch Jugendkultur, 1997, 23

13 *Mackenroth, I., Waldschmidt, A.*, Lebenstil und Konsummuster – Ecstasy und neue Drogen, aus Partner, Jg. 30(1996), Drogentagung 1995

bunt, jung, schön. Die Party-people werden als erlebnishungrig und oberflächlich beschrieben.

Die Musik entsteht in der Regel live, der DJ/die DJane kreiert immer neue Variationen. Life Akts und Performance, aufwendige Dekorationen, Stroboskoplicht, Light-show, Eisnebel prägen die Gesamtinszenierung. Nächtelanges Dauertanzen in wandernden Locations bestimmen die Universalstruktur. Selbst- Inszenierung und Sampling sind stilbildende Elemente. Die rasante Geschwindigkeit der Beats (120-180 bpm), das Zusammentragen unterschiedlicher Musikelemente und Musiktraditionen gestalten die musikalischen Klangteppiche atmosphärischer Prägung. Es entsteht ein Musik-Mix der interkulturellen Vermischung, der mehrgenerationalen Stile und der verschiedenen Gattungen. Diese Musik wird erst durch den derzeitigen technologischen Standart, insbesondere der Computertechnologie, möglich. Niemals zuvor hat es derartige Mischzustände mit hohem Synergie-Effekt gegeben. In der Musik werden jenseits der Sprache neue Strukturen der Verständigung geschaffen (siehe „Potentiale, S. 13).

Inszenierung von Andersartigkeit

Die Raving-society ist ein Prototyp für den von *Baacke* formulierte „postmodernen Diskurs" der Jugend, mit dem Ausdruck „Ich-Zentrierung" und „Akzeptanz von Vielfältigkeit"[14].

Techno kann als Lebensstil auf den kleinsten gemeinsamen Nenner „We are different" gebracht werden[15].

Die Verschiedenartigkeit wird auf dem Dancefloor, in Form von Kleidung, Bodypainting, Piercing und ausdrucksstarkem Tanzen, bunt celebriert.

Posttraditionale Vergemeinschaftung

Als Form der posttraditionalen Vergemeinschaftung[16] bietet die Raving-society ihren Mitgliedern in der Zeit der Individualisierung relative Sicherheit und Orientierung und kann damit Funktionen traditioneller Milieus, beispielsweise der Ursprungsfamilie, übernehmen. Die Technoanhänger bezeichnen sich selbst in zahlreichen Interviews als Partyfamily, was als Zugehörigkeitsgefühl und Identifikation gewertet werden kann.

Diese Jugendkultur inszeniert sich als Gemeinschaft situativ, d.h. an immer neuen Orten finden die Raves statt. Aufwendige Dekoration und Performance, drücken den wandernden Locations den technospezifischen Stempel auf und werden für die Partytime zum Lebensmittelpunkt. Diese Form der Konstituierung von Gemeinschaft erscheint vor dem Hintergrund des raschen

---

14 vgl. *Vollbrecht, R.*, 1997, 26

15 vgl. *Pfadenhauer, M., Hitzler, R.*, in: *Artmaier, H.* u.a. (Hrsg.), a.a.O., München 1997, 9

16 vgl. *Hitzler, R., Pfadenhauer, M.*, Prototyp posttraditionaler Vergemeinschaftung, in: *Artmaier, H.* u.a. (Hrsg.), a.a.O., 1997, 12

gesellschaftlichen und ökonomischen Wandels zeitgemäß und erfordert von ihren Mitgliedern hohe Flexibilität und Gestaltungskompetenz, ein immer wieder „sich neu einlassen".

Weltgesellschaft

Die Raving-society zeichnet sich durch milieu- und berufs-unspezifische Zusammensetzung aus mit einem breiten Spektrum an sexuellen Spielarten. Sie könnte fast als Schmelztiegel eines kosmopolitischen, androgynen Menschentypen beschrieben werden. Unterschiedliche Hautfarben, Nationalitäten, Hetero-, Homo- und Transsexuelle, im Alter zwischen 17 und 35, manchmal auch darüber, bestimmen die Technosphäre. Szenebeobachtungen in Großstädten wie Berlin und München decken sich an dieser Stelle mit Beobachtungen, die wir im Rahmen eines Projektes in einer mittelgroßen Stadt machen konnten.

Die Szene reist sogar mit dem Flugzeug in andere Teile der Welt, zu den großen Events und inszeniert damit auch Weltbürgertum im großen Stil. Wenn auch nur ein kleiner Teil der Raver sich diesen Lebensstandart leisten kann, so wird allein durch die Zugehörigkeit zur Partyfamily ein kosmopolitischer Lebensstil vermittelt.

Sampling

Das Prinzip des Sampling prägt die Technokultur: Mode, Musik und vielleicht auch die Identitäten. Thomas Lau bezeichnet das Sampling als das Charakteristikum gegenwärtiger Jugendkulturen und findet das Prinzip der Gleichzeitigkeit insbesondere in der Techno-Kultur bei der graphischen Gestaltung der Flyer, Plakate, Plattencover[17]. Das kaleidoskopähnliche Zusammenwürfeln von Altem, bereits Bekanntem führt zu neuen, originellen Ausdruckformen in Musik, Graphik und Mode.

Das Prinzip des Sampling – des Neuzusammensetzens bestehender Ästhetiken und Kulturfragmente könnte auch als stilbildend für Kulturwandel derzeit generell bezeichnet werden, damit würde die Raving-society einen gesellschaftlichen Trend aufgreifen und vielleicht auch kreieren[18].

Musik & Tanz

> „Auf speziellen Musikveranstaltungen (Rave) produziert der technisch vermittelte Sound Unmittelbarkeit, so daß aus den biologischen Körpern Hörer/Musiker/Djs und dem akustischen Klangkörper der erzeugten Musik ein atmosphärischer „dritter Körper" als Ergebnis von ekstatisch gefühlter Musik entstehen kann"[19].

---

17 vgl. *Lau, Th.*, Mayday, in: ebenda, 1997, 30

18 vgl. *Scholder, Ch.*, Kulturexperten, in ebenda, 1997, 28

19 *Meueler, Ch.*, a.a.O., in SPoKK, 1997, 32

Meueler, DJ und Wissenschaftler, skizziert damit den im Anfangstext intrinsich beschriebenen Zustand als ein „In-Musik-Verschwinden“ und eine Auflösung von Zeit und Raum. Der DJ, vielerorts als Magier bezeichnet, hat die Macht, die Masse zum fliegen zu bringen oder sie abstürzen zu lassen. Die Djs sind die neuen Stars. Er/Sie bestimmt das Tempo der Grenzauflösung, der physischen Grenzüberschreitung. Die Musik selbst wird erst beim Tanzen gegenwärtig. Der Tanz, als kollektive Leiberfahrung[20], der tanzende Körper wird zum Subjekt der Kommunikation. Erst im Tanz entsteht die Gemeinschaft. Der Körper taucht ein in eine „Hyperrealität“ und die Tanzenden erleben lustvoll den Verlust der Ich-Kontrolle und gelangen damit zu physischer u. psychischer Grenzüberschreitung. Der Prozeß wird gelegentlich von Glücksschreien und Jubel der Tanzenden begleitet. Diese Form des ekstatischen Tanzens ähnelt in der Beschreibung einem Drogenrausch und auch archaischen Ritualen, meist religiöser Prägung.

Die sich durch Leiblichkeit und Zwischenleiblichkeit im Tanz ereignende Seins- Qualität führt uns in philosophische Dimensionen.

Ist der Mensch als „etre-au-monde“ (i.S. *Merleau-Ponty* 1974)[21] angewiesen auf leibhafte Ko-existenz, so kann das tänzerische Spiel der Raving-society als anknüpfen an vitale, archaische Quellen betrachtet werden, die in hohem Maße Sinnfindung bringen können. Es handelt sich um Prozesse tief greifender Verständigung.

> „Traum Leib – Corps Phantasmatique
> Der Körper ist der Ort der Träume und des Begehrens. ... Aus seinem phylogenetischen Grund, aus dem kollektiven Es tauchen Träume auf, Phantasien des Unbewußten, die einen Zugang in „die Tiefen des Leibes“ vermitteln und das Geheimnis zu seiner Transzendierung werden. Der phantasmatische Leib bringt in sich den guten und den bösen Traum , den Wunsch nach Unsterblichkeit, Unbesiegbarkeit, Schönheit, Vollkommenheit und das Wissen um Schwäche und Zerfall, die Phantasien der Einverleibung ..., die Erinnerung an die gute und die böse Brust ..., den Alptraum, den Paradiestraum, den Erlösungstraum ...“[22].

Rauschmittel

Die Gefühlsqualität des reinen Tanzens kann durch die Einnahme von Partydrogen gesteigert werden. Das Datenmaterial der *Tossmann*-Studie 1997 ergibt, daß 69 % des jugendlichen Techno-Publikums Erfahrungen mit Cannabisprodukten, 49 % mit Ecstasy, 44 % mit Amphetaminen, 37 % mit Halluzinogenen und 31 % mit Kokain hat[23]. *Helmut Ahrens* bezeichnet die Szene als

20 vgl. *Petzold, H.G.*, Leiblichkeit, 1986
21 vgl. *Petzold, H.G.*, a.a.O., 1986, 357
22 *Petzold, H.G.*, a.a.O., 1986, 359
23 vgl. *Tossmann, H., Heckmann, W.*, Bundeszentrale f. gesundheitliche Aufklärung, 1997

„veritable Drogenkultur“[24]. Der Konsum von Rauschmitteln ist somit weit verbreitet, Probierverhalten ist ebenso zu beobachten wie „harte“ Konsummuster, insbesondere in Form des Mischkonsums. Die Studie ergibt aber auch, daß ca. ein Viertel der Befragten gänzlich auf Rauschmittelkonsum verzichten u.a. weil Spaß am Tanzen, an der Musik, am Zusammensein mit Freunden im Vordergrund steht. Eine Verharmlosung des Drogenkonsums dieser Szene erscheint ebenso unzweckmäßig wie die Überbetonung, und damit die Ausblendung von Rausch- und Ekstasequalitäten jenseits des Drogenkonsums, durch Musik, Tanz und Setting.

5. Regression und Progression

Durch die Musikqualität, das ekstatische Tanzen und ggf. zusätzliche Drogeneinnahme vollzieht sich eine kollektive und individuelle Regression in strukturlose Räume, die je nach Intensität einem sehr frühen symbiotischen Entwicklungsstand des Menschen, etwa den ersten Lebensmonaten, qualitativ ähnlich werden kann.

> „Wenn die Realität in Gegenwart oder Zukunft als zu gefährlich, schmerzhaft, verwirrend oder aussichtslos erscheint, kann eine Bewältigungsmöglichkeit darin bestehen, den Realitätsbezug zu lockern. Wir können in solchen Situationen auf Phasen unserer Entwicklung regredieren, in denen unsere Abstimmung mit unseren Mitmenschen noch von einfacher Struktur war. Dies geschieht nicht als bewußte Entscheidung; es geschieht spontan“[25].

Regression kann heilsame Funktionen, im Sinne einer „Erholung des Ich“ haben. Kommt es jedoch zu einer dauerhaften Fixierung auf diesen Zustand, so nimmt die Regression maligne Formen an, die die Persönlichkeitsstruktur beeinflussen. Dieser Prozeß steht in enger Verbindung mit Psychopathologie und Suchterkrankung.

Jeder Rauschzustand, verursacht durch die Einnahme von Drogen, lokkert den Realitätsbezug, erweitert die Ich-Grenzen und führt mehr oder weniger in regressive Zustände.

Entscheidend für Verlauf und Qualität der Regression ist die Grundsituation der Person, die sich in regressive Zustände begibt, ebenso wie das Setting und die Beziehungssituation während der Regression. Nichtkohärente Persönlichkeiten und auch Personen, die sich in Krisenzeiten befinden (z.B. Pubertät und Adoleszenz) sind wahrscheinlich anfälliger für maligne Regression, da in der Krise das Selbstwertgefühl erschüttert und der Realitätsbezug ohnehin verändert ist.

---

24 vgl. *Ahrens, H.*, Be Aware, Frontpage, http://www. techno.de/frontpage/95-05/harens. html

25 *Rahm, D.* u. a., 1993, 306

In jedem Fall werden mehrere Faktoren über Verlauf, Qualität und die Folgen regelmäßiger regressiver Zustände entscheiden.

Da sich Techno-Anhänger regelmäßig, jedes Wochenende oder sogar häufiger, in regressive Settings, den Tanzrausch oder auch Tanz- und Drogenrausch begeben, verdient dieser Aspekt besondere Beachtung.

Petzold verdeutlicht mit seiner „multifatoriellen Genese“[26] von psychotischen und anderen schweren Erkrankungen die Komplexität der Wirkfaktoren.

Er stellt 7 ungünstige Faktoren zusammen, die zur akuten psychotischen Dekompensation oder anderen schweren Erkrankungen, hierzu sind auch die verschiedenen Suchtformen zu zählen, führen können.

1. genetische und somatische Einflüsse und Dispositionen (Verletzlichkeit, prä- und perinatale Schäden)
2. Entwicklungsschädigungen in den ersten Lebensjahren (Störungen/Traumata/Defizite/Konflikte)
3. Milieufaktoren – psychosoziale Einflüsse (u.a. Fehlen protektiver Faktoren und Supportsysteme, schwache soziale Netzwerke, problematische Kommunikationsstile in den Herkunftsfamilien)
4. Internale Negativkonzepte (Negative Bewertungen, Selbstkonzepte, Lebensstile, Zukunftserwartungen)
5. Negativkarriere im Lebensverlauf: gescheiterte Adoleszenz, Berufssitutation, Partnerschaft, Familie, erworbene Muster des Scheiterns
6. Auslösende Aktualfaktoren (unspezifischer Aktualstreß, zeitextendierte Belastung: Entwicklungskrisen, Knick in der Lebenslinie, kritische Lebensereignisse, Ressourcenverlust)
7. Diverse Einflüsse, ungeklärte Faktoren: delegierte Gefühle, Drogen, social inheritance.

Das ungünstige Zusammentreffen verschiedener Faktoren prägt die „verletzliche, sensible, unklar strukturierte Persönlichkeit mit brüchigem Selbst, schwachem Ich und diffuser Identität im supportarmen Kontext/Kontinuum“, die für schwere Erkrankungen anfällig ist[27].

Die multifaktorielle Betrachtung problematischer Entwicklungsverläufe, wie auch die multifaktorielle Genese der Sucht[28], überwindet die einseitige Fokussierung und ist daher besonders geeignet komplexe Phänomene zu beleuchten und differenzierte professionelle Unterstützungsangebote zu entwikkeln. Neben Aspekten der Persönlichkeit werden hier Milieufaktoren, Aspekte des sozialen Netzwerks und auch Entwicklungskrisen eingeblendet.

---

26 *Petzold, H.G.*, a.a.O., 1993, Bd. II/2, 566
27 vgl. *Petzold, H.G.*, a.a.O., Bd. II/2, 566
28 vgl. *Knapp*, Vorbeugung gegenüber Suchtgefahren, 1991, 61

Pubertät und Adoleszenz sind zumindest als kritische Entwicklungsphasen, vielleicht auch als Krisen zu bezeichnen, in denen Milieu- und Netzwerkfaktoren eine besondere Rolle spielen[29].

Kasten (1999) weist in dem Zusammenhang auf eine Untersuchung von *Fend* (1990) hin, die eine Korrelation zwischen Ich-Stärke, Qualität der Beziehung zur Herkunftsfamilie und Einfluß der Peers in dieser Altersphase herstellt.

> „Gefunden wurde, daß für Jugendliche, deren „Ich-Stärke" zwischen dem 12. Und 16. Lj. auf hohem Niveau stabil bleibt, die Eltern wichtige Bezugspersonen sind. Jugendliche, deren „Ich-Stärke" konstant niedrig bleibt, bevorzugen schon vom 13. Lj. an – bei gleichzeitiger Distanzierung von den Eltern – gleichaltrige Bezugspersonen. Heranwachsende deren „Ich-Stärke" im Verlauf der Adoleszenz abnimmt, sind am stärksten bezogen auf (auch andersgeschlechtliche) Freunde und grenzen sich am deutlichsten von den Eltern ab"[30].

In der Zeit des Heranwachsens/Adoleszenz wird das Ausbleiben supportiver Netzwerke und das Fehlen protektiver Faktoren in den Herkunftsfamilien das Entstehen von Negativkarrieren, Dekompensation und Drogenabhängigkeit zumindest begünstigen.

Diesem Ansatz folgend werden Rausch, Ekstase und Regression nicht zwangsläufig zu Pathologie führen.

Es ist anzunehmen, daß die Regression im Tanz, zunächst lustbringende und erholsame Funktionen übernimmt, je nach biographischer Prägung, Persönlichkeitsstruktur des jungen Menschen und seiner grundlegenden Lebenssituation sich jedoch problematischere Dimensionen entwickeln können.

In der kollektiven Regression des ekstatischen Tanzes ist somit das Risiko ebenso enthalten wie ein Wachstumspotential (s. Ausführungen zum Traum-Leib). Das Verschmelzen und Abtauchen in Musik und Tanz bringt Entspannung. Streß und Zukunftsangst weichen einem tiefen ozeanischen Gefühl von Verbundenheit der Leiber. Dieser Prozeß, als archaische kollektive Leiberfahrung, als ein Zurückgehen in einen frühkindlichen Zustand der Geborgenheit, kann so wie in der Symbiose/Konfluenz zwischen Mutter und Kind, die auch grenzenlos und überflutend, total erlebt wird, eine Atmosphäre des Vertrauens herstellen, ähnlich dem Urvertrauen und damit vielleicht auch nährend wirken. Zahlreiche Interviews mit Ravern beschreiben diese Gefühlsqualität[31].

Voraussetzung für eine derartige positive/benigne Regression des Ich im Dienste der Gesamtpersönlichkeit[32] ist allerdings eine zwischenmenschliche Beziehung. Verliert sich der/die Einzelne in der Anonymität der Masse, können regressive Zustände ins psychische Chaos führen, in undifferenzierte Gefühlswelten, die die Entstehung von Suchtstrukturen und anderen Erkrankun-

---

29 vgl. *Kasten, H.*, Pubertät und Adoleszenz, München 1999

30 *Kasten, H.*, ebenda, München 1999, 133

31 vgl. *Walder, Anz*, Techno, 1995

32 vgl. *Petzold, H.G.*, a.a.O., Bd. II/2, 1993, 864

gen begünstigen können, sofern es keine korrigierende oder kompensatorische Momente gibt. Es bleibt die Frage, ob die Partypeople sich in „reale" zwischenmenschliche Beziehungen begeben, in denen die ekstatischen Erfahrungen kommuniziert und ausgetauscht, verarbeitet und integriert werden. Jenseits des kollektiven atmosphärischen Erlebens müßte eine Verarbeitung in der Beziehung von der Atmosphäre hin zur Sprache stattfinden. Ein Teil der Raving-society wird diesen Wachstumsschritt vollziehen, in dem sie sich soziale Netzwerke schaffen, die auch jenseits des Party-Wochenendes eine Verarbeitung und Integration der „Rausch- und Ekstaseerfahrungen" ermöglichen. Diese Art der Reflexion in einer sozialen Gruppe könnte Stärkung der Ich-Struktur und Affektdifferenzierung[33] zur Folge haben, die immer auch Sucht- und Krankheitsprävention leistet.

Andere, die aufgrund ungünstiger Sozialisationsbedingungen, defizitärer Persönlichkeitsstrukturen, Perspektivlosigkeit, ungünstiger sozialer Bedingungen bereits eine *Vulnerabilität bzw.* Suchtdisposition[34] aufweisen, werden im nächtlichen Totalrausch versumpfen. Sofern Ich-Kompetenzen und Affektdifferenzierung nicht ausreichend ausgeprägt sind, müßte die Gemeinschaft Halt und Sicherheit geben, die Situation der Grenzaufweichung zu bewältigen. Ein ausgeprägtes Zugehörigkeitsgefühl würde im Hinblick auf kollektive Grenzauflösung und Verlust der Ich- Kontrolle ein wesentlicher Stabilisierungsfaktor (Hilfs-Ichs) sein können. Eine überschaubare Gruppe, wie in den Anfängen der Technokultur, würde diese Aufgabe im Sinne eines **tragfähigen Supportsystems** eher bewältigen können, als die unüberschaubare, anonyme Masse.

6. Identität

Ein ausführlicher Diskurs zur Frage der Identität wäre an dieser Stelle zu weit greifend und komplex[35] [36].

Im Bewußtsein der Problematik des Begriffes „Identität" beziehe ich mich im Folgenden auf Ausführungen von *Petzold.*

> „Der Begriff der Identität wird in seiner Doppelgesichtigkeit, seiner Verschränkung von Innen und Außen, von Privatem und Gesellschaftlichem, von Rollenzuschreibung und Rollenverkörperung gesehen. Identität (...) wird gewonnen , in dem Ich mich im Zeitkontinuum durch leibhaftiges Wahrnehmen und Handeln in Szenen als der identifiziere, der ich bin (...), und in dem mich die Menschen meines relevanten Umfeldes in unseren gemeinsamen Szenen und Stücken als den identifizieren, als den sie mich

33 vgl. *Lürsen, E.*, Das Suchtproblem in neuerer psychoanalytischer Sicht, in Psychologie des 20. Jahrh., München 1976

34 vgl. *Lürsen, E.*, ebenda, München 1976, 838/867

35 vgl. *Keup, H.* (Hrsg.), Der Mensch als soziales Wesen, München 1995, 273

36 vgl. *Frey, H.-P., Hauser, K.*, Identität, Stuttgart 1987, 4

> sehen (...), und ich dies wahrnehme, kognitiv bewerte (...) und verinnerliche (...). Identität konstituiert sich also im Ineinander von Leib und Szene in der Zeit“[37].

Der Einzelne findet sich selbst in Kommunikation mit anderen, der Einzelne findet sich in der Gruppenidentität. Identitätsentwicklung ist auch und insbesondere in der Zeit der Adoleszenz ein komplexer Korrespondenzprozeß. Verunsicherung und Erschütterung des Selbstwertgefühls, die Suche nach Rollen- und Geschlechtsrollenidentität prägen diese Entwicklungsperiode[38]. *Baacke* konstatiert im Rückgriff auf *Erikson*

> „Identität entsteht vielmehr im Wechselspiel zwischen Psychologischem und Sozialem, Entwicklungsmäßigem und Historischem“[39].

Die Partypeople kommunizieren als Tanzleiber in dunklen, nächtlichen Szenarien und eher zeitlosen Räumen. Das stundenlange (manchmal tagelange) Verweilen, was als „abschalten“, „abfliegen“ oder „wegbeamen“ bezeichnet wird, wird in der Frage von Identifikation und Identifizierung völlig neue Dimensionen entstehen lassen.

Variable Identitäten, die sich insbesondere an mediale Bilder anlehnen (z.B. Figuren aus Raumschiff Enterprise, Starwars, Kinderfilmen) sind das Muß einer aufregenden Party und gefordert. Diese Mode wird nicht ohne Folgen für Identitätsarbeit der Einzelnen bleiben.

Gabriele Klein beschreibt die Selbstmedialisierung und das Spiel der Körper wie folgt:

> „Alle sind Schauspieler und nähern sich mimetisch den jeweiligen Rollen an. Indem dieses Spiel sich wechselseitig vollzieht und in einem kommunikativen Prozeß erfahrbar wird, verbleibt es nicht auf der Ebene eines flüchtigen Erlebnisses. Gerade die Flexibilität im Umgang mit wechselnden Rollen und Identitätsvorgaben wird zu einer sich habituell festschreibenden Erfahrung“[40].

Im Hinblick auf die Identitätsbildung sind die Gruppenidentität (Selbstzuschreibungen und Fremdzuschreibungen) der Techno-society, die sich im ekstatischen Tanz ereignende kollektive und individuelle Regression und der ko-kreative Prozess zwischen DJ/Djane und Tänzern bedeutend. Bisher liegen zu diesen Interdependenzen noch keine wissenschaftlichen Erkenntnisse vor. M.E. ist hier ein lohnenswerter Gegenstand qualitativer Forschung auszumachen. Diese Frage wird mich in meinen Forschungsaktivitäten weiter begleiten (s. Teil II).

Gabriele Klein trägt, als ehemalige Tänzerin und Soziologin, in ihrem erst 1999 vorgelegten Werk zentrale Dimensionen zur Bedeutung von Tanz und Körperlichkeit in der Club- und Rave-Szene zusammen.

Über gesellschaftliche und kulturtheoretische Dimensionen hinaus führt ihr Ansatz nicht weiter in tiefenpsychologische Dimensionen. Die Frage der

---

37 *Petzold, H.G.*, a.a.O., Bd. II/2, 1993, 906-907
38 vgl. *Kasten, H.*, a.a.O., München 1999
39 *Baacke, D.*, a.a.O., 1994, 184
40 *Klein, G.*, electronic vibration, Hamburg 1999, 194

Identität wird allenfalls kollektiv gestellt, führt daher eher in abstrakte Regionen.

In Ermangelung tief greifender Erkenntnisse zur psychodynamischen Situation kann an dieser Stelle lediglich festgestellt werden, daß individuelle Identitätsprozesse heute nicht ein für alle mal mit dem Ende von Pubertät und Adoleszenz abgeschlossen sind. Adoleszenz, die Spätadoleszenz und der Übergang zum Erwachsenenalter lassen sich kaum noch altersmäßig bestimmen. Alles erscheint fließend, im Wandel. Wir sprechen von der Zeit der „Biographiebastler“, die „ihre Identitäten eher als Projekte entwerfen, die realisiert oder wieder – zugunsten von Alternativprojekten – verworfen werden.[41] Ähnlich dem technospezifischen Sampling in der Musik, der Mode werden in der Spätmoderne „Patschworkidentitäten“ kreiert, für die nicht selten mediale Bilder Pate stehen. Die temporalen Identitätsprojekte erscheinen irgendwie plausible, als Antwort auf den raschen gesellschaftlichen Wandel, die Veränderung fester Bindungsstrukturen, die Medialisierung der Alltagswelten, die multioptionale Gesellschaft. Mit diesem Prozeß verläuft wahrscheinlich immer auch eine Identitätsdiffusion (*Erikson*), die bedrohliche Ausmaße **annehmen kann**.

> „... denn Entwicklung ist kontextbezogen und interaktional und führt zur Ausbildung einer Identität als relativ stabiler, aber dennoch plastischer und sich wandelnder Basisstruktur der Persönlichkeit. Die Identitätsarbeit beginnt mit den ersten Konstitutionsmomenten einer Biographie im zweiten Lebensjahr und stellt eine der wichtigsten Aufgaben der Adoleszenz, des Erwachsenenalters und des Alters dar. Identitätsarbeit ist nicht ungefährdet. ... Sie führt durch Krisen, protektive und kritische Lebensereignisse“[42].

Die Techno-Szene scheint unbewußt der zerstörerischen Variante, der pathologischen Identitätsdiffusion vorzubeugen, indem sie entwicklungspsychologisch frühe Mechanismen institutionalisiert. Kollektive Regression (zur Erholung von den komplexen Realitätsansprüchen) und Selbstinszenierung übernehmen zentrale Funktionen.

> „Unter einer narrativen Struktur von Identitätsprojekten sind also jene Gesichtspunkte zu verstehen, die die Menschen erzählen, um sich einerseits selbst ihrer Identität zu versichern und das eigene Identitätsprojekt andererseits anhand der Reaktionen ihrer Umwelt, bzw. in der konkreten Erzählsituation: ihre Mitwelt auf Akzeptanz oder Revisionsbedürftigkeit hin zu überprüfen“[43].

So läßt sich vielleicht die Bühnensituation des Rave, der großen Events als eine Chance der Selbstinszenierung und Selbstdarstellung mit dem Ziel des „Sich Selbstversicherns“ der unsicheren, wenig fest gefügten Identitäten erklären. Sich immer wieder neu inszenieren, sich erkennen und versichern im Spiegel des (signifikanten) Anderen (*Mead*) kann als Überlebensstrategie der Psyche gedeutet werden.

---

41 vgl. *Scholder, Ch.*, Kulturexperten, in: *Artmaier, H.* u.a. (Hrsg.), 1997, 28

42 *Petzold, H.G.*, a.a.O. 1993, 449-450

43 *Scholder, Ch.*, a.a.O., München 1997, 29

Die Szene inszeniert eine Bühnensituation in relativer Dunkelheit und Sprachlosigkeit. Die Bewertungsmechanismen der Erwachsenenwelt – strukturierte Bilder und Sprache – sind ausgeschaltet und ermöglichen ein angstfreies Experimentieren. Immer wieder neue Rollenmodelle können spielerisch ausprobiert werden. Selbst die sexuelle Orientierung und Annäherung findet in einem geschützten Rahmen auf der Flirtebene statt. Erotik statt Sex läßt eine liebevolle, zärtliche Atmosphäre entstehen, in der auch homosexuelle Liebe Toleranz findet und eine neue, angstfreie Annäherung der Geschlechter – auch der Gleichgeschlechtlichen – möglich wird. Die Entwicklung der Geschlechtsrollenidentität als eine zentrale Entwicklungsaufgabe der Jugendzeit[44], kann auf diese Weise angstfrei und spielerisch experimentiert werden. Die Szene wirkt weichgespült und verspielt.

Kritisch betrachtet kann gedeutet werden, daß unsichere Identitäten und diffuse sexuelle Identitäten dabei herauskommen werden. Die analytische Interpretation findet Vermeidungsstrategien und Abspaltungsphänomene; Aggressionen und Differenzerfahrungen werden im Gefühl von „love, peace and unity“ weggetanzt. Die ewig spielerische Erotik nährt die Illusion von „libidinöser Befriedigung ohne Angst, Enttäuschung und Konflikt“[45].

Dieser Deutung konsequent folgend müßte der Alltag nach der Party automatisch eine Konfrontation mit Differenz und Aggression bringen und das mühevoll erstellte Weltbild zu zerstören drohen, was sich vielleicht nur durch eine Dosissteigerung der Droge „Party“ verhindern läßt. Die Lockerung des Realitätsbezugs durch ekstatisches Tanzen und ggf. Drogeneinnahme während der Party läßt in der Konfrontation mit der Alltagswelt zumindest eine heftige Katerstimmung entstehen. Diese Dynamik muß nicht generell beunruhigen. Ganze Generationen von Jugendlichen haben derart exzessive Lebensphasen überwiegend unbeschadet überlebt. Das Treiben der Techno-Szene, wie das zahlreicher Jugendkulturen zuvor, läßt ohne Zweifel im oben beschriebenen Sinne Suchtstrukturen erkennen und dennoch möchte ich, den Konzepten der Integrativen Therapie (hier: Salutogenese) verbunden und einem ressourcenorientierten sozialarbeiterischen Ansatz folgend, die Aufmerksamkeit auf die Potentiale der Szene lenken.

> „Gesundheit und Krankheit sind zwei Dimensionen menschlicher Existenz. ... Gesundheit wird an den Entwicklungsprozeß zurückgebunden, an ein Konzept der Salutogenese (...), daß die einseitige Zentrierung auf die Pathogenese in Psychoanalyse, in Psychotherapie und klinischer Psychologie, ergänzen ja korrigieren muß.“

---

44 vgl. *Hurrelmann, K.*, Lebensphase Jugend, Weinheim/München 1997, 47

45 vgl. *Kitlitschko, S.*, Let me be your fantasy!, in: *Artmaier, H.* u.a. (Hrsg.), 1997, 45

7. Potentiale

Der potentialorientierte Blick erkennt, daß Jugend in dieser krisenhaften Zeit, die von unüberwindlich scheinenden Differenzen zwischen den Kulturen, ethnologischen und religiösen Zugehörigkeiten und politischen Interessen national und international geprägt ist, nach Integration sucht. Am Anfang steht somit Differenzerfahrung und Agressionserfahrung in den Alltagswelten und die Jugend entwickelt in den Parallelwelten in einem ko-kreativem Prozeß homologe Strukturen, die Differenzen überwinden können.

Offensichtlich gelingt der Raving-society die Schaffung einer Harmonie, die ein interkulturelles und buntes, aggressionsloses Miteinander ermöglicht. Die atmosphärische, sprachlose Musik ist Bindemittel (Motto der Love Parade am 10.07.99, Berlin, „music is the key"), sie schafft auf der Leibebene eine Kommunikation jenseits der verschiedenen Sprachcodes, und könnte als eine erste Kunstsprache, zur internationalen Verständigung, bezeichnet werden. Aus der Globalität erwächst die Suche nach völlig neuen Strukturen. Jugend sucht nicht danach, wie ältere Generationen vielleicht noch, die Globalität zu überwinden, sondern sie zu leben und zu gestalten.

Clermont/Goebel kommen in ihrer Analyse der Generation der 18- bis 35-Jährigen, der s.g. Lebensästheten oder Generation X (*Douglas Coupland*, 1992) zu einer ähnlichen Einschätzung in Bezug auf Arbeitsmarkt und Arbeitsgestaltungen.

> „Während Politiker und Gewerkschaftler in einer endlosen Litanei immer noch die Schaffung von Arbeitsplätzen und das Ankurbeln der Wirtschaft fordern, haben sich die Lebensästheten längst auf den Weg gemacht. Dieser Weg ist nicht gradlinig, er gleicht eher einem verschlungenen Pfad durch die Unübersichtlichkeit des postindustriellen Zeitalters. Ihre Einstellung ist weder resignativ noch rebellisch- sie sind Optimisten mit einem zynischen Lächeln auf den Lippen"[46].

Dieser Exkurs sei erlaubt, da die so beschriebenen Lebensästheten und die Techno-Kids in großen Teilen identisch sind.

Der ressourcenorientierte Blick findet, daß die schnellen Beats der Musik zudem spielerisch den Umgang mit Geschwindigkeit- als ein Merkmal unserer gesellschaftlichen Situation – einüben. Von Ravern werden sogar tiefe Entspannungszustände während des Tanzens trotz der rasanten Geschwindigkeit der Musik beschrieben.

Die neuen technologischen Möglichkeiten – der Informations- und Mediengesellschaft – werden kreativ genutzt und erprobt. Die Szene bindet ihre Mitglieder in szenerelevante Professionen ein und bringt in einer beschäftigungslosen Zeit neue Jobs hervor; Musiker, Produzenten, Flyermacher, Manager, Performancespezialisten, Stylisten u.s.w.. Derartige berufliche Perspektiven gehen auch über die weit verbreitete McJob-Orientierung dieser Generation hinaus und zeigen unternehmerische Perspektiven. Eine positive

46 *Goebel, J., Clermont, Ch.*, Die Tugend der Orientierungslosigkeit, Berlin 1998, 162

Auslegung dieser Entwicklung hält den sicherheitsfixierten, auf lineare Biographie- und Ausbildungsverläufe gerichteten Blicken der älteren Generation wohl kaum stand. Da die etablierten Lebens- und Arbeitskonzepte der Wirtschaftswunderjahre in der postindustriellen Gesellschaft nicht mehr brauchbar erscheinen, lohnt sich vielleicht ein interessierter Blick auf die jungen Kreativen dieser Szene[47].

Die Raving-society kreiert die Möglichkeit zur Entwicklung von Rollenflexibilität und eine Chance zur Neuformierung des Geschlechterverhältnisses. Zu erkennen ist ein Sozialisationsmilieu, in dem Toleranz und Verbundenheit eingeübt werden kann, eine multikulturelle und kosmopolitische Gesellschaft erprobt wird. Während die Erwachsenenwelt sich mit Zeitfragmentierung und Spezialisierung abmüht, überläßt sich diese Jugendkultur einem kreativen Prozeß: Miteinander für eine begrenzte Zeit eine Geschichte (Event/Party) erfinden, sich einlassen auf andere und gemeinsam immer wieder ein neues Ende, der neuen Geschichten zu kreieren. Prozessuales Leben kontra Fragmentierung. Jede Party unterscheidet sich in ihrem Verlauf von den anderen, weil die Musik und der Tanz und die Location in einem Korrespondenzprozeß zwischen Schaffenden und Tanzenden je neu kreiert wird. Ist in der Postmoderne die Identitätsbildung als lebenslanger Lernprozeß zu verstehen, so bietet die Raving-society ein Erprobungsmilieu mit identitätsstiftendem Charakter.

Vielleicht könnte auch eine Art Haltefunktion diagnostiziert werden, die die wenig fest gefügten Identitäten im Dschungel der individualisierten, multioptionalen Gesellschaft nicht verloren gehen läßt. Ist die Technoszene mit ihrem Kulturprinzip des Sampling damit nicht auch ein Probelauf für die Bildung der Patchwork-Identität, also Bewältigungs- und Kreationsmilieu des „postmodernen" Menschen? Die zunehmende Bedeutung der „Peer-group-education" gegenüber anderen Sozialisationsinstanzen sollte im Prozeß der Identitätssuche/Identitätsarbeit (Petzold) Beachtung finden. Es bleibt zu fragen, ob Jugendkulturen, die einen großen Sozialisationsbeitrag erbringen, nicht eine Art „pädagogischen Geleits" auf ihrem Weg erhalten sollten (Nischenschutz statt kommerzieller Ausbeutung). Geleitschutz im Zutrauen auf die von der Jugend selbst geschaffenen Bewältigungsformen/Copingstrategien.

8. Auf den Spuren kreativen Schaffens

Soziale Arbeit sollte auf die Bedürfnisse der Raver, User eingehen, die Sehnsucht nach Verschmelzungs- und Bindungsritualen, das Bedürfnis nach Auszeit ernst nehmen. Ist nicht aus alten schamanischen Ritualen die Integrationskraft von festen Gemeinschaftssettings zur Strukturierung der Regression

47 vgl. *Goebel, J., Clermont, Ch.*, a.a.O., 1998

zu lernen, die Raum zum Austausch gemachter Rauscherfahrungen bieten? Eine repressive Drogenpolitik, die Außenseiter schafft, die jugendliche Experimentierer kriminalisiert (Förderung „Internaler Negativkonzepte"/*Petzold* – Multifaktorielle Genese, 12), kreiert Drogenprobleme und die Entwicklung von manifesten Suchtkarrieren.

Harmreduction (Risikominimierung), in Form von Aufklärung über Partydrogen und Information über Safer-Use-Regeln sind notwendige Maßnahmen. Die Reduktion von Drogenarbeit auf Harmreduction jedoch verstellt den Blick auf Integrationsangebote. Die Harmreduction akzeptiert den Drogenkonsum zwar, fördert jedoch die Beschränkung pädagogischer Arbeit in Richtung Aufklärung und Risikominimierung.

Ein tieferliegender psychodynamischer Prozeß bei der Entstehung von Psychopathologien, Suchtstrukturen und Suchtkarrieren, wie in Zusammenhang mit der Identitätsentwicklung und Regression angedeutet, wird wohl kaum durch Aufklärung zu stoppen sein. Gemeint ist die tieferliegende Sehnsucht nach Zugehörigkeit, Geborgenheit, Selbstgewißheit und Grenzerfahrung zwischen „Ich", „Wir" und dem „Universum". Wenn die Aufklärung das Primärziel „In Kontakt bleiben" kontra Isolation und Rückzug (in die Totalität der Technosphäre) verfolgt, könnten die Präventionsansätze viel versprechend sein. Ob jedoch die Qualität des Kontaktangebotes – am Infostand auf der Party – brauchbar ist, erscheint bisher zweifelhaft. Greift das Kontaktangebot nicht die Ebene der hinter dem Erlebnis- und Rauschhunger steckenden Bedürfnisse auf, kann das pädagogische Angebot keine Alternative zum Drogenkonsum bieten.

8. Visionen

Neben Harmreduction sind Integrationsangebote zu entwickeln, im Sinne einer sinnlichen, spirituellen, meditativen Jugendarbeit, die die Semantik der Jugend-/Club-Szenen aufgreift, unterstützt und weiterentwickelt. Gute Vorbilder sind m.E. die Aktivitäten von „Chill-out e.V." (Aachen) „Eve & Rave" (Berlin/Münster). Raver machen Angebote für Raver. Neben Safer-Use-Aufklärung unterstützen sie kreative Aktivitäten, die aus der Techno-Szene kommen[48].

Die Einrichtung von ansprechenden Chill-out-rooms/Entspannungsräumen nach dem erschöpfenden Tanzen, könnte eine pädagogische Aufgabe sein. Die Recherchen meines Lernprojektes an der KFH NW für Sozialwesen, Abt. Aachen, ergaben im Jan./April 1998, Jan./April 1999[49] und Jan./April 2001, daß die Chill-out-zonen so gut wie nicht existieren oder auf-

48 vgl. *Domes, R.*, Eve and Rave, in Büro für Suchtprävention (Hrsg.), 1995, 39

49 vgl. *Lammel, U.A.*, Techno und Rave – Jugendkultur und Suchtprävention, in Forum KFH 1999

grund schlechter Ausstattung ihren Zweck verfehlen. Schöne Ruheräume könnten eine Integrationshilfe, von den ekstatischen, atmosphärischen Erfahrungen hin zum sprachlichen Austausch mit anderen, sein. Meine Visionen gehen jenseits szenespezifischer Angebote hin zu gemeinschaftlich erlebtem ekstatischem Tanz, natürlich müßten lebensweltnahe Tanzstile genutzt werden (Streetdance/HipHop/Techno usw.). Statt langweiliger Jugendtreffs mit Tischtennisplatten und Discokeller, die mehr dem Gustus der alternden Pädagogen entsprechen, müßten Tanzwerkstätten mit entsprechendem Flair geschaffen werden, mit Lehrern, die den „Kids" etwas zu sagen haben (Zarte Versuche sind in der pädagogischen Landschaft vereinzelt zu bemerken). Angezielt ist der Austausch über die Ekstase-Erfahrungen beim stundenlangen Tanzen, in Schreib- und Poesie-Werkstätten, beim Sprayen, Malen, Songschreiben, Sampeln ... Ausdrucksformen, die an der Lebenswelt anknüpfen. Kreative, körperbezogene Arbeit, die die Gesamtpersönlichkeit erfassen kann, sinnliche Erfahrung ermöglicht und Integrationsräume, auch Sprach-Räume für diese Erfahrungen schafft, sollten in Zukunft im Zentrum stehen.

Nischenschutz statt kommerzieller Ausbeutung

Erlebnis und Integrationsräume jenseits kommerzieller Ausbeutung zu schaffen und Nischenschutz zu betreiben, um einer kommerziellen Ausbeutung der kreativen Impulse der Szene vorzubeugen, darin könnten große pädagogische und sozialarbeiterische Aufgaben liegen. Das setzt voraus, daß Pädagogen an die identitätsfördernde Kraft der kreativen, szenespezifischen Ausdrucksformen glauben und im Gelderverteilungskampf nicht selbst zum Ausbeuter kreativer Impulse der Szene werden, in dem Projekte unter das Dach sozialer Institutionen gezerrt werden.

Sozialarbeit als Kulturethnologie

Zukunft braucht nach diesem Ansatz Sozialarbeiter/Pädagogen, die ein ethnologisches Interesse an Jugendkulturen haben, dieses unmittelbar in Konzeptentwicklungen einbeziehen, die den Kontakt mit den Jugendszenen nicht scheuen, Streetwork nicht ausschließlich zum Schwellenabbau oder zur Aufklärung über die Risiken des Lebens benutzen.

Erkenntnisse über jugendliche Erlebniswelten, die eng mit dem rasanten soziokulturellen und technologischen Wandel verknüpft sind, lassen sich in der Stille üblicher Arbeitswelten, in Hochschulen, Beratungsstellen, Sozialämtern nicht finden. Teilnehmende Beobachtung ist eine gute Möglichkeit, Lebenswelten qualitativ zu erfassen – lange Wege zwischen wissenschaftlicher Lebenswelterkundung und Konzeptentwicklung können wir uns im Zeitalter des „Highspeed" nicht mehr leisten. Jugendkulturelle Stile und Milieus werden sich in der globalen, vernetzten Welt mit Echtzeit-Dimensionen nicht lange halten. Erkenntnisse müssen somit unmittelbar in einen konzeptionellen Prozeß einfließen, das begründet auch, daß Sozialarbeit die wissenschaftliche Erkundung der Lebenswelten nicht der Soziologie überlassen kann. Allenfalls sind interdisziplinäre Teams vorstellbar. Aufsuchende Sozialarbeit und teilnehmende Beobachtung sind meiner Ansicht nach Zukunftsmethoden des 21. Jahrhunderts.

Generationenkonflikt

Bleibt zu fragen, ob Pädagogen, Sozialarbeiter, Wissenschaftler der 60er-, 70er Jahre Generationen, mit einer „alternativen zurück zur Natur Mentalität" die sich permanent wandelnden, im Fall der „Raving-society" oder der „Computer Kids" eher synthetischen Erlebniswelten noch empathieren und antizipieren können.

Trend-Scouts

Wahrscheinlich braucht es „jugendliche Bindeglieder". Genau an dieser Stelle sollten die Ressourcen der Hochschulen genutzt werden. Studenten als „jugendliche Bindeglieder" haben in der Regel Kontakt zu den beschriebenen Erlebniswelten. Die zunehmende Bedeutung der Peergruppensozialisation erfordert den Kontakt zu den Peers, im Bereich pädagogischer Arbeit. Studenten könnten einerseits den Prozeß der Versprachlichung, von der Atmosphäre zur Sprache, in der Gruppe der Altersgleichen in Gang bringen. Andererseits würden sie eine Art Fremdsprachenkorrespondenz zwischen den Generationen übernehmen.

Der intergenerationale Diskurs ist weitgehend abgebrochen. Eine von Überalterung bedrohte Gesellschaft sollte Zukunftsinvestitionen tätigen und sich für ihre Jugend interessieren. Kürzungen im Jugendhilfebereich lassen Gegenteiliges vermuten.

Ko-Kreativität

Ein potentialorientierter Ansatz interessiert sich für Kreativität, läßt sich ein in einen ko-kreativen[50] Prozeß, hat Spaß an Impulsen und unterstützt die jugendspezifischen Ausdrucksformen, die doch immer die Adaption von Welt anzielen. Das Prinzip des „lebenslangen Lernens" gilt somit auch/und insbesondere für die Arbeit mit den heranwachsenden Aktivisten „Paralleler Welten".

Aufgabe der Hochschulen für Sozialwesen wird es sein, heranwachsende Professionelle auf diese Arbeit vorzubereiten. Das „Heranwachsenden Dasein" wird sicher Parallelen zwischen Heranwachsenden in unserer Gesellschaft generell und jungen Studierenden in den unterschiedlichen Lebensbereichen aufweisen; in der Frage von Identitätsentwicklung, Freizeitgestal-

---

50 vgl. *Petzold, H.G.*, a.a.O. Bd. II/1, 1993, 143

tung, Lebensplanung u.a.m.. Diese Besonderheiten gilt es, im Lehr- und Lernprozeß zu berücksichtigen und fruchtbar werden zu lassen.

Teil II: Die Ko-respondenzgemeinschaft Hochschule

In Teil II folgt nun der Versuch, Lehre und Forschung an Hochschulen für Soziale Arbeit dahingehend zu konzipieren, daß im Lehr- und Lernprozeß psycho-soziale Phänomene/Lebenswelten erforscht und Studierende befähigt werden, die in Teil I beschriebenen Aufgaben zu übernehmen. Verschränkung von Datensammlung, Nutzung der vorhandenen Wissensbestände, tief greifender Erkenntnis und die Entwicklung von Handlungskompetenz ist dabei angezielt.

Ein kurzer Exkurs zu Studienzielen und Aufgaben Sozialer Arbeit soll den Kontext von Lehr- und Lernprozessen an der Hochschule skizzieren.

1. Studiengang Sozialarbeit/Sozialpädagogik

1.1. Studienziele

Die Studienordnung der Katholischen Fachhochschule NW[51] bietet den Rahmen für die Gestaltung des Lernprojektes „180 bpm – Jugendkultur und Suchtprävention“, durchgeführt im WS/SS 97/98 und WS/SS 98/99 und soll daher kurz skizziert werden.

> „Im Studium sollen die Studierenden wissenschaftliche Grundlagen und fachbezogene Fertigkeiten in Sozialer Arbeit oder Heilpädagogik erlernen.
> Handlungskompetenz erfordert Sachkompetenz, Selbstkompetenz, Sozialkompetenz.
>
> **Sachkompetenz** umfaßt die Befähigung zum Verstehen und Anwenden
> - fachlicher Grundlagen
> - berufsspezifischer Grundlagen
> - berufspraktischer Grundlagen.
>
> **Selbstkompetenz** umfaßt
> - die Befähigung zum Selbstreflexion und zu kontrolliertem Einsatz der eigenen Person
> - die Befähigung zur adäquaten Nutzung theoretischer Erkenntnisse zur Lösung praktischer Probleme
> - die Befähigung zur realistischen Einschätzung von Situationen, zum Erkennen der Möglichkeiten und Notwendigkeiten von Veränderungen und Innovationen

51 Kath. Fachhochschule NW, Rahmenstudienordnung – Diplomprüfungsordnung, 1997

sowie zur Einordnung beruflicher Erfahrungen in gesellschaftliche Zusammenhänge
- die Befähigung zur Darstellung des beruflichen Handelns gegenüber Adressaten, Mitarbeitern, Institutionen und Öffentlichkeit.

Sozialkompetenz umfaßt
- die Befähigung zur Aufnahme und Gestaltung kreativer Kräfte von Einzelnen, – Gruppen und Gemeinwesen
- die Anerkennung und Verwirklichung berufsethischer Normen wie Solidarität mit und Vertretung von Schwächeren und benachteiligten Gliedern der Gesellschaft oder Bereitschaft für die Verbesserung menschlicher Lebensbedingungen einzutreten
- die Befähigung, aktiv die als notwendig erkannten Veränderungen und Innovationen zu bewirken"[52].

Die Studierenden sollen im Studium Kompetenzen entwickeln, die sie befähigen, Menschen in ihrem ökologischen und sozialen Umfeld wahrzunehmen, die psycho-soziale Situation von Einzelnen im Kontext gesellschaftlicher Realität zu erfassen, gesellschaftliche und individuelle Problemlagen zu erkennen. Sozialarbeiterische Interventionen gründen derzeit auf ökosozialen und systemtheoretischen Ansätzen[53] [54] [55] und rücken mehr als beispielsweise in den 80er Jahren (Therapeutisierung der Sozialen Arbeit!) die sozialpolitische Dimension in den Vordergrund. Soziale Gruppenarbeit, Gemeinwesenarbeit und Netzwerkarbeit gewinnen, ähnlich den Anfängen der Sozialarbeit, neben der Einzelhilfe zunehmend an Bedeutung. Die Komplexität der kollektiven gesellschaftlichen Problemlagen macht komplexes Wahrnehmen und Erfassen, Kontextbezug und systemorientierte Interventionen erforderlich.

Sozialarbeit wird in Praxis auf der Mikro-, Mezzo- und Makro-Ebene geleistet. Das Studium ist daher auf die Ausbildung komplexer Kompetenzen angelegt und generalistisch orientiert. Neben einer grundlegenden Einführung in die Bezugswissenschaften (Psychologie, Soziologie, Philosophie, Politologie) sind Exploration, Lebenswelterkundung (z.B. in Form von Lernprojekten im 1./2. Sem.) und psycho-soziale Diagnostik an den Anfang des Studiums gestellt. Sie bilden die Basis der interventionszentrierten Ausbildung im Hauptstudium.

52 Kath. Fachhochschule NW, ebenda, 8-9
53 vgl. *Germain, C.B., Gitterman, A.*, Das Life Model der Sozialen Arbeit, Stuttgart 1999
54 vgl. *Wendt, W.R.*, Ökosozial denken und handeln, Freiburg 1990
55 vgl. *Staub-Bernasconi, S.*, Systemtheorie, soziale Probleme und Soziale Arbeit, 1995

1.2 Aufgaben Sozialer Arbeit

Hauptaufgaben der Sozialen Arbeit [56]

Ergründung psycho-sozialer Phänomene und Probleme

Entwicklung und Umsetzung von Konzepten, Unterstützungs- und Entwicklungsansätzen

Die Phänomenologie der Raving-society und Analyse der soziodemographischen Entwicklung unserer Gesellschaft zeigt, daß Sozialwissenschaft und Soziale Arbeit eine unmittelbare Verknüpfung zwischen wissenschaftlicher Lebenswelterkundung und Konzeptentwicklung verfolgen muß.

Qualitative und quantitative Forschungsmethoden sind daher Bestandteil der Ausbildung im Fach Soziale Arbeit (Sozialarbeit/Sozialpädagogik) und kommen während des Studiums exemplarisch in Lernprojekten zur Anwendung[57].

2. Von den Phänomenen zu den Strukturen zu den Entwürfen

2.1. Forschendes Lernen und hermeneutisches Verstehen

Zur Erforschung komplexer Lebenswelten eignet sich eine qualitative Forschungsmethode: die **teilnehmende Beobachtung**[58]. Forscher und Forscherinnen begeben sich nach dieser Methode in die jeweilige Lebenswelt hinein, versuchen einen emotionalen Zugang zu den Milieus zu finden und die gewonnenen Erkenntnisse in Texten niederzuschreiben.

> „Sozialwissenschaftliche Hermeneutik gründet in ähnlichen Verschränkungen, denn sie geht nicht nur „von außen“ an situative Gegebenheiten heran, und sie ermöglicht die erwähnte Überschreitung , weil sie Instrumente hat, sich mit Gedanken und Phantasien auseinander zu setzen. (...) Praktisch wird dies erreicht über die Möglichkeiten „leiblichen Erlebens, „atmosphärischen Erfassens“, „szenischen Verstehens“, „prospektiven Entwerfens“ und „kokreativen Phantasierens“[59].

Der Lernprozeß der jungen Forscher vollzieht sich – dem tiefenhermeneutischen Grundsatz der Integrativen Therapie und Agogik folgend – von den

---

56 *Lammel, U.A.*, Vortrag November 1998, KFH NW Abt. Aachen

57 Kath. Fachhochschule NW, a.a.O., 1997

58 vgl. *Friedrichs, J.*, Methoden empirischer Sozialforschung, Hamburg 1973, 288-308

59 *Petzold, H.G.*, a.a.O., 1998, 152

Phänomen, zu den dahinterliegenden Strukturen, zu den Entwürfen/Konzepten Sozialer Arbeit und dies in einem spiralförmigen Erkenntnisprozeß über **wahrnehmen, erfassen, verstehen, erklären**.[60] Die „koexistive Einbindung des Leibes in die Lebenswelt" Techno, durch aktives Tanzen, ermöglicht „synästhetische Wahrnehmung, mehrperspektivisches Erfassen und synoptischen Erkenntnisgewinn". Neben einem Wissenszuwachs bezüglich der beforschten Lebenswelt kann auf diesem Wege die Ausbildung eines stabilen Selbstgefühls und einer prägnanten Identität und professionellen Identität der Forscher selbst gefördert werden[61].

Die Doppelrolle der Forscher, die sich durch aktive Teilhabe an der Lebenswelt und gleichzeitige wissenschaftliche Distanzierung ergibt, kann auch zu Konflikten führen. Reflexion und Supervision[62] im überschaubaren Gruppensetting sind daher zwingend notwendig.

Durch diesen Forschungsansatz wird ein sehr komplexer Korrespondenzprozeß angeregt, der über die Verständigung in der Seminargruppe auch zu einem Verstehen komplexer Lebenswelten führt. In sinnvoller Weise werden so zwei Anliegen verknüpft:

- es ereignet sich ein tiefgründiger Lernprozeß und interessantes Material über Lebenswelten der Klienten der SA wird zusammengetragen.
- und das Ringen um Verstehen der Phänomene und Erkenntnis in der Seminargruppe fördert das Wachstum der Studenten und Studentinnen auf allen Ebenen der in der Studienordnung beschriebenen Kompetenzen, personal, sozial und sachbezogen.

Kognitives, affektives, soziales und ökologisches[63] Lernen kann durch derartige Korrespondenzprozesse und den Einsatz kreativer Medien im Lehr- und Lernprozeß auf den Weg gebracht werden.

Die sinnvolle Verschränkung von Theorie und Praxis stellt Petzold in seinem „Theorie-Praxis-Zyklus"[64] anschaulich dar. *Petzold* dazu:

> „Praxis setzt Theorie frei, Theorie wirkt verändernd in die Praxis, Praxis wirkt verändernd auf die Theorie. Die Dialektik des „Theorie-Praxis-Zyklus" beginnt mit einer Differenzierungsphase (1) , in der Komplexität geschaffen wird, in der die „Lage der Dinge" in der Ausgangssituation untersucht wird, von allen Beteiligten Daten auf der Sach- und Affektebene gesammelt werden, die Probleme identifiziert und formuliert, Dissens oder Divergenz zum Ausdruck gebracht werden. Der „mehrperspektivische Blick" und der korrespondierende Austausch lassen die Situation vielschichtig und die „Lage der Dinge" differenziert erscheinen. Scheinbar feste vorgegebene Strukturen verflüssigen sich (unfreezing). Die Komplexität wächst, bis daß die Notwendigkeit ordnender Maßnahmen unumgänglich wird."

---

60 vgl. *Petzold, H.G.*, a.a.O. Bd. II/1 u. 3, 1993, 432 u. 1305
61 vgl. *Petzold, H.G.*, a.a.O. Bd. II/1, 1993, 134
62 *Friedrichs, J.*, a.a.O., 1973, 289
63 vgl. *Petzold, H.G.*, a.a.O. Bd. II/1, 1993, 53
64 *Petzold, H.G.*, ebenda, 1993, 625-628

Ähnlich wie in therapeutischen Prozessen werden verschiedene Phasen durchlaufen. Der Verflüssigung fester Annahmen und vorgegebener Wissensbestände über die beforschten Lebenswelten kommt eine zentrale Bedeutung zu. Über den Einsatz kreativer Methoden kann eine Sensibilisierung und Öffnung für die Phänomene der jeweiligen Lebenswelt erreicht werden. Die Studierenden müssen in solchen Prozessen sorgsam begleitet werden.

2.2 Vom Verstehen zu den Konzepten Sozialer Arbeit

Das forschende Lernen, der mehrperspektivische Blick, die generalistische Ausrichtung der Sozialarbeit, eine gewisse Zwitterstellung zwischen verschiedenen Professionen läßt zuweilen eine unerträgliche Komplexität von Leben und Problemlagen entstehen, die überlebensnotwendig nach Reduktion und Pragmatismus schreit. Studierende der ersten Semester verlieren häufig die Orientierung, der Ruf nach Klarheit und festen Konzepten wird all zu früh laut. Die Durchführung von Lernprojekten mit dem Ziel der Lebensweltерkundung im 1./2. Semester kann je nach Aufgabenstellung schnell zur Überforderung für die Studierenden werden. Qualitative Forschungsansätze erfordern ein hohes Abstraktions- und Differenzierungsvermögen, was gerade in den ersten Semestern erst ausgebildet werden muß.

Die von mir begleiteten Lernprojekte rankten in den vergangenen Jahren im Wesentlichen um Fragen von Rauschmittelkonsum, Suchtentstehung, Suchtaffinität und Jugendkulturen.

Die Lernprojekte, die im weitesten Sinn etwas mit dem Thema „**Sucht**" zu tun haben, können in doppelter Hinsicht überfordernd wirken. In meiner langjährigen Lehrtätigkeit konnte ich immer wieder beobachten, daß die Thematik „Sucht" auch in der Seminargruppe „Sucht- Phänomene" auftreten läßt und vielleicht sogar fördert. Diese Seminare sind oft magischer Anziehungsort für Menschen mit Suchtaffinität oder aber biographisch einschlägig Vorbelastete. Suche nach Grenzerfahrung, Grenzauflösung und Strukturlosigkeit verdienen in dem Zusammenhang gruppendynamisch besondere Beachtung (Übertragungsphänomene).

Aus o.g. Gründen sehe ich meine Aufgabe als Lehrende darin, klare Seminar**strukturen** zu schaffen, Orientierunghilfe zu geben, Beistand und angemessene Kommunikationsstrukturen zu installieren. Kleingruppenarbeit/ **Supportgruppen/**Peergruppen bilden wichtige Haltesäulen in diesem komplexen Erkenntnisprozess. Die Konzeption des Lernprojektes „180 bpm – Jugendkultur und Suchtprävention" beispielsweise sieht dazu fünf wesenliche Strukturelemente vor:

- Überschaubarkeit der Seminar-Gruppe (face to face Gruppe/max. 15 Mitglieder).
- Einrichtung von kleinen Supportgruppen zur Durchführung der Feldstudien.

- Antizipation der Lebenswelt durch den Einsatz kreativer Medien: z.B. Malen von Bildern nach Techno-Musik, Bewegungsimprovisation, erstellen von Texten.
- Die Studierenden erarbeiten parallel zu den Feldstudien theoretische Grundlagen (Themen: Jugendkultur, Techno-Kultur, Neue Medien, Suchtentstehung, Sucht- und Gesundheitsprävention u.a.), die sie in der Seminargruppe zur Diskussion stellen. Ein Teil der Gruppe erstellt einen Videofilm zu den Themen: Zeitgeist – Jugendkultur – Techno-Szene.
- Reflexion der Gruppenprozesse/Supervision.

Die Antizipation der zu beforschenden Lebenswelt, ein vorsichtiges Herantasten an Ausdrucksformen dieser Lebenswelt – **durch Hören von Techno-Musik, Malen von Bildern zu dieser Musik, durch Bewegungsimprovisation und Schreiben** – und der sprachliche Austausch ist notwendig und fördert Selbstreflexion und Handlungskompetenz. In diesem Fall, die Fähigkeit, sich vorbereitet in die Lebenswelt hineinzubegeben, teilnehmende Beobachtung zu praktizieren und die Komplexität der Dinge überhaupt an sich selbst heranzulassen und auszuhalten.

Erste Formen von professioneller Empathie werden auf diesem Wege exemplarisch geübt. Auch Nähe und Distanz-Regularien können in diesem Prozeß bereits erprobt werden. Insbesondere im Prozeß der Versprachlichung undifferenzierter Wahrnehmungen, der Verarbeitung von atmosphärischen Erfahrungen übernehmen die **Supportgruppen** wichtige Funktion. Hier können erste Formen von professioneller **Kooperation** geübt werden.

Die Verständigung über angemessene Formen von pädagogisch/sozialarbeiterischer Präventionsarbeit, also **Konzepten** Sozialer Arbeit, krönt das Finale der Projektarbeit.

In Korrespondenz mit Praxisinstitutionen werden die gesammelten Erkenntnisse über die Party/Techno-Szene in einen kritischen Diskurs gestellt. Die mediale Aufbereitung der Abschlußpräsentation bedient sich der Formsprache der beforschten Kultur. Musik, bewegte Bilder (der angefertigte Film) und lyrische Texte sollen einen affektiven Zugang zum Milieu herstellen und nach dem Prinzip des „sampling“ Synergien erzeugen.

3. Koexistenz, Korrespondenz und Kokreativität im Lehr- und Lern-Prozeß

3.1. Kreativität und Kokreativität

Leibhafte Koexistenz, Kreativität und Kokreativität stehen im Zentrum des technospezifischen Treibens, sind daher auch in der Forschungs- und Erkenntnisarbeit von zentraler Bedeutung. (siehe Teil I, Kap. 4)

Musik, Tanz, Gestaltung mit Formen und Farben und nonverbale Kommunikation sind Ausdruckformen der Raving-society. Die Partizipation der Studierenden in den nächtlichen Feldexkursionen an dieser Lebenswelt – durch leibhaftige Teilhabe an Tanz und Musikkreation, am Prozeß zwischen DJ und Tänzern – erst ermöglicht affektive Zugänge, die reflektiert und auf dem Boden der existierenden Wissensbestände kognitiv aufbereitet werden. Erst diese Form der Ko-kreativität ermöglicht den mehrperspektivischen Zugang und neue Erkenntnisse. Petzold konstatiert dazu:

> „Ko-kreativität. Durch sie entstehen synergetische Effekte und vermag der Mensch in ko-kreativen Aktionen, Vorhandenes (Materie, Information, Gedanken, Wissen, Ausdrucksformen der Kunst etc.) in (neue) Beziehungen zu setzen und korrespondierend zu entwickeln. Unter Kreativität kann man deshalb alle Aktivitäten verstehen, die neue Entwicklungen – und das sind zumeist Beziehungskonfigurationen – vorantreiben“[65].

Petzold belegt im Rückgriff auf die Wahrnehmungstheorie von *Merleau-Ponty* (1945/1966) und neurowissenschaftliche Erkenntnisse, daß in Gruppen beständig Resonanzphänomene entstehen, die „konnektivierendes Lernen“ stimulieren und damit „Sinnzusammenhänge“ und „Bedeutungen generieren“[66].

Er hebt in diesem Zusammenhang die Bedeutung „individueller und gruppaler Intuition“ hervor. Eindimensionale rationale Betrachtungsweisen werden in Gruppen durch Unterstützung von Kreativität, Ko-Kreativität und Intuition durchkreuzt und Bedeutungszusammenhänge werden so als „hochkomplexe, soziale, psychologische, aber auch theoretische Verweisungsstrukturen erfaßbar und können sich dem Verstehen erschließen“.[67] Was Petzold im Hinblick auf Supervisionsprozesse ausführt, kann vollständig auf Seminar- und Forschungsgruppen übertragen werden.

> „Praktisch wird dies erreicht über die Möglichkeiten „leiblichen Erlebens“, „atmosphärischen Erfassens“, „szenischen Verstehens“, „prospektiven Entwerfens“ und „ko-kreativen Phantasierens“““[68].

Kreative Konnektierung durch die von ihm entwickelte „Konflux-Methode“[69] verfolgt das Ziel ko-kreative Prozesse in Gang zu bringen. Demnach soll als erster Schritt eine **Disponierung** über Wahrnehmungs-, Entspannungs- und Anregungsübungen erreicht werden. Die **Affizierung** zielt auf eine positive Erwartungshaltung und positive, interessierte Affektmimik, darüber soll eine inspirierende Atmosphäre in Arbeitsgruppen erzeugt werden. Über Umherwandeln, lange Spaziergänge (in Anlehnung an die Praktiken griechischer Philosophen) und das frei florierende Rätselraten und Wortspielen werden

65 *Petzold, H.G.*, a.a.O., 1993 (1971), 143
66 *Petzold, H.G.,* Integrative Supervision – Meta-Consulting & Organisationsentwicklung, 1998, 150
67 *Petzold, H.G.*, ebenda, 1998, 151
68 *Petzold, H.G.*, ebenda, 1998, 152
69 *Petzold, H.G.*, ebenda, 1998, 267

spielerische Gruppeninteraktionen und damit die Fähigkeit zu **Konnektivierung** gefördert. Eine anschließende **Fokussierung** auf bestimmte Aufgaben und Probleme läßt Prägnanz entstehen. Die **Intensivierung** erfolgt über den Einsatz bestimmter kreativer Techniken. In der Phase der **Elaboration** werden Ergebnisse zusammengefaßt. „So werden Konzepte prägnant gemacht, die eine Plattform für den nächsten kokreativen Anlauf bieten. Manchmal ist auch ein „kreatives Moratorium" erforderlich"[70].

Petzold weist in diesem Zusammenhang auf die förderliche Kraft des Meditierens, zu bestimmten Fragen, hin. Auch „Inkubationszeiten" sollten berücksichtigt werden. Das Tempo dieser Prozesse ist gruppenspezifisch.

3.2 Persönlichkeitsbildung im Studiengang Sozialarbeit/Sozialpädagogik

Gesellschaftlicher und soziokultureller Wandel (siehe Teil I) bilden den Hintergrund von Bildungsprozessen und Studenten-Biographien. Die Auflösung/Veränderung traditioneller Sozialisationsmilieus (Familien) und die Veränderung der Identitätsbildung und Identitätsarbeit haben längst die Hochschulen erreicht. Lineare Biographien und Bildungsverläufe sind meiner Beobachtung nach, ohne daß ich dies verifizieren könnte, längst zur Seltenheit geworden. Temporale oder brüchige soziale Netzwerke, eine größere räumliche Mobilität, neue Formen der medialen Kommunikation und die von Petzold beschriebene „Kurzlebigkeit geteilter Sinnprovinzen"[71] prägen auch die Persönlichkeiten der Studenten im Studiengang Sozialwesen. Kontinuität und Verbindlichkeit sind keine selbstverständlichen Kategorien im Studienablauf.

Als Basis für professionelle Beratungs-, Beziehungsarbeit und Netzwerkarbeit im sozialarbeiterischen Feld müssen Kontinuität und Verbindlichkeit im Studium geübt werden. Direkte Kommunikation, Einbindung in soziale Netzwerke, Krisen- und Streßbewältigung, Ressourcenorientierung werden als basale Aspekte Sozialer Arbeit auch im Studium vermittelt und eingeübt.

Der Einsatz von kreativen Medien und Bewegungsarbeit im Lehr- und Lernprozeß hat das Ziel Selbstentfaltung und Selbstausdruck, die Erfahrung von Bezogenheit und Eingebundensein, Sinnfindung, Rollenflexibilität, Selbstreflexion und Flexibilität zu entwickeln.

Die Hochschulen werden damit im Prozeß des lebenslangen Lernens und der Identitätsentwicklung auch zur **Sozialisationsinstanz**, idealerweise als **Korespondenzgemeinschaft** zum **persönlichkeitsfördernden Milieu**. „Personale Identitätsarbeit in selbstreflexiven und diskursiven Prozessen" ist in dieser Zeit Aufgabe der Hochschulen für Soziale Arbeit und anderer Fachrich-

70 *Petzold, H.G.*, ebenda, 1998, 268 -271
71 *Petzold, H.G.*, ebenda, 1998, 37

tungen, zur Ausbildung „emanzipierter Identität“ [72] in der postmodernen Lebensvielfalt.

Die von mir beschriebene Forschungsarbeit könnte einen wesentlichen Beitrag dazu leisten, daß Lehrende/Professoren und Studenten sich als Suchende und Erkennende auf einem Weg begreifen. Die Unantastbarkeit von Wissensbeständen, und damit auch die Manifestation von klaren Machtverhältnissen, könnte so relativiert werden und in Bewegung geraten – damit ist m.E. eine Grundlage für Innovation, auch im Hochschulwesen, gelegt.

4. „180 bpm, Jugendkultur und Suchtprävention“ Konzeption eines Lernprojekte

4.1 Ziele

Lernprojekte haben Feldexploration und Lebenswelterforschung zum Ziel. Im o.g. Lernprojekt geht es um Studien in der Techno- bzw. Party-Szene. Universalstrukturen und Lokalkolorit der Szene in Aachen bilden die Forschungsgrundlagen.

4.2 Inhalte

Das **Vorbereitungs-** und **Begleitseminar** an der Hochschule, nächtliche **Felderkundungen** in der Techno/Party-Sezene und **Hospitationen** in allen maßgeblichen Institutionen der Suchtprävention und Jugendarbeit bilden die 3 Elemente des Lernprojektes. Im Zeitrahmen von November bis Juni des folgenden Jahres wurden die Projekte durchgeführt.

Für das Projekt „180 bpm“ wurden zwei Dokumentationsformen gewählt. Zum einen war es Aufgabe der Studenten und Studentinnen, lyrische Texte über das Befinden in dem jeweiligen Milieu zu verfassen und andererseits nach vorher strukturierten Beobachtungskriterien detaillierte Prozeßbeobachtungen zu erstellen.

Die Beobachtungskriterien – Kommunikation, verbale und nonverbale, Tanz und Ekstase, Rausch und Rauschmittel – standen im Zentrum des forschenden Interesses. Die Erkundung dieser Lebenswelt wird durch gleichzeitig laufende Hospitationen in allen maßgeblichen Institutionen der Suchtprävention und Jugendarbeit in Beziehung zu vorhandenen pädagogisch-präventiven Ansätzen gesehen. Eine medial aufgearbeitete Abschlußpräsentation wird in einen Korrespondenzprozeß mit den Praxisinstitutionen münden.

72 *Petzold, H.G.*, ebenda, 1998, 373

4.3 Aufbau

Als Prozeßmodell dient das „tetradische System“[73] nach Petzold zur Strukturierung des Projektverlaufs, wobei es sich hier um die idealtypische Schilderung handelt. De facto sind fließende Übergänge und auch springen zwischen den Phasen zu beobachten.

4.3.1 Initialphase (Problemdiagnose/Materialsammlung/Differenzierung)

– Begleitseminar
  Die Projektgruppe erarbeitete sich im Begleitseminar zunächst allgemeine Kenntnisse zur Universalstruktur Techno, auf der Basis soziologischer Erkenntnisse. Wir beschäftigten uns mit Musik, Tanz, Ekstasequalitäten, und den maßgeblichen Partydrogen (Substanzlehre).
  Es war dabei wichtig, die Partybesucher nicht auf den Konsum von Partydrogen zu reduzieren. Die Psychodynamik des Nachtlebens und die Sehnsucht nach Rausch und Ekstase galt es zu erfassen.
  Auf der Basis der „Multifaktoriellen Genese“ der Suchtentstehung fand eine Auseinandersetzung mit Suchtstrukturen statt.
  Über das Hören von Techno-Musik, dem Erstellen von Impressionen, Bildern und Texten tasteten wir uns vorsichtig an Gefühlsqualitäten dieses jugendkulturellen Milieus heran. Für einige Projektteilnehmer war diese Szene völlig fremd und neu. Andere fühlten sich sogar zugehörig. Persönliche Distanz zur Szene und Szenenähe wurden in der ersten Phase thematisiert und reflektiert.

4.3.2 Aktionsphase (Korrespondenzprozesse/aktive Suchbewegungen/forschen)

– Teilnehmende Beobachtung
  Nach der intensiven Vorbereitung führten die Projektteilnehmerinnen nächtliche Feldexkursionen in diesem jugendkulturellen Milieu durch.
  In feststehenden Supportgruppen besuchten sie Partys. Sie hatten die Aufgabe, teilzunehmen an dieser Kultur und die distanzierte Beobachterposition zu verlassen. Darüber hinaus sollten sie die rauschmittelfreien Techno-Impressionen in lyrischen Texten festhalten. Im zweiten Schritt erst sollten sie die Beobachtungskriterien systematisch bearbeiten.
– Hospitationen
  Parallel zu den Feldexkursionen hospitierten die Seminarteilnehmer in den unterschiedlichen und maßgeblichen Institutionen der Suchtprävention und Jugendarbeit in der Region (3 Wochen jeweils). Die Aufgabe bestand darin, die jeweiligen Konzepte und Aktivitäten der Einrichtun-

73 *Petzold, H.G.*, a.a.O., 1998, 273

gen im Hinblick auf die erforschte Jugendkultur zu eruieren und systematische Gespräche mit Institutionsvertretern darüber zu führen.

4.3.3 Integrationsphase

– Auswertung
  Die vielschichtige Auswertung der gemachten Erfahrungen, Beobachtungen, Erkenntnisse aus Hospitationen und Feldexkursionen bildeten die Abschlußphase des Projektes.
  Die Seminargruppe bestand ursprünglich aus Szenekennern und Szenefremden. Im Hinblick auf den Lernprozeß konnte festgestellt werden, daß die Arbeit in der Projektgruppe selbst Szenefremden einen intensiven Zugang zum Milieu ermöglichte.
  Die Entstehung einer Suchtdynamik beispielsweise konnte auf dem Hintergrund der eigenen Erfahrung während des Tanzens (siehe S.10 u. S.12) nach Techno-Musik und stundenlangem Verweilen in der Parallelwelt der Veranstaltungen tief greifend verstanden werden. Die Studenten waren in der Lage, die Präventionskonzepte der verschiedenen Institutionen kritisch zu reflektieren und Perspektiven für eine solche Arbeit zu entwickeln.
– Reflexion des Gruppenprozesses in der Seminargruppe und den Supportgruppen.

4.3.4 Neuorientierungsphase

– Abschlußpräsentation
  Auf der Basis des gesammelten Materials und eigener thematischer Erarbeitungen, der lyrischen Texte, der Techno-Musik-Bilder und eines von der Seminargruppe erstellten Films fand die Präsentation der Ergebnisse vor Praxisvertretern statt.
  Die Formsprache der Party-Szene konnte auch während der Abschlußpräsentation durch den Einsatz der o.g. kreativen Medien gegenwärtig gesetzt werden.
  Kognitive und affektive Zugänge wurden damit auch den Präventionsfachkräften aus den Institutionen der Suchtprävention und Jugendarbeit ermöglicht. Die konstruktiv-kritische Reflexion der bestehenden Präventionskonzepte kam durch die von den Studenten vorgetragenen Thesen in Gang.

5. Abschließende Gedanken zur Projektarbeit

„Mit einander für eine begrenzte Zeit ein Geschichte erfinden und jeweils neue Verläufe und ein neues Ende dieser Geschichten zu kreieren“ ist von mir an anderer Stelle als Merkmal der Raving-society postuliert worden und kann auch für die Abschlußpräsentation gelten.

Prozeßhaftes Leben und Erkennen, der Weg von den Phänomenen, zu den Strukturen, zu den Entwürfen und die Erfahrung von Korrespondenz, Ko-kreativität, Konzepten und Kooperation sind in allen Elementen dieser Projekt- und Forschungsarbeit erkennbar und dienten zu jedem Zeitpunkt als Leitideen.

Der Einblick in die Erlebnisstrukturen des Nachtlebens und das Begreifen der Dynamik des jugendlichen Nacht-, Tanz- und Rauscherlebens avancierten für die Studierenden, wie auch für die Sozialarbeiter im Feld zum Primärgewinn unserer Forschungsarbeit. Die während der nächtlichen Feldexkursionen gesammelten Fakten über die Ausmaße des Drogenkonsums wurden von beiden Gruppen im Verlauf der Präsentation nachrangig behandelt.

6. Hochschulstudium und Suchtprävention im Informations- und Medienzeitalter

Der in Teil I skizzierte gesellschaftliche Wandel, die technologischen Entwicklungen, die Echtzeitdimension, Globalisierung, die derzeitigen Veränderungen der Arbeitsmärkte und Arbeitsplatzgestaltungen und das Freizeitverhalten rücken mehr und mehr Wandlungsfähigkeit und Prozeßorientierung als Kulturmerkmale der nachindustriellen Gesellschaft in den Vordergrund.

Enttraditionalisierung im soziokulturen Bereich und Individualisierung der Lebensbedingungen verändern die Identitätsvorstellungen und auch die Identitätsarbeit der Einzelnen. Sozialisationsprozesse müssen eine kreative Anpassungsleistung an diese gesellschaftliche Situation ermöglichen. Jugendkulturelle Milieus – wie am Beispiel der Raving-society verdeutlicht – erbringen einen erheblichen Sozialisationsbeitrag. Auch Ausbildungsstätten und Hochschulen werden in der Zeit der „Identitätsprojekte“ und einer langandauernden Adoleszenzperiode zur Sozialisationsinstanz. Diesem Umstand sollten die Lehr- und Lernmethoden gerecht werden.

Wandlungsfähigkeit und Rollenflexibilität, ein Interesse an immer währenden Lernprozessen und komplexes Denken sind wesentliche Kompetenzen und auch Überlebensstrategien. Diese Qualitäten müssen in Ausbildungen und im Studium – gleich welcher Couleur – geschult werden. Die Wissensgesellschaft[74] ist zukünftig auf komplexe Kompetenzen und auch Performanzen der Einzelnen angewiesen.

Prozeßorientiertes Lernen, mehrperspektivische Betrachtung und generalistische Qualitäten erscheinen im Hinblick auf den beschriebenen Wandel zeitgemäß.

---

74 vgl. *Herzog, R.*, Bundespräsident, Rede am 26.04.97

Sowohl die Konzepte der Integrativen Therapie, als auch der generalistische Ansatz der Sozialarbeit können daher als adäquate Konzepte verstanden werden.

Suchtprävention kann – bedient sie sich dieser Ansätze – zur kreativen Kraft werden und Integrationsarbeit leisten. Die Aktivisten paralleler Welten und auch die Heranwachsenden in den Hochschulen können in diesem Integrationsprozeß wegweisende Funktionen übernehmen und zur Ressource werden.

Diese Zeit ist reif für komplexe und mehrdimensionale professionelle Ansätze. Was *Goebel* und *Clermont*, als wissenschaftliche Vertreter der heranwachsenden Generation, als den „neuen Generalismus“[75] bezeichnen, hat sich in Wirtschafts- und Technologiebetrieben längst als hoch dotierte Kompetenz durchgesetzt.

Zusammenfassung

Am Beispiel der Techno- und Partykultur – als bedeutendste Jugendkultur der 90er Jahre des 20. Jahrhunderts – werden Versuche der Jugend aufgespürt, eine Umgang mit der Informations- und Mediengesellschaft zu finden. Merkmal dieser Tanz- und Rauschkultur (Sampling, Musikstile, Mode, Rauschmittelkonsum) werden vor dem Hintergrund des gesellschaftlichen Wandels im sozioökonomischen und technologischen Bereich reflektiert. Im Zentrum der Analyse stehen Rausch- und Ekstasequalitäten, Tanz, nonverbale Kommunikation und Identitätsarbeit in der Jugendphase.

Auf der Basis der Integrativen Therapie wird im 2. Teil ein phänomenologisch-hermeneutischer Forschungsansatz vorgestellt, der einen mehrperspektivischen Zugang zu diesem jugendkulturellen Milieu sucht und gleichzeitig leibzentrierte und kreativitätsfördernde Korrespondenzprozesse in Lehre und Forschung an den Hochschulen für Soziale Arbeit ermöglicht.

Summary

The techno and party culture, the most important youth culture of the 1990s, can be interpreted as an attempt of the younger generation to find a way to cope with the information and media society. The characteristics of this culture of dancing and getting high (sampling, music styles, fashion, drug consumption) are being reflected against the background of the change of society in the socioeconomical and technological sector. In the centre of the analysis we find the quality of ecstasy and getting high, of dance, nonverbal communication and identity work in the youth period.

On the basis of the integrative therapy, in the second part a phenomenological-hermeneutical research approach is presented, which, at the same time, is looking for a pluriperspective access to this youthculture environment and for a possible body-focused and creativity-encouraging correspondence process in teaching and research at the universities for social education.

Key words: youth period, youth culture, dance, getting high, drugs, nonverbal communication, identity work, participating observation/phenomenological-hermeneutical research approach.

75 *vgl. Goebel, J., Clermont, Ch.*, a.a.O., 1998, 166-170

Elisabeth Vogel

Ausgewählte Aspekte zur Geschlechterdifferenzierung in der ambulanten Suchtbehandlung und -beratung

Vorbemerkung

Meine Adoleszenz, mein junges Frauendasein war eingebettet in die Anfänge der zweiten deutschen Frauenbewegung. Ich wurde von dieser mitgeformt, ich wurde mit ihr älter. In diesem Satz wird ein Aspekt meines handlungsleitenden Interesses sichtbar – es soll auch so sein. Hinzukommt meine Berufstätigkeit in unterschiedlichen Feldern der sozialen Arbeit – in den letzten 13 Jahren die Tätigkeit in der Suchtberatungsstelle. In diesem Rahmen war ich eine der 100 bayrischen Praktikerinnen des Arbeitskreises „Frau und Sucht", die mit dazu beitrugen die „Musterkonzeption des geschlechtsspezifischen Ansatzes in der Suchtarbeit" vorzubereiten.

Beim Durcharbeiten der Literatur zu dem von mir gewähltem Thema „Geschlechterdifferenzierung im ambulanten Beratungs- und Behandlungs-Setting" fiel mir einerseits die sinnvolle Aussage von *Petzold* (1998) in bezug auf die Entwicklung weiblicher Perspektiven bezüglich des Identitätskonzepts der IT auf: „letzteres sollten durchaus Frauen tun", andererseits konnte ich mich des Eindrucks nicht erwehren, daß sich darin eine sublime „Herablassung" ausdrückt. Natürlich könnte sich darin auch die diskrete Empfehlung verbergen, Frauen mögen hier endlich etwas tun. Möglicherweise bin ich an dieser Stelle etwas empfindlich, jedoch will es mir so vorkommen, als scheine gerade in dieser Bemerkung in ihrer Beiläufigkeit der **Diskurs** (nach *Foucault*) der Geschlechterhierarchie auf. Dadurch rekonstituiert sich auf eine subtile, diskrete – wenn auch, wie ich annehme unbeabsichtigte – Weise Geschlechterhierarchie. Es ist meines Erachtens wichtig, solche verdeckten Diskurse reflexiv im Ko-respondenzprozess zu verhandeln. Durch Sprache wird Wirklichkeit abgebildet. Ich will hier keine Korinthen zählen, lediglich daran erinnern, unsere jeweilige Sprachpraxis sensibel in den Blick zu rücken, um solche verdeckten, jedoch wirksamen Strukturen aufzuspüren. Dies kann nicht nur Aufgabe von Frauen sein, auch Männer sollten sich darin üben. Daher war ich angenehm überrascht als ich feststellte, dass sich eine Veränderung in der Schreibpraxis zeigt, wie etwa im Beitrag von *Petzold, Orth, Sieper* (Jubiläumsheft Integrative Therapie 2001). Außerdem fand ich bemerkenswert, daß meinem Wissensstand nach erstmals Genderperspektiven den metatheoretischen Grundlagen der Integrativen Therapie zugeordnet wurden (*Schuch* 2001, S.162/34, Jubiläumsheft)[1].

1. Einleitung

Feminismus, ein Begriff, der heute noch, nach mehr als 200 Jahren Frauenrechtsbewegungen – man denke an *Olympe de Gouges* in Frankreich, an *Mary Wollstonecroft* in England, Ende des 18. Jahrhunderts, an *Ottilie Peters,* herausragende Vertreterin der ersten deutschen bürgerlichen Frauenbewegung und an *Clara Zetkin*, herausragende Akteurin der deutschen sozialistischen Frauenbewegung – imstande ist, Angriffe, Vorurteile, Abwertungen zu evozieren, erfährt eine zunehmende Akademisierung. Trotz dieser versteht sich der Feminismus als eine politische Bewegung, deren explizites Ziel es ist, Benachteiligungen von Frauen zu benennen und zu beseitigen. Das Anliegen der *Gerechtigkeit*, das die Frauenbewegung kennzeichnet, steht in der Tradition der Aufklärungs- und Befreiungsbewegungen.

Die Aussage, Frauen sind Männern in jeder Hinsicht nachgeordnet, kann als eine Metaerzählung im Sinne *Lyotards* aufgefaßt werden und zeigt sich bezogen auf Deutschland trotz der im Grundgesetz festgeschriebenen Gleichberechtigung der Geschlechter als nach wie vor wirkmächtig (siehe Teilhabe der Frauen am noch immer geschlechtssegregierten Arbeitsmarkt, an Politik und Gesellschaft).

Sabine Scheffler (1996) schreibt, daß sich „ein Teil der politischen Energie der zweiten Frauenbewegung ... in die Projektbereiche und in die Institutionen sozialer und pädagogischer Arbeit verlagert“ hat.

In der Suchtkrankenhilfe, historisch gewachsen aus der Trinkerfürsorge im 19. Jahrhundert, dominieren, gerade auch aus ihrer historischen Bedingtheit, androzentrische Ansätze. Diese orientieren sich an den normativen Festlegungen „Wie Mann zu sein hat“. Frauen waren und sind in gemischten Fachkliniken weit unterrepräsentiert – es ist von einem Verhältnis von ca. 85 : 15 auszugehen – und es wurde ihnen das männerorientierte Behandlungskonzept übergestülpt.

Durch das Engagement einiger weniger Frauen Anfang der 80er Jahre wurde in der DHS eine intensive, nach wie vor andauernde Diskussion über die geschlechtsspezifischen Benachteiligungen von Frauen im System der Suchthilfe in Gang gesetzt. *Scheffler* sieht die frauenspezifische Suchtarbeit als noch immer prekär an und attestiert ihr „Nischencharakter“. Vorwiegend in den Großstädten gibt es mittlerweile für drogenabhängige Frauen eine Reihe von Angeboten mit unterschiedlichen Zielsetzungen. Wenn es die Auslastung dieser Frauenprojekte erlaubt, so können auch Frauen mit ande-

1 Seit 1988 strukturell in den „anthropologischen Grundformeln“ der Integrativen Therapie (vgl. *Petzold, Orth, Schuch, Steffan* 2001) [Anmerk. der Hrsg.].

ren Suchterkrankungen beraten werden; dies ist jedoch ein verschwindend geringer Anteil. Für Alkoholikerinnen stehen üblicherweise die „normalen" Beratungsstellen zur Verfügung, in denen es je nach Engagement der Mitarbeiterinnen und Bereitschaft des Trägers, frauenspezifische Angebote gibt.

Ganz allmählich, eher zaghaft, immer wieder in Gefahr unterzugehen, beginnen sich vereinzelt Männer in der Suchtarbeit darauf zu besinnen, daß es auch das Thema „Männer und Sucht" geben könnte. Exemplarisch belegen kann ich dies mit einem Beispiel aus unserer Beratungsstelle. Ein jüngerer Kollege setzte sich mit diesem Thema auseinander und bot gemeinsam mit einem anderen Kollegen Workshops für Männer an. Auch im Team versuchte er die KollegInnen hierfür zu sensibilisieren. Nach einem ersten Anreißen schlief die Diskussion wieder ein, auch die Männerarbeit; anscheinend gab es immer wieder wichtigere und vordringlichere Aufgaben zu erledigen. Im Handbuch Männerarbeit sucht man vergeblich nach einem ausgewiesenen Suchtbeitrag. Es scheint als gäbe es diesen Problembereich nicht, als gäbe es nicht mehr als 3.000.000 Männer in Deutschland, die süchtig sind.

2. Sucht in der ambulanten Beratung und Behandlung

Nachstehend liegt die Zentrierung auf dem ambulanten Bereich, meinem Erfahrungs- und Tätigkeitsfeld.

2.1 Allgemeines zum Suchtbegriff

Der Begriff „*Sucht*" wird zunehmend ersetzt durch den Begriff „*Abhängigkeit*", der Süchtige wird zum Abhängigen. Verändert sich durch eine andere Begrifflichkeit die Bedeutung dieser Erkrankung? Durch diese Veränderung findet meines Erachtens eine Bagatellisierung, ein Einpassen in einen nivellierenden Sprachgebrauch statt. „Abhängig" kann als weniger anstößig empfunden werden, abhängig sind wir in vielerlei Hinsicht: von einem funktionierendem Staatswesen, ausreichenden Arbeitsplätzen, von Essen, von unserer Umwelt – einer intakten –, von unseren Mitmenschen. Diese Abhängigkeiten sind grundlegende Bedingungen menschlicher Existenz. Der Begriff „*Sucht*" ist für mich eine sinnvolle Abgrenzung zu unseren alltäglichen Abhängigkeiten, deshalb werde ich diesen Begriff weiter verwenden, auch wenn in Zitaten der Begriff Abhängigkeit auftauchen wird. In der Regel wird unter *Sucht ein psychisches und physisches, nicht mehr kontrollierbares Verlangen nach psychotropen Substanzen verstanden, welches eine Reihe körperlicher und sozialer Folgeschäden nach sich zieht.* Allerdings hat der Begriff Sucht eine Ausweitung erfahren: mittlerweile werden auch Eß-Störungen und pathologisches Spielen unter dem Suchtbegriff subsumiert.

2.2 Definitionen zur Sucht

Im Rahmen dieser Arbeit werde ich mich auf Alkoholismus beschränken, deshalb zitiere ich die Begriffsbestimmung der DHS aus der Broschüre „Alkoholismus, eine Information für Ärzte“ (3. völlig neu bearbeitete Auflage, 1991), die Alkoholabhängigkeit unterteilt in

> „– körperliche Abhängigkeit: Auftreten von Toleranzerhöhung und Entzugssymptomen
> – psychische Abhängigkeit, gekennzeichnet z.B. durch Kontrollverlust, Trinken trotz besseren Wissens, um alkoholbezogene Probleme, Zentrierung des Denkens und Strebens auf Alkohol“.

Die Definition der WHO sieht Alkoholiker als „... exzessive Trinker, deren Abhängigkeit vom Alkohol einen solchen Grad erreicht hat, daß sie deutlich geistige Störungen oder Konflikte in ihrer körperlichen und geistigen Gesundheit, ihren mitmenschlichen Beziehungen, ihren sozialen und wirtschaftlichen Funktionen aufweisen; oder sie zeigen Prodrome einer solchen Entwicklung, und daher brauchen sie Behandlung“ (*Schulte, Tölle* 1975).

Ein noch immer häufig verwendetes Modell für die Entwicklung einer Suchterkrankung ist das sogenannte Drei-Faktoren-Modell nach *Feuerlein*, das folgende Hauptfaktoren herausstellt:

> „1. die soziologischen Bedingungen,
> 2. die psychologischen Bedingungen,
> 3. die physiologischen Bedingungen.
>
> Diese drei Bedingungen sind aber nicht getrennt voneinander oder gar konkurrierend zueinander zu sehen, sondern stellen nach *Levy* ein ‚unified field‘ dar, das diese Variablen in dynamischer Interaktion sieht“ (*Feuerlein* 1972).

Eine Erweiterung dieses Modells zeigt sich im Suchtverständnis der *Integrativen Therapie*, wonach Sucht eine komplexe Erkrankung des Gesamtsystems ist. Sie hat eine physiologische, eine psychologische, eine geistige, eine soziale und eine ökologische Dimension (*Petzold, Scheiblich, Thomas* 2001, *Petzold, Thomas* 1997).

Was bei Suchterkrankungen nie vergessen werden sollte ist, daß auch immer die Angehörigen, ja das ganze soziale Netzwerk durch das Suchtgeschehen und seine Auswirkungen in Mitleidenschaft gezogen werden (vgl. *Petzold, Josić, Erhardt* dieses Buch).

2.3 Aktuelle Datenlage

In Deutschland gibt es Schätzungen zufolge ca. 4.000.000 Menschen, die von psychotropen Substanzen abhängig sind, davon sind ca. 3.000.000 alkoholabhängig, ca. 1.000.000 medikamentenabhängig und ca. 120.000 von illegalen Drogen abhängig. *Vogt/Winkler* gehen davon aus, daß 1.000.000 Frauen alkoholabhängig sind, ca. 750.000 Frauen medikamentenabhängig und ca.

40.000 Frauen drogenabhängig. Laut dem Statistischen Jahrbuch 2002 der DHS waren ca. 77% Männer mit eigener Symptomatik, ca. 11,5% Frauen mit eigener Symptomatik, etwa 7,3% Angehörige, wobei hier Frauen im Verhältnis von 11 : 1 überwogen, und 3,3% mit der Zuschreibung „Sonstige", KlientInnen der ambulanten Suchthilfe. Diese Zahlen geben als Trend zu erkennen, daß das traditionelle Suchthilfesystem für Frauen nicht sehr attraktiv ist, allerdings nicht nur für diese, sondern auch für Männer. Denn folgt man *Wienberg* (2001), so werden von den Suchtberatungsstellen nur etwa 7% und in den Fachkliniken nur etwa 1,7% beraten und behandelt.

In den Beratungsstellen ist lt. dem Statistischen Jahrbuch 2002 der DHS mit 70% die Hauptdiagnose Alkoholabhängigkeit oder schädlicher Gebrauch, an zweiter Stelle folgen mit ca. 15% die Opiate, an dritter Stelle mit ca. 10% die anderen illegalen Drogen, die restlichen 5% teilen sich Sedativa/Hypnotika, Eßstörungen und pathologisches Spielen.

Die ca. 1.350 Suchtberatungsstellen in Deutschland halten ein breitgefächertes Angebot ausstiegsorientierter und schadensreduzierender Hilfen vor. „Für Drogenabhängige stehen etwa 150 spezialisierte Drogenberatungsstellen zur Verfügung" (*Leune*, Jahrbuch Sucht 2002). Der überwiegende Teil der Suchtberatungsstellen, ca. 900, arbeitet nach einem integrierten Ansatz. Es werden dort in der Regel sowohl Angebote für Alkoholiker, Drogenabhängige, medikamentenabhängige, als auch für Menschen mit Eßstörungen und pathologischem Spielen vorgehalten.

2.4 Daten aus unserer Beratungsstelle und der Region

In unserer Beratungsstelle haben wir folgende Aufteilung: Ca. 2/3 sind Menschen mit Alkoholproblemen, ca. 20% mit Drogenproblemen, die verbleibenden ca. 14% überwiegend Frauen mit Eßstörungen und Medikamentenabhängige. Wir haben kein Angebot für Spielsüchtige. Seit 1989 bewegt sich der Frauenanteil der bei uns Hilfesuchenden zwischen 40% und 46%. Möglicherweise liegt der überdurchschnittlich hohe Frauenanteil (bezogen auf die Daten der DHS) daran, daß schon bei der Anmeldung abgefragt wird, ob ein Berater oder eine Beraterin gewünscht wird und auch daran, daß, wenn es vom Arbeitsanfall her möglich ist, Männer- und Frauenworkshops angeboten werden. In einer integrierten Nürnberger Beratungsstelle, die das geschlechtsspezifische Konzept des Bayr. Arbeitskreises „Frau und Sucht" in der Trägerkonzeption verankert hat und danach arbeitet, ist der Frauenanteil seit der Einführung von 20% auf über 50% angestiegen. Diese Zahlen deuten an, daß bei Vorhalten entsprechend differenzierter Angebote süchtige Frauen besser erreicht werden.

3. Feministischer Exkurs

Entwicklung der feministischen Theoriediskussion

In der Anfangszeit der neuen Frauenbewegung wurden Frauen unhinterfragt als „Wir“ gebündelt, d.h. die feministische Bewegung erklärte alle Frauen als ihren Betrachtungsgegenstand und hatte Anfang bis Mitte der 80er Jahre ihren Höhepunkt in der Theoriebildung mit den „identitäts- und eigenschaftstheoretische(n) begründete(n) Auffassungen von Geschlechtsdifferenz, die häufig auf die Untersuchungen von *Gilligan* und *Chodorow* zurückgreifen“ (*Knapp*, Feministische Kurskorrekturen, 1998). In der zweiten Phase entwickelte sich vor allem in Amerika, bedingt durch die vielen benachteiligten Bevölkerungsgruppen – Schwarze, Latinos, etc. – ein Bewußtsein für die kulturellen und sozialstrukturellen Unterschiede innerhalb der Genus-Gruppe Frau. Als wichtigste Vertreterin dieser Richtung gilt in Amerika *Iris Marion Young*, die für den Prozeß der politischen Willensbildung eine paritätische Zusammensetzung der politischen Gremien analog zum jeweiligen Bevölkerungsanteils mit einer spezifischen Gruppenidentität postulierte. Exemplarisch für die Ablehnung dieser Auffassung steht *Judith Butler*, die diesen Ansatz mit Hilfe der „dekonstruktivistischen Kritik (an) alle(n) Formen der politischen Inanspruchnahme von Differenz als Identität“ (ebenda) zurückweist. *Butlers* radikale Kritik und die Herausarbeitung des „... illusionäre(n) Moment(s) feministischer Identitätspolitik“ (*Becker-Schmidt/Knapp* 2000), sowie das Herausarbeiten des „... engen normativen Zusammenhang(s) von Sex, Gender und Begehren“ (ebenda) wurden wichtig für die Erkenntnisentwicklung der feministischen Theorie.

Bereits Anfang der 80er Jahre wurde in Italien von der Gruppe *„Libreria della Donne di Milano“* der Ansatz von „Gleichheit und Differenz“ entwickelt. Er „berücksichtigt einerseits die Vergleichbarkeit in der gesellschaftlichen Lage von Frauen, d.h. Unterdrückung, Benachteiligung und Diskriminierung, der Frauen qua Geschlecht ausgesetzt sind, andererseits die Pluralität weiblicher Lebenszusammenhänge und die Abwehr diktierter Typisierung“ (*Venth,* Handbuch zur Frauenbildung, 2001).

In Europa sind als weitere wichtige Autorinnen zu nennen *Luce Irigaray* und *Anja Meulenbelt* – ihr Buch „Scheidelinien“, das meines Erachtens einen wichtigen Beitrag zu Differenz und Ungleichheit leistet, wird im gegenwärtigen Mainstream der feministischen Diskussion leider zu wenig gewürdigt. Die hier referierten unterschiedlichen Konzeptualisierungen von *Differenz* bestimmen bis heute die feministische Diskussion.

In Deutschland bildete sich eine eher sozialhistorische Orientierung in der feministischen Forschung heraus, die versuchte, marxistische Standpunkte mit feministischen Positionen zu verknüpfen. *Regina Becker-Schmidt* und *Frigga Hauck* seien hier stellvertretend genannt. Obwohl *Chodorows* und *Gilligans* Ansätze rasch Eingang in die feministische Diskussion in Deutschland fanden, wurden die postmodernen Ansätze amerikanischer Herkunft erst mit beträchtlicher Verzögerung in die Debatte aufgenommen. Mittlerweile jedoch werden diese Ansätze rege diskutiert. Eine hier nicht einzuordnende, interessante Position hat *Haraway* erarbeitet. Sie sieht in dem Zusammenbruch der Denkformen moderner Herrschaft die Auflösung kategorialer Gegensätze – auch die Auflösung der Kategorie Mensch. „Feministinnen können allerdings großen Gewinn daraus ziehen, wenn sie die Möglichkeiten explizit aufgreifen, die sich aus dem Zusammenbruch der klaren Unterscheidungen von Organismus und Maschine und ähnlicher Unterscheidungen ergeben, die das westliche Selbst strukturiert haben. Die Gleichzeitigkeit dieser Zusammenbrüche bricht die Matrizes der Herrschaft auf und eröffnet neue politische Geometrien.“ (Die Neuerfindung der Natur, 1995). Die Position *Haraways* wird im deutschen Feminismus grundlegend kritisiert aufgrund des Unvermögens der poststrukturalistischen Ansätze, normative Kriterien für politisches Handeln anzugeben oder zu begründen und *Haraways* Anregung, nach dem „cui bono?“ zu fragen, reiche hierzu nicht aus. *Braun* formuliert als Kritik „Auf dem Hintergrund des bioethischen, utilitaristischen Diskurses, der zentral mit dem Kriterium des Nutzens operiert, erscheine die von *Haraway* begrüßte Auflösung der Grenzen von Mensch, Tier und Maschine als prekär“ (Fem. Kurskorrekturen).

Von einer Reihe feministischer Forscherinnen wird auf die Gefahr der Reifizierung des Geschlechterverhältnisses hingewiesen, wenn Frauenforschung und politisches Handeln nach wie vor im Koordinatensystem von *Gleichheit* und *Differenz* verortet werden und betonen deshalb die Wichtigkeit, nicht nur der Enthierarchisierung, sondern auch die Notwendigkeit der *Dekonstruktion der Differenz*. *Gildemeister* und *Wetterer* argumentieren (unter anderem mit dem Denkansatz von *Mary Douglas*), daß Institutionen Klassifikationen, also Wissens- und Orientierungssysteme errichten, „die i.d.R. so selbstverständlich sind, daß sie keiner expliziten Reflexion zugeführt werden“ (*Gildemeister/Wetterer* 1992). Sie zitieren *Douglas*: „Seinen größten Triumph feiert das durch die Institution gelenkte Denken, wenn es ihm gelingt, die Institutionen völlig unsichtbar zu machen“ (ebenda).

Seit Anfang der 90er Jahre entwickelte sich eine lebhafte Diskussion darüber, wie die Konsequenzen der dekonstruktivistischen Kritik zu einer Reformulierung der Politik zu nutzen sind. Im Zusammenhang mit dieser Diskussion ist es im amerikanischen Feminismus zu einer spezifischen Konfrontation und Interaktion von postmodernen Ansätzen und der jüngeren Kritischen Theorie gekommen, in der die Bemühungen, das kritische Potenzial beider Ansätze zu konnektivieren, im Vordergrund stehen. Grundlegende Überlegungen hierzu finden sich bei *Seyla Benhabib*.

Die Literatur zur Therapie von Frauen geht noch überwiegend von eigenschafts- und identitätstheoretischen Konzepten aus. Mir will es scheinen, daß mit zunehmender Akademisierung der feministischen Diskussion sich viele feministisch interessierte Frauen ausgeklinkt haben, auch Praktikerinnen der Suchtarbeit, so daß die aktuelle neuere Theoriebildung nicht mehr mitvollzogen wird.

Mit diesem Exkurs habe ich versucht, die zentralen Fragestellungen der feministischen Debatte darzustellen und will meine Ausführungen mit einem belletristischen Zitat abschließen:

> „Wie, zum Teufel sind Sie hier hereingekommen?" schrie Reed die Frau an, ganz und gar nicht in seiner üblichen höflichen Art. Die Frau hatte ihm einen schlimmen Schreck versetzt. „Problemlos", erwiderte sie. „Ich beweise eben gerne, daß ich jedes Apartmenthaus ausrauben kann." „Warum?" „Warum was?" „Warum wollen Sie das beweisen ?" „Um zu demonstrieren, daß ich unsichtbar bin. Das ist der Punkt, verstehen Sie. Als ältere Frau bin ich unsichtbar und kann hingehen, wohin ich will, wie die Feen im Märchen" (*Amanda Cross*, Spionin in eigener Sache, 1995).

Frau zu sein, alt zu sein, ist heute schwierig geworden. Man steht in der Gefahr eines „doppelten Stigmas", einer *„akkumulativen Stigmatisierung"* (*Petzold* 2002), gegenüber, ähnlich wie die: „Farbig und Frau" (*Joseph* 1993). Wie allerdings aus dem Zitat ersichtlich, kann es aber auch eine Kombination mit „gefährlicher Wirkung" sein. Dieses subversive Sein wünsche ich mir mit allen anderen älteren Frauen.

4. Exkurs zur Männerforschung

Vorbemerkung

Ich beschränke mich bei diesem Punkt auf eine knappe Darstellung von *Connells* Positionen, da es mir nicht möglich war, die Männerliteratur mit ähnlicher Akribie zu durchforsten wie die feministische.

Neue Männerforschung

Robert W. Connell gilt als einer der wichtigsten Vertreter der neuen Männerforschung und auf sein Konzept der „hegemonialen Männlichkeit" wird immer wieder Bezug genommen. *Connell* (2000) führt aus: „... das *Geschlechterverhältnis* konstituiert erst einen kohärenten Erkenntnisgegenstand für die Wissenschaft." Er definiert: „Männlichkeiten sind durch das Geschlechterverhältnis strukturierte Konfigurationen von Praxis. Sie sind von Grund auf historisch; und ihre Entstehung und Wiederherstellung ist ein politischer Prozeß, der das Interessengleichgewicht in der Gesellschaft und die Richtung sozialen Wandels beeinflußt". Ausgehend von seinen Analysen, die die umfangreiche feministische Literatur miteinbeziehen, entwickelt er sein Modell der „hegemonialen Männlichkeit". Er konstatiert, „... daß es verschiedene Formen von Männlichkeit gibt", daß man dabei aber nicht stehen bleiben dürfe, sondern die Beziehungen untereinander erforschen müsse. In Anlehnung an *Gramsci* vertritt er die Auffassung, daß je historisch bedingt eine bestimmte „... Form von Männlichkeit im Gegensatz zu den anderen kulturell herausgehoben" wird. „Hegemoniale Männlichkeit" beschreibt ein System, das sich definiert „... über Abwertung und Unterordnung sowohl von Frauen als auch von untergeordneten oder marginalisierten Männlichkeiten" (*Brandes/Bullinger* 1996). Aber auch die marginalisierten oder untergeordneten Männlichkeiten profitieren von ihrer Komplizenschaft mit der hegemonialen Männlichkeit, was *Connell* als die „patriarchale Dividende" bezeichnet. Für seine Analyse verwendet *Connell* ein dreistufiges Modell, das er durchaus als vorläufig betrachtet, unterschieden nach Macht, Produktion und emotionaler Bindungsstruktur. Seine Sichtweise: Das Patriarchat als historische Struktur zu begreifen „... und nicht als überzeitliche Dichotomie von Männern und den von ihnen mißbrauchten Frauen" und die damit verbundene Erwartung, „daß es auch durch einen historischen Prozeß beendet wird" ermöglicht die Hoffnung auf Veränderung. Spannend für mich war sein Brückenschlag von der Kapitalismuskritik zu postmodernen Ansätzen. Die Lektüre seines Buches „Der gemachte Mann" kann ich nur empfehlen.

5. Zwischenreflexion

Bei Fortschreiten der Lektüre, beim Nachdenken darüber, alte Denkmuster kritisch hinterfragend, alte und z.T. liebgewordene Gewißheiten radikal auf ihre Brauchbarkeit hin befragend, stellte ich fest, daß ich über lange Jahre hinweg einer eher unreflektierten identitäts- und eigenschaftstheoretischen Auffassung von Geschlechterdifferenz zugeneigt war. Den Gedankengang, daß ein Beharren auf dieser Position unweigerlich zu einer Perpetuierung der bestehenden Geschlechterverhältnisse beiträgt und die Gefahr der Reifizierung besteht, zweifelsohne bestehende Geschlechterdichotomien fortzusetzen und aufrecht zu erhalten, wenn unkritisch eine Geschlechterdifferenzierung eingefordert wird und stattdessen die beabsichtige Richtungsänderung in ihr Gegenteil verkehrt wird, halte ich für sehr wichtig. Meines Erachtens sollte diese Position als handlungsleitende Überlegung zur Überprüfung auf die Auswirkungen von Praxis fest in den „Köpfen" der PraktikerInnen implementiert werden. Jedoch müssen bei aller Wichtigkeit dieser Position die noch immer sehr unterschiedlichen existentiellen Lebensbedingungen von Männern und Frauen gesehen und in der Konzeption und Praxis der ambulanten Suchtarbeit Berücksichtigung finden.

Vor diesem Hintergrund will ich überprüfen, in welcher Weise „*Geschlechterdifferenzierung*" in der ambulanten Beratung und Behandlung erforderlich ist. Wenn ich von *Geschlechterdifferenzierung* spreche und einer konzeptionellen Verankerung in den Trägerkonzepten, so ist mir durchaus bewußt, daß diese mit der Veränderung gesellschaftlicher Bedingungen ebenfalls eine Anpassung erfahren müssen.

Für die vorliegende Arbeit werde ich immer wieder auf die Definition der Geschlechterverhältnisse von *Sabine Scheffler* rekurrieren. Sie definiert: „Mit Geschlechterverhältnis bezeichne ich die unterschiedlichen Wirkungsebenen der sozialen Ordnungskategorie Geschlecht. Dabei verstehe ich unter Geschlecht als sozialer Ordnungskategorie alle sozialen und kulturellen Konstruktionen und Regeln, die sich binär, dichotomisch oder polar, aber immer asymmetrisch bewußter oder unbewußter Konzepte von Männlichkeit und Weiblichkeit bedienen und dazu die biologischen Unterschiede als Ankerpunkt benutzen" (*Scheffler* in Dokumentation der Fachtagung Sucht – der kleine Unterschied vom 23.2.1999). In dieser Arbeit werde ich mich auf den diagnostischen Aspekt beschränken.

6. Das Saluto-Pathogenese-Modell als Möglichkeit Unterschiede in männlichen und weiblichen Lebensläufen darzustellen

Wichtiges Anliegen der Integrativen Therapie ist es, ein möglichst differenziertes, umfassendes diagnostisches Verfahren bereitzustellen, das den Menschen in seinen gesamten Lebensbezügen und in der Lebensspanne näherungsweise zu erfassen versucht. In der Frauensuchtforschung wird von vielen Fachfrauen, u.a. auch vom Bayerischen Arbeitskreis „Frau und Sucht" betont, daß eine individualdiagnostische Vorgehensweise, die in der Behandlung von suchtkranken Menschen noch immer überwiegend vorzufinden ist, nicht geeignet ist, angemessen die Lebenskrisen und Problemlagen von suchtkranken Frauen darzustellen und zu erfassen. Viel mehr wird die Notwendigkeit herausgestellt, eine *prozeßorientierte Diagnostik* unter Einbeziehung der wirkenden Faktoren der *Geschlechterverhältnisse* und deren Aufdeckung im Therapieprozeß zu entwickeln. *Scheffler* z.B. hält auch ressourcenorientiertes Arbeiten für überaus wichtig.

Das *Saluto-Pathogenese-Modell* als diagnostischer Bezugsrahmen, das in der Integrativen Therapie immer prozessual gehandhabt wird, scheint mir sehr gut geeignet, diese Bedingungen zu erfüllen, da es mit seinen Kategorien die biologischen, psychologischen, sozialen Faktoren *in der Lebensspanne* berücksichtigt und dies unter besonderer Beachtung von schädigenden und ressourcenorientierten Gesichtspunkten. Dadurch wird der/die DiagnostikerIn in die Lage versetzt, die je besonderen Probleme und Kontextbedingungen heraus zu arbeiten, wie es von den PraktikerInnen eingefordert wird. Von daher kann dieses Modell für die Arbeit mit Suchtpatientinnen – wie *Heinermann* und *Kind* (1998) gezeigt haben – und für eine *geschlechterdifferenzierte Betrachtung* sinnvoll verwendet werden.

Petzold stellt mit Bezug auf den Ansatz von *Luckmann* heraus, daß *Salutogenese* und *Pathogenese* normativen Festlegungen unterliegen, die „in hohem Maße kulturspezifisch und Ausdruck gesellschaftlich produzierter Wirklichkeit sind" (*Berger/Luckmann* 1970)," nach (*Petzold*, Jubiläumsheft der IT 2001). Das gilt auch für die Geschlechterverhältnisse, die als in der Zeit geronnene Festlegungen gesellschaftlicher Praxis angesehen werden müssen.

Hierzu möchte ich exemplarisch eine männliche und eine weibliche Biographie darstellen und daran die je spezifischen Risikofaktoren und protektiven Faktoren (nach *Petzold*, vgl. *Müller, Petzold* 2001) herausarbeiten. Die hier vorgestellten Biographien wären durch eine Vielzahl anderer, die mir in den letzten 13 Jahren meiner Berufstätigkeit „begegneten“, zu vertiefen. Die Konzentration auf die zwei vorgestellten ist exemplarisch. Die Notwendigkeit einer *Geschlechterdifferenzierung* soll daran deutlich werden. Berufliche Erfahrung und damit einhergehende Gefühle sind auch Kategorien, denen meines Erachtens im wissenschaftlichen Erkenntnisprozeß ein Stellenwert zugeordnet werden müßte. Die hier vorliegende Arbeit basiert auch auf diesen Elementen.

6.1 Männliche Biographie

Herr A., 36 Jahre*, festgestellte Alkoholabhängigkeit 1989 im Alter von 23 Jahren; nach einer stationären Entgiftung erstmaliger Kontakt zu einer Suchtberatungsstelle. Herr A. gab an, daß er bereits im Alter von 14 Jahren regelmäßig 1-2 Bier (in Bayern wird unter einem Bier i. d. R. ein halber Liter verstanden) getrunken habe, um mit den ständigen familiären Spannungen zurecht zu kommen. Seine Großmutter habe ihm an warmen Sommerabenden schon als 4-5jährigem ein kleines „Radler" gegeben. Er sei also seit frühester Kindheit an Alkohol gewöhnt. Er beschreibt seine Kindheit als geprägt von seiner ständig nörgelnden Mutter, die außerdem „putzsüchtig" gewesen sei – er durfte sich und auch nichts im Haus oder Garten schmutzig machen – und einem passiven Vater, der sich dem rigiden häuslichen Regiment der Mutter bereitwillig unterordnete. Als einziges Kind war er einerseits in einer „Prinzenrolle", andererseits war er aber auch einem massiven Erwartungsdruck – der oft auch mit körperlicher Gewalt und massiven Auseinandersetzungen einherging – ausgesetzt und hatte sich an die engen Verhaltensvorgaben der Eltern zu halten. Seine Ausbildungszeit, er war im gleichen Betrieb wie sein Vater beschäftigt, war geprägt von ständigen Auseinandersetzungen mit seinem Vater, und zur Spannungsreduktion erhöhte er seinen Alkoholkonsum auf 4-5 Bier täglich. Auch im Betrieb wurde während der Arbeit Bier getrunken und er sei auch durch das beständige Einatmen von Lösungsmitteln, wie sie in einer Druckerei auftreten, am Abend vollkommen „benebelt" herausgekommen. Eine alkoholexzessive Phase war für Herrn A. seine Militärzeit. Nach seiner Entlassung nahm er wieder die Arbeit in seinem alten Betrieb auf. Erste alkoholbedingte körperliche Abhängigkeitsmerkmale, wie morgendliches Zittern, das mit sofortigem Alkoholkonsum bekämpft wurde, traten auf. Anlaß für die erste stationäre körperliche Entgiftung waren alkoholbedingte optische

6.2 Weibliche Biographie

Frau B., 30 Jahre, Mutter von sechs Kindern (15, 13, 10, 7, 3, 1½ Jahre alt) – die drei kleinsten davon leben bei ihr; festgestellte Alkoholabhängigkeit 1998 im Alter von 26 Jahren; damals durch die sozialpädagogische Familienhilfe in eine Fachklinik für Frauen mit Kindern vermittelt; Abbruch nach drei Monaten.

Frau B. wuchs bis zum 6. Lebensjahr mit zwei Brüdern (+1/-2) – der jüngere Bruder ist geistig behindert – in ihrer Familie auf. Der Vater war Alkoholiker und extrem gewalttätig. Die Mutter war nicht in der Lage, sich von ihm zu trennen. Das Jugendamt ordnete daraufhin die Heimunterbringung der drei Geschwister an. Mit 12 Jahren kam Frau B. gemeinsam mit ihren Brüdern zu ihrer Mutter zurück, nachdem diese sich vom leiblichen Vater getrennt hatte. Die Mutter heiratete wieder und führte auch mit dem zweiten Ehemann eine Gaststätte. Frau B. mußte oft mithelfen und wurde immer wieder zum Mittrinken eingeladen. Im Alter von 14 Jahren wurde Frau B. vom Stiefvater sexuell mißbraucht. Es folgte die Geburt einer Tochter, die Mißbrauchssituation setzte sich fort und im Alter von 17 Jahren wurde abermals ein Mädchen geboren. Erst nach der Geburt des zweiten Kindes war die Mutter von Frau B. in der Lage, sich von ihrem zweiten Mann zu trennen. Die Geburt des zweiten Mädchen fiel in die Zeit, als Frau B. versuchte, den qualifizierenden Hauptschulabschluß nachzuholen. Ihre beiden Töchter versorgte Frau B. gemeinsam mit ihrer Mutter in deren Haushalt. Mit 19 Jahren erfolgte die erste Heirat von Frau B. und der Auszug aus dem mütterlichen Haushalt, die beiden Mädchen blieben bei der Mutter Frau B's. zurück; mit 20 erfolgte die Geburt eines Jungen aus dieser Ehe. Die Ehe von Frau B. wurde geschieden, als sie 23 Jahre war. Die elterliche Sorge für den Jungen wurde dem Vater zugesprochen. Seit dieser Zeit hat Frau B. keinen Kontakt mehr zu die-

* Diese Angaben und die Darstellung sind selbstverständlich anonymisiert.

Halluzinationen während eines Selbstentzugs. Eine stationäre Entwöhnungsbehandlung löste bei Herrn A. massivste Ängste aus und nach dreistündiger Anwesenheit in der Einrichtung brach er den Aufenthalt dort ab. Eine zweijährige ambulante Therapie erfolgte, und Herr A. war über vier Jahre abstinent. In diese Zeit fielen Eheschließung, Aufbau eines eigenen Betriebes (Druckerei) und die Geburt eines Kindes. Die Ehefrau half tatkräftig mit. Mit Vergrößerung des Betriebs erfolgte ein massiver Rückfall. Es war der Ehefrau und dem Vater nicht möglich, den Betrieb weiterzuführen. Er betreibt seither eine kleine Druckerei, die nur wenig mehr als die anfallenden Kosten einbringt. Für den Lebensunterhalt der Familie sorgt die Ehefrau, die als Altenpflegerin arbeitet.

Die Zeit seit 1993 ist geprägt von in der Regel 3-4 jährlichen massiven Rückfällen, die jeweils ca. 2-3 Wochen dauerten. Die stationären Entgiftungen, die bei ihm notwendig sind – z.T. auch mit anschließenden Motivationsbehandlungen –, erfolgten in unterschiedlichen Krankenhäusern innerhalb der Region. Diverse Anläufe, eine stationäre Langzeittherapie zu machen, scheiterten an seiner Angst. Auch ambulante Therapien konnten und können derzeit von ihm nicht mehr durchgehalten werden. In der Regel finden ca. 4-5 Beratungsgespräche statt, dann erfolgt Abbruch. Bei der Wiederaufnahme der Gespräche gibt er an, er hätte keinen Sinn mehr darin gesehen. Den Rückfällen gehen i.d.R. depressive Phasen voraus. Eine drei Monate dauernde medikamentöse Therapie mit Antidepressiva bewirkte eine deutliche Stimmungsaufhellung, wurde jedoch nicht mehr fortgesetzt, da er auf die Substanz allergisch reagierte. Die Behandlung mit anderen Antidepressiva lehnte er ab.

Die gegenwärtige familiäre Situation wird bestimmt durch einen erhöhten Druck der Ehefrau, sich einer sinnvollen Behandlung zu unterziehen und der immer massiver werdenden Ablehnung durch die jetzt 10jährige Tochter. Trotz der seit mehr als 14 Jahren bestehenden Suchterkrankung bagatellisiert Herrn A's. Mutter die Situation, während sein Vater in den akuten Phasen die Druckerei fortführt.

sem Kind. Es folgte die Geburt eines vierten Kindes aus einer nichtehelichen Beziehung als Frau B. 23 Jahre alt war. Im Alter von 26 Jahren erfolgte die zweite Eheschließung. Aus dieser Ehe gingen zwei Kinder hervor. Seit anderthalb Jahren lebt Frau B. getrennt von ihrem zweiten Ehemann.

Seit ca. einem Jahr ist Frau B. bei mir in Beratung und es erfolgte eine Vermittlung in eine Langzeittherapie, die von Seiten der Klientin jedoch nur angetreten wurde, weil ihr angedroht worden war, ansonsten das Sorgerecht für ihre Kinder zu verlieren. Kurz vor Therapiebeginn wurde Frau B. erneut schwanger, ließ jedoch auf Druck der Familienhilfe einen Abbruch vornehmen. Frau B. lehnte eine Vermittlung in eine Fachklinik für Frauen aufgrund ihrer Erfahrungen aus der ersten Therapie rigoros ab. Der Aufnahme in eine gemischtgeschlechtliche Klinik stimmte sie zu und der Aufenthalt dort wurde von Frau B. ausgesprochen positiv erlebt. Es war seit ihrem 15. Lebensjahr die erste Zeit, in der sie nicht ständig Kinder versorgen mußte. Außerdem erfuhr sie durch ihre Bezugstherapeutin und ihre Stammgruppe hohe positive Wertschätzung und Sympathie. Jetzt sind die Ambivalenzen zwischen ihrem Bedürfnis nach „Freiheit" und der Verantwortung und Sorge für die Kinder bewußtseinsfähig und sie kann sie gegenwärtig aushalten, ohne sich mit Alkohol „wegzubeamen".

6.1.1 Risikofaktoren (nach Petzold)

1. Genetische und somatische Einflüsse und Dispositionen:
   - eher sensible, vulnerable Grundkonstitution,
   - mögliche genetische Belastung, da Großvater väterlicherseits Alkoholiker war.

2. Entwicklungsschädigungen in den ersten Lebensjahren und in der Lebensspanne:
   - schwierige familiäre Atmosphären, bedingt durch rigide Strukturen der Eltern und deren z.T. gewalttätigen Durchsetzungsstrategien,
   - Berufstätigkeit der Mutter erforderte die außerhäusliche Unterbringung bei den Großeltern,
   - Verabreichung von Alkohol ab der frühen Kindheit, obwohl in geringen Dosen.

3. Adversive psychosoziale Einflüsse (Milieufaktoren):
   - schwaches soziales Netzwerk, da die Eltern keine Freunde hatten, sondern nur schwierige Kontakte zu den Herkunftsfamilien, also ineffektive Supportsysteme,
   - zusätzlich soziales Lernen bezüglich des Alkohols durch den alkoholabhängigen Großvater,
   - Wertekonzept der Eltern war geprägt von der Haltung „Schaffe, schaffe, Häusle baue", dem Erreichen dieses Ziels wird alles andere untergeordnet,
   - karges, emotionales Klima,
   - kein kollegiales Netzwerk, da er nicht bereit und in der Lage ist, in einem Beschäftigungsverhältnis zu arbeiten.

6.2.1 Risikofaktoren (nach Petzold)

1. Genetische und somatische Einflüsse und Dispositionen:
   - eher robuste, widerstandsfähige Konstitution,
   - mögliche genetische Disposition für Alkohol, da Vater alkoholabhängig war.

2. Entwicklungsschädigungen in den ersten Lebensjahren und in der Lebensspanne:
   - es kann von einer adversiven Stimulierung durch die häufigen Gewalterfahrungen ausgegangen werden,
   - Möglichkeit von psychischen und körperlichen Traumata, durch Erleben exzessiver Gewalt,
   - Defizite durch mangelhafte kognitive und emotionale Förderung (Sonderschulbesuch),
   - in der frühen Adoleszenz sexuelle Mißbrauchserfahrungen,
   - andauernde körperliche und psychische Überforderung seit dem 14. Lebensjahr.

3. Adversive psychosoziale Einflüsse (Milieufaktoren):
   - prekäre wirtschaftliche Situation der Familie,
   - schwaches soziales Netzwerk; es war bestimmt durch die berufliche Situation als Wirtsfamilie, für die Freundschaft und Kundschaft nicht zu trennen war,
   - jetziges soziales Netzwerk sehr eingeschränkt, besteht aus Mutter, Kindern und professionellen HelferInnen,
   - Beziehungskonstellation u.a. geprägt durch die Behinderung eines Kindes und sicherlich erfolgte Stigmatisierung durch das soziale Nahfeld,
   - Gewaltbeziehungen in Verbindung mit Alkohol bedingen i.d.R. immer dysfunktionale Kommunikationsstile,

- einziger (auffindbarer) protektiver Faktor, der staatliche Eingriff und die erfolgte Unterbringung der Kinder im Heim und mit Einschränkungen der Aufenthalt dort,
- ineffektive Supportsysteme, bzw. ein Fehlen derselben.

4. Negativkarriere im Lebenslauf:
   - manifeste Alkoholabhängigkeit seit der Adoleszenz,
   - unbehandelte Depression; genaue Dauer ist nicht bekannt, zu vermuten ist jedoch, daß seit der Pubertät immer wieder depressive Episoden aufgetreten sind.

4. Negativkarriere im Lebenslauf:
   - extrem negativer familialer Konvoi und fehlender amikaler Konvoi
   - sehr schwierige Bedingungen in der Adoleszenz, gezeichnet durch Destruktion, sexuellem Mißbrauch, Alkoholmißbrauch,
   - fehlende berufliche Perspektiven, u.a. auch bedingt durch fehlenden schulischen Abschluß,
   - erleben, daß bisher jede Beziehung scheiterte und jeweils destruktiv geprägt war; Aufbau einer Beziehung während der Therapie; wegen Entfernung (ca. 400 km) und mangelnden finanziellen Möglichkeiten erscheint diese wenig aussichtsreich,
   - erworbene Muster des Scheiterns sind aufgrund der Biographie anzunehmen.

5. Internale Negativkonzepte:
   - negative Kontrollüberzeugung – „das ganze Leben ist beschissen", „ich schaff' das sowieso nicht",
   - erlebt alles gegen sich gerichtet,
   - erlernte Hilflosigkeit gegenüber Problemen,
   - mangelnde Frustrationstoleranz; droht ständig an seiner Perfektion zu scheitern.

5. Internale Negativkonzepte:
   - instabiles Selbstwertgefühl, es ist bei ihr an eine extrem ordentliche Haushaltsführung geknüpft,
   - „Putzwang", die Kinder werden einem rigorosem Reinlichkeitsdrill unterworfen,
   - Selbstkonzept ist sehr pragmatisch angelegt – „Irgendwie geht's schon weiter",
   - Zukunftserwartungen sind eher negativ konnotiert; Kinder werden mittlerweile als Behinderung für die Zukunft eingeschätzt, berufliche Möglichkeiten ausgeschlossen.

6. Auslösende aktuale Belastungsfaktoren:
   - Arbeitssituationen werden als überfordernd und streßerzeugend erlebt, wenn Arbeitsabläufe von der Routine abweichen,
   - erster Rückfall nach 4 Jahren Abstinenz beim Zusammentreffen einschneidender Erlebnisse, wie der Vergrößerung seines Betriebs, der Geburt eines Kindes und einer lebensbedrohlichen Erkrankung seines Vaters,
   - jeweils Entwicklung einer depressiven Episode.

7. Diverse negative Einflüsse, ungeklärte Faktoren:
   - exzessive Trinkrituale in der Militärzeit,
   - Möglichkeit der Entwicklung einer Kreuztoleranz zwischen Alkohol und Lösungsmitteldämpfen, die sich in einer Druckerei ständig entwickeln; dadurch evtl. neurophysiologische Veränderungen.

6.1.2 Protektive Faktoren (nach Petzold)

Entwicklungsförderung in den ersten Lebensjahren und in der Lebensspanne ist das Vorhandensein von Konstanz i.S. einer stabilen familialen Konstellation, keine Trennung der Eltern bzw. kein plötzlicher Wechsel des Umfeldes, sowie die Gewährleistungen materieller Versorgung.

Als supportive Stimulierung kann die Anregung und Hinführung zu handwerklichen Tätigkeiten durch den Vater eingeordnet werden, sowie sich wohl fühlen, wenn er allein oder mit dem Hund im Wald spazieren geht.

Konstruktive psychosoziale Einflüsse heißt, sichere wirtschaftliche Verhältnisse sind vorhanden.

Positivkarriere im Lebenslauf heißt, die Beziehung mit seiner Frau besteht seit seinem 16. Lebensjahr, Partnerschaft und

6. Auslösende aktuale Belastungsfaktoren:
   - kritische Lebensereignisse sind die Trennungen und Brüche, die sich durch die ganze Biographie ziehen,
   - als zeitextendierte Belastung ist ihr Alltag als alleinerziehende Mutter, die von Sozialhilfe abhängig ist, einzuordnen,

7. Diverse negative Einflüsse, ungeklärte Faktoren:
   - die Biographie ist so schwierig, so daß dieser Bereich prozeßdiagnostisch noch keine Bearbeitung erfahren hat.

6.2.2 Protektive Faktoren (nach Petzold)

Als protektive Faktoren können die ausgeprägte Vitalität, eine erworbene Resilienz angesichts widrigster Entwicklungsbedingungen, teilweise positive Erfahrungen im Kinderheim im Sinne von „schützenden Inseln“ (nach *Petzold* et al. 1993), eine unbekümmerte Lebenseinstellung im Sinne von „Ich schaff' das schon“ ausgemacht werden. Durch die Anforderungen, die an sie gestellt wurden, erwarb sie sich eine hohe lebenspraktische Kompetenz. Als wichtige protektive Erfahrung könnte sich auch die Langzeittherapie herausstellen, in der sie sich das erste Mal in ihrem Leben jung, unbekümmert, unbeschwert fühlen konnte.

Familie geben trotz Schwierigkeiten Halt und es besteht noch immer loser Kontakt zur „Clique" aus der Jugendzeit.

Internale Positivkonzepte entwickeln sich durch eine positive Kontrollerwartung im beruflichen Bereich (er weiß, was er kann) und seine reiche Kreativität, die er allerdings nur bedingt im Beruf umsetzen kann.

Wirksame aktuale Unterstützungsfaktoren sind durch Motorradurlaube mit seiner alten „Clique" und die stetige Zuneigung und Unterstützung durch seine Frau gegeben.

7. Zur Begründung der Notwendigkeit der Geschlechterdifferenzierung

Im ICD-10 scheint Geschlecht und Geschlechterverhältnis als nicht wichtig erachtet zu werden, obwohl z.B. im Abschnitt F6 – Persönlichkeitsstörungen immer wieder Diagnosekriterien vorgestellt werden, die im Grunde genommen Ausdruck unreflektierter Festlegungen des Geschlechterverhältnisses sind; siehe hier besonders „F60.6, ängstliche (vermeidende) Persönlichkeitsstörung" und „F60.7, abhängige (asthenische) Persönlichkeitsstörung" (*Dilling H./Mambour W./Schmidt M.H,* (1991). Auch im DSM-IV „Cluster A-Persönlichkeitsstörungen" wird nur wenig anders verfahren, obwohl z.B. unter der Diagnose „301.6 (F60.7) Dependente Persönlichkeitsstörung" (DMS IV) im Abschnitt „Besondere, kulturelle, Alters- und Geschlechtsmerkmale" (DSM IV) sich der Hinweis befindet, daß „... in der Gesellschaft dependentes Verhalten beim männlichen oder weiblichen Geschlecht unterschiedlich gefördert oder mißbilligt werden kann" (ebenda). Die Ausführungen belegen, daß die noch immer unterschiedlichen Sozialisationsbedingungen Eingang in die Überlegungen gefunden haben, sich dies jedoch nicht in den dazugehörigen diagnostischen Kriterien niederschlägt, mit Ausnahme des Punktes (3) „hat Schwierigkeiten, anderen Menschen gegenüber eine andere Meinung zu vertreten, aus Angst, Unterstützung und Zustimmung zu verlieren. **Beachte**: hier bleiben realistische Ängste vor Bestrafung unberücksichtigt" (ebenda). Diese in Anbetracht des Umfangs des DSM-IV sehr spärlichen Hinweise sind nicht dazu geeignet, angemessen die gesellschaftlich bedingten Lebenslagen zu erfassen, zumal die Geschlechtsmerkmale hier im Sinn identitäts- und eigenschaftstheoretischer Zuordnungen verwendet und „die biologischen Unterschiede als Ankerpunkt benutzt" werden (*Scheffler* 1991). Die sowohl im ICD-10, als auch im DSM-IV vorgegebenen diagnostische Vorgehensweisen führen dazu, daß gesellschaftliche Bedingungen, wie die Auswirkungen des Geschlechterverhältnisses individualisiert und Frauen hier durch die psychiatrische Diagnostik zusätzlich stigmatisiert werden, damit auch keine geschlechtsadäquate Behandlungsstrategien entwickelt werden, was zu erheblichen Risiken, Nebenwirkungen und Schäden durch unangemessene therapeutische Strategien und Behandlungspraxen führen kann (*Märtens, Petzold* 2002).

Die dargestellten Biographien entsprechen sich in etwa in der Alterskohorte und in der Schichtzugehörigkeit (untere Mittelschicht) und der Hauptdiagnose Alkoholabhängigkeit. Bezieht man die beiden Biographien auf das Saluto-Patogenese-Modell und vergleicht sie miteinander, werden eine Reihe signifikanter Unterschiede sichtbar, die nicht allein auf der individuellen Ebene erklärt werden können, sondern eben auch aus den bestehenden *Geschlechterverhältnissen* resultieren.

Im folgenden werde ich jeden herausgearbeiteten Vergleich, in dem die bestehenden Geschlechterverhältnisse bedeutsam sind, mit in Klammern gesetzt (*Geschlechterverhältnisse*) kennzeichnen.

Die beiden Herkunftsfamilien unterscheiden sich in einer Hinsicht gravierend: Familie A. stellt sich als aufstiegsorientiert dar – der Sohn wird bis heute von den Eltern immer wieder finanziell und praktisch beim Aufbau und Erhalt des eigenen Betriebes unterstützt. Familie B. hingegen ist charakterisiert durch eine Überlebensorientierung, der Vater war ein gewalttätiger Alkoholiker, die Mutter konnte sich nicht gegen ihn wehren – und überließ aus ihrer Notsituation heraus ihre Kinder dem öffentlichen Hilfesystem (*Geschlechterverhältnisse*).

Als wichtig wird in der psychodynamisch orientierten Fachliteratur die Positionierung des Kindes in der Familie erachtet, eine Aufassung, die allerdings durch die empirische Geschwisterforschung nicht bestätigt wird. Hier muß der Einzelfall sorgfältig betrachtet werden, um keine Klischees zu reproduzieren. Herr A. wuchs als Einzelkind und Frau B. als „Sandwichkind" auf; zudem ist sie das einzige Mädchen in der Familie.

Bedeutsam für die männliche Biographie, bezogen auf die expliziten Geschlechterbedingungen, ist der Erwartungsdruck der Eltern – sichtbar in Biographie A –, daß der „Bub ein richtiger, ein erfolgreicher Mann" werden müsse (*Geschlechterverhältnisse*).

Für die weibliche Biographie stellt sich als wichtig heraus, daß die Tochter der Mutter zur Hand gehen mußte und auch Unterstützungsfunktion in psychischer Hinsicht hatte. In familientherapeutischer Sicht würde man im Fall A. von einer fortdauernden „Infantilisierung" und im Fall B. von einer überfordernden „Parentifizierung" sprechen (das Konzept der Geschlechtsrollenidentität verwende ich hier nicht, da es mir innerhalb des theoretischen Bezugsrahmen als nicht genügend konsistent erscheint) (*Geschlechterverhältnisse*).

Weitere ins Auge fallende Unterschiede sind die im Fall A. schwach ausgebildeten und im Fall B. die stark ausgebildeten Resilienzen.

Am herausragendsten, auffälligsten ist der Unterschied bei Betrachtung der jeweiligen Negativkarrieren im Lebenslauf. Bei Herrn A. relativ gute Konstanz der Verhältnisse, bei Frau B. extrem schwierige, brüchige Gesamtsituation. Eine doch eher positiv zu bewertende Ressourcenlage bei Herrn A., eine extrem reduzierte negative bei Frau B. (*Geschlechterverhältnisse*).

Bei Herrn B. relativ gesicherte wirtschaftliche und soziale Situation, bei Frau B. extrem prekäre wirtschaftliche und soziale Lebenslage (*Geschlechterverhältnisse*).

Die hier exemplarisch herausgearbeiteten Befunde decken sich auch mit in der Literatur getroffenen Aussagen, daß man bei Frauen aus benachteiligten Schichten in der Regel häufiger kritische Ereignisse in der Lebensspanne findet (im letzten Jahr hatte ich vier junge Klientinnen mit einer ähnlich schwierigen Biographie; es handelt sich bei dem Beispiel also um keine „Negativauslese" aus meinem Praxisfeld). *Anja Meulenbelt* konstatiert beispielsweise: „Bei Frauen sieht man häufiger eine Bündelung von Problemen, bei der Alkohol nur ein Aspekt von vielen ist" (*Meulenbelt* 1998). *Regina Bekker-Schmidt* prägte den Begriff der doppelten Vergesellschaftung der Frau – entstanden in der Phase der sogenannten Hausarbeitsdebatte – und meint damit zum einen die nicht bezahlte Haus-, Erziehungs- und Beziehungsarbeit und zum anderen die Erwerbstätigkeit von Frauen. Dies benennt *Scheffler* als *eine* der strukturellen Bedingungen für die Suchtentwicklung bei Frauen. *Scheffler* (1999). führt unter anderem als weitere Ursachen, „von denen mehrheitlich oder ausschließlich Frauen betroffen sind" an: „... gesellschaftspolitische Diskriminierung ..., normative Anforderungen an Schönheit und Körperbild, ständig erfahrene Bedrohung durch körperliche und psychische Gewalt, Über- oder Unterforderung, durch Haus- und Betreuungsarbeit oder Hausfrauenrolle."

8. Vorläufige Heuristik

Destilliert aus den vorhergehenden Ausführungen und meinem Erfahrungswissen (siehe hierzu auch die Arbeiten von *Vogt* 1985, 1986, 1991 und *Franke* 2000), daß Frauen häufig psychotrope Substanzen, vor allem Medikamente und Alkohol einsetzen, um ansonsten unerträglichen Situationen bewältigen zu können, obwohl sie oft nicht als solche erkannt werden – „weil es halt immer so war", Frau kennt nichts anderes – halte ich die unten folgenden Überlegungen für die Diagnosestellung bei Frauen für besonders wichtig:

- Erziehung/Sozialisation zur Anpassung/Unterordnung
- geschlechtstypisches Verhalten des Vaters/der Mutter
- schulische Sozialisation
- sexueller Missbrauch
- Gewalterfahrungen
- welches Kind hat die Verantwortung zu übernehmen, wenn Eltern ausfallen
- Beziehungsdynamik in der Partnerschaft
- Brüche in der Ausbildung und beruflichen Laufbahn auf Grund von Schwangerschaft und Kindererziehung

- Selbstwertproblematik – z.B. nicht den gängigen Schönheits- Schlankheitsidealen zu entsprechen
- negative Selbstkonzepte – Abwertungen/Entwertungen/erlernte Hilflosigkeit/etc.
- sexuelle Probleme – Sexualität

Durch ein sorgfältiges, differenziertes, diagnostisches Vorgehen, das auch die oben aufgeführten Überlegungen integriert, wie exemplarisch im Punkt 6 mit dem Saluto-Pathogenese-Modell dargestellt, ergeben sich die Behandlungsziele aus der kontextuellen Logik.

9. Vorschläge für Geschlechterdifferenzierung im ambulanten Suchtbereich

Aus vorhergehenden Ausführungen wird ersichtlich, daß Benachteiligungen, besondere Problembündelungen, Stigmatisierungen (Konzept der *doppelten Stigmatisierung* nach *G. Joseph* und dem Konzept der *akkumulativen Stigmatisierung* nach *Petzold*) und Ausgrenzungen süchtige Frauen ungleich mehr betreffen als Männer. Dies soll nicht im Sinn von eigenschafts- oder identitätstheoretischen Differenzen aufgefaßt werden, sondern beschreiben, wie sich Frauenleben trotz aller formaler Gleichberechtigung noch immer darstellt. Diese Faktoren müssen auch in der Beratung und Behandlung süchtiger Frauen berücksichtigt werden. Ich plädiere deshalb für im folgenden dargestellte Differenzierungen in der ambulanten Beratungs- und Behandlungspraxis sogenannter *integrierter Suchtberatungsstellen.*

Dem Klienten, der Klientin muß die Entscheidungsfreiheit zugestanden werden, ob er/sie einen Berater oder eine Beraterin will. Dies muß konzeptionell verankert werden.

Die Respektierung der menschlichen Würde im Allgemeinen und der PatientInnenwürde (*patient dignity*, *Märtens, Petzold* 2002) drückt sich auch in der Anerkennung der Entscheidungsfreiheit des Einzelnen – auch des süchtigen Menschen – aus. Auf diese Wahlmöglichkeit muß bereits bei der Anmeldung deutlich hingewiesen werden.

Es müssen immer Männer- und Frauengruppen, sowie gemischtgeschlechtliche Gruppen angeboten werden. Auch hier ist den KlientInnen die Entscheidungsfreiheit zuzugestehen, welche Gruppe besucht werden möchte.

Sowohl in männlichen als auch in weiblichen Lebensläufen gibt es Bereiche, die leichter in einer gleichgeschlechtlichen Gruppe thematisiert werden können. Dies können z.B. bei Männern, Auseinandersetzung mit der „Täterrolle“, sexuelle Probleme, wie Impotenz etc. sein. Dies sind Bereiche, die in gemischtgeschlechtlichen Gruppen nur selten thematisiert werden. Bei Frauen gilt dies für die Themen sexueller Mißbrauch, Gewalterfahrungen etc.. Wiederholt wurde in der Fachliteratur darauf hingewiesen, daß Frauen in gemischtgeschlechtlichen Gruppen ihre „übliche“ Beziehungsarbeit leisten, d.h. emotional stützen, sich einfühlsam verhalten und dadurch sozusagen zu kurz kommen. Da Geschlechterverhältnisse überwiegend durch Asymmetrie – zumindest noch jetzt – definiert sind, bilden sich diese auch in der Gruppen- und Kommunikationsstruktur ab. Gemischtgeschlechtliche Gruppen bieten die Möglichkeit für *reziproke Verständigungsprozesse* zwischen Männern und Frauen, wenn für diese Perspektiven eine Bewußtheit besteht. Dann nämlich kann der längst fällige *„Polylog“* (*Petzold* 2002) – ein die „Zweisamkeit“ der Dialogik überschreitendes, vielperspektivisches, die Vielfalt und Andersheit der Anderen wertschätzendes Miteinander-Sprechen – zwischen den Geschlechtern stattfinden, eine „vielstimmige Rede“ (*Bakhtin* 1981), in der jede Stimme Gehör zu finden vermag und ein Klima der *„Konvivialität“* (*Orth* 2001), des sorgsamen, achtungsvollen und freudigen Umgangs miteinander entstehen kann. Die Entscheidung für die je unterschiedlichen Gruppen werden die KlientInnen immer abhängig von ihrem Entwicklungsprozeß treffen. Die Möglichkeit der konzeptionellen Verankerung wird immer auch bedingt durch die Größe und personelle Ausstattung der Beratungsstelle.

Supervisionen über Prozesse mit Patientinnen sollten immer die Genderperspektive mit berücksichtigen. Der **Diskurs** Geschlechterhierarchie mit seinen verdeckten Vorurteilen sollte in Ko-respondenzprozessen verhandelt werden, um den MitarbeiterInnen im Umgang mit KlientInnen, aber auch untereinander ein respektvolles, wertschätzendes Verhalten zu ermöglichen. Die häufigen Problembündelungen bei Frauen erfordern meines Erachtens oft längere Behandlungs- und Nachbehandlungszeiten. Hierzu muß mit den Leistungsträgern verhandelt werden.

Die MitarbeiterInnen der Beratungsstellen sollten sich offensiv für eine schulische und berufliche Qualifizierung einsetzen, da auch heute noch viele Frauen (dies gilt natürlich auch für Männer) nicht dem Anforderungsprofil des Arbeitsmarktes entsprechen und sie allein durch ihr Frausein durch die noch immer bestehende geschlechtsspezifische Segregation des Arbeitsmarktes benachteiligt werden. Über die Gründung und Finanzierung von solchen Qualifizierungseinrichtungen sollte auch in Beratungsstellen nachgedacht und aktiv dazu beigetragen werden. Als mindestens ebenso schwerwiegend stellt sich die Situation der Kinderbetreuung in Kindertagesstätten dar. Kinderkrippen oder Horte sind noch immer nicht ausreichend vorhanden, bzw. sind die Öffnungszeiten dieser Einrichtungen oft nicht mit den Arbeitszeiten vereinbar. Oft scheitert die Aufnahme einer Berufstätigkeit an fehlenden Kinderbetreuungsmöglichkeiten. Wichtig ist die Vernetzung nicht nur mit suchtspezifischen Einrichtungen, sondern auch mit anderen Einrichtungen im Hilfesystem, wie Kindertagesstätten, Arbeitsamt u.a..

Aus den vorhergehenden Ausführungen wird die politische Dimension und die Notwendigkeit politischen Handelns ersichtlich. Dieses darf sich aber nicht nur auf das Feld der Suchtkrankenhilfe beschränken, sondern muß auch anderen Politikfeldern verpflichtet sein.

10. Zusammenfassung und Ausblick

Eine qualifizierte Beratung und Behandlung, die der in aller Regel sehr problematischen, prekären Situation von Suchtkranken, insbesondere der von Frauen gerecht werden will, benötigt angemessene diagnostische Verfahren, die in der Lage sind nicht nur die Mikroebene, sondern auch die Meso- und Makroebene zu erfassen, sowie dementsprechende therapeutische Methoden und Strategien. Die Integrative Therapie entwickelte sehr differenzierte Diagnoseschemata (*Petzold*, *Orth* 1994; *Osten* 2000) und ein vielfältiges, umfangreiches Methodenangebot, welche sich insbesondere für die Beratung und Behandlung von Frauen anbieten. Durch ihre philosophisch ethische Fundierung – es seien hier als zwei wichtige Referenzphilosophen *Gabriel Marcel* mit seiner Ethik der *Intersubjektivität* und *Emmanuel Levinas* mit seiner Ethik der *Alterität* genannt – und ihrer Überschreitung durch die von *Hilarion Petzold* (2002) entwickelte „Grundformel der Intersubjektivität in der Integrativen Therapie“... **„Du, Ich, Wir im Kontext und Kontinuum“** und dem „Herzstück“ der Integrativen Therapie, dem „Konzept *polylogischer Ko-respondenzen*“ (ebenda) bietet sie Gewähr, dem beschädigten, ausgegrenzten Menschen in seinem ganzen So-Sein, Anders-Sein respektvoll und wertschätzend zu begegnen, in einem „gastlichen Raum“, in dem sie „... willkommen sind und sich niederlassen, heimisch werden können“ – ein Raum der „Konvivialität“ (ebenda).

Ich stimme *Schefflers* Auffassung zu, daß – und hier erweitere ich – in der therapeutischen Arbeit mit Männern und Frauen die Differenzen, die noch immer bestehen, „nicht zu vertiefen, aber auch ernst zu nehmen und den Gleichheitsaspekt beizubehalten“(*Scheffler* 1996)“, der – wie ich meine – in der Dimension der *Gerechtigkeit* gründet, wie die Theorie der Integrativen Therapie betont (*Neuenschwander* 2002).

Geschlechterdifferenzierung in der ambulanten Beratung ist notwendig. Allerdings darf sie nicht nur im Dienst der Ab- und Ausgrenzung stehen. Eine Ausweitung und konzeptionelle Verankerung ist dringend angesagt. Der Überlegung *Schefflers* „... nicht mehr nur Räume für Frauen abzuringen und zu gestalten, sondern Bündnispartner zu gewinnen, um die Geschlechterverhältnisse gemeinsam zu hinterfragen, die Konfrontation von Kollegen und betroffenen Männern, sich mit den männlichen Rollenwidersprüchen und den gesellschaftlichen Gratifikationen dafür auseinander zu setzen“ (*Scheffler* 1999) kann ich nur zustimmen, trägt diese doch, falls sie denn ernst genommen und umgesetzt wird, dazu bei, sich einen Schritt vorwärts zu wagen und aus den verhärteten Polarisierungen herauszutreten.

Schlußbemerkungen

Interessant war für mich, festzustellen, in welchem Umfang sich Feministinnen mit unterschiedlichen philosophischen Ansätzen, wie die von *Bakhtin, Derrida*, *Foucault, Merleau-Ponty, Lévinas, Marcel,* aber auch *Kant* und anderen auseinandersetzten. *Sabine Gürtler* (1994) beispielsweise betont „die politische Relevanz des Denkens der Alterität (*Lévinas)* für den Feminismus" – vor allem auch im Hinblick darauf, daß die aufgeführten Philosophen zum großen Teil Referenzphilosophen der Integrativen Therapie sind (*Petzold* 2002h), so daß punktuelle Übereinstimmungen zwischen feministischen Strömungen und Integrativer Therapie nicht auszuschließen sind.

An das Ende dieser Arbeit stelle ich einen „Gedankenschnipsel", der sich bei der Lektüre einschlich und sich nicht mehr fortschicken lassen mochte. Angeregt wurde er von *Klingers* Betrachtungen über Spekulation und Abstraktion als Methoden der Philosophie und ihrer Benennung eines Paradigmenwechsels von Sinnzusammenhang stiftenden „großen Erzählungen" (*Lyotard*) der Moderne hin zu „einer neue(n) Art von Legitimation, die *Lyotard* als Legitimierung durch Performativität bezeichnet." Sie definiert sie als „Optimierung des Verhältnisses von Input und Output" (*Klinger* 1998). *Klinger* führt in ihren Betrachtungen die Auffassung *Lyotards* fort mit der Aussage, daß „an die Stelle des denotativen Sprachspiels wahr/falsch und des präskriptiven Sprachspiels gerecht/ungerecht ... das performative bzw. technische Sprachspiel effizient/ineffizient ... tritt" (ebenda).

Dieser Paradigmenwechsel und die zeitgleich damit einhergehende Globalisierung, vor allem der Wirtschaft und deren Anspruch, daß sich alles Handeln der Überprüfung auf Funktionalität – also Effizienz/Ineffizienz – unterziehen lassen müsse, läßt sich parallel zum Anspruch der absoluten Gewinnmaximierung setzen. Jede ethische Grundlegung fehlt und das „Raubtiergesicht" des Kapitalismus findet in diesem Paradigmenwechsel ihre Begründung. Ich sehe hier Entsprechungen zu der relativ unkritischen Einführung des *Qualitätsmanagements* in die Suchthilfe und gebe zu bedenken, daß dadurch auf der Mikroebene dazu beigetragen wird, die Parameter „effizient/ineffizient" zu installieren und damit die Gefahr besteht – gerade durch die Verknappung der öffentlichen Mittel –, daß berufliches Handeln, außer den Erfordernissen der Effizienz keinerlei ethischer Begründung mehr bedarf.

Zusammenfassung

Schwerpunkt der vorliegenden Arbeit ist, inwieweit die „Integrative Therapie" in der Diagnostik die Einbeziehung der Kategorie „Geschlecht" ermöglicht. Dies erfolgt unter der Zugrundelegung des diagnostischen Verfahrens des *Saluto-Pathogenese*-Modells der Integrativen Therapie. Praxeologische vorläufige Heuristiken für die Diagnose werden auf dieser Grundlage herausgearbeitet, ebenso Vorschläge zur Geschlechterdifferenzierung für die Praxis der ambulanten Suchtberatung und -behandlung.

Summary

The focus of the text presented is to show, whether the diagnostics of "Integrative Therapy" allows the inclusion of the category "gender". On the basis of the *Saluto-Pathogenese*-concept of "Integrative Therapie" as diagnostical procedure tentative heuristics for diagnostic are developed, as well as suggestions for genderdifferenciation to serve practical work in counselling and therapy for out-patients that are drug users and addicts.

Keywords: Gender, therapy of addiction, Integrative Therapy

Hilarion G. Petzold, Peter Schay, Ulrich Hentschel

Niedrigschwellige Drogenarbeit und „intermittierende" Karrierebegleitung als Elemente einer protektiven Gesamtstrategie der Drogenhilfe

Der vorliegende Text ist eine Neufassung des Artikels von *Petzold/Hentschel* von 1991, der mit dem Konzept der langfristigen „*intermittierenden Karrierebegleitung*" ein theoriegeleitetes, am „lifespan developmental approach" der klinischen Entwicklungspsychologie (*Petzold* 1994j, 1999b; *Oerter* et al. 1999) orientiertes, neues Paradigma in der Drogentherapie begründete. Fünfzehn Jahre nach seiner Veröffentlichung, stehen die dort vertretenen Positionen in unveränderter Aktualität da, zumal sich die „Landschaft" der Drogenszene in einer Weise entwickelt hat, die die Betrachtungsweise dieses Beitrages vollauf bestätigt und die seitdem gewonnenen klinischen Erkenntnisse und Forschungen (*Petzold, Märtens* 1999) die Positionen der Arbeit von 1991 untersteichen. Das *protektive* Moment dieses Ansatzes ist inzwischen noch stärker herausgestellt worden (*Petzold* et al. 1993) und ist als ressourcenorientierte Strategie (ders. 1997p) heute maßgeblich.

Es ist ein bedrückendes Faktum, daß für einen sehr großen Teil drogenkonsumierender/-abhängiger Menschen noch keine Behandlungsmethoden gefunden wurden, die ihnen ein drogenfreies Leben ermöglichen oder zumindest ein Leben ohne soziale Verelendung, Kriminalität und die schweren physischen und psychischen Folge- oder Begleiteffekte des Drogenkonsums. Die Behandlungsansätze in den stationären Entwöhnungseinrichtungen sind nur für einen spezifischen Teil der Drogenpopulation geeignet und gehen vielfach am Bedarf vorbei. Hinzu kommt, daß die Erfolge in diesen „traditionellen" Rehabilitationsprogrammen – nicht zuletzt aufgrund der Einengungen durch die konzeptionellen Vorgaben der Leistungsträger – hinsichtlich der kurzfristigen und mittelfristigen Drogenfreiheit und psychosozialen Stabilität in einem geringen Rahmen liegen. Bei der Schwierigkeit der therapeutischen Aufgabe, die es ja nicht nur mit einer klinischen Störung, sondern in der Regel auch mit desaströsen oder zumindest „prekären Lebenslagen" zu tun hat, stellt sich die Aufgabe lebenslage- und netztwerkorientierter Therapie, also von *Soziotherapie/Sozialtherapie* im spezifischen Sinne (*Petzold* 1997c). Mit der vielfach vernachlässigten Weiterbehandlung im Rahmen der Adaption und/oder Ambulanten Rehabilitation im Anschluß an den Aufenthalt in der „Fachklinik“ wird eine Problematik deutlich, die unbedingt angegangen werden muß, denn „prekäre Lebenslagen“ und fehlende oder schwache „Konvoys“ (Netzwerke über Zeitstrecken des *Lebenslaufs*, vgl. *Petzold, Josić, Ehrhardt,* Integrative Suchtarbeit 2006) müssen interventiv mit berücksichtigt werden.

„**Prekäre Lebenslagen** sind zeitextendierte Situationen eines Individuums mit seinem *relevanten Konvoi* in seiner sozioökologischen Einbettung und seinen sozioökonomischen Gegebenheiten (Mikroebene), die dieser Mensch und die Menschen seines Netzwerkes als ‚*bedrängend*‘ erleben und als ‚*katastophal*‘ bewerten (kognitives *appraisal*, emotionale *valuation*), weil es zu einer Häufung massiver körperlicher, seelischer und sozialer Belastungen durch Ressourcenmangel oder -verlust, Fehlen oder Schwächung ‚protektiver Faktoren‘ gekommen ist. Die Summationen ‚kritischer Lebensereignisse‘ und bedrohlicher Risiken lassen die Kontroll-, Coping- und Creatingmöglichkeiten der Betroffenen (des Individuums und seines Kernnetzwerkes) an ihre Grenzen kommen. Eine *Erosion der persönlichen und gemeinschaftlichen Tragfähigkeit* beginnt. Ein progredienter Ressourcenverfall des Kontextes ist feststellbar, so daß eine Beschädigung der persönlichen Identität, eine Destruktion des Netzwerkes mit seiner ‚supportiven Valenz‘ und eine Verelendung des sozioökologischen Mikrokontextes droht, eine *destruktive Lebenslage* eintritt, sofern es nicht zu einer Entlastung, einer substantiellen ‚Verbesserung der Lebenslage‘ durch Ressourcenzufuhr kommt und durch infrastrukturelle Maßnahmen der Amelioration, die die Prekarität *dauerhaft* beseitigen und von *Morenos* (1923) Fragen ausgehen: Was hat uns in diese Lage gebracht? Worin besteht diese Lage? Was führt uns aus dieser Lage heraus?“ (*Petzold* 2000h).

Eine solche Lebenslage- und Lebenslaufperspektive, stellt ein „Paradigma“ für die Drogenarbeit dar. Die lebenslange „Identitätsarbeit“ (*Petzold* 2001p; *Wijnen, Petzold* 2003), die Menschen ohnehin zu leisten haben, muß daher mit Maßnahmen der „Karrierebegleitung“ verbunden werden. Daher müßten die Probleme der Behandlung in einer mittel- und langfristigen Konzeption durch die Entwicklung geeigneter Modelle gelöst bzw. die vorhandenen Möglichkeiten effektiv genutzt werden. Dann wäre – davon ist nach allen Erfahrungen auszugehen – die Effizienz der stationären Behandlungssequenzen weitaus höher. Bislang werden die Notwendigkeiten konzeptuell und praxeologisch elaborierter Forschung für weiterführende Behandlungen (Adaption, Nachsorge) zwar von Leistungsträgern, vielfach aber nicht von den Therapeuten in dem erforderlichen Maße gewürdigt und im Interesse der Klientel als ein „Muß“ betrachtet. Wir haben unverändert zumindest in Teilbereichen der Drogenhilfe einen konzeptarmen Raum, der Fragen der Vernetzung unbeantwortet läßt. Die Funktionsfähigkeit der Hilfsagenturen ist dadurch oft suboptimal.

Fundierte Kenntnisse über die Zusammenhänge von Drogenfreiheit und den Inhalt und Umfang von Behandlungsprogrammen, die nur durch Longitudinalforschung zu erreichen sind, liegen den Verantwortlichen nicht vor. Welche Bedeutung z.B. Fachkliniken, insbesondere der Mehrfachaufenthalt in ihnen bei mehreren Rückfallphasen, in der Langzeitperspektive hat, ist bislang nicht ausreichend dokumentiert. Wahrscheinlich werden positive Wirkungen – selbst bei Rückfälligen „verschenkt“ durch fehlende Kontinuitäten in den Behandlungsabläufen – vor allem in weiterführenden Behandlungselementen. Die Rolle von Beratungsstellen und Hilfsagenturen bei der Anschlußbehandlung muß dabei als zentral gesehen werden. Eine eigene Longitudinalstudie bei 62 drogenabhängigen Jugendlichen über den Zeitraum 1970-1976 und 1978 (*Petzold* 1981) ließ ein deutliches Abnehmen im Hinblick auf die Erwartung von Hilfeleistungen durch Beratungsstellen erkennen: 1971 sehr hilfreich m = 34,6%, w = 33,3%; gar nicht hilfreich m = 19,2%, w = 11,1% - 1973 sehr hilfreich m = 12%, w = 0%; gar nicht hilfreich m = 68%, w = 25%. Von den Befragten gaben 73,9% „mangelnde Kontinuität“ als Hauptgrund ihrer Negativerfahrungen mit helfenden Institutionen nach sechs Jahren Karriere an. Auch wenn die Einrichtungen ihre Angebotsstruktur in den 90er Jahren weiterentwickelt und ausgebaut haben, muß unverändert davon ausgegangen werden, daß hier noch erhebliche ungenutzte Potenziale liegen.

Aus der allgemeinen Psychotherapieforschung (*Grawe* 1998; *Petzold, Märtens* 1999) ist bekannt, das im ersten Drittel einer mittelfristigen Behandlung besonders starke Veränderungen und Behandlungseffekte eintreten. Eine ähnliche Beobachtung wurde von langjährig erfahrenen Supervisoren in stationären Einrichtungen der Drogentherapie sowie von erfahrenen Therapeuten solcher Einrichtungen gemacht.

Nach einer kurzen, initialen Motivationsphase, in der die Kooperation erreicht werden muß, kommt es zu einer relativ hohen Motivierung, die eigene Situation zu bearbeiten und damit verbunden zu starken Verhaltensänderungen. Diese flachen nach einem Zeitraum von 15 bis 18 Wochen deutlich ab. Neue Motivation muß dann wieder aufgebaut werden, wobei die Effekte deutlich geringer ausfallen.

Es sind also Modelle zu entwickeln, die in der *Hochphase der Kooperation und des motivationalen Impetus* die Therapie beenden, bevor der *„motivationale Abschwung“* eintritt, um durch eine Überleitung in ein neues Segment des rehabilitativen Verbundsystems (Adaptionsphase) einen neuen Zyklus der Motivation zur Umstrukturierung der Lebens- und Krankheitskarriere zu initiieren.

Damit wird gleichzeitig ein sich selbst verstärkendes System therapeutischer Erfolgserlebnisse installiert, das die Chance bietet, vorzeitige Ausstiege aus erfahrungsgemäß längeren *Karriereverläufen* zu ermöglichen bzw. diese Verläufe zu verkürzen.

Insgesamt muß in der Therapie mit den Patienten an einem Wissen über *Karriereverläufe* gearbeitet werden und an ihrer Fähigkeit, Hilfeangebote so zu gebrauchen, daß bei etwaigen „Abstürzen“ Auffang- und Hilfemöglichkeiten genutzt werden können, so daß es auch bei Rückfällen zu einer deutlichen Verkürzung der Gesamtkarrieren kommen kann.

Das Konzept der *„intermittierenden Karrierebegleitung"* wird also dem Patienten selbst als Ressource zur Verfügung gestellt und durch die Kooperation mit entsprechenden Einrichtungen des Drogenhilfesystems gesichert.

Berücksichtigen wir auch, daß ein erheblicher Teil der Klientel unter traumatischen Erfahrungen und psychotischen Störungen leidet, kommt einer fokaltherapeutischen Intensivierung (*Petzold* 1993p), die die Problemorientierung und Ressourcenorientierung (*Petzold* 1997p) verbindet und auf das systematische Erschließen und Nutzen von protektiven Faktoren sowie auf die bewußte Verminderung von Risiko- und Belastungsfaktoren (*Müller, Petzold* 2001) setzt, besondere Bedeutung zu, da durch diesen Behandlungsansatz der innere Druck gemildert werden kann, so daß die „Notmedikation" durch Suchtmittel entfallen könnte.

Das System der Suchtkrankenhilfe hat sich zwischen dem sozialen und medizinischen Hilfesystem entwickelt. Dabei war bis in die frühen 60er Jahre die Suchtkrankenhilfe eine Domäne der Nervenärzte. Hingegen hat sich in den 70er Jahren eher eine Tradition der psychosozialen Behandlung und Begleitung eines Drogenkonsumverhaltens herausgebildet. Der psychiatrischen Behandlung stand man eher kritisch bis ablehnend gegenüber. Bis weit in die 80er Jahre wurde in Deutschland das Abstinenzparadigma und die Leidensdrucktheorie (nur wer ganz unten ist, ist auch bereit auszusteigen) hochgehalten. Dieser Ausstieg aus der Sucht wurde als der alleinige „Königsweg" proklamiert. Drogenhilfe war das Metier der Sozialarbeiter/-pädagogen und Psychologen. Selbst während stationärer Entzugsmaßnahmen wurde so gut wie kaum adäquat medikamentös (z.B. mit Methadon) behandelt („kalter Entzug in warmer Atmosphäre" als Werbeslogan der „zentralen" Drogenentgiftungseinrichtung NRW in Hagen-Hohenlimburg). Wir erinnern an dieser Stelle weiter an das altbekannte *Täschner*-Zitat: „Abstinenz ist nicht das Ziel, sondern die Grundlage jeder Therapie Abhängiger"(!).

Heute hat sich bei der Behandlung Opiatabhängiger erfreulicherweise neben der klassischen Abstinenztherapie eine von verschiedenen Professionen getragene, differenzierte Drogenhilfe entwickelt. Dieses entspricht der Komplexität und Vielschichtigkeit von Sucht.

Das Ende der 80er Jahre neu formulierte Akzeptanzmodell beinhaltet ein Leben mit der Droge, der Sucht. Da wir noch weit von einer wie auch immer gearteten Legalisierung entfernt waren und sind, gehörte die Möglichkeit einer Substitution mit in ein Akzeptanzmodell. Dem Drogenabhängigen darf ein grundsätzliches Recht auf menschenwürdige gesundheitliche und soziale Lebensbedingungen nicht abgespochen werden. Die für eine Substitutionsbehandlung viel zu hochschwelligen Zugangsvoraussetzungen waren und sind dabei ein anderes Thema. Auch die (vielfach fehlenden) psychosozialen Betreuungs- und beruflichen Integrationsmaßnahmen müssen in der akzeptierenden Drogenarbeit berücksichtigt werden, wenn es tatsächlich darum geht (?), „intermittierende" Behandlungsmodelle umzusetzen.

In den 90er Jahren hat sich an diesen Gegebenheiten im Grundsatz nichts verändert. Natürlich haben die Hilfesysteme ihre Leistungsangebote „spezialisiert“ und differenziert und die Leistungsträger eine breitere Angebotspalette ermöglicht (z.B. Ambulante medizinische Rehabilitation, tagesklinische Ansätze). Realität ist jedoch weiterhin, daß die Strukturen der Hilfeinstitutionen den Erfordernissen der Klientel nicht gerecht werden (können).

Heute sieht sich das klassische Drogenhilfesystem mehr und mehr mit somatischen als auch psychiatrisch-psychologischen Problemen konfrontiert. Begleiterkrankungen wie HIV-Infektion, Hepatitis, Tuberkulose, Thrombose, Abszesse, aber auch Depressionen, Ängste, OTBS, ADHD, BPS etc. führen bei vielen Abhängigen zu schweren körperlichen und psychischen Beeinträchtigungen. Hier wird die enge Zusammenarbeit von Drogenhilfe und Medizin unabdingbar. Durch eine mögliche Substitutionsbehandlung ist der Heroinkonsum nicht unbedingt unmittelbar zu unterbinden; die vielfältigen Begleit- und Folgeerkrankungen sind aber reduzierbar und behandelbar. Darüber hinaus muß es kontinuierlich um die Vermittlung von risikoarmen Gebrauchstechniken gehen. Ebenso kann sich die Drogenhilfe dem Thema der psychiatrischen Komorbidität nicht entziehen. Es gibt Hinweise für die Annahme, daß der Gebrauch von Opiaten eine Art der Selbstmedikation von zugrundeliegenden psychischen oder gar psychiatrischen Störungen sein kann (*Khantzian* 1985, *Schall* u.a. 1994). Hierauf muß in der Diagnostik und Behandlungsplanung geachtet werden. Fehlende Berücksichtigung einer möglichen psychiatrischen Komorbidität bei Diagnostik und Therapie kann zu ungünstigen Behandlungsverläufen, zu erhöhtem Beigebrauch bei einer Substituionsbehandlung und auch zu erhöhter Abbrecherrate bei möglicher Abstinenz- oder Substitutionstherapie führen. Von daher ist zu überlegen, wie Sozialarbeiter/-pädagogen sich weiterbilden können und wann und wie ein Psychiater hinzugezogen werden sollte, um eine „ganzheitliche und differentielle“ Behandlung zu gewährleisten. Um hier nicht mißverstanden zu werden, ein Zitat von *Uchtenhagen* (1991), der darauf hinweist, „daß lange nicht alle Drogenabhängigen des Einsatzes einer speziellen Behandlungsmethode, weder einer psychotherapeutischen noch einer pharmakologischen bedürfen“, Aber: heute seien in Behandlungsprogrammen häufiger als früher „Drogenabhängige anzutreffen, die schwere Persönlichkeitsstörungen oder gar Psychosen aufzuweisen hatten, bevor sie anfingen, Drogen zu konsumieren“.

Mit Beginn der ersten Substitutionsbehandlungen traten dann auch die zu erwartenden Schwierigkeiten auf: die rigiden Vergabebedingungen erschwerten sowohl eine berufliche als auch eine soziale (Re-)Integration bzw. machten diese unmöglich. Die Konsequenz: da wo Drogenhilfe und Medizin bestens im Sinne des Substituierten als auch der Allgemeinheit kooperieren können, wird „von oben“ eine Behandlung installiert, wie sie sonst nirgendwo in der Medizin wiederzufinden ist. Das – rechtlich unstrittige – Mitspracherecht des Patienten und die Möglichkeit des Patienten, den Behandlungsprozeß mitzugestalten/mitzubestimmen wird auf ein Minimum reduziert. Keine andere *medizinische Be-*

handlung ist inhaltlich so unausgereift und in Einzelteile zerlegt (Medizin, Psychotherapie, Psychosoziale Begleitung), so daß von Behandlung eigentlich nicht gesprochen werden darf. Insoweit erklärt sich zumindest in Teilbereichen das sogenannte „Methadon-Loch", in das viele Substitutierte fallen. Klar war also schnell, die alleinige Vergabe eines Substituts reicht in der Regel bei weitem nicht aus, um aus der Sucht auszusteigen. Eine Rundum-Lösung des oft komplexen Drogenproblems konnte/kann also keine ausschließlich medizinische Behandlung bieten. So macht z.B. die Ärztekammer Westfalen-Lippe immer wieder deutlich, daß es bei der Behandlung Drogenabhäniger, bei der Methadon-Substitution keine Alternative zur Zusammenarbeit der Drogenhilfe und der Ärzteschaft gebe. „Die Substitutionstherapie mit Methadon folgt dem Grundgedanken der Partnerschaftlichtkeit unter allen professionell Beteiligten. Es lohnt sich deshalb, Arbeitsformen zu installieren, die diese Zusammenarbeit weiter verdichten" (*Flenker* 1997).

Ursächlich für Sucht sind nach wissenschaftlichen Erkenntnissen u.a. auch genetische Dispositionen und Dysfunktion des Neurotransmittergeschehens. Hier könnte also ein weiterer Hilfeansatz realisiert werden. Die Substitutionstherapie mit Methadon ist da möglicherweise erst eine von vielen weiteren Möglichkeiten. Hier seien nur Schlagworte wie LAAM (Levo-Alpha-Acetyl-Methadol, seit 1993 in den USA zugelassen) mit einer längeren Halbwertzeit als Methadon, Buprenorphin, das in Frankreich am häufigsten verwendete Substitut zur Behandlung Opiatabhängiger genannt. Naltrexon ist als Opioidrezeptor-Antagonist einsetzbar, z.B. beim „Ultra-Kurz-Entzug" und bei der „Nachbehandlung", Akkupunktur zur Unterstützung bei der Entzugsbehandlung als auch zur Stabilisierung der ersten „Cleanzeit", Ritalin in der Behandlung von ADHD usw.. Hier wird deutlich, was sich im Laufe der letzten Jahre in bezug auf Hilfen für Drogenabhängige drastisch verändert hat: statt Medikamentenfeindlichkeit, pharmakotherapeutische Stützung.

Das Gesundheitsversorgungssystem hat sich nur zögerlich auf die Betroffenengruppe der Drogenabhängigen eingestellt. Umfassende Behandlungskonzepte fehlen auch heute noch weitgehend. Die Ärztekammer Westfalen-Lippe hat den Prozeß zur Entwicklung von Qualitätssicherungsinstrumenten für die qualifizierte ambulante Substituitonstherapie Opiatabhängiger initiiert und begleitet. In diesem erweiterten medizinischen Angebot der Hilfe für süchtige Menschen sehen wir einen (zusätzlichen) Baustein des Hilfesystems. Alle Drogenabhängigen sollten bei Indikation in Wahrung von Patientenrechten die Möglichkeit erhalten, ein differenziertes Substitutionsangebot mit einem differenzierten psychosozialen Betreuungsangebot in Anspruch nehmen zu können; ebenso wie sich alle für eine Abstinenztherapie entscheiden können, wenn sie es denn wollen.

Sowohl die Sozialarbeit als auch die Medizin müssen umdenken lernen, d.h. sie müßten sich als wechselseitige Ergänzung schätzen lernen. Psychopharmakotherapie, Psychotherapie und psychosoziale Betreuung müssen als sich ergänzende Therapiebausteine gesehen werden. Es besteht zur Zeit die Chance, ganzheitliche und differentielle Hilfeangebote für suchtmittelabhängige Menschen aufzubauen, wobei das „Recht auf Selbstbestimmung“ jedes drogengebrauchenden Menschen oberste Priorität haben sollte. Nicht unproblematisch ist an dieser Stelle natürlich zum einen die unterschiedliche gesellschaftliche Bewertung von Medizin und Sozialarbeit als auch die unterschiedliche wirtschaftliche Absicherung ihrer jeweiligen Arbeit.

Viele Chancen könnten sich also für die Behandlung suchtmittelabhängiger Menschen auftun.

Das Faktum der Nichterreichbarkeit und einer fehlenden systematischen Langzeitbegleitung von Abhängigen, die erreicht werden könnten, wiegt schwer und führt zu Problemclustern, auf die andere, neue Antworten gefunden werden müssen, als die der praktizierten und vielfach unverändert „traditionellen“ Behandlungswege, ohne daß diese deshalb in ihrem Wert und ihrer Bedeutung für die für sie geeigneten Zielgruppen geringgeschätzt werden dürften. Folgende **5 Problem-Cluster** möchten wir herausstellen:

1. Drogentod

Die Zahl der Drogentoten hat sich – mit regionalen Schwankungen – auf einem hohen Niveau „stabilisiert“, wobei das Problem der Überdosis dabei nur ein Moment ist. Der verdeckte Suizid (als „goldener Schuß“ glorifiziert), der mit Cluster 2,3 und 5 in Verbindung zu bringen ist, muß als äußerst wichtige Dimension mit in alle Überlegungen einbezogen werden und zwar nicht nur mit Blick auf die Öffentlichkeit. Drogentod als Suizid kann in einer Szene demoralisieren und Kettenreaktionen auslösen. Aus der Suizidforschung sind derartige Wellen aufgrund externaler Auslöser bekannt.

2. Psychosoziale Verelendung

Das Fehlen adäquater Therapie- und Hilfsangebote für eine beträchtliche Population der Abhängigen führt im Kontext mit den immer schwieriger werdenden Möglichkeiten der *sozialen* Integration und dem Problem der Dauerarbeitslosigkeit zu einer progredierenden *Verelendung* der Betroffenen – zu Obdachlosigkeit, zu gravierender Verschlechterung des allgemeinen Gesundheitszustandes. *Notprostitution* und *Notkriminalität* (im Unterschied zur Beschaffungsprostitution und Beschaffungskriminalität) – „desaströse Lebenslagen“ (*Petzold* 2000h) – sind die Folgen.

3. Kriminalität und Prostitution

Kriminalität und Prostitution ergeben sich aus den materiellen und psychosozialen Notlagen und natürlich aus dem Problem, „Stoff“ zu beschaffen. Es erfolgt in der Regel eine „dreifache Kriminalisierung“: Beschaffungskriminalität, Besitzkriminalität, Dealkriminalität. Der ständig wachsende Problemdruck bei Dauerkarrieren führt zu einer Verschärfung des kriminellen Verhaltens, einem *„cycle of crime“*.

4. Infektionsrisiko

Die Hepatitis C- und HIV-Infektionen, aber auch die klassischen venerischen Infektionen, Herpes progenitalis und unbehandelte Clamydien- und Pilzinfektionen konstituieren eine sehr hochrangige Problemgruppe infolge von „needle sharing“, Not- und Beschaffungsprostitution und Verelendungspromiskuität. Das „spreading“ von Infektionen in heterosexuelle Populationen über das unmittelbare Drogenmilieu hinaus hat hier eine seiner wesentlichen Quellen.

5. Psychische Erkrankungen

Das Drogenmileu macht psychisch krank, führt zu depressiven Reaktionen, in die Suizidalität, zu psychotischen Dekompensationen, zu schweren Schädigungen der Gesamtpersönlichkeit (ggf. durch Ausbildung einer BPS) durch Akkumulation von „critical and stressful life events“ (*Newcomb* et al. 1981). Die pathogene Valenz der Drogenkarriere im Hinblick auf den weiteren Lebensverlauf wird nicht genügend gewichtet (*Stein* et al. 1987; *Newcomb* 1987).

Auch muß davon ausgegangen werden, daß in der Population der Drogenabhängigen bzw. Suchtkranken ein nicht unbeträchtlicher Anteil von Patienten in ihrer Kindheit und Jugend schwere traumatische Erfahrungen (Mißhandlung, Mißbrauch, Verluste etc.) erlebt haben, die Nachwirkungen in Form von Posttraumatischen Belastungsstörungen (PTBS), Dissoziativen Identitätsstörungen haben (*Kofoed* 1993) oder daß sie eine kindliche ADHS-Erkrankung hatten, die fortwirkt (*Petzold* 2004).

Dabei ist anzunehmen, daß solche biographischen Ereignisse als eine maßgebliche Ursache bei den multikausalen Einflußgrößen für die Ausbildung einer Abhängigkeitserkrankung zu sehen sind, und Drogenkonsum u.a. auch als Versuch der Selbstmedikation für bedrängende PTBS-Symptomatik (Intrusionen, Numbing, Hyperarousal) oder Belastungen und von Borderline- oder ADHS-Symptomen betrachtet werden können (*Petzold, Wolf* et al. 2000).

Im Verlauf der Drogenkarriere selbst kommt es häufig zu traumatischen Erfahrungen (Beraubung, Körperverletzung, Vergewaltigung etc.), nicht zuletzt in der Beschaffungsprostitution, zuweilen durch „in-prison-violence“, so daß serielle bzw. Polytraumatisierungen im Störungsbild der Abhängigkeit eine größere Rolle spielen als bisher angenommen. Das gilt nicht zuletzt für Abhängige mit deutlichen Devianzkarrieren.

Die Frage von Doppeldiagnosen und Komorbidität muß besondere Aufmerksamkeit besonders in der Entwicklung differentieller Behandlungspläne und Strategien gewinnen.

Therapie und Longitudinalperspektive

In der ambulanten und insbesondere stationären Behandlung findet sich immer noch ein Vorherrschen des psychoanalytischen Paradigmas von der „frühen Genese" der Drogenabhängigkeit, weitgehend unter Rekurs auf Autoren wie *Kohut, Kernberg, Mahler, Masterson,* Autoren also, die nie spezifisch mit Drogenpopulationen gearbeitet haben.

Ursache für die Popularität des Konzeptes der „frühen Störungen" ist einerseits das Theoriedefizit im Hinblick auf psychotherapierelevante Konzepte über die Genese von Drogenabhängigkeit (vgl. aber *Lettieri, Welz* 1983) und zum anderen die weitverbreitete Weiterbildung zum analytisch orientierten Suchtkrankentherapeuten (trotz der fehlenden klinischen und durch empirische Forschungen abgesicherten Grundlagen). Ganz abgesehen davon, daß wichtige theoretische Annahmen der psychoanalytischen Entwicklungstheorie (etwa die der autistischen oder die der symbiotischen Phase *M. Mahlers*) aufgrund der empirischen Forschung an Babies und Kleinkindern sich nicht weiter halten lassen (vgl. *Stern* 1985; *Petzold* 1994j), hat die empirische Longitudinalforschung (*Rutter* 1989; *Robins, Rutter* 1990) gezeigt, daß die Gesamtheit des Lebensweges pathogene Konstellationen aufweisen kann, die – selbst wenn sie von „frühen Störungen" ausgelöst oder begünstigt worden sind – doch „Traumatisierungen im eigenen Recht" sind. In solchen „chains of adverse events" (*Rutter* 1989), in solchen Negativkarrieren voller „maligner Narrative" (*Petzold* 2003a) werden die Zeiten des Drogenkonsums, insbesondere die unter Bedingungen der *Verelendung*, besonders markierende Abschnitte in einem persönlichen Lebenslauf. Die „Entwicklungspsychologie der Lebensspanne" (*Baltes* 1979, 1988; *Petzold* 1979k), ein „life span developmental approach" (*Petzold* 1992a, 1994j, 1999c) muß auch für die Drogenarbeit herangegzogen werden.

Durch Erlebnisse in der Drogenszene, durch Obdachlosigkeit, durch männliche oder weibliche Not- und Beschaffungsprostitution (Sadoszene), durch Erfahrung von Gewalt, physischen und psychischen Mißbrauch, Angsterlebnisse usw. werden *schwerste psychische und physische Traumatisierungen* gesetzt, und das in der Zeit der Adoleszenz, die als Reorganisations- und Übergangsphase nicht unbedingt die stabilste ist. Das zeitigt Nachwirkungen, wie in differenzierten Karriereanamnesen über diese Lebensstrecken deutlich wird (*Heinermann, Kind* 1948). Die pathogene Valenz solcher Adoleszenzerfahrungen kann gar nicht hoch genug veranschlagt werden. Leider wird diese Lebenssequenz unter dem Diktat des psychoanalytischen Paradigmas „früher Genese" in der Drogentherapie kaum bearbeitet. Auch über die psychischen

Nachwirkungen der Drogenerfahrungen selbst (und hier geht es nicht nur um die „Horrortrips“) besteht noch wenig an gesichertem Wissen.

Insgesamt kann man im Hinblick auf den 5. Cluster der psychischen Schädigungen sagen, daß diese wesentlich durch die Bedingungen der Verelendung und Kriminalisierung der Drogenkonsumenten *ausgelöst oder mitbedingt* werden.

Bei den individuellen Voraussetzungen der Drogenabhängigkeit und den für die therapeutische Arbeit wesentlichen Aspekten, ist bei der Komplexität von lebensgeschichtlich früh auftretenden Schädigungen und daraus resultierend fehlenden emotionalen und sozialen Entwicklungen bei einer entsprechenden drogenbedingten sozialen Desintegration (ggf. eines sozialen Abstiegs und sozialer Isolation) davon auszugehen, daß die Drogenabhängigkeit als krankheitsspezifische Störung den ganzen Menschen in seiner körperlichen, emotional persönlichen und sozialen Lebensweise beeinträchtigt und schwer beschädigt hat.

Aber: Selbst wo „frühe Schädigungen“ vorliegen, dürfen diese nicht als alleinverursachend oder als prävalent angesehen werden. Vergewaltigungen zwischen 13 und 17 Jahren sind Traumata mit eigenem Gewicht, die schwerer wiegen können als frühe Entbehrungen.

Die Fakten der 5 Cluster haben es notwendig gemacht, neue Wege für die Arbeit mit Drogenabhängigen zu entwickeln und zu erproben, nicht als Alternativen zu den traditionelleren Formen der Drogenberatung und -therapie, sondern als unerläßliche Ergänzungen. Hierfür sprechen:

- humanitäre Erwägungen (man „kann diesem Elend nicht untätig zusehen“, vgl. *R. Süssmuth*),
- ökonomische Erwägungen (die Folgekosten durch Krankenhausaufenthalte, Therapiemaßnahmen, ärztliche Versorgung, Frühinvalidität sind immens),
- gesundheitsstrategische Überlegungen (die Risikopopulation der Hepatitis C- und HIV-infizierten Drogenabhängigen muß „eingegrenzt“ bleiben),
- kriminalstrategische Überlegungen (die Drogenkriminalität und die damit verbundene Folgekriminalität muß eingedämmt werden).

Die letztgenannten Argumenten spiegeln die ökonomischen Rahmenbedingungen, in deren Konsequenz ein massiver politischer Handlungsbedarf entsteht, insbesondere, wenn die Gesamtheit des Systems gesehen wird und nicht nur fragmentarische Betrachtungsweisen angestellt werden. Auch für die „Helfer“ entsteht ein Handlungsbedarf: z.B. durch die wachsende „Unlust der Abhängigen an der traditionellen Drogentherapie“ (den Fachkliniken der medizinischen Rehabilitation), die ohne die Regelungen des BtMG („Therapie statt Strafe“ gem. § 35 BtMG) wirtschaftlich vielfach nicht mehr bestehen könnten. Weiterhin durch das Unbehagen so mancher Berater in den Drogenberatungsstellen, an den – aus ihrer Sicht – bescheidenen Erfolgen der Fachkliniken und an dem Faktum, keine anderen Möglichkeiten zur Verfügung zu haben, den Notpopulationen Hilfsmaßnahmen vermitteln zu können.

Mögliche Alternativen sind:

- *Ambulante Rehabilitation*: Die Leistungsträger haben diese Möglichkeit der medizinischen Rehabilitation nach engen Indikationskriterien geschaffen, d.h. (psycho-)therapeutische Behandlung in einem Zeitraum von 6-12 Monaten in Form von Einzel- und Gruppentherapie. Kompetente Therapeuten, von denen es leider nur wenige gibt, haben die Möglichkeiten kreativ genutzt und dahingehend ausgeweitet, daß in diesem Behandlungsrahmen auch Substituierte rehablitiert werden können (*Schay* 2006) und sie über den vom Leistungsträger festgelegten Zeitrahmen hinausgehend bei spezifischer Indikation Drogenabhängige langfristig in Einzel- und Gruppentherapien – oft unter Einstreuung familientherapeutischer Sitzungen zur Unterstützung des Kontextes (*Petzold, Josić, Ehrhardt,* Integrative Suchtarbeit 2006) – erfolgreich behandeln (hier: Drogenfreiheit und soziale/berufliche Integration als Erfolgskriterium);
- *niedrigschwellige Drogenarbeit* im Sinne einer *karrierebegleitenden* Langzeitstrategie soziotherapeutischer Intervention mit dem Ziel, letztendlich einen „drogenfreien Lebensstil" zu erreichen;
- *akzeptierende Drogenarbeit*, die niedrigschwellige Angebote und soziotherapeutische Maßnahmen einsetzt, um Menschen mit einem „drogengebundenen Lebensstil" zu stützen, d.h. sie vor gesundheitlichen und justiziellen Schäden zu bewahren unter grundsätzlicher Akzeptanz dieses Lebensstils;
- *selbsthilfezentrierte Drogenarbeit*, die in Form von Clean-Gruppen auf die Zielsetzung eines „drogenfreien Lebensstils" zentriert ist und sich als Supportgruppen i.S. einer Coping-Gemeinschaft für einen drogengebundenen Lebensstil entschieden hat. Beide Zielrichtungen müssen auf Modelle zurückgreifen, die im Bereich der Selbsthilfe entwickelt worden sind, z.B. das „Exchange-Learning, Exchange-Helping-Konzept" (*Petzold, Schobert, Schulz* 1991). Gerade aufgrund der schlechten Ausgangssituation und Ressourcenlage der Drogenabhängigen werden Außenhilfen notwendig sein, wie sie auch für andere Selbsthilfeinitiativen vom „gering organisierten Typus" (ebenda) gegeben sind, wenn sie Überlebenschancen haben sollen.

Die Überlegungen und Initiativen, die sich aus der Praxis entwickelt haben und derzeit im Stadium der Konzeptualisierung und Experimentation befinden, und für die in der Drogenpolitik gegenwärtig eine gewisse Offenheit besteht, müssen natürlich sorgfältig auf ihre Hintergründe reflektiert werden, um „falsche Kausalitäten" zu vermeiden: Ist akzeptierende Drogenarbeit nicht nur Ausdruck einer Resignation an bestehenden Ansätzen, die durch neue Modelle überdeckt wird, ohne daß sorgfältig über die Defizite oder das Scheitern herkömmlicher Modelle nachgedacht wurde? (*Petzold* und *Schay* haben schon in den 70er und frühen 80er Jahren darauf hingewiesen, daß eine Differenzierung der Behandlungsmodelle und -ansätze zwingend ist und eine an den Bedarfen konzipierte, perspektivische Integrationsphase und Nachsorge das „Abstürzen“ vieler Klienten verhindern hilft. Leider werden oft genug die Schwierigkeiten praktizierter Modelle nicht sorgfältig analysiert und nur durch die Entwicklung neuer zugedeckt!)

Ist also das Konzept „akzeptierender Drogenarbeit“ und eines „drogengebundenen Lebensstils“ Resignation vor dem Gesamtproblem, und wie weit gehen derartige Momente in strategische Überlegungen zur kontrollierten oder generellen Freigabe von Drogen ein? Was sind die gesellschaftlichen Ideologien, die hinter einem drogenfreien und hinter einem drogengebundenen Lebensstil stehen? Für wen zählt welches Argument? Wo wird die humanitäre Intention akzeptierender Drogenarbeit durch ökonomisches Kalkül verkehrt? Was sind die Steuerungsgrößen in derartigen Strategien und wo drohen sie zu kippen („Akzeptierende Drogenarbeit ist billiger, also werden die Mittel in diese Richtung umverteilt“)? Ohne die Auseinandersetzung mit diesen Fragen wird Drogenarbeit fragwürdig!

Mit Blick auf die Entwicklung des Drogenkonsums, des Konsumverhaltens, der Konsumpopulation, des Drogenmarktes und der Distributionssysteme in den mitteleuropäischen Staaten in den vergangenen 20 Jahren ist eine *Heterogenisierung der Population* und ihrer Bedürfnisse festzustellen, und das erfordert als Konsequenz eine *Heterogenität der Hilfsangebote*. Niedrigschwellige Drogenarbeit in „generell akzeptierender“ oder „temporär akzeptierender“ Ausrichtung, die Förderung von Selbsthilfeinitiativen, die Einrichtung/Ausweitung gut konzipierter Substitutionsprogramme hat hier genauso Wichtigkeit wie ein diversifiziertes Angebot drogenfreier Programme für unterschiedliche Zielgruppen und ihre Bedürfnisse. Hier ist der Konsens aller Beteiligten notwendig, um nicht in unfruchtbare Entweder-Oder-Kontroversen mit nachteiligen drogenpolitischen Folgen zu geraten. Dies gilt für die Vertreter der verschiedenen Konzepte in der Drogenarbeit selbst wie für Repräsentanten der Leistungsträger und politischen Entscheidungsträger. Theoriegeleitete Differenzierung von Zielgruppen, Diversifikation der konzeptbasierten Ansätze der psychologischen und medizinischen Rehabilitation und der begleitenden Sozialarbeit, sowie ihre Abstimmung und Vernetzung im Rahmen einer Region sind nach wie vor unabdingbar. In einer Therapiekette („chaîne thérapeutique“), so wie *Petzold* den Terminus 1968 eingeführt und expliziert hat (einschließlich einer Palette „niedrigschwelliger“ Maßnahmen, vgl. *Petzold* 1969c; 1974j) muß auch Raum für *akzeptierende Drogenarbeit* sein. Nur auf diese Weise ist ein realistisches Interventionskonzept mit Breitenwirkung aufzubauen, das den faktischen psychosozialen Notlagen Drogenabhängiger entspricht.

Von den voranstehend aufgezeigten Ansätzen soll an dieser Stelle ein Konzept herausgestellt werden, das unserer Auffassung nach besondere Beachtung verdient: *langzeitige, akzeptierende Karrierebegleitung* als Eröffnung einer Chance zu einem „drogenfreien Lebensstil“ und als humanitäre Hilfe in einem „drogengebundenen Lebensstil“.

Karrierebezogene Langzeitstrategie soziotherapeutischer Intervention

Wird berücksichtigt, daß viele Jahre hochfrequenter Psychotherapie (3-5 Wochenstunden) bei einem jugendlichen Borderlinepatienten (4-7 Jahre, *Masterson* 1982) oder bei schwereren Neuroseerkrankungen erforderlich sind – und hier steht oft genug noch ein gutes Supportsystem im psychosozialen Kontext zur Verfügung –, wenn weiterhin die Karriereverläufe bei jugendpsychiatrischen Erkrankungen in den Blick genommen werden, wird unmittelbar nachvollziehbar, daß mit einer 4-6-monatigen „Entwöhnungstherapie" in einer Fachklinik Drogenfreiheit und soziale/berufliche (Re-) Integration mit langfristigem Erfolg häufig nicht erreicht werden kann.

Wird weiterhin verdeutlicht, daß wir bei Drogenabhängigen mit prolongierten, also mit einer mehrjährigen Karriere in der Regel eine desolate Ressourcenlage (*Petzold* 1997p) vorfinden (abgebrochene Ausbildung, ausgedünnte/fehlende soziale Netzwerke, fehlende materielle Sicherheit usw., stattdessen aber Hypotheken wie Vorstrafen, Schulden, teilweise schwere Folgeerkrankungen) erweisen sich alle Bereiche, die die *Identität* stützen (vitale Leiblichkeit, integrierte soziale Netzwerke, zufriedenstellende Arbeit und Leistung, ausgewogene materielle Sicherheit und tragfähige Wertorientierung, vgl. *Petzold* 1982u,v; 2001p), als mehr oder weniger stark beeinträchtigt und beschädigt (*Kaplan* 1986). Effektive Hilfe erfordert deshalb mittel- bis langfristige Interventionsprogramme, in denen medizinische, psychotherapeutische, soziotherapeutische und agogische Maßnahmen in einer umfassenden Lebenshilfe und -begleitung zusammenwirken. Das Problem der reinen Substanzabhängigkeit tritt gegenüber dem der „somato-psychosozialen Multimorbidität" zurück, ja erweist sich nur als ein Faktor derselben. Nicht unerwähnt bleiben darf hierbei auch die schlichte Tatsache, daß es sich in der Regel um Jugendliche handelt, die sich ohnehin in einer labilen Übergangsperiode befinden.

Die Longitudinalforschung hat aufgezeigt, daß „conduct problems" sich in der Regel im Vorfeld des „substance abuse" finden (*Robins, McEvoy* 1990; *Candel* et al. 1978; *Johnston* et al. 1987), daß also Drogenmißbrauch ein Folgesymptom sich schon abzeichnender psychosozialer Probleme ist. Nicht unerheblich dabei ist, daß die Drogen in das prekäre biographische Milieu als verschärfende destruktive Faktoren einbrechen und wann dies geschieht. Die Daten belegen, daß vor dem 15ten und vor dem 19ten Lebensjahr einsetzender Drogenkonsum negative Langzeitwirkung zeigt (*Robins*, *McEvoy* 1990, 203). Die Fixierung der Öffentlichkeit, der Politiker und der Leistungsträger auf die „Krankheit Drogenabhängigkeit" und das vorrangige Ziel der Abstinenz blendet aus, daß es sich hier um ein Symptom – wenngleich um ein prävalentes – einer **„somato-psychosozialen Multimorbidität"** handelt, die sich bei sorgfältiger Analyse longitudinaler Daten in mehrere größere, komplexe Krankheitsgruppen aufgliedern läßt. Negatives Selbstwertgefühl und schlechte soziale Integration, wie es verschiedene Untersuchungen für das Vorfeld des Drogengebrauchs aufgezeigt haben (*Carman* 1979, *Newcomb, Bentler* 1986a, 1990), psychische Begleitsymptomatik, insbesondere Depressionen *(Newcomb, Bentler* 1986b) machen – auch wenn man keine „psychologische Prädisposition" für bestimmte Drogen annimmt, z.B. für Kokain (*Khantzian, Khantzian* 1984, 1987), einen über Psychotherapie hinausgehenden und sie zugleich einschließenden umfassenden Behandlungsansatz erforderlich (*Petzold* 1982u,v). Nur: Wie können derartige „Integrative Interventionen" realisiert werden, wie treffen wir die Lebenssituation und die motivationale Lage von Drogenabhängigen? (*Uchtenhagen, Zimmer-Höfler* 1985). Diese Fragen zeigen auf, daß akzeptierende Drogenarbeit, die sich nicht in den engen Rahmen der medizinischen Rehabilitation „zwängen" und sich keine konzeptionellen Einengungen „auferlegen" läßt und nicht den größten Teil der Abhängigen von Hilfsangeboten ausgrenzen will, neben den Substitutionsprogrammen der einzige mögliche Ansatz bleibt, unabhängig davon, ob die „Komm-Struktur" der Drogenberatungsstelle beibehalten wird (*Steffan* 1988). Akzeptieren bedeutet in diesem Zusammenhang, die „Sprache der Fakten" zu akzeptieren: die Drogenabhängigkeit ist ein Faktum – oder weiterreichend: aufgrund seiner Lebensgeschichte und aktualen Situation hat dieser Mensch einen „drogengebundenen Lebensstil" gewählt und ist nicht motiviert und motivierbar, diesen in absehbarer Zeit aufzugeben, trotz aller Schwierigkeiten, Belastungen und Risiken, die ihm daraus erwachsen.

Hier ist der Ansatz für eine *karrierebezogene Begleitung* gegeben. Dafür müssen gute Kenntnisse der aktualen Lebenssituation von Klienten vorhanden sein. Leider sind diese oft genug unzureichend. Wichtiger noch wird ein Wissen um die Muster des Drogengebrauchs und der Verlaufskarriere „psychosozialer Multimorbidität" von der Adoleszenz in das junge Erwachsenenalter (*Kandel* et al. 1978,1985, 1986; *Yamaguchi, Kandel* 1984) und darüber hinaus (*Frykholm* 1979). Hier herrscht auch heute noch [2006] ein erhebliches Defizit an Forschung, an gesichertem Wissen. Der Therapeut, der die Karrierebegleitung praktiziert, kommt in die Situation eines „Ko-Researchers" (*Moreno* 1941), der aus dem Kontakt mit der Situation seines Klienten, gemeinsam mit ihm, die Kenntnisse und Daten gewinnen muß. Diese Daten und Erkenntnisse beziehen sich auf die Gestaltung des Kontaktes, die praktische Lebenshilfe, die Krisenintervention, die Lebensberatung im Sinne einer Hilfe zur Formung des Lebensstils.

Die „Weiterbildung zum Sozialtherapeuten für *Integrative Therapie"*, einem an der modernen wissenschaftlichen Psychologie ausgerichteten, methodenübergreifenden Verfahren der Psychotherapie, wird von der „Europäischen Akademie für psychosoziale Gesundheit und Kreativitätsförderung" (EAG) angeboten *(Petzold, Hentschel* 1993, *Petzold, Schay, Sieper,* Integrative Suchtarbeit 2006). Zielsetzung der Weiterbildung ist es, Psychologen, Sozialarbeiter, Ärzte u.a. Sozialpädagogen im Verfahren der *Integrativen Therapie* (IT) als einem modernen, interdisziplinär orientierten, schulen- und methodenübergreifenden Therapieansatz berufsbegleitend auszubilden und eine qualitätssichernde und qualitätsentwickelnde „*Kultur der Weiterbildung*" von hoher lebensweltlicher Relevanz und ökologischer Validität für berufliche Kontexte aufzubauen. Die vielfältigen, suchtbedingten Problemlagen erfordern *komplexe Interventionsstrategien* und *Leistungsbündel*, um angemessen auf die somatischen, psychischen und sozialen Aspekte der Suchterkrankung sowie die soziale Situation der Klienten eingehen zu können. Gefordert ist ein *ganzheitlicher und differentieller Arbeitsansatz* mit einem hohen Grad an professioneller und personaler *Kompetenz/Performanz* sowie konzeptioneller Kontinuität im Betreuungs- und Behandlungsprozeß.

Die Klienten sollen für die biographischen Hintergründe ihrer Schädigungen und Störungen sensibilisiert werden (tiefenhermeneutische Perspektive), damit sie über den damit erfolgten Erkenntnisgewinn ihre Fähigkeiten und Fertigkeiten aktivieren, ihre konstruktiven Lebenspotenziale entfalten und ihre Lebensentwürfe selbstbestimmt gestalten lernen (sozialkonstruktivistische Perspektive). Dabei werden im Sinne der „integrativen Persönlichkeitstheorie und Entwicklungspsychologie" (*Petzold* 2003a, 2001p) ein stabiles *Selbst*, ein flexibles *Ich* und eine konsistente *Identität* gefördert sowie der Aufbau konsolidierter *Sozialwelten, sozialer Netzwerke* bzw. *Konvois*. Ausgerichtet an einer „Anthropologie des schöpferischen Menschen" und an dem Ideal einer Intersubjektivität, Integritat, Solidarıtät, Konvivialität und Wertschätzung des Anderen (*Lévinas*) fördernden Gesellschaft, kommt gruppentherapeutischen, narrativen und kreativtherapeutischen Elementen im Integrativen Ansatz besondere Bedeutung zu. Sie sollen in den Prozessen der *Heilung, Gesundheitsförderung, Persönlichkeitsentwicklung* und *Kulturarbeit*, die das Konzept der Integrativen Therapie kennzeichnen, dazu beitragen, Gesundheit, körperliches, seelisches und geistiges Wohlbefinden, Leistungsfähigkeit, soziale Kompetenzen, persönliche Verantwortung und gesellschaftliche Partizipation wiederherzustellen und zu entwickeln. Damit ist ein moderner Entwurf „integrativer Humantherapie" umrissen, in dem *psychotherapeutische*, *sozialtherapeutische* und *agogische* Schwerpunktbildungen und ihre interventiven Kombinationen indikationsspezifisch möglich werden.

Für die spezifische Konzeption „Integrativer Sozialtherapie" (*Petzold* 1997c) seien folgende konzeptuellen Schwerpunkte herausgestellt. Die *Bewältigungspotenziale* (coping capacities) suchtkranker Menschen müssen aufgrund der Vielfalt „kritischer Lebensereignisse" und Belastungen entwickelt und gefördert werden, aber auch anstehende „*Entwicklungsaufgaben*" machen es notwendig, in der Auseinandersetzung mit der Alltagsrealität und den oftmals defizienten sozialen Netzwerken, die Patienten bzw. Klienten dabei zu unterstützen, ihre Ressourcenlage in den Bereichen Gesundheit, Wohnen, Arbeit, soziale Kontakte, Interessen, Sinnfindung, Lebensfreude und materieller Absicherung zu verbessern. Eine Berücksichtigung *protektiver Faktoren* und *Resilienzen*, eine Salutogeneseperspektive und Konzepte der Netzwerk- und Social-Support-Forschung sind dabei für die praktisch-therapeutische Arbeit mit einer *spezifischen* Konzeption von Sozialtherapie unverzichtbar (*Müller, Petzold* 2001; *Lorenz* 2004; *Petzold* et al. 1993).

Die komplexen und belastenden Lebens- und Sozialwelten suchtkranker Menschen, ihre in der Regel schwierigen sozialen Situationen, zerbrochenen Netzwerke, mangelnden Ressourcen, Traumatisierungen, die oft erhebliche Komorbidität bzw. Doppeldiagnosen machen konzertierte Maßnahmen notwendig, die psychotherapeutische, sozialtherapeutische, beraterische, supervisorische Konzepte und Methoden vernetzen, klinisch-psychologische, sozialpsychologische bzw. sozialwissenschaftliche Erkenntnisse verbinden und in einer *sozialtherapeutischen* Ausbildung für die Arbeit mit Suchtkranken vermitteln. Aus diesem Grunde wurde in mehr als dreißigjähriger Arbeit ein forschungsgestütztes theoretisches, methodisches und praktisch-interventives „Integrationsmodell" entwickelt, das in suchtspezifischer Zupassung dem vorliegenden Curriculum zugrundeliegt. Die didaktitische Konzeption des Curriculums folgt dem an der EAG entwickelten Modell „integrativen Lehrens und Lernens", das kognitive Theorievermittlung, Selbsterfahrung, Vermittlung von Behandlungsmethoden, -techniken, -medien und Supervision verbindet. Dieses Modell wurde in mehreren umfangreichen Evaluationsprojekten (N = 1432) untersucht und erhielt in den einzelnen Studien durchweg gute und sehr gute Ergebnisse" (*Petzold, Schay, Sieper,* Curriculum Sozialtherapie, Schwerpunktbildung: Suchtkrankenhilfe im Verfahren Integrative Therapie/Gestalttherapie, vgl. Integrative Suchtarbeit 2006).

Die sozialarbeiterische-soziotherapeutische Hilfe zur Bewältigung kritischer Lebenssituationen und die Bereitstellung einer materiellen Grundversorgung müssen im Zentrum aller Aktivitäten stehen. Hier ist der Anknüpfungspunkt für weiterführende Maßnahmen, ganz gleich ob ein Substitutionsprogramm oder eine ambulante oder stationäre Therapie notwendig/sinnvoll sind. Die „Basis" für die Karrierebegleitung sind Einrichtungen, Straßensozialarbeit oder Beratungsstellen, deren „Programm" inhaltlich akzeptierend ausgerichtet ist. Sind die Probleme des Kontaktaufbaus z.T. schon erheblich, so wird das „**keeping contact**" zur zentralen Frage, die nicht allein von der Motivation der Betroffen entschieden wird, nicht nur von den Wechselfällen ihres oft chaotischen Lebenskontextes, sondern mehr noch von der Konstanz der professionellen Begleitung (befristete Stellen, fehlende verläßliche Finanzierungsgrundlagen aufgrund der desolaten Situation der öffentlichen Haushalte). Ist Kontakt hergestellt, so wird die „Metareflexion über Karriere" unerläßlich. Der Abhängige muß kognitiv verstehen, was eine **Karriere** ist, wie sie verläuft usw.. Er muß wissen, daß sie sich über 5 bis 15 Jahre erstrecken kann, daß in ihr eine Reihe von Entzügen, vorübergehenden Aufenthalten in Fachkliniken, Therapieabbrüchen, Wechsel der Therapieansätze normal sind. Ihm muß klar sein, daß sich eine Negativkarriere als *„Kette widriger Umstände" (chain of adverse events*, *Rutter* 1989) nur langsam und in mühevoller Kleinarbeit verändern läßt, und daß eine solche Karriere auch ein normaler „persönlicher Entwicklungsprozeß" ist, der sich aber unter negativen, erschwerenden Umständen vollziehen muß. Eine solche „Metaperspektive" auf die eigene Situation, die eigene Entwicklung, das eigene Leben ermöglicht eine gewisse „Exzentrizität" zum Geschehen (*Frühmann* 1986).

Ein Wissen um die Typik von Karriereverläufen wird oft als äußerst entlastend erlebt und vermag auch in schwierigen Situationen Hoffnung und Perspektivität zu gewährleisten. Es stützt die Motivation, „Kontakt zu halten". Im übrigen sollte eine solche Metaperspektive auch ein zentrales Moment der Therapie in Fachkliniken u.a. sein, da dies stimmiger und sinnvoller ist, als Abhängige ausschließlich auf das Abstinenzziel einzuschwören, an dem sie scheitern müssen. Enttäuschung, Schuldgefühle, Selbstzweifel, Resignation werden oft genug durch Falschideologien in stationären, therapeutischen Einrichtungen vorprogrammiert.

Intensivere Beratungssequenzen in Drogenberatungsstellen, Aufenthalte in Fachkliniken gehören genauso zu einer *Karriere*, wie Phasen der Drogenfreiheit oder die Knastzeit. „Exzentrizität zur Karriere" und Information über Hilfsangebote – auch das der **Karrierebegleitung** – vermag Möglichkeiten zu eröffnen, die bestehenden Hilfen systematischer zu nutzen, was „Langzeit-Begleitungs-Kontrakte" ermöglicht und damit massive Abstürze vermeidet, denn diese Kontrakte verringern die Gefahren von „abgekürzten Negativkarrieren". Wenngleich die Ergebnisse der „Selbstheilerstudien" (*Schneider* 1988) noch nicht genügend Aufschluß über „protective factors" (*Rutter* 1985, *Wolf* et al.1990) und spezifische Copingstrategien (*Snyder, Ford* 1987) bieten (auch hier besteht weiterer Forschungsbedarf), laßt sich doch aufgrund der Praxiserfahrung sagen, daß

- Zugriffsmöglichkeiten auf Ressourcen (*Petzold* 1997p),
- supportive soziale Netzwerke (*Hass, Petzold* 1999),
- gelungene situative Krisenhilfe (*Schnyder, Sauvant* 1994) (durch Freunde oder professionelle Hilfsagenturen) und
- Hilfen bei der Problemverarbeitung (durch Freunde, Beratung, Therapie),

Faktoren sind, durch die verhindert wird, daß sich Negativkarrieren zu „malignen Karrieren" verschärfen und sich in Karrieren mit positiver Charateristik umwandeln können (*Petzold, Goffin, Oudhof* 1993). Akzeptierende, karrierebezogene Drogenarbeit muß deshalb darauf gerichtet sein, für Menschen in Negativkarrieren „protektive Faktoren" bereitzustellen und weitere Risikofaktoren zu vermindern. Bereitgestellt werden muß damit zunächst einmal die Basisversorgung, um dem akuten Ressourcenmangel zu begegnen: z.B. durch niedrigschwellige Anlaufstellen, medizinische Versorgung, Unterstützung bei der Beschaffung von Wohnung, Sozialhilfe, Arbeit, weiterhin durch Aufbau supportivsozialer sozialer Netzwerke (*Röhrle* 1994; *Petzold, Josic, Ehrhardt,* Intgrative Suchtarbeit 2006), Selbsthilfegruppen mit akzeptierender Ausrichtung oder drogenfreier Ausrichtung als Clean-Gruppen, Bereitstellung von professioneller Krisenhilfe (Kriseninterventionszentren), Bereitstellung von Verarbeitungshilfen für traumatische Erfahrungen (Beraubung, Vergewaltigung, zerbrechende Beziehungen etc.) durch professionelle Helfer, aber auch durch Selbsthelfer, die z.B. Co-Counseling praktizieren.

Karrierebezogene Sozialtherapie stellt als solche einen Beitrag zum Aufbau eines supportiven sozialen Netzwerkes (*Sarason, Sarason* 1975) dar, indem die Hilfsagentur und die in ihr arbeitenden professionellen Bezugspersonen Teile dieses Netzwerkes werden.

Leider wird die Arbeit in bestehenden Hilfsagenturen, z.B. Drogenberatungsstellen, wie aus langjährigen Beobachtungen durch Supervision in verschiedensten Einrichtungen zu ersehen ist, noch zu wenig im Sinne einer theoretisch und methodisch durchkonzipierten Langzeitstrategie betrieben. Erfolgreiche Karrierebegleitungen ergeben sich mehr oder weniger zufällig durch Beziehungen, die langjährig tätige Mitarbeiter aufgebaut haben und zu halten vermögen. Eine „nachgehende Begleitung", die darum bemüht ist, auch zum Patienten/Klienten Kontakt zu halten, wenn er wegbleibt, besteht noch zu selten selten. Das „Keeping contact" muß ein wechselseitiges sein. Ohne „nachgehende" Ausrichtung müssen mittel- und langfristige Karrierebegleitungen scheitern. Das bedeutet, daß sie auch nicht nur an eine Bezugsperson gebunden werden dürfen, sondern daß eine Einrichtung, die akzeptierende Karrierebegleitung als Konzept der Drogenarbeit vertritt, als solche das Prinzip des „**Keeping contact**" praktisch umsetzen muß. Sie muß Klienten/Patienten systematisch betreuen und gewährleisten, daß, auch wenn ein Mitarbeiter die Einrichtung verläßt, sein Klientenstamm vom Nachfolger bzw. der Nachfolgerin weiter mittel- bis langfristig betreut wird. Die Initiierung von und die Kooperation mit Selbsthilfeprojekten – ein im Drogenbereich immer noch zu wenig beachteter und praktizierter, vernachlässigter Sektor – wird dabei unerläßlich. Die Selbsthilfe repräsentiert die „Expertise der Betroffenen", z.B. ihre Fähigkeit zu überleben, mit Problemsituationen in der Drogenszene umzugehen. In einer Zusammenführung der „doppelten Expertise", die der Betroffenen und die der professionellen Helfer (*Petzold, Schobert, Schulz* 1990), liegt die besondere Chance, Muster der „erlernten Hilflosigkeit" (*Seligman* 1975) und der Inszenierung familiärer Probleme, Konstellationen der „Parentifizierung" zu durchbrechen und den „*locus of control*" wieder in die Hände der Betroffenen zu legen (*Berzins, Ross* 1979; *Caliccia* 1974).

Die Vereinbarung kurzfristiger *fokaler Beratungs- bzw. Therapiesequenzen* im ambulanten Setting ist ein weiteres wichtiges Moment, um die seelische Verarbeitung aktualer Probleme und „stressful life events" zu gewährleisten. Die Forderung nach nahtloser therapeutischer Kontinuität wird im Feld der Drogenarbeit oft zu einem „Fetisch", der alles andere als hilfreich ist („Nur wenn du regelmäßig kommst, kann ich Therapie mit dir machen!"). Ein mittelfristig bzw. langfristig angelegtes Konzept *intermittierender Fokalintervention* (jeweils 1-10 Std., *Petzold* 1993p) erweist sich als praktikabler und erfolgsversprechender – ganz gleich, ob es sich nun um Einzelgespräche handelt oder um „Intensivgruppen" (offene oder halboffene Behandlungsgruppen, die 3-5mal jährlich stattfinden).

Es dürfte deutlich geworden sein, daß hier ein Konzept der Vernetzung mittel- und langfristiger sozialarbeiterischer/soziotherapeutischer, agogischer und psychotherapeutischer Maßnahmen im Sinne „Integrativer Interventionen" (*Petzold* 1982u,v) von uns vertreten wird. Die Geringschätzung der Sozialarbeit von Seiten der Psychotherapeuten oder die Skepsis der Sozialarbeiter gegenüber der Psychotherapie ist mit Blick auf die Komplexität der „somato-psychosozialen Multimorbidität", die ihren Ausdruck in Formen von Drogenabhängigkeit und anderen Begleitsymptomatiken gefunden hat, unangebracht. Leider ist im Feld immer wieder das Entweder-oder-Paradigma zu beobachten, je nachdem, wo gerade der Höhepunkt der Frustation erreicht ist (Einrichtungen mit einer dezidiert psychotherapeutischen gegen eine ohne jegliche psychotherapeutische Ausrichtung oder vice versa und gar das „Kompetenzgerangel" zwischen den Gruppierungen). Aufgrund von nunmehr über 30jähriger Erfahrung als Therapeuten und Supervisoren in den verschiedensten Einrichtungen der Drogentherapie fühlen sich die Autoren dieses Beitrages in ihrem Plädoyer für eine ganzheitliche und differentielle Angebotsstruktur, die akzeptierende und drogenfreie Programme bereitstellt und vernetzt (*Petzold* 1969c, 1972f, 1974b, 1989) bestätigt. Nur so können effiziente Copinghilfen und protektive Faktoren (*Petzold* et al. 1993) eingebracht und gefördert werden. Nur so wird es möglich sein, die Zahl „**maligner Karrieren**" in den Drogentod, die Psychose, die Aidserkrankung zu verringern und die Zahl der Negativkarrieren, die sich durch Reduzierung der „chain of adverse events" in „**konstruktive Karrieren**" verwandeln lassen, zu erhöhen.

Risikofaktoren, Protektive Faktoren, Resilienzen

Für die Therapie mit Abhängigen ist – genauso wie in anderen Bereichen – eine erweiterte Perspektive notwendig, was die Interaktion, das Zusammenspiel verschiedener Einflußgrößen in Entwicklungs- und Therapieprozessen anbelangt. Die Kenntnis von *Risikofaktoren*, *protektiven Faktoren* und *Resilienzen* ist für effektive Therapien von besonderer Bedeutung. Folgende Faktoren wurden insbesondere in der Kinder- und Jugendlichenpsychotherapie herausgearbeitet (*Müller, Petzold* 2001, 2003), die auch für den Bereich der Drogentherapie, ja für die Gerontotherapie (dieselben 2003) Relevanz haben:

Risikofaktoren

Die Berücksichtigung von Risikofaktoren ist für die Kindertherapie von kardinaler Bedeutung, um ihnen kompensatorisch mit der Bereitstellung von *protektiven Faktoren* zu begegnen oder zu Ausbildung von *Resilienzen* beizutragen. Folgende Risikofaktoren seien genannt:

1. Psychiatrische Probleme bei einem Elternteil (DSM Diagnose),
2. die Mutter hat 6 oder mehrere Punkte auf *Rutters* (1979) Belastungs-Malaise-Fragebogen,
3. im abgelaufenen Jahr fanden sich 20 oder mehr „stressfull life events",

4. die Mutter hat keinen Hauptschulabschluß,
5. der Ernährer der Familie ist arbeitslos,
6. es ist kein Vater in der Familie anwesend,
7. die Familie hat vier oder mehr Kinder,
8. die Familie gehört einer ethnischen Minderheit an,
9. die Eltern haben rigide Erziehungsvorstellungen,
10. es findet sich eine schlechte Qualität der Mutter-Kind-Interaktion,
11. das Kind hat dysfunktionale emotionale Stile,
12. das Kind hat keinen protektiven „significant caring adult" (*Petzold* et al.1993),
13. das Kind hat keine Netzwerkorientierung und geringe soziale Kompetenz/Performanz,
14. es stehen keine angemessenen Hilfsagenturen bzw. Systeme sozialer Sicherung zur Vefügung.

Resilienzfaktoren

Als Resilienzfaktoren sehen wir streßpuffernde, eine positive Immunantwort und funktionale Genexpression fördernde Faktoren (*Müller, Petzold* 2003), die die Belastungs- und Widerstandsfähigkeit eines Menschen unterstützten. In der Integrativen Kindertherapie haben wir folgende herausgearbeitet:

1. Eine heriditäre Disposition zur Vitalität, die eine gewisse Unempfindlichkeit gegenüber Belastungsfaktoren gewährleistet,
2. die Fähigkeit, Belastungen oder Risiken effektiv zu bewältigen,
3. die Fähigkeit, sich nach traumatischen Erfahrungen schnell und nachhaltig zu erholen,
4. die Fähigkeit, Situationskontrolle und Kompetenz/Performanz unter akutem Streß und in Konfliktsituationen aufrechtzuerhalten,
5. die Fähigkeit, sich an die Belastungssituationen so anzupassen, daß Möglichkeiten bestehen, in ihnen zu überleben, ohne daß psychische oder psychosomatische Schädigungen feststellbar werden,
6. die Möglichkeit, Belastungserfahrungen zu kommunizieren und aufgrund von Netzwerkorientierung und guter interaktiver Kompetenz und Performanz Schutzpersonen zu mobilisieren.

Potenziell protektive Faktoren

Die Resilienzfaktoren müssen zusammen mit einer differentiellen Sicht von Schutzfaktoren in der kindertherapeutischen Arbeit eingesetzt werden. Diese Erträge der longitudinalen klinischen Entwicklungspsychologie (*Oerter* et al. 1999) werden in der Integrativen Kindertherapie im Unterschied zu den meisten anderen Ansätzen der Kinderbehandlung systematisch berücksichtigt, ja wurden von unserem Verfahren in das Feld der Kinderpsychotherapie eingeführt (*Petzold, Goffin, Oudhoff* 1993; idem 1995a). Folgende Schutzfaktoren können fokussiert werden.

1. Soziale Unterstützung innerhalb des sozialen Netzwerkes, d.h. in und außerhalb der Familie,
2. eine verläßliche Beziehung zu einem „significant caring adult" innerhalb und/oder außerhalb der Familie,
3. „schützende Inselerfahrungen" und „gute Zeiten" im Verlauf der Entwicklung,
4. positive Temperamentseigenschaften (emotionale Flexibilität, Kontaktfähigkeit, Affektregulation),
5. positive Erziehungsklimata (Wärme, Offenheit, Akzeptanz) in Segmenten der Lebenswelt (mit einem Elternteil, in der Schule, in der Kirchengemeinde etc.),
6. Möglichkeitsräume (potenzial space), in denen Gestaltungsimpulse und Selbstwirksamkeit erfahren werden können, so daß sich internal orientierte Kontrollüberzeugungen und konstruktive selbstreferentielle Emotionen und Kognitionen, d.h. positive Selbst- und Identitätsschemata entwickeln können,
7. soziale Vorbilder, die Werte und Sinnbezüge vermitteln und die konstruktives Bewältigungsverhalten modellhaft zeigen,
8. realistische Situationseinschätzung und positive Zukunftsorientierung, Leistungsmotivationen und Impetus zur aktiven Problembewältigung,
9. kognitive und emotionale Integrationsfähigkeit, die einen „sense of coherence" (*Antonovsky* 1987, *Lorenz* 2004) ermöglichen,
10. sozioökologische Kontexte, die einen breiten Aufforderungscharakter haben und eine Vielfalt von *affordances* bereitstellen, so daß Handlungskompetenzen (*effectivities*) gewonnen werden können,
11. dosierte Belastung, die Immunisierungen und das Ausbilden von Bewältigungsstrategien ermöglichen, weil sie die Coping-Kapazitäten und die vorhandenen Ressourcen nicht überfordern,
12. Angebote für kokreative sinnvolle Aktivitäten (Hobbies, Sport, Spielmöglichkeiten), die Entlastung, Erfolgserlebnisse und Kreativitätserfahrungen bieten,
13. ein positiver ökologischer Rahmen (Landschaft, Garten etc.), der durch Naturerleben Kompensationsmöglichkeiten schafft,
14. Netzwerkorientierung, d.h. die Fähigkeit, soziale Netzwerke aufzubauen und sie zu nutzen,
15. Haustiere, deren protektive Funktion gar nicht hoch genug eingeschätzt werden kann,
16. Phantasiepotenzial, die Möglichkeit, innere Welten in neuer und außergewöhnlicher Weise zu sehen und zu nutzen,
17. das Vorhandensein sozialer Sicherungssysteme und Hilfsagenturen.

Diese im Anschluß an die Forschungen der developmental psychopathology und klinischen Entwicklungspsychologie (*Oerter* et al. 1999) und dem social support research erarbeiteten Faktoren (*Petzold* et al. 1993) werden als therapiewirksame Komponenten gezielt in der Kinder- und Jugendlichentherapie eingesetzt und in der Gestaltung von Therapieprozessen berücksichtigt. Eine Zusammenstellung der „protektiven Faktoren" für die Arbeit mit alten Menschen wurde unlängst in einer umfänglichen Auswertung der Forschungsliteratur von *Müller, Petzold* (2003) erarbeitet. In weiten Bereichen stimmen sie mit der obigen Auflistung überein. Eine empirische Beforschung von Wirkfaktorenkombinationen, wie sie für die Psychotherapie von Erwachsenen derzeit begonnen wird (*Brumund, Märtens* 1998; *Smith, Grawe* 1999), bleibt zu leisten, wobei die Wirkfaktorenkonzepte natürlich immer kritisch auf das hin reflektiert werden müssen, was sie im Wesentlichen ausmacht: die Herstellung *„salutogener Lebensverhältnisse"* bzw. einer *„guten Alltäglichkeit"*. In der Suchtkrankentherapie gewinnt diese Position besondere Bedeutung und verlangt Eltern-, Familien- und Netzwerkarbeit (*Hass, Petzold* 1999), sozioökologische Interventionen, die dazu beitragen, daß die Lebenssituation des Kindes (nicht nur die Therapiesituation) zu einem „safe place" wird, an dem die Entwicklung von Willenskräften (Entscheidungs- und Durchhaltefähigkeit), einer Sorge um sich und einer Sorge um Andere, von Freiraum und Grenzen durch Fördern und Fordern, Unterstützung und Anforderungen, das Aushandeln von Grenzen ihren richtigen Ort und ihr rechtes Maß haben. All diese Maßnahmen der Förderung ermöglichen die Entwicklung von *persönlicher Souveränität* und *persönlicher Freiheit* sowie von Engagement für die *Souveränität* und den *Freiraum* anderer, bekräftigen die Ausbildung einer Wertestruktur, die die negativen Qualitäten eines „überstrengen oder moralisiernden Über-Ich" vermeidet und damit in konstruktiver Weise für das eigene Leben und das der Gemeinschaft tragend werden kann. Denn Kinder und Jugendliche, die in ihrem sozialen Netzwerk, ihrem „Konvoi" durch die Vorbildfunktion von Erwachsenen in einer guten Nähe, einer „Zone optimaler Proximität" (*L.S. Vygotsky*) *erfahren* haben und deshalb lernen konnten, was „Freude am Lebendigen" (*I. Orth, H. Petzold*) und „Ehrfurcht vor dem Leben" (*A. Schweitzer*) ist, was der Respekt vor der „Andersheit des Anderen" (*E. Levinas*) und ein praktizierter, „kultivierter Altruismus" (*Petzold* 2000h) bedeutet, können in ihrem Leben und mit ihrem Engagement zu einer freiheitlichen und humanen Lebensqualität ihrer Gesellschaft *als Gemeinschaft* beitragen, zu „warmen" gesellschaftlichen Lebensformen. Die *humane Qualität* gesellschaftlichen Lebens muß als ein *protektiver Megafaktor* gesehen werden, weil durch sie alle anderen Schutzfaktoren gewährleistet werden und die Risiko- und Belastungsfaktoren gemindert werden können.

Aufgrund derartiger anthropologischer und kulturtheoretischer Überlegungen *und* empirischer Forschungsergebnisse zu Schutz-, Risiko- und Resilienzfaktoren, die damit eine konzeptuelle Einbettung erfahren, ist ein Rahmen möglich, der für die Behandlung relevant ist.

Perspektiven

Als Kernfrage bleibt bestehen: Wie lassen sich die Risiken in Drogenkarrieren vermindern? Hier werden nicht die Einstiegsrisiken angesprochen, die in den Bereich der Prävention oder der präaddiktiven Therapie fallen, z.B. die Behandlung von Kindern mit „conduct disorders" (*Jonston* et al.1978; *Candel* et al.1978; *Yessor; Yessor* 1977; *Robins, McEvoy* 1990) und ihrer Familien (*Kaufmann, Kaufmann* 1983; *Stanton, Todd* 1982; *Hirsch, Imhof* 1975), sondern es ist hier von den Risiken innerhalb der Drogenkarriere die Rede, die zu ihrem malignen Verlauf beitragen, d.h. schwere psychische und physische Erkrankungen oder auch der „Drogentod". Diese Risiken liegen nicht allein in der Substanz, die gebraucht bzw. mißbraucht wird. Dieser falsche Blickwinkel ist auch heute immmer noch in der Öffentlichkeit, bei Politikern und Leistungsträgern, aber auch bei professionellen Helfern vorherrschend. Die Schäden, die durch Not- und Beschaffungskriminalität und -prostitution und das Verelendungsmilieu bestimmter Drogenszenen entstehen, sind oft gravierender und „volkswirtschaftlich relevanter" als der Gebrauch der Droge selbst. Drogenarbeit, Drogentherapie und Rehabilitation haben es – wenn die Wirklichkeit unserer Patienten/Klienten einbezogen wird –, mehr mit der Hilfe für schwergeschädigte Persönlichkeiten, für Menschen mit zerbrochenen Lebenskarrieren und „somato-psychosozialer Multimorbiditiät" zu tun als mit der Frage der Drogenabstinenz. Selbst wenn wir von den komplexen Ursachen im gesellschaftlichen und familiären Bereich für Drogenabhängigkeit einmal absehen und nur die aktuale Situation von Menschen mit prolongierten Drogenkarrieren (vier Jahre oder länger) betrachten, wird es eine falsche Perspektive, die Droge als die „Ursache allen Übels" anzusehen. Sie ist lediglich Symptom, das allerdings neue Kausalwirkungen zeitigt. Es genügt nicht, sich ausschließlich oder überwiegend mit diesen Sekundäreffekten zu befassen. Substitutionprogramme sind hier nur ein Weg, niedrigschwellige Angebote und akzeptierende Drogenarbeit ein anderer, die traditionellen Ansätze der Drogenarbeit weitere. Aber die Fragen müssen grundsätzlicher angesetzt werden, sowohl was die Ursachen, als auch was die Maßnahmen anbetrifft. Die Diskussion über eine differentielle Freigabe von Drogen, über Konsumräume oder über die Entkriminalisierung des Drogenmilieus muß geführt werden, wenn man Risikofaktoren wie Not- und Beschaffungskriminalität und -prostitution mit all ihren gravierenden Folgen für die physische und psychische Gesundheit der Betroffenen und ihre sozialen Netzwerke, aber auch für die Gesellschaft in ökonomischer und moralischer Hinsicht einigermaßen in den Griff bekommen will. Von Lösungen sind wir noch weit entfernt. Die Diskussionen stehen immer noch in den Anfängen oder wieder einmal. Die Forschungsgrundlage, derartige Diskussionen zu führen, ist noch immer weitgehend unzureichend. Es bleibt – 2006 – noch viel zu tun.

Abschließend halten wir es für wichtig, auch auf die Gefahren der von den Leistungsträgern betriebenen Medizinalisierung der Drogenhilfe hinzuweisen, die Maßnahmen der sozialen und beruflichen Integration, der Soziotherapie u.v.m. zunehmend ausblendet. Substitutionsprogramme, die die psychosoziale Betreuung als Bestandteil der Behandlung ausblenden, die Einrichtung von Konsumräumen oder drogentherapeutischen Ambulanzen wie auch Projekte zur Originalstoffvergabe, die ein ungeheures Maß an Steuergeldern verschlingen, erschweren eher eine weitere Normalisierung der Lebens- und Konsumbedingungen drogengebrauchender Menschen.

Ein Beispiel: In den inzwischen in NRW aufgebauten drogentherapeutischen Ambulanzen (DTA) kann es nach „medizinischer Indikation" – eine „einzelfallbezogene" Konsummöglichkeit für „schwerstabhängige Drogenkranke" geben. Das Gesamtkonzept der DTA's ist unter ärztliche Verantwortung gestellt (Projektbeschreibung 2/98). Dieses Projekt der Landesregierung in NRW macht deutlich, welche Gefahren sich hinter einer immer stärkeren Medizinalisierung der Drogenhilfe verbergen (können), da es sich weit von einer Normalisierung entfernt und drogengebrauchenden Menschen erst dann die Möglichkeit gibt, straffrei zu konsumieren, wenn sie den Status der „Schwerstabhängigkeit" erreicht haben.

Ein weiteres Beispiel: Beim Modell der staatlich kontrollieren Originalstoffvergabe soll, wie zuvor bei der Methadon-Substitutionsbehandlung, genauestens selektiert werden. Sogenannte „Schwerstabhängige" mit finalen Krankheitszuständen, die die unterste Stufe der „Suchtkarriere" erreicht haben und gleichzeitig die Erfolglosigkeit anderer Behandlungsmöglichkeiten nachweisen können, haben die „Chance" bei gleichzeitiger verpflichtender psychosozialer Betreuung an dem o.g. Modellversuch teilzunehmen. *Schmidt-Semisch* (1994) spricht hier vom „staatlich registriertem und kontrolliertem Kranken". Durch die für alle anderen drogengebrauchenden Menschen weiterhin fortbestehende Verbotspolitik würden demnach immer wieder neue „hoffnungslose Fälle" geschaffen. Erst wenn sie dann „schwerstabhängig" geworden sind, kämen sie möglicherweise in den „Genuß" einer Originalstoffvergabe.

Ähnliches kennen wir bereits aus der Substituitonspraxis. Es ändert sich damit nichts an der grundlegenden Situation von Drogengebrauchern.

Deshalb muß sich im Denken und Handeln der Entscheidungsträger in Politik und den Sozialisierungssystemen etwas ändern: rationale und forschungsgestützte Entscheidungen werden erforderlich, die Möglichkeiten schaffen, den Drogenabhängigen die Hilfen zu vermitteln, die sie zur Bewältigung und Überwindung ihrer vielfältigen Problemlagen benötigen.

Zusammenfassung
Angesichts der heterogenen Bedürfnisse und Voraussetzungen der Menschen mit Drogenproblemen ist eine ganzheitliche und differentielle Angebotsstruktur notwendig, die akzeptierende und drogenfreie Programme aufeinander abstimmt. Hier sind u.a. niedrigschwellige Ansätze der Drogenhilfe weiter zu entwickeln und stützende soziale Netzwerke zu fördern, um den psychosozialen Lebens- und Konsumbedingungen der unterschiedlichen Zielgruppen zu entsprechen. Besondere Beachtung verdient das Konzept der langfristigen, akzeptierenden Karrierebegleitung: als Eröffnung einer Chance zu einem drogenfreien Lebensstil und als humanitäre Hilfe in einen drogengebundenen Lebensstil.

Summary
Corresponding to the different needs and resources of the drug addicts, an institutional framework of prevention and aid schould provide measures of guidance, care, counseling. and therapy. Unconditional social support (while tolerating drug consumption) through the implementation of "low level", as well as abstinence oriented treatment, can contribute to free the client from drug dependence.

The authors are putting a special emphasis on long term assistance – "intermittent career accompaying support" in the conceptual framework of life span developmental psychology – to the victims of substance abuse an related problems.

Key words: Integrative Therapy, Intermittent career support, life span developmental psychology, protective factors

Christoph Mühlau-Mahlke

Suchterkrankungen bei Ärztinnen und Ärzten

Überblick über den derzeitigen Kenntnisstand mit erweiternden Aspekten aus der Integrativen Therapie

> „Wer den Rausch nicht kennt, weiß nicht wie fad' die Nüchternheit schmeckt"
> (*Christian Dietrich Grabbe*, zit. nach *Brammer* 1979)

Vorbemerkung

Anlaß zur Beschäftigung mit der Thematik war die Begutachtung einer suchtkranken ärztlichen Kollegin im Rahmen eines Betreuungsverfahrens, die mit polyvalentem Substanzkonsum und einer skurrilen psychotischen Symptomatik, durch die sie ihre alltäglichen Aufgaben nicht mehr eigenständig und -verantwortlich verrichten konnte, in völlig verwahrlostem Zustand in einer Psychiatrischen Abteilung des Ruhrgebiets mit Zwangsmaßnahmen gemäß dem Gesetz über Hilfen und Schutzmaßnahmen bei psychischen Krankheiten (NRW PsychKG) aufgenommen wurde. Sie war schon lange aus allen psychosozialen Bezügen gefallen und hatte vor Jahren ihre Approbation verloren. Es schloß sich eine langwierige komplizierte Entzugsbehandlung an. Im Verlauf kam es zu einer Entaktualisierung des psychotischen Erlebens und sie verleugnete die dramatischen Hintergründe der Aufnahme. Eine Benzodiazepin-Medikation wurde bei anhaltenden massiven Ängsten und Ablehnung anderer geeigneter Medikamente letztlich nicht vollständig abgesetzt, sondern im Sinne einer vorübergehenden „Substitution" mangels geeigneter Alternativen niedrig dosiert fortgeführt. In diesem zumindest stabilisierten Zustand und mit einer juristischen Betreuung nach § 1896 BGB wurde die Ärztin im Anschluß an die Behandlung bei fehlender Krankheits- und Behandlungseinsicht nach Installation ambulanter Hilfen nach Hause entlassen.

Die schwierige Suche nach Therapieangeboten und -erfahrungen sowie Daten zur Einschätzung der Prognose im Gutachtenverfahren ist offenbar Ausdruck der anhaltenden Tabuisierung von Suchterkrankungen unter ärztlichen Kollegen[1] in der Bundesrepublik Deutschland. Sie spiegelt sich in einer anhaltend dürftigen Datenlage der deutschsprachigen Literatur, v.a. dem Fehlen jeglicher repräsentativer epidemiologischer Studien, und der Rat- und Hilflosigkeit der angesprochenen Ärztekammern wider, Behandlungs- und Hilfsangebote für Betroffene zu benennen, sowohl zu deren Unterstützung seitens der Standesvertretungen selbst als auch geeigneter medizinisch suchttherapeutischer Einrichtungen (*Feuerlein* 1986, *Leesemann* 1994, 1995, *Stet-*

1 Im Folgenden wird zur besseren Lesbarkeit ausschließlich die männliche Schreibweise verwendet, es sei denn, es sind explizit Frauen gemeint.

ter 2001a+b, *Reimer* 2001). So erschöpft sich beispielsweise der Hinweis der Arbeitsgemeinschaft der Deutschen Ärztekammern (Bundesärztekammer, BÄK) auf ihrer Homepage (31.03.2006) darin, daß davon auszugehen sei, daß 7-8% der deutschen Ärzte mindestens 1x im Leben an einer Suchterkrankung leiden. Informationen zu Hilfsangeboten oder weiterführende Links finden sich nicht.

Erlenmeyer weist schon in der „Deutschen Medizinal-Zeitung" vom Mai 1886 auf seine dem Artikel „Über Cocainsucht" zugrundeliegende Erfahrung „... an 11 Herren und 2 Damen ...", „... 5 Ärzten, 2 Frauen von Ärzten, 3 Offizieren, 1 Schriftsteller, 1 Gutsbesitzer und 1 Beamter ..." hin. Er erfaßt damit ungewollt das Phänomen, das in der aktuelleren Literatur wenn auch nicht erschöpfend, so doch systematischer beschrieben wird, daß Suchterkrankungen auch oder gerade bei Menschen in Leitungsfunktionen auftreten, also auch bei Ärzten (*Feuerlein* 1986, *Lasar* u. *Mäulen* 1990, *Mäulen* et al. 1991, *Gottschaldt* 1992, *Stetter* 2001a).

Im ausgehenden 19.-ten und beginnendem 20.-ten Jhdt. befiel die „‚Morphiumsucht' besonders Ärzte und Heilberufe und die besseren Stände" (*Ullmann* 2001, *Kellermann* 1983). Da verwundert es, daß sich eine nur geringe – wenn im letzten Jahrzehnt auch wachsende – Anzahl an deutschsprachigen Publikationen mit (Sucht-)Erkrankungen und ihren Entstehungsgefügen bei Menschen aus der Gruppe der Heilberufe, insbesondere der Ärzte, beschäftigt (*Heim* 1993, *Herschbach* 1991, *Mäulen* 1995a+b, *Reimer* 1996 u. 2001, *Ripke* 2000, *Stetter* 2000b).

Die Schwierigkeit, Informationen zu finden, ebenso wie die geringe Menge an Datenmaterial zu diesem Themenkomplex sind um so erstaunlicher, wenn man das Ausmaß des Problems mit den von der BÄK genannten 7-8% Abhängigkeitskranken am Beispiel eines Krankenhauses der Regelversorgung mit 330 Betten und ca. 55 ärztlichen Kollegen verschiedener Fachgebiete betrachtet, von denen danach bis zu 5 Ärzte suchtkrank wären.

Dabei stehen gerade Ärzte im Angesicht einer Suchterkrankung vor besonderen, existentiellen Nöten:

1. Droht ihnen bei bekannt werden der Sucht der Entzug der Zulassung durch die Kassenärztliche Vereinigung (KV; bereits bei der Zulassung wird eine Bestätigung erwartet, daß man in den vorangegangenen 5 Jahren nicht an einer Suchterkrankung gelitten hat),
2. kann die Aufsichtsbehörde das Ruhen oder den Entzug der Approbation anordnen (*Damm* 2000, *Endres* 2000),

womit nicht nur die Arbeits-, sondern letztlich auch die Lebensgrundlage entzogen wäre.

Von diesem Ausgangspunkt wird versucht, einen Überblick über den derzeitigen Kenntnisstand zu geben, wobei stoff- bzw. substanzgebundene Suchterkrankungen betrachtet und Alkohol, Medikamente und illegale Drogen ohne Tabak-/Nikotinabhängigkeit sowie pathologisches Glücksspiel und

Arbeitssucht nicht erfaßt werden. Insbesondere neuere Ergebnisse zur Situation in Deutschland werden herangezogen.

Einleitung

In der Durchschnittsbevölkerung gehen epidemiologische Arbeiten bei der Alkoholerkrankung je nach Quelle von 2-3% aus, das sind etwa 2,5 bis 3 Millionen manifest alkoholkranken und etwa 9 Millionen Menschen, die einen riskanten Alkoholmißbrauch begehen (*Athen* 1998, *Küfner* 2002, *Singer* 2001).

Zur Epidemiologie und der Ätiologie von Suchtkrankheit bei Ärzten gibt es im deutschen Sprachraum keine verläßlichen Daten (u.a. *Leesemann* 1994, 1995, *Stetter* 2001a+b).

Unger und *Huppmann* stellten 1990 fest, daß die BÄK und die Landesärztekammern bis Mitte der 80-er Jahre keine Zahlen über die Anzahl abhängigkeitskranker Kollegen vorliegen hatten. „Von ihren Vertretern wurde argumentiert, daß sich dieses Problem bisher nicht gestellt habe..." (*Unger, Huppmann* 1990). Einzig die Ärztekammer Hamburg wagte damals von geschätzten ca. 5% suchtkranken Ärzten zu sprechen.

Dagegen gab es in den USA zur selben Zeit schon zahlreiche wissenschaftliche Arbeiten und Interventionsprogramme (Feuerlein 1986), die den sogenannten „impaired-physician", d.h. „den Arzt, der aufgrund körperlicher oder geistiger Krankheit – hierzu gehört der Verfall durch den Alterungsprozeß oder ein Mangel an motorischem Geschick – oder exzessiven Mißbrauchs von Drogen einschließlich Alkohol, nicht in der Lage ist, mit ausreichender Befähigung und Sicherheit den Patienten gegenüber medizinisch tätig zu sein" (Definition der American Medical Association (AMA, 1972) zitiert nach *Loevenich* 1996) in den Mittelpunkt ihres Interesses stellten. Mittlerweile gibt es in praktisch in allen US-Bundesstaaten ein „Impaired-Physician"-Programm (*Brooke* 1997).

Die Studien aus dem angloamerikanischen Raum zeigen, daß Ärzte ein erhöhtes Risiko haben, wegen einer Suchterkrankung stationär behandelt zu werden. Bei psychisch erkrankten Ärzten kommt Suchterkrankungen die bei weitem größte Bedeutung zu – dabei steht Alkohol an erster, Nikotin an zweiter Stelle. Außerdem besteht eine erhöhte Prävalenz für kombinierte Alkohol- und Medikamentenabhängigkeit. Darüber hinaus ist die Suchterkrankung besonders häufig mit Suizidalität verbunden (*Murray* 1976, *Leesemann* 1995, *Soyka* 1995).

Zur Entwicklung in der Bundesrepublik Deutschland

Nach *Unger* und *Huppmann* (1990) gibt es in der BRD einige empirische Untersuchungen aus den 50-er Jahren. Demzufolge kam in West-Berlin ein süchtiger Arzt auf 47 Kollegen (*Linz* 1953, zitiert nach *Unger, Huppmann* 1990). Andere Autoren (*Gewehr* 1957, *Ehrhardt* 1959) geben in der Zeit zwischen 1952–1957 einen Anteil drogenabhängiger Ärzte am Gesamt der bekannten Süchtigen zwischen 12% und 14,4% und eine Verhältniszahl bezogen auf alle Ärzte von 1:130–1:95 an. Im Übrigen lägen seither lediglich kasuistische Berichte vor (z.B. *Kellermann* 1983).

1982 etablierte sich auf Initiative von *Brammer* (u.a. „Ich bin Kollege“, 1979a-c) eine Selbsthilfe-Gruppe für alkoholabhängige Ärzte. 1987 sorgte *Dickhaut* mit der Publikation „Ich bin Arzt und Alkoholiker – wer gibt das schon gerne zu?“ für eine verstärkte Ausbreitung von Informationen zu Suchterkrankungen bei Ärzten.

1984 gründete *Gottschaldt* (selbst betroffener Arzt) die erste Oberbergklinik, die mit ihrem innovativen Therapiekonzept Führungskräfte, speziell auch Ärzte anspricht (*Stetter* 2001a+b).

Eine erste 1989 von der Ärztekammer des Saarlandes offerierte Hilfe für suchtkranke Ärzte soll nur ein geringes Echo gefunden haben (*Mäulen* et al. 1991).

1997 kam es schließlich in Kooperation der Ärztekammer Hamburg mit *Gottschaldt* zur Entwicklung eines strukturierten beruflichen Rehabilitationsprogramms (*Stetter* 2001b). Nach *Damm* (2000) ist ein wesentliches Problem, suchtbetroffene und suchtgefährdete Kammermitglieder zu erreichen. Auch in Hamburg gelinge dies, bei geschätzten 500 betroffenen Ärztinnen und Ärzten, nur in 5-10 Fällen pro Jahr.

Epidemiologische Daten

Schätzungen berufen sich v.a. auf angloamerikanische Erhebungen. Danach bewegt sich die Prävalenz von Suchtkrankheiten in Medizinerkreisen zwischen 1 und 15%. In einer großen US-Studie mit 9600 anonymen Fragebögen gaben 6% aller Mediziner an, zu irgendeinem Zeitpunkt in ihrem Leben Alkoholmißbrauch betrieben zu haben, 7-8% seien als generell suchtkrank zu bezeichnen (*Hughes* et al. 1992, *Endres* 2000, *Hildebrand* 2000).

Ärzte sollen 30-100mal häufiger als die Gesamtbevölkerung an einer Abhängigkeitserkrankung leiden (*Unger, Huppmann* 1990, *Schifferdecker* 1995). *Mäulen* et al. (1995b) gehen, ohne exakte Zahlen zu nennen, davon aus, daß die Suchtgefährdung von Ärzten über der der Normalbevölkerung liegt. Andere Autoren sehen keinen grundsätzlich höheren Anteil an Suchtkranken unter den Ärzten, beschreiben aber bezogen auf Alkohol und verschreibungspflichtige Opioide und Benzodiazepine eine höhere Wahrscheinlichkeit des Konsums (*Hughes* et al. 1992, *Blondell* 1993).

Für die Bundesrepublik Deutschland kommt *Feuerlein* (1986) in einer Abschätzung der Häufigkeit des Alkoholismus unter Ärzten rechnerisch, ausgehend von Zahlen aus einer Repräsentativbefragung an 31-57-Jährigen durch das Bundesministerium für Jugend, Familie und Gesundheit, zu einer Alkoholgefährdung bei 2-5% der männlichen und 1% der weiblichen Ärzte.

Bei einer Zahl berufstätiger Ärzte in Ost- und Westdeutschland von 306.435 (Stand 31.12.2004, Ärztestatistik der BÄK, Homepage) und einer geschätzten Prävalenzrate der Abhängigkeiten auf zwei bis fünf Prozent, „wobei es sich bei den Zahlen einmal um eine Schätzung der Substanzabhängigkeiten, zum anderen um eine Schätzung der ‚reinen' Alkoholabhängigkeit handelt" (*Leesemann* 1995), wären demnach ca. 6.129-15.322 Ärzte manifest suchtkrank. Wenn man davon ausgeht, daß eventuell 80-90% davon weitestgehend unbehelligt bzw. ohne nennenswerte berufliche Schwierigkeiten weiterhin ärztlich tätig sind (*Mäulen* et al. 1991, *Leesemann* 1995, *Stetter* 2001b), würden davon 4.903-13.790 Ärzte ihren Beruf trotz manifester Suchtkrankheit ausüben.

Substanzmuster

In Deutschland findet sich unter Ärzten im wesentlichen das gleiche Konsummuster wie in der Durchschnittsbevölkerung, nur das eine kombinierte Abhängigkeit von Alkohol und Arzneimitteln möglicherweise weiter verbreitet ist.

Alkohol ist in Untersuchungskollektiven suchtkranker Ärzte einhellig die am häufigsten konsumierte Substanz. Es folgen morphinartig wirkende Analgetika (Pethidin, Morphin, Hydromorphon, Codein), Analgetika vom Typ der partiellen Morphinantagonisten (Pentazocin), Amphetamine, BZD und Barbiturate (*Unger, Huppmann* 1990).

Nach *Erhardt* (1959) und *Gewehr* (1957) spielen bei drogenabhängigen Ärzten folgende Substanzen eine Rolle: Morphin (ca. 20%), Methadon (ca. 18%), Pethidin (ca. 15%), Oxycadon (ca. 10%) (*Unger, Huppmann* 1990).

Ein polytoxikomaner Substanzkonsum finde sich in Deutschland bei etwa 40%, in den USA hingegen bei 50-60% der Betroffenen. Amphetamine und Tranquilizer würden doppelt so oft und Sedativa dreimal häufiger als in vergleichbaren Kontrollgruppen konsumiert (*Leesemann* 1995).

Drei neuere Arbeiten bestätigen anhand umfangreicher Patientenkollektive suchtkranker Ärzte für die Bundesrepublik Deutschland folgende Substanzmuster:

Mäulen (2000) kommt in seiner Untersuchung (N=400) zu folgenden Ergebnissen:

- Mißbrauch/Abhängigkeit von Alkohol 50,3%
- Mißbrauch/Abhängigkeit von Medikamenten 6%

- Mißbrauch/Abhängigkeit von BTM 5%
- Mißbrauch/Abhängigkeit von Alkohol und Medikamenten 30,7%
- Mißbrauch/Abhängigkeit von Alkohol, Medikamenten, BTM 3,5%
- Mißbrauch/Abhängigkeit von BTM und Medikamenten 2,8%

Stetter (2001b) wertet die Daten von 136 in der Oberbergklinik in Extertal behandelten Ärzten aus, wonach sich ergeben:

- 68% Alkoholabhängigkeit
- 15% unter einer anderen Substanzproblematik

Über ein Drittel wiesen zusätzlich zur Alkoholabhängigkeit eine medikamentenbezogene Substanzstörung auf.

Reimers et al. (2001) kommen in ihrer Arbeit (N=142) zu folgenden Ergebnissen:

- Alkohol 56,4%
- Medikamente 14,3%
- Mehrfachabhängig 26,3%

Sozialdaten

Der Beginn der Alkoholabhängigkeit liegt zwischen dem 20. und 35. Lebensjahr (*Soyka* 1995); die Drogenabhängigkeit hat ihren zeitlichen Ursprung zwischen dem 38. und 43. Lebensjahr (*Unger, Huppmann* 1990). Gründe für diesen Unterschied werden nicht benannt. Das Manifestationsalter für alkoholabhängige Ärzte liegt im Schnitt bei 44,2 Jahren und sie werden nach 17,4 Berufsjahren auffällig, während die drogenabhängigen Ärzte im Schnitt 38,9 Jahre alt sind und bei Auffälligkeit 15,2 Jahre gearbeitet haben (*Leesemann* 1994). Die letztgenannten Zahlen entsprechen eher den allgemeinen Erfahrungen mit alkohol- und drogenabhängigen Patienten, insofern, als daß Alkoholkranke häufig älter sind, bevor sie mit dem Suchthilfesystem in Kontakt kommen.

Die suchtkranken Ärzte, die in den USA stationär behandelt werden, sind im Durchschnitt 10 Jahre älter als die übrigen Kranken und zwar 48 statt 38 Jahre (*Leesemann* 1995). Die 41- bis 60jährigen deutschen Ärzte sind nach *Mäulen* et al. (1991,1995b) etwa 2x häufiger erkrankt als die jüngeren und älteren Ärzte. In amerikanischen Studien ist die Gruppe der 35- bis 64jährige überrepräsentiert (*Leesemann* 1995).

Männer sind wahrscheinlich 2x häufiger suchtkrank als weibliche Ärzte (*Murray* 1976, *Mäulen* et al. 1991, *Leesemann* 1995).

Zum Familienstand finden sich uneinheitliche Ergebnisse: während in den Arbeiten von *Mäulen* et al. (1991, 1995a+b, 2000) Verheiratete den höchsten Suchtkrankenstand aufweisen, verweist *Leesemann* (1995) auf Berechnungen, wonach in einer Untersuchungsgruppe ledige, getrennt lebende, geschiedene oder verwitwete Ärzte viermal häufiger und in einer anderen Untersuchung geschiedene, getrennt lebende oder verwitwete Ärzte sogar 10x häufiger abhängig waren als verheiratete.

Bei Untersuchungen zur berufliche Stellung sind vor allem Niedergelassene (53,5%) und leitende Ärzte (20,1%) betroffen. Fachärzte dominieren mit 81,9% gegenüber Nichtfachärzten mit 11,5%. Hinsichtlich der Gebietsbezeichnung finden sich in den untersuchten Kollektiven vor Internisten, Gynäkologen und Chirurgen besonders häufig Allgemeinmediziner (*Mäulen* et al. 1995b, *Unger, Huppmann* 1990).

Ursachen

In den letzten beiden Jahrzehnten bildeten sich das Rollen- und das Persönlichkeitsmodell als zwei kontrovers diskutierte pathogenetische Theorien heraus (*Schifferdecker* et al. 1995, *Loevenich* et al. 1996).

Das **Rollenmodell** geht von speziellen internalisierten Erwartungen und übergroßen Anforderungen aus, an denen der Betroffene aufgrund der unvermeidlichen Überlastung letztlich scheitert (*Loevenich* et al. 1996, *Stetter* 2001a). Das sich mit der universitären und klinischen Ausbildung entwikkelnde Ideal des selbstlosen Helfers, der zu jeder Zeit mit maximalem Einsatz arbeitet (*Wanke* 1990, *Endres* 2000), führt bei einem Übermaß an Arbeit, sowie einem gleichzeitigen Verzicht auf Freizeit, die zur Regenerierung persönlicher Ressourcen unbedingt erforderlich ist (*Loevenich* et al. 1996), zu subjektiver Überforderung, Streß (*Wanke* 1990) und einer krankheitsdisponierenden Erschöpfung durch Überarbeitung (*Stetter* 2001a).

Neben langen Aus- und Weiterbildungszeiten (*Stetter* 2001a) werden die vielfach schon bei Medizinstudenten feststellbaren hohen Erwartungen, Anspruchshaltungen und „unkontrollierter Appetit nach Macht“ (*Wanke* 1990) als zumindest latentes Gefährdungspotenzial einer späteren Suchtentwicklung erwogen.

Erhebliche Belastungsfaktoren im ärztlichen Alltag stellen Behandlungsversagen, diagnostische Unsicherheit, der emotionale Druck durch die Schicksale der Patienten (z.B. der Tod junger Patienten), hoher Verantwortungsdruck und Verantwortung in Extremsituationen („life and death“-Situationen) und ungeregelte Arbeitszeiten dar (*Unger, Huppmann* 1990, *Soyka* 1995, *Loevenich* et al. 1996, *Endres* 2000, *Stetter* 2001a).

Ein physiologischer Streßabbau zum Beispiel durch Freizeitaktivitäten findet in der Regel nicht statt (*Leesemann* 1995). Ein übermäßiger Drogenkonsum ist dann ein dysfunktionaler Versuch, Balance zu erreichen (ebd.). In einer von *Wanke* (1990) referierten finnischen Studie korrelierte hoher Alkoholkonsum mit Erschöpfungszuständen, alkoholbedingten Erkrankungen, mit beruflicher Enttäuschung, Unzufriedenheit, Beziehungsproblemen, dem Gefühl der Sinnlosigkeit und mit Tranquilizerbenutzung.

Das **Persönlichkeitsmodell** geht von einer „in spezifischer Weise ‚empfänglichen' Persönlichkeit" aus (*Loevenich* et al. 1996). „Die Vulnerabilität der Persönlichkeit geht demnach dem Eintritt in das Studium voraus. Von der Medizin angezogen scheint nach Waring häufig ein obsessiv-zwanghafter Persönlichkeitstypus [45]. Dieser Typus zeichne sich testpsychologisch durch niedrige Scores bei der Anpassungsfähigkeit und der Fähigkeit aus, Ungewissheit zu ertragen. Als weitere Züge werden ein Mangel an Ausgleich und Annehmlichkeit suchendem Verhalten und ein Gefühl der Unersetzlichkeit konstatiert [39]" (ebd.).

Auch andere Autoren führen prämorbide Faktoren resp. Entwicklungseinflüsse auf die Persönlichkeit an, wie instabile familiäre Verhältnisse in der Kindheit, die in einem hohen Kränkungspotenzial resultieren (*Stetter* 2001a), neurotische Konflikte, Depressionen und Beziehungs-, insbesondere Eheprobleme (*Wanke* 1990, *Unger, Huppmann* 1990).

Neben den berufsbedingten Belastungen und persönlichkeitsimmanenten Faktoren müssen als besondere Risikofaktoren für die Entwicklung einer Suchterkrankung bei Ärzten die hohe Drogenakzeptanz in dieser Berufsgruppe, die im pharmakologischen Optimismus wurzelt, verbreitete Selbstmedikation und die leichte Verfügbarkeit von Medikamenten betrachtet werden (*Leesemann* 1995, *Stetter* 2001b). Gleichzeitig herrscht ein eklatanter Wissensmangel über Nutzen, Nachteil und Suchtp*otenz*ial von Drogen.

Als weitere Motive werden somatische Leiden (*Unger, Huppmann* 1990) und wirtschaftliche Belastungen (*Endres* 2000) angeführt.

Die **Integrative Therapie** bietet zur Pathogenese ein übergreifendes Erklärungsmodell an, das durch seinen mehrperspektivischen Anspruch den Facettenreichtum der Ursachen und Entwicklungsmodi der Sucht zu einem umfassenderen Suchtverständnis integriert. Es erfaßt die im Kontext um die Suchtentwicklung auch bei Ärzten neben- oder gar gegeneinander gestellten Pathogenesemodelle sowie weitere identifizierte Risikofaktoren bei Ärzten als eine multikausale, multifaktorielle, kontextbezogene und im Lebenslauf entstandene Erkrankung.

In der Integrativen Therapie ist „Drogenabhängigkeit ... eine komplexe somatische, psychische und soziale Erkrankung, die die Persönlichkeit des Drogenabhängigen und sein soziales Netzwerk betrifft, beschädigt und – wenn sie lange genug wirkt – zerstört. Drogenabhängigkeit hat eine multikausale, zum Teil sehr stark variierende Genese. Sie zeigt unterschiedliche Ausprägungen und Verlaufsformen, abhängig von Vorschädigungen, psychosozialer Gesamtsituation, Ressourcenlage ... – und natürlich Suchtmittel" (*Petzold* 1988, vgl. *Schay* 2001) und geht mit zahlreichen Komorbiditäten einher.

„Das traditionelle verkürzte „medizinische Modell" in der Psychotherapie, die Ursachen der Entstehung von Suchterkrankung überwiegend in frühkindlichen Störungen und Schädigungen zu sehen, ist als alleiniges Erklärungsmuster aufgrund der Karriereverläufe Abhängigkeitskranker unzureichend. Der suchtkranke Mensch hat eine kranke, defizitäre und gestörte Sozialisation. Das Leben in problematischen Beziehungen und das Fehlen von Nähe, Bezogenheit und (Lebens-) Sinn im familiären und sozialen Kontext führen häufig zu Vereinsamung und Unfähigkeit, ein soziales Netzwerk aufzubauen. Die Lebensgeschichten Abhängigkeitskranker zeigen, daß diese Menschen in ihrer individuellen Entwicklung durchaus kompetent und gesund aufgewachsen sein können, d.h. für eine frühkindliche Störung/Schädigung keine Anhaltspunkte gegeben sind, aber im weiteren Entwicklungsverlauf massive Schädigungen aufgetreten sind" (*Schay* 2001).

Diese Sichtweise der Suchterkrankung gründet auf der **Persönlichkeitstheorie der Integrativen Therapie**, die davon ausgeht, daß die Persönlichkeit in Beziehungen wächst (*Petzold* 1993a, *Petzold* 1990h). Die Ausbildung einer Persönlichkeit erfordert das intersubjektive Milieu. „Mensch wird man durch den Mitmenschen. Person wird man durch Interaktionsprozesse, durch Ko-respondenz. Dieses Prinzip gilt über die ganze Lebensspanne. Die Psychologie des Erwachsenenalters und des Alters, nicht nur die Entwicklungsstrecke der frühen Kindheit, wird als wesentlich angesehen" (*Petzold* 1993b).

Der gesunde Mensch ist demnach im wesentlichen dadurch gekennzeichnet, daß er sich selbst ganzheitlich und differentiell in konkreter Verbundenheit mit seinem Lebenszusammenhang wahrnimmt und im Wechselspiel von protektiven und Risikofaktoren, Bewältigungsp*otent*ialen, von Kompetenzen, Performanzen und Ressourcen, kritische Lebensereignisse bzw. Probleme handhaben kann und sich zu regulieren und zu erhalten vermag. Auf dieser Grundlage kann er seine körperlichen, seelischen, geistigen und sozialen Potenziale konstruktiv entfalten und gestalten und entwickelt ein Gefühl von Sinnhaftigkeit, Integrität und Wohlbefinden (vgl. *Pritz, Petzold* 1992, *Schay* 2001).

Die Persönlichkeitsentwicklung wird also lebenslang durch das Geschlecht, die soziale Umwelt, durch die Erziehung der Eltern, Angehöriger, Lehrer und andere bedeutsame Bezugspersonen des sozialen Netzwerkes geprägt, wie durch ökologische Faktoren, die dingliche Umwelt und sachliche Gegebenheiten. In komplexen Entwicklungs- und Sozialisationsprozessen bildet sich die Persönlichkeit mit den Dimensionen Selbst, Ich und Identität aus (vgl. *Petzold* 1992).

Die selbstregulatorischen, orientierenden, wertenden und sinnstiftenden, kommunikativen und motivationalen Funktionen zwischen Person und Umwelt werden durch externe oder internale Stimuli ausgelöst. Sie sind geschlechtsspezifisch, kulturspezifisch, kontextgeprägt und lebensalterspezifisch (ebd.).

Die Persönlichkeitsentwicklung ist u.a. abhängig vom Einfluß der Schul- und Berufsausbildung, der beruflichen Tätigkeit und damit dem sozialen Status.

Wirklichkeitserfahrung erfolgt in einem komplexen interaktionalen Prozeß zwischen Erkennendem und Erkanntem auf der Basis der jeweiligen perzeptiven und cerebralen Ressourcen. Mit dem Wachsen der Wahrnehmungsfähigkeiten innerhalb zunehmend differenzierter Ko-respondenzprozesse wächst die Sinnerfassungskapazität: Wahrnehmen, Erfassen, Verstehen, Erklären (hermeneutische Spirale; *Petzold* 1993a).

Persönlichkeitsentwicklung wird als grundsätzlich relational, d.h. an Beziehungen zu Mitmenschen, an gelingende Ko-respondenzprozesse gebunden, verstanden.

Schädigungen können vor diesem Hintergrund „an jedem Zeitpunkt des Lebensverlaufes eintreten. Sie können insbesondere dann pathogen wirken, wenn sie auf entsprechende Prävalenzen treffen und keine ausreichenden Kompensationen oder Substitutionen zur Entlastung verfügbar sind oder zur Wirkung kommen können“ (*Schuch* 1999).

„Der Prozeß der Persönlichkeitsentwicklung und die beständige Formung der Identität durch die Umwelt – bis ins hohe Alter – machen deutlich: Der Mensch ist kein Selbstversorger, er ist eingebunden in soziale Bezüge. Sind diese gut, kann er sich entfalten, sind sie belastend oder schädigend, wird er eingeschränkt, verletzt, krank. Im Integrativen Ansatz vertreten wir dezidiert, daß Gesundheit und Krankheit nicht voneinander isoliert betrachtet werden dürfen. Menschliche Persönlichkeit ist das Resultat aller positiven, negativen und Defiziterfahrungen. Sie wird bestimmt durch die Interaktionen von Schutz- und Risikofaktoren, Ketten widriger, belastender Ereignisse [...] und Ketten positiver, stützender und schützender Ereignisse [...]. Diese Sicht überschreitet das traditionelle, verkürzende ‚medizinische Modell‘ in der Psychotherapie“ (*Petzold* 1993b).

Verlauf und Prognose

Der Beginn der Suchtkrankheit liegt bei vielen Ärzten im Studium oder davor. Alkoholabhängige Ärzte trinken schon zu Studienzeiten schneller, hastiger und können Grenzen nicht einschätzen (*Hildebrand* 2000).

Ärzte sind länger süchtig als andere Suchtkranke, bevor sie mit dem Suchthilfesystem in Kontakt kommen. Der Unterschied kann 10 Jahre betragen. Es findet sich gehäuft ein „... prolongierter Krankheitsverlauf mit katastrophalen sozialen und körperlichen Folgewirkungen ...“ (ÄK HH, zit. nach *Endres* 2000). Besonders häufig steht am Ende ein Suizid (*Murray* 1976, Endres 2000).

Auffälligkeiten

Suchtkranke Ärzte bleiben über lange Zeit unerkannt. Es lassen sich jedoch einige Auffälligkeiten benennen, die für das Vorhandensein einer verdeckten Suchtkrankheit wegweisend sein können (*Mäulen* 2000):

- Vereinsamung und Rückzug
- nachlassende Korrektheit
- Zunahme familiärer Probleme

– Gerüchte um Suchtprobleme

Mit Blick auf die berufliche Situation sind in einer Untersuchung von *Stetter* (2001b) Ruhen oder Entzug der Approbation (2%), Androhung einer solchen Maßnahme (7%), drohende oder vollzogene Entlassungen bzw. Praxiskonkurse (4%) und Rückgang der Patientenzahlen (17%) als problematische Folgen identifiziert worden. Allerdings fanden sich bei immerhin 62% keinerlei negative Auswirkungen.

Trotz beruflicher Probleme konnten bisher aber „... keine Hinweise, daß hierdurch in großem Ausmaß ‚Kunstfehler' ausgelöst werden ..." gefunden werden (ebd.).

Probleme der Behandlung

Bei Ärzten bestehen allgemeine, nicht berufsspezifische Befürchtungen und Ängste, zuzugeben, daß sie abhängig sind und sie leben lange in dem Glauben, ihre Abhängigkeit selbst in den Griff zu bekommen (*Gottschaldt* 1992). „Das Klischee vom unverwundbaren Helfer und der Glaube, aufgrund des Medizinstudiums das Suchtmittel im Griff zu haben" (*Endres* 2000), führen zur Verdrängung.

Nach *Feuerlein* (1986) hat die Verleugnung des Alkoholproblems zwei Ursachen: 1. kognitive Gründe, d.h. ungenügende fachliche Kenntnisse über Alkoholismus, seine Entstehungsbedingungen und Folgen. 2. emotionale Gründe, d.h. emotional belastende Faktoren werden, wenn überhaupt, nur partiell wahrgenommen; z.T. führt aber auch die alkoholbedingte Beeinträchtigung des Kritikvermögens zu einer vermindert kritischen Haltung sich selbst gegenüber.

Unter tiefenpsychologischen Aspekten ist die Verleugnung der unbewußte Selbstschutz vor einer narzißtischen Kränkung, die das Eingeständnis der Abhängigkeitserkrankung darstellt.

Der Diagnose stehen eine lange, oft intensive Abwehr, selbst an Grenzen gestoßen oder gar krank zu sein, die Schwierigkeiten zur Übernahme der Patientenrolle und wie bei fast allen Abhängigkeitskranken massive Schuld- und Schamgefühle im Weg (*Stetter* 2000a, 2001b).

Die Selbsttäuschungen verzögern nicht nur den Therapiebeginn, sondern unterhalten auch die Krankheit. Sie generieren sich einerseits aus der Angst, eigenes Betroffensein zuzugeben, andererseits aus „dem krankheitsspezifischen, sich langsam entwickelnden (organischen) Psychosyndrom, das besonders durch eine Realitäts-Fehlwahrnehmung gekennzeichnet ist (*Gottschaldt* 1992).

Niedergelassene Kollegen haben Angst um ihren Ruf bei den Patienten, innerhalb ihrer sozialen Umgebung, in der Gemeinde, der regionalen Kollegenschaft; angestellte und beamtete Kollegen um ihre Position im Krankenhaus, Fortgang ihrer Weiterbildung, Ansehen bei ihren Vorgesetzten, der Ärztekammer, den Trägern der Häuser, also um ihre Karriere (*Gottschaldt*

1992). Hinzu kommen Befürchtungen, daß die Approbation zur Debatte steht, Angst, die Zulassung der Kassenärztlichen Vereinigung zu verlieren und häufig finanzielle Probleme, wie z.B. Praxiskosten oder Therapiekosten.

Die Suchtkrankheit bleibt aber auch lange unentdeckt, weil Kollegen und sonstige Mitarbeiter die Anzeichen der Krankheit nicht sehen oder sehen wollen. Eine als absolut dysfunktional zu verstehende Kollegialität schont den Arzt und verstärkt im Sinne von Coabhängigkeit damit oft die Chronifizierungstendenz (*Feuerlein* 1986, *Naber* 1991). Die Umgebung kommt der Verleugnung der Sucht durch den Betroffenen entgegen, und beide gehen eine stillschweigende Allianz ein, in der das Suchtproblem bekannt ist, aber nicht offen besprochen wird (*Reimer* et al. 1996). Gleiches gilt entsprechend auch für die Familie (*Leesemann* 1995). Angehörige können sich nicht angemessen verhalten, wenn sie das Alkoholproblem endlich wahrgenommen haben (*Feuerlein* 1986).

Angemessene Behandlungsangebote müssen beachten, daß die Therapie von Ärzten hohe Anforderungen an die Informationen und fachliche Aufklärung bei diagnostischen und therapeutischen Maßnahmen stellt. Informationen müssen dabei wie bei anderen Patienten auch vermittelt werden und nicht wie im kollegialen Gespräch (*Stetter* 2001a). Von der zum Teil hohen Sachkompetenz darf aber nicht auf die emotionale- und Problemlösekompetenz geschlossen werden. Oft besteht eine große emotionale Bedürftigkeit und Angst, sich anderen als Patient anzuvertrauen (ebd.). Wichtig sind Konsequenz und Klarheit in der therapeutischen Haltung. Einer fundierten, eindeutigen – nicht beschönigenden – Diagnosestellung muß eine diagnoseadäquate Therapie folgen. Patienten sollen – auch wenn sie Ärzte oder Psychotherapeuten sind – als Patienten und niemals als Kollegen angesprochen werden, weil sie sich nicht unter Kollegen über ihre Krankheit unterhalten wollen.

In der **Integrativen Therapie** erfolgt die Behandlung immer auf der Grundlage der Berücksichtigung von Hilfebegehren und Möglichkeiten des Patienten. „Compliance“ und „patient cooperation“ sind wesentliche Momente.

Die Bedeutsamkeitseinschätzung bezüglich aller relevanten Lebens- und Problemlagen seitens des Patienten mündet in einen vorläufigen individuellen Behandlungsplan, der auch eine Vereinbarung über die Mitwirkung des Patienten beschreibt (Selbstverpflichtung). Er wird damit Partner im Therapie- und Diagnoseprozeß *(Petzold, Orth* 1999).

Es bedarf einer auf die Person und wo möglich ihr Netzwerk bezogene Langzeitstrategie, die neben medizinischen, psychologischen und sozialarbeiterischen Interventionen auch ein unterstützendes Klima bereithält, das die positiven Ressourcen aktiviert.

Defizite müssen im therapeutischen Prozeß nachgeholt bzw. ausgeglichen werden, in dem korrigierende emotionale Erfahrungen in Begegnung und Beziehung stattfinden und fördernde Netzwerkstrategien entwickelt werden (vgl. *Schay* 2001).

Die „Lebenskarrieren“ von Menschen sind sehr unterschiedlich. Familienkonstellationen und Belastungserfahrungen variieren sehr stark. Daher gibt es in der Integrativen Therapie die Auffassung – gut gestützt durch die Forschung –, daß es keine starren Schemata der Pathogenese gibt (s. o.). Folglich muß jeder Lebensverlauf sehr sorgfältig mit dem Patienten untersucht werden, um die Ursachen und Hintergründe der Erkrankung und ihrer Symptomatik zu erarbeiten und auf dieser Grundlage eine differentielle Behandlungsplanung zu ermöglichen sowie entsprechende therapeutische Maßnahmen und Methoden auszuwählen und einzusetzen (*Petzold* 1993b).

Da Suchtmittel Werterfahrungen nicht wirklich ersetzen können, gerät der Suchtkranke früher oder später in eine existentielle Krise.

Die Rehabilitation muß diese Verleugnung und Ignoranz als Fokus im therapeutischen Prozess aufgreifen.

Grundlegend dabei ist, im Behandlungsplan die Rahmenbedingungen des therapeutischen Kontextes „klar und eindeutig" zu definieren, weil der Abhängige Grenzen nicht als Teil von Beziehung und Kommunikation wahrgenommen und erlebt hat. Der Behandlungsplan ersetzt dabei nicht die Beziehungsrealität/-arbeit, ermöglicht aber einen Rahmen dafür. Die Behandlung organisiert ein Lern- und Erfahrungsfeld, in dem Wandel wegen/mit/durch eigenes Erfahren erfolgt.

Die Kommunikationsstruktur sollte durch Kontakt, Achtung und sich Selbstkennenlernen geprägt sein, d.h. Bezogenheit aufeinander, Konflikte „leben" und auftretende Destruktionsversuche des Patienten benennen.

Ziel ist eine (Wieder-) Aktivierung der Selbstgrenzen des Patienten. Der Patient soll über ein Kennenlernen der aktuellen Beziehungsrealität sein Verhalten aktiv konnotieren und so in seinen Beziehungen zu Verbindlichkeit gelangen.

Abstinenzquoten

Die Resultate einer systematischen Behandlung sind im Vergleich zur Allgemeinbevölkerung relativ gut (*Feuerlein* 1986). Nach Erfahrungen von *Mäulen* (1995a) und *Stetter* (2001a+b) führen spezifische Behandlungsangebote zu einer erstaunlich hohen, weit überdurchschnittlichen Abstinenzquote.

Die Langzeiterfolge stationärer Entwöhnungen z.B. Alkoholkranker in der Durchschnittsbevölkerung weisen Abstinenzquoten von 40-50% im Verlauf mehrerer Jahre auf.

Bei Ärzten werden nach *Unger, Huppmann* (1990) in der Literatur zwischen 44% (*Goby* et al. 1979, 3 Mon. – 10 Jahre Beobachtungszeitraum) und 92% (Jones 1958, 3-5 Jahre Beobachtungszeitraum) angegeben. Nach *Endres* (2000) werden Abstinenzquoten bis zu 60% erreicht. In einer neueren Arbeit sind in den ersten Jahren nach einer stationären Behandlung ca. 70% der Behandelten trocken (*Mäulen* 2000). In den ersten 6-12 Monaten besteht eine erhöhte Rückfallgefährdung, da die Aufrechterhaltung der Abstinenz Zeit und Anstrengung erfordert, die zunächst zusätzlich aufgebracht werden müssen.

Wege aus der Sucht/Behandlungsangebote

Die frühzeitige, offene, entschiedene Intervention der Ärztekammer kann die Therapiebereitschaft der betroffenen Ärzte günstig beeinflussen (*Endres* 2000, *Mäulen* et al. 1995b).

„Seitens ÄK, KV und Versorgungswerken kann ein Teil der Angst genommen werden, indem sie möglichst offiziell erklären, daß es sich auch nach ihrer Erkenntnis um eine (emotionale) Krankheit, für deren Entstehung der Betroffene nichts kann (also auch keine Schuld trägt) und die keine Rückschlüsse auf charakterliche oder fachliche Qualitäten zuläßt, handelt, die therapierbar ist und bei der ein großer Teil der Patienten ... mindestens soweit gebessert werden kann, daß er mühelos abstinent, unbeschwert leben und voll arbeiten kann" (*Gottschaldt* 1992).

Die Erfahrungen in den USA zeigen, daß die Einstellung der ärztlichen Kollegen entscheidenden Einfluß darauf hat, inwieweit der abhängige Arzt zu einer Therapie bereit ist (*Mäulen* 1995a). V. a. die Intervention abstinent lebender Kollegen motiviert viele Betroffene zur Annahme von Hilfen (ebd.). *Mäulen* (2000) pflichtet amerikanischen Kollegen bei, die eine ethische Verpflichtung darin sehen, suchtkranke Kollegen nicht ohne Intervention weiterarbeiten zu lassen.

Im Umgang mit mutmaßlich suchtkranken Kollegen empfiehlt er folgende Leitlinien:

Wie sollten Sie reagieren?:

- Suchtprobleme als ernste gesundheitliche Bedrohung für die Kollegen, als potenzielle Gefahr für ihre Patienten und für das Ansehen der Ärzte erkennen.
- Hinweise auf Suchterkrankungen von Kollegen ernst nehmen: nachgehen.
- Betroffene ansprechen.
- auf Ansprechpartner (in der Ärzteschaft) hinweisen (z.B. Ärztekammer).
- auf Behandlungsmöglichkeiten hinweisen.
- Verantwortung für das Handeln den Betroffenen geben, es sei denn, Sie sind der Vorgesetzte, dann können Sie die Durchführung von Maßnahmen verlangen.
- lassen Sie sich nicht von Versprechungen oder auch Drohungen zur Vertuschung und zum Stillhalten verführen.

Die **Integrative Therapie** hat das Konzept der „4 Wege der Heilung und Förderung" entwickelt, wobei entsprechend der Persönlichkeitsentwicklung innerhalb des Therapieverlaufs über die jeweilige Akzentuierung entschieden wird (*Petzold* 1988). Dieses Konzept könnte auch der Arbeit mit suchtkranken Ärzten in ein entsprechendes, vorhandenes oder zu entwickelndes, Setting integriert fruchtbare Impulse geben:

1. *Bewußtseinsarbeit*, die durch intersubjektive Korrespondenz in der therapeutischen Arbeit an unbewußten Störungen und Konflikten zu Klärung und mehrperspektivischer Einsicht in Zusammenhänge und Sinnfindung führt (Aufdecken unbewußter Problematiken, Sucht als Abwehr; Bearbeitung biographischer Traumata, Konflikte, Defizite)

Im ersten Weg der Heilung geht es z.B. darum, die Wirkung und die Funktionen des Suchtmittels zu erkennen, aber auch, was alles im Leben versäumt wurde. Es geht um das Erringen persönlicher Normen und Werte; thematisiert werden u.a. auch Erwartungen an den zukünftigen Lebensstandard sowie die Arbeitsmotivation.

2. *Nachsozialisation, emotionale Differenzierungsarbeit, korrigierende emotionale Erfahrungen* (bei frühen Schädigungen und Negativkarrieren)

Hier geht es z.B. darum, die familiären Rollen, die der Patient spielte, mit ihren Vor- und Nachteilen für seine Entwicklung nachzuzeichnen; traumatisierende Erfahrungen können unter „Zeugenschaft" in einem gruppentherapeutischen Setting erzählt werden. Durch die Vermittlung korrektiver und alternativer emotionaler und kognitiver Erfahrungen sollen Defizite im Aufbau der Persönlichkeitsstruktur soweit dies möglich ist, behoben oder deren persönlichkeits- und entwicklungsbeeinträchtigenden Wirkungen ausgeglichen oder abgemildert werden. „Diese an den Ergebnissen der Säuglings- und Longitudinalforschung orientierten Behandlungsstrategien kommen vor allem bei frühen Persönlichkeitsschädigungen in Betracht, um dysfunktionale und volitive Strukturen (Schemata, Narrative, Skripts) zu verändern (*Schuch* 1999).

3. *Kreative Erlebnisentdeckung, ressourcenorientierte Erlebnisaktivierung, Bereitstellen alternativer Erfahrungen zu den bisher erlebten Lebensqualitäten, alternative Handlungsmöglichkeiten*

Leitthemen sind: was kann ich alles mit mir anfangen, was kann ich alles erleben mit mir/mit anderen, was kann ich alles tun (auch mit anderen): hierzu gehören Wahrnehmungsübungen, Körperübungen, Theaterspiele und Märchen. Durch die Entwicklung und Förderung individueller und gemeinschaftlicher Ressourcen und Potentiale (Kreativität, Phantasie, Sensibilität, Flexibilität) sollen vermittels „multipler Stimulierung in der erlebnis- und übungszentrierten Modalität" und durch das Einbeziehen des Alltagslebens als Experimentier- und Übungsfeld aktiv Aufbau und Stärkung von Ressourcen und persönlicher Souveränität gefördert werden.

4. *Alltagspraktische Hilfen, Förderung der Bildung psychosozialer Netzwerke, Solidaritätserfahrung*

Leitthemen können sein: Was kann ich für die Gemeinschaft tun, was von ihr aufnehmen, wie kann ich soziales Engagement entwickeln, zu Solidarität beitragen. Hier geht es um Hilfen zur Lebensbewältigung unter der Verwendung von behavioralen, supportiven und netzwerktheoretischen Methoden (vgl. *Schuch* 1999).

Die von *Petzold* entwickelten vier Wege beinhalten feiner differenziert als Prozeß-Strategien die 14 Heilfaktoren (*Petzold* 1993p) in der Integrativen Therapie. Je nach der aktualen Problemlage und dem Krankheitsbild können die einzelnen Faktoren in unterschiedlicher Weise eingesetzt werden (vgl. *Schay* 2001 und a.a.O. in diesem Buch).

Therapiewirksame Faktoren müssen in den persönlichen Stil situations- und problemorientiert integriert werden.

Als ein entscheidender Faktor zum Gelingen des therapeutischen Prozesses ist die Kooperation mit dem Patienten und das Einstellen auf die individuelle „Lebenskarriere" sowie klare Rollen- und Aufgabenverteilung zwischen Therapeut und Klient im psychotherapeutischen Setting zu sehen (s.o., vgl. *Petzold* 1993b, *Schuch* 1999, *Stetter* 2001a). In der Psychotherapie als *einer Dyade* geschieht bzw. konstelliert sich intersubjektiv – unbewußt oder bewußt –, was immer auch zwischen Menschen – unbewußt oder bewußt – geschieht oder sich konstelliert. „Der Unterschied zum alltäglich üblichen Leben liegt auf der Handlungsebene und besteht wesentlich darin, daß durch das Ziel der psychotherapeutischen Zusammenkunft eine klare Rollen- und Aufgabenteilung zwischen Therapeut und Patient vorgegeben ist" (*Schuch* 1999). Es ist nun Aufgabe des Therapeuten, das intersubjektive Geschehen bzw. die sich ergebenden Konstellationen zu erkennen und zu reflektieren und indikationsspezifisch in intervenierendes Verhalten umzusetzen (ebd.).

In der **Therapie** suchtkranker Ärzte haben sich auf diesen Personenkreis spezialisierte Behandlungssettings bewährt (u.a. *Stetter* 2001). Eine effektive Rehabilitation konnte durch kurzzeitige, intensive Entwöhnungstherapien mit einer Dauer von 6-8 Wochen erzielt werden (u.a. *Mäulen* et al. 1991).

Nach *Gottschaldt* (1992) genügt ein solches Konzept der Oberbergkliniken folgenden Anforderungen:

1. trägt es der Abhängigkeit als primär emotionalem Problem Rechnung.
2. folgt es der Maßgabe, daß die Behandlung schnellst möglichst einsetzen soll.
3. sind alle Therapieteile in einer Hand und in einem therapeutischen Konzept vereinigt.
4. werden Entgiftung und sonstige somatische Diagnostik und Therapie auf dem neuesten Stand gewährleistet.
5. muß eine hochindividuelle und intensive Psychotherapie vorgehalten werden.
6. bieten sie ein Ambiente, das den Gewohnheiten dieses Personenkreises entspricht.
7. handelt es sich um eine sozial homogene Patientengruppe.
8. sind kurzfristige Wiederaufnahmen nach einem klinikfreien Intervall zur Festigung der therapeutischen Ergebnisse und eine sofortige Wiederaufnahme bei eventuellem Rückfall möglich.

Ein weiteres, mittlerweile bewährtes Therapieangebot stellt das 1997 entwikkelte Rehabilitationsprogramm der ÄK Hamburg dar, daß sich auf folgende Grundlagen stützt:

1. Das Ziel seitens der aufsichtsführenden Behörden ist, zunächst die Krankheitseinsicht und die Entwicklung von Therapiemotivation zu fördern.
2. Unterstützung durch in der Therapie Abhängigkeitskranker erfahrene Ärzte anzubieten.
3. Flankierende adäquate therapeutische Angebote vorzuhalten.
4. Nach der Entwöhnungstherapie wird eine strukturierte einjährige Nachbeobachtungsphase angeschlossen.
5. Im Anschluß daran wird in Abstimmung mit der aufsichtsführenden Behörde die Rehabilitation als erfolgreich abgeschlossen betrachtet.

Als Modellverfahren für die Entwicklung von weiteren Therapieangeboten bietet sich nach *Feuerlein* (1986) das in seiner Anwendung bewährte „Disabled doctors program of Georgia" an. Dieses gliedert sich in

1. folgende Grundannahmen:
   a. Der betroffene Arzt ist unfähig, sich selbst Hilfe zu suchen.
   b. Kollegen, die helfen wollen, müssen die Initiative ergreifen.
   c. Hilfeversuche müssen unter der Ägide der Standesvertretung stattfinden.

   Das Vorgehen besteht in der Identifizierung des Betroffenen, Motivation des Betroffenen, ausdehnen der Hilfemaßnahmen auch auf die Familie. Zwei unabhängige Ärztekommissionen führen die Maßnahmen durch, beide im Auftrag der Standesvertretung: eine Kommission aus Ärzten mit persönlicher Alkoholismuserfahrung und eine Kommission aus Ärzten mit speziellen Fachkenntnissen
2. Das praktische Vorgehen:

   2 Mitglieder der ersten Kommission suchen den Betroffenen zu Hause oder an der Arbeitsstelle auf und unternehmen den Versuch zur Motivation zur Behandlung.
   Während der Behandlung kümmern sich diese Kommissionsmitglieder um die Familien der Betroffenen und die Rehabilitation.
   Bei Mißlingen der Motivation wird ein erneuter Versuch unternommen, wenn dies keinen Erfolg hat, wird die zweite Kommission informiert, die mit Approbationsentzug droht.
   Als letzte Maßnahme kommt es zur Empfehlung an die zuständige Behörde, die Approbation zu entziehen.

Das Programm hat sich gut bewährt. 62% der Ärzte, die in eine Behandlung eingetreten waren, konnten in ihre Praxis zurückkehren – nur 20% der ursprünglich Angesprochenen lehnten eine Behandlung ab.

Die Finanzierung der Therapie wird oftmals von den privaten Krankenkassen, den Versorgungswerken der ÄK, aber auch den Arbeitgebern unterstützt; KVen sind in solchen Fällen in aller Regel bereit, die Erklärung über die 5jährige Suchtfreiheit zurückzustellen (*Damm* 2000, *Mäulen* 2000).

Anmerkungen zur Prävention

Zur Prävention gibt es bisher kaum systematisierte Untersuchungen oder Empfehlungen. In einer veröffentlichten Arbeit konnten *Reimers* et al. (2001) zeigen, daß für berufstätige Ärzte offenbar ein wesentlicher, präventiver Faktor darin besteht, auf ein angemessenes und befriedigendes Privatleben zu achten. In ihrer Untersuchung gab es einen deutlichen Hinweis darauf, daß die Themenkomplexe Lebenszufriedenheit/-unzufriedenheit und Gesundheit am schärfsten zwischen suchtkranken und nichtsubstanzabhängigen Ärzten differenzierten, zu Gunsten der letztgenannten. Zur Prophylaxe ziehen sie folgendes Fazit:

1. Im Sinne einer Primärprophylaxe scheint es sinnvoll, bereits Medizinstudenten systematisch über die Stressoren des Arztberufes zu informieren und Bewältigungsmöglichkeiten und Vorbeugung zu diskutieren.
2. Im Sinne einer Sekundärprophylaxe Seminare bzw. Weiterbildungsveranstaltungen für bereits berufstätige Ärzte anzubieten, die über diese Thematik im Hinblick auf Aufklärung und Prävention informieren, um ein Bewußtsein für die Suchtgefährdung zu schaffen.
3. Beachtung von Prinzipien einer gesunden Lebensführung, d.h. außer der o.g. Bedeutung des Privatlebens zur Planung des Tagesablaufs eine sekundärprophylaktische Lebensführung zu berücksichtigen: Zeit für Entspannung einplanen, auf ausreichende Bewegung achten, auf Schlafgewohnheiten achten – auf nicht erforderliche Medikamenteneinnahme verzichten, Fähigkeit zu Distanz und klaren Grenzziehungen schulen.

Auch andere Autoren heben die Bedeutung einer sinnvollen Gestaltung des Verhältnisses von Arbeit und Freizeit und eines harmonischen Familienlebens hervor. Der Arzt solle sich nicht nur über seinen Beruf definieren, sondern die anderen Lebensrollen als Vater oder Ehemann genau so wichtig nehmen. Familie und Partnerschaft sind ein wichtiger Ausgleich für beruflichen Streß. Wichtig seien zuverlässige Zeiten mit der Familie. Ärzte sollten sich um eine sinnvolle Freizeitgestaltung, Hobbies und sportliche Aktivitäten bemühen. Das Auffinden von Ressourcen und Kraftquellen ist ein Fundament der Regeneration.

Für den beruflichen Alltag wird ein ökonomischer Einsatz der Arztpersönlichkeit gefordert. Betroffene haben ein hohes Selbstideal und merken in Konfrontation mit der alltäglichen Routine bald, daß sie ihre Ziele nicht erfüllen können. Abhilfe schaffe dann, sein Selbstideal zu relativieren und sich zu sagen: „Ich bin auch nicht der Retter der Menschheit". Nicht mehr als 40% der Termine sollten längerfristig vergeben werden. In Führungspositionen sollten

Entscheidungen wenn möglich gemeinsam getragen werden. Schließlich werden vier bis sechs Wochen Erholungsurlaub als notwendig erachtet, davon mindestens drei Wochen am Stück (*Stetter* 2000b, *Schifferdecker* 1995, *Wanke* 1990).

Die longitudinale, kontextbezogene und interaktionale Betrachtungsweise der **Integrativen Therapie** läßt in ihrem Krankheitsmodell und Gesundheitskonzept keinen Zweifel, daß es gilt, sich mit beidem, Risiko- und schützenden, protektiven Faktoren, sowie ihrer Wechselwirkung zu befassen.

In der Integrativen Therapie hat das Ressourcenkonzept und die Ressourcenaktivierung einen zentralen Stellenwert (*Petzold* 1997p).

Als Ressourcen werden Mittel bzw. Hilfsmittel bezeichnet, die zur Erledigung oder Bewältigung von Anforderungen und Aufgaben dienen und mit denen Überforderungssituationen und Krisen bewältigt werden können. Für die Entwicklungschancen von Personen sind somit Ressourcen von entscheidender Bedeutung.

Ressourcen werden in Handlungsprozessen aufgrund von Motivationen, Zielintentionen und Willensentschlüssen geplant und bereit gestellt, um dann aufgrund von Entschlüssen, Entscheidungen, Ausführungsintentionen in konkretem Handeln umgesetzt zu werden.

Der Zugriff auf verfügbare Ressourcen erfolgt in der Regel aufgrund „impliziten Wissens", d.h. durch mitbewußte resp. unbewußte Verarbeitungsprozesse.

Die Arbeit mit Ressourcen, Ressourcenbeständen und Ressourcenpotenzialen beinhaltet:

- präventive Interventionen zur Verhinderung von Beschädigungen und Minderungen des Ressourcenbestandes,
- konservierende Interventionen zur Erhaltung des Bestandes,
- reparative Interventionen zur Restitution beschädigter oder geminderter Ressourcen,
- evolutive Interventionen zur Entwicklung des Ressourcenreservoirs und -potenzials,
- supportive resp. substitutive Interventionen, um mit unwiederbringlichen Ressourcenverlusten fertig zu werden,
- politische Interventionen zur Vertretung von Interessen und Sicherung von Ansprüchen auf Ressourcen,
- infrastrukturelle Interventionen zur Produktion materieller und logistischer Ressourcen.

In diesem Sinne sollte schon angehenden Ärzten, aber v. a. berufstätigen Medizinern durch Balintgruppenarbeit, Super- und/oder Intervision, aber auch spezifische berufsbegleitende Selbsterfahrungsangebote die Möglichkeit geboten werden, sich Zugangswege zu ihren je individuellen Ressourcen zu eröffnen und präventive Verhaltensoptionen zu erschließen.

Zusammenfassende Bemerkung

Ein erheblicher Anteil der berufstätigen Ärzte leidet an einer Suchterkrankung. Die Prävalenz für Suchterkrankungen liegt bei Ärzten womöglich höher als in der Durchschnittsbevölkerung. Es fehlen aber für die Bundesrepublik Deutschland „ausführliche und methodisch einwandfreie empirische Arbeiten" (*Feuerlein* 1986).

Das Problem rückt allerdings zunehmend in den Blickpunkt der bundesdeutschen Standesvertretungen und Versorgungswerke.

Mittlerweile gibt es eine zwar kleine, aber offenbar stetig wachsende Zahl an (spezifischen) Interventions- und Behandlungsprogrammen. Diese Programme arbeiten basierend auf der Erkenntnis, daß es sich bei Suchterkrankungen ärztlicher Kollegen um eine zwar ernste, aber prognostisch eher günstig einzustufende Erkrankung handelt.

Weitere gezielte Forschung zu Epidemiologie, Entstehungsgefügen, Verläufen und geeigneten Interventionen von der Prävention über Therapie bis zur Rehabilitation ist indes erforderlich.

Dennoch erscheint die Problematik schon jetzt dringlich und umrissen genug, daß weitere Interventions- und Unterstützungsprogramme zu entwikkeln und installieren wären, wie z.B. Suchtbeauftragte in den Kliniken und bei den ÄK, betriebliche Suchtvereinbarungen, strukturierte Hilfsangebote und Vorgehensweisen der ÄK bei Anfragen suchtkranker Kollegen oder Bekanntwerden einer Suchterkrankung im Kollegenkreis.

Die **Integrative Therapie** überwindet mit ihren mehrperspektivischen, schulenübergreifenden theoretischen Konzepten und ihrem Therapieansatz eine eindimensionale Sichtweise von Entstehen, Verlauf, Folgen und Bewältigungswegen der Suchterkrankungen hin zu einem multikausalen und multifaktoriellen Geschehen. Damit wird sie auch dem aktuellen Forschungsstand zu Abhängigkeitserkrankungen bei Ärzten gerecht. Die Konzepte der Integrativen Therapie sollten in vorhandene und zu entwickelnde Behandlungssettings Eingang finden und in ihrer spezifischen Bedeutung der Behandlung von Ärzten evaluiert werden.

Zusammenfassung
Der vorliegende Beitrag gibt einen Überblick über den derzeitigen Wissensstand zu Therapieangeboten und -erfahrungen sowie Daten zur Prognose bei suchtkranken Ärzten. In der deutschsprachigen Literatur finden sich hierzu nur wenige konkrete Ergebnisse. Die hier derzeit vorhandenen älteren und neueren Publikationen wurden gesichtet und durch Daten aus der angloamerikanischen Literatur ergänzt. Es zeigt sich, daß ein erheblicher Anteil der berufstätigen Ärzte an einer Suchterkrankung leidet. Eine kleine, aber stetig wachsende Zahl an spezifischen Interventions- und Behandlungsprogrammen ist mittlerweile vorhanden. Die Prognose erweist sich als überdurchschnittlich günstig. Weitere gezielte Forschung zu Epidemiologie, Entstehungsgefügen, Verläufen und geeigneten Interventionen ist indes erforderlich.

Es werden die Möglichkeiten der Integrative Therapie mit ihren mehrperspektivischen, schulenübergreifenden theoretischen Konzepten und ihrem Therapieansatz zur Überwindung der eindimensionalen Sichtweise von Entstehen, Verlauf, Folgen und Bewältigungswegen der Suchterkrankungen hin zu einem multikausalen und multifaktoriellen Geschehen auch in der Arbeit mit suchtkranken Ärzten umrissen.

Summary
The article provides an overview on substance abuse disorders among physicians. It surveys what is presently known about therapy-options and experiences as well as data on the prognosis for substance-dependent physicians. Only little scientific research has been done on this issue that was published in German medical literature. So, in addition, Anglo-American publications were reviewed and added where necessary. The results clearly indicate that a significant number of physicians suffers from substance abuse disorders. In the last years, a small but constantly growing number of intervention- and treatment-programs have been established. Nevertheless, the prognosis is more favourable for physicians than for the general patient. Further specific research is required on epidemiology, reasons for substance-use, course of substance-use disorders and proper interventions.

Furthermore, the possibilities and chances will be sketched for an integrative therapy that guarantees multi-perspective and interdisciplinary approaches and concepts. This form of therapy overcomes any therapeutic positions that use a single perspective approach, for example, on etiology, courses and effects, and on ways how to recover from an addiction. Instead, a multi-facetted and multi-caused therapy for physicians with substance dependent physicians is presented.

Key-words: Substance abuse, addiction, impaired physicians, treatment, prevention

Peter Schay, Ulrich Pultke, Cornelia Jakob-Krieger, Hilarion Petzold

Berufliche Integration Drogenabhängiger

– Integrative Therapie als Ansatz im „Netzwerk" der Suchtkrankenhilfe –

Der Erfolg und die Wirksamkeit bei der Behandlung Suchtkranker ist an ein **„Verbundsystem"** der Suchtkrankenhilfe gebunden, das die geplante und abgestimmte Kooperation von ambulanten und (teil-) stationären Einrichtungen gewährleistet.

Am Beispiel des **Therapieverbundes Herne** wird dargestellt, daß die Hilfe- und Leistungsangebote (Einrichtungen) „von der Grundposition aus(gehen), daß Suchtarbeit/-therapie nur eine optimale, nachhaltige Qualität gewinnen kann, wenn sie im Rahmen vernetzter Strukturen als Hilfen, Unterstützung, Förderung, Entwicklungsarbeit über angemessene Zeitstrecken durchgeführt wird, in Verbundsystemen, in denen Maßnahmen der Hilfeleistungen als „Ketten supportiver und protektiver Einflüsse" ... zum Tragen kommen, die sich den „Verkettungen unglücklicher, kritischer und belastender Umstände" („chains of risks, adverse and critical events", *Petzold, Müller* 2004) entgegenstellen" (*Scheiblich, Petzold* 2005).

Schaubild: Netzwerk „Therapieverbund Herne"

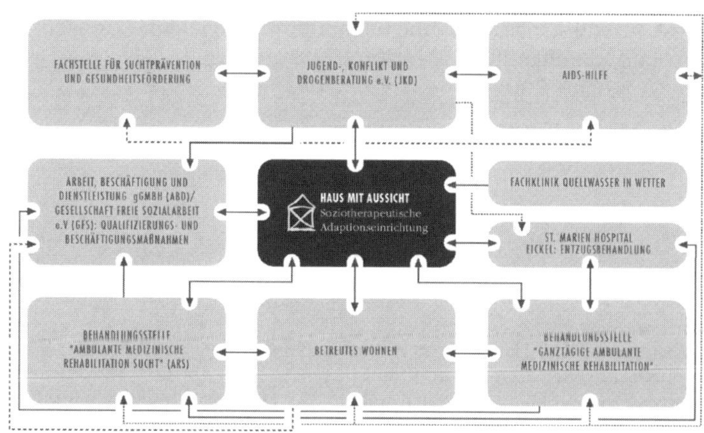

Das vielgliedrige System des Therapieverbundes Herne schafft Möglichkeiten, mit dem Patienten in Betreuungskontinuität die Motivation zur Umstrukturierung der Lebens- und Krankheitskarriere zu initiieren (vgl. *Petzold, Schay, Hentschel* 2004) und den Bedürfnissen und Notwendigkeiten der einzelnen suchtkranken Person gerecht zu werden.

Im Sinne einer Rehabilitation in unterschiedlichen Formen/Settings ist es möglich, Schritte in die eine oder auch andere Richtung vorzunehmen. Bei Rückfällen kann der Patient an jedem Punkt aufgefangen und adäquat der individuellen Situation entsprechend unterstützt und gestützt werden. Das Verbundsystem bietet im Sinne eines „Netzwerks" dem Einzelnen differenzierte Behandlungsmöglichkeiten und dadurch ein hohes Maß an Sicherheit und Schutz. Dabei ist dem Konzept des „Verbundsystems" gegenüber dem älteren Begriff der „Therapiekette", der eine gewisse Linearität suggeriert, die Idee vielfältiger Verbundenheit und Vernetzung gegeben, d.h. multiprofessionelle Arbeit für unterschiedliche Bedürfnisse und Erfordernisse (*Petzold* 1974). Die Modelle des Verbundes, der Vernetzung, der Kette sind historisch gesehen in den 60er Jahren durch die Integrative Therapie eingeführt worden (*Petzold* 1969c; *Vormann, Heckmann* 1980), weil hier vernetzendes Denken und Konzeptualisieren ein Paradigma ist, das sich in allen Bereichen ausweitet.

Das Soziotherapeutische Adaptionshaus „Haus mit Aussicht" der Kadesch gGmbH[1] in Herne ist hat ein Verbundsystem geschaffen, daß suchtkranken Menschen die Möglichkeit bietet, sich aus der sicheren und offenen Atmosphäre der Einrichtung heraus, die Basis für ein selbständiges selbstverantwortliches Leben in funktionierenden sozialen Bezügen zu schaffen, in dem Drogen keine Bedeutung mehr haben. Adaption ist dabei nicht nur Fortführung der Therapie, sondern leistet insbesondere die Verknüpfung von Persönlichkeitsreifung und gesellschaftlicher Realität.

Adaption leistet die Verknüpfung mit dem in der Vorbehandlung durchlaufenen Wachstumsprozeß und ist damit Bestandteil eines umfassenden Behandlungskonzeptes, das von einem multiprofessionellen Team aufgestellt, überprüft und durchgeführt wird (vgl. *Kadesch gGmbH*, Info-Broschüre „Haus mit Aussicht" 2005).

---

1 Im Therapieverbund Herne bietet **Kadesch gGmbH > gemeinnützige Gesellschaft zur Förderung der Jugend- und Suchtkranken-Hilfe Herne <** in Kooperation mit der Jugend-, Konflikt- und Drogenberatung e.V. (JKD) und anderen ein differenziertes Netzwerk an Hilfen für (ehemalige) Suchtmittelabhängige, um den (Wieder-) Einstieg in ein selbstverantwortliches Leben zu unterstützen und zu begleiten.

Rahmenbedingungen der Medizinische Rehabilitation Drogenabhängiger

Die i.d.R. vielfältigen suchtbedingten Problemlagen erfordern **komplexe Leistungsbündel**, um angemessen auf die somatischen, psychischen, sozialen und ökologischen Aspekte der Suchterkrankung sowie die soziale Existenz der Patienten eingehen zu können. Einer übermäßigen Segmentierung in unverbundene Einzelleistungen – erbracht von unter-schiedlichen Personen und Institutionen – ist entgegenzuwirken, weil isolierte Angebote nicht ausreichend effizient sind. Gefordert ist ein **ganzheitlicher und differentieller Arbeitsansatz** mit einem hohen Grad an personaler und konzeptioneller Kontinuität im Betreuungs- und Behandlungsprozeß.

„Das Besondere an der Suchttherapie ist, daß nicht die eingeschränkte Funktion ... im Mittelpunkt steht, sondern die gesamte sich fortentwickelnde Persönlichkeit einschließlich ihrer sozialen, kulturellen und ökologischen Bindungen und Verpflichtungen. ... Das Therapiemodell ... geht ... bewußt ... vom Zusammenwirken einer Vielzahl therapierelevanter Faktoren aus" (*Fachverband Sucht*: Qualitätsmanagement in der Entwöhnungsbehandlung).

Am 01.07.2001 ist die zwischen den Spitzenverbänden den Krankenkassen und Rentenversicherungsträger abgeschlossene „Vereinbarung über die Zusammenarbeit der Krankenkassen und Rentenversicherungsträger bei der Akutbehandlung (Entzugsbehandlung) und medizinischen Rehabilitation (Entwöhnungsbehandlung) Abhängigkeitskranker" vom 04.05.2001 in Kraft getreten, die eine Grundlage für die Weiterentwicklung der Leistungen der medizinischen Rehabilitation bildet. Mit dieser Empfehlungsvereinbarung liegt ein Regelungswerk für stationäre und ambulante (einschließlich teilstationärer) Leistungen für Abhängigkeitskranke vor. Auf Definitionen und konzeptionell-inhaltliche Festlegungen sowie auf spezifische Aussagen über differenzierte Indikationsstellung und Strukturqualität (Ausstattung der Einrichtungen, Leistungsspektrum u.a.) wird verzichtet, um die Benutzerfreundlichkeit zu erhöhen.

Die einzelnen Phasen bzw. Behandlungselemente der medizinischen Rehabilitation leiten sich aus dieser Vereinbarung und dem Gesamtkonzept zur Rehabilitation von Abhängigkeitskranken vom 15.05.1985 ab. Sie sind wie folgt zu definieren:

- Entwicklung/Stabilisierung/Erreichung der Abstinenz,
- (weitgehende) Behebung von physischen und psychischen Störungen, d.h. Unterstützung bei der schrittweisen, praktischen Erprobung der psychischen und körperlichen Belastbarkeit unter „Alltags- und Arbeitsbedingungen" (= Eingliederung in Arbeit, Beruf und Gesellschaft) beim Umgang mit kritischen Situationen und bei der Entwicklung von Konfliktlösungsstrategien,
- Förderung der Eigeninitiative und Eigenverantwortlichkeit, der Verselbständigung und Loslösung, des Sinn- und Wertbezuges,

- Verbesserung und Erweiterung der persönlichen und sozialen Kompetenz sowie der Erlebnisfähigkeit und der Lebensqualität,
- therapeutische Hilfe bei der Bearbeitung latenter Probleme.

Die in den verschiedenen Rehabilitationsangeboten behandelten Patientengruppen kennzeichnen folgende Merkmale:

- Soziale, persönliche und berufliche Integrationsschwierigkeiten, Defizite, Störungen, mangelnde Beziehungsfähigkeit, Traumatisierungen, Konflikte, niedrige Frustrationstoleranz, Impulsivität und mangelnde Steuerungsfähigkeit, reduzierte Erlebnisfähigkeit, fehlende Sinn- und Wertorientierung bei einer insgesamt instabilen und schwachen Ich-Struktur.
- Gesellschaftlich bedingte Faktoren wie Arbeitslosigkeit, Konsumorientierung, gesellschaftliche und individuelle Orientierungs- und Perspektivlosigkeit, damit zusammenhängende Existenzängste und allgemeine Verunsicherung und eine „kriminalisierende" Gesetzgebung und deren praktische Handhabung.
- Die moderne Industriegesellschaft zeichnet sich durch eine Kultur aus, die den Menschen verdinglicht, verfremdet und objektiviert. Deutlich erkennbares Anzeichen dieser Lebenskultur ist das stetige Ansteigen psychosomatischer Erkrankungen. Die hier sichtbar werdende Spaltung zwischen Person und Körper tritt bei Drogenabhängigen aufgrund der komplexen Sozialisationsschäden in einem extrem gestörten und destruktiven Verhältnis zu ihrem Körper in Erscheinung.

Die Leistungen der medizinischen Rehabilitation Drogenabhängiger umfassen die stationäre Entwöhnung (Regeltherapiezeit: 26 Wochen) und die stationäre Adaption (Regeltherapiezeit: 17 Wochen).

Adaption ist also regelhaft Bestandteil der medizinischen Rehabilitation Drogenabhängiger. Als Ziele bestehen, eine dauerhafte Abstinenz zu erreichen und zu erhalten, körperliche und seelische Störungen weitgehend zu beheben oder auszugleichen und die möglichst dauerhafte Wiedereingliederung in Arbeit, Beruf, Schule und Gesellschaft *wiederherzustellen*, um dem Einzelnen zu ermöglichen, eigenverantwortlich und frei von akuten Rückfällen in alte Verhaltensmuster, ein selbständiges Leben zu gestalten.

Neben psychotherapeutischen Behandlungselementen dominiert die Arbeit zur Erreichung der beruflichen und sozialen (Wieder-) Eingliederung. Die dabei angebotene Unterstützung muß auf die spezifische Situation des Patienten abgestimmt sein.

In der Adaptionsphase sind das soziale Umfeld des Patienten, seine Ressourcen und protektiven Faktoren (*Petzold, Steffan, Oudhof* 1993; ders. 1997p) von entscheidender Bedeutung zur Erreichung des Rehabilitationszieles, d.h. in der Adaptionsphase sind spezielle Indikationen zu berücksichtigen, die für die Behandlung in diesem Setting Voraussetzung sind.

Behandelt werden in der Adaption Männer und Frauen im direkten Anschluß an eine stationäre Entwöhnung oder nach einer Phase des Rückfalls im Anschluß an eine Entwöhnungsbehandlung.

Alter und Geschlecht

Alter		Geschlecht		Gesamt	
		Männer	Frauen	Abs.	%
-14					
15-17					
18-19		01,1%		1	01,0%
20-24		25,0%	46,2%	29	28,7%
25-29		33,0%	23,05%	32	31,7%
30-39		33,0%	07,7%	29	28,7%
40-49		06,8%	23,05%	09	08,9%
50-59		01,1%		01	01,0 %
Mittelwert		30,7	29,3	30,5	
Gesamt	- Abs.	88	13	101	
	%	87,1%	12,9%	100%	100 %

(* Die statistische Auswertung basiert auf dem Klientel des Adaptionshauses (Adaption = Phase II der medizinischen Rehabilitation Drogenabhängiger) der Kadesch gGmbH in Herne in 2003-2005; N = 101 = Beender)

Theoretischer Hintergrund

Die *Ressourcen* suchtkranker Menschen müssen aufgrund mangelnder psychosozialer *Kompetenzen* und *Performanzen* und fehlendem sozialen Netzwerk in der Konfrontation und Bewältigung mit der Alltagsrealität in den Bereichen von Sinnfindung, Lebensfreude, Wohnen, Arbeiten, sozialen Kontakten und materieller Absicherung, entwickelt und gestärkt werden.

Unter *Kompetenzen* werden *Fähigkeiten* (Wissen, Erfahrung) verstanden, die zur Verwirklichung von Zielen, zur Lösung von Problemen, zum Nutzen von Potentialen erforderlich sind. Unter *Performanzen* werden *Fertigkeiten* (Können) verstanden, durch die die Kompetenzen bei der Lebensbewältigung umgesetzt werden.

Ressourcen befähigen den Menschen, Entwicklungsaufgaben und Krisen zu bewältigen. Die physische Lebenskraft, emotionale Stabilität und Willensstärke sowie „soziale Netzwerke" (*Hass, Petzold* 1999) werden gefördert, gestärkt und weiterentwickelt. Ressourcen tragen dazu bei, die Stabilisierung der Probleme und Persönlichkeit und die Restitution eines sozialen Netzwerkes zu ermöglichen sowie Belastungen und *Probleme* aufzufangen und *Potentiale* zu entwickeln.

„Ressourcen und Potentiale werden in Handlungsprozessen aufgrund von Motivationen, Zielintensionen und Willensentschlüssen geplant und bereitgestellt, um dann aufgrund von Entschlüssen, Entscheidungen, Ausführungsintensionen in konkretem Handeln umgesetzt zu werden" (*Petzold* 1997).

Beim Verlauf der medizinischen Rehabilitationsmaßnahme muß berücksichtigt werden, daß Brüche, Rückschläge, erneute Anläufe und erneute Rückschläge kennzeichnend sind und über ein differenziertes Behandlungskonzept aufgefangen und aufgearbeitet werden müssen, um suchtmittelfreie

Zeiten möglichst langfristig zu gestalten und letztlich Suchtmittelfreiheit zu ermöglichen. ES müssen also eine stützende Lebenssituation aufgebaut, ausreichende äußere und innere Ressourcen mobilisiert, angemessene Bewältigungsstrategien und persönliche Stabilität entwickelt werden, um die Entwicklungs- und Handlungsmöglichkeiten des Einzelnen zu erhöhen.

Eine adäquate Antwort auf die komplexen Anforderungen zur Behandlung einer Suchterkrankung, d.h. auf deren somatische, psychische, kognitive und soziale Aspekte, bietet nur ein Bündel unterschiedlicher Maßnahmen, Leistungen und Angeboten. Der Bewältigung der Alltagsrealität ist dabei besondere Bedeutung zu widmen.

Persönlichkeitstheorie

Persönlichkeit

Die Persönlichkeitsentwicklung wird durch die soziale Umwelt, durch die Erziehung der Eltern, Lehrer usw. geprägt, wie durch ökologische Faktoren, die dingliche Umwelt und sachliche Gegebenheiten. Die Persönlichkeit ist abhängig von Einfluß auf die Schul- und Berufsausbildung, auf die berufliche Tätigkeit und damit den sozialen Status (Anmerkung: Die Zusammenhänge zwischen sozialem Status und psychophysischem Wohlbefinden sind empirisch nachgewiesen.). Die Persönlichkeit des Menschen hat im Modell der Integrativen Therapie (*Petzold* 1992a) die Dimensionen Selbst (Leib-Selbst), Ich (Gesamtheit der Ich-Funktionen) und Identität (bewußte Selbst- und Fremdattributionen, Bewertungen).

Der gesunde Mensch ist dadurch wesentlich gekennzeichnet, daß er sich selbst ganzheitlich und differentiell in konkreter Verbundenheit mit seinem Lebenszusammenhang wahrnimmt und im Wechselspiel von protektiven und Risikofaktoren Bewältigungspotentiale, Kompetenzen, Performanzen und Ressourcen, kritische Lebensereignisse bzw. Probleme zu handhaben und sich zu regulieren und zu erhalten vermag. Auf dieser Grundlage kann er seine körperlichen, seelischen, geistigen und sozialen Potentiale konstruktiv entfalten und gestalten und entwickelt ein Gefühl von Sinnhaftigkeit, Integrität, Wohlbefinden und Souveränität (vgl. *Petzold, Schuch* 1992).

Patientenbeispiel

L. ist 30 Jahre, wirkt unsicher und ängstlich und zeigt deutliche Defizite im Kontakt- und Beziehungsverhalten.

Aufgewachsen ist er im Haushalt der Eltern als fünftes von sieben Kindern. Der Vater war als Maurer beschäftigt und die Mutter versorgte den Haushalt.

Es fällt ihm schwer, von seiner Kindheit zu erzählen. Den Kopf zur Seite gewandt, mit starrem, scheinbar emotionslosen Blick beginnt er, seine Kindheit zu beschreiben. „Mit meinen Geschwistern habe ich keine Probleme gehabt. Im Gegenteil: Wir sind eine verschworene Gemeinschaft und haben uns immer gegenseitig geholfen. ... Meine Mutter hatte immer wenig Zeit. Die ganzen Kinder, der Haushalt, und dann noch mein Vater, der sie auch geschlagen hat, wenn er voll war. Von klein auf kenne ich das so, mein Vater hat uns alle geschlagen, vor allem, wenn er aus der Kneipe kam. ...Es gab immer tierisch Streß, mein Vater hat geschrien und ich habe zugesehen, daß ich nicht dazwischen kam. Meine Mutter ließ mich immer laufen, weil Zuhause eh nur Streß war. ... Bei uns in der Siedlung wohnten viele Kinder, wir sind draußen rumgelaufen, da war viel Natur, da haben wir gespielt. Ich habe mich gerne in einem Feld versteckt, mich hingelegt und den Wolken zugeschaut. Da war auch ein schöner Baum wo ich gerne drauf gesessen habe. Da oben konnte mir keiner was, und ich konnte alles beobachten. Da war ich sicher.“ Er hört auf zu reden, fixiert einen Punkt im Raum und schweigt. Dann berichtet er, wie sich die Situation zuspitzt, als sein Vater arbeitslos und zunehmend noch unzufriedener wurde. „Das ging dann zu weit, ein Teil meiner Geschwister zog aus, und das konnte ich sehr gut verstehen, auch wenn es für mich scheiße war. So mit 12 Jahren haben sich dann meine Eltern getrennt und ich bin dann mit meinen jüngeren Geschwistern und meiner Mutter ausgezogen.“ Die Trennung der Eltern, die zuvor erlebte Gewalttätigkeit des Vaters, der Zerfall der Familie und der Umzug in einen anderen Stadtteil, sowie der Verlust von Freunden und der vertrauten Umgebung erschüttern ihn tief. „Die neue Schule, die neue Umgebung, ich habe keine Freunde gefunden. ...Meine Mutter war total überfordert, ich auch. Ich wußte nicht, was ich machen soll, und dann habe ich ein paar ältere Jungs kennengelernt, die haben immer bei mir um der Ecke gesoffen und gekifft. Da habe ich dann auch mitgemacht, die waren dann meine Verbündete.“

Krankheitsmodell und Gesundheitskonzept

Definitionen von Gesundheit und Krankheit sind, neben der individuellen Bewertung, in hohem Maße von den soziokulturellen Kontexten abhängig (vgl. *Keupp* 1979). Der Gesundheits- und Krankheitsbegriff wird damit von diesen Kontexten bestimmt. Diese beteiligen sich mit ihren spezifischen Bewertungen und Ausdifferenzierungen daran, festzulegen, was als Arbeits- und Erwerbsfähig- oder -unfähigkeit, was als gesund oder krank gilt. Damit ist eine Festlegung auf ein Krankheitsmodell zeitgebunden, vorläufig und eingebunden in soziale Korrespondenz-prozesse.

Die „anthropologische Krankheitslehre“ geht von Begriffen der Entfremdung und Verdinglichung aus (vgl. *Petzold/Schuch* 1992). Im Unterschied dazu bezieht sich die „klinische Krankheitslehre“ der INTEGRATIVEN THERAPIE auf die „multiplen pathogenen Stimulierungen“ wie Überstimulierung (Trauma), Unterstimulierung (Defizit), inkonstante Stimulierung (Störung), widerstreitende Stimulierung (Konflikt). Alle Bereiche der Persönlichkeit (ICH, SELBST und IDENTITÄT) können davon betroffen sein.

Krankheit und Gesundheit werden nicht isoliert voneinander betrachtet, da die Persönlichkeit eines Menschen das Resultat aller positiven, negativen und Defiziterfahrungen ist. Sie wird determiniert durch die Interaktion von Schutz- und Risikofaktoren, Ketten widriger belastender Ereignisse und Ketten positiver, stützender und schützender Ereignisse.

Suchtverständnis

Aktuell liegt die diagnostische Ausrichtung der Integrativen Therapie bei den internationalen Klassifikationssystemen ICD 10 und DSM-III-R bzw. DSM-IV- in Ergänzung mit der – kritisch diskutierten – Operationalisierten Psychodynamischen Diagnostik (OPD), die auf den Achsen I-IV: Krankheitserleben und Behandlungsvoraussetzungen I, Beziehung II, Konflikt III, Struktur IV, psychische und psychosomatische Störungen V basiert. Hinzu kommt die spezifische integrativ-therapeutische Diagnostik (*Osten* 2002 und dieses Buch).

Aufgrund der derzeit gebräuchlichen internationalen diagnostischen Manuale wird nach Begriffen wie „schädlichem Gebrauch" oder „Mißbrauch" differenziert, ohne daß bereits ein Abhängigkeitssyndrom vorliegt.

In der Integrativen Therapie wird Drogenabhängigkeit als eine komplexe somatische, psychische und soziale Erkrankung definiert, die die Persönlichkeit des Drogenabhängigen und sein soziales Netzwerk betrifft, beschädigt und – wenn sie lange genug wirkt – zerstört. „Drogenabhängigkeit hat eine multikausale, zum Teil sehr stark variierende Genese. Sie zeigt unterschiedliche Ausprägungen und Verlaufsformen, abhängig von Vorschädigungen, psychosozialer Gesamtsituation, Ressourcenlage ... – und natürlich Suchtmittel" (*Petzold* 1988).

Sucht ist also multifaktoriell bedingt und bedarf einer auf die Person bezogenen Langzeitstrategie, die neben medizinischen, psychologischen und sozialarbeiterischen Interventionen auch ein unterstützendes Klima bereithält, das die positiven Ressourcen aktiviert. Sucht und Abhängigkeit sind der dysfunktionale Versuch der Problemlösung und Konfliktbewältigung in einer meist unterstützungsarmen Umgebung oder das Ergebnis vielfältiger Schädigungen in der Lebensentwicklung. Die Folge davon ist ein mangelndes Selbsterleben, eine beschädigte, sich selbst entfremdete Identität mit schwach ausgeprägten, ungenügenden oder fehlenden Ich-Funktionen.

Um das „Gesundwerden" des Menschen „bewirken" zu können, ist dabei der entscheidende Wirkfaktor der Faktor Zeit, da Erkenntnis- und Heilungsprozesse reifen müssen, damit der Klient seine Potentiale, Kompetenzen, Performanzen, Ressourcen und protektiven Faktoren (wieder) entwickeln kann.

Patientenbeispiel

L. beginnt, von seinen ersten Drogenerfahrungen zu berichten. „So mit 14 Jahren habe ich dann Alkohol getrunken und gekifft. Mit 16 Jahren habe ich dann LSD konsumiert, ich habe dann die ganze Welt bunt erlebt. Um die Schule habe ich mich nicht gekümmert, ich habe immer im Steinbruch gehockt und gesoffen." Er berichtet von seinen zunehmenden Schulproblemen und dem Abschluß der Hauptschule nach Klasse 9. Eine Lehre als Maler und Lackierer bricht er nach nur zwei Monaten ab. „Mir war da alles egal, meine Mutter war total überfordert und dann kam irgendwann, so mit 20 Jahren, Heroin. Das war zunächst ein unbeschreiblich schönes Gefühl, Wärme und Geborgenheit. Den ersten guten Kick, den erreichst Du nie wieder, versuchst es aber natürlich wie ein Blöder." Seine Drogensucht finanziert er durch Beschaffungskriminalität, eine zunehmende emotionale und soziale Isolation ist die Folge. Zwischenzeitig wird er inhaftiert und 1995 entschließt er sich, eine stationäre Entwöhnungsbehandlung anzutreten. Nach einem Jahr Therapie und vier Monaten Adaption tritt er eine ABM-Stelle (Arbeitsbeschaffungsmaßnahme) an, die zweite in seinem Leben. Er lebt ein Jahr abstinent, doch sein aufgebautes Netzwerk wird zunehmend brüchig. Er leidet stark unter der Trennung der Freundin und dem Verlust des Arbeitsplatzes (die ABM war ausgelaufen), was zu einer Überforderung mit der Alltagsrealität und schließlich zu seinem Rückfall führt.

Wegen zunehmender Beschaffungskriminalität und daraus resultierender Verstöße gegen Bewährungsauflagen wird er erneut inhaftiert und nach einem Jahr Aufenthalt in der JVA kommt er in unsere Einrichtung.

Besonderheiten der Zielgruppe

Schulische/Berufliche Voraussetzungen

Die berufliche (Re-) Integration der Klientel ist ein wichtiger inhaltlicher Schwerpunkt in der Arbeit der Adaption und ein wesentlicher Bestandteil des soziotherapeutischen Prozesses.

Drei Umstände sind bei der Realisierung der beruflichen (Re-) Integration bedeutsam:

(1) die schulisch/beruflichen und persönlichen Voraussetzungen.
(2) die äußerst angespannte Arbeitsmarktlage, die von hoher Arbeitslosigkeit (insbesondere auch Jugendarbeitslosigkeit), Lehrstellenmangel und Kürzungen im Bereich von Umschulungs- und Qualifizierungsmaßnahmen geprägt ist (durch die sog. Hartz-Gesetze zur Regulierung des Arbeitsmarktes brechen zunehmend Möglichkeiten der beruflichen Integration weg).
(3) im Bereich der externen Arbeitserprobung (Orientierungspraktika in Betrieben) sind häufig die Zweifel der Arbeitgeber gegenüber der Klientel zu spüren. Hinzu kommt, daß die in Punkt 2 aufgeführte Problematik bei unseren Vermittlungsbemühungen zusätzlich erschwerend wirkt.

Betrachtet man die Lebens- und Entwicklungsgeschichte der Patienten unter dem Fokus der schulisch-beruflichen Ausbildung, so zeigen sich enorme Defizite:

Zuletzt besuchte Schule und Geschlecht

	Geschlecht		Gesamt	
	Männer	Frauen	Abs.	%
Sonderschule	08,0%		07	07,0%
Hauptschule	73,9%	69,2%	74	73,2%
Realschule	12,5%	23,1%	14	13,8%
Gymnasium	01,0%	07,7%	02	02,0%
Polytechnische Oberschule				
Gesamtschule	02,3%		02	02,0%
Berufsfachule	02,3%		02	02,0%
FHS/Hochschule				
keine allgemeinbildende Schule besucht				
Gesamt - Abs.	88	13	101	
%	87,5%	12,5%	100%	100 %

2005 hatten 47,0% (2004: 33,3%; 2003: 19,428 %) der Patienten keinen qualifizierten Schulabschluß, der zur Ausbildung in einen Lehrberuf berechtigt, was bedeutet, daß die Klientel nur über Qualifizierungsmaßnahmen und/oder Vermittlung in berufsbildende Schulen eine Perspektive zum Erwerb eines Schulabschlusses erreichen kann, um so die Chancen auf dem Arbeitsmarkt zu verbessern. Da i.d.R. auch deutliche Lernschwierigkeiten in Form einer Lese-Rechtschreibschwäche gegeben sind, müssen begleitende und unterstützende Maßnahmen eingeleitet werden (z.B. VHS-Kurse, schulische Hilfen).

Auch haben die Patienten überwiegend kaum Zeiten der beruflichen Tätigkeit. In den Jahren 2003-5 waren vor Therapiebeginn alle Patienten über einen längeren Zeitraum (= 100%) arbeitslos.

2005 hatten 73,5% (2004: 69,4%; 2003:58,0%) der Patienten eine oder mehrere Ausbildungen begonnen und nach mehr oder weniger kurze Zeit abgebrochen. Um an diesen Vorerfahrungen anknüpfen zu können, überprüfen wir, ob diese Ausbildung wieder aufgenommen werden kann, in welchem Bereich erneut eine Ausbildung angestrebt wird und wie sinnvoll und realistisch dieses Vorhaben ist. Über die Vermittlung berufsorientierender Praktika bieten wir den Patienten eine zusätzliche Entscheidungshilfe, um den Wiedereinstieg in den Berufsalltag bewältigen zu können.

2005 hatten nur 26,5% (2004: 30,6%; 2003: 42,0%) der Patienten eine abgeschlossene Berufsausbildung, in dem erlernten Beruf aber kaum Beschäftigungszeiten. Bei dieser Zielgruppe wird zunächst überprüft, inwieweit der erlernte Beruf nach aktueller Arbeitsmarktlage noch Perspektiven hat und eine Vermittlung realistisch scheint. Häufig kann jedoch an die beruflichen Vorerfahrungen nicht angeknüpft werden und eine berufliche Neuorientierung muß erarbeitet werden.

Hierzu muß beim Arbeitsamt überprüft werden, ob der Patient umschulungsberechtigt ist. Dies ist Voraussetzung, um alternative berufliche Möglichkeiten unter dem Fokus der persönlichen Fähigkeiten des Einzelnen sowie der derzeitigen Bedarfslage des Arbeitsmarktes einleiten zu können. Als Vorbereitung erfolgt die Vermittlung in ein berufsorientierendes Praktikum, in dem der Patient einen Einblick in seinen möglichen zukünftigen Beruf erhält.

Ist die Vermittlung in den erlernten Beruf realistisch, so wird der Patient in ein Praktikum in einem entsprechenden Betrieb vermittelt. Hier kann er behutsam an den Arbeitsprozeß herangeführt werden, seine Belastbarkeit überprüfen und ausbauen und auf den Wiedereinstieg in den Berufsalltag vorbereitet werden. Parallel hierzu wird der Patient intensiv bei der Stellensuche unterstützt und begleitet, um mögliche Frustrationen frühzeitig auffangen zu können.

Bei all diesen Aktivitäten ist eine kontinuierliche Untersuchung der Netzwerksituation zusammen mit dem Patienten unerläßlich (vgl. *Petzold, Josic, Ehrhardt* 2006 und *Petzold, Schay, Hentschel* dieses Buch). Er muß verstehen, daß „Netzwerkaufbau" und „Netzwerkpflege" für seine Gesundheit und Rehabilitation von entscheidender Bedeutung sind. Deshalb wird auf Netzwerkdiagnostik und -therapie im Integrativen Ansatz der Arbeit mit Drogenabhängigen stets großer Wert gelegt, weil im *institutionellen Netzwerk* der Rehabilitationseinrichtungen und im *familiären Netzwerk* der Herkunftsfamilie, ein *amicales Netzwerk* der noch erhaltenen positiven Freundschaften und im *kollegialen Netzwerk* neuer Arbeitsbeziehungen wichtige Ressourcen für eine erfolgreiche Rehabilitation liegen.

Patientenbeispiel

Die Netzwerkanalyse von L. zeigt insgesamt eine düstere, depressive Charakteristik. Auffällig ist der zunehmende Verlust des Convoys, der mit dem Auszug der Geschwister (vor der Trennung der Eltern) einhergeht. Die Ressource „Geschwisterliche Verbundenheit", die sicherlich auch als protektiver Faktor im Hinblick auf die Gewaltbereitschaft des Vaters gesehen werden muß, ist brüchig. Zwei Wohnungswechsel, der damit verbundene Verlust der Freunde, führen zu einem Bruch im social support, der mit Ängsten vor weiteren Verlusten und tiefem Mißtrauen anderen Menschen gegenüber einhergeht.

Gerade die wohl schwierigste Lebensphase eines Menschen, die Pubertät, ist bei L. von vielen sozialen Umbrüchen gekennzeichnet, wodurch ihm viel Orientierung und stützender Halt verloren ging. Gekoppelt mit den frühen Traumata in der Kindheitsphase entwikkelte sich ein tiefes Mißtrauen anderen Menschen gegenüber, was zu einer Kontakt- und Beziehungsstörung mit depressiven Tendenzen führte. Erschwerend wirkt sich darauf noch die dissoziale Entwicklung des L. auf, die die soziale Isolation zur Folge hatte.

Bei der Berufsanamnese wird deutlich, daß die Voraussetzungen zur beruflichen Wiedereingliederung bei L. sehr ungünstig sind. Die Hauptschule verließ er nach der neunten Klasse, nachdem die Schulpflicht erfüllt war. Eine anschließende Ausbildung zum Maler und Lackierer brach er nach nur zwei Monaten ab, was er mit Lustlosigkeit begründete. Danach war Herr L. weitestgehend arbeitslos, abgesehen von kurzen Gelegenheitsjobs als Beifahrer in einer Speditionsfirma. Vor vier Jahren arbeitete er zuletzt im Rahmen einer Arbeitsbeschaffungsmaßnahme bei einer Baufirma. Abgesehen von Tätigkeiten im Gefängnis gab es kaum bis keine Kontinuität in beruflicher Hinsicht.

Ausländische Patienten und Aussiedler

Bei den ausländischen Patienten und Aussiedlern bestehen neben den genannten Defiziten zusätzliche Schwierigkeiten, die eine berufliche Integration erschweren:

a) die Probleme mit der deutschen Sprache müssen in Deutschkursen bearbeitet und weitestgehend behoben werden, um Vermittlungschancen auf dem Arbeitsmarkt zu erreichen.
b) oftmals ist der Aufenthaltsstatus ungeklärt und eine Ausweisung droht, d.h. die Teilnahme an einer beruflichen/berufsorientierenden Maßnahme ist nur schwer realisierbar, da eine gültige Aufenthaltsgenehmigung und Arbeitserlaubnis vorliegen müssen, um Maßnahmen der beruflichen Wiedereingliederung in Anspruch nehmen zu können. Hierzu müssen die Entscheidungen der Ausländerbehörde, der Arbeitsverwaltung und oftmals des Petitionsausschusses eingeholt und abgestimmt werden, um den Einstieg in das Erwerbsleben zu ermöglichen.
c) bei Nicht-EU-Bürgern vermittelt das Arbeitsamt zunächst nur in Ausbildungsberufe, die von deutschen Bürgern nur wenig frequentiert werden. Möchte ein Nicht-EU-Bürger einen anderen Ausbildungsberuf (z.B. Koch) erlernen, so muß er einen Arbeitgeber finden, der nachweisen kann, daß er diesen Ausländer als geeignetesten Bewerber haben möchte und kein deutscher Bewerber mit gleichen Voraussetzungen zur Verfügung steht.

Voraussetzungen auf der Persönlichkeitsebene

Neben den unterschiedlichen, meist schwierigen Voraussetzungen im schulisch-beruflichen Bereich kommen Schwierigkeiten auf der Persönlichkeits- und Krankheitsebene erschwerend hinzu.

Häufig finden sich innerhalb der Persönlichkeitsstruktur (*Petzold* 1992 a) Muster oder Defizite wie

- diffuses, unklares *Selbst*,
- schwache oder unkoordinierte *Ich*-Prozesse,
- inkonsistente *Identität*,
- geringe Frustrationstoleranz,
- fehlende Coping-, Creating- und Konfliktlösungsstrategien,

die in bezug auf den beruflichen Kontext als Schwierigkeiten mit Leistungsanforderungen, Kontinuität, Zuverlässigkeit sowie Autoritäten, vorgegebenen Strukturen und Hierarchien sichtbar werden.

Um diese Probleme zu „bewältigen“, entwickeln die Patienten (teilweise alte) Vermeidungs- und Problemlösungsstrategien, die zum Ziel haben, die Ansprüche zu umgehen und/oder die Realität zu ignorieren.

Kontinuierliche Motivationsarbeit, spezifisches Kompetenztraining und Performanz, die in der Adaption im Rahmen der Einzel- und Gruppentherapie regelmäßig durchgeführt werden, haben u.a. zum Ziel, diese Verhaltensweisen zu reflektieren, „neue“ Lösungsstrategien auszuprobieren und zu erlernen. Gestützt wird dieser Prozeß durch Reflexionsgespräche, in denen der Patient im Praktikum gemeinsam mit dem Anleiter und einem Mitarbeiter sein Erleben des Arbeitsalltags schildern kann und eine Rückmeldung über seine Arbeit erhält.

Im Integrativen Ansatz wird hier ein starker Akzent auf die *Performanz*, die Fertigkeiten, das Können gelegt, weil damit auch *Kompetenz*, die Fähigkeiten, das Wissen besser und nachhaltiger gefördert wird.

Die Berücksichtigung des Zusammenwirkens von *Kompetenzen* und *Performanzen* vor dem Hintergrund sozialökologischer Modelle und Konzepte (*Valenti, Pittenger* 1993; *Petzold, van Beek, van der Hoek* 1994; *Petzold* 1998 a) stellt ein Charakteristikum integrativer Drogenarbeit dar und bestimmt die Strukturen in unseren Maßnahmen, denn: man muß dem Patienten fördernde Umwelten (environments) zur Verfügung stellen, die einen positiven Aufforderungscharakter haben, *affordances* (positive Stimulierung und Handlungs-möglichkeiten) bieten, auf die er dann mit erfolgreichen Handlungen (*effectivities*) reagieren kann (*Petzold* 1994 a).

Berufliche (Wieder-) Eingliederung

Da in der Adaption als Phase II der medizinischen Rehabilitation die berufliche und schulische (Re-) Integration einen besonderen Schwerpunkt hat, stellen wir diesen Aufgabenbereich im folgenden ausführlich dar.

In fördernder Absicht müssen affordances für sinngeleitete, intersubjektive und kreative Lebensbewältigung und Lebensgestaltung ermöglicht und alltagspraktische Kompetenz mit Performanz gefördert und entwickelt werden. Die Phänomene der Differenzierung, Intensivierung und Konnektierung (Verbindung, Vernetzung, Verwebung) und der Durchdringung werden (wie im Alltagsleben) mit wichtigen Erfahrungen und Erkenntnissen in Verbindung gebracht werden. Der Patient soll die Fähigkeit entwickeln, Informationen, Gedanken, Wissen in (neue) Beziehungen zu setzen und in „alltäglichen“ Situationen (neue) Lösungsmöglichkeiten zu entwickeln.

Vier Umstände wirken sich bei der Realisierung der beruflichen Integration besonders erschwerend aus:

- Wir haben es in immer stärkeren Maße mit *jungen* Menschen zu tun, die nicht in der Lage sind, ihren Tag eigenständig zu strukturieren.

- Arbeit/Erwerbsarbeit ist nicht mehr der identitätsbildende Faktor in einer sich immanent verändernden Gesellschaft, d.h. soziale Sicherheit ist nicht mehr allein über Erwerbsarbeit zu erzielen, insbesondere für Risikogruppen (= Suchtkranke).
- die schulisch/beruflichen und persönlichen Voraussetzungen sind unzulänglich.
- die Arbeitsmarktlage ist von hoher Arbeitslosigkeit (insbesondere auch Jugendarbeitslosigkeit), Lehrstellenmangel und Kürzungen im Bereich von Umschulungs- und Qualifizierungsmaßnahmen geprägt.

Um nun den Einzelnen bei seinen Bemühungen der beruflichen Integration zu fördern, wird er bei

- der Entwicklung einer persönlichen Perspektive in beruflicher Hinsicht
- der Prüfung der Voraussetzungen
- dem Kontakt zum Arbeitsamt
- Bewerbungen
- der Vermittlung eines berufsorientierenden Praktikums, in Qualifizierungsmaßnahmen, in Arbeit, in Schulausbildung

unterstützt. Dabei sind die

- Begleitung und Betreuung des berufsorientierenden Praktikums
- intensive Zusammenarbeit mit den Arbeitgebern in der Region
- intensive Zusammenarbeit mit dem Arbeitsamt

unabdingbar.

Berufsorientierendes Praktikum
Ein berufsorientierendes Praktikum, das 94% aller Patienten absolvieren, dient dem Einzelnen zur Überprüfung eigener Fähigkeiten, Fertigkeiten aber auch Grenzen, um Berufswünsche und Berufsvorstellungen in der Berufsrealität überprüfen zu können.

Ziel ist eine Heranführung an den Berufsalltag in Form von Belastungstrainings, Gewöhnung an die Anforderungen des Berufsalltags an Zuverlässigkeit, Pünktlichkeit und Leistungsfähigkeit.

Um den Praktikumsverlauf reibungslos zu gestalten, werden die Patienten intensiv durch einen festen Mitarbeiter betreut, der eine enge Kooperation mit dem Arbeitgeber gewährleistet und hier für Fragen, Kritik und Anregungen zur Verfügung steht.

Qualifizierungs- und Trainingsmaßnahmen
Ziel beruflicher Qualifizierungsmaßnahmen ist über eine Ausbildung, Umschulung oder Fortbildungsmaßnahme einen qualifizierten beruflichen Abschluß zu erreichen bzw. erworbene berufliche Qualifikationen „aufzufrischen". Hier ist die Zusammenarbeit mit Arbeitgebern besonders bedeutsam, damit sie Patienten Ausbildungsplätze oder Umschulungsplätze zur Verfü-

gung stellen bzw. ihnen über sog. Trainingsmaßnahmen die Möglichkeit des „beruflichen Wiedereinstiegs" ermöglichen.

Patientenbeispiel

L. hat für sich erkannt, daß die berufliche Wiedereingliederung ein zentraler Punkt ist, um sich ein Netzwerk aufzubauen und abstinent leben zu können.

Er beginnt ein Praktikum in einer Bürger- und Begegnungsstätte, wo er als Hausmeister halbtags tätig sein soll. L. begegnet vielen Menschen aus allen Generationen, wobei er als Hausmeister nicht in unmittelbaren Kontakt ist. Aus dieser Exzentrizität kann er sich mit Vorsicht behutsam in die Begegnungsstätte integrieren, sich aber auch schneller zurückziehen. Seine handwerklichen Fähigkeiten geben ihm dabei Sicherheit und er kommt zunehmend in Kontakt. Fünf Monate arbeitet er dort, wobei er zunehmend belastbarer und sicherer wird.

Eine berufliche Perspektive entwickelt sich hier jedoch nicht.

In Kooperation mit dem Reha-Fachberater der LVA konnten wir erreichen, daß von dort eine sechsmonatige Eingliederungshilfe mit 60 % Lohnkostenzuschuß bewilligt wird. Es gelingt, einen Arbeitgeber zu finden, der L. in einem vierwöchigen Praktikum kennenlernen möchte, auch um die Motivation zu überprüfen. Bei einem positiven Verlauf garantiert die Firma eine feste Anstellung im Straßenbau.

Diese Perspektive motiviert L. zusätzlich und häufiger erlebte Ohnmachtsgefühle nehmen ab.

Umsetzung der beruflichen Eingliederung

Zum besseren Verständnis der äußerst komplexen Aufgabenstellung der beruflichen Integration der Patienten, stellen wir im folgenden die einzelnen Arbeitsschritte dar:

Entwicklung einer persönlichen Perspektive in beruflicher Hinsicht

„Was will ich tun? „Wo liegen meine Fähigkeiten?" „Was ist realistisch?"

Diese Fragen werden zunächst in der Berufsanamnese besprochen, die bei jedem Patienten erhoben wird; wobei die Fragestellung „Was ist realistisch?" besonders wichtig ist.

Prüfung der Voraussetzungen

Welche Zeugnisse, Bewilligungsbescheide, Arbeitsnachweise sind vorhanden oder müssen angefordert werden? Für welche Art der Maßnahme erfülle ich die Voraussetzungen?

Ein Großteil der Patienten verfügt nur über unvollständige Nachweise von Beschäftigungszeiten, Zeugnissen etc.. Um diese Unterlagen für eine Bewerbungsmappe zu vervollständigen, müssen frühere Arbeitgeber, Schulen u.a. angeschrieben werden. Um die Adaptionszeit optimal nutzen zu können, muß mit der Fachklinik die Absprache getroffen werden, die Berufsanamnese des

Patienten ca. acht Wochen vor der Entlassung zu erstellen. Die Patienten haben hierüber auch einen ersten Kontakt zum Adaptionshaus und erleben „Bewegung“ in dem wichtigen Bereich der beruflichen/schulische (Re-) Integration.

Um die Erwartungshaltung der Patienten mit den Möglichkeiten des Arbeitsmarktes zu verbinden, werden die individuellen Voraussetzungen geprüft, d.h., ob der Klient z.B. umschulungsberechtigt ist oder welche Maßnahmen vorgeschaltet werden müssen, damit er diese Berechtigung erlangt.

Kontakt zum Arbeitsamt

Arbeitssuchend melden, Termine bei Berufsberatung oder Arbeitsvermittlung
Alle Patienten melden sich arbeitssuchend, um die Angebote des Arbeitsamtes wahrnehmen zu können. Gemeinsame Besuche beim Arbeitsamt und Berufs-Informations-Zentrum (BIZ) finden regelmäßig statt.

Leider kollidiert in diesem Bereich oftmals die gewünschte pragmatische Umsetzung der beruflichen Integration mit der Gesetzgebung. Für viele Patienten wäre es äußerst sinnvoll, bereits im Rahmen der medizinischen Rehabilitation geförderte Maßnahmen des Arbeitsamtes (wie z.B. Feststellungsmaßnahmen oder Umschulungen) wahrnehmen zu können, um im geschützten Rahmen des Adaptionshauses mit der Maßnahme anfangen und auftretende Schwierigkeiten im therapeutischen Prozeß zu thematisieren und zu bearbeiten.

Vermittlung eines berufsorientierenden Praktikums

In welchem Bereich ist ein Praktikum sinnvoll und möglich? Kontaktaufnahme zu Betrieben und Firmen, Vermittlung von und Begleitung bei Vorstellungsterminen, Abschluß eines Praktikumsvertrages, Reflexionsgespräche
Die Akquierierung der Praktikumsstellen basiert auf einer engen Kooperation mit bewährten Betrieben und Organisationen sowie mit ortsansässigen Handwerksbetrieben bzw. Firmen, wo die individuellen Voraussetzungen und Vorkenntnisse der Klienten Berücksichtigung finden.

Während des Praktikums finden Reflexionsgespräche statt, in denen der Patient mit seinem Anleiter und einem Mitarbeiter der Einrichtung die bisherige Entwicklung im Praktikum durchspricht.

Vermittlung in Maßnahmen

Kontakt zu Maßnahmeträgern, gegebenenfalls Vermittlung in Qualifizierungs-, Feststellungs- und Umschulungsmaßnahmen
Dies geschieht in der Regel über das örtliche Arbeitsamt, da die Finanzierung für eine Maßnahme von dort bewilligt wird. Die Patienten werden bei der Kontaktaufnahme zum Maßnahmeträger und bei den Formalitäten der Bewerbung/Vermittlung unterstützt und angeleitet. Generell läßt sich sagen, daß je schneller die Unterlagen (wie z.B. Arbeitsnachweise) vollständig beim Arbeitsamt vorliegen, die Möglichkeit einer Bewilligung steigt.

Im Kontakt mit dem Arbeitsamt ist es wichtig, die Patienten auf den Termin beim Arbeitsvermittler bzw. -berater vorzubereiten. Je genauer die Patienten wissen, welche Maßnahme sie machen wollen (Art, Ort und Dauer), desto einfacher ist es für den Vermittler, aktiv zu werden und Möglichkeiten aufzuzeigen.

Vermittlung in Schulen
Kontakt zu und Anmeldung bei der Berufsschule, Volkshochschule oder Abendschule zum Erlangen eines Schulabschlusses oder zur weiteren schulischen Qualifizierung
Wir haben einen umfassenden Überblick und detaillierte Kenntnisse über die unterschiedlichen Bildungsangebote und stellen den Kontakt zwischen Patient und Schule her.

Hilfe bei Bewerbungen
Gemeinsames Erstellen von Lebenslauf und Bewerbungsschreiben, Bewerbungstraining, Hilfe bei Stellensuche
Die Patienten erhalten Hilfestellung bei schriftlichen Bewerbungsverfahren. Über ein regelmäßiges Bewerbungstraining wird mit den Patienten in „spielerischer Form“ mehr Sicherheit vermittelt, um auf Bewerbungsgesprache vorbereitet zu sein.

Im Ergebnis müssen wir feststellen, daß sich infolge der restriktiven Gesetzgebung der Bundesregierung zur Regulierung des Arbeitsmarktes sowie der Überforderung der Arbeitsverwaltung die berufliche Wiedereingliederung zunehmend schwieriger gestaltet.

Zwar werden Milliarden für unterschiedliche Programme wie Jugend in Arbeit ausgeschüttet, jedoch führt dies zu deutlichen Kürzungen im Bereich von Arbeitsbeschaffungsmaßnahmen und dem für die Arbeit mit dieser Personengruppe wichtigen Zweig der beruflichen Weiterbildung (hier: Umschulungs- und Qualifizierungsmaßnahmen).

So stehen den Arbeitsämtern i.d.R. in der 2. Jahreshälfte praktisch keine Haushaltsmittel mehr zur Verfügung.

In Einzelfällen können mit Förderinitiativen wie dem Verein des verstorbenen Bundestagsvizepräsidenten „Heinz Westfal schafft Ausbildungsplätze e.V.“ immer wieder Kooperationspartner gewonnen werden, der Ausbildungsbetrieben Lohnkostenzuschüsse für die Bereitstellung von Ausbildungsplätzen für unsere Patienten bewilligte.

Berufliche Situation bei regulärer Entlassung

	2003 N = 31	2004 N = 36	2005 N = 34
reguläre Erwerbstätigkeit (Voll- oder Teilzeitbeschäftigung auf dem allgemeinen Arbeitsmarkt)	09 (29,03%)	13 (36,22%)	05 (14,7%)
gelegentliche reguläre Erwerbstätigkeit (Aufnahme zumindest von gelegentlicher Arbeitstätigkeit)	04 (12,90%)	03 (08,30%)	08 (23,5%)
betriebliche Umschulung oder Ausbildung (Qualifizierung der Patienten durch Umschulungs- sowie Ausbildungsmaßnahmen, auch Qualifizierungsmaßnahmen)	05 (16,13%)	07 (19,40%)	05 (14,7%)
Maßnahmen nach SGB II oder SGB XII (Arbeitsbeschaffungsmaßnahmen, Arbeitsgelegenheiten mit Mehraufwandentschädigung (sog. „1-Euro-Job“), sonstige Trainingsmaßnahmen)	06 (19,35%)	07 (19,40%)	12 (35,3%)
Schule / Studium		02 (05,56%)	01 (02,9%)
Hausfrau/-mann		02 (05,56%)	
arbeitslos	07 (22,58%)	02 (05,56%)	03 (08,9%)
in andere Einrichtung verlegt arbeitslos vor Therapiebeginn	31 (100%)	36 (100%)	34 (100%)

Erläuterungen:

Reguläre Erwerbstätigkeit:	Voll- oder Teilzeitbeschäftigung auf dem allgemeinen Arbeitsmarkt
Maßnahmen nach SGB II oder SGB XII:	(**A**rbeits**b**eschaffungs**m**aßnahmen, Arbeitsgelegenheiten mit Mehraufwandentschädigung (sog. „1-Euro-Job“), sonstige Trainingsmaßnahmen)
Umschulung oder Ausbildung:	Qualifizierung der Klienten durch Umschulungs- sowie Ausbildungsmaßnahmen, auch Qualifizierungsmaßnahmen
Gelegentliche Erwerbstätigkeit:	Aufnahme zumindest von gelegentlicher Arbeitstätigkeit bzw. Jobs, in dieser Spalte sind auch Praktiker berücksichtigt

Die Gesamtschau der beruflichen Integration bei regulärer Entlassung für die Jahre 2003-2005 zeigt: 34 Patienten schlossen 2005 die Maßnahme regulär ab (2004: 36, 2003: 31). 8,9% waren bei Entlassung arbeitslos verlegt (2004: 5,56%, 2003: 22,58%), d.h. bei 91,1% (2004: 88,88%, 2003: 77,42%) konnte die berufliche Integration erfolgreich realisiert werden.

Besonders bemerkenswert ist vor dem Hintergrund der katastrophalen Arbeitsmarktlage für uns die Entwicklung der Vermittlungen auf dem allgemeinen Arbeitsmarkt: Hier konnten 38,2% der Patienten (2004: 44,52%, 2003: 41,93%) in ein reguläres Arbeitsverhältnis vermittelt werden. Berücksichtigen wir hier noch die Vermittlungen in betriebliche Umschulungs- und Ausbildungsverhältnisse von 14,7% (2004: 19,40%, 2003: 16,13%), so zeigt sich, daß insgesamt 52,9% der Patienten (2004: 63,92%, 2003: 58,06%) auf dem sog. „klassischen" Arbeitsmarkt vermittelt werden konnten.

Ressourcenorientierte Trainingsgruppe

Von entscheidender Relevanz für die Rehabilitation ist die Unterstützung folgender Fähigkeiten:

Verstehensdimension: Probleme und Belastungen kann ich im größeren Zusammenhang sehen.

Bewältigungsdimension: ich verfüge über Ressourcen, die ich zur Bewältigung meiner Probleme mobilisieren kann.

Willensdimension: der Wille und das Wollen sind auf den Dimensionen Entscheiden und Durchhalten beeinträchtigt und werden in spezifischen Formen der volitionsorientierten Therapie entwickelt.

Sinndimension: es gibt Ziele und Projekte, für die es sich zu engagieren lohnt, denn es ist wesentlich, seinem Leben einen Sinn geben zu können.

Der sozioökonomische Status steht in direktem Zusammenhang mit den Ressourcen, mit denen der eigene soziale Lebenszusammenhang wesentlich mitgestaltet werden kann. Sozioökonomisch unterprivilegierte und gesellschaftlich marginalisierte Gruppen weisen deutliche Defizite auf, in der gesellschaftlich zunehmend geforderten eigeninitiativen Beziehungsarbeit. Die Veränderung klinischer Störungsbilder hat hier ihre Ursache.

Diese Entwicklungstendenzen der Gesellschaft sind wichtige Ausgangs- und Rahmenbedingungen für die psychosozialen Behandlungsfelder, im speziellen im Bereich Drogenabhängiger, im besonderen der medizinischen Rehabilitation Drogenabhängiger.

Im und mit dem therapeutischen Milieu/Lernfeld wird ein Umfeld bereitgestellt, in dem Persönlichkeitsentwicklung in, durch und von Beziehung in emotionaler Differenzierungs- und Integrationsarbeit gefördert wird (Entwicklung der Selbststrukturen und Stärkung der Ich-Funktionen und der Willenskräfte durch strukturierende und stützende Intervention). Grundlegend ist die Bereitschaft des Patienten, sich dem therapeutischen Prozeß ohne den „Schutz" der Drogeneinwirkung aussetzen/anvertrauen zu wollen. Das Team stellt dabei sicher, daß Differenzen ko-respondierend geklärt werden.

Da sich die Adaptionsphase als eine besondere Behandlungsform begreift, geht es vorrangig um den Transfer von zunächst rationalen Einsichten in Verhaltensmodifikationen in die Alltagsrealität.

Um den Patienten Transfermöglichkeiten zu eröffnen, führen wir ergänzend zur therapeutischen Basisgruppe eine ressourcenorientierte Trainingsgruppe durch, in der wir die Ressourcen des einzelnen (wieder-) finden, ausbauen und stärken wollen.

Ressourcen sind hier die Fähig- und Fertigkeiten, können aber auch gute Erinnerungen und Beziehungen zu Personen sein, die der einzelne positiv in Erinnerung hat. Diese Gruppe soll dem einzelnen ermöglichen, sich aus einer anderen Perspektive heraus kennenzulernen. Häufig haben sich die Patienten als „defizitär" kennengelernt und erfahren, was sie alles nicht können, nicht bekommen haben und nicht sind. In der Gruppe wird der Fokus darauf gerichtet, was der einzelne *ist, kann und hat, aber auch (noch) braucht*.

Die Ressourcen-Analyse ist dabei ein ganz wesentlicher Bereich der Therapie, der unter dem allgegenwärtigen Krankheitsaspekt manchmal vernachlässigt wird, im Integrativen Ansatz aber besondere Aufmerksamkeit gewidmet wird. 4 Fragen dienen als therapeutische Leitlinie (*Petzold, Osten* 1998):

- Was ist gesund und funktionsfähig und sollte erhalten werden?
- Was ist gestört und in seiner Funktion beeinträchtigt und muß restituiert werden?
- Was ist defizitär, weil es nicht vorhanden ist oder nie vorhanden war und muß deshalb bereitgestellt werden?
- Was wäre möglich, was ist noch nicht genutzt und könnte erschlossen oder entwickelt werden?

In der Gruppe werden integrative Methoden, d.h. gestalttherapeutische, psychodramatische, verhaltenstherapeutische und leib- bzw. bewegungstherapeutische/sporttherapeutische Ansätze (vgl. *Schay* et al dieses Buch und in: *Integrative Suchtarbeit* 2006) eingesetzt.

Ziel ist die Stärkung von Selbstbewußtsein, Willensfähigkeiten, Erlernen von praktischen Problemlösungsstrategien, der adäquate Umgang mit Alltagsproblemen und eine positivere Sichtweise auf das Leben. Als Themen werden u.a. fokussiert:

Wohnungs- und Arbeitssuche
Durch gezielte Anleitungen und Vorgaben versuchen wir, den Patienten neue Wege zu eröffnen, die ihnen ermöglichen, sich sicher und selbstbewußt darzustellen und Interesse für ihre Person zu bewirken.

Aufbau drogenfreier Kontakte
Selbstwahrnehmung und -darstellung
Abstinenz ist nur dann zu erreichen und zu halten, wenn ein neues drogenfreies Umfeld aufgebaut werden konnte und diese sozialen Bezüge stabil sind.

Hier zeigt sich die extreme Unsicherheit der Patienten in bezug auf Personen, die keine Drogenerfahrungen haben, da es ihnen an Selbstsicherheit und -vertrauen fehlt. Um hier Defizite abzubauen und neue Verhaltensweisen umsetzen zu können, wird die Selbst- und Fremdwahrnehmung der Patienten unter der Fragestellung überprüft: Wie sehe ich mich und wie werde ich von anderen gesehen? Dies hilft die eigene Wahrnehmung zu überprüfen und ggf. zu korrigieren.

Dem Patienten werden so Möglichkeiten eröffnet, seine Wahrnehmung zu relativieren und eventuell zu korrigieren. Durch eine veränderte Wahrnehmung soll der Patient befähigt werden, Verhaltsänderungen zu entwickeln.

Protektive Personen und Faktoren in der Biographie
Leider ist dem Einzelnen oft in Vergessenheit geraten, welche Kraft und Potentiale er hat. Diese sollen (wieder)entdeckt werden und neue Potentiale gefunden werden. Ziel ist die Integration dieser vergessenen Potentiale als ein Bestandteil der Persönlichkeit.

„Zukunftsreise" in bezug auf Wohnung, Arbeit, Kontakte, Beziehungen
Der Mensch ist ohne seine Lebenswelt und ohne seine zeitlich/historische Perspektive nicht denkbar. Ebenso wie der Mensch nicht denkbar ist ohne Erfahrungen aus der Vergangenheit, ist er auch nicht denkbar ohne Vorstellungen und Erwartungen, Entwürfe für die Zukunft.

In der Krankheitslehre der Integrativen Therapie spielt die Frage nach den faktischen, durch die Lebenswelt gegebenen, sowie den empfundenen Zukunftsperspektiven des Patienten eine große Rolle. Krank wird man unter anderem dann, wenn man keine Zukunftsperspektive mehr hat oder zu haben glaubt. Deshalb ist es in der Therapie enorm wichtig, eine weite zeitliche Perspektive von Vergangenheit und Zukunft mit im Blick zu haben.

In der „Zukunftsreise" in bezug auf Wohnung, Arbeit, Kontakte, Beziehungen versuchen wir, den Patienten zu unterstützen, Zukunftsperspektiven zu entwickeln und hier eine weite Perspektive in die Zukunft hinein zu ermöglichen.

Durch den übungszentrierten Arbeitsansatz der ressourcenorientierten Gruppenarbeit und die direkt anschließende Kommunikation über Erlebtes und der Beachtung dessen, was in der Realität wenig Beachtung findet, wird deutlich, welche Gefühle der Einzelne nicht beachtet oder verdrängt. Durch die Thematisierung können Verhaltensänderungen erarbeitet werden, die nicht an Defiziten der Patienten anschließen, sondern auch für die Patienten als Ergänzung gesehen werden.

Ein weiteres Ziel der Gruppe ist die Erfahrung von Solidarität, Mitmenschlichkeit, Mitgefühl und von miteinander Handeln („vierte Weg der Heilung und Förderung in der IT"; vgl. *Petzold* 1996a; *Petzold, Schuch, Steffan* 2000). Menschen, die „leiden"/"krank sind", mangelt es oder hat es gemangelt an Solidaritätserfahrung im Alltagsleben. Wenn jemand in Not ist, braucht er jemanden, der ihn versteht, ihm zur Seite steht. Wenn das soziale Netzwerk brüchig geworden ist, muß ein neues Netz aufgebaut werden. Die Gruppenmitglieder sollen dazu bewegt werden, solidarisch und fürsorglich miteinander umzugehen. Um diesen Prozeß zu fördern, stehen wir als neues Netzwerk zur Verfügung. Patienten, die dieses Angebot annehmen können, können ihr eigenes Gefühl der persönlichen Entfremdung verringern.

In diesem spezifischen Behandlungsansatz, der es den Patienten ermöglicht, sich in einem indikationsgeleiteten langfristigen Entwicklungsprozeß „neue“ Perspektiven zu erarbeiten, wird den Klienten ein modifiziertes Netzwerk angeboten, daß der jeweiligen Lebenssituation des Einzelnen entsprechend „Bausteine“ (Bausteine sind hier als ein Bündel (psycho-) therapeutischer und soziotherapeutischer Interventionsformen zu verstehen) vorhält, die auf die Ressourcen des Patienten abgestimmte (Hilfe-) Möglichkeiten vorhält.

Patientenbeispiel

L. setzt sich während der Behandlung intensiv mit sich auseinander. Der geschützte Rahmen gibt ihm Stabilität, Ohnmachtsgefühle nehmen ab. „Ich habe immer den Wald vor lauter Bäumen nicht gesehen, ich fühlte mich nicht handlungsfähig.“ Situationen, in denen er mit seinem abschweifenden Blick Gegenstände im Raum fokussiert, nehmen ab. L. wirkt realitätsbezogener, auch im Hinblick auf die persönliche Einschätzung seiner Situation.
L. sieht für sich den Bedarf einer Weiterbetreuung nach seinem Auszug.
Motivierend wirkt sich dabei der Kontakt und Austausch mit Ehemaligen aus, die teilweise seit einigen Jahren abstinent leben. „Ich möchte mich nicht mehr selbst betrügen, sondern clean mein Leben meistern.“ Er beschreibt Umdenkungsprozesse und fühlt sich dabei lebendiger. „Ich kann das nicht richtig beschreiben, irgendwie hat es Klick gemacht“.
L. lebt sich gut in seiner neuen Wohnung ein. Der Arbeitgeber übernimmt L. nach Abschluß des Praktikums und schätzt ihn als zuverlässigen und fleißigen Mitarbeiter.

Ziel

Auffällige Persönlichkeitsmerkmale wie soziale, persönliche und berufliche Integrationsschwierigkeiten, Defizite, Störungen, mangelnde Beziehungsfähigkeit, Schädigungen, Traumatisierungen, Konflikte und geringe soziale Kompetenzen wie niedrige Frustrationstoleranz, Impulsivität, mangelnde Steuerungsfähigkeit, reduzierte Erlebnisfähigkeit, fehlende Sinn und Wertorientierung bei einer insgesamt instabilen und schwachen Ich-Struktur sind in den Behandlungsabläufen von zentraler Bedeutung.

In diesem Kontext sind die Forschungsergebnisse der modernen Psychotherapie nach *Grawe* (et al 1994; *Grawe* 1998), *Petzold* (*Petzold, Märtens* 1999) u.a. zu berücksichtigen, d.h.

- in der therapeutischen Arbeit tritt der Blick auf die pathogenen Ereignisse etwas in den Hintergrund zugunsten der Förderung der Ressourcen.
- Behandlung wird individueller auf den Patienten und seine Voraussetzungen abgestimmt.
- Pathogene Milieus verlieren gegenüber salutogenen ihre dominante Position.

- Förderung der Ressourcen.
- sozial ungleich verteilte Ressourcen werden als das zentrale Krankheitsrisiko angesehen.
- Gemeinschaft als rares Gut.
- die Suche nach Lebenssinn ist zentrale Aufgabe.

Dabei sind für die Entwicklungschancen von Personen sind von entscheidender Bedeutung:

- Aufbau gesundheitsfördernder und -erhaltender sozialer Netzwerke (Überlebens- und der Existenzsicherung).
- Förderung (unter-) stützender Verhaltensweisen (Identitätsaufbau).
- „Beeinflussung" des Normen- und Wertesystems.
- Vermittlung personaler und sozialer Ressourcen zur Bewältigung und Gestaltung des Lebens (Entwicklung von Lebensqualität).

Das Vorhandensein sozialer Sicherungen und das Wissen um diese ist für den Patienten im Hinblick auf die persönliche Stabilität von wesentlicher Bedeutung. Evaluationsstudien der Integrativen Therapie belegen, das bestimmte Zielgruppen wie Drogenabhängige von netzwerkorientierten Interventionen profitieren.

Allgemeine therapeutische Wirkfaktoren (14 Heilfaktoren der Integrativen Therapie, vgl. *Petzold* 1993p; *Petzold, Schuch, Steffan* 2000) wie Hilfen bei der realitätsgerechten praktischen Lebensbewältigung/Lebenshilfe, Förderung kommunikativer Kompetenz und Performanz, von Beziehungsfähigkeit, Förderung von Lernmöglichkeiten, Lernprozessen und Interessen, Förderung kreativer Erlebnismöglichkeiten und Gestattungskräfte, Erarbeitung von positiven Zukunftsperspektiven, Förderung tragfähiger sozialer Netzwerke) der therapeutischen Gemeinschaft stoßen bei der zunehmenden Flexibilisierung und Verkürzung der medizinischen Rehabilitation an ihre Grenzen. Nachreifen, Nachsozialisation u.a. als (psycho-) therapeutische Elemente der Rehabilitation setzen einen Zeitrahmen voraus, in dem das Milieu zwischen Patient und Therapeut Kontakt, Begegnung und Beziehung ermöglicht.

Eine moderne Einrichtung der medizinischen Rehabilitation muß sich als Einrichtung der ganzheitlichen und differentiellen Therapie und Rehabilitation verstehen, um nach einem netzwerkorientierten Arbeitsansatz die Ziele der Rehabilitation erreichen zu können.

Patientenbeispiel

L. lebt immer noch abstinent, ist beruflich integriert und lebt in einer festen Beziehung. Zu unserer Einrichtung hält er weiterhin Kontakt und betreibt z. Zt. mit unserer Unterstützung über die Marianne-von-Weizäcker-Stiftung seine Schuldenregulierung.

Damit wir den beständig zunehmenden Anforderungen an die Inhalte medizinischer Rehabilitation und den Bedürfnissen unserer Patienten unter den veränderten Rahmenbedingungen effektiv gerecht werden können, haben wir die Angebote im Therapieverbund Herne kontinuierlich differenziert, spezialisiert und intensiviert, wobei „die Förderung der Teilhabe am Erwerbsleben", d.h. der beruflichen und sozialen Integration, im Indikationsbereich Abhängigkeitserkrankungen von zentraler Bedeutung ist.

Dies ist muß vor dem Hintergrund betrachtet werden, daß die Möglichkeiten zur beruflichen Integration für unsere Klientel sehr eng sind. „Die Gründe liegen nicht nur in der allgemeinen restriktiven Lage auf dem Arbeitsmarkt, sondern zusätzlich in den häufig mehrfachen und gravierenden Arbeitsmarkthandicaps (der Patienten) ...: ..., geringe schulische-berufliche Qualifikation, gesundheitliche Einschränkungen, lange Arbeitslosigkeitszeiten, bereits vor Beginn der Suchtrehabilitation" (*Henkel, Zemlin* 2006).

Mit unserem systematisierten Arbeitsansatz realisieren wir ein träger- und einrichtungsübergreifendes Eingliederungsmanagement, bieten unseren Patienten besonders intensive Unterstützungs- und Fördermaßnahmen und organisieren eine „paßgenaue" Perspektive zur beruflichen Wiedereingliederung.

Zusammenfassung

Die Autoren legen mit dieser Arbeit eine Studie vor, die verifiziert, daß die Ziele, die im Gesamtkonzept zur Rehabilitation von Abhängigkeitskranken vom 04.05.2001 beschrieben werden, durch die Anwendung eines an die Theorie und Methodik der „Integrativen Therapie" anknüpfenden Arbeitsansatzes – einer Integrativen Suchttherapie – erreicht werden können.

Die Ergebnisse der Studie dargestellt am Beispiel der Adaptionseinrichtung „Haus mit Aussicht" in Herne sind von entscheidender Bedeutung für die Arbeit mit ehemaligen Drogenkonsumenten und belegen, daß in der medizinischen Rehabilitation die Möglichkeiten der beruflichen Integration einen zentralen Stellenwert haben (müssen).

Die Autoren verdeutlichen, daß für die Entwicklungschancen von Personen (hier: berufliche (Re-) Integration) das Vorhandensein sozialer Sicherheiten im Hinblick auf die persönliche Stabilität wesentlich ist.

Summary

This study verifies that the goals described in the general concept of the rehabilitation of drug addicts (4th May 2001) can be attained by an Integrative Therapy for addictions taking up the theory and methodology of the integrated therapy.

The Institution of Adaption „Haus mit Aussicht" in Herne served as an example for this study. Concerning working with former drug addicts, the results are of major importance and verify that, in the medical rehabilitation, the possibilities of an reintegration into vocational life have to play an important role.

The authors show clearly that, with regard to personal stability, social stability (reintegration into professional life) are important for the individual's capability of development.

Peter Schay, Wilfried Görgen, Norbert Bläsing[1]

Integrative Arbeit an der Schnittstelle von Drogenhilfe und Justiz

Vorbemerkung

Integrative Suchtarbeit realisiert sich nicht nur im Hinblick auf die Person und ihr unmittelbares und gesellschaftliches Umfeld. Berücksichtigt werden bspw. auch die strukturellen Rahmenbedingungen ihrer Arbeit, wobei insbesondere die Schnittstellen zu angrenzenden Arbeitsfeldern von besonderem Interesse sind. An diesen Schnittstellen treffen i.d.R. komplexe Muster unterschiedlichster Normen, Ziele und Arbeitsweisen aufeinander und stellen hohe Anforderungen an einen personenzentrierten Arbeitsansatz, der unterschiedliche Lebenswelten zu integrieren versucht und institutionellen Abspaltungen entgegentritt. Die Schnittstelle zwischen Drogenhilfe/Therapie und Justiz/Strafvollzug erweist sich dabei als in besonderem Maße komplex und anspruchsvoll im Hinblick auf eine personen- und bedarfsgerechte Gestaltung des Übergangs unter Berücksichtigung fachlicher Standards.

Bis in die Gegenwart ist das Verhältnis der beiden Arbeitsbereiche hauptsächlich durch Abgrenzung und eine Kontaktgestaltung gekennzeichnet, die sich auf das absolut Notwendige beschränkt und massive Nachteile in Kauf nimmt, die i.d.R. zu Lasten der Betroffenen und der Hilfeeinrichtungen gehen. Nachfolgend werden Überlegungen zur Umgestaltung des sicherlich schwierigen Verhältnisses zwischen Justiz und Drogenhilfe am Beispiel des Übergangs zwischen Strafvollzug und (ambulanter, (teil-)stationärer) Therapie dargestellt. Die Überlegungen zielen u.a. darauf ab, zwischen den Beteiligten (Klient, Drogenberatung, Strafvollzug, Drogenhilfeeinrichtung) eine transparente Kommunikations- und Abstimmungssituation herzustellen, die autonome Entscheidungen fördert und einer institutionellen Zuweisung und Entmündigung entgegentritt.

1 Dem Artikel liegt ein Positionspapier der AG Drogenarbeit und Drogenpolitik NRW e.V. (AG Dropo) zum Verhältnis von Drogenhilfe und Justiz zugrunde. Die AG Dropo ist ein Zusammenschluss von Personen und Institutionen, die in verschiedenen Feldern der Drogenarbeit wie z.B. niedrigschwelliger Arbeit, Beratungsstellen oder (teil-) stationärer Therapie praktisch tätig sind. Kontakt: agdropo@web.de; www.agdropo.de

Ausgangslage

Schätzungen gehen davon aus, dass sich im Strafvollzug bundesweit mindestens 30% der männlichen und bis zu 50% der weiblichen inhaftierten Konsumenten von illegalen Drogen befinden und das der überwiegende Teil dieser Personengruppe an einer behandlungsbedürftigen Abhängigkeitserkrankung leidet. Das zwischen Drogenabhängigkeit (insbesondere als Polytoxikomanie) und Strafvollzug eine große gemeinsame Schnittmenge besteht, wird darüber hinaus deutlich, wenn davon ausgegangen wird, daß 2/3 aller Drogenabhängigen im Verlauf der Drogenkarriere mindestens einen Haftaufenthalt hatten, wobei die Chance eines Haftaufenthalts mit der Dauer der Abhängigkeit ansteigt. Schließlich fördern Evaluations- und Langzeitstudien zu Tage, daß die Dauer der Haftaufenthalte stets die Dauer der Behandlungszeiten übersteigt.

Die Lebenssituation Drogenabhängiger ist mit Blick auf körperliche, psychische und soziale Faktoren generell als schwierig zu charakterisieren. Mit Blick auf den Strafvollzug kann gar von einer „prekären Lebenslage“ in dem Sinn gesprochen werden, in der es zu einer Häufung massiver Belastungen und der Schwächung protektiver Faktoren kommt, die eine (Re-) Konstruktion tragfähiger psychischer und sozialer Strukturen erschwert.

In einem integrativen Konzept der Lebenslage als einem möglichen Kontextkonzept sind prekäre Lebenslagen als zeitextendierte Situationen eines Individuums (z.B. im Strafvollzug) mit seinen relevanten Gegebenheiten zu betrachten, die dieser Mensch als ‚bedrängend‘ erlebt und als ‚katastrophal‘ bewertet, weil es zu massiven körperlichen, seelischen und sozialen Belastungen durch Ressourcenmangel oder -verlust, Fehlen oder Schwächung ‚protektiver Faktoren‘ gekommen ist. Die Häufung ‚kritischer Lebensereignisse‘ und bedrohlicher Risiken bewirkt, daß die Kontroll-, Coping- und Creatingmöglichkeiten des Betroffenen an ihre Grenzen kommen und ein Zusammenbruch der persönlichen und gemeinschaftlichen Tragfähigkeit beginnt. Ein voranschreitender Ressourcenverfall des Kontextes ist feststellbar, so daß eine Beschädigung der persönlichen Identität droht, eine destruktive Lebenslage eintritt, sofern es nicht zu einer Entlastung, einer substantiellen ‚Verbesserung der Lebenslage‘ kommt und durch infrastrukturelle Maßnahmen eine Möglichkeit entwickelt wird, diese Zuspitzung negativer Einflußfaktoren dauerhaft zu beseitigen.

Einigkeit besteht dabei weitgehend darin, daß der Strafvollzug nur in äußerst begrenztem Maße in der Lage ist, Bedingungen zu schaffen, unter denen Drogenabhängigkeit angemessen behandelt werden kann. Der Gesetzgeber hat insbesondere u.a. deshalb im Rahmen der Therapieregelungen des Betäubungsmittelgesetztes die Möglichkeit geschaffen, daß straffällige Drogenabhängige unter definierten Voraussetzungen eine Behandlung (vor allem) in stationären Einrichtungen der Drogenhilfe in Anspruch nehmen können und die Behandlungszeit auf die (Haft-) Strafe angerechnet werden kann.

Die Durchführung einer solchen Behandlung setzt Abstimmung und Kooperation zwischen den Subsystemen Drogenhilfe und Justiz voraus.

Nun ist das Verhältnis von Drogenhilfe und Justiz generell problembelastet. Anders als beispielsweise in der Arbeit mit alkoholabhängigen oder psychisch kranken Menschen muß die Drogenhilfe – aufgrund der besonderen (Therapie-) Bestimmungen des Betäubungsmittelgesetzes – bei der Behandlung und Rehabilitation Drogenabhängiger besonderen Anforderungen und Regelungen gerecht werden (z.B. staatliche Anerkennung der Einrichtung, Rückmeldepflicht). Im Zentrum der fachlichen Kritik stand bisher, daß eine fachlich begründete Diagnose, Indikationsstellung und Therapie u.a. durch den direkten Übergang zwischen Justizvollzug und Rehabilitationseinrichtung gefährdet, wenn nicht z.T. verunmöglicht wird. In der Vergangenheit haben stationäre Drogenhilfeeinrichtungen, bspw. durch Infogespräche oder (diagnostische) Aufnahmegespräche versucht, einen eigenen fachlichen Handlungs- und Entscheidungsspielraum zu wahren. Bei der Aufnahme von Drogenabhängigen aus dem Strafvollzug in einer Einrichtung der medizinischen Rehabilitation sollte (neben einer Prüfung durch den Leistungsträger) zumindest die Möglichkeit einer fachlichen Prüfung des Behandlungs- bzw. Rehabilitationsbedarfs durch die Therapieeinrichtung erhalten werden.

Trotz punktuell positiver Ansätze der Zusammenarbeit muß festgestellt werden, daß die Probleme zwischen Drogenhilfe und Justiz sich auch auf den ambulanten Sektor ausgeweitet haben und die Therapieregelungen des Betäubungsmittelgesetzes verstärkt auch auf ambulante Therapie, Substitutionsbehandlung oder den Aufenthalt in komplementären Einrichtungen angewandt werden.

Die Entwicklungen der letzten Jahre, insbesondere die generelle Verkürzung der Therapiezeiten als Folge der dramatischen finanziellen Situation der Sozialleistungsträger, haben dazu beigetragen, daß selbst letzte fachliche Handlungsspielräume (z.B. Aufnahmegespräche) der Einrichtungen der Drogenhilfe zunehmend eingeschränkt bzw. verunmöglicht wurden. Ursächlich hierfür ist ein Bündel unterschiedlicher Gründe. Beispielsweise stehen die Einrichtungen seit Jahren unter einem expansiven Kosten- und Leistungsdruck, da sich die Zahl der jährlichen Aufnahmen durch die Reduzierung der durchschnittlichen Therapiezeiten deutlich erhöht hat, gleichzeitig jedoch die Leistungsanforderungen an die Einrichungen und damit an die Mitarbeiter kontinuierlich zunehmen. Als Folge werden u.a. die Kosten für Informations- bzw. Aufnahmegespräche nicht mehr vom Leistungsträger übernommen, was bedeutet, daß für die Einrichtungen keine Möglichkeit mehr gegeben ist, zu überprüfen, ob der Klient in ihrem Behandlungssetting angemessen behandelt werden kann. In der Summe haben diese Entwicklungen dazu geführt, daß inzwischen

a) der Anteil der Patienten, die direkt aus der JVA in die Therapieeinrichtungen „verschubt" werden, angestiegen ist
b) der Anteil derjenigen Patienten, die aus ihrem Lebensumfeld heraus eine Therapie beginnen, deutlich zurückgegangen ist und

c) eine fachliche Diagnose- und Indikationsstellung durch die Behandler (vor der Aufnahme) nicht mehr möglich ist.

Vor dem Hintergrund fehlender Behandlungs- und Betreuungsalternativen erfolgt bei Inhaftierung (oder vor einer drohenden Inhaftierung) oft eine Vermittlung in eine stationäre Maßnahme, ohne den tatsächlichen Hilfebedarf bzw. die personenbezogenen Behandlungs- und Betreuungsziele berücksichtigen zu können. Die Zieldefinition erfolgt i.d.R. einseitig entlang der (drohenden) Inhaftierungsproblematik und wird wesentlich von Dritten (Justiz, Leistungsträger) vorgenommen.

Über diese fachlichen Aspekte hinaus muß berücksichtigt werden, daß inhaftierte Drogenabhängige in den Justizvollzugsanstalten – vor dem Hintergrund eines ausgebauten und umfänglichen stationären Rehabilitationsangebots und einer insgesamt begrenzten Anzahl von stationär behandlungsbedürftigen Drogenabhängigen – als wichtigste Basis zur Sicherung der Belegung und damit des ökonomischen Überlebens der Einrichtungen dienen. Stationäre Drogentherapie sieht sich vor dem skizzierten Hintergrund einer geradezu paradoxen Situation ausgesetzt. Einerseits werden innerhalb des Systems der medizinischen Rehabilitation Qualitätssicherung und -management in den Vordergrund gerückt (z.B. das Qualitätssicherungsprogramm der Leistungsträger) und mit hohem Aufwand umgesetzt, andererseits bleiben die besonderen strukturellen Rahmenbedingungen stationärer Drogenhilfe (bspw. gegenüber der Behandlung von Alkoholabhängigen) unberücksichtigt. Übersehen wird dabei, daß insbesondere die Schnittstelle von Drogenhilfe und Justiz auch Teil der Struktur des Gesamtsystems ist und miteinbezogen werden muß in Bemühungen zur Verbesserung vor allem der Prozeß- und Strukturqualität.

Handlungsbedarf

Eine grundlegende Veränderung der Situation Drogenabhängiger scheint nur erreichbar über eine Entkriminalisierung der Konsumenten einschließlich eines (staatlich) kontrollierten Zugangs zum Suchtstoff, was grundsätzliche Änderungen im Betäubungsmittelrecht voraussetzt. Die „Normalisierung" der Lebens- und Behandlungsbedingungen von Drogenabhängigen könnte dann ihr Pendant finden in der „Normalisierung" der Arbeitsbedingungen der Drogenhilfe im Rahmen der Hilfen für Suchtkranke insgesamt. Unterhalb dieser grundsätzlichen Perspektive sollte – auf der Grundlage der bestehenden gesetzlichen Voraussetzungen – die Kooperation zwischen Drogenhilfe und Justiz (weiter) entwickelt werden. Dabei könnten folgende Überlegungen handlungsleitend sein:

1. Die Verantwortung für drogenabhängige Menschen im Strafvollzug liegt grundsätzlich bei der Justiz. Der Strafvollzug muß – wie bei anderen

Krankheiten auch – fachgerechte Hilfen für Drogenabhängige vorhalten. Dies gilt sowohl für sog. niedrigschwellige (z.B. Substitution, Spritzentausch) wie auch für sog. ausstiegsorientierte Hilfen (z.B. Entwöhnungsbehandlung, Adaption) sowie für Maßnahmen zur beruflichen Integration (Resozialisierung).

2. Die Angebote der Drogenhilfe stehen grundsätzlich zunächst allen drogengefährdeten und abhängigen Personen zur Verfügung, unabhängig von Alter, Geschlecht, Nationalität etc., d.h. auch unabhängig vom gegenwärtigen Aufenthaltsort (u.a. JVA). Ausgangspunkt ist vielmehr ein personenbezogener Hilfeansatz, der den individuellen Hilfebedarf ins Zentrum rückt. Dieser ist als Ergebnis einer fachlichen Problemabschätzung (z.B. Diagnose, Hilfeplanung), multiprofessionell und unter Einbeziehung der betroffenen Person festzulegen. Ein solches Hilfekonzept ist unter den Bedingungen der Regelungen des Betäubungsmittelgesetzes sowie der besonderen Situation von Drogenabhängigen im Strafvollzug nur zu realisieren, wenn die Drogenhilfe fachliche Handlungs- und Entscheidungsspielräume zurückgewinnt.

3. Hierzu ist es notwendig, an der Schnittstelle von Drogenhilfe und Justiz, von Rehabilitation und Resozialisierung strukturelle Veränderungen vorzunehmen. Durch ein Mehr an Transparenz, Partizipation und Verbindlichkeit kann die Strukturqualität der Aufnahme und des Beginns der (medizinischen) Rehabilitation und zukünftig auch anderer (ambulanter, (teil-) stationärer Hilfen deutlich verbessert werden. Hierzu könnten folgende Maßnahmen beitragen:

   a) Die Kooperation von Justiz (Strafverfolgung und -vollzug) und Drogenhilfe sollte aktiv weiterentwickelt werden. Notwendige Voraussetzungen einer effektiveren Zusammenarbeit sind überprüfbare Leitlinien und Standards sowohl zur fachlichen Arbeit wie auch zur Kooperation. Diese sollten unter Beteiligung der betreffenden Fachleute abgestimmt bzw. gemeinsam erarbeitet werden. Anschließend sollten sie als Grundlage für verbindliche (vertragliche) Vereinbarungen zwischen Strafvollzug und Drogenhilfe dienen.
   b) Organisatorisch sollten gemeinsame „Clearingstellen" geschaffen werden, deren Aufgabe es ist, den Übergang von Drogenabhängigen aus dem Strafvollzug in die medizinische Rehabilitation oder andere Behandlungs- und Betreuungsformen nach fachlichen Kriterien vorzubereiten, zu klären und zu empfehlen. In den Clearingstellen sollten die Kompetenzen der externen Drogenhilfe, der anstaltsinternen Suchtkrankenhilfe sowie der Justiz zusammengeführt werden. Im Sinne einer Hilfeplanung (Begutachtung) sollte die Clearingstelle folgende Gesichtspunkte bearbeiten und Empfehlungen (an Leistungsträger und Justiz) aussprechen: (a) Rehabilitationsbedarf (bzw. Behandlungs- und Betreuungsbedarf), (b) Stand der Therapievorbereitung, (c) indizierte/s Rehabilitationsprogramm bzw. -einrichtung.

c) Im Rahmen der stationären Therapie (sowie auch der anderen Behandlungs- und Betreuungsformen) sollte eine „probatorische Phase" implementiert werden. In dieser Phase sollte u.a. überprüfbar sein, (a) ob der Patient/Klient das Rehabilitationsprogramm (bzw. andere Hilfen) annimmt, (b) das spezifische Hilfeangebot den individuellen Bedarfen entspricht. Im Rahmen dieser Erprobungsphase sollte es grundsätzlich möglich sein, ggf. alternative Behandlungs- und Betreuungsangebote vorzuschlagen. Eine solche probatorische Phase ist nicht nur bei Patienten/Klienten, die direkt aus der JVA in Drogenhilfeeinrichtungen kommen, angemessen, sondern – unter den Bedingungen eines kriminalisierten, illegalen Konsums und der dadurch wesentlich geprägten Lebenswelt der Abhängigen – generell für alle drogenabhängigen Patienten/Klienten sinnvoll.

4. Die Zuständigkeit der Justiz für die Resozialisierung und damit auch die Rehabilitation sollte generell bestehen bleiben. Diese Zuständigkeit gibt die Justiz in der gegenwärtigen Praxis faktisch an die (stationären) Einrichtungen der Drogenhilfe ab. Dieser Vorgang sollte u.a. dadurch transparenter gestaltet werden, daß die Justiz die Lasten (Kosten) dieser Delegation übernimmt. Die Justiz sollte bspw. für die Vorbereitung bei Haftentlassung, die Vermittlung von Anschlußmaßnahmen zur Substitution, Betreutes Wohnen, etc. die Kosten tragen. Im stationären Bereich sollte die Justiz diejenigen Aufenthalts- und Behandlungskosten tragen, die dadurch entstehen, daß Patienten, die aus der JVA in die stationäre Therapie kommen, erst „rehabilitationsfähig" (z.B. durch Förderung von Veränderungs- und Behandlungsbereitschaft, Krankheitseinsicht bzw. durch Hilfestellung zur Akzeptanz der Behandlungsvoraussetzungen) werden müssen. Mit einer solchen Kostenbeteiligung würde zudem ein wichtiger Beitrag geleistet zur (im Einzelfall notwendigen) Verlängerung der Aufenthalts- und Behandlungszeiten in den (stationären) Einrichtungen.
5. Es scheint kein Zufall zu sein, daß im Bereich der Behandlung und Rehabilitation Drogenabhängiger (katamnestische) Überprüfungen der Behandlungs- und Rehabilitationsergebnisse unterbleiben. Solche Ergebnisse könnten Aufschluß geben über die „Bruchstellen" der Behandlung, die – wie ausgeführt – u.a. zu Behandlungsbeginn vermutet werden. Erforderlich ist deshalb generell, aber auch mit Blick auf die vorgeschlagenen Maßnahmen, eine empirische (wissenschaftliche) Überprüfung der Behandlungsergebnisse bzw. der Ergebnisse der genannten Maßnahmen.

Mit diesen Vorschlägen werden (weitere) Sondermaßnahmen und -wirklichkeiten für Drogenabhängige gefordert bzw. mit konstruiert. Auf solche besonderen Regelungen – wie auch auf eine spezielle Drogenhilfe – kann allerdings solange nicht verzichtet werden, wie die Folgen der Drogenabhängigkeit wesentlich von den illegalen Bedingungen des Konsums mit bestimmt werden.

Zur Umsetzung der Maßnahmen sind sicherlich weitergehende Überlegungen im Detail und Abstimmungsbedarfe zwischen den Beteiligten erforderlich. Vor allem aber ist Gestaltungswille gefragt, der – vor dem Hintergrund der jeweiligen Interessenlagen – nicht als gegeben vorausgesetzt werden kann. Die Herstellung dieser Umsetzungsvoraussetzungen erscheint allerdings gegenüber den katastrophalen Folgen der gegenwärtigen Praxis (z.B. Verhinderung von Rehabilitation, Scheitern von Patienten, Belastung von Mitarbeitern, unsinniger Ressourcenverbrauch) deutlich gering.

Die Landesregierung NRW hat mit dem Landeshaushalt 2006 dokumentiert, wie mühsam aufgebaute Kooperationsformen zwischen Drogenhilfe und Justiz sog. finanziellen Zwängen geopfert werden: Mit der Streichung der Haushaltsmittel zur Förderung sog. externer Drogenberater wird die Verpflichtung der Justiz, drogenabhängige Inhaftierte zu resozialisieren, d.h. geeigneten rehabiliativen Betreuungs- und Behandlungsmaßnahmen zuzuführen, ad absurdum geführt.

Vorliegende Kosten-Nutzen-Rechnungen (beispielsweise der Landesstelle für Suchtfragen in Baden-Württemberg der Liga der freien Wohlfahrtspflege für das Jahr 2004) belegen, daß dieser Arbeitsansatz unverzichtbar und von hohem Nutzwert für die Gesellschaft ist.

Offensichtlich ist ein sich an den Anforderungen Sozialer Arbeit ausgerichtetetr Gestaltungswille bei den Entscheidungsträgern (hier: Politik, Leistungsträger) nicht mehr gegeben.

Zusammenfassung

Der Beitrag stellt die Arbeit mit Suchtkranken an der Schnittstelle von Drogenhilfe und Justiz dar. Er zeigt, wie wenig noch gezielt Koordinationen vorhanden sind und wie notwendig sie wären. Er macht Vorschläge für eine nachhaltige Verbesserung dieser Situation.

Summary

This paper delineates the work with drug addicts at the connecting point between drug counselling and support of clients and the system of justice and penalty. It is shown how little there is of coordinated activities and how necessary these activities would be. Suggestions are made how a sustaining amelioration of this situation could be possible.

Keywords: drug addiction, penal system, justice, drug therapy and counselling

2. Integrative Konzepte für die Diagnose und Therapie Suchtkranker

Wolfgang Ebert, Barbara Könnecke-Ebert

Einführung in die Integrative Beratung und Therapie mit Suchtkranken

Grundlegungen des Intergrativen Konzeptes der Europäischen Akademie für psychosoziale Gesundheit

Einleitung

Dieser Artikel führt in die Grundzüge der Integrativen Arbeit (*Petzold* 2002a,b/ 2003a; *Schuch* 2001) mit Suchtkranken ein. Er wird einen Überblick über einen Arbeitsansatz geben, der seit Anfang der 70er Jahre im Feld der deutschsprachigen Drogen/Alkoholtherapie- und -beratung weit verbreitet ist und sich seit nunmehr 30 Jahren weiterentwickelt hat. Dies muß punktuell und exemplarisch erfolgen, da eine umfassende Darstellung des mittlerweile umfangreichen Werkes von *Hilarion Petzold* und der KollegInnen, die an der Entwicklung und Konzeptualisierung des Verfahrens mitgearbeitet haben, diesen Rahmen hier sonst bei weitem überschreiten würde.

Die hier vorgestellten Konzepte, Modelle und Ansätze können als grundlegend für die Arbeit in den unterschiedlichen Bereichen und Feldern angesehen werden. Sie müssen natürlich jeweils situationsspezifische, kontextadäquate und zielgruppengenaue Anpassungs- und Adaptionsprozesse durchlaufen, um ihre optimalen Wirkkräfte im jeweiligen Beratungs- und Therapiesetting – bei Klienten und Patienten – entfalten zu können.

Zur Entstehung des „Integrativen Ansatzes"

Der „Integrative Ansatz" wurde von *Hilarion Petzold,* unterstützt von *Johanna Sieper,* Mitte der sechziger Jahre in Paris begründet (*Sieper* 2004) und ist geprägt von diesem Zeitgeist der kritischen Aufklärung, des Experimentellen, der Erlebnisentdeckung und des Innovativen. So haben Einflüsse von *Adorno, Bakhtin, Bourdieu, Derrida, Foucault, Levinas, Marcel, Ricœur, Sartre, Deleuze, Althusser* und *Goodmann* ihren Niederschlag gefunden. Der Ansatz wurde in Anlehnung an die ebenfalls integrierenden Arbeiten von *Pierre Janet, Maurice Merleau-Ponty* und *Georges Politzer* explizit als *„Entwurf"*, als ein Konzept und Modell des Integrierens begründet. Die „heraklitische Spirale" – als Symbol für die integrative Orientierung – will die Ausrichtung des *„panta rhei"* (alles fließt) *Heraklits* hin auf fortwährende Entwicklung verdeutlichen. Ein bis heute bedeutsames Ergebnis der Konzeptentwicklung auf dem Boden dieses gesellschaftlichen und politischen „mainstreams“ ist, dass Beratungs- und Therapiekonzepte des Integrativen Ansatzes sich immer als eine Form der kreativen emanzipatorischen Praxis verstehen und als solche auch umgesetzt werden (*Petzold* 1998d). Der Ansatz fühlt sich eindeutig einer dekonstruktiv und kritisch/metakritisch reflektierten Aufklärung verpflichtet, nimmt eine wissenschafts- und gesellschaftskritische Position ein und spricht sich für gesellschaftspolitisches Engagement aus. In Folge wurde dieser Ansatz von *Petzold* und seinen MitarbeiterInnen (*Petzold* 1988n, 1993a; *Petzold, Sieper* 1993) kontinuierlich weiterentwickelt und ausgearbeitet.

Die Entstehung und Entwicklung der Integrativen Beratung und Therapie vollzog sich zweigleisig. Einerseits entwickelte sich das Verfahren aus Elementen der „aktiven“ und „elastischen Psychoanalyse“ der „ungarischen Schule“ (*Sandor Ferenczi*), der „Gestalttherapie“ *(Friedrich Salomon Perls)*, dem „Psychodrama“ (*Jacob L. Moreno*), dem „Therapeutischen Theater“ (*Vladimir N. Iljine*), der „Leib- und Bewegungstherapie“ (*Petzold* 1988n) sowie der „Verhaltensmodifikation“ (*Sieper, Petzold* 2002). Der andere Entwicklungsstrang bezieht sich auf die Entwicklung des Integrativen Ansatzes als einem theoretischen Ansatz interdisziplinärer Konnektivierung (Verbindung, Vernetzung) und als Weg der systematischen Methodenintegration in der Tradition von *Janet*. Zentrales Anliegen war und ist hier die Entwicklung einer Metastruktur für Beratung, Therapie, Supervision und Organisationsentwicklung; der sogenannte **„Tree of Science“.** Dieser „Baum der Wissenschaft“ (*Petzold* 2002b) stellt eine ordnende und zugleich offene Systematik für unterschiedliche Theorien und Referenzsysteme, die für Beratung, Psychotherapie, Soziotherapie, Supervision und Organisationsentwicklung grundlegend bzw. von hoher Bedeutung ist, dar.

Im Verlauf der Entwicklung des Ansatzes wurden mehrere Phasen des Selbstverständnisses durchlaufen, u.a. auch im Hinblick auf die Bedeutung des Psychodramas und der Gestalttherapie. Dieser Prozess ist heute noch an der Namensgebung des Instituts zu erkennen: Fritz Perls Institut für Integrative Therapie. *Friedrich Solomon Perls* (1893-1970) war der Begründer der Gestalttherapie und „lernte“ sein aktives Vorgehen bei *Moreno* und *Reich*.

Das „Integrative Verfahren“ ist keine „*geschlossene* Schule“

Das „Integrative Verfahren“ als Namen einer *geschlossenen* „Schule“ der Therapie und/oder Beratung zu verstehen, bildet natürlich einen Widerspruch in sich; steht doch das „Integrationsparadigma“ (*Petzold* 1982; *Norcross, Goldfried* 1992) für Offenheit und prozessuale Entwicklung. Das hier skizzierte Verfahren – dies muß betont werden – hatte nie den Anspruch, vorhandene Grundrichtungen der Psychotherapie und Beratung aufzuheben, um sich als „Über-Therapie- und Beratungsrichtung“ zu etablieren. Der Integrative Ansatz vertritt – das ist eines seiner Alleinstellungsmerkmale – keinen Perfektionsanspruch. Er lädt mit seiner Methode einer „Metahermeneutik" (2002b) ein, vorhandene Ansätze und Konzeptualisierungen kritisch zu reflektieren. Nur so können ausgearbeitete, problemangemessene, kontextadäquate und zielgruppengenaue, d.h. „ökologisch valide" Handlungs- und Interventionsstrategien unter Einbezug der Erkenntnisse der empirischen Forschung für die Arbeit mit PatientInnen und Abhängigkeitskranken zukunftsfähig entwickelt werden. Diejenigen, die sich dem Integrativen Ansatz zuwenden, sollen angeregt werden zu reflektieren, Vorhandenes zu konnektivieren – zu verbinden und zu vernetzen – und Zukünftiges durch *transversales*, quer durch Erkenntnis- und Wissensstände hindurchgehendes Denken also, zu entwickeln und zu gestalten (*Petzold* 2002b).

Die Integrative Therapie ist in ihrer *integrativen Ausrichtung* sowohl in der Theorie als auch in der Praxis sowie in ihren Ausarbeitungen und Entfaltungen das älteste methodenübergreifende systematische Verfahren und Integrationsmodell im europäischen Raum. Auf dem Hintergrund von theoriegeleiteten Verknüpfungen verschiedener Methoden, Techniken und Medien konnte sich so im Rahmen eines konsistenten *Verfahrens* eine prägnante und klar identifizierbare Praxis in unterschiedlichen Feldern psychosozialer Arbeit entwickeln. Im Bereich der Arbeit mit Abhängigkeitskranken haben „integrative" SozialtherapeutInnen, GestaltsoziotherapeutInnen bzw. SuchttherapeutIn nen bzw. in Integrativer Therapie ausgebildete PsychotherapeutInnen im Bereich der stationären und teilstationären Suchttherapie, in Drogenberatungsstellen sowie in der ambulanten Behandlung und Betreuung, in hoch-, mittel- und niedrigschwelligen Bereichen über viele Jahre hinweg gearbeitet und wichtige Impulse für die Weiterentwicklung dieses Feldes gegeben.

Komplexität und Kontingenz der Lebenswelt erfordern einen „systematischen", kritisch-reflexiven Methodeneklektizismus und seine Überschreitungen zu einem konnektionistischen, transversalen Integrationsmodell!

Da grundsätzlich jede psychosoziale Arbeit von hoher Komplexität und Kontingenz gekennzeichnet ist und sein sollte, bedarf es einer differenzierenden und umfassenden Perspektive, um den verschiedenen Bedarfs-, Problem-, Ressourcen- und Potentialausgangslagen gerecht werden zu können.

„Auf dem Hintergrund von ‚komplexem Lernen' werden differenzierte Modelle und pluriforme Konzeptbildungen möglich, die indes nicht mit ‚Eklektizismus' gleichbedeutend sind, wenngleich durchaus immer wieder mit einem Zugang eines ‚systematischen, methodisch kritischen reflektierten Eklektizismus' *gesammelt* werden kann, was es an neuen und interessanten Entwicklungen, Forschungsergebnissen und Erkenntnissen gibt. Das Gesammelte wird dann systematisch auf ‚Anschlussfähigkeit' anhand von spezifischen ‚Integratoren' (auf der Ebene der Erkenntnistheorie, Anthropologie, Persönlichkeitstheorie, Krankheitslehre etc.) ausgewählt, konnektiviert, bearbeitet – experimentierend im Sinne der *‚bricolage'*, dem Zusammensetzen eines Puzzlespiels nach *Claude Lévi-Strauss* (es wird von ‚collagierenden' oder *‚schwachen Integrationen'* gesprochen), um dann *konstruktiv* anhand theoretischer Leitprinzipien zu konsistenter Modell- und Konzeptbildung zu gelangen (dialektische oder *‚starke Integration')*. Der Begriff ‚Eklektizismus' – früher geradezu ein Schimpfwort in der Wissenschaft – ist schon lange kein ‚Unwort' mehr. Er kennzeichnet ein *temporäres* Umgehen mit Komplexität. Dann allerdings muss es zu Überschreitungen in die Richtung konsistenter Theoriebildung kommen, die *konnektionistisch* – im Sinne nichtlinearer Systeme bzw. Netzwerkmodelle – Emergenzen und Modellbildungen ermöglichen und/oder in dialektischer Konstruktion zu einem differenzierten eigenständigen Theorie-Praxis-Modell gelangen, welches eine hinlängliche Strukturstabilität gewährleistet (indem es z.B. forschungsgestützt ist, Forschungsergebnisse integriert und Forschungsfragestellungen anstößt), aber auch offen für Weiterentwicklungen ist und ‚anschlussfähig' (*Luhmann* 1992) gegenüber Referenzwissenschaften. Damit wird wiederum ‚komplexes Lernen' möglich. Temporärer systematischer Eklektizismus mündet so in ein konnektionistisches, transversales Integrationsmodell" (*Petzold* 2002b).

Die heutige gesellschaftliche Komplexität, die Vielfalt von Konsum- und Lebensmilieus, von Szenen und Lifestyles, das veränderte Lebens- und Zeitgefühl führt zu Lebenserfahrungen und Persönlichkeitsverfassungen, die von externen, internen, auch zeitextendierten Überstimulierungen und Belastungen geprägt sind, so dass sie potentielle Noxen darstellen. Diese können sich störend, schädigend und konflikterzeugend auf den Menschen auswirken. In der Arbeit mit Süchtigen beobachten wir, dass es den Kranken zunehmend schwerer fällt, dem Anomiedruck zu begegnen; die Welt einheitlich, mit Sinn besetzend zu verstehen und zu erleben. Des weiteren geht es in der Arbeit immer wieder um Fragen nach „dem" Lebenssinn, um Identitätsprobleme und Verunsicherungen, um existenziellen Bedrohungen etc.

Integrative Beratung und Therapie von Abhängigkeitskranken will daher ihren Klienten und Patienten verhelfen, pluriformes, vielgestaltiges Leben und Erleben zu ertragen und zu genießen, ganz wie es möglich ist. Sie sollen unter Nutzung der vorhandenen Ressourcen und Potentialen unterstützt werden, ihre „prekären Lebenslagen" (*Petzold* 2000h) zu bewältigen und sinnvoll zu strukturieren. Lebenswert und Lebenssinn soll generiert und in die eigene Biographie integriert werden (Erhöhung der Sinnerfassungskapazität). Identität (2001p) wird, wo dies notwendig erscheint, durch Identitätsbildungsprozesse (nach)-genährt, gestützt und ihre Realisierung gefördert, damit Klienten und Patienten auf dem „Meer der Weltkomplexität" hinreichend kompetent navigieren (*Müller, Petzold* 1998, 1999; *Petzold, Ebert, Sieper* 1999) und ein befriedigendes Leben führen können. Integrative Beratung und Therapie will immer wieder aufs Neue zur differenzierenden Sinnbildung anregen und die Bildung hinreichend enttäuschungsfeste Werte- und Normenbereiche fördern.

Der Integrative Ansatz will also unter Nutzung verschiedener Wissens- und Erfahrungsbestände von Theoriegebäuden und *Referenzsystemen* (ders. 2002h) sowie durch Vernetzung von Theorie und Praxis Antworten geben auf geänderte und sich permanent verändernde Lebensbedingungen von Menschen und diese bei der Bewältigung eben dieser Bedingungen unterstützen. Notwendig zur Erfassung der Vielschichtigkeit und Unüberschaubarkeit dieser vielfältigen individuellen Lebensentwürfe und –vollzüge ist auf der einen Seite die konzeptuelle und methodische Vielfalt. Oder anders formuliert: *Mehrperspektivität* ist notwendig. „Mehrperspektivität bedeutet, gleichzeitig unterschiedliche Ebenen und Phänomene zu betrachten. Sie ist zentriert in der eigenen Wahrnehmung und ist doch exzentrisch: gelebte Dialektik von Exzentrizität und Zentrierung. Diese schafft engagierte Distanz und partielles Engagement, Haltungen, die für jede therapeutische Arbeit unverzichtbar sind“ (*Petzold* 1993a).

Auf der anderen Seite sind Integrationsleistungen zu fördern und zu bewältigen. „Integration bezeichnet hier die Konnektivierung, die Vernetzung von Differenzen, von Unterschiedlichem. Unter ‚Konnektivierung‘ verstehen wir das Vernetzen unterschiedlicher Wissensbestände in der Absicht, wechselseitige Erhellung und vielschichtige Interpretation von Kontingenz zu ermöglichen und Korrekturmöglichkeiten von Einseitigkeiten oder Dogmatismen zu gewährleisten“ (*Petzold* 1998a). Die Schwierigkeit liegt nun darin begründet, dass die Herstellung, Entwicklung und Erneuerung eines Ganzen – die Integration – so bewältigt werden soll, dass sie nicht zu Lasten der Vielfalt, der Komplexität und der Reflexivität geht. Nicht das „Entweder-Oder“, sondern das „Sowohl-als-Auch“, sowie das „und“ zählen. Mehrperspektivität und ein hohes Maß an Reflexivität sind zu fördern und zu entwickeln; sie stellen eine bedeutende Ressource bei der Bewältigung der Weltkomplexität dar. „Linie und Flexibilität“, „Struktur und Dynamik“, „Stabilität und Bewegung“, „Veränderung und Erhaltung“, „Unizität und Plurizität (ders. 2002b) stellen keine Gegensätze dar, sondern sind notwendige Grundlagen für das Individuum, seine hochkomplexen Lebenszusammenhänge zu meistern.

Was ist das „Neue“, das „Besondere“ des Integrativen Ansatzes?

Der Integrative Ansatz versteht sich als Neubegründung auf einem bereits reichlich bestellten Feld (*Petzold, Ebert, Sieper* 1999). Folglich stellt sich die Frage nach dem eigentlich Neuen, dem „Spezifischem“ und damit auch nach der fachlichen Berechtigung dieser Neubegründung. Woran macht sich das „Neue“ dieses Ansatzes fest? Was unterscheidet ihn von dem schon Bekanntem? Was hebt das Integrative Verfahren aus der Vielzahl der anderen Verfahren und Konzeptualisierungen hervor? Diesen Fragen soll im Folgenden nachgegangen werden.

Der hier skizzierte Integrative Ansatz ermuntert und fordert die grundlegenden theoretischen Annahmen und Praktiken von Beratung, Therapie, Kreativitätsförderung, Supervision „exzentrisch" in den Blick zu nehmen, zu diskutieren und kritisch, z.B. im Hinblick auf innewohnende, unausgewiesene und nicht benannte Gedankenfiguren, Modellvorstellungen, Ideologien und Mythen, zu reflektieren und zu prüfen (*Petzold/Orth* 1999). Damit wird deutlich, dass sich dieser Ansatz aus einer bestimmten Betrachtungsweise der Theorie und Praxis von Beratung, Therapie, Supervision und Kulturarbeit heraus in seinen theoretischen Grundlegungen begründet (*Petzold* 2002h). Diese spezifische Betrachtungsweise kann mit den Kernkonzepten: *Exzentrizität, Mehrperspektivität, Konnektivierung, „komplexes Lernen"* und *Transversalität* gekennzeichnet und charakterisiert werden (vgl. *Petzold* 2002b).

Mehrperspektivität

Integrative Beratung und Therapie betrachtet die in den Prozessen auftauchenden *Phänomene*, *Strukturen* und *Entwürfe* grundsätzlich und von vornherein mit mehrperspektivischen Verständnismustern und Modellvorstellungen.

Exzentrizität

Mehrperspektivität setzt die „*exzentrische Position*" unabdingbar voraus. Exzentrizität beschreibt die Fähigkeit des Menschen, von sich selbst abzusehen, aus sich selbst heraus zu treten, um sich und seine Situation und Lage „von außen" zu betrachten (Selbstreflexion) und sich aus dieser „exzentrischen Positionalität" (*H. Plessner*) selbst zu erkennen. Mit *Böhme* (1985) kann Exzentrizität auch als abgehobener, schräger Blick auf sich selbst, als „obliques Bewußtsein" und als Typus der kritischen Reflexion beschrieben werden.

Konnektivierung

Die exzentrische Position ermöglicht Mehrperspektivität. Mehrperspektivität wiederum ermöglicht Synopse – die Zusammenschau von Unterschiedlichem. Synopsen legen in Folge wiederum Konnektivierungen nahe. Konnektivierung meint die Vernetzung von unterschiedlichen Wissensbeständen und ist ein kreatives Prozedere, welches ständig aufs Neue vollzogen wird, neue Interpretationen hervorbringt und neuen „Sinn" schöpft (*Petzold*, *Orth* 2004).

Transversalität

Transversalität bezeichnet den Typus eines offenen, nichtlinearen, pluriformen (mehrgestaltigen) und *prozessualen Denkens*. Es handelt sich um *das Denken von Vielfalt* und ist gekennzeichnet durch permanente Übergänge.

Charakteristisch für Transversalität ist das mehrperspektivische Reflektieren und Metareflektieren – ein Denken, das sich durch beständiges Überdenken, Nachdenken und dem Durchdringen der eigene Position, ihrer Kontexte und deren Komplexität auszeichnet (*Petzold* 1998a) und „Transgressionen", Überschreitungen des Vorgängigen und damit Innovation möglich macht.

Komplexes Lernen

In Psychotherapie, Soziotherapie und Agogik geht es um *Lernen*, um Lernprozesse und ihre Handhabung. Seit ihren Anfängen hat sich der Integrative Ansatz deshalb mit diesem Thema befasst (*Sieper, Petzold* 2003).

Lernen wird gesehen „als ein Differenzieren und Vernetzen von Wissensbeständen, als Erfassen von Komplexität und als Verstehen dieses Erfassens selbst, als Metalernen." Es geht in der Therapie darum, „Lernen in unterschiedlichen Lernarten und auf allen Ebenen zu ermöglichen, der Ebene intellektueller Fähigkeiten, emotionaler Differenziertheit, der Willenqualitäten, der interaktiven/kommunikativen Performanz, der Fertigkeiten. Die gesamte Person muss in die Prozesse des Lernens einbezogen werden, sie muss ‚sich selbst zum Projekt' in der Bewältigung und Gestaltung von Weltkomplexität machen", – denn „geistig/kognitives, seelisch/emotionales, körperlich/somatomotorisches, volitives und soziales Lernen ist notwendig, wenn der Mensch sich entwickeln will" (*Petzold* 2002b).

Hier kommt eine generelle „agogische Ausrichtung" des Integratives Ansatzes zum Tragen. Dies bedeutet, dass auch der Begriff der „Therapie" immer kurativ, klinisch, evolutiv und agogisch als „Heilen und Fördern" verstanden wird. Der Aspekt der Entwicklung von Fähigkeiten (**Kompetenzen**) und Fertigkeiten (**Performanzen,** vgl. *Petzold, Engemann, Zachert* 2003) unter Einbeziehung der vorhandenen **Ressourcen** und **Potentiale** über die reparative Wiederherstellung hinaus ist immer in das beraterische und therapeutische Handeln mit einbezogen.

Diese Vorgehensweise unterscheidet das Integrative Verfahren von den orthodoxen Therapierichtungen, indem es kontinuierlich zu einer Problematisierung und ggf. Revision von Beratung, Therapie und Supervision auffordert, anhält und damit zu einem *iterativen*, spiralförmigen Prozess der Modellbildung, der Modellpräzisierung, der Modellüberprüfung und -reflexion sowie der Modellrevision beiträgt. Das ist ein systematischer, dezidiert nicht-eklektischer Ansatz prozessualer Konzeptbildung. Das systematische Entwickeln von methodenpluralen, multitheoretischen, mehrperspektivischen und selbstreflexiven Konzepten für Beratung, Therapie und Supervision ist das Ziel.

Von herausragender Bedeutung des Integrativen Ansatzes ist seine ausgewiesene multiwissenschaftliche Grundlegung und die damit verbundene *systematische* und *nicht-eklektische* Verbreiterung der theoretischen Basis von Beratung, Therapie und Supervision. Der Integrative Ansatz geht aber immer wieder auch von einem systematischen, kritischen und reflexiven Eklektizismus aus und nutzt ihn für erste konzeptuelle Ausarbeitungen auf dem Boden einer rahmenden Metatheorie mit Bezug auf unterschiedliche Referenzwissenschaften, um dann den *eklektischen Zugang durch ein konsistentes Integrationsmodell zu* **„transversalen Integrationen"** *zu übersteigen.*

Folgende Übersicht soll diese Ausrichtung verdeutlichen:

Abb. 1: Übersicht-Ausrichtung des „Integrativen Ansatzes" im Vergleich mit anderen Orientierungen

Pragmatischer Eklektizismus (wilder Eklektizimus)	**Systematischer, kritisch-reflexiver Eklektizismus und „transversale Integration" (Integrative Beratung und Therapie)**	**Monomethodische Schulenausrichtung**
Psychoboom, Modetrends und Orientierung am Markt führen zu einer marktschreierischen Anpassung, zu euphemistischen Konzepten in der Beratung, Therapie und Supervision. Unterschiedliche Theorien, Konzepte und Methoden werden ohne den rahmenden und fundierenden theoretischen Bezug einer Metatheorie konnektiert, wild verbunden.	Elastische, mulitheoretische, methodenplurale, mehrperspektivische und differentielle Konzepte, die in Prozessen der Modellüberprüfung, Modellpräzisierung und Modellrevision kontinuierlich weiterentwickelt werden. Sie nutzen unterschiedlichste Wissen- und Erfahrungsbestände, Referenztheorien, Methodenreichtum und ein großes Theorieuniversum, um eine „Vielfalt an Bildern und Folien" zu erzeugen, die ein multiokulares Sehen mit Tiefenschärfe und Plastizität ermöglichen. Die Konnektivierung geschieht anhand von Leitkonzepten (Integratoren), die es ermöglichen, zwischen *konzeptsyntonen* und *konzeptdystonen* Theorien und Ansätzen zu unterscheiden, um *transversale Integrationen* zu ermöglichen.	Verfahren und Konzeptualisierungen, die monomethodisch und auf spezifische Schulen mit schwacher Anschlussfähigkeit an übergreifende Referenztheorien ausgerichtet sind, werden der „Praxis in pluralen Realitäten und transversalen Lebensformen" nicht gerecht. Die Polymorphie (Vielgestaltigkeit) der Lebenswelt sperrt sich gegen eindimensionale Erklärungen und gegen monolithe Ansätze der Beratung, Therapie und Supervision. Starre dogmatische Schulenausrichtung führt zu unfruchtbaren Flügelkämpfen, die „ekklesialen Dogmatismus" agieren und im höchsten Maße kontraproduktiv sind.

Der Integrative Ansatz gründet sich ausdrücklich auf bestimmte philosophische Ansätze wie z.B. Phänomenologie und Strukturalismus von *Maurice Merleau-Ponty*, Leibphilosophie von *Gabriel Marcel*, Hermeneutik von *Paul Ricœur*, Diskursanalyse von Michel *Foucault*, Dekonstruktivismus von *Jacques Derrida,* sowie Ethik von *Emmanuel Levinas*. Diese verschiedenen Ansätze werden *metahermeneutisch* und von einer „Integrativen philosophischen Anthropologie" verbunden, die den Menschen – genderbewußt – als Männer und Frauen, als ko-kreative, schöpferische Wesen im Kontext und Kontinuum versteht und begreift: „Leibsubjekt in der Lebenswelt". Ferner bezieht der Integrative Ansatz sich ausdrücklich auf bio- bzw. neurowissenschaftliche, sozialwissenschaftliche und psychologische wissenschaftliche Forschungen, Theorien und Konzeptualisierungen und gleicht beständig seine Positionen und Verfahrensweisen mit den Neuerungen aus den Bereichen der empirischen Psychologie, den verschiedenen systemtheoretischen Ansätzen und den Neurowissenschaften ab. Er kommt so zu einem **biopsychosozialen Modell** (*Petzold* 2001a). Ziel ist die kontinuierliche Weiterentwicklung des

Integrativen Ansatzes unter Einbeziehung, Abgleichung und Nutzung der evaluationstheoretischen, neurophysiologischen, entwicklungstheoretischen und kognitions-, volitions- und emotionstheoretischen Forschungsergebnissen und Theoriebildungen (*Petzold, Sieper*, 2003).

Eine der Folgen der philosophischen Grundlegung des Integrativen Ansatzes ist seine explizite ethische Orientierung. Als zentral muß hier die Ethik der „*Intersubjektivität*" von *Gabriel Marcel* benannt werden. Sie betont die Zugehörigkeit zwischen Menschen im wechselseitigen Respekt ihrer Würde. Hinzu kommt der Entwurf der „Ethik der Alterität" des Philosophen *Emmanuel Levians. Levinas* fordert den Primat der Ethik vor dem der Ontologie. Diese Positionierung bedeutet für die Praxis der Beratung, Therapie und Supervision folgendes:

Auf dem Hintergrund der Position, dass das Sein grundsätzlich ein Mit-Sein ist (*G. Marcel*), wird in Ko-respondenzprozessen die Aufmerksamkeit auf den jeweiligen Anderen gerichtet. Dies geschieht in der Absicht, ihn auf keinen Fall zu vereinnahmen und sich selbst zu entgrenzen. Im Abstand, aus der Distanz wird Nähe geschaffen, Vertrauen aufgebaut und Empathie hergestellt, die aber immer noch Getrenntheit aufweist, um so sein Gegenüber als Mitmenschen zu bestätigen, seine Integrität und Souveränität gleichsam zu fördern. Dies stellt eine akzeptierende und fördernde Grundlage dar, die zu einer gedeihlichen, tragenden Zusammenarbeit in den verschiedenen Feldern und „settings" führt.

Somit werden *Sinnfindungsprozesse* sowie das wechselseitige Bestätigen von *Integrität* ermöglicht (*Petzold* 2001k).

Die „Ethik der Alterität" betont die Grundqualitäten des Menschlichen: Würde, Leiden, Trost, Reue, Demut, Treue, Verlässlichkeit, Opfer, Aufrichtigkeit, Liebe zum Nächsten, zum Mitmenschen, Ergriffenheit, Engagement, Dank, Freundschaft (*Derrida* 2000) und das Schaffen und Erleben von Sinn und Schönheit (*Petzold* 1999q) in einem Klima, das von *Gerechtigkeit* und *Konvivialität*, d.h. fürsorgendem und zugewandten Miteinander (*Orth* 2001) geprägt ist. Auf dieser Basis wurde eine „Grundregel" für die Integrative Therapie entwickelt, die ihre Praxis bestimmt (vgl. *Petzold, Orth*, dieses Buch)

Eine herausragende Bedeutung des Verfahrens kommt der Einbeziehung der „Hermeneutik des sprachlichen und nichtsprachlichen Ausdrucks" unter besonderer Würdigung des Aspektes einer sozial- und neurowissenschaftlichen unterfangenen „Tiefenhermeneutik" zu. Diese wird selbst in Interpretationsarbeit und in ihren soziohistorischen bzw. kulturellen neurophysiologischen Voraussetzungen des Interpretierens in den Blick genommen und damit zu einer **Metahermeneutik** überstiegen (*Petzold* 2002b) Ferner werden „bewährte Heuristiken" und auch die verschiedenen „Perspektiven" und „Optiken" genutzt. Zur Erläuterung:

Abb.2: Übersicht: Tiefenhermeneutik, Heuristiken, Perspektiven und Optiken

Tiefenhermeneutik/ Metahermeneutik	Heuristiken	Perspektiven	Optiken
Die *Tiefenhermeneutik* bezieht sich auf Analyse, Interpretation und Sinnverstehen eigen-leiblicher Wahrnehmungen. Die wesentlichen Bestandteile der Tiefenhermeneutik sind das eigenleibliche Spüren und *atmosphärische Erfassen* von Gefühlsqualitäten und das *szenische Verstehen* von Kontexten. In der *Metahermeneutik* werden die kulturellen und neurophysiologischen Voraussetzungen tiefenhermeneutischer Interpretationsarbeit (dekonstruktivistisch, diskursanalytisch) untersucht und entwickelt.	Unter *Heuristiken* werden handlungsleitende Modellvorstellungen von Lebensprozessen und Lebenssituationen verstanden.	Der Begriff *Perspektiven* bezieht sich auf:die Blickwinkel auf das Individuum oder den Blickwinkel auf die sozialen Beziehungen eines Individuums oder auf die Institutionen und Organisationen, mit denen ein Individuum verbunden ist bzw. die von Individuen und Gruppen hervorgebracht werden. Weitere bedeutsame Perspektiven beziehen sich auf das Zeitkontinuum (Vergangenheit, Gegenwart und Zukunft eines Menschen), wobei im Integrativen Ansatz der Mensch grundsätzlich in seiner gesamten Lebensspanne betrachtet wird.	Unter *Optiken* werden konzeptgeleitete Betrachtungsweisen verstanden, die sich z.B. auf Entwicklungen beziehen, die in einer psychodynamischen, interaktionalen, ökologisch-systemischen, kognitiv-behavioralen Sichtweise betrachtet werden.

Die reflektierte Kombination von Tiefenhermeneutik und Heuristik, von Perspektiven und Optiken zur Hermeneutik des sprachlichen und nichtsprachlichen therapeutischen und beraterischen Prozesses, die Metareflexion dieser Prozesse vor dem gegebenen Hintergrund und die parallele Berücksichtigung der neurowissenschaftlichen Grundlagen stellen hier das „Neue“ und „Originelle“ des Intergativen Ansatzes dar, seine *metahermeneutische* Orientierung (*Petzold* 2002c; *Schuch* 2000), in der die Hermeneutik wiederum selbst zum Gegenstand der Auslegung wird (*Habermas* 1980).

Weiterhin ist als wesentliche Besonderheit die offene, indikationsspezifische und szenisch-kreative Gestaltung des „settings“ und des Verfahrens mit seinem reichen Schatz an Methoden, Techniken und Medien zu benennen. Damit ist der Entwurf der Integrativen Beratung, Therapie und Supervision nicht auf ein bestimmtes setting oder eine bestimmte regelhaft zu befolgende Vorgehens- und Verhaltensweise festgelegt. Es werden statt dessen bestimmte Arbeits- und Vorgehensweisen z.B. der Gestalttherapie (*Friedrich Solomon Perls*), des Psychodramas (*Jakob L. Moreno*), des therapeutischen Theaters (*Vladimir Iljine*), leib- und bewegungstherapeutische Behandlungsansätze (*Petzold* 1988n), kognitive, behaviorale Methoden (*Petzold, Osterhues* 1972; *Sieper, Petzold* 2002) sowie die erlebnisaktivierende und intermediale Arbeit (*Petzold, Orth* 1990) entsprechend des jeweiligen Prozesses genutzt und zur Anwendung gebracht.

Die breite erkennistheoretische, anthropologische, kulturtheoretische, bio-/neurowissenschaftliche und klinische Basis des Integrativen Ansatzes hat zu einem erweiterten Beratungs-, Therapiebegriff geführt. Die vielfältigen Perspektiven des Integrativen Ansatzes bilden vier Schwerpunkte:

Abb.3: Übersicht: Schwerpunkte des Integrativen Ansatzes (vgl. *Petzold* 2002b)

klinischer Ansatz	**gesundheitsfördernder Ansatz**	**persönlichkeitsbildender Ansatz**	**kulturkritscher Ansatz**
Dieser Ansatz hat eine kurative und palliative Ausrichtung, der Pathogenese begegnen, Störungen beseitigen und Leiden lindern soll.	Dieser Ansatz unterstützt sowohl die Salutogenese (Entstehungsbedingungen von Gesundheit) als auch Klienten und Patienten bei der Entwicklung eines gesundheitsbewussten und -aktiven Lebensstils.	Dieser Ansatz fördert und unterstützt die Realisierung von „persönlicher Souveränität", von Selbstverwirklichung und Selbstwirksamkeit	Dieser Ansatz ist der parrhesiatischen (der offenen und freimütigen) sowie der emanzipatorischen Kulturarbeit verpflichtet.

Was versteht die Integrative Therapie unter dem Begriff „Tree of Science"?

Der „Tree of Science" (*Petzold* 1988n, 2002a) ist das Gerüst der Wissenschaft der Integrativen Therapie.

Er ist eine ordnende und gleichzeitig offene Systematik für Theorien, die in der Integrativen Beratung, Therapie und Supervision relevant sind. Er soll die systematische Reflexion, Problematisierung, Diskussion und ggf. Revision von Theorie- und Wissensbeständen, die in den Bereichen Beratung, Therapie und Supervision zur Anwendung kommen, ermöglichen. Das Strukturgerüst und Ordnungssystem des „Tree of Science" fördert und unterstützt das theoriegeleitete, forschungsgegründete und methodenbewusste Integrieren. Der „Tree of Science" ist in vier Bereiche eingeteilt, nämlich

- Theorien großer Reichweite,
- Theorien mittlerer Reichweite,
- Praxeologie,
- Praxis.

Da Integration nicht voraussetzungslos geschieht, ist ein theoretischer Ausgangs- und Bezugspunkt notwendig. Ist ein solcher Bezugspunkt nicht vorhanden besteht die Gefahr, dass Theorien, Methoden, Konzepte und Techniken beliebig, nach jeweiligem Gutdünken oder nach aktuellem Bedarf mit dem Ergebnis eines eklektischen Konglomerates, welches für seine eigenen Prämissen und Strukturen blind ist, zusammengefügt werden. Dem will der

Integrative Ansatz durch seinen „Tree of Science“ entgegensteuern, indem er grundsätzliche Differenzierungsmöglichkeiten und zentrale Integrationspunkte bereitstellt. Mit dem „Tree of Science“ soll die Kombination von gegensätzlichen, unvereinbaren Theoriepositionen und Kategorienfehlern verhindert werden, um Unsicherheiten und Orientierungslosigkeit bezüglich der Zieldimension professionellen beraterischen, therapeutischen und supervisorischen Handelns zu vermeiden.

Im Folgenden wird der „Tree of Science“ mit seinen verschiedenen Theoriebildungen, die jeweils eine unterschiedliche Reichweite haben, kurz aufgezeigt.

Abb. 4: Übersicht „Tree of science“ (nach *Petzold* 2002b)

Metatheorien

Metatheorien (Theorie über die Theorie) sind Theorien von großer Reichweite. Es sind Theorien über das Wesen des Menschen, den Sinn des Lebens und die Geheimnisse der Welt, weltanschauliche Annahmen, die wegen ihres umfassenden Charakters durch empirische Forschung nicht überprüft werden können. Diese Theorien werden durch „Ko-respondenz in Konsens-Dissenz-Prozessen von Konsensgemeinschaften“ im Diskurs entwickelt. Die Gültigkeit und der Wahrheitsgehalt läßt sich einerseits an der inhaltlichen Konsistenz und andererseits an der logischen Schlüssigkeit und schließlich durch die Anschlussfähigkeit an Grundlagenforschung bemessen. Die Geltung und Reichweite dieser Theorien hängt von der Stärke und Verbreitung der hinter den Konzepten stehenden „Konsensgemeinschaften“ ab.

Zu den Metatheorien gehören: Erkenntnistheorie, Wissenschaftstheorie, Kosmologie, Anthropologie, Gesellschafttheorie, Ethik, Ontologie

Realexplikative Theorien

Realexplikative Theorien sind Theorien „mittlerer Reichweite“. Sie sind auf konkrete Situationen gerichtet, wie sie von den „angewandten Humanwissenschaften“ behandelt werden. Sie haben eine geringere Reichweite als Metatheorien. Realexplikative Theorien sind für die empirische Überprüfung ihrer Annahmen und Aussagen prinzipiell geeignet, obgleich sie derzeit noch nicht für alle Bereiche möglich sind und auch noch nicht überall angemessene Untersuchungsmethoden und -designs zur Verfügung stehen. Diese Theorien liefern eine Vielzahl von mittelfristigen Zielen, von Grob- und teilweise auch Feinzielen.

Zu den Realexplikativen Theorien gehören: Allgemeine Theorie der Beratung und Therapie, pädagogische Konzepte, Psychotherapieforschung, Persönlichkeitstheorie, Entwicklungstheorie, Gesundheits- und Krankheitslehre, Theorie der Institutionen, Praxisfelder, Zielgruppen

Praxeologie

Unter der Praxeologie wird die Wissenschaft von der „systematischen Praxis“ in den angewandten Humanwissenschaften verstanden. Die Praxeologie ist spezifisch, je nachdem, ob es sich um Psycho- bzw. Soziotherapie, Beratung oder Supervision handelt. In allen Bereichen tauchen jedoch übergreifende und allgemeine Elemente auf, wie z.B. die Prozesstheorie und die Interventionslehre. In der Praxeologie kommen alle Bereiche der Metatheorien sowie der realexplikativen Theorien zum Tragen. Dies ermöglicht die Entwicklung von übergreifenden Integrationsprinzipien auf der Praxisebene, welche wiederum Rückwirkung auf die Theorieebene bzw. auf die Theoriebildung bzgl. Beratung und Therapie haben. Praktische wie wissenschaftliche „Erfahrungen“ führen in ihrer Permeation (gegenseitigen Durchdringung) zu einer Veränderung von Perspektiven, zur Erweiterung des Verständnishorizontes und zum Entstehen von neuen Erklärungsmodellen für Phänomene, die in der Praxis der Beratung, der Therapie oder der Supervision auftreten.

Zur Praxeologie gehören: Prozesstheorien, Interventionslehre, Theorie der Settings, Theorien zu spezifischen Klienten/Patientensystemen, Theorien zu spezifischen Feldern, Formen der Beratung und Therapie: Fokal-, Kurzzeit-, Langzeittherapie, intermittierende Karrierebegleitung, Lehre von den Methoden, Techniken, Medien, Theorien über kritische Lebensereignisse, protektive Faktoren, Resilienzen, Copingstile, Ressourcen, Potentiale

Praxis

Praxis findet sich in Dyaden, in Gruppen, in Organisationen und Institutionen, als Praxis in den verschiedenen Feldern, in verschiedenen Patienten- und Klientensystemen, als Praxis in Netzwerken und Sozialräumen

Welche philosophische Quellen hat die Integrative Therapie und Beratung?

Die philosophischen Quellen des Integrativen Ansatzes liegen insbesondere in der Philosophien der Phänomenologie von *Maurice Merleau-Ponty*, der Leibphilosophie von *Gabriel Marcel* und *Hermann Schmitz*, der Hermeutik von *Paul Ricœur*, der extendierenden Dialogik von *Mikhail Bakhtin*, die *Petzold* zu seinem *Polylogkonzept* entwickelt hat und der Ethik von *Emmanuel Levinas* – um nur die wichtigsten Quellen und Referentheorien zu nennen (ausführlich *Petzold* 2002h). Einen besonderen Stellenwert nimmt der diskursanalytische Ansatz von *Michel Foucault* ein, der in seinen Ausführungen Philosophien auf Momente ihrer **Problematisierung** auf ihren geschichtlichen Hintergrund und auf die Bedingungen der **Subjektkonstitution** hin kritisch reflektiert (*Bublitz* et al. 1999). Der Integrative Ansatz konnektiviert im Sinne *Ricœurs (Petzold* 2004, 2002b) nun diese philosophischen Theorien zu einer *metahermeneutischen* Erkenntnistheorie und philosophischen Anthropologie, die den Menschen als ein exzentrisches, reflexives, zu Koreflexionen und Metareflexionen fähiges „Leibsubjekt in der Lebenswelt" sieht. Der Mensch wird als ein in der Sozialität, in der Welt und in der Zeit verortetes, kreatives Leib-Subjekt verstanden, das seine *Hominität*, d.h. sein eigenes menschliches Wesen, und seine *„Humanität"* im Kollektiv der Menschheit beständig zu entwickeln bemüht ist.

Eine Hermeneutik des sprachlichen und nichtsprachlichen Ausdrucks betrachtet die Interaktion zwischen Ratsuchenden und Beratern, Therapeuten und Patienten, Supervisanden und Supervisoren im Besonderen unter der Perspektive der *atmosphärischen* und *szenischen* Implikationen. Zur Erklärung:

Abb. 5: Übersicht: Hermeneutik des sprachlichen und nichtsprachlichen Ausdrucks

Atmosphären	**Szene**	**atmosphärisches Erfassen**	**szenisches Verstehen**	**Leibgedächtnis**
Atmosphären sind mit *Hermann Schmitz* „sich randlos in den Raum ergiessende, ergreifende Gefühlsmächte“, nach *Petzold* „die Synergie bewusster und unbewusster Wahrnehmungen mit ihrer Gedächtnisresonanz“.	*Szene* bezeichnet hier die raumzeitliche Struktur des Horizonts meiner Wahrnehmung und den Spielraum meines Verhaltens, beides organisiert sich als Handlungsprozesse in der Zeit, d.h. in Skripts als Szenenfolgen.	*Atmosphärisches Erfassen* meint den perzeptiven und emotionalen Horizont meines Erlebens, Erfahrens und Handelns/Verhaltens mit seinen und durch seine Gedächtnisresonanzen zu erkennen (*Petzold*).	*Szenisches Verstehen* bezieht sich auf die Interpretation und Evaluation meiner Wahrnehmungen und meines Verhaltens nach Maßgabe von bestimmten Mustern (kognitive Strategien, Problemlösungsfolien) im szenischen Kontext.	Im *Leib* sind kognitive, emotionale und volitive Inhalte mit Kontextbezug und mit ihren neurophysiologischen und immunologischen Korrelaten gespeichert. Er ist Grundlage „komplexen Lernens“ (*Petzold* 2002j)

Unter Heuristiken werden Modellvorstellungen verstanden, mit deren Hilfe Atmosphären und Szenen erkannt, untersucht und interpretiert werden können. Der Berater oder Therapeut bildet Modellvorstellungen von der konkreten Erlebens- und Lebenswelt des sich in die Welt hinein entwickelnden Menschen. Dabei berücksichtigt er die *Milieus*, *Lebensstile* (*lifestyles*), die *„mentalen“ sozialen Welten* und die sich in ihnen realisierenden Atmosphären. Da sich diese Erlebens-, Gedanken-/Gefühls- und Lebenswelten kontinuierlich verändern, müssen sie immer wieder auf ihre *Passung* hin überprüft und ggf. verändert werden. Spezifische, zeitgeschichtliche, kulturelle und politische Entwicklungen und Institutionalisierungen mit ihren entsprechenden Aufgabenstellungen und Problembewältigungsanforderungen für den Menschen sind zu berücksichtigen. Die eigenen Lebenserfahrungen und die daraus resultierenden Modellvorstellungen müssen kritisch geprüft und auf ihre Gültigkeit und Adaptionsfähigkeit hinterfragt werden.

Der Integrative Ansatz wendet die Methode der *„metahermeneutischen Mehrebenen-Reflexion“* zu Erklärung und Analyse des Geschehens und Handelns in der Beratung, der Therapie und der Supervision an. Besondere Bedeutung kommt hier der *Triplex-Reflexion* (*Petzold* 1998a, 2002b) zu. Diese Form der Reflexion findet auf mindestens drei Ebenen statt:

Ebene I

Ebene I bezieht sich auf die Betrachtung einer gegebenen Situation durch unterschiedliche Perspektiven und Optiken auf dem Hintergrund von Heuristiken.

Ebene II

Die zweite Ebenen bezieht sich auf die Reflexion der eigenen Wahrnehmung und der dabei verwendeten unterschiedlichen Perspektiven und Optiken sowie der zur Orientierung verwandten Heuristiken. In dieser Ebenen findet die „Beobachtung des Beobachtens“ statt.

Ebene III
Diese Ebene bezieht sich auf die Reflexion der Bedingungen des Beobachtens, z.B. im Hinblick auf die Entdeckung übergeordneter, verdeckter oder auf den ersten und zweiten Blick nicht sichtbarer oder unbewußter Gesichtspunkte. Diese *hyperexzentrische Position* kann in der Regel nur durch Supervison oder Diskursgemeinschaft erreicht werden. Auf der Ebene III findet ein Querdenken des Gewohnten und eine transversale Reflexion von Diskursen unter erkenntnistheoretischen und wissenschaftsgeschichtlichen Perspektiven statt (*Petzold* 1998a).

Diese **Triplexreflexion** kann zur Vorbereitung von bewussten Entscheidungen über die Auswahl und Kombination von Interventionsstrategien, wie z.B. „Wege der Heilung und Förderung", von Modalitäten, Tiefungsebenen etc. genutzt werden. Sie kann insbesondere auf der dritten Ebene zu neuen Erkenntnissen über Sinnstrukturen von Beratungs- und Therapieprozessen führen, die mit der konventionellen Vorgehensweisen der Ebenen I und II nicht erreicht werden können. Die Triplexreflexion wird als ein Instrument verstanden, mit dem Vielfalt erschlossen, ausgelotet und zusammengeführt werden kann und *transversale Überschreitungen* möglich sind.

Welche Verfahren und Modelle haben den Integrativen Ansatz beeinflusst?

Elastische Psychoanalyse

Die elastische Psychoanalyse von *Ferenczi* (*Nagler* 2003) und ihre Weiterführung bei *Iljine* bildet eine wesentliche Quelle der Integrativen Beratung und Therapie. Die elastische Psychoanalyse ist gekennzeichnet durch:

- Auflösung der Regelhaftigkeit des psychoanalytischen „settings"
- Ergänzung des „Prinzip der Versagung" *Freuds* um das der „Gewährung und Aufrichtigkeit, Mutualität (*Ferenczi*)"
- Emphatisches und unkonventionelles Eingehen auf das Erleben und Verhalten von (regredierten) Patienten
- Aufbau einer gedeihlichen gegenwärtigen Beziehungserfahrung für den Patienten
- Erweiterung des „instrumentellen Übertragungsbegriffes" um den Ansatz der Arbeit „in der Übertragung"
- Einführung von Sympathie, Verlässlichkeit, Vertrauen und Takt als unerlässliche Qualitäten therapeutischer Arbeit

Ferenczi war der erste Psychoanalytiker, der von einem patnerschaftlichen Kontakt zum Patienten sprach (von einer mutuellen Analyse) und der die Ansicht vertrat, ein Patient müsse das bekommen, was er braucht – wenn auch nicht unbedingt das, was er zu brauchen glaubt. Er ging davon aus, dass „ohne Sympathie keine Heilung“ erfolgen könne. Diese Haltung führte schließlich *Petzold* (2002a) zur Ausarbeitung einer „Grundregel“ für die Integrative Therapie (vgl. *Orth*, *Petzold*, dieses Buch).

Psychodrama

Das Psychodrama, das Soziodrama, die Soziometrie, die Rollentheorie und die Gruppenpsychotherapie, wie sie von *Jacob L. Moreno* entwickelt und beschrieben wurde, stellen eine weitere wichtige Quelle des Integrativen Ansatzes dar. Im Besonderen können die Konzepte des sozialen Netzwerks, der Rolle, der Kreativität, der Spontanietät und das szenische Konzept des Psychodramas im Hinblick auf seine Rollen-, Bühnen-, und Skripttheorie hervorgehoben werden (*Petzold, Mathias* 1983; *Heuring, Petzold* 2004). Diese waren u.a. grundlegend für die konzeptionelle Entwicklung des „szenischen Verstehens“ und des „atmosphärischen Erfassens“ (*Petzold* 2003a) im Integrativen Ansatz sowie seiner „Identitätstheorie“ (*Petzold,* 2001p, *von Wijnen, Petzold* 2003) und Netzwerkorientierung (*Hass, Petzold* 1999).

Gestalttherapie

Neben dem Bezug zur Gestalttherapie von *Perls* hat sich der Integrative Ansatz bereits in den Anfängen durch den Rekurs auf die „europäischen Quellen“ der Gestalttherapieweiterentwicklungsoptionen erarbeitet. Von Bedeutung für den Integrativen Ansatz sind folgende konzeptuelle Entfaltungen und Elemente der Gestalttherapie:

- ihr Beitrag zur szenischen Arbeit in der Form von imaginärer Dramatisierung oder monodramatischer Inszenierung (die allerdings von *Perls* aus dem Psychodrama adaptiert wurden)
- die Ausrichtung der Gestalttherapie auf das „healthy functioning“, eine frühe Orientierung auf eine gesundheitszentrierte Sicht des Menschen – im Gegensatz zur Pathologiezentrierung der Psychoanalyse
- ihrer Körperorientierung und der damit verbundenen Beachtung von körpersprachlichen Phänomenen (*Petzold* 2004h)
- der interaktionalen Konzeptualisierung, also dem Dialogischen in der Gestalttherapie, das indes zum „**Polylog**“ – **Du, Ich, Wir** – erweitert wurde
- dem Konzept des self supports, das dem Klienten/Patienten ermöglicht im Umgang mit sich selbst Sicherheit zu entdecken und zu begründen
- die phänomenologische Interventionspraxis, das „continuum of awareness“ und
- die emotionsorientierte Arbeit, ihre Entwicklung zu einer „differenziellen, ökologischen Emotionstheorie“ (*Petzold* 1995g) und der Theorie „sinnlicher Reflexivität“ (*Heuring, Petzold* 2003).

Leibtherapie

Grundlage ist das neurobiologische Konzept des „informierten Leibes" (*Petzold* 1988n, 2002j, 2004), der im neuronalen und immunologischen „Leibgedächtnis" (*Sieper, Petzold* 2003) durch leibhaftiges Lernen alles Erlebte speichert. Auf dieser höchst modernen Grundlage steht der leibtherapeutische Ansatz der Integrativen Beratung und Therapie mit seinen heutigen Konzeptionierungen z.B. der Integrativen Bewegungstherapie, der Thymopraktik (*Petzold* 1974j, 1988n), dem integrativen und kreativen Lauftraining (*Petzold* 1974j; *van der Mei, Petzold, Bosscher* 1997) oder der **I**ntegrativen und **D**ifferentiellen **R**elaxationstherapie (IDR) mit Zupassung für die Traumabehandlung (*Vouta-Voß* 1998, *Petzold, Wolf* u.a. 2000) – eine originäre Entwicklung dieses Verfahrens. In ihm kommen folgende Elemente und Positionen zum Tragen:
- moderne neurowissenschaftliche und immunologische Grundlagenforschung
- die leibphilosophischen Positionen von *Marcel, Merleau-Ponty, Foucault* und *Schmitz*
- die Spürarbeit der *Gindler*-Schule
- die Arbeit mit Verspannungen in der frühen Technik von *Reich*
- das Improvisationstraining von *Iljine*
- asiatische Budokünste (*Petzold, Bloem, Moget* 2004; *Bloem* et al. 2004).
- die psychophysiologische Stimm- und Atemarbeit mit *Middendorf*- und *Wolfsohn*-Techniken.

Verhaltensmodifikation

Verhaltenstherapeutisch-übende Elemente wurden schon immer im Integrativen Ansatz einbezogen. So entwickelte *Petzold* das „Behaviordrama" und kognitive verhaltenstherapeutische Imaginationstechniken noch vor der kognitiven Wende (*Petzold, Osterhues* 1972, *Sieper, Petzold* 2003). In der Prozesstheorie – dem „Tetradischen System" – findet sich strukturell eine übungsorientierte Phase, die den Transfer in die Alltagspraxis ermöglichten und erleichtern soll. „Hausaufgaben", „Tagebücher", „Alltagstrainings", „in vivo" Expositionen stellen wesentliche Elemente einer störungsspezifischen Beratung und Therapie dar und können heute durch moderne sozialökologische Konzepte theoretisch begründet werden (*Petzold* 1995a). Die klassische behavioristische Position wurde durch eine integrative Theorie „komplexen Lernens" erweitert (*Sieper, Petzold* 2003), die den genannten Interaktionsprinzipien verpflichtet ist.

Welches Modell der Persönlichkeit vertritt der Integrative Ansatz?

Das Modell der Persönlichkeit in der Integrativen Therapie und Beratung *(Petzold, Mathias* 1982, ders. 2001p) unterscheidet die Dimensionen „Selbst", „Ich" und „Identität". Dabei sind „Selbst", „Ich" und „Identität" immer *prozessual* zu verstehen, d.h. sie werden nicht als einmal entstandene, relativ statische Größen („Instanzen"), verstanden sondern als lebendige, sich entwickelnde, prozessuale Synergien im System der Person. Neben der Veränderung und der Entwicklung erhalten „Selbst", „Ich" und „Identität" aber auch eine gewisse Stabilität „über die Zeit", Konstanz und Konsistenz. Zur Erklärung folgende Übersicht:

„Selbst"

Das „Selbst" ist die Basis des reflexiven, in gesellschaftliche Prozesse (Zeitgeist, Geschichte) eingebundenen Subjekts. Das „Selbst" ist anthropologisch betrachtet ein leibliches Phänomen, also der lebendige bis in die biologische/evolutionäre Basis reichende Grund, aus dem sich im Kontext und im Kontinuum **Ich** und **Identität** entwickelt. Aus einer leibphilosophischen Perspektive ist das „**Selbst**" das „einfache Dasein", im Sinne „passiver" Gegebenheit vor jeder Selbsterkenntnis. Rollentheoretisch (*Moreno* 1946) verkörpert das „Selbst" die von der Außenwelt (soziale und kulturelle Welt) attribuierten, zugeordneten Rollensegmente; das sich entwickelnde „Selbst" wird also sozial geformt. Folgende Entwicklungsstadien des „Selbst" werden von *Petzold* (1992a/2003a) unterschieden.

Abb. 6: Übersicht: Selbst

archaisches Selbst	reifes Selbst	Ich-Selbst/Identität
Es wird von einem „archaischen Selbst" gesprochen, sobald die neuronalen Verknüpfungen eine Ausprägung erreicht haben, die dem Organismus ermöglichen, Innenwelt und Umweltreize wahrzunehmen und zu speichern.	Das „reife Selbst" kann als positives und relativ konsistentes und stabiles Selbst beschrieben werden. Es ist gekennzeichnet durch selbstreferentielle Emotionen, Volitionen und Kognitionen.	Das „Ich-Selbst" bildet sich im Zusammenwirken von bewusstem Wahrnehmen, Verarbeiten und Handeln auf dem Boden des „Leib-Selbst" im Sozialisationsprozess. Das „Ich-Selbst" vereinigt „Ich" und „Selbst" zu leibhaftiger personaler Identität.

„Ich"

Das „Ich" ist eine Funktion des Selbst – als „archaisches Ich" zunächst noch ein Bündel von primären „Ich-Funktionen" – das Vermögen aktiv wahrzunehmen, zu erkennen, zu verarbeiten und zu handeln. Das „Ich" ist sozusagen das „Selbst in actu". Das „Ich" ist gerichtet und besitzt die Fähigkeit zur Exzentrizität. Das „Ich" kann das „Selbst" in den Blick nehmen und sich im aktuellen Lebenskontext und biographischen Lebensvollzug reflektieren. Das „reife Ich" ist gekennzeichnet durch Stärke und Flexibilität. *Primäre Ich-Funktionen* sind: Wahrnehmen, Erinnern, Denken, Fühlen, Wollen, Entscheiden, Handeln. *Sekundäre Ich-Funktionen* sind: Integrieren, Differenzieren, Demarkation, Ambiguitäts- und Frustrationstoleranz, Rollendistanz, Kreativität, Planen, Souveränität.

„Identität"

„Identität" (ders. 2001p und *Wijnen*, *Petzold* 2003) konstituiert sich im „Zusammenwirken von Leib und Kontext im Zeitkontinuum". Identität erwächst aus **Fremd- und Selbstattribution** und deren kognitiven **Einschätzungen** (appraisal) und emotionalen **Bewertungen** (valuation). Einerseits gewinnt das „Ich" Bilder über das „Selbst" aus dem Selbsterleben und ordnet diese dem „Selbst" zu (Selbstattribution). Andererseits erfährt das „Ich" aus der Aussenwelt Zuordnungen (Fremdattributionen) und gleicht diese mit den vorhandenen Selbstbildern ab. Die so gewonnenen und bewerteten Selbst- und Fremdattributionen werden verinnerlicht. Identität bedarf zu ihrer Entfaltung der lebendigen Interaktion, der Ressourcenvielfalt (*Petzold* 1997p) und der Freiräume. Konsistenzzwang, Stigmatisierung und Ressourcenmangel lassen Identität brüchig werden bzw. gefährden sie. Die identitätskonstituierenden *Fremd-* und *Selbstattributionen* kommen maßgeblich aus den Berichten der sogenannten „Fünf Säulen der Identität". Darunter versteht man tragende Identitätsbereiche (*Petzold* 2001p). Die fünf Säulen der Identität:

1. *Leiblichkeit* – mein individueller Leib, das was ich von mir erlebe und nach außen hin verleibliche, aber auch an meine Leiblichkeit attributiert bekomme (Vitalität, gutes/schlechtes Aussehen)
2. *Soziales Netzwerk* – diese Säule bezieht sich auf den sozialem Kontext dem ich zugehöre und der mir zugehört (meine Familie, meine Freunde, meine Kollegen)
3. *Arbeit, Leistung und Freizeit* – bezieht sich auf meine Grundeinstellungen und Verwirklichungsmöglichkeiten in den genannten Bereichen. Hier kann ich mich verwirklichen und werde damit durch Andere identifiziert
4. *Materielle Sicherheiten* – hierunter werden neben dem persönlichen materiellen Besitz (Geld, Sachwerte, Güter) auch milieu-ökologische Bezüge (mein Haus, meine Heimat, mein Verhältnis zur Natur) verstanden; mit den hierdurch möglichen Außenzuschreibungen von Anderen
5. *Werte* – diese Säule bezieht sich auf die persönlichen Werte und Normen und deren Einbettung in weltanschauliche und/oder religiöse Überzeugungen bzw. Sinn konstituierende Systeme; den Wertegemeinschaften, denen ich zugehöre, zu denen man mich aber auch zuordnet.

Welchen Gesundheits- und Krankheitsbegriff legt der Integrative Ansatz zugrunde?

Die Gesundheits- und Krankheitslehre (Salutogenese und Pathogenese) der Integrativen Therapie und Beratung differenziert sich einerseits in eine philosophisch-anthropologische und andererseits in eine klinische Perspektive (*Petzold, Schuch* 1991; *Petzold* 1992/2003a; *Lorenz* 2004; *Müller, Petzold* 2003).

Wie sieht das philosophisch-anthropologische Gesundheits- und Krankheitsverständnis des Integrativen Ansatzes aus?

Gesundheit und Krankheit wird aus einer sozialphilosophischen und politischen Perspektive betrachtet. Gesundheit und Krankheit werden von Kontext und Kontinuum, den aktualen und prospektiven Rahmenbedingungen der Lebenswelt und Gesellschaft sowie den aktualen und prospektiven Ressourcen und Potentialen des Individuums und den in beiden wirkenden Vergangenheitseinflüssen und Zukunftserwartungen bestimmt. Entstehungsbedingungen von Krankheit, die fokussiert betrachtet werden, sind die Verdinglichung des Menschen aufgrund *multipler Entfremdungen* und damit *Verlust von Zugehörigkeit*. Dabei wird unterschieden zwischen:

- der Entfremdung von sich selbst als Leib:
  Verlust des Selbstbesitzes, Verlust der Selbstsorge, Verlust der Selbstfreundlichkeit, Verlust der Souveränität und Verlust der Möglichkeiten des Erlebens und „sich Spürens“
- der Entfremdung vom Mitmenschen:
  Verlust der Identifikationsfähigkeit mit unseren Mitmenschen, Entwicklung einer egozentrischen, individualistischen Sichtweise und Selbstbetrachtung auf dem Hintergrund einer Zunahme von „prekären Lebenslagen“ (*Petzold* 2000h), Verlust von *Konvivialität* und Zugehörigkeit (*Orth* 2002)
- der Entfremdung von der Welt:
  Verlust an Bewußtheit für die eigene Lebenswelt, Mangel an „Sorge um die Welt“, neben der Entfremdung von den Mitmenschen tritt ein grundsätzlicher Verlust der *Verbundenheit* mit der Welt auf. Das Individuum erfährt und erlebt die Welt nicht mehr als *seine* Lebenswelt, sich ihr zugehörig
- der Entfremdung von der Zeit:
  Verlust des Erlebens der Zeit als ein sich vollziehender Prozess der Lebenszeit; Zeit wird zunehmend ökonomisch verknappt und technisch verdinglicht (*Petzold* 1987d)

Abb. 7: „Säulen der Identität“ (nach *Petzold* 2001p) visualisiert von *Ebert* und *Könnecke-Ebert*

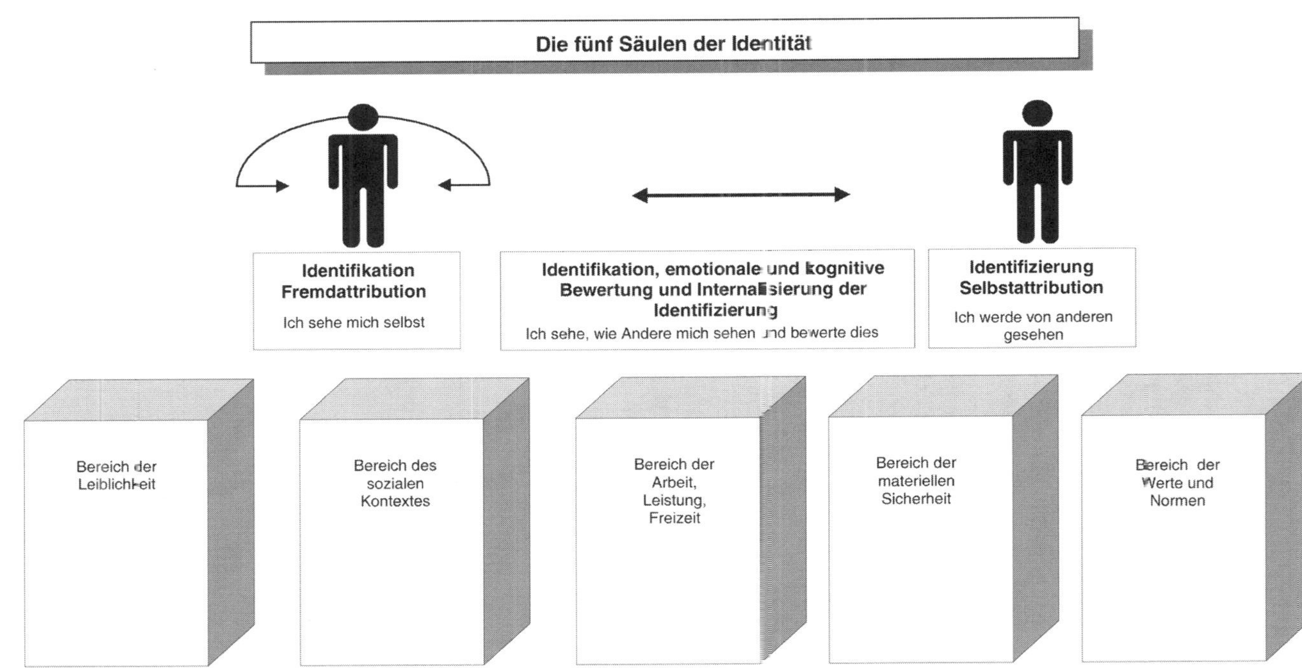

Wie stellt sich das klinische Gesundheits- und Krankheitsverständnis des Integrativen Ansatzes dar?

Aus der rein medizinisch-biologischen Perspektive wird Krankheit als Fehlfunktion des Organismus angesehen. Aus der psychologisch-soziologischen Perspektive wird Krankheit als Störung der Persönlichkeit aufgrund von Konstellationen „schädigender Stimulierung" betrachtet. Nach diesem Ansatz entstehen Pathologien aus fehlgesteuerten Stimulierungsprozessen, wobei Stimulierung die ganze Fülle von Erlebnisweisen des Menschen bedeutet. Dabei wird der Klient/Patient grundsätzlich und von vornherein in der Entwicklung seiner *Lebensspanne*, d.h. unter den Perspektiven seiner Vergangenheit, Gegenwart und Zukunft gesehen (*Petzold* 1992, 2002a; *Osten* 2000). Es wird davon ausgegangen, daß *pathogene* Schädigungen und *salutogene*, heilende Wirkungen (*Lorenz* 2004) an jeder Stelle des Lebensverlaufes eintreten können. Schädigende Einflüsse wirken insbesondere dann besonders pathogen, wenn sie auf entsprechende Empfindsamkeiten und Verletzlichkeiten (Prävalenzen und Vulnerabilität) treffen und keine ausreichenden Kompensationsmöglichkeiten und/oder Substitutionen/Kompensationen zur Verfügung stehen (*Petzold* 1988n, 2001a).

Welche Modelle zur Klärung und Differenzierung von pathogenen Faktoren stehen in der Integrativen Beratung und Therapie zur Verfügung?

Das folgende Schaubild verdeutlicht, dass drei Modelle differenziert werden:

Abb. 8: Modelle der Pathogenese nach *Petzold* (1992a, 2003a) visualisiert von *Ebert und Könnecke-Ebert*

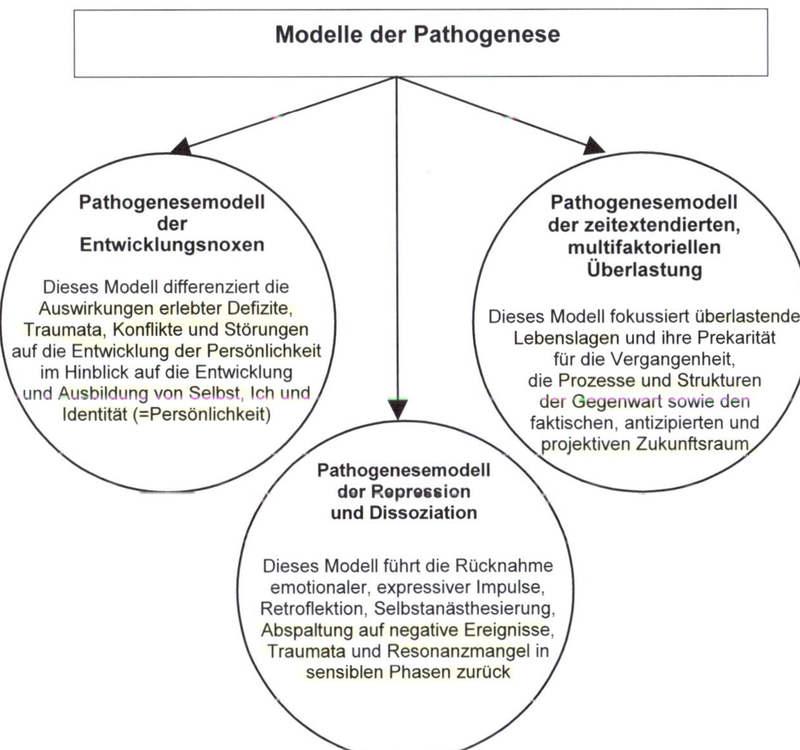

In allen drei Modellen ist das *Schädigende* letztlich die *überlastende Stimulierung* (*Petzold* 1968b, c), die Überforderung, die Fehlanforderung, d.h. *psychophysiologischer Streß,* seine *kognitive Einschätzung (appraisal)* und *seine emotionale Bewertung (valuation)* sind die Grundlage von potentiell pathogenen Dysregulationen.

Der Begriff **Schädigung** wird innerhalb des „Pathogenesemodells der Entwicklungsnoxen“, wie folgendes Schaubild deutlich aufweist, weiter ausdifferenziert; wobei die *Traumatheorie (Petzold, Wolf* et al. 2000) und die *Konflikttheorie* (ders. 2003b) besonders zu beachten sind.

Abb. 9: Pathogenesemodell der Entwicklungsnoxen nach *Petzold* (1992a/2003a) visualisiert von *Ebert und Könnecke-Ebert*

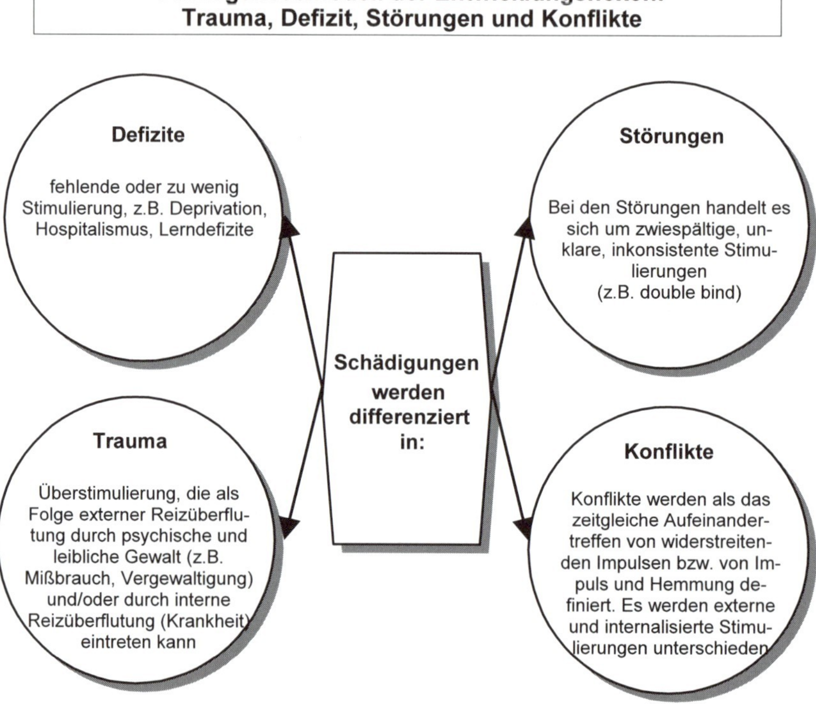

Was bedeutet der Begriff der „prozessualen Diagnostik"?

In der Integrativen Beratung und Therapie wird Krankheit nicht in statischer Weise diagnostisch festgeschrieben, sondern intersubjektiv in der Ko-respondenz von Berater/Therapeuten/in und Klient/Patienten/in prozessual ermittelt (vgl. *Petzold/Osten* 1998 und umfassend *Osten*, dieses Buch). In der prozessualen Diagnostik wird der Befund und die Einschätzung des Beraters/Therapeuten dem Klienten/Patienten mitgeteilt; es soll eine Auseinandersetzung bzw. Abstimmung zwischen beiden darüber erfolgen (*Petzold, Wolf* u.a. 2000). Ein wesentlicher Bestandteil der prozessualen Diagnostik besteht sowohl in der Patienteninformation über z.B. Diagnostik, Formen des therapeutischen Vorgehens und der Zusammenarbeit als auch in der Aufklärung über Wirkungen, Risiken und Nebenwirkungen (*Trenckmann, Bandelow* 1999; *Märtens, Petzold* 2002). Ziel ist die Herstellungen eines sogenannten „informed consent", d.h. der Klient/Patient soll in einer geeigneten Weise über Befund und Vorgehensweise informiert werden, so dass er die Möglichkeit der „qualifizierten Zustimmung“ hat. Die Mitwirkung am beraterischen/therapeutischen Vorgehen sowie die Bildung einer kooperativen Partnerschaft sollen „client welfare“, „client security“ und „client dignity“; Wohlergehen, Sicherheit und Würde der Klienten/Patienten gewährleisten und sicherstellen (*Müller, Petzold* 2002; *Petzold, Orth* 1999).

Was versteht die IT unter „Heuristik“ und unter dem „heuristischen Wert“?

Unter Heuristik wird die Lehre über die Methode zur Auffindung neuer wissenschaftlicher Erkenntnisse verstanden. Heuristiken in der Beratung und Therapie sind die noch nicht durch Forschung abgesicherten Methoden mit ihren verschiedenen Techniken, Formen, Modalitäten und Stilen. Der heuristische Wert einer Technik sowie ihrer Modifikation wird grundsätzlich an ihrer praktischen Effizienz in der Beratung und Therapie bestimmt und bedarf auf Dauer der empirischen Validierung.

Was ist die Methodenlehre der Integrativen Beratung und Therapie?

Methoden werden im Rahmen eines theoretisch fundierten therapeutischen Verfahrens verstanden, als „in sich konsistente Strategien des Handelns“. Das Kernstück der **Praxeologie** ist die Methodenlehre. Sie beinhaltet Überlegungen zu Methoden, Techniken, Medien, Modalitäten, Stilen und Formen. Dieses reichhaltige Instrumentarium kann mit seinen Möglichkeiten vielfältig kombiniert werden, um in elastischer Anpassung an die Erfordernisse der Klienten/Patienten und der jeweiligen Situation im Rahmen des *Verfahrens* die angestrebten *Ziele* zu erreichen (*Petzold* 1993h). Grundsätzlich herrscht dabei ein Primat von Zielen, die sich aufgrund von **P**roblemen, **R**essourcen und **P**otentialen (**PRP**) ergeben: die *Methode* dient der Verwirklichung dieser Zielsetzungen, die zwischen Berater/Therapeuten und Klient/Patient erarbeitet und in einem Konsens festgelegt worden sind; das *Ziel* hat also grundsätzlich Priorität. Nur weil die eine oder andere Methode vom Therapeuten bevorzugt wird, kann nicht das Ziel an Vordergrund verlieren.

Es kommt daher zu folgender Sequenzierung:

Probleme, Ressourcen, Potentiale → Ziele → Methoden.

Abb. 10: Prozessuale Diagnostik in der Integrativen Beratung und Therapie nach Therapie nach *Petzold* (1993p) visualisiert von *Ebert* und *Könnecke-Ebert*

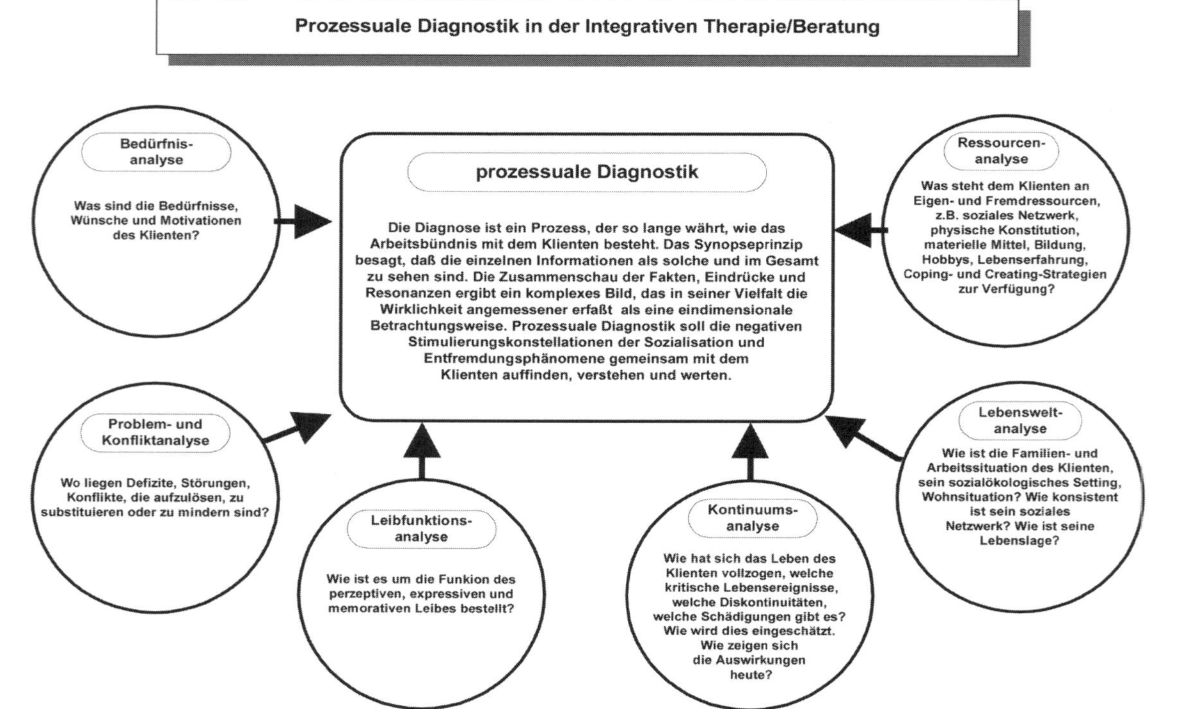

Abb. 11: Verfahren, Methoden, Techniken usw. der Integrativen Beratung und Therapie (nach *Petzold* 1993h) Visualisierung von *Ebert* und *Könnecke-Ebert*

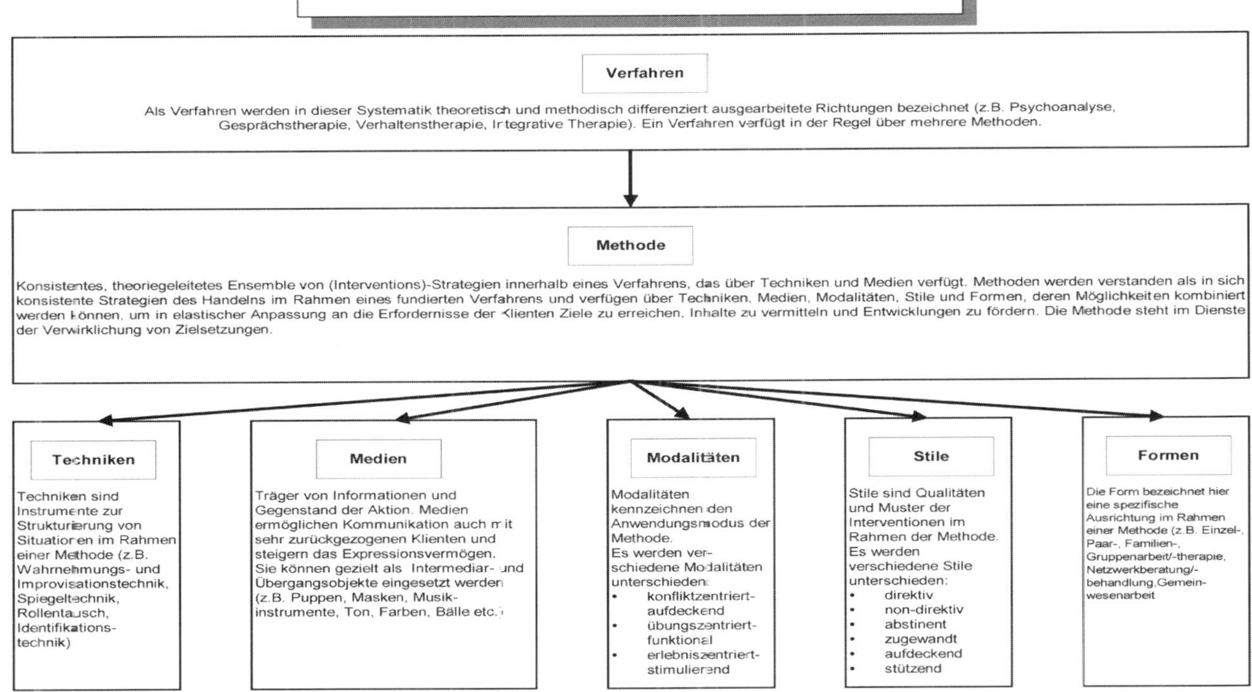

Abb. 12: Modalitäten Integrativer Beratung und Therapie nach *Petzold* (2002b) visualisiert von *Ebert* und *Könnecke-Ebert*

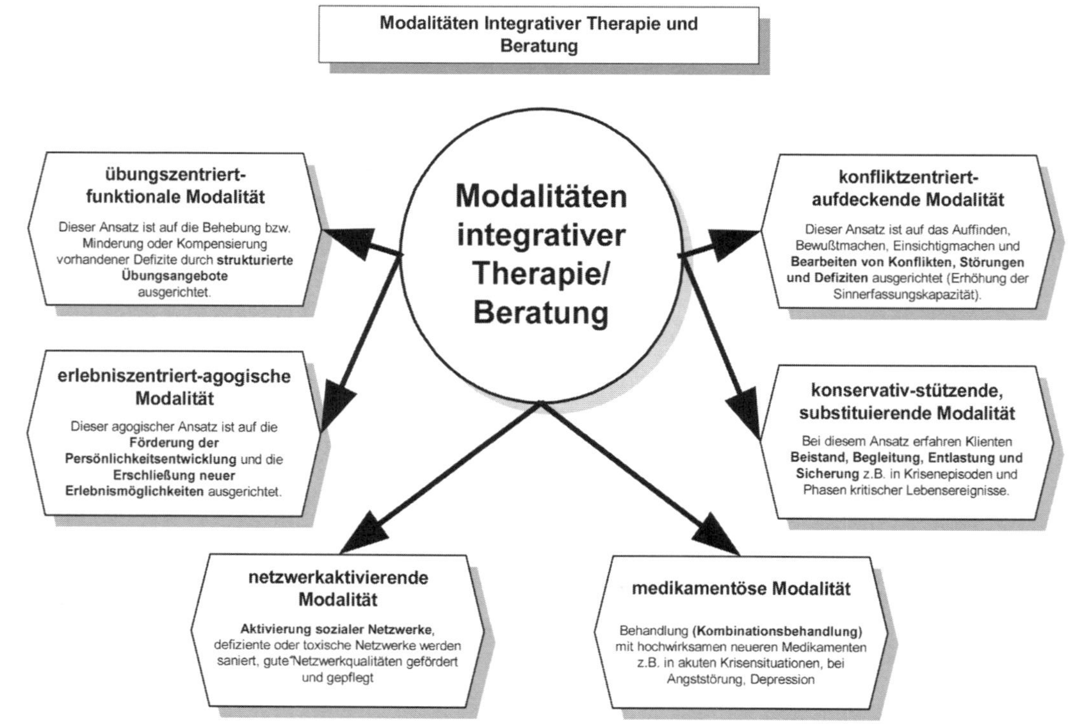

Welche Modalitäten kennt die Integrativen Beratung und Therapie?

In ihrer Ausrichtung geht die Integrative Beratung (*Ossola*, *Petzold* 2003; *Petzold* 2003b, f) und Therapie (*Petzold* 2002b, 2003a) über bloße reparative Beratung und Behandlung hinaus. Zusätzlich zur Wiederherstellung von Gesundheit und der Linderung von Schädigungen erschließt sie neue Möglichkeiten der Lebensgestaltung für Klienten und Patienten. Integrative Beratung und Therapie verbindet Heilung und Bildung, Therapie und Agogik (Erwachsenenbildung). Auf diesem Hintergrund kann der Berater/Therapeut in der Ausgestaltung des beraterischen/therapeutischen Prozesses seinen Schwerpunkt indikationsspezifisch und zielverfolgend auf verschiedenen *Modalitäten* im Sinne einer „multimodalen" Beratung und Therapie legen. Verschiedene Modalitäten werden in Abbildung 12 aufgezeigt.

Welche Interventionsstrategien benennt die Integrative Beratung und Therapie?

Interventionen sind Maßnahmen zur Strukturierung von Situation und Prozess. Interventionen greifen und/oder wirken in das Leben von Klienten/Patienten und in deren Lebensvollzug und Lebenslage hinein. Der Berater/Therapeut handelt in bestimmter Funktion und in der Verfolgung von beraterischen/therapeutischen Zielen. Die Interventionsstrategien der Integrativen Beratung und Therapie sind mehrperspektivisch ausgerichtet. Sie zielen durch differenzierte Einwirkungen darauf ab, planvolle, theoriegeleitete und ethisch legitimierbare Veränderungen unter Beteiligung und Einbeziehung der Betroffenen zu erreichen. Bei der Umsetzung der Strategie wird auf das reiche Repertoire der verschiedenen methodischen Zugangsweisen des Integrativen Ansatzes zurückgegriffen. Die verschiedenen Interventionsbereiche zeigt das folgende Schaubild Abbildung 13:

Abb. 13: Interventionsstrategien Integrativer Beratung und Therapie nach *Petzold* (2003a) visualisiert von *Ebert und Könnecke-Ebert*

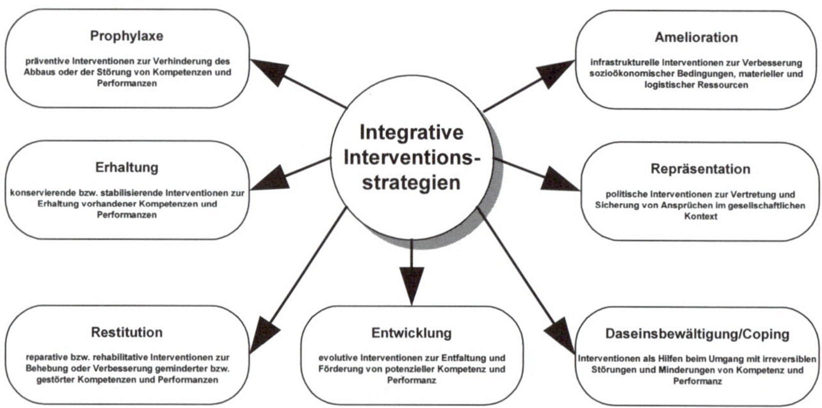

Was wird unter dem „Tetradischen System“ verstanden?

Es handelt sich dabei um ein vierstufiges Modell, das dazu beiträgt, Prozesse zu strukturieren und insgesamt *integratives, komplexes Lernen* und damit umfassende Veränderungen zu ermöglichen (*Sieper, Petzold* 2002). Die verschiedenen Phasen können innerhalb einer Sitzungseinheit – einer Einzel- bzw. Gruppensitzung – ablaufen oder sich über einige Sitzungen bzw. ganze Sitzungssequenzen über den mittel- und auch langfristige Verlauf erstrecken. Die Übergänge sind in der Praxis zwischen den Stufen fließend und nicht immer eindeutig trennbar; die Abläufe sind nicht zwingend linear, können zwischen den Stufen oszillieren; somit ist das Modell ein idealtypisches.

Abb. 14: Das Tetradische System der Integrativen Therapie und Beratung nach *Petzold* (1972a, 1974j)

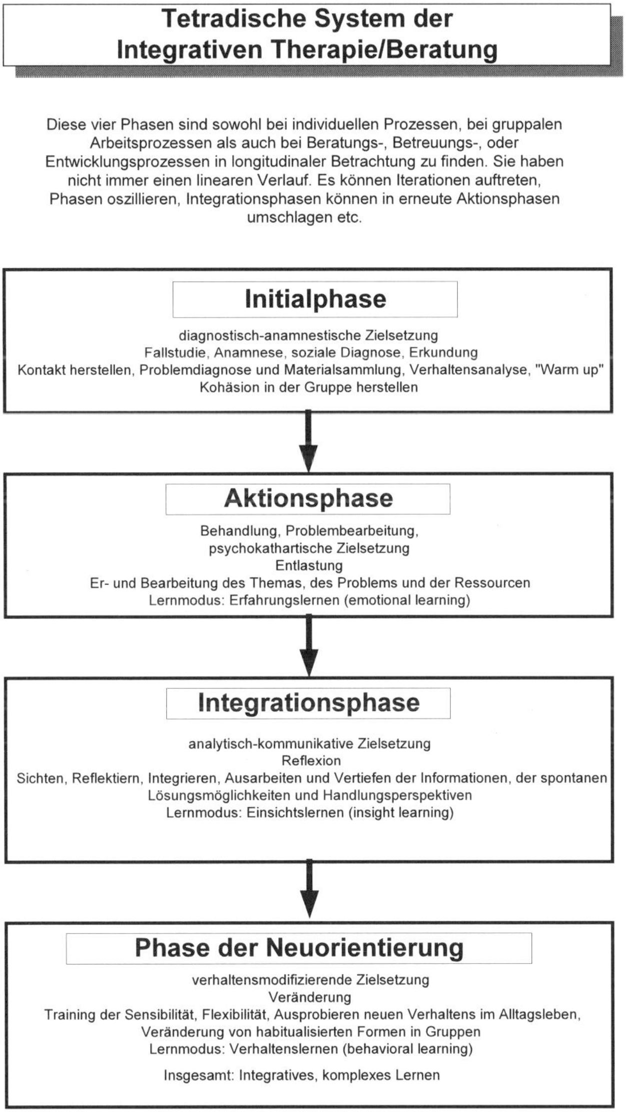

Tetradische System der Integrativen Therapie/Beratung

Diese vier Phasen sind sowohl bei individuellen Prozessen, bei gruppalen Arbeitsprozessen als auch bei Beratungs-, Betreuungs-, oder Entwicklungsprozessen in longitudinaler Betrachtung zu finden. Sie haben nicht immer einen linearen Verlauf. Es können Iterationen auftreten, Phasen oszillieren, Integrationsphasen können in erneute Aktionsphasen umschlagen etc.

Initialphase

diagnostisch-anamnestische Zielsetzung
Fallstudie, Anamnese, soziale Diagnose, Erkundung
Kontakt herstellen, Problemdiagnose und Materialsammlung, Verhaltensanalyse, "Warm up"
Kohäsion in der Gruppe herstellen

↓

Aktionsphase

Behandlung, Problembearbeitung,
psychokathartische Zielsetzung
Entlastung
Er- und Bearbeitung des Themas, des Problems und der Ressourcen
Lernmodus: Erfahrungslernen (emotional learning)

↓

Integrationsphase

analytisch-kommunikative Zielsetzung
Reflexion
Sichten, Reflektiern, Integrieren, Ausarbeiten und Vertiefen der Informationen, der spontanen
Lösungsmöglichkeiten und Handlungsperspektiven
Lernmodus: Einsichtslernen (insight learning)

↓

Phase der Neuorientierung

verhaltensmodifizierende Zielsetzung
Veränderung
Training der Sensibilität, Flexibilität, Ausprobieren neuen Verhaltens im Alltagsleben,
Veränderung von habitualisierten Formen in Gruppen
Lernmodus: Verhaltenslernen (behavioral learning)

Insgesamt: Integratives, komplexes Lernen

Wie definiert die IT die therapeutische Tiefung?

In der Integrativen Beratung und Therapie steht dem Berater/Therapeuten zur besseren Einordnung und zur Beurteilung von Prozessen sowie zur Lenkung der beraterischen und therapeutischen Interventionen das Modell der „Vier Ebenen der therapeutischen Tiefung“ zur Verfügung (*Petzold* 1974j). In der Beratung und Therapie haben Prozesse *auf allen* der hier genannten Ebenen ihre Bedeutung und Berechtigung. Eine einseitige Betonung besonderer Wichtigkeit ist nicht sinnvoll, sondern kontraindiziert. Wurde in früheren Zeiten das sogenannte „kathartische Durcharbeiten“ als der Königsweg der therapeutischen Vorgehensweise favorisiert, so werden mittlerweile alle Tiefungsebenen gleichrangig betrachtet und indikations- und situationsspezifisch eingesetzt. So kann z.B. bei einem Patienten mit einer Borderlinepersönlichkeitsstörung oder mit einer posttraumatischen Belastungsstörung es völlig kontraindiziert sein, auf Ebene 3 und 4 zu rekurrieren. Gerade bei Suchtkranken ist der entsprechenden strukturellen Störung oder Schädigung besondere Bedeutung zu schenken. (Nicht alles, was laut und schnell vonstatten geht, ist für den Patienten heilend). Die beraterische bzw. therapeutische Relevanz hängt nicht vom Erreichen einer bestimmten Tiefungsebene ab.

Die aufgezeigten Ebenen können als ein Spektrum mit fließenden Übergängen verstanden werden. Die Prozesse können von unterschiedlicher Intensität sein, zwischen den Ebenen oszillieren oder auf den verschiedenen Ebenen parallel verlaufen.

Abb. 15: Tiefungsebenen im Beratungs- und Therapieprozess nach *Petzold* (1974j/2003a)

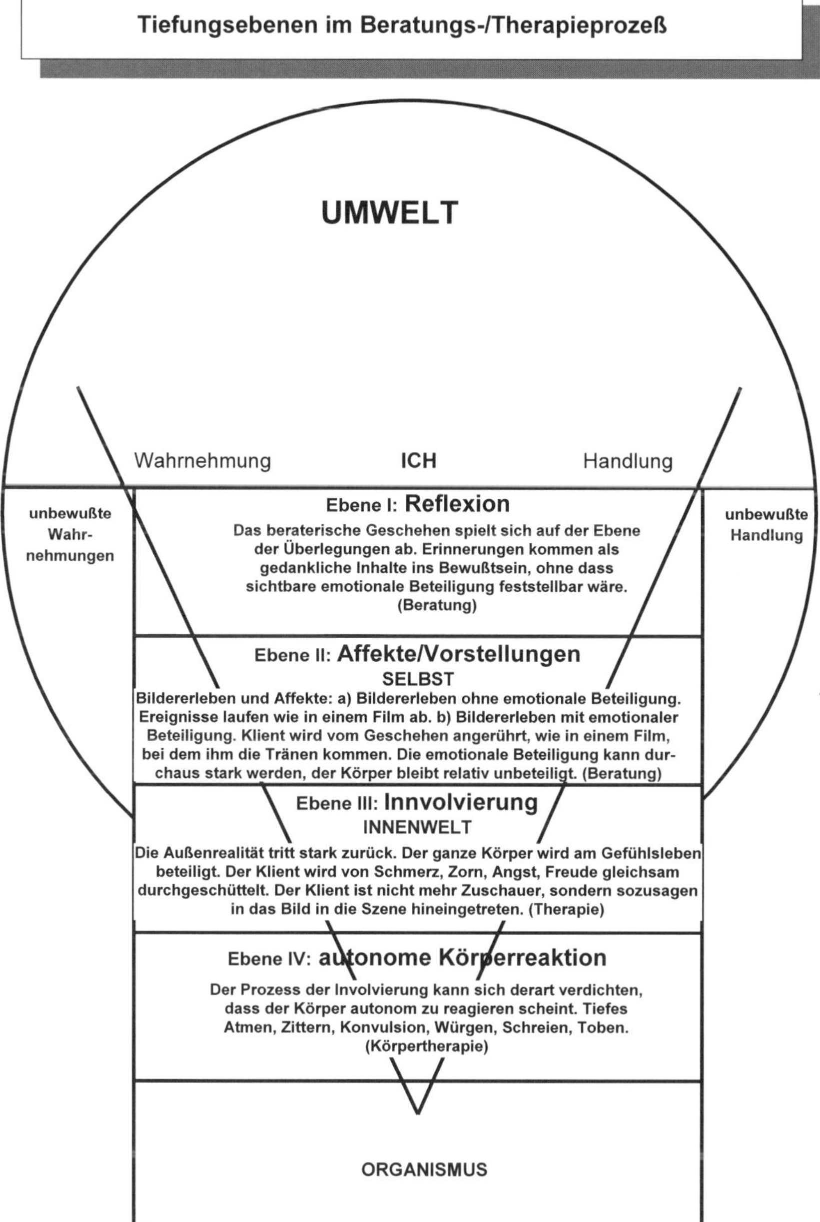

Wie differenziert der Integrative Ansatz Kontakt, Begegnung, Beziehung und Bindung?

Die Kontaktfähigkeit ist eine wesentliche Grundqualität des menschlichen Leibes. Der Körper/Leib mit seiner perzeptiven Ausstattung stellt beständig Kontaktereignisse bereit – der Körper/Leib wird berührt und berührt in einem. Kontakt entsteht an der Grenzfläche und ist dadurch gekennzeichnet, dass er *Angrenzung*/Berührung und *Abgrenzung* zugleich ist.

Kontakt kann verstanden werden als ein Phänomen der psysiologischen Informationsübermittlung und -verarbeitung. Die Informationen werden über den Wahrnehmungsapparat aufgenommen und dann mittels kognitiver und emotionaler Prozesse interpretiert und zugeordnet (vgl. *Petzold* 2002j). Kontakt kann bewußt, mitbewußt (eben noch an den Rändern des Bewusstseinsfeldes) und unbewusst entstehen. Die Wahrnehmung wird dabei von den vorgängigen Wahrnehmungserfahrungen beeinflusst – selektive Zuwendung zur Welt, selektive Wahrnehmung, selektive Erinnerung. Das Kontaktspektrum reicht von der kontaktreichen *Angrenzung* über die *Abgrenzungen* des Ichs, die keine „Angrenzungen" möglich macht (Isolation), über die temporäre Abgrenzung (zeitlich begrenzt und eine Rückkehr zum Kontakt ist möglich) bis hin zur pathologischen Konfluenz (es sind nur noch Reste der Grenzen vorhanden). Kontakt, Kontaktverhalten bildet die Grundlage für Begegnung, Beziehung und Bindung.

Begegnung geschieht im leiblichen „In-Kontakt-Treten" zweier Menschen (Kontakt). Kennzeichen der Begegnungsqualität ist, dass sich die Individuen als Leib-Subjekte ganzheitlich, d.h. in ihrer und mit ihrer Geschichte, ihren Perspektiven sowie ihrem aktualen Kontext empathisch erfassen. Dabei erkennen die Individuen voneinander mehr als das, was das offene Verhalten des Augenblicks freigibt. Zu jeder *Begegnung* ist *Kontakt* erforderlich, jedoch impliziert nicht jeder *Kontakt* automatisch Begegnung. Begegnung erfordert immer ein personales Moment in dem intuitives und emphatisches *wechselseitiges* Erfassen geschieht.

Beziehung. Führt die intensive Begegnung zu dem Wunsch, diese Begegnungserfahrung in die Zukunft hinaus ausdehnen zu wollen und in weiteren Begegnungen das Leben des Anderen teilen zu wollen, kann aus dem Kontakt und der Begegnung *Beziehung* entstehen. Werden Kontakt und Begegnung mit einem Zukunftshorizont, Verlässlichkeit, Verbindlichkeit, wechselseitiger Sorge und Vertrauen versehen, so entstehen Beziehungsqualitäten. *Beziehung* bedarf generell des Kontaktes und der Begegnung.

Bindung entsteht durch die Entscheidung, seine Freiheit zugunsten einer freigewählten Gebundenheit einzuschränken und eine bestehende Beziehung durch Treue, Hingabe und Leidensbereitschaft mit der Qualität der „Unverbrüchlichkeit" auszustatten (vgl. *Petzold* 1991b, 2003a).

Abhängigkeit und **Hörigkeit** als pathologische Besetzungs- und Bindungsformen sollten in Therapien nicht auftreten und wo dies geschieht, ist sorgfältige, supervisionsgestützte Bearbeitung erforderlich.

Integrative Beratung und Therapie zielt auf das Kontakt-, Begegnungs- und Beziehungsgeschehen ab.

Abb. 16: Konfluenz, Kontakt, Begegnung, Beziehung, Bildung, Abhängigkeit und Hörigkeit im Beratungs- und Therapieprozess nach *Petzold* 1991b/2003a visualisiert von *Ebert* und *Könnecke-Ebert*

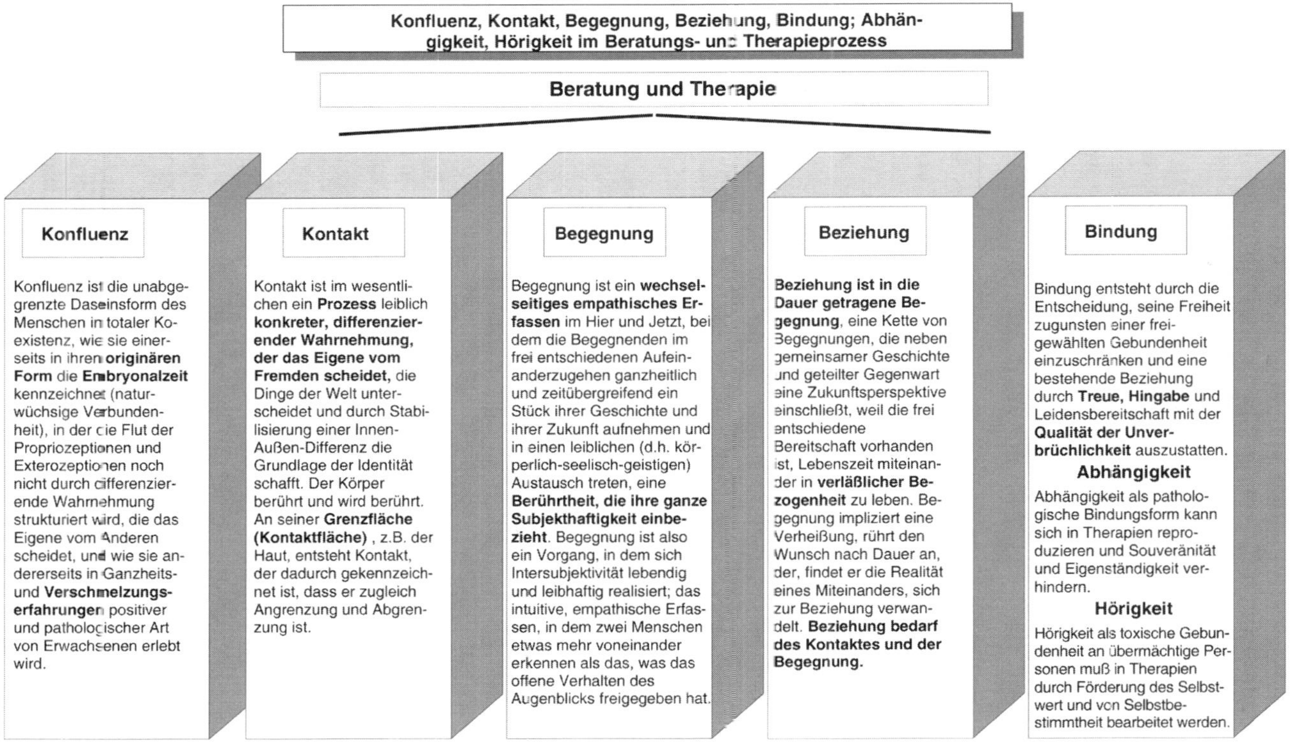

Konfluenz, Kontakt, Begegnung, Beziehung, Bindung; Abhängigkeit, Hörigkeit im Beratungs- und Therapieprozess

Beratung und Therapie

Konfluenz

Konfluenz ist die unabgegrenzte Daseinsform des Menschen in totaler Koexistenz, wie sie einerseits in ihren **originären Form** die **Embryonalzeit** kennzeichnet (naturwüchsige Verbundenheit), in der die Flut der Propriozeptionen und Exterozeptionen noch nicht durch differenzierende Wahrnehmung strukturiert wird, die das Eigene vom Anderen scheidet, und wie sie andererseits in Ganzheits- und **Verschmelzungserfahrungen** positiver und pathologischer Art von Erwachsenen erlebt wird.

Kontakt

Kontakt ist im wesentlichen ein **Prozess** leiblich **konkreter, differenzierender Wahrnehmung, der das Eigene vom Fremden scheidet,** die Dinge der Welt unterscheidet und durch Stabilisierung einer Innen-Außen-Differenz die Grundlage der Identität schafft. Der Körper berührt und wird berührt. An seiner **Grenzfläche (Kontaktfläche)** , z.B. der Haut, entsteht Kontakt, der dadurch gekennzeichnet ist, dass er zugleich Angrenzung und Abgrenzung ist.

Begegnung

Begegnung ist ein **wechselseitiges empathisches Erfassen** im Hier und Jetzt, bei dem die Begegnenden im frei entschiedenen Aufeinanderzugehen ganzheitlich und zeitübergreifend ein Stück ihrer Geschichte und ihrer Zukunft aufnehmen und in einen leiblichen (d.h. körperlich-seelisch-geistigen) Austausch treten, eine **Berührtheit, die ihre ganze Subjekthaftigkeit einbezieht**. Begegnung ist also ein Vorgang, in dem sich Intersubjektivität lebendig und leibhaftig realisiert; das intuitive, empathische Erfassen, in dem zwei Menschen etwas mehr voneinander erkennen als das, was das offene Verhalten des Augenblicks freigegeben hat.

Beziehung

Beziehung ist in die Dauer getragene Begegnung, eine Kette von Begegnungen, die neben gemeinsamer Geschichte und geteilter Gegenwart eine Zukunftsperspektive einschließt, weil die frei entschiedene Bereitschaft vorhanden ist, Lebenszeit miteinander in **verläßlicher Bezogenheit** zu leben. Begegnung impliziert eine Verheißung, rührt den Wunsch nach Dauer an, der, findet er die Realität eines Miteinanders, sich zur Beziehung verwandelt. **Beziehung bedarf des Kontaktes und der Begegnung.**

Bindung

Bindung entsteht durch die Entscheidung, seine Freiheit zugunsten einer freigewählten Gebundenheit einzuschränken und eine bestehende Beziehung durch **Treue, Hingabe** und Leidensbereitschaft mit der **Qualität der Unverbrüchlichkeit** auszustatten.

Abhängigkeit

Abhängigkeit als pathologische Bindungsform kann sich in Therapien reproduzieren und Souveränität und Eigenständigkeit verhindern.

Hörigkeit

Hörigkeit als toxische Gebundenheit an übermächtige Personen muß in Therapien durch Förderung des Selbstwert und von Selbstbestimmtheit bearbeitet werden.

Welches Verständnis von der beraterischen und therapeutischen Beziehung kennzeichnet den Integrativen Ansatz?

Die Vorgehens- und Arbeitsweisen des Integrativen Ansatzes stehen in einem engen Verhältnis, da beraterische (*Petzold* 2003f) und therapeutische (ders. 2000h) Grundhaltung sowie grundlegende Aspekte der Arbeitsweisen aus dem Begriff der beraterischen/therapeutischen Beziehung resultieren. Grundsätzlich wird die beraterische/therapeutische Beziehung in zweierlei Hinsicht differenziert:

- beraterische/therapeutische Beziehung als intersubjektives Geschehen (**Geschehensbegriff**)
  Ausgehend von der Annahme, dass in der Beratung/Therapie zunächst immer alles intersubjektiv (Du, Ich, Wir) konstelliert ist, was sich zwischen Menschen im Kontakt, in der Begegnung und in der Beziehung abbildet, wird hier die beraterische/therapeutische Beziehung als ein *Geschehen* zwischen mindestens zwei Subjekten vor dem Hintergrund ihrer Netzwerksituation verstanden. Berater/Therapeut und Klient/Patient befinden sich in einer „intersubjektiven Ko-respondenz in Dialogen und *Polylogen* (*Petzold* 2002c), d.h. in vielfältigen Gesprächen. „Therapeut und Patient sind ko-respondierende Subjekte; sind füreinander jeweils ‚Andere', die sich im Rahmen ihrer individuellen Sinnrealisationen und Strukturbildungen um Antworten auf Anforderungen bemühen, die sich ihnen in der Ko-respondenz stellen" (*Schuch* 2001)
- beraterische/therapeutische Beziehung als intersubjektives Handeln (**Handlungsbegriff**)
  Der Unterschied zwischen dem Setting einer Beratung/Therapie und der Alltagsbegegnung besteht im wesentlichen in der klaren Zielsetzung des beraterischen/therapeutischen Settings und der eindeutigen und klaren Rollen-, Funktions- und Aufgabenverteilung (*Heuring, Petzold* 2004). Das Handeln des Beraters/Therapeuten wird ferner erst dadurch zu einer professionellen Handlung, indem der Berater/Therapeut das Geschehen in der Beratung/Therapie unter zu Hilfenahme verschiedener Modellvorstellungen und Forschungsergebnisse analysiert, reflektiert und Hypothesen aufstellt. Dies schließt auch ein, sich auf die *Lebenswelt* und *Sozialwelt* (*social world* als mentale Weltsicht, *Petzold* 2003b) von Klienten/Patienten einzulassen und sich berühren zu lassen. Auf dem Hintergrund dieses Vorganges verhält er sich dann in einer spezifischen Art und Weise und setzt zielgerichtete Interventionen. An dieser Stelle ist besonders von Bedeutung, dass Interventionen immer im Rahmen der „intersubjektiven Ko-respondenz", also in der „Begegnung und Auseinandersetzung von Person zu Person" mit den Patienten als Partnern, d.h. partnerschaftlich erfolgen (*Petzold*, *Groebelbauer, Gschwendt*, in: *Petzold, Orth* 1999).

Dieses gesamte Geschehen wird von der „**Grundregel**" der Integrativen Therapie bestimmt (*Petzold* 2000a; vgl. *Petzold, Orth*, dieses Buch), die gegründet auf dem Klima einer *Konvivialität*, eines guten „gastlichen" Miteinanders (*Orth* 2001) als gemeinsames Unterfangen gestaltet wird.

Neben der beschriebenen idealtypischen beraterischen/therapeutischen Beziehung können in der klinischen Praxis eine Reihe von Phänomenen auftreten, die mit den Begriffen der *Übertragung*, *Gegenübertragung*, *Übertragung des Therapeuten und Widerstand* beschrieben werden können. In der Übertragung wird die realitätsgerechte Wahrnehmung des jeweilig Anderen durch Gestalten, Szenen, Erinnerungen der Vergangenheit, der Gegenwart oder der antizipierten Zukunft verstellt. Alte Atmosphären, Szenen werden ganzheitlich als „Holorepräsentation (*Petzold* 2003a) aktualisiert und die Wahrnehmung des Gegenwärtigen wird getrübt, verstellt oder verfälscht. Interventionen können einen Widerstand des Klienten/Patienten auslösen. Widerstand muss hier immer wieder als Schutzfunktion verstanden werden, als ein Sich-Wehren gegen Veränderung der Identität. Damit erhält der Widerstandsbegriff im Integrativen Ansatz keine negative Bedeutung, sondern wird eher als Widerstandsfähigkeit, als Zeichen von Kraft gewertet. Widerstand gilt als kreatives Phänomen und als Bewältigungs- und Konfliktlösungsversuch. In seiner negativen Ausprägung kann Widerstand erlebnis- und entwicklungsblockierend und krankmachend wirken.

Sozialpsychologische Phänomene wie „*Affiliation*" (Nähebeziehungen) und „*Reaktanz*" (Reaktionen gegen Einschränkung von Freiheit) werden im Integrativen Ansatz besonders beachtet.

Ein Schaubild soll die Dimensionen der beraterischen und therapeutischen Beziehung verdeutlichen.

Abb. 17: Dimensionen der therapeutischen und beraterischen Beziehung *Petzold* (2003a)

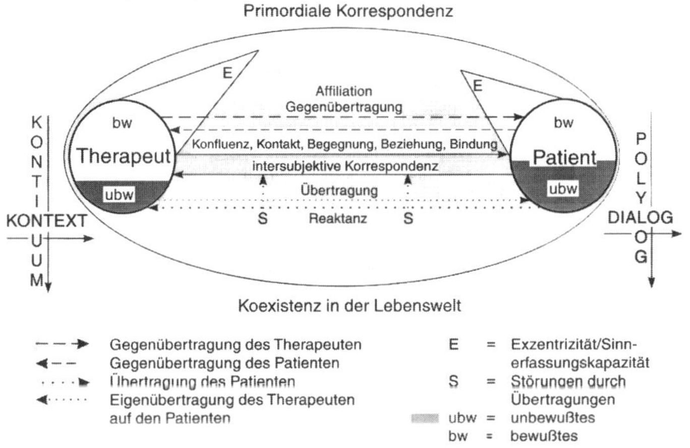

Beratung und Therapie haben, was die Beziehungsdimension und das Grundprinzip „komplexen Lernens" anbelangt, einige grundsätzliche Gemeinsamkeiten und natürlich auch spezifische Unterschiede. In der Therapie hat man es prinzipiell mit *PatientInnen* zu tun, in der Beratung mit *KlientInnen*. In der Beratung finden wir immer wieder auch PatientInnen, denn auch sie haben Beratungsbedarf. Therapie arbeitet auf allen Tiefungsebenen, Beratung nur auf den ersten beiden. Beratung hat eine deutlichere agogische Orientierung und zentriert nicht nur auf Problem- und Konfliktbereiche. Die Integrative Therapie hat eigene Beratungsansätze entwickelt (*Rahm* 1997) und eigene Coaching-Konzepte (*Schreyögg* 1997, 2002; *Petzold* 2002g).

„**Beratung** wird als polylogische ‚Methodologie der Konnektivierung und Distribution von Wissen' in interpersonalen Diskursen gesehen, die auf gesellschaftliche Wissensstände und die mit ihnen verbundenen sozialen Repräsentationen zurückgreifen kann und zugleich zu diesen Wissensvorräten mit neuen Erkenntnissen beizutragen vermag ... .

Beratung ist eine fachliche Dienstleistung und eine person- und sachbezogene, ziel- und ergebnisorientierte Methodologie für dialogische bzw. polylogische interpersonale Prozesse, die kognitive, emotionale, volitive und sozial-kommunikative Dimensionen einbeziehen. Im Beratungsgeschehen arbeitet ein Berater als *Experte* ‚vom Fach' mit besonderen personalen, sozialen und professionellen Fähigkeiten/Kompetenzen, Fertigkeiten/Performanzen und spezifischen Ressourcen an Wissen und Methoden korrespondierend und partnerschaftlich mit einem *Ratsuchenden* (Klienten, Kunden) zusammen, der als *Experte für seine Situation*, für seine Bedürfnisse, Probleme und Potentiale relevante Fragen und Interessen in einen kooperativen Arbeitsprozess einbringt. Dieser hat zum Ziel, Wissensstände und Informationen bereit zu stellen, Zielfindungen und Entscheidungen zu fördern, Handlungsfolien und Innovationsstrategien gemeinschaftlich durch Koreflexion und Metareflexion zu erarbeiten, so dass Probleme gelöst und Entwicklungsaufgaben gemeistert werden können. ***Beratung*** kann dabei auch die Umsetzungen von Zielen und Implementierung von Entscheidungen vorbereiten sowie ressourcen- und lösungsorientiert Prozesse der Problembewältigung und Zielrealisierung begleiten. Ein Klima der wechselseitigen Wertschätzung, der Partnerschaftlichkeit und positiven Affiliation, der gradlinigen Offenheit (parrhesia) und Transparenz kennzeichnet Beratungsprozesse" *(Petzold* 2003b*)*

Was versteht die IT unter den „Vier Wegen der Heilung und Förderung"?

Die „Vier Wege der Heilung und Förderung" beschreiben unterschiedliche Zugänge um Menschen zu heilen, zu fördern, Entwicklungen zu ermöglichen, zu unterstützen etc.

Heilen wird dabei immer in einem kurativen, klinischen und evolutiven, agogischen Sinn verstanden. Die Aufgabe des Beraters/Therapeuten ist es, vielfältige Heilungs- und Entwicklungsprozesse auf unterschiedlichen Ebenen bei den Klienten und Patienten zu fördern. Die für die Integrative Beratung und Therapie ausschlaggebenden Dimensionen der „multiplen Beratungs- und Heilungsprozesse" sind in der Modellvorstellung der „Vier Wege der Heilung und Förderung" konkretisiert. Diese sind

- **Bewußtseinsarbeit.** In der intersubjektiven Ko-respondenz soll in der Beratung und Therapie an unbewussten Störungen und Konflikten mit dem Ziel, mehrperspektivische Einsicht und Klärung zu ermöglichen, gearbeitet werden. Ziele sind unter anderem Gewinn von einem komplexen Bewußtsein, die Konstitutierung von Sinn, mehrperspektivische Einsicht und die Erfahrung „vitaler Evidenz".
- **Emotionale Differenzierungsarbeit, Nachsozialisation, reparenting** Neue, positive, substitutive, korrektive, alternative emotionale und kognitive Erfahrungen sollen Defizite im Aufbau der Persönlichkeitsstruktur beheben und/oder persönlichkeits- und entwicklungsbeeinträchtigende Wirkungen ausgleichen bzw. durch *„korrigierende emotionale (*kognitive, volitive*) Erfahrungen*" (*Alexander* 1950) abmildern. Dieser Weg stellt eine Form der „Nachsozialisation" („emotionale Adoption") dar, mit der Zielsetzung der Restitution von Grundvertrauen, wie dies z.B. im Setting der Therapeutischen Gemeinschaft möglich werden kann.
- **Kreative Erlebnisentdeckung, ressourcenorientierte Erlebnisaktivierung** und Entwicklung alternativer Handlungsmöglichkeiten durch *„alternative, emotionale, kognitive, volitive Erfahrungen*" (*Petzold* 2003a). Mittels „multipler Stimulierungen" soll die Entwicklung persönlicher und gemeinschaftlicher Ressourcen und Potentiale (Kreativität, Phantasie, Sensibilität, Flexibilität) angeregt werden. Durch die Bereitstellung einer „fördernden Umwelt" mit neuen und/oder alternativen Beziehungs- und Erlebnismöglichkeiten sollen die Grundqualitäten der *Wachheit, Wertschätzung, Würde*, der *Verwurzelung* und der *Vernetzung* erfahrbar werden.
- **Solidaritätserfahrung und alltagspraktische Hilfen** Schwerpunkt dieses Weges bildet die Förderung der Bildung von psycho-sozialen Netzwerken sowie das Ermöglichen von Solidaritätserfahrungen zur Verbesserung „prekärer Lebenslagen" (*Petzold* 2000h). Ziel ist es, die Patienten/Klienten bei der Bewältigung von Alltagsproblemen zu unterstützen sowie Erfahrungen der sozialen Zugehörigkeit und der

Eingebundenheit zu vermitteln. Solidarität wird verstanden als Engagement „aus ganzem Herzen“ für die Belange des Anderen; sie wird im praktischen Tun miteinander erfahren.

Abb. 18: Die „Vier Wege der Heilung und Förderung“ in der Integrativen Beratung und Therapie (*Petzold* 1988n, 2002a, visualisiert von *Ebert und Könnecke-Ebert*)

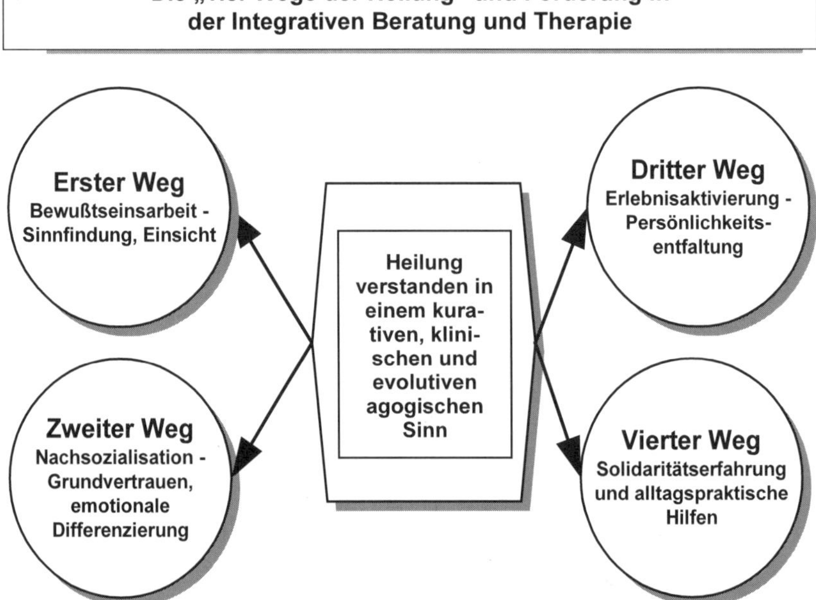

Welche Wirkfaktoren benennt der Integrative Ansatz?

Die Ergebnisse der Psychotherapieforschung bilden eine bedeutende Quelle der IT. *H. Petzold* (1993p, 2000h, 2002b) hat aus diesen vielfältigen Forschungen und Theoriebildungen zu Wirkfaktoren und Prozessen in der psychosozialen Beratung und Psychotherapie (*Märtens, Petzold* 1998; *Brummund, Märtens* 1998, *Grawe* u.a. 1999) 14 Faktoren herausgestellt, die im Folgenden aufgeführt werden:

Abb. 19: Wirkfaktoren – „14 Heilfaktoren“ – in der Integrativen Beratung und Therapie nach *Petzold* (1993p) visualisiert von *Ebert und Könnecke-Ebert*

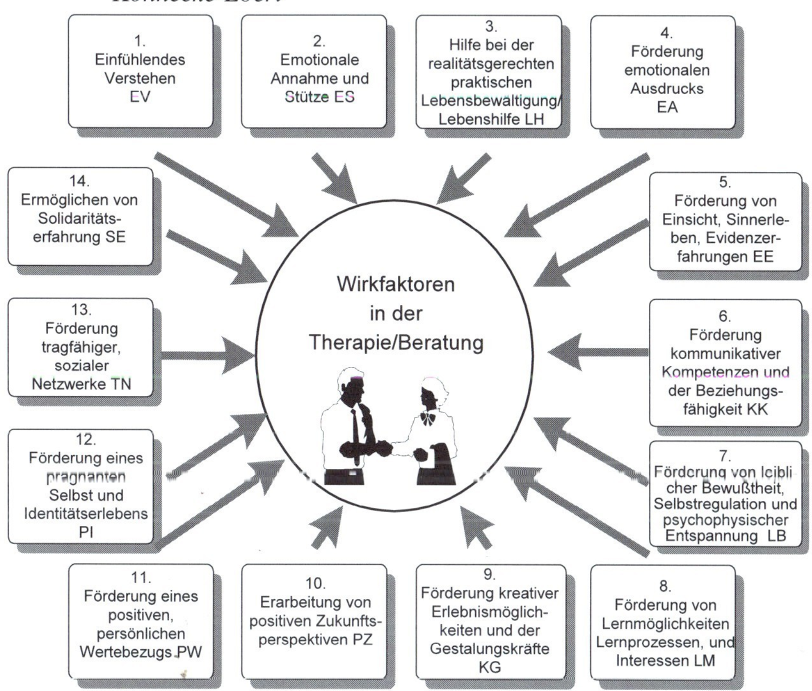

Schlussbemerkung

Kennzeichen der Suchterkrankung ist, daß sie eine „komplexe somatische, psychische und soziale Erkrankung“ ist, die sowohl den Betroffenen selbst als auch sein soziales Netzwerk betrifft und beschädigt. Dabei sind die Entstehungsbedingungen multikausal, stark variierend und die Verlaufsformen zeigen unterschiedliche Ausprägungen und Schweregrade (*Petzold*, dieses Buch, Schlußkapitel) abhängig von der jeweiligen Vorschädigung, vom Suchtmittel, von der psychosozialen Gesamtsituation und der individuellen Ressourcenlage (*Petzold* 1997p). Eine solche komplexe, mehrdimensionale und multifaktorielle Erkrankung kann nur hinreichend erfolgreich mit einer differenzierten, multimodalen und mehrdimensionalen Beratungs- und Therapieform behandelt werden. Der individuelle Entwicklungsprozess sowie der jeweilige Krankheitsverlauf muß in seiner subjektspezifischen Dynamik und Prozesshaftigkeit betrachtet und analysiert werden. Personen-, kontext-, situations-, und suchtspezifische Interventions- und Behandlungsstrategien müssen entwickelt und zur

Anwendung gebracht werden. Der Ansatz der „Integrativen **Therapie** und **Beratung**“ stellt hier ein elaboriertes Modell der Persönlichkeit, eine differenzierte Integrativen Krankheitslehre sowie eine mehrperspektivische und prozessuale diagnostische Herangehensweisen sowie ein breites und vielfältiges Interventionsinstrumentarium mit differenzierten Methoden, Techniken und Stilen zur Beratung und Behandlung von Suchtkranken bereit.

Zusammenfassung
Der Beitrag stellt in kompakter Form die Grundkonzepte der „Integrativen Therapie“ wie sie von *H. G. Petzold* und MitarbeiterInnen seit Mitte der 60er Jahre entwickelt wurde mit Diagrammen visualisiert für die therapeutische und beratende Arbeit mit Suchtkranken vor, so dass das Verfahren in einer praktischen Übersicht dargestellt und zugänglich wird.

Summary
This chapter presents in a concise form the basic concepts of „Integrative Therapy“ as is has be developed by *H. G. Petzold* and his coworkers since the middle of the 60th. Visualized with diagrammes the approach becomes accessible easily for counselling and therapy of addicts.

Keywords: Integrative Therapy, addiction, praxeology

Peter Osten

Integrative Diagnostik der Sucht- und Abhängigkeitserkrankungen

1. Sucht- und Abhänggikeitsdiagnostik in der Gegenwart

Unsere gegenwärtige Zeitepoche – die „Postmoderne" (*Lyotard* 2005), die „radikalisierte" (*Giddens* 1996) oder die „transversale Moderne" (*Petzold* 2004a) – ist eine Phase, die sich in den Grenzen ihrer wissenschaftlichen Erkenntnisse beständig selbst überschreitet, und auf diese Weise eine Komplexität produziert, wie es sie nie zuvor gab. Dies ist für den Menschen, für das Leben, und auch für die Psychotherapie und ihre Diagnostik eine Herausforderung, die sich mit konservativen Strebungen weder angehen noch lösen läßt.

Diagnostik erscheint stets als das „motivationale Zentrum" einer Psychotherapie. In jeder Diagnose findet sich ein Stück der phänomenalen Wirklichkeit von Menschen – ihr Leiden und dessen Geschichte –, zusammengekürzt auf ein Minimum von Information, das meist auch nur noch von Spezialisten entschlüsselt werden kann. Dabei bestehen die üblichen Standard-Diagnosen – im Sinne der Klassifikation der großen Manuale (ICD, DSM) – aus reinen Statusbeschreibungen, allenfalls aus impliziten Verlaufskriterien. Die Folge hiervon ist eine Reduzierung menschlicher Leidensformen auf das Bild einer „Krankheit ohne Geschichte" (*Massing* 1994) – und damit vielfach auch „ohne Sinn". Psychotherapeuten, die in biographisch aufdeckenden Verfahren arbeiten, können aus klassifikatorischen Diagnosen weder ätiologische noch interventive Perspektiven ableiten. Motivational wirksam wird Diagnostik aber erst, wenn sie Hinweise auf die Krankheitsentstehung liefern kann und damit Ideen generiert, was nun sinnvoll sei zu tun. Diese Arbeit und ihre Inhalte beziehen sich auf solche Verfahren, in denen Erkenntnisse in die Abläufe und Dynamiken der eigenen Lebens- und Krankheitsgeschichte die Grundlage bilden für therapeutische Entwicklungs- und Veränderungsprozesse.

Die Forschungs- und Wissensbestände allein der letzten drei Jahrzehnte legen es nahe, in die „postmoderne" psychotherapeutische Diagnostik *mehr* und *etwas anderes* hineinzulegen als nur die Klassifikation oder – wenn es denn hierüber hinaus geht – einen jeweils schulenspezifischen ätiologischen Blickpunkt. Dieses „Mehr" würde heute zu einer Integrationsbemühung (*Norcross* 2001; *Norcross/Goldfried* 1992) führen, in der zum einen tiefenpsychologische, behaviourale, stresstheoretische und sozioökologische Wissensbestände so miteinander verbunden werden, daß Qualität und Potenz der einzelnen Blickpunkte nicht nur eklektizistisch nebeneinander stehen sondern einander ergänzen (*Petzold* 1993, 2001a). Zum anderen müßten diese Theorien auf gemeinsamem Grund stehen, das meint auf dem Boden

1. einer integrierten Vorstellung von den evolutionären Antrieben des Lebens – denn die Triebpsychologie Sigmund Freuds stellt eine heute unzulässige Engführung menschlicher Motivationen dar (vgl. *Barrett* et al. 2002; *Buss* 2004; *Bischof-Köhler* 2004; *Plomin* et al. 1999) –,
2. einer Fundierung psychischer Konzepte (Emotionen, Kognitionen, Memoration, Bewußtsein, Persönlichkeit/Identität etc.) durch moderne neurobiopsychologische und immunologische Forschungen (*Zupanc* 2003; *Schiepek* 2004; *Herpertz-Dahlmann* 2004; *Grawe* 2004) sowie
3. einer empirischen Entwicklungs-, Sozialisations- und Enkulturationspsychologie über die gesamte Lebensspanne (*Osten* 2000; *Hurrelmann/Ul*ich 1998; *Vygotsky* 1978)[1].
4. eine differenzierte Vorstellung vom „Zielgebiet" der psychischen Gesundheit, die Psychotherapie anstrebt, das meint die Frage nach einer Integrativen Gesundheitspsychologie und Salutogenese und – praxisrelevant – die Frage, welche Kompetenzen und Performanzen eine gesunder Menschen den aufweisen sollte (*Renneberg/Hammelstein* 2006; *Faltermaier* 2005; *Becker* 1997; *Antonovsky* 1997; *Hurrelmann/Kolip* 2002).

Darüber hinaus müßte man Ergebnisse von Evidenzforschungen zurate ziehen, wenn es darum geht, die Wirksamkeit einzelner psychotherapeutischer Strategien (*Grawe* 1998; *Lutz/Grawe* 2001; *Sekot/Jakobi* 2001; *Steffan/Petzold* 2001; *Petzold/Märtens* 1999) bzw. die Reliabilität diagnostischer Einschätzungen zu überprüfen (z.B. *Möller* 2000; *Margraf* et al. 1991; *Schauenburg/Grande* 2000). Gerade aber was Evidenzforschungen angeht, begegnen uns weitere Engführungen, wie z.B. die Publikation von *Berger* (2004; Cochrane Collaboration und Centre for Reviews and Dissemination) zeigt, in der bezüglich der Frage der Evidenz von Interventionen mit ganz klarer politischer Absicht fast ausschließlich verhaltenstherapeutische Studien berücksichtigt wurden.

Wenn es über solche lobbyistischen Bewegungen hinaus gelänge, unter Psychotherapie „etwas anderes" zu verstehen als nur die möglichst prompte Kur von psychischen Störungen, so sollte evolutionärpsychologisches mit entwicklungs- und sozialisationspsychologischem Wissen über die gesamte Lebensspanne verbunden in Diagnostik und Interventionen einbezogen wer-

1 Quellliteratur zur Entwicklungspsychologie der Lebensspanne: *Kindheit*: Oerter/Montada 1995; Oerter et al. 1999; Papousek et al. 2004; *Jugend*: Kaplan 1988; Blos 1989; Fend 1999; Schmitt-Rodermund 1999; Schroer 1999; Dreher/Dreher 1999; Seiffge-Krenke 1999; *Erwachsenenalter*: Faltermaier et al. 1992; Filipp/Schmidt 1995; Hoff 1995; Olbrich/Brüderl; Kruse/Schmitz-Scherzer 1995; *Senium*: Zapotoczky/Fischhof 1996; Heuft et al. 2000; Förstl 2002; Müller/Petzold 2002; *Lebensspanne*: Rutter 1992. Filipp 1990;

den (*Bischof*-Köhler 2004; *Buss* 2004), damit Patienten unter der Begleitung ihrer Therapeuten allmählich sich selbst, ihre Motivationen und Störungen bzw. deren Entstehung im Lebenslauf so erfassen und verstehen lernen, daß sie ihnen als logische Folge der Ereignisse begreiflich werden. Hierdurch werden „Einsichten", „Bedeutungsgebungen" und damit „Integrationen" auf einer Ebene geschaffen, die Sinnerleben (vgl. *Petzold/Orth* 2005; *Hadot* 2002) ermöglicht, und damit auch eine hohe Stabilität von Behandlungsergebnissen sichern könnte.

In präventiver Hinsicht sollte das Ziel einer „modernen Suchtpsychotherapie" nicht nur ein gesellschaftlich festgelegtes Maß an Gesundheit sein; eigentlich fördern nach der Erfahrung von Deprivation, Traumatisierungen und anderen belastenden Lebensereignissen erst eine individualisierte Persönlichkeitsentwicklung und -entfaltung, die Einrichtung verbesserter sozialethischer Einstellungen („social attitudes") und soziales Engagement das Zurückkehren in ein Empfinden der Verbundenheit mit sich selbst, der Welt oder den anderen Menschen (*Bourdieu* 1993; *Foucault* 1989).

Dies gründet auf einem Menschenbild, das reflektiert sein will. Die Integrative Therapie hatte von ihren Anfängen her auf dieser Ebene schon früh begonnen Grundlagentheorien zu erarbeiten; anders als die meisten psychotherapeutischen Verfahren wurde das Menschenbild der Integrativen Therapie von philosophischen Aspekten her beleuchtet (*Merleau-Ponty* 1967; *Marcel* 1986) und leibtheoretisch fundiert (Plessner 1975; Schmitz 1989), es weist den Menschen als ein soziales Wesen aus, das sich selbst, die Anderen und die Welt in Sinnzusammenhängen erlebt und auch erleben will, ein Empfinden von Selbstwirksamkeit erreichen möchte und in seinem Lebenskontext und -kontinuum als ein „sinn- und bedeutungsgebender Organismus" verstanden wird (*Flammer* 1990; *Lévinas* 1998; *Taylor* 1993; *Petzold* 1993). Dies hatte in den 70er Jahren schon *Aaron Antonovsky* (1997), der Begründer der Salutogenese, in seiner Idee des *„sense of coherence"* festgehalten, und es wird durch neuere Forschungen auf dem Gebiet der Gesundheitspsychologie voll bestätigt (*Renneberg/Hammelsten* 2006; *Faltermaier* 2005). Der Körper als lebender Organismus erscheint damit weder allein als ein Mechanismus aus Knochen, Muskeln und Organen, der metabolische, humorale oder transmissorische Aufgaben übernimmt, um das Leben zu erhalten; er spielt auf der anderen Seite aber auch nicht die bloße Rolle eines „Trägers der Seele". Als Symbol gelebten Lebens *ist* der Körper- in der Integrativen Therapie so verstanden und bezeichnet als „Leib" – lebendiges Bewußtsein mit einer Fähigkeit zur subjektiven Bedeutungsgebung, die ihn nur begrenzt „durchschaubar" sein läßt; er ist damit in seinen Motivationen und Impulsen letztlich „unberechenbar" und geht stets – vom Beginn seiner Zellteilungen an – über sich selbst und über das, was empirisch *fest* zu stellen ist, hinaus.

Psychotherapeutische Diagnostik wird unter dieser Perspektive zu einem komplexen Unterfangen, das sich nicht auf die reine (querschnittliche) Klassifikation und die Beschreibung von Krankheitsbildern beschränken kann. Besonders aufdeckende Verfahren brauchen ja, um wirksam werden zu können, das Wissen des Subjektes um die Bedeutung seiner Lebenserfahrung und Geschichte, sie betreten damit den Bereich der Krankheitsentstehung, der „ätiologischen Diagnostik“, und sie betreten den Bereich der „narrativen Praxis“, die beide längsschnittlich und intersubjektiv-hermeneutisch angelegt sind (*Petzold* 1993a). Linear-kausale Krankheitsmodelle sind hier viel zu schlecht an die Variabilität von Lebensläufen angepaßt und erreichen nicht die „Trefferquoten“ von intersubjektiv validierten ätiologischen Theorien bzw. Hypothesen.

In den letzten 25 Jahren brachten auch die Ergebnisse der Lebenslaufforschungen eine Innovation in die übliche Interpretationsweise ätiologisch bedeutsamer Faktoren. Kurz gesagt scheinen individuelle und soziale Ressourcen und Resilienzen[2] bzw. das Fehlen solcher bei der Krankheitsentstehung eine weitaus höhere Bedeutung zu haben, als man bislang annahm. Dies macht etwas längst Fälliges nötig, nämlich die Definition dessen, worauf wir als Psychotherapeuten immer – zumeist aber implizit und recht unreflektiert – hinarbeiten: „biopsychosoziale Gesundheit“ (vgl. *Uchtenhagen* 2000). Die Ergebnisse der Lebenslaufforschungen deuten des weiteren darauf hin, daß wir in der Vorstellung dessen, was uns als Menschen schädlich sei, wegrükken müssen von der Idee, es seien vorwiegend „frühe Belastungen“ für die Entstehung psychischer Krankheiten verantwortlich (vgl. *Petzold* 1995; *Schüssler* 2000). Der Stellenwert dieser Idee wird offenbar weit überschätzt. Es sind weder die „Belastungen“ an sich, die zwingend zu Krankheit führen – denn an denen, die wir meistern, wachsen wir –, noch sind es „frühe“ Belastungen allein, denn viele Unwägbarkeiten des Lebens, die uns als Kinder widerfahren, werden bestens abgepuffert und positiv korrigiert durch unterstützende und fördernde soziale Umwelten. Überhaupt wird die kindliche Entwicklung zu sehr als „Einbahstraße der Prägung“ gesehen. In den wenigsten Theorien werden evolutionäre Antriebe von Kindern zur Überlebenssicherung in die Musterbildung der Persönlichkeitsentwicklung mit einbezogen; über das, was uns im familiären Kontext als hilfreiche Strategie der Überlebenssicherung erscheint, prägen wir uns quasi selbst mit (*Osten* 2006).

Im Rahmen einer Integrativen Psychotherapeutischen Diagnostik laufen diese Erkenntnisse auf die Notwendigkeit einer longitudinalen und prognostischen Analyse in der dynamischen Wechselwirkung von belastenden Ereignissen, individuellen Ressourcenfeldern und deren gemeinsamen Verarbeitung durch das Subjekt hinaus (Attribution); erst diese drei Ebenen zusammen ergäben dann ein hinreichend stimmiges Bild der Krankheitsentstehung.

---

2 Querschnittlich gesehen sind das sowohl persönliche Fähigkeiten, Potentiale und Stärken des Individuums als auch unterstützende Faktoren des sozialen Netzwerks; längsschnittlich handelt es sich hierbei um biographisch unterstützende und fördernde Beziehungen sowie Lebenssituationen, von denen die Erfahrung und Erinnerung von Kraft, Selbstwirksamkeit und positiver (Selbst-)Attribution ausgeht. Längsschnittliche Ressourcen/Resilienzen müssen kognitiv und emotional repräsentiert und memorabel sein, um wirksam werden zu können.

Schon in diesem kurzen Aufriß wird deutlich, daß ätiologische Theorien das Zentrum der hier vorgestellten diagnostischen Konzepte bilden. Sie werden flankiert auf der einen Seite von einer „Psychosozialen Anamnese" und der „Klassifikatorischen Diagnostik"; erstere bildet die gegenwärtigen Lebens- und Realsituationen des Patienten ab, in ihren unterstützenden und belastenden Aspekten, letztere gibt Einblick in die querschnittlich „feststellbaren" pathologischen Symptombilder (nomothetische Diagnostik), strukturiert damit den Blickpunkt des Therapeuten und gewährleistet somit auch Kommunikabilität im psychotherapeutischen Kontext.

Auf der anderen Seite wird die ätiologische Hypothesenbildung durch eine Analyse der quer- und längsschnittlichen Ressourcen und Resilienzen des Patienten aspektiert, mit der zusammen sie ein sinnvolles und Sinn stiftendes Gesamtbild der vorliegenden Störung ergeben soll. Diese Informationen münden zusammen in einer Synopse der Behandlungsplanung, die Indikation, Prognostik, Ziel- und Interventionsplanung in einem Zuge abdeckt, eben *weil* alle hierfür relevanten Fakten und Eindrücke in einem solchen diagnostischen Prozedere eingefangen wurden. Graphisch läßt sich das im Überblick wie folgt darstellen:

Abb. 1: Die 5 Module der „Integrativen Psychotherapeutische Diagnostik" (IPD)

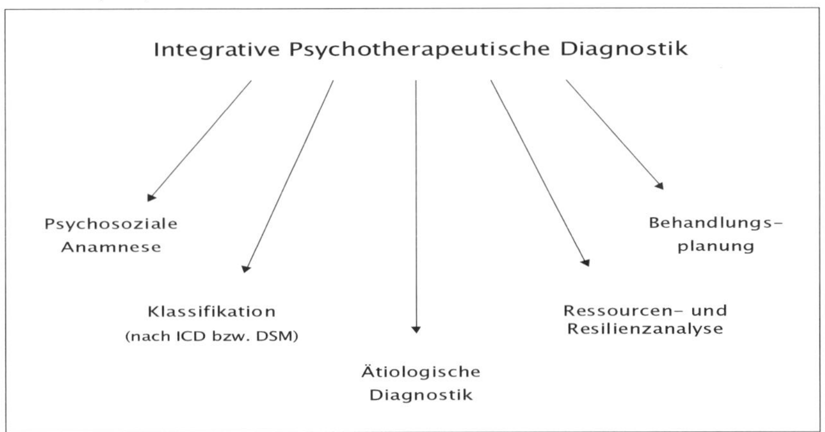

Die ätiologische Diagnostik wird hierbei in sechs relevante Ebenen untergliedert, die aus den vier großen Theoriegebäuden der Krankheitsentstehung hervorgehen, der Tiefenpsychologie (Defizite und Konflikte), der Lern- und Verhaltenstheorie (Lernmodelle und Adaptionen), der Streßtheorie (Überforderung, Disstreß und Trauma) sowie der Sozialökologischen Theorie (Klinische Sozialpsychologie, Netzwerkforschung und Systemische Theorie). In einer modifizierten Form, die unten näher erörtert wird, ergibt das die „Sechs ätiologischen Ebenen der Integrativen Therapie", die sich wie folgt darstellen:

Die „Sechs ätiologischen Ebenen" im Integrativen Ätiopathogenesemodell:

(1) Defizite und prolongierte Mangelerfahrungen
(2) Konflikte und andere spannungsreiche Störungen
(3) Maligne Lern- und Adaptionserfahrungen
(4) Überforderung und zeitextendierter Streß
(5) Traumatisierungen
(6) Sozialökologische Einflüsse

Bevor ich zur Ausführung dieser fünf Module übergehe, werde ich kurz allgemeine Standpunkte zur Thematik von Gesundheit und Krankheit darlegen, eine Stellung zur Körper- oder Leiborientierung moderner Sucht- und Psychotherapie beziehen und in aller Kürze die Grundzüge intersubjektiver Hermeneutik, d.h. die therapeutische Haltung des Diagnostikers aufzeigen. Ein Abschnitt über den Einbezug von Klinischer Entwicklungspsychologie und Lebenslaufforschung in die moderne Psychotherapie wird sich anschließen. Danach werden die Methoden zur Erfassung von klinischen Daten, Informationen und Eindrücken von ihrem Aufbau und ihrer Struktur her dargestellt.

2. Gesundheit und Krankheit im Rahmen definitorischer, erkenntnis- und wissenschaftstheoretischer Fragestellungen

Die Bestimmung psychischer Gesundheit und Krankheit bleibt – auch im Rahmen der klassifikatorischen Diagnostik – stets in hohem Maße relational, weshalb bei der Definition des Gesundheits- bzw. Krankheitsbegriffes nicht nur (psycho-)pathologische, sondern auch ethische und soziokulturelle Aspekte ein wichtige Rolle spielen. Im je zeitepochalen „anonymen gesellschaftlichen Diskurs" (*Foucault* 1974) beinhalten Vorstellungen von psychischer Krankheit einen definitiven Macht- oder Regulationsfaktor, der die Grenzziehung zwischen Gesundheit und Krankheit für den Betroffenen zu einem durchaus schmerzvollen Erlebnis machen kann. Von daher besitzt der Begriff der Krankheit nicht nur eine subjektive („krank ist, wer sich so fühlt") sondern auch eine ökogenetische, gesellschaftliche Dimension („krank ist, wer so definiert wird"). Näheres *Ebert, Könnecke-Ebert*, dieses Buch.

Von der anderen Seite her betrachtet, schließt eine stringente, intersubjektiv orientierte Exploration mit dem Versuch, zentrale Probleme und Beschwerden temporär und tentativ „festzulegen", eine engagierte Haltung des Therapeuten sowie einen authentischen Kontakt zwischen Therapeut und Patient nicht aus. Es ist also nicht nötig, dem klassischen Antagonismus der Diagnostikdebatte zu verfallen (Positivismus vs. Intersubjektivität); vielmehr wäre festzuhalten, daß eine professionelle Haltung die Vorstellung birgt, daß keiner dieser beiden Pole je voll zu verwirklichen ist, sich das psychotherapeutische Geschehen also – im Sinne einer „guten Dialektik“ – stets im polaren Spannungsraum abspielt.

3. Der Körper in der modernen Psychotherapie

Der Körper hat in der Geschichte der Suchttherapie naturgemäß eine größere Rolle gespielt als allgemein in der Psychotherapie. Aber die Prozesse seiner Integration in das diagnostische und therapeutische Geschehen sind auch hier alles andere als befriedigend abgeschlossen. Zwar wurden praktisch und theoretisch orientierte Vorstöße von praktischer Seite unternommen (*Jacobson* 1938; *Reich* 1973; *Lowen* 1981; *Gräff* 1983; *Middendorf* 1984; *Boyesen* 1987; *Fuchs* 1989; *Geißler* 1994; *Downing* 1996), gleichwohl bergen einige dieser Ansätze – z.B. durch mechanistische Vorstellungen körperlicher „Triebenergie“ und deren „Abfuhr“ oder durch überholte biologistische Axiome „organismischer Selbstregulation“ – zweifelhafte theoretische Implikate. Auch das Modell des „Kontaktvollzuges“ von *Fritz Perls* (1944; idem et al. 1951) zeigt untergründig diese Konnotation. Weitergehende Fundierung erhielten Körpermodelle in der Psychotherapie erst durch die Heranziehung leibphilosophischer Ansätze aus Deutschland und Frankreich (*Marcel* 1986; *Merleau-Ponty* 1966; *Schmitz* 1989; *Plessner* 1965, 1975; vgl. *Petzold* 1986, 1988; *Kühn/Petzold* 1992); aber bei weitem nicht alle „körperorientierten Verfahren“ haben eine theoretische Einbindung vorgenommen. (idem 2002j)

Grundsatz moderner Diagnostik in der Psychotherapie wird mit diesen Gedanken, den Menschen sowohl in seiner psychischen Entwicklung als auch in seiner Krankheit als „Leibsubjekt im Lebenszeitkontinuum“ mit einer primordialen „sozialen Ausrichtung“ zu sehen (*Marcel* 1986; *Petzold* 1988). Der Einbezug des Körpers in die Psychotherapie erschöpft sich daher nicht in der bloßen Hinzufügung ärztlich somatischer Diagnostik (was für sich gesehen fraglos wesentlich ist). Der cartesianische Dualismus wäre damit aber nicht überwunden (vgl. hierzu *Uexküll* et al. 1994).

Sowohl Krankheiten als auch die Prozesse der Gesunderhaltung sind in ihrer Entstehungs- und Verlaufsdynamik einer komplexen wechselseitigen Durchdringung von individuellen und lebensweltlichen Faktoren unterworfen, die zu ihren Rändern hin letztlich immer opak bleibt. Therapeutischer Respekt ergibt sich dadurch, sich bewußt zu halten, daß man mit seinem Erkenntnisinteresse stets an sehr beliebigen Punkten in bereits lang laufende „Gestaltkreise“ (*v. Weizsäcker* 1947) eingreift, um „Kausalitäten“ aufzuspüren. Der Leib ist für dieses Paradox vielleicht die beste Metapher, das stimmigste Symbol: Es ist nicht nur, daß ich mir den „Anderen“ nie zur Gänze verfügbar machen kann (*Lévinas* 1998), auch mein eigener Körper und die Gründe seiner Krankheit bleiben, obwohl ich ein ganzes Leben lang versuche zu verstehen, meinem letzten Zugriff gegenüber verschlossen (*Marcel* 1986). Und Psychotherapie selbst *ist ja* „leibliche Kommunikation“, in der vieles menschlich-leiblichunbewußt bleibt (*Schmitz* 1992). Dies ist gleichzeitig der Hintergrund, vor dem moderne Psychotherapie im Rahmen der „klassifikatorischen Diagnostik" auf das „Spiel einer positivistischen Objektivierung" eingeht. Allein die Gründe der Kommunikabilität sprechen hierfür, von wirtschaftlichen und gesundheitspolitischen Notwendigkeiten einmal ganz abgesehen. Dahinter bleibt indes das Bewußtsein um die Beschränktheit der Klassifikation auf die Oberfläche der Störung klar erhalten, und die intersubjektive Hermeneutik leiblicher und seelischer Phänomene das zentrale therapeutische Agens (*Petzold* 1993c, d).

So vollzieht sich die lebenslange Entwicklung des Menschen als ein leibgegründetes und persönlich bedeutsames Geschehen, das stets „offen", damit paradox und konflikthaft bleibt. Schon die ersten (intrauterin vorhandenen und nicht aktiv memorierbaren) Erinnerungen des Menschen sind diskrete sensomotorische und propriozeptive, also leibliche, Empfindungen, die Selbstbild und Selbstgefühl emotional unterfangen: Grundvertrauen und Grundstimmung. Das Gelingen leiblicher Dialoge zwischen dem Kind und seinen Betreuungspersonen ist grundlegend sowohl für die Emergenz von Entwicklungsprogrammen, wie generell für die Individuation des Menschen; dies konnten die Säuglings- und Kleinkindforschungen eindeutig belegen (*Petzold* 1995). Zum Zeitpunkt der Geburt ist der Leib noch nicht alleine lebensfähig, er ist auf Nahrung, Pflege und Liebe angewiesen, auf die Berührungen, die Blickdialoge und Lautspiele mit seinen Eltern und Geschwistern, die ihm seinen inneren Zustand widerspiegeln, später auf die Rollenzuschreibungen seiner Betreuungspersonen, aus denen er sich nach und nach sein Selbstbild konstruiert, das als solches tief im zwischenmenschlichen und damit auch im „zwischenleiblichen" Raum wurzelt (*Petzold/Orth* 1994). Zum größten Teil entzieht sich das Erleben dieses Aufbaus der Reflexivität und sedimentiert eher diffus als „Leib- und Lebensgefühle".

Weiter sorgen leibgegründete, evolutionäre Programme in der späteren Kindheit und in der Pubertät für die körperliche Entwicklung und psychisch für das Auftauchen von Wünschen und Bedürfnissen, Antrieben und Motivationen. Die psychische Entwicklung ist also weder ein vom Körper noch von der Umwelt abgekoppelter und autarker, sondern ein leibbezogener, interaktioneller Prozeß, in dem persönliche Prägungen – im gesundheitlichen wie krankheitsspezifischen Verständnis – durch das Wechselspiel von Anlagefaktoren und Kontextbedingungen – Ressourcen, Lernerfahrungen und pathogenetische Einflüsse – *in einem Zuge* vollzogen werden. *Interaktion*, *Intersubjektivität* und *Abstimmung der Affekte* werden schon für die früheste Kindheit als die zentralen Paradigmen der Entwicklungstheorie bestätigt (*Dornes* 1993, 1997; *Stern* 1992, 1998; *Papoušek* 1999; *Petzold* et al. 1995; *Piontelli* 1996). Gleiches gilt für die spätere Identitäts- und Selbstwertentwicklung, denn auch die reife Identität ist wesentlich ein „Feldphänomen"; sie wird als eine Verarbeitung und Sedimentation von Fremdzuschreibungen *und* Selbstidentifizierungen, zu gleichen Anteilen, betrachtet und konstituiert sich damit ebenfalls durch leiblich fundierte, psychosoziale Austauschprozesse. Die neurobiopsychologischen Forschungen bestätigen diesen Zusammenhang in ihrem Konzept des „neurobiologischen Unbewußten“, in dem sie von der Wahrnehmung beginnend über die Memoration und den Abruf von Erinnerungsprozessen, bis hinein in die Musterbildung der Persönlichkeit (und damit natürlich auch der dysfunktionalen Muster) die Vorstellung von „neuronalen Bahnungen“ (Prägung) und ihren „Aktualisierungen“ (Abruf) durch soziale Aufforderungscharaktere als körperlich-leibliche Prozesse konsequent durchhalten und diese auch in die konkreten Möglichkeiten der therapeutischen Veränderung mit einbeziehen (*Schiepek* 2004; *Grawe* 2006).

Seelische Schädigungen sind daher immer auch leibliche Schädigungen. Und dies nicht erst, wo die körperliche Seite reaktiver Störungen allzu offensichtlich wird, so bei Suchtproblemen, bei Psychosomatosen, funktionellen und alimentären Störungen. Forschungen zum Posttraumatischen Syndrom bescheinigen überdeutlich den Zusammenhang zwischen seelischem und körperlichem Streß (hyperarousal, numbing; vgl. *Petzold* et al. 2000a; *Fischer/Riedesser* 1998; *Markowitsch* 2001), Depressionsforschungen belegen sogar eine signifikante therapeutische Ansprechbarkeit über den leibtherapeutischen Zugang (z.B. *van der Mei* et al. 1997).

In weniger offensichtlichen Fällen können sich seelische Probleme als subtil nachweisbare muskuläre Involvierungen im Bewegungsapparat, als Beeinträchtigungen der Organtätigkeit oder als maligne immunologische, neuronale und endokrinologische Prozesse manifestieren *(Müller/Czogalik* 1995; *Hellhammer/Kirschbaum* 1998; *Henning* 1998; *Tress* 1997; *Uexküll* et al. 1994). Bei akkurater phänomenologischer Analyse der sogenannten „Psychoneurosen“ – nimmt man nur die Depression einmal zum Beispiel – öffnet sich der Blick: Es ist bei weitem nicht nur der herabgestimmte Affekt, der hier augenscheinlich ist und nach dem diese Krankheit eingestuft wird. Wir finden eine Einschränkung, bisweilen ein Abbrechen der geistigen und emotionalen Beweglichkeit (Antrieb), die im motorischen Bereich bis zum Stupor reichen kann. Des Weiteren finden wir ein flaches Atemmuster, Unbeweglichkeit in Mimik, Gestik, Haltung und Bewegung. Erloschene Blicke, einen herabgesenkten Haut- und Muskeltonus, soziale Unbeweglichkeit, deprivierte Ausdrucksmuster auf allen Ebenen, insgesamt ein Sieg der Passivität und Lethargie (*Pfau/Fernandez* 1994); *Schmitz* (1989) spricht von „dissoziierter Leiblichkeit“. Selbst Bindungen werden nur noch als belastend erlebt. Das alles hat Einfluß auf Wahrnehmungs- und Verarbeitungstätigkeiten, was zu Introversion, Selbstentwertung, Sinnverlust, antizipatorischer Negativität, bis hin zu wahnhaften Vorstellungen führen kann. Diese „leiblichen Dimensionen“ der Neurose müssen gerade bei Suchtproblemen sowohl diagnostisch als auch therapeutisch berücksichtigt werden – die Sucht ist oft sogar ein „Spiel mit dem Tod“ –, weil es sonst zu Fehleinschätzungen des Krankheitsbildes bzw. der Komorbidität kommt und damit zu fehlgeleiteten Indikationen (*Orth* 1996; *v. Bardeleben* 2000; *Stohler* 2000; *Gold/Slaby* 1991).

Im Sinne einer ökologischen Wahrnehmungstheorie (*Petzold* et al. 1995) müssen wir außerdem annehmen, daß dem Wiederholungsphänomen der Neurose auch „leibliche Interaktionsangebote“ zugrunde liegen, die sich schon durch die Wahrnehmung, erst recht aber im Ausdruck – Mimik, Blicke, Gestik, Stimmintonation und Gebärden – periverbal inszenieren und für das Umfeld einen Aufforderungscharakter im Sinne der Neurose darstellen, so daß die Wahrscheinlichkeit einer „Neuauflage" pathogener Interaktionsmuster sehr hoch wird. Die Neurose steckt also nicht nur „in der Seele" sie steckt auch „in der Faser" des menschlichen Leibes. Und Suchtmittel verändern auf die Dauer diesen Leib, die Fähigkeit, sich selbst in ihm wahrzunehmen, sich selbst und seine Empfindungen und Gefühle „gesund" zu attribuieren; und so verändert sich durch den Suchtmittelgebrauch über die Zeit hin die Persönlichkeit.

So ergibt sich für die moderne Psychotherapie naturgemäß die Notwendigkeit einer somatischen Differentialdiagnostik, die die Suchtspezifika mit berücksichtigt (Abhängigkeits- und Entzugssyndrome, vegetative Syndrome, sekundäre Funktionsstörungen etc.; vgl. *Soyka* 2000a, b). Danach aber tritt eine sorgfältige Analyse von Leibphänomenologik und Gefühlen sowie *subjektiven Deutungen* ins Zentrum des diagnostisch-interventiven Geschehens. Körper- und Leibphänomene werden erfaßt durch dasjenige Element, mit dem Menschen in jedem Augenblick offen und mit sozialen Intentionen auf die Welt ausgerichtet sind, in „Ko-Respondenz" mit ihrer Umwelt stehen: der Bewegung.

Hierfür benötigen wir einen breit gefaßten Begriff des „Leibes in Bewegung", der Blicke, Mimik, Gesten, Gebärden und Haltungen, Atem- und Stimmmuster, Organempfindungen, Gefühle und emotionalen Streß, Bilder und selbst Gedanken als periverbales *Ausdrucksgeschehen* in den Blick nimmt, und diesem Ausdruck persönliche Bedeutsamkeit unterstellt. Dies ist gemeint, wenn *Argelander* (1970) von der „szenischen Funktion des Ich" spricht (vgl. hierzu *Petzold* 1993c, d; *Eckstaedt* 1992), die zwar informativ ist, aber nicht objektiv, weil die durch sie gewonnenen Informationen persönliche Eindrücke des Therapeuten bleiben, nicht mehr.

Ein solches Konzept der phänomenologischen *Leib- und Bewegungsdiagnostik* ist verwurzelt in der menschlichen Phylogenese und Ontogenese, im komplexen System der autonomen Impulse, Bedürfnisse und Motivationen, aber auch in dem der bewußteren Intentionen, der Emotionen, der Wünsche und Phantasien, der Erinnerungen, im Willen und in den Antizipationen. Hier kommen also Anlagefaktoren, bewußte wie unbewußte Intentionen, individuelle, sozialsituative, kulturepochale, sogar kollektive Motivationshintergründe der Bewegung zum Tragen (*Jung* 1976, 1995).

Leib und Bewegung entwickeln sich ja von Beginn an aus der intersubjektiven Bezogenheit als persönlich erworbene Eigenheit. Bewegung ist damit ein soziales Wechselspiel von *Aufforderungscharakter* und persönlicher *Handlungsantwort* (vgl. *Petzold* et al. 1995); sie impliziert Intentionen und sie produziert Information, und das sowohl für die sich bewegende Person selbst als auch für die Umgebung. Diese individuell erlebte *Mutualität* ist erinnerungsfähig und hat damit Anschluß an alle Identitätsprozesse. Bewegungsmotivation, ihr Ausdruck und ihre Wirkung werden im individuellen wie intersubjektiven Entstehungsgefüge als „nonlinearkausale Emergenz" verstanden (vgl. *Osten* 1999).

Leibliche Phänomene und Bewegung jeder Art offenbaren ihren vollen Bedeutungsgehalt erst, wenn sie zu ihrem situativen und szenischen Hintergrund in Beziehung gesetzt werden.

Im intersubjektiven Auslegungsprozeß kann durch weitere Interventionen (Aufgreifen von Spontanbewegungen oder angeleitete Gebärdenexperimente) beim Patienten weiteres assoziatives Material evoziert werden. Dieses vom Phänomen der Bewegung zu den Schemata der Person hin gewonnene Material steht dem Prozeß weiterer Erkenntnisgewinnung bzw. der weiteren Bearbeitung zur Verfügung. Durch diese Form der Leib- und Bewegungsdiagnostik wird gewährleistet, daß der Körper in der Sucht- bzw. Psychotherapie nicht ein weiteres mal nur in seiner Bedeutung als „organismischer Träger" psychischer Prozesse verstanden wird, der aber in seiner Eigenart ausschließlich „somatischer" Interventionen bedürfe. Erst in der dargestellten Verschränkung können somatische wie psychische Störungen „gestalthaft", nämlich schlicht als „Krankheiten des Menschen" verstanden werden (*v. Weizsäcker* 1948).

4. Klinische Entwicklungspsychologie und Lebenslaufforschung als Grundlage moderner Psychotherapeutischer Diagnostik

Wenn psychotherapeutische Diagnostik nicht methodenreduktionistisch arbeiten will – d.h. zum Beispiel: nur tiefenpsychologisch, nur behavioural, nur traumaorientiert, nur systemisch etc. –, benötigt sie einen theoretischen Hintergrund, der ihr erstens ätiologisch relevante Informationen zuspielt, die sich nicht aus einer speziellen Richtung heraus konstituiert haben. Zweitens ist sie auf eine Interventionslehre angewiesen, die nicht immer wieder nur die (vorher gesetzten) Schulenspezifika bestätigt, sondern eher anthropologisch ausgerichtet ist, damit die Patienten, als die „behandelten Menschen", selbst die Wirksamkeit ihrer Behandlung erleben und bewerten können.

Aber: gibt es ein gemeinsames Terrain für psychotherapeutische Schulen und Suchttherapeuten? Natürlich werden heute vielfältige Bemühungen aus der Richtung der psychotherapeutischen Evidenzforschung unternommen (z.B. *Petzold/Märtens* 1999; *Sekot/Jacobi* 2001), die sich dies zum Ziel gesetzt haben. In Amerika gibt es seit langem Integrationsbemühungen im Feld der Psychotherapie (*Norcross/Goldfried* 1992; *Castonguay/Goldfried* 1997), in Deutschland hat die Forschungsgruppe um *Grawe* einiges an Arbeit geleistet (*Grawe* 1998; *Grawe* et al. 1994; *Lutz/Grawe* 2001), gleichermaßen die Integrationsbewegung um *Petzold* (1993; vgl. *Steffan/Petzold* 2001). Gleichwohl fehlt es weiterhin an Neutralität. Den Boden für eine „Allgemeine Psychotherapie" könnte nur eine unabhängige empirische Forschung stellen, vielleicht in Zukunft in Form einer „*evidence based psychotherapy*", aber die Wege dorthin sind noch weit und verzweigt. Dem gemäß bildet die „Klinische Entwicklungspsychologie" („*development psychopathology*", wie die

Bezeichnung im Amerikanischen lautet) derzeit die beste Grundlage, um – unter Einbeziehung tiefenpsychologischer, behaviouraler, traumatheoretischer und sozialökologischer/systemischer Gesichtspunkte – zu einem „Integrativen Entwicklungsorientierten Ansatz“ in der Sucht- und Psychotherapie zu gelangen (*Resch* 1996; *Keller* 1998; *Petermann* et al. 1998; *Oerter* et al. 1999; *Röper* et al. 2001). Sie kann – zusammen mit der empirischen Lebenslaufforschung (*Petzold* et al. 1993; *Kahn/Antonucci* 1980; *Filipp* 1990; *Rutter* 1992) – zur Basis werden sowohl für die Exploration ätiologischer Prozesse als auch für die Suche nach geeigneten Interventionsschritten und Behandlungsmethoden (*Noam/Röper* 1999).

Wirft man einen Blick auf die oben genannten „Fünf Module“ der Integrativen Diagnostik, wird sofort evident, daß die ätiologische Diagnostik das eigentliche Kernstück jeder Therapie sein muß, weil die Hypothesen über die individuelle Krankheitsentstehung schier selbstverständlich in die konkreten therapeutischen Interventionen eingehen. Nun verlaufen ätiologische Hypothesenbildungen zumeist schulengebunden, entlang tiefenpsychologischen (psychodynamischen), lern- und streßtheoretischen (behaviourlalen), traumatheroetischen oder sozialökologischen (systemischen) Paradigmen (vgl. *Mertens* 2001; *Margarf* 1996; *v.d. Kolk* et al. 2000; *Schiepek* 2001; *Hass/ Petzold* 1999). Man braucht gar nicht genau hinzuschauen, um zu sehen, wie sehr zumindest diese vier Blickpunkte *zueinander gehören*, wenn es darum geht, Menschen mit ihren Störungsbildern stimmig zu erfassen (um sie vollständig werden zu lassen, müßten noch Anlagefaktoren hinzugezogen werden). Schulenkonkurrenz ist hier unangebracht: Wir entwickeln uns nicht ausschließlich unter der dynamischen Perspektive von Konflikten und Defiziten (Tiefenpsychologie, Humanistische Psychologie), auch nicht allein unter dem Einfluß von Lernmodellen, Streß, Belastungen und deren Adaption (Behaviourale Theorie), und wir nehmen den Zustrom aus unserem Umfeld – sei es allein unter sozialpsychologischer, sozialökologischer oder unter systemischer Perspektive – nicht einfach ungefiltert in uns auf. Allenfalls könnten schwere Traumata und anhaltender Streß eine solche isolierbare ätiologische Rolle spielen. In allen anderen Fällen aber (und auch im Hinblick auf komorbide Störungen) wird die Mensch-Umwelt-Interaktion zur zentralen Perspektive (*Vygotsky* 1978; *Lewin* 1935), und zwar vor dem Hintergrund des jeweiligen entwicklungspsychologischen Niveaus bzw. des Status, der Möglichkeiten und Potentiale, die ein Mensch bei Einwirkung einer Noxe ausweisen kann (*Osten* 2000; *Kahn/Antonucci* 1980; *Rutter* 1992). Ergebnisse aus der Lebenslaufforschung weisen in diesem Zusammenhang eindeutig in die Richtung, daß es nicht allein die Schwere einer Einwirkung ist, die für die Auslösung einer psychischen oder psychosomatischen Erkrankung verantwortlich gemacht werden kann. Vielmehr verläuft der Gesundheitsprozeß über die gesamte Lebensspanne hin entlang eines dynamischen Verhältnisses von individuellen Vulnerabilitäten und Resilienzen (*Petzold* et al. 1993; *Schüssler* 2000; *Ernst* 1992; *Werner/Smith* 1983; *Knäuper/Schwarzer* 1999; *Fiedler* 1999; *Oerter* et al. 1999; *Röper* et al. 2001).

Ein dynamischeres – und wahrscheinlich stimmigeres – Bild der Krankheitsentstehung ergibt sich deshalb, wenn man zunächst (1) die Perspektive von Ressourcen und Schutzfaktoren einbezieht: sind bei Einwirkung von Negativfaktoren genügend – internale und externale – Ressourcen vorhanden, können wir Probleme bewältigen, und erlangen aus diesem Kraftaufwand auch noch ein Gefühl der Robustheit. Sind zu diesem Zeitpunkt wenig Ressourcen zur Verfügung, können schon geringe Belastungen zu Entgleisungen führen (*Petzold* et al. 1993). Protektive Faktoren und Prozesse tragen also primär zur Bewältigung bei, und sekundär dazu, daß eine positive Selbsteinschätzung entsteht.

Darüber hinaus müssen wir (2) die schlechte Prognose von Entwicklungsdefiziten und Mangelerfahrungen auch bei Erwachsenen in den Blick nehmen, denn wer mit „schlechteren Karten" antritt, ist gefährdeter als andere, die die gleichen Probleme unter Umständen locker wegstecken. In der Suchttherapie spielt diese Perspektive eine besondere Rolle. Sind also bei Einwirkung von Negativfaktoren genügend Entwicklungspotentiale (erfolgreiche Bewältigung von Entwicklungs- und Reifungsaufgaben, positive Adaptionsmechanismen) vorhanden, kann es sein, daß nicht nur die Krankheit ausbleibt, sondern auch noch Resilienz gebildet wird (*Nuber* 1998; *Knäuper/Schwarzer* 1999). Diese Dynamik soll die folgende Graphik verdeutlichen.

Abb. 2: Längsschnittliche Wechselwirkung von salutogenetischen (SA), pathogenetischen (PA) und Defizitfaktoren (DE) im Hinblick auf die Krankheitsentstehung (nach *Petzold* et al. 1993).

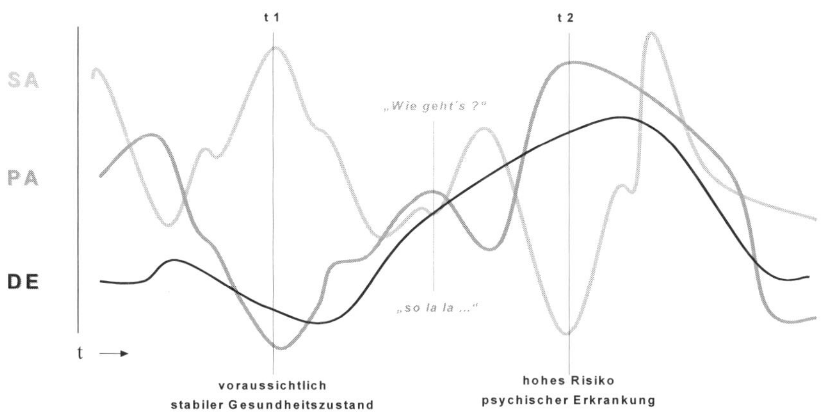

Legende: Das Diagramm zeigt horizontal die Zeitachse, einen beliebigen Ausschnitt aus dem Lebenslauf, vertikal sind die drei Einflußgrößen verzeichnet, hell- für Salutogenese, mittel- für Pathogense und dunkelgrau für Defizitgenese. Die drei Größen sind, je nach Meßzeitpunkt, in sehr unterschiedlicher Effektstärke, aber alle drei stets gleichzeitig vorhanden, wie drei Stränge ineinander verschlungen. Aus der Interaktion und Interferenz der Einwirkungen ergeben sich unterschiedliche Bedeutungen für das Individuum. Betrachten wir den Zeitpunkt t1, so finden wir hier einen starken Effekt salutogener Einflüsse, ein Moment, wo innere Ressourcen voll zum Tragen kommen und bekräftigende externe Faktoren wirken. Dagegen sind die pathogenen Einflüsse gering, und es gibt kaum Defizite zu beklagen. Das wäre ein Bild von Zeiten besonderer Qualität, die für sich gesehen schon eine Ressource bilden, und in denen voraussichtlich ein stabiler Gesundheitszustand zu erwarten ist. Zum Zeitpunkt t2 sieht das schlechter aus. Pathogene und Defiziteinflüsse sind hoch. So eine Zeit könnte man, wenn man – auf neudeutsch gesagt – „gut drauf" ist, wahrscheinlich bewältigen. Aber wenn die Ressourcenkurve auch noch in den Keller geht, sieht es düster aus, und die Risiken, psychisch zu erkranken oder bei Suchtstörungen einen „Rückfall zu bauen", sind hier besonders groß (*Körkel* 1988).

Fügt man die Perspektiven von Evolutionärer Psychologie, Neurobiopsychologie, Klinischer Entwicklungspsychologie, Sozialisationsforschung und Lebenslaufforschung zusammen, bildet dies die theoretische und explorative Basis einer Integrativen Krankheitstheorie. Auf dieser Grundlage lassen sich Konflikttheorie und Psychodynamik (Tiefenpsychologie), Lern- und Streßtheorie (Behaviourale Theorie), Traumatheorie und Sozialökologische Theorie (Systemische Theorie) miteinander verbinden, mit dem konsequenten Verständnis, daß Konflikte und Defizite, Lern- und Adaptionsmodelle, Streß und traumatische Einflüsse sowie sozialökologische Faktoren zu jedem Zeitpunkt der menschlichen Entwicklung in verschiedener Stärke auf das Individuum einwirken, *und das eben sehr unterschiedlich*, nämlich auf dem jeweiligen entwicklungspsychologischen Niveau, der Reifungsentwicklung oder eben der Beschädigung, die im Moment des Einwirkens gerade vorhanden ist. Damit kann ein Einflußfaktor zur Förderung, zur Forderung oder zur Überforderung werden, denn Kinder, Jugendliche und Erwachsene würden naturgemäß sehr unterschiedlich auf den gleichen Stimulus reagieren. So ergibt sich graphisch für den Aufbau eines Integrativen Krankheitsverständnisses folgendes Bild:

Abb. 2: Aufbau eines Hypothesen generierenden Modells Integrativer Ätiopathogenese

Ätiologische Theorien und pathogenetische Konstellationen im Integrativen Diagnosemodell

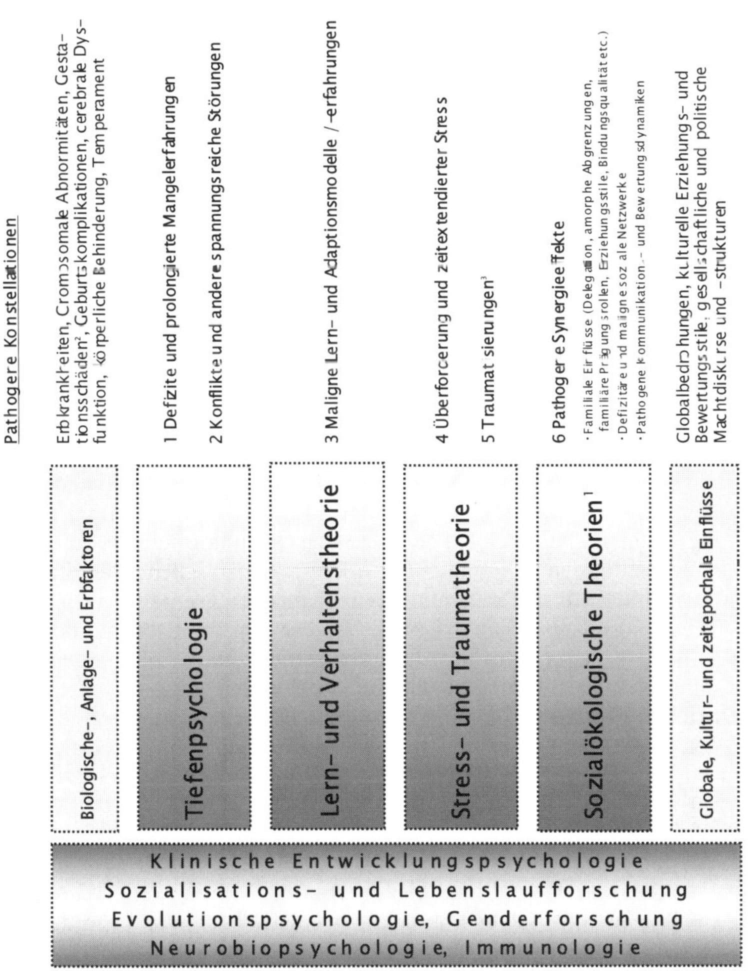

Pathogene Konstellationen

Biologische-, Anlage- und Erbfaktoren
Erbkrankheiten, Cromosomale Abnormitäten, Gestationsschäden[2], Geburtskomplikationen, cerebrale Dysfunktion, körperliche Behinderung, Temperament

Tiefenpsychologie
1 Defizite und prolongierte Mangelerfahrungen
2 Konflikte und andere spannungsreiche Störungen

Lern- und Verhaltenstheorie
3 Maligne Lern- und Adaptionsmodelle / -erfahrungen

Stress- und Traumatheorie
4 Überforderung und zeitextendierter Stress
5 Traumatisierungen[3]

Sozialökologische Theorien[1]
6 Pathogene Synergieeffekte
· Familiale Einflüsse (Delegation, amorphe Abgrenzungen, familiäre Prägungsrollen, Erziehungsstile, Bindungsqualität etc.)
· Defizitäre und maligne soziale Netzwerke
· Pathogene Kommunikations- und Bewertungsdynamiken

Globale, Kultur- und zeitepochale Einflüsse
Globalbedrohungen, kulturelle Erziehungs- und Bewertungsstile, gesellschaftliche und politische Machtdiskurse und -strukturen

Klinische Entwicklungspsychologie
Sozialisations- und Lebenslaufforschung
Evolutionspsychologie, Genderforschung
Neurobiopsychologie, Immunologie

1 Systemische Theorie, Rollentheorie, Netzwerktheorie, Klinische Sozialpsychologie
2 a) Blutgruppenunverträglichkeit, Infektionen (AIDS, Röteln etc.), externale Beschädigungen (z.B. durch Unfall), Intoxikationen (Alkohol, Medikamente, Vergiftungen im Arbeitsfeld), Stoffwechselstörungen, b) Störungen, Krankheiten, Unfälle im Lebenslauf
3 Deprivation, Missbrauch, Gewalt, Vernachlässigung, Viktimisierung, Kriegstraumata, PTSD

Integrative Sucht- und Abhängigkeitsdiagnostik würde so verlangen, daß man beim eigenen schulentheoretischen Hintergrund nicht stehen bleibt, sondern die Erkenntnisse und empirischen Ergebnisse einer solchen „längsschnittlichen dynamisierten allgemeinen Krankheitstheorie" einbezieht, am besten fundiert durch eine anthropologische Grundorientierung (*Petzold* 1993a, b; *Schmidt-Degenhard* 2000), wie sie eingangs kurz dargestellt wurde. Nur so könnte man sicher gehen, mit dem Blick auf Abhängigkeitsgenese, psychische Krankheiten und deren Entstehung im individuellen Lebenslauf nicht nur an Negativfaktoren, dem Paradigma der frühen Störungen oder anderen verzerrenden Ideologemen „kleben" zu bleiben, sondern den Menschen mit seiner Störung in seinem lebenslangen Entwicklungskontinuum zu erfassen. Und dazu gehören auch seine Stärken und Ressourcen.

Nun waren natürlich auch die Entwicklungstheorien stets das Feld fachlicher Konkurrenz, weil ihre Inhalte ein bestimmtes (von den Ansätzen erwünschtes) Bild vom Menschen entwerfen; sie versuchen zu erfassen, wie der Mensch, seine Potentiale und seine Krankheiten zu verstehen – und dann auch zu heilen – sind; in gewisser Hinsicht bilden sie deshalb das „Kernstück" einer Ausrichtung. Die Vorstellungen von der biologischen und psychischen Entwicklung des Menschen implizieren – einmal mehr, einmal minder bewußt – auch Vorstellungen davon, was diesen Prozessen zu- oder abträglich sein kann, und geben dem „interventiven Denken" des Therapeuten damit ihre Tendenz.

Hierzu nur ein Beispiel: Im Umgang mit Säuglingen und Kleinkindern, aber auch im Umgang mit den „übertragenen" Kindern in der Jugend- oder Erwachsenentherapie, gibt das einen erheblichen behandlungsrelevanten Ausschlag, ob man als Therapeut entwicklungspsychologisch das innere Bild eines „oral bestimmten", „grandiosen" oder „autoerotischen" Säuglings vor sich hat, der mit Hilfe seiner „Omnipotenzphantasien" seine Umwelt terrorisiert (*Freud* 1905), einen „autistischen", später „symbiotischen", der „kein primäres Interesse an der Realität" hat, sich seinen „halluzinatorischen Wunscherfüllungsphantasien" hingibt und sich schließlich nur aus Not an seine Umwelt richtet (*Mahler* et al. 1978), oder das Bild eines „interaktiven Säuglings", der von Anfang an seine Umwelt wahrnehmen kann, äußerst interessiert an ihr ist und von sich aus mit allen Personen sofort in interaktive Prozesse eintritt (*Dornes* 1993; *Stern* 1992).

Für Therapeuten, die in psychodynamischen bzw. biographisch aufdekkenden Verfahren arbeiten, mündet das in vielerlei Fragen: Wie und was nehmen Kinder und Jugendliche eigentlich wahr? Wie werden diese Eindrücke im Prozeß sukzessiver Entwicklung verarbeitet? Was kann das Kind in den einzelnen Stufen jeweils bewältigen, wovon ist es überfordert? Für die psychotherapeutische Arbeit und Exploration sind diese Fragen in der Weise relevant, als daß hier von Szenen der frühen und der späten Kindheit berichtet wird, auch von Szenen des Jugend- und Erwachsenenalters; und wir benötigen Muster, Raster, Vorstellungen einer vermeintlich „normalen" Entwicklung, um die im Therapiekontext vorgestellten Szenen mit ihnen verglechen (*comparing*) zu können. Ein solches Vergleichen sensibilisiert für Entwicklungsrisiken und ergibt Ansatzpunkte für Interventionen, weil es entwicklungs- und krankheitstheoretische Aspekte integriert (*Oerter* et al. 1999; *Keller* 1998; *Noam/Röper* 1999; *Röper* et al. 2001; *Petermann* et al. 1998, 2000; *Resch* 1996).

Die empirisch gesicherten Entwicklungstheorien versuchen „Modellinszenarien“, ja sogar „Modellatmosphären“, bereitzustellen, für eine Zeit, die wir alle nur unzureichend erinnern können. Für die neueren Säuglingsforschungen, die als zentrale Entwicklungsparadigma „Interaktion“ und „Abstimmung der Affekte“ gesetzt haben, trifft dies in besonderem Maße zu; hier werden aus konkreten Beobachtungen Entwicklungsqualitäten *mit* ihrer Ausdehnung ins soziale Feld *konstruiert* und für den Therapeuten als ein vorsichtig zu gebrauchendes Erkenntnis- und Handlungsinventar zugänglich (*Papoušek/Papoušek* 1981, 1992; *Osten* 2002a, b). Der Vorsprung dieser Forschungen gegenüber „adultomorph“ konstruierten Theorien bemißt sich dadurch, daß hier gesunde Säuglinge, Kinder und Jugendliche in konkreten Interaktionen *beobachtet* wurden; früher wurde das Erleben des Kindes aus den Erfahrungsqualitäten des psychisch kranken Erwachsenen (vom Beobachter/Therapeuten) *rekonstruiert*. Die wissenschaftstheoretischen Probleme waren hierbei noch viel größer als das (aber auch) bei den heutigen Versuchsdesigns (noch) der Fall ist (vgl. *Ricœur* 1974; *Habermas* 1973; *Grünbaum* 1988).

Jedes Entwicklungsalter hat seine eigene Komplexität der Erlebenswelt, die sich als spezifische „Welt- und Selbsterfahrung“ zeigt. Gute Kenntnisse über die frühe Kindheits- und Jugendlichenentwicklung erleichtern den Zugang zu diesen oft „verschütteten“ Erfahrungswelten, weil sie für die jeweiligen Lebensphasen sensibilisieren und darüber informieren, welche Bedeutung Reifungsprozesse und Entwicklungsaufgaben aus dieser Zeit für das Erleben des Erwachsenen haben. Sie inspirieren den Therapeuten zu neuen Sichtweisen und versetzen ihn in die Lage, hinter den narrativen, symbolischen und konflikthaften Überarbeitungen Entwicklungsspezifika herauszuspüren oder sie präziser zu evozieren (vgl. *Osten* 2000). In der Regel führt dies beim Patienten zu breiteren Evidenzerfahrungen oder überhaupt erst zu hinreichend stimmigen Erinnerungserlebnissen. Die empirischen Theorien lenken die Aufmerksamkeit auf Bereiche, die bisher gar nicht oder nur in ungenügender Weise wahrgenommen wurden. So wird schließlich die Plausibilität und Genauigkeit der biographischen Rekonstruktion und – durch eine entwicklungspsychologische Fundierung der Interventionen – die therapeutische Effektivität erhöht (das wäre die hier zu überprüfende Behauptung; vgl. *Noam/Röper* 1999; *Paar* et al. 1999).

Dies alles trifft natürlich für die Entwicklungstheorie der gesamten Lebensspanne zu. So hat sich durch die empirischen Forschungen in etwa auch das Bild einer linearen, sukzessiv aufeinander aufbauenden Entwicklung des Menschen verändert. Viel eher scheint es so zu sein, daß von Beginn an „Entwicklungslinien“ auftauchen, die sich immer wieder überkreuzen und ggf. lebenslang beibehalten werden (z.B. Abhängigkeit vs. Autonomie; Unterwerfung vs. Dominanz); dieses Verständnis brachte uns die neuere Säuglingsforschung (*Papoušek, Butterworth, Stern*). Wenn wir uns in die Lage versetzen, diese Linien über die Kindheit, die Pubertät und die Adoleszenz bis in das Erwachsenenalter hinein in ihren symbolischen Überarbeitungen verfolgen zu können, können wir stets *explorativ* arbeiten und erkennen, wie die frühen Erlebnisse schon die Wahrnehmung neu hinzukommender Ereignisse beeinflußten, wie auf diese Weise Frühes in Späteres eingearbeitet wurde und wie schließlich auch das je neu Hinzukommende in die frühen Erlebnisse interpretativ eingearbeitet wird. Man könnte hier von „narrativ-symbolischer Überarbeitung" sprechen, die so in alle Zeitperspektiven hinein – Vergangenheit, Gegenwart und Zukunft – verändernd wirksam ist (*Petzold* 1995).

Lange Zeit wurde die Erforschung des späteren Lebens zugunsten der früheren Entwicklungsstadien hinten angestellt. Das entwicklungspsychologische Interesse für die Jugendzeit nimmt sich auch heute noch wesentlich dünner aus als das für die Säuglings- und Kleinkindzeit (*Kaplan* 1988; *Blos* 1989; *Fend* 1999; *Schmitt-Rodermund* 1999; *Schroer* 1999; *Dreher/Dreher* 1999; *Seiffge-Krenke* 1999). Das Engagement für die Entwicklungspsychologie des Erwachsenenalters (*live event*- und Lebenslaufforschung) ließ sogar noch länger auf sich warten (*Filipp* 1990; *Faltermaier* et al. 1992; *Filipp/Schmidt* 1995; *Hoff* 1995; *Olbrich/Brüderl* 1995) und geriatrische Forschungen sind, von Ausnahmen abgesehen, erst vor ca. 10 Jahren – mit der Wahrnehmung soziologischer Altersverschiebungen – wirklich ins Rollen gekommen (*Kruse/Schmitz-Scherzer* 1995; *Zapotoczky/Fischhof* 1996; *Heuft* et al. 2000; *Förstl* 2002; *Müller/Petzold* 2002).

Durch die interessensmäßige Schwerpunktsetzung auf frühere Lebensphasen wurde eine Verzerrung im Bild der Entwicklung des Menschen hervorgerufen; neben einer ohnehin unangebrachten „Pathologiezentrierung" formte sich so eine *ätiologische* Zentrierung auf die „frühe Kindheit". Die Bedeutung der späten Kindheit, dieser langen Konsolidierungsphase internaler Strukturen, sowie die der Pubertät, Adoleszenz („gender identity") und des frühen Erwachsenenalters wurde in ätiologischer Hinsicht lange nicht so gewichtet wie die frühen Stadien. So entstand erstens der Mythos der „frühen Störungen" (mit ihren „späten Folgen"; vgl. Nuber 1998), zweitens ein „Mythos der Linearität" im menschlichen Lebenslauf; beides wird durch die neuere Lebenslaufforschung heute in eine gute Richtung korrigiert (*Achenbach* 1982; *Rutter* 1992; *Sroufe/Rutter* 1984; *Osofsky* 1987; *Petzold* 1995).

Daß sich menschliche Lebensläufe aus *pathogenen, salutogenen und defizitären* Faktoren bzw. der *Interferenz* und *Interaktion* dieser Faktoren zusammensetzen und daß dabei jede Lebensphase mit ihren spezifischen *Reifungsschritten, Entwicklungsaufgaben* und *Risikofaktoren* ihre eigenen Gewichtungen setzt, daß darüber hinaus die jeweiligen Kontexte und Lebenslagen maßgeblich wirken (vgl. Kontexttheoretiker wie *Vygotsky* 1978) – Anlagefaktoren und globale zeitepochale Einflüsse spielen hierbei eine präformierende Rolle –, ist ein wesentlich einleuchtenderes Grundprinzip menschlicher Entwicklung, weil es der Nonlinearität menschlicher Erfahrung entgegenkommt. Inzwischen gibt es hier eine Unzahl von Forschungsergebnissen, die als gesichert angesehen werden können (z.B. *Petzold* 1995; *Dornes* 1993; *Fend* 1999; *Faltermaier* et al. 1992; *Whitbourne/Weinstock* 1982; *Baltes* 1979; *Kruse/Schmitz-Scherzer* 1995; *Zapotoczky/Fischhof* 1996; *Heuft* et al. 2000; *Förstl* 2002; *Müller/Petzold* 2002). Hier werden „modellhafte Inszenarien" von gelingenden und scheiternden Lebensläufen vorgestellt, die uns als „Kontrollversionen" für ätiologische und therapeutische Einschätzungen zur Verfügung stehen.

Es wird also deutlich: Entwicklungstheorien haben großen Einfluß, weil an ihnen „Wirklichkeit" gemessen wird. Ändert sich die Theorie, so ändern sich die Einstellungen zum Problem wie generell das Bild, das wir vom Menschen haben, es ändern sich die Vorstellungen, mit denen wir glauben, günstig in das aktuelle Geschehen eingreifen zu können und damit ändern sich die Interventionsstrategien. Auf diese Weise können die Entwicklungstheorien einerseits dazu beitragen, erkennen und beurteilen zu können, welche Wege der Heilung mit Patienten beschritten werden müssen. Sie sensibilisieren für die Möglichkeiten der gesunden wie der pathogenen Entwicklung, für die Umstände, in denen ein Patient herangewachsen ist, welche Möglichkeiten der Entwicklung er hatte und welche nicht. Schließlich können wir aus diesem empirisch konstruierten Vergleichsbild besser einschätzen, was als „gesunde", was als „pathogene" Entwicklung zu werten ist, wo die Grenzen zwischen beiden Bereichen verlaufen, wie diese Grenzen beschaffen sind und welche Arbeit an ihnen zu erledigen ist (kurativ, palliativ, ameliorativ, supportiv).

5. Methoden der Integrativen Sucht- und Abhängigkeitsdiagnostik

Bei der Vorgabe einer so komplexen Aufgabenstellung stellt sich die Frage, wie das alles praktisch umzusetzen ist. Hinzuzunehmen wäre zunächst, daß methodenintegratives Arbeiten immer mit der Erfordernis fachlicher Offenheit zusammenhängt, und daß sich hieraus für den praktizierenden Psychotherapeuten ein vermehrter Bedarf an eigener Fortbildung (Literatur) und an Weiterbildungen (Praktische Seminararbeit) ergibt. Basis sind weiterhin Kenntnisse aus der „Klinischen Entwicklungspsychologie" (*Oerter* et al. 1999; *Keller* 1998; *Petermann* et al. 1998; *Osten* 2000), und hierauf aufbauend Kenntnisse aus der Tiefenpsychologie, der Behaviouralen Therapie, der Traumatheorie/-therapie und der Systemischen Therapie. Dies sollte zum einen zusammenfließen mit einer anthropologischen Haltung zu Gesundheit und Krankheit sowie zum Körper oder „Leib" (wie gezeigt), zum anderen mit einer therapeutischen Grundhaltung der „Intersubjektivität", die Verzicht leistet auf Objektivierung und hegemoniale Deutungsansprüche (*Pohlen/Bautz-Holzherr* 1995), und die – vermittelt durch die gesamte Person und Haltung des Therapeuten – in der Lage ist, verdeckte Machtdiskurse offen zu bearbeiten (*Petzold/Orth* 1999; *Schmidt-Lellek/Heimannsberg* 1995). Dies ist ja in der Suchttherapie von besonderer Relevanz, weil die Therapeuten hier oft nicht nur mit Wissens- und Deutungsmacht, sondern – z.B. in Fällen der gesetzlichen Auflagentherapie – auch noch mit Staatsmacht ausgestattet sind. Dies erfordert eine besondere Wachheit vom Therapeuten für die prozeßbestimmenden Faktoren, die von dieser Rahmenbedingung ausgehen. Nur so können die therapeutischen Prinzipien des „informed consent“ und der „patient dignity“ durchgesetzt und riskante Therapien und Therapieschäden vermindert werden (*Märtens/Petzold* 2002). Die Methoden der Integrativen Diagnostik seien vorweg genannt:

(1) Szenisches Erstinterview – Phänomenologische Diagnostik, klinische Heuristik
(2) Psychosoziale Anamnese – Kontextdiagnostik und Krisenabklärung (Lebenslage-, Netzwerk-, Konvoidiagnostik; vgl. *Hass/Petzold* 1999; *Petzold, Josić, Ehrhardt*, dieses Buch)
(3) Störungsspezifische Exploration I – Klassifikation von Suchtstörung und Komorbidität
(4) Störungsspezifische Exploration II – Ätiologische und Persönlichkeits-Diagnostik
(5) Exploration protektiver Faktoren und Prozesse – Ressourcendiagnostik
(6) Indikation und Behandlungsplanung – Performanzdiagnostik

Die Bewältigung der inhaltlichen Aufgaben erfolgt über eine formale Struktur, die an anderer Stelle – mit dem Ziel, die Komplexität der „initialen Phase“ der Psychotherapie zu reduzieren – ausgearbeitet habe: ein formales diagnostisches Vorgehen in drei Phasen, das durch vorgeschaltete Überlegungen zum Vorfeld der Aufnahme einer Psychotherapie eingeleitet wird (*Osten* 2000). So stellt sich die *formale Struktur* im Überblick folgendermaßen dar:

Formale Struktur der Integrativen Diagnostik

(1) **Vorfeld**: Prozeßbestimmende Faktoren, die zur Aufnahme der Therapie führen, innere Vorbereitungen und Organisationsprozesse, vorgängige Erfahrungen auf dem Gebiet der Psychotherapie und Beratung, Anlaß und Motivation der Kontaktaufnahme
(2) **Erstkontakt**: erste faktische, kurze Kontaktaufnahme, per Telefon, auf Station, im Wartezimmer, Funktion der initialen „existentiellen Begegnung“, Aufgabe der „Verdichtung“ („... erzählen Sie mir doch in 1-2 Sätzen, worum es Ihnen geht“), Verarbeitung erster Eindrücke
(3) **Erstinterview**: Offenes und nur hintergründig durch den Therapeuten strukturiertes Gespräch zur Gewinnung von vorwiegend „szenischer Information“ (wie stellt der Patient ohne Struktur und Vorgaben seine

Thematik und seine Wünsche dar?), mit persönlicher und fachlicher Rückmeldung und Einschätzung der Problematik durch den Therapeuten

(4) **Anamnese**: psychosoziale Exploration und entwicklungspsychologisches Tiefeninterview zur Gewinnung ätiologisch bedeutsamer Faktoren, zur Exploration relevanter Ressourcenfelder (quer- und längsschnittlich), zur Bestimmung von Prognose, Indikation und Behandlungszielen, Aufbau eines entwicklungsorientierten Behandlungscurriculums.

Oben sind die inhaltlichen Aufgabenstellungen genannt, die die formale Struktur bergen soll. Diese werde ich nun im einzelnen darstellen. Dabei ist zu beachten, daß in der Praxis die inhaltliche Struktur nicht wirklich von der formalen losgelöst werden kann. Es ist ganz klar, daß z.B. schon im Erstkontakt szenische Informationen auftauchen; gleichermaßen, daß im Erstinterview auch Daten zur Klassifikation bzw. zur psychosozialen Anamnese sowie der Krisen-, Drogen- und Krankheitsanamnese vorkommen, in gleicher Weise die Sensibilisierung für entwicklungspsychologisch bedeutsames Material über alle formalen Strukturen hin aufrecht erhalten bleiben muß, will man denn mit so viel Information wie möglich aus dem initialen Prozedere hervorgehen. So dienen die vorgeschlagenen Strukturen eher dazu, im eigenen Kopf die „theoretischen Regalböden“ einzurichten, damit die einströmenden Informationen geordnet abgelegt und wieder hervorgeholt werden können.

5.1 Szenisches Erstinterview – Phänomenologische Diagnostik und Klinische Heuristik

Zur Konzeption und Durchführung von szenischen Erstinterviews ist an anderen Stellen so viel gesagt worden, daß ich im gegebenen Rahmen auf eine tiefgründige Darstellung verzichte und auf die Quellen verweise (*Argelander* 1989; *Ermann* 1991; *Eckstaedt* 1992; *Friedrich* 1984; *Benz* 1988; *Keil-Kuri* 1993; *Stierlin* et al. 1994; *Althen* 1991; *Thomasius* 2000; *Osten* 2000). Kurz gesagt, hat das Erstinterview die Funktion, daß Patient und Therapeut sich sehen, kennenlernen und überprüfen, ob sie mit einander arbeiten können; das scheint mir das wesentliche zu sein. Das „Vehikel“ hierzu ist, daß der Patient das Gros der zur Verfügung stehenden Zeit dafür erhalten soll, seine Probleme, offenen Fragen und Wünsche an die Therapie *auf seine Weise* darzustellen. Der Therapeut sollte in der Lage sein, seinem Patienten einen freundlichen, fördernden und offenen Raum (keinen „leeren“) zur Verfügung zu stellen, der ihn ermutigt, seine Anliegen, Probleme und Wünsche (Ziele) aus seiner persönlichen Sicht zu veranschaulichen, möglichst ohne intrusive oder behindernde Strukturierung. Ein Eingreifen und Strukturieren sollte im Rahmen des Erstinterviews nur geschehen, wenn die Situation entgleist, Vermeidungsstrategien vorherrschen oder aber ein echtes, engagiertes Interesse nach Verständnis beim Therapeuten da ist. Gegen Ende des Interviews sollte der Therapeut die dargelegten Sachverhalte zwar fachlich, aber in Form einer persönlichen Rückmeldung, zusammenfassen und mit einer Einschätzung der Thematik (Ätiologie, Prognose, Ziele, Dauer etc.) versehen. So kann der Patient überprüfen, ob das, was er erzählt hat, in gewünschter Weise angekommen ist, ob er sich verstanden fühlen kann bzw. wie der Therapeut die erzählten Dinge in sich zusammengefügt hat und mit welcher inneren Logik er sie betrachtet (Sinn). Hier können und sollen ja durchaus schon Unterschiede aufkommen, auch Probeinterventionen sind am Platz, um zu sehen, wie stabil der Patient ist und ob er vom Verfahren und der therapeutischen Beziehung/Übertragung profitieren kann. Formelle Dinge des Therapieablaufes sollten besprochen werden.

Aus der Art und Weise der Darstellung der Probleme, aus der Struktur des narrativen Aufbaus und aus der Beobachtung von periverbalen Phänomenen ergeben sich – auf beiden Ebenen, der der Infomation, der der Gegenübertragungen und Resonanzen[3] sowie der der klinischen Intuitionen[4] des Therapeuten – vielschichtige Informationen, die unter folgenden Gesichtspunkten geordnet werden können. Ich füge den vier Rubriken Beispiele ohne Anspruch auf Vollständigkeit hinzu; hinter dem Pfeil sind beispielhaft Zielfelder des jeweiligen Beobachtungsfokus angegeben (vgl. *Osten* 2000):

Leib- und Bewegungsphänomenologie

(1) ***Körper/Leib:*** Äußere Erscheinung und Körpersprache, Körperwuchs, Haltung, Körperpflege, Kleidung, Frisur, Hände, Bewegung, Gebärden, Gestikulationen (⇗Verwahrlosung, Leibbewußtsein, gesundheitsaktives Verhalten)

(2) ***Begrüßung:*** Mimik, Blickverhalten und Händedruck bei der Begrüßung (⇗Kontaktverhalten, Scham, Entgrenzung, Macht-/Dominanz-/Territorialverhalten etc.)

(3) ***Bewegung:*** Bezug der Bewegung zum Raum und zum Therapeuten (⇗Territorialverhalten, Selbstsicherheit, z.B. scheu, kraftlos, aggressiv etc.); Dynamik der Haltung und der Bewegungsabläufe, (⇗Vitalität, Antrieb, Affekt, Kongruenz)

(4) ***Periverbaler Ausdruck:*** Choreographie des periverbalen Ausdrucks in Mimik, Blickverhalten, Gestik und Gebärden, Stimm- und Atemmuster (⇗Hinweise auf inhaltliche Kongruenzen oder Dissonanzen im narrativen Symbolisierungsprozess, implizite Bewertungen und Deutungen)

---

3 Unter Resonanz wird das spontan emergierende Reaktionsgeschehen (*effectivity*) verstanden – Körperempfindungen, Affekte, Kognitionen, Assoziationen (Bilder, Phantasien, Erinnerungen) und antizipierte Handlungsimpulse – auf das dargebotene Material des Patienten (*affordance*), das durch die autonomen neuronalen mnestischen Vernetzungen im Verarbeitungsprozeß als „natürliche Reaktion" bereitgestellt wird (*LeDoux* 2001).

4 Intuition wird verstanden als ein spontanes Bewertungsgeschehen, das durch das komplexe Zusammenwirken dieser genetisch angelegten autonomen Reaktionen ermöglicht wird, und in dem vorgängige Erfahrungen, aktuelle, bewußte und unbewußte Wahrnehmungen ineinanderfließen (*Petzold* 1990b).

(5) ***Genderperspektive:*** leibliche Repräsentation der Geschlechtlichkeit als Mann oder Frau (⇗Geschlechtsidentität)

Narrative Phänomenologie

(1) ***Fokus & Themen:*** Die sprachlich und nonverbal dargebotenen expliziten und impliziten „Themen", „Fragen", „Probleme", „Sachverhalte"; Kohärenz und Konsistenz der Fokusbestimmung durch den Patienten (⇗ Anlaß der Aufnahme; Einschätzung der Thematik und ihrer Schwere; Art, Tiefe und Gewahrsein der anstehenden Problematik; Fähigkeit zur Auffassung, Ausrichtung und Sammlung auf den Fokus)
(2) ***Sprache & Symbolik:*** Qualitäten der Sprache, des Sprechens, Stimmmelodien, Symbol-, Metaphern- und Wortgebrauch, Verwendung spezifischer symbolischer Bilder, entwicklungspsychologische Spezifikät der Sprache und des Sprechens (⇗ Artikulationsfähigkeit, sprachliche Differenziertheit, implizite Themen)
(3) ***Narrativer Aufbau:*** Wiederholungen, Implikate und Homologien, Kongruenzen und Divergenzen, Kontinuitäten und Diskontinuitäten im Erzählverlauf (⇗ Struktur der Thematik, Herstellen ubw Zusammenhänge, Inferenzdiagnostik, Grad der Bewußtheit der biographischen Karriere und ihrer Bewertung, Widerstand); Narrative Meidungs- und Fehlbereiche: was vermeidet, umgeht der Patient? Was ist ihm unangenehm? Was läßt er einfach weg? (⇗ ätiologische Bedeutsamkeiten, Widerstand)
(4) ***Kognition & Struktur:*** Angemessenheit und Zielgerichtetheit des narrativen Aufbaues, Verbundenheit von Inhalten und Emotionen; Erinnerungspotentiale; affektlogische Differenziertheit und Verarbeitung entlang der erzählten Inhalte; Reflexivität der eigenen Lebensgeschichte; Struktur und Angemessenheit der internalen Steuerung durch (Selbst- und Fremd-) Attributionen und Kontrollmeinungen (⇗ Rückschluß auf Struktur und Aufbau der Persönlichkeit, der Identität, Konsistenz und Kohärenz, Gewahrsein von Sinn- und Erklärungsstrukturen)
(5) ***Affekt & Stimmung:*** Stimmungsqualitäten, übergreifende Atmosphären und Involvierungen während des Erzählverlaufs, momentanes Lebensgefühl; Qualitäten: emotionale Bandbreite, Differenziertheit, Resonanzfähigkeit, Intensität/Regultationsfähigkeit, Flexibilität, Angemesseneheit, emotionale Belastbarkeit (⇗Vitalitätsaffekt, Lebensmelodie, lebensbiographische Stimmungen)
(6) ***Kontakt & Bindung:*** Kontaktbereitschaft und -fähigkeit, kommunikative Kompetenz und Performanz, interaktive Schemata in Biographie und aktuellem Kontext, Kontaktregulation (Nähe-Distanz, Autonomie-Abhängigkeit), Dauer und Qualität sozialer Beziehungen und Bindungen, Rolleninventar und flexibilität
(7) ***Persönlichkeit & Identität:*** Selbstbildbezogene Aussagen über den Bezug a) zum eigenen Körper/Leib, genderspezifische Selbst- und Fremdattributionen; b) zu Liebe, Sexualität, Bindungsverhalten, Freundschaften;

c) zu Arbeit, Leistung, Berufsidentität; d) zu Besitz und materiellen Sicherheiten; e) zu Selbstbehauptung, Expressivität, Territorialverhalten; f) zur eigenen körperlich-emotionalen Bedürftigkeit, Lebensgefühl; g) zu persönlichen Werten und eigenen Schattenseiten, Sozialethik, Glauben, obligaten Themen (Freude, Glück, Vertrauen, Wahrheit, Mitgefühl, Leiden, Schmerz, Trauer, Tod etc.), Sinnanbindung, Selbstwertgefühl (⇗ Säulen der Identität, Persönlichkeitsdiagnostik)

(8) ***Motivation & Volition:*** Wünsche, Bedürfnisse, Motivationen, Willensausdruck, Struktur der impliziten und expliziten Volitionen (⇗ Realitätssinn, Niveau der Eigenverantwortung, Volitiver Stil, Therapieziele); Zufälle, Fehlleistungen und Gedankenblitze (⇗ Was „schleicht" sich am Widerstand vorbei und will sich zeigen? Verdeckte/unbewußte/nicht explizierte Therapiethemen?)

Intersubjektive Phänomenologie

(1) ***Gegenübertragung & Resonanz:*** Was lösen leibliche und narrative Phänomene beim Therapeuten aus? (⇗ Gefühle, Stimmungen, Atmosphären, leibliche Reaktionen, persönliche sowie entwicklungs- und rollenspezifische Assoziationen); an welche Personen, Situationen, Ereignisse, Lebensabschnitte von sich selbst ist der Therapeut erinnert? Wieviel Nähe kann/mag er zu diesem Patienten zulassen? (⇗ eigene Übertragungsgefahren einschätzen, eigene Einstellung zum Patienten als Mensch/zur gegebenen Problematik)

(2) ***Beziehungsdynamik:*** Muß der Therapeut animieren, antreiben, katalysieren, bremsen, begrenzen? (⇗ Eigenaktivität, Kontrolle, Antrieb und Motivation des Patienten, Angstniveau, Introversion vs. Extroversion); wieviel Distanz kann der Patient zur Welt, zu anderen, zum Therapeuten aufbauen? (⇗ Nähe-Distanz-Regulation, Identitätsdistanz, Abhängigkeit vs. Souveränität, Bedürftigkeit des Pat.)

(3) ***Übertragungsdynamik:*** Dynamik des Entstehens von vertrauensvollen, vitalen, wie auch konfliktreichen interaktiven und leiblichen Dialogen: Interaktionsdynamik, Blick- und Bewegungsdialoge, Stimm- und Gebärdendialoge etc., (⇗ Aufbau einer entwicklungspsychologisch relevanten therapeutischen Übertragung)

(4) ***Struktur und Niveau der Intersubjektivität***: Können intersubjektive Deutungen der Thematik zustande kommen? Ist der Patient ansprechbar, auslenkbar? Kann dieser Begegnung wechselseitiges Vertrauen erwachsen? Kann der Patient von dieser Beziehung, diesem Verfahren profitieren? (⇗ Niveau der Intersubjektivität, mutueller Prozeß, Proximität, Arbeitsbündnis, Prognose)

(5) ***Therapieziele:*** Können Therapeut und Patient sich auf Ziele und Behandlungswege einigen? (⇗ Behandlungsplanung)

Klinische Heuristik

(1) ***Krisenscreening:*** Körperlich-organische-, psychische-, soziale-, traumatische, suizidale, psychotische und delirante Krisen (⇗ Krisenintervention, s. Psychosoziale Anamnese);
(2) ***Stabilität:*** Einschätzung der Stabilität und Gesundheit (Körper/Leib, Existenzsicherung, Psychische Ressourcen, Netzwerksicherung), biographische Ressourcenpotentiale, Positivismen und Stärken, persönliche Souveränität, Gesundheits- und Streßbewältigungsverhalten (⇗ Ressourcenanalyse)
(3) ***Somatischer Status:*** Exploration und Bewertung des somatischen Status, somatische Diagnosen, Behandlungsformen, Therapien etc. (⇗ Einschätzung der Behandelbarkeit durch Psychotherapie, Indikation)
(4) ***Psychopathologie:*** Befunderhebung (allgem. Psychopathologie) und klassifikatorische Hinweise (spez. Psychopathologie) soweit möglich (⇗ Befunderhebung, Achse I nach ICD bzw. DSM)
(5) ***Ätiologische Hypothesenbildung:*** erste Hypothesenbildungen zwischen Symptom-, Auslöser- und biographischen Referenzthematiken gemäß den 6 ätiologischen Ebenen (⇗ Ätiologische Diagnostik)
(6) ***Persönlichkeitsdiagnostik:*** siehe Faktoren in Punkt II, sowie Einschätzung von projektiven Tendenzen und zu erwartender Übertragungsdynamik (⇗ strukturelle Diagnostik, Diagnostik der Achse II nach ICD bzw. DSM, s. Zirkuplexmodell zur Groborientierung)
(7) ***Behandlungsplanung:*** Indikation, Prognose, Realisierbarkeit von Therapiewünschen und -zielen; Interventionsplanung, Kontrakt

5.2 Psychosoziale Anamnese und Krisenscreening – Kontextuelle Diagnostik

Die Struktur der psychosozialen Anamnese gestaltet sich – durch ihre rein querschnittliche Konzipierung – meist weniger komplex als das szenische Erstinterview. Es geht hier darum, einen Überblick über die Einbettung der Fokalthematik in die Sachverhalte und Problemlagen im Alltag des Patienten zu erfahren. Das ist meistens bedeutsamer, als es zunächst den Anschein hat. Aus der Zuspitzung der realen Lebenssituation heraus hat sich ja die Therapiemotivation ergeben; manchmal durch krisenhafte Entwicklung. Oft erschöpfen sich die Probleme nicht in der vorgetragenen Fokalthematik, dem Anlaß der Therapieaufnahme, ja, manchmal ergibt sich sogar eine Dynamik, in der die Fokalthematik den Anschein des Vorgeschobenen erhält. Für die später anstehende Analyse entwicklungspsychologischer Faktoren ist es ratsam, die Dinge von hier, also „von der Oberfläche aus", anzugehen und immer wieder den Bezug zu dieser herzustellen.

Die Daten der psychosozialen Anamnese werden in der Regel über das Gesamt der formalen Struktur hin erhoben, selten in Form einer Abfragung, eher manchmal noch in Form eines Fragebogens. Ansonsten fragt man sie nach, wenn der Patient im narrativen Verlauf naturwüchsig an den Daten seiner Lebens- und Realsituation vorbeikommt, man läßt sie sich beiläufig beschreiben und erklären, ohne den Erzählfluß des Patienten großartig zu stören. Im Einzelnen setzt sich die psychosoziale Anamnese aus folgenden Faktoren zusammen (vgl. *Osten* 2000):

(1) **Fokalthematik**: Anlaß der Aufnahme, Einbettung und Bedeutung der aktuellen Probleme, Konflikte und Fragestellungen im Alltag, Wahrnehmungs-, Bewertungs- und Verhaltensvariablen von Patient und Umfeld im Fokus; motivationale Variablen (Wünsche, Ziele, Bedürfnisse); Notwendigkeiten aus der Sicht des Therapeuten (auch i.S.d. Krisenintervention);
(2) **Soziales Feld und Netzwerk**: Aktuelle Lebensweise (Single, Partnerschaft, WG, örtliche Gebundenheiten durch Partnerschaft oder Beruf, soziales Umfeld etc.); Bindungen im familiären Aktualsystem, am Arbeitsplatz, in Freundeskreisen, Interessen und Freizeitverhalten, Qualität und Intensität von Bindungen zur Herkunftsfamilie;
(3) **Beruf und Arbeit**: Beruf und Tätigkeit, Tagesstruktur, Zufriedenheitsniveau, Geschichtlicher Abriss der Ausbildung und der Abschlüsse, Zeit- und Bedürfnismanagement, Arbeitslosigkeit etc.;
(4) **Existenzsicherung**: Wohnsituation, finanzielle und materielle Sicherheiten, Sicherung von Ansprüchen gegen andere Personen, sozialrechtliche Ansprüche, administrative Fragen, juristische Probleme;
(5) **Körperliche Gesundheit:** Exploration des somatischen Status, des Abhängigkeitsstatuts bei Suchterkrankungen; Psychosomatosen, somatoforme Störungen, chronische bzw. letale Krankheiten; Behinderungen; Einschätzung der Behandelbarkeit (Indikation);
(6) **Psychische Stabilität:** Psychopathologische Auffälligkeiten; Einschätzung der persönlichen Stabilität und Tragkraft: Lebensgefühl/Vitalität, Kontaktstruktur/Souveränität, Differenziertheit (kognitiv, emotional, behavioural, volitiv), Geschlechtsidentität, Rollenflexibilität, Adäquanz des Streßbewältigungsverhaltens, Werteorientierung und Sinnanbindung im Leben;
(7) **Prospektion**: Wünsche, Bedürfnisse, Pläne, Hoffnungen, Lebensziele, Therapieziele, subjektive Theorien der Lösung der Fokalthematik, Befürchtungen.

Menschen mit Sucht- und Abhängigkeitsproblemen kommen selten ohne psychischen oder gar existentiellen Druck zur Therapie. Die gestuften Angebote im Helfernetzwerk der Drogentherapie bieten zwar vielfach präventive Angebote. Trotzdem ergibt sich – als Spezifikum der Suchttherapie – im Rahmen des diagnostischen Prozederes in den meisten Fällen die Notwendigkeit eines Krisenscreenings, innerhalb dessen man folgende Ebenen beachtet.

(1) **Körperlich-Organische Krisen** – Unfälle, schwere Erkrankungen, chronische Schmerzen, letale Erkrankungen, traumatisierende Operationen,

schwere Schlaflosigkeit, schweres oder anhaltendes körperliches Unwohlsein, Organisch-kognitive Einbußen, dementielle Syndrome

(2) **Psychische Krisen** – Panikattacken, Ängste, Depressionen, schwere Zwänge, Dissoziations-syndrome, Verhaltensauffälligkeiten (Spielerei, Sexualstörungen, Eßstörungen), Anpassungsstörungen, dekompensierende Persönlichkeitsstörungen

(3) **Soziale Krisen** – Arbeitsplatzverlust, Verlust von Vermögen und materiellen Gütern, Ehekrisen, krankheitsbedingtes Abgleiten der eigenen Kinder, Verlust von wichtigen Menschen (Elterntod, Krankheit etc.), Wegbrechen sozialer Netzwerke, große Umzüge, existentielle administrative und juristische Probleme

(4) **Rückfall-Krisen** – Rückfälle bei Suchtmittel- und Drogenkonsum, bei pathologischem Spiel, bei Eifersuchtsdynamik, Eßstörungen etc.

(5) **Krisen durch traumatischen Streß** – Akuttraumatisierungen (Viktimisierung, Vergewaltigung, Krieg, Folter, Unfälle etc.), Schockerfahrungen, Rezidivtraumatisierungen, Posttraumatisches Streßsyndrom in seinen verschiedenen symptomalen Ausprägungen (Erscheinungsformen siehe ICD: F43.1, DSM: 309.81)

(6) **Suizidale Krisen** – *Erscheinungsformen des suizidalen Syndroms*: Bewußtseinseinengung, affektive Störungen, sozialer Rückzug, Entfremdung, Bilanzierung, Suizidgedanken, latente und passive Todeswünsche, Verweigerung der Prospektion, Aggressionsumkehr, riskantes und parasuizidales Verhalten, larvierte und agitierte Depressionen

(7) **Psychotische Krisen** – *Erscheinungsformen des präpsychotischen Syndroms*: seltsam anmutende psychomotorische Unruhe (Augenbewegungen), innere Angespanntheit (Trema), Angststimmung, Denken assoziativ aufgelockert, Sprechen und Sprache verwaschen, Vorbei-reden, abnormes Bedeutungserleben (apophänes Syndrom), Wahngedanken, -einfälle, Sinnestäuschungen, Illusionen, Halluzinationen, Depersonalisation/Derealisation

(8) **Delirante Krisen** – *Erscheinungsformen des deliranten Syndroms*: Wachheit beeinträchtigt, (Abstufungen: Benommenheit, Stupor, Somnolenz, Sopor, Koma), Depersonalisation/Derealisation, Patient ist apathisch, stark verlangsamt, schläfrig, in leichteren Graden noch weck- und ansprechbar, das Denken ist zerfahren, die Sprache ist verwaschen. In leichten Stadien weckbar, in schwereren mit Mühe weckbar (Sopor), bei schwerer Verminderung der Wachheit/des Bewußtseins liegt Präkoma vor, wahnhaftes Erleben, bei Alkoholikern oft mit Weinerlichkeit verbunden

5.3 Störungsspezifische Exploration I – Klassifikation

5.3.1 Exploration und Klassifikation der Sucht- und Abhängigkeitserkrankung

Meist zeigt sich bereits im Erstinterview, um welche Suchtmittelabhängigkeit es sich im vorfindlichen Fall handelt. Um jedoch zu einer replizierbaren Klassifikation im Sinne der ICD zu gelangen, sollte ein Drogenscreening durchgeführt werden, wie es folgend dargestellt wird. Auf die ebenfalls vorhandenen testpsychologischen Verfahren möchte ich hier nicht eingehen, zum einen, weil sie vorwiegend im klinisch-psychiatrischen Kontext Verwendung finden, zum anderen, weil ihre Darstellung den vorhandenen Raum überlasten würde (Übersicht bei *Brickenkamp* 1997; *Stieglitz* et al. 2001).

Drogenscreening

(1) Welche Suchtmittel / Droge(n)?
(2) Wieviel / wie oft derzeit?
(3) Wie lange insgesamt schon?
(4) Wann mit welchen Suchtmitteln / Drogen begonnen?
(5) Verlauf seither, Wechsel der Suchtmittel / Drogen?
(6) Lebensumstände bei Beginn des Konsums (Vorbelastung, Entwicklungs- und Reifungsdefizite, fehlende Ressourcen, Traumatisierungen, Konflikte u.a. Stressoren, auslösende Faktoren)
(7) Verlauf und Phasen des Konsums mit Faktoren der Lebensgeschichte (aufrechterhaltende Faktoren)
(8) Familiäre Vorbelastungen? (3 Generationen explorieren)
(9) Subjektive (Auslöser- und) Krankheitstheorie, Selbstattributikon, Attribuierung der Sucht(psycho)pathologie, Status und Niveau der Verarbeitung
(10) Derzeitiger Status der Behandlung, gesundheitlicher Zustand, psychopathologischer Befund
(11) Komorbide Störungen:
  - Lebensumstände bei Beginn der Komorbidität (Vorbelastung, Entwicklungs- und Reifungsdefizite, fehlende Ressourcen, Traumatisierungen, Konflikte u.a. Stressoren, auslösende und aufrechterhaltende Faktoren)
  - Wechselseitige Bedingung im Hinblick auf die Entstehung der Suchterkrankung (was wird womit abgewehrt?)
  - Wechselwirkungen mit der Suchterkrankung (psychisch und somatisch)
  - Subjektive Krankheitstheorie, Attribuierung, Status und Niveau der Verarbeitung

Die Inhalte der Exploration mit dem Drogenscreening führen unmittelbar zur Möglichkeit der Einordung der Suchtstörung in die ICD-10, Kapitel F-1 (Sucht- und Abhängigkeitserkrankungen). Der Übersicht halber habe ich dieses Kapitel graphisch zusammengestellt (Abb. 3), ohne jedoch klassifikatorische Kriterien mit abzubilden; diese müssen in der ICD selbst eingesehen werden.

Abb. 3: Klassifikation der Sucht- und Abhängigkeitsstörungen nach ICD-10, Kap. F 1 (Überblick)

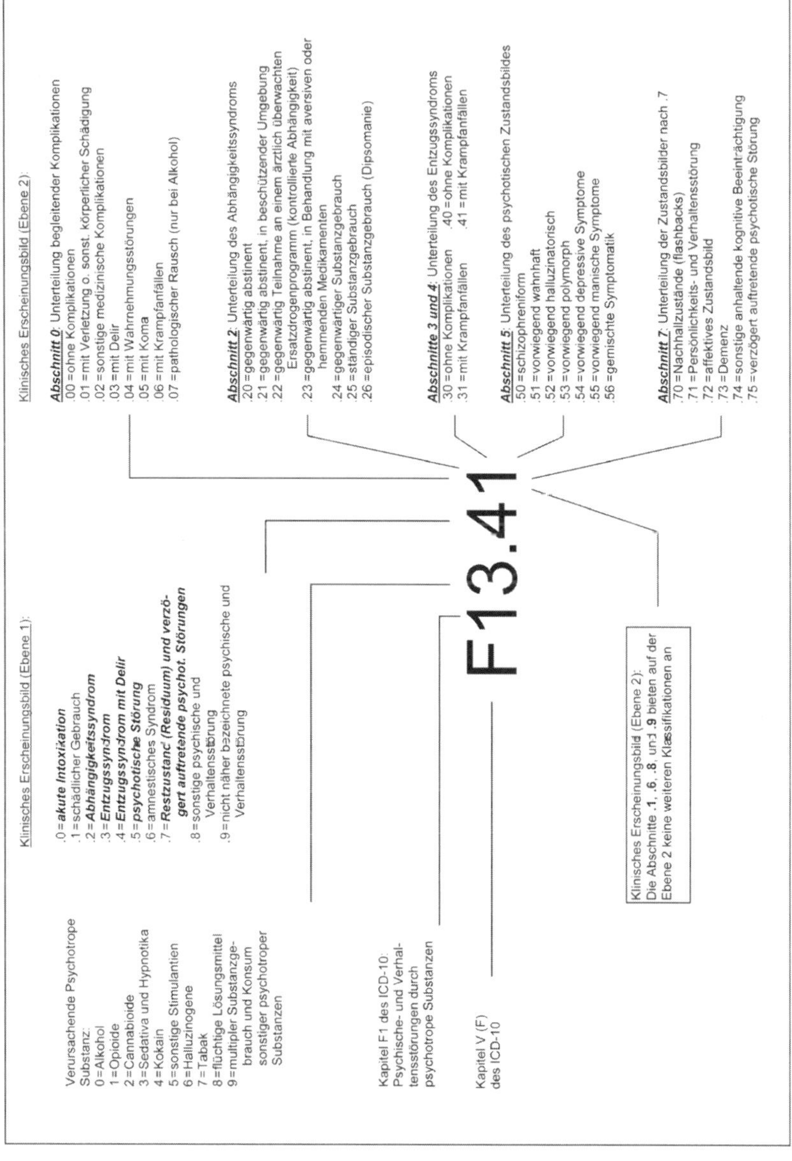

5.3.2 Exploration und Klassifikation der komorbiden Störungen

In der Therapie von Suchtmittelabhängigen geht es nicht um die Diagnostik der Suchterkrankung allein; im selben Zug spielt die Exploration von komorbiden Störungen eine große Rolle, weil in den meisten Fällen schon die Entstehung der Abhängigkeitsproblematik mit einem breiten Spektrum von Entwicklungsrisiken und anderen Störungen einhergeht (*Petzold* et al. 2000b; *v. Bardeleben* 2000; *Stohler* 2000; *Gold/Slaby* 1991). Dabei erscheint besonders bedeutsam, die Dynamik zwischen primären und sekundären Störungen zu erkennen, wie sie sich in der Entstehung und Aufrechterhaltung wechselseitig bedingen bzw. *was mit was* abgewehrt wird (Psychodynamik).

Die Drogenanamnese fügt sich meist organisch in das Gesamt der initialen Phase der Therapie ein. Weil sie letztlich der Auslöser für das Aufnehmen eines Therapiekontaktes ist, fällt es Patienten leicht, von ihren Beschwerden zu berichten. Zum einen haben Drogenabhängige von Entstehung und Karriere im Laufe vieler Kontakte zu Helfern diese Geschichte schon oft erzählt, zum anderen „schützen“ die Klage und die z.T. dramatischen Probleme um die Drogengeschichte die Klienten davor, sich mit persönlicheren Themen auseinander zu setzen (Abwehr). Im Wechselspiel von Drogen- und Komorbiditätsanamnese sollte daher der Therapeut sehr aufmerksam sein (die wichtigsten Dinge „kleben“ an Details), ein stringentes exploratives Interesse an den Tag legen und einen guten Fundus an klassifikatorischem Wissen haben (*Stohler* 2000).

Für den Aufbau eines Behandlungsplanes ist es bedeutsam, nicht nur von der Drogen- und Fokalthematik zu erfahren, sondern generell eine längsschnittliche „Landkarte der Beschwerden“ (*Balint/Balint* 1962) über die Lebensspanne hin zu erhalten. Das gilt nicht nur für frühere Phasen derselben Erkrankung, mit der der Patient im Moment kommt, sondern auch für andere, ätiologisch bedeutsame Ereignisse, etwa somatische Erkrankungen, Unfälle, auslösende Lebensereignisse und andere psychische Belastungen. Oft zeigt sich erst im Bild aller komorbider Faktoren, wie die aktuelle Krankheit in Dynamik und Interferenz mit den anderen Störungen einzuordnen ist (*Osten* 2001; *v. Bardeleben* 2000; *Stohler* 2000; *Petzold* et al. 2000b). Zum ersten mal wird hier vom Therapeuten eine „Abtiefung“ in die biographische Themen induziert; vorher hat der Patient ja eher freiwillig, nach den Maßgaben seines persönlichen narrativen Aufbaues, von seiner Lebensgeschichte berichtet. Deshalb bildet die Krankheitsanamnese (im Zusammenhang mit der Exploration von Gesundheitsfaktoren) den Einstieg in die Erinnerungsarbeit im diagnostischen Prozeß. Im Überblick können folgende Kriterien ausschlaggebend werden (vgl. *Osten* 2000):

Praxis der krankheitsspezifischen Exploration psychischer Störungen

(1) symptomatische / syndromale Phänomenologie
(2) Beginn – Auslöser – Phasen – Verlauf
(3)Lebensumstände bei/vor Beginn der Störung
(4) komorbide Störungen
(5) biographische Akkumulation aller Störungen
(6) familiäre Vorbelastungen
(7) subjektive Krankheitstheorien
(8) Funktionsanalyse, psychodynamisch-interaktive
(9) Krankheitsbewältigung / Therapieversuche

Statusanamnese

- Exploration der Interferenzen zwischen Drogen-, Fokal- und Komorbiditätsthematik: Beginn, Auslöser, Verlauf, Psychopathologische Exploration (z.B. nach Fähndrich/Stieglitz 1998; Möller 2000), subjektive Krankheitstheorien, Vordiagnosen und Vorbehandlungen, eigene Therapieversuche
- Symptomdimensionen in der Psychosomatik: Lokalisation, Empfindungsqualität und -intensität, Ausstrahlungen, zeitliches und situatives Auftreten (Milderung/Verschlimmerung durch welche Faktoren?), subjektive Auslösertheorien (⇗ Differentialdiagnostik von Konversionsstörungen, funktionellen Störungen, Psychosomatosen und somatischen Erkrankungen)
- Krankheitsbewältigung: Status der Auseinandersetzung mit der Störung (angemessen, übertrieben), Verarbeitung/Adaption, Ausmaß der Behinderung am Lebensvollzug (Leidensdruck), gesunde Reaktionen und Strategien, Ressourcen, Ausmaß der Involvierung des Umfeldes (Ressource/Belastung), Prospektive Auseinandersetzung, gelungene soziale Unterstützungen (⇗ Prognostik)

Längsschnittliche Anamnese von Krankheit und Gesundheit

- Krankheitsgeschichte: Frühere Sucht-, somatische-, psychosomatische- oder psychische Erkrankungen, Symptomenkomplexe, psychosoziale Krisen, Auffälligkeiten in Kindheit und Jugend (⇗ Priordialsymptome, Prädispositionen), Alkohol- und Drogenanamnese, Kontext der jeweiligen Erstmanifestationen
- Komorbidität: Gesamtverlauf und Interaktion aller Erkrankungen, Streß und Adaptionsanalyse
- Familiäre Vorbelastung: Erkrankungen in der Familie (3 Generationen), Besonderheiten und Mythologisierungen der Familie (s.u. „Systemische Einflüsse“)
- Stabile Lebensphasen, Ressourcenvolle Ereignisse und Personen, protektive Faktoren in der Lebensspanne, soziale Unterstützung in der Ent-

wicklung, störungsfreie Intervalle, geglückte Therapieversuche, gesundheitsproaktives und Präventivverhalten vs. Risikoverhalten, Sinnanbindung

Ätiologisches Screening

- Wie müssen die Störungen von Auslöser und Verlauf bewertet werden?: als Entwicklungsstörung, als tiefgreifende Reaktion auf langanhaltende Belastungen (Sucht, Psychosomatik), als Reaktion auf kritische Lebensereignisse (Streß, Trauma), konflikthaft angelegte Störung (reaktive Störung, „Neurosen“, Verhaltensauffälligkeiten), als somatische und nur symptomatisch psychische Störungen, Krankheitsfunktionsanalyse (⇗ Verhaltensanalyse, sekundärer Gewinn)
- Einschätzung der Einwirkung und Relevanz der sechs ätiologischen Ebenen auf die Krankheitsentstehung (s.u.)
- Auf welche Störungen im klassifikatorischen Sinn verweisen die psychopathologischen Befunde? (s. Abb. 4)

Aus dieser störungsspezifischen Exploration geht die Klassifizierung der komorbiden Störungen hervor (vgl. *Hiller* 2000; *Stohler* 2000). Abbildung 4 zeigt die ICD-10 (Kap. F) im Überblick auf, nach dieser Übersicht lassen sich die Störungen und weitere klassifikatorische Merkmale leicht im jeweiligen Abschnitt der ICD finden.

Abb. 4: Klassifikation psychischer Störungen nach ICD-10, Kap. F. (Übersicht)

F-0 **Organisch** Organische und symptomatische psychische Störungen	F–1 **Sucht** Psychische- und Verhaltensstörungen durch psychotrope Substanzen	F-2 **Psychosen** Schizophrenie, schizotype und wahnhafte Störungen	F-3 **Affektive Störung** Affektive und schizoaffektive Psychose, „endogene Depression"	F-4 **Neurotische Belastungs- und somatoforme Störungen**	F-5 **Verhaltensauffälligkeiten mit körperlichen Störungen**	F-6 **Persönlichkeitsstörungen, Verhaltensstörungen**	F-7 **Intelligenzminderung**
▪ Demenz bei Alzheimerscher Erkrankung ▪ Vaskuläre Demenz ▪ Demenz bei anderen Krankheiten (Pick, Creutzfeld, Huntington, Parkinson, HIV) ▪ Organisches amnestisches Syndrom ▪ Organisches Delir ▪ Psychische Störung aufgrund einer anderen Schädigung oder Funktionsstörung des Gehirns oder körperlicher Krankheit ▪ Persönlichkeits- und Verhaltensstörung aufgrund organischer Störungen	Störungen durch Missbrauch von: ▪ Alkohol ▪ Opioide ▪ Cannabioide ▪ Sedativa und Hypnotika ▪ Kokain ▪ Sonstige Stimulantien einschl. Koffein ▪ Halluzinogene ▪ Tabak ▪ Flüchtige Lösungsmittel ▪ Multiplen Substanzgebrauch Zustandsbeschreibungen im Kapitel F1 auf den Stellen 4 und 5 der Verschlüsselung	▪ Schizophrenie ▪ Schizotype Störungen ▪ Wahnhafte Störung ▪ Vorübergehende psychotische Störungen ▪ Induzierte wahnhafte Störung ▪ Schizoaffektive Störung ▪ Sonstige nichtorganische psychotische Störungen	▪ Manische Störung ▪ Bipolare affektive Störung ▪ Depressive Störung ▪ Rezidivierende depressive Störung ▪ Anhaltende affektive Störung ▪ Sonstige affektive Störung	▪ Phobische Störung - Agoraphobie - Soziale Phobie - Spezifische isolierte Phobien ▪ Sonst. Angststörung - Panikstörung - Generalisierte Angststörung - Angst- und depressive Störung gemischt ▪ Zwangsstörung ▪ Belastungs- und Anpassungsstörung ▪ Posttraumatische Belastungsstörung ▪ Dissoziative Störung (früher: Konversionsstörung) ▪ Somatoforme Störung ▪ Psychosomatosen ▪ Sonstige neurotische Störung	▪ Eßstörung (Anorexia, Bulimia, Eßattacken etc.) ▪ Nicht-organische Schlafstörung ▪ Nicht-organische sexuelle Funktionsstörung ▪ Psychische und Verhaltensstörung im Wochenbett (nur wenn nicht andernorts klassifizierbar) ▪ Psychische Faktoren und Verhaltenseinflüsse bei andernorts klassifizierten Krankheiten ▪ Nicht näher bezeichnete Verhaltensauffälligkeit mit körperlichen Störungen	▪ Spezifische Persönlichkeitsstörungen: - paranoide - schizoide - dissoziale - emotional instabile - histrionische - (*narzißtische, DSM 301.20*) - anankastische - ängstlich-vermeidende - abhängige ▪ kombinierte Persönlichkeitsstörung ▪ Persönlichkeitsänderung ▪ Abnorme Gewohnheiten und Störung der Impulskontrolle ▪ Störungen der Geschlechtsidentität ▪ Störungen der Sexualpräferenz ▪ Störungen der sexuellen Entwicklung und Orientierung ▪ Artifizielle Störung	F-8 **Entwicklungsstörungen** ▪ Störungen des Sprechens und der Sprache ▪ Störungen schulischer Fertigkeiten ▪ Motorische Störungen ▪ Tiefgreifende Entwicklungsstörungen F-9 **Verhaltens- und emotionale Störungen in der Kindheit und Jugend** ▪ Hyperkinetische Störung ▪ Störungen des Sozialverhaltens ▪ Emotionale Störungen ▪ Mutismus und Bindungsstörungen ▪ Sonstige Verhaltensstörungen

5.4 Störungsspezifische Exploration II – Ätiologische- und Persönlichkeitsdiagnostik

5.4.1 Geschichtlicher Abriß der ätiologischen Theorieentwicklung in der Suchtkrankenhilfe

Die ätiologischen Theorien in der Suchtkrankenhilfe haben sich erst langsam von Anlage-, über defizit- und konfliktorientierten Theoremen hin zu sozialökologischen Perspektiven entwickelt. Ich möchte die Ansätze, im gegebenen Rahmen natürlich nur kurz, skizzieren, um aufzuzeigen, wie sich aus ihnen die sechs ätiologischen Ebenen im Modul der „Ätiologische Diagnostik" ergeben.

Genetische Theorien

Der erste Ansatz – die genetischen Theorien – sind historisch die ältesten. Sie vertraten die Auffassung, daß bestimmte genetische/neuronale Prädispositionen für sich alleine besehen (*Zang* 1984; *Agarwal/Goedde* 1987) bzw. (minimale) Defekte, Dysfunktionen und andere Anlagefaktoren im Zusammenwirken mit Umweltfaktoren (*Zerbin-Rüdin* 1985; *Kendler/Eaves* 1986) bei der Suchtentstehung eine zentrale ätiologische Rolle spielen (vgl. *Anthinelli/Schuckit* 1991; *LaRue-Jones/Battjes* 1985). Darunter fallen z.B. auch angeborene temperamentäre Akzentuierungen wie sozialer Rückzug, schlechte Beruhigbarkeit im Kleinkindalter, Angst vor Emotionen usw. (*Thomas/Chess* 1980; *Schüssler* 2000). Bei Alkoholikern wurden genetische Untersuchungen vorgenommen, um diese Theorien zu verifizieren (*Zerbin/Rüdin* 1985; *Zobel* 2000). Obwohl die dispositionellen Theorien für sich gesehen einleuchten, stellen sie natürlich nur Einzelaspekte dar, was die Entstehung und Aufrechterhaltung von Suchterkrankungen angeht. Die genetische Theorie wurde nie so weit entwickelt, daß aus ihr etwa diagnostische Kriterien oder therapeutische Förderprogramme abgleitet werden konnten.

Durch aktuelle Ergebnisse der Neurowissenschaften erfährt diese Denkrichtung in der Gegenwart eine gewisse Renaissance, wenngleich in dieser heute weniger allein die Anlagefaktoren mehr eine Rolle spielen als viel mehr ein komplexes System von neuronalen Auslösern in Wechselwirkung mit Umweltfaktoren für das Suchtverhalten verantwortlich gemacht wird (*Johnson/Roache* 1997; *Keup* 1985; vgl. *LeDoux* 1998, 2001; *Damasio* 1997). Hierzu zählen auch Vorstellungen der Aufrechterhaltung von Suchtproblemen durch das Wirken eines spezifischen Suchtgedächtnisses (*Syoka* 200a, b).

Persönlichkeits- und Akzentuierungstheorien

Bereits zu Beginn des Jahrhunderts kam die Vorstellung auf, der Suchtproblematik liege eine erworbene Persönlichkeitsakzentuierung oder gar spezifische Persönlichkeitsstörung („degenerative Anlage", „psychopathische Konstitution") zugrunde, die signifikant zur Entwicklung von Suchtverhalten führe (*Blane* 1968). Dieser Zusammenhang blieb stets diffus bzw. konnte nie belegt werden. Aus der klinischen Erfahrung wissen wir zwar, daß Alkoholiker oft depressiv-dependente, Heroinabhängige häufig zwanghaft-narzisstische Strukturen zeigen usw.; aber der Umkehrschluß – daß Menschen mit derartigen Akzentuierungen notwendigerweise oder auch nur signifikant häufig eine Suchtstruktur entwickeln – wurde in allen mir bekannten Untersuchungen ausgeschlossen. So gilt auch die Annahme einer dezidierten „Suchtpersönlichkeit" als überholt (*Faust/Baumhauer* 1995; vgl. *Soyka* 2000a, b).

Sozialökologische Theorien

Im Gegensatz zur Psychoanalyse, bzw. zur Psychotherapie im Allgemeinen, blickt die Suchttherapie auf eine lange Geschichte sozialökologischen Verstehens zurück. Die Anfänge der praktizierten Suchtbehandlung bezogen sich in erster Linie auf Alkoholprobleme (*Radó* 1926), das Feld des Medikamentenmißbrauchs kam erst später hinzu, obwohl es bereits in den 20er Jahren deutlichen Kokainmißbrauch gab (*Radó* 1934; *Schultz-Henke* 1951). In beiden Fällen wurden früher individuellen Belastungen aus der Umwelt (z.B. Kriegerlebnisse, Besitzverlust) und sozialen Auslösern (z.B. Ehe- und Familienkrisen) ein weitaus höherer ätiologischer Status zugeschrieben als etwa internalen Konflikten. Insofern war die therapeutische Begleitung der Abhängigen entweder den Familien selbst (*Rennert* 1990), allenfalls Sozialfürsorgern, überlassen, wenn sie nicht ohnehin als aussichtslos eingestuft wurde. Selbst in den Anfängen der Psychoanalyse galt Suchtmittelabhängigkeit weniger als Krankheit, die psychischen Konstellationen der Abhängigen konnten noch nicht schlüssig erklärt werden; Abhängige galten als unheilbar. Dieses Ressentiment ist gesellschaftlichen Ursprungs, und es ist auch heute noch bei Psychotherapeuten jeder Herkunft zu spüren.

In den 60er Jahren änderte sich das Bild der Suchtmittelabhängigkeiten radikal. Bis dahin unbekannte Drogen (Haschisch, LSD, Heroin) wurden – aus Amerika kommend – konsumiert und die Motivation hierzu verschob sich völlig, weg von Problemkonsum, hin zu Genußkonsum bzw. „Protest"-konsum, was die gesellschaftlichen Entwicklungen in dieser Zeit betraf ('68er Studentenrevolten, Marxismus, Anti-War-Generation, Flower-Power usw.).

Diese Entwicklungen haben schon früh (*Lewin* 1953) und heute forciert – über die Erkenntnisse einer wahren Flut sozioökologischer Forschungsergebnisse – zu der Einsicht geführt, daß die Problematik des Drogenkonsums überhaupt nicht ohne den Einbezug gesellschaftlich-kultureller Faktoren bzw. Funktionen aus dem individuellen sozialen Umfeld von Suchtmittelabhängigen verstanden werden können, sondern daß hier komplexe Wechselwirkungen bestehen (*Petzold* et al. 2000b; *Röhrle* 1994; *Stosberg* 1993; *Blätter* 2000: *Eisenbach-Stangl* et al. 2000; *Hass/Petzold* 1999). Die Systemische Therapie – auf die ich weiter unten noch eingehe – ist nur eine Denkrichtung, die sich aus diesen Erkenntnissen herausgebildet hat. Das Wissen um die sozialökologische Bedingtheit der Suchtproblematik wirkt sich natürlich auch auf die Therapie von Drogenabhängigen aus und spiegelt sich in den heute (in breitem Rahmen ähnlich) praktizierten Methoden der Suchttherapie wieder (Verbundsysteme; Wohngemeinschaften, Gruppentherapie, Familientherapie etc.; vgl. *Petzold* et al. 2000b; *Deister* 2000; *Yablonsky* 1990; *Heim* 1985; *Kaufman* 1985, 1986; *Kröger* 1984).

Tiefenpsychologische Theorien

Lange Zeit wurde das diagnostische Geschehen nach der Klassifikation – auch in der Suchttherapie – vom konfliktdynamischen Paradigma der Tiefenpsychologie bzw. der Psychoanalyse bestimmt (*Heigl-Evers* et al. 1991). Für die Suchtentstehung wurden – wie für die Neurosen auch – strukturelle Defizite und latente internale Konflikte bzw. Fixierungen auf bestimmte Entwicklungsphasen angenommen, vornehmlich aus der „oralen Phase" bzw. der sogenannten „ödipalen Krise", die durch aktuelle Auslöser rekategorisiert würden.

Demgegenüber wurden die Charakterneurosen – heute Persönlichkeitsstörungen genannt – auf strukturelle Defizite, d.h. auf den defizitären Verlauf der Reifung des frühkindlichen Repräsentationsgeschehens zurückgeführt (*Kernberg* 1992; *Kohut* 1976). Weitere ätiologische Komponenten wurden so die „frühe Ichschwäche" oder das „strukturelle Defizit", aus denen ableitbar sein sollte, warum Suchtmittelabhängigkeiten entstehen bzw. warum abhängige Menschen immer wieder regressiv in Suchtverhalten abgleiten (vgl. *Körkel* 1998).

Es ist natürlich fraglos, daß unsere Natur unlösbar mit Konflikten verbunden ist und daß sie einen Großteil dessen ausmachen, was wir als Menschen erleben – sei es in Gesundheit oder Krankheit. Wenn man indessen genau hinsieht, kann man erkennen, daß es sich hier um Erklärungsmodelle handelt, die versuchen die Krankheitsentstehung isoliert im Verbund von Defiziten und Konflikten erklärbar zu machen. Die relativ starke Individuumszentrierung dieses Modells läßt gerade hiermit sozialökologische Perspektiven völlig außer Betracht, auch andere Störungen, etwa Traumatisierungen, werden nicht explizit, und der therapeutische Umgang mit Defiziten beschränkt sich meist zu sehr fokussiert auf die „Trauerarbeit" (vgl. *Ermann/Waldvogel* 2000). Drogenabhängige Menschen sind davon erfahrungsgemäß überfordert. Um trauern zu können, müssen sie in den meisten Fällen erst noch einmal eine Idee davon bekommen, *worüber* sie trauern sollten, und dann brauchen sie hierbei massiv Unterstützung, eben wegen ihrer Defizite und rigiden Abwehrstrukturen. An dieser Stelle fragt man sich, warum die Tiefenpsychologie, obwohl schon so nah, nicht auf die Idee gekommen ist, die Defizite, die sie hier diagnostiziert, auch therapeutisch nachzusozialisieren (nicht: nachzu*nähren*, hierin besteht oft ein großes Missverständnis; vgl. *Otte* 1995). Das wäre dann einer der heute wichtigsten Zweige der ressourcen-, support- und lösungsorientierten Therapie (*Petzold* 1993f; *Kahn/Antonucci* 1980; *Danvaloo* 1980; *Beck* 1974; *Balint* et al. 1973; *Sifneos* 1972).

Lern- und Streßtheorien

Bei genauer Betrachtung erkennt man, daß die tiefenpsychologische Theorie eine individuumszentrierte Theorie ist, die dem sozialen Umfeld bei der

Krankheitsentstehung nur den Status von Auslöserfaktoren zugesteht. Die Lern- und Streßtheorien haben diese solipsistische Sichtweise aufgebrochen und sozialisativen Faktoren einen weitaus höheren Rang bei der Entstehung von psychischen und psychosomatischen Krankheiten zugewiesen. Bild und Verständnis der Konflikt- und Defizittheorien wurden mit der Entwicklung der Verhaltenstherapie wesentlich erweitert und ergänzt. Die Lern- und Streßtheorien konstatieren, daß das gesunde Konfliktbewältigungsverhalten über Modell- und Verstärkungsprozesse in der familiären Umgebung, in der Sozialisation, durch gesellschaftlich-kulturelle Faktoren *erlernt* wird, und daß es bei Belastung, Streß und Überforderung zum Zusammenbruch reifer Adaptionsmechanismen kommen kann (*Lazarus/Launier* 1981; *Margraf* 1996; *Bartling* et al. 1992) bzw., daß die Adaptionsmuster, die unter malignem Streß erlernt werden, generell dysfunktionale Adaptionen darstellen können. Dieses Modell firmiert z.B. unter der Bezeichnung der „Erlernten Hilflosigkeitô (*Peterson* et al. 1993). Auf dieser Grundlage wurden lern-, verhaltens- und motivationsanalytische Theorien zur Entstehung von psychischen und Suchtstörungen entwickelt, die schon recht früh in direkte verhaltensmodifizierende Programme umgesetzt werden konnten (*Bandura* 1969, 1979).

Die Lern- und Streßtheorien beinhalteten als erste einen klaren Vorstoß in Richtung darauf, interaktionelle Phänomene psychischer Störungen als ätiologische Faktoren in ihre Modelle einzubauen. Dies führte auch in der Suchttherapie zu guten Therapieergebnissen (*Stetter/Mann* 1997). Darüber hinaus brachte diese Entwicklung den Begriff des „Coping“ auf den Plan, der heute in der Therapie und Begleitung Suchtmittelabhängiger Menschen eine zentrale Rolle spielt (*Zeidner/Endler* 1996). Wir arbeiten heute ganz selbstverständlich – größtenteils implizit – mit den Erkenntnissen der Lerntheorie, etwa in der Gruppenarbeit für „Soziales Kompetenztrainingô, in der (Trauma-) Bewältigungstherapie (*Petzold* 2001c), in der „Motivationsarbeit“ für die Langzeitentwöhnung usw., die einen wichtigen Part jeder Suchttherapie darstellen.

Systemische Theorien

Noch einen Schritt weiter in die sozialökologische Perspektive gehen die Familien- und Systemtheorien. Sie implizieren eine noch stärke Bewegung – weg von der Individuumszentrierung – hin zur Kontextbeachtung und sozialinteraktiven Wechselwirkungs- bzw. Rückkoppelungsprozessen (Zirkularität). Aber ihre Entwürfe und Skizzen sind an vielen Stellen so evident, daß sie auch in das „integrative Instrumentarium der hermeneutischen Suchbewegungen“ aufgenommen werden. (*Petzold* 1983; *Ebert* 2001; *Petzold, Josić, Ehrhardt*, dieses Buch).

Die Systemtheorien mit sozialkonstruktivistischem Hintergrund konzipieren im Groben gesagt folgendes. Der Mensch ist von seiner verhaltens-motivationalen Anlage her ohne seinen Kontext nicht zu verstehen. Sowohl innere als auch äußere Wahrheiten („Kybernetik“) werden durch Interaktionen „konstruiert“. Sowohl gesundes als auch malignes Verhalten entsteht nicht allein im Individuum, sondern im Kontext von Systemen, deren Wirklichkeit und Struktur sich durch immanente „Binnengesetzmäßigkeiten“ konstruiert. Systeme haben Selbsterhaltungsmechanismen und wirken auf ihre Mitglieder so ein, daß sie und ihre Gesetzmäßigkeiten möglichst erhalten bleiben. Dabei dürfte auch Anlageverhalten im Sinne der Überlebenssicherung eine Rolle spielen. Sowohl psychische und psychosomatische Krankheiten als auch Suchterkrankungen sind als „kompetente Antworten“ des Individuums auf eine pathogene Umgebung zu verstehen (vgl. hierzu *Minuchin* et al. 1983; *Brunner* 1984; *Mattejat* 1985; *Kaufman* 1985; *Boscolo* et al. 1988; *Palazzoli* et al. 1991; *Wirsching/Stierlin* 1994; *Wirsching/Scheib* 2002; *Stierlin* et al. 1994; *Cierpka* 1996; *Schneewind/Schmidt* 1999; *Retzer* 2000). Darüber hinaus verstehen neuere Vertreter dieser Richtung das „Binnenbedürfnis“ von Systemen nach Stabilität als ein Bedürfnis der Mitglieder nach „Zugehörigkeit“ und „Ordnung“ und sehen im malignen Verhalten eine Antwort auf Verletzungen dieser Grundbedürfnisse (so *Hellinger*); das Individuum gehe mit seiner Erkrankung einem unbewussten inneren Bedürfnis nach „Ausgleich“ nach (z.B.: ein Sohn versucht die Traumatisierung/Depression seines Vaters „mitzutragen“, die ein Resultat einer 10jährigen Kriegsgefangenschaft war; vgl. *Massing/Beushausen* 1986; *Hollitzka/Remmert* 2001) bzw. es versuche, abgedrängte Mitglieder aus System durch eine „Stellvertretung“ wieder „hereinzuholen“ (z.B.: eine Tochter versucht, ihrem Vater eine Geliebte zu ersetzen, die die dieser vor der Ehe mit ihrer Mutter hatte, die er aber völlig verdrängt). Man kann sich die Stellvertretung als hohe Identifizierung mit dem Schicksal des Außenständigen vorstellen. Die Vermittlung solcher interpersoneller Phänomene läuft wahrscheinlich über sublime (ubw) interaktive Austauschprogramme (Anlageverhalten des Kindes zur Ressourcensicherung aus dem familiären Umfeld; vgl. *Osten* 2006). Daneben gibt es auch bekanntere ätiologische Vorstellungen, etwa die der emotionalen Ausbeutung und Parentifizierung (*Boszormenyi-Nagy/Spark* 1981), das Konzept der „Expressed Emotions“ sowie das der „schizophrenen Kommunikation (double bind)“ (*Müller* et al. 1992). Soviel in aller Kürze und sicher unvollständig zu bestimmten Varianten der Systemtheorie.

Gegenüber der Einschätzung der ätiologischen Valenz dieser Familienthemen ist trotz des Anspruchs gewisser Systemischer Therapien, ein eigenständiges Denksystem zu sein (*Bökmann* 2000), ein wenig Zurückhaltung geboten. Wenngleich die praktischen Erfahrungen der lösungsorientierten Familientherapie (*de Shazer* 1989) zum Teil eine hohe Evidenz aufweisen (und manchmal „therapeutische Begeisterung“ auslösen, z.B. bei *B. Hellinger*), ist doch anzunehmen, daß Individuen die hier unterstellten Noxen sehr unterschiedlich, eben auf dem Niveau ihrer Reifung und ihrer Ressourcen, verarbeiten, und die gleiche Einwirkung familiärer Belastungen nicht auf alle Systemmitglieder die gleiche negative Wirkung zeigt. Hierfür sind – wie bei allen anderen ätiologischen Theorien auch – komplex strukturierte Faktoren persönlicher Vulnerabilität und Resilienz ausschlaggebend (*Petzold* et al. 1993; *Knäuper/Schwarzer* 1999; *Uchtenhagen* 2000). Zudem müssen die systemischen Anschauungen in Verbindung gebracht werden mit Einwirkungen, die Familien mit Drogenproblemen allgemein mit sich bringen (*Zobel* 2000), mit der sicheren Vorstellung, daß diese Probleme Auswirkungen auf das Bindungsverhalten von Kindern (u.U. mit Langzeitfolgen) haben (*Strauß* et al. 2002). Erste konzeptuelle Verbindungen werden hier gegenwärtig gezogen, was mit Sicherheit zu einer integrierteren Sichtweise führen wird (*Walper/Pekrun* 2001). Vor allen Dingen wird den neueren wissenschaftlich gut untersuchten und begründeten Formen nichtlinearer Systemtheorien (*Kelso* 1995; *Ebert* 2001; *Thelen/Smith* 1994) Rechnung getragen (*Petzold* et al. 1995; *Schiepek* 2001), die mit den psychologiesierenden Systemansätzen wenig zu tun haben und haben wollen.

5.4.2 Die „Entwicklungspsychologische Tiefenexploration"

Über den Aufbau der allgemeinen Integrativen Krankheitslehre (Abb. 2) wird deutlich, daß in der Integrativen Diagnostik der Sucht- und Abhängigkeitserkrankungen biographische Anamnesen unter sehr strukturierten Gesichtspunkten ablaufen. Ich habe oben aufgezeigt, wie Klinische Entwicklungspsychologie und Lebenslaufforschung zur erweiterten Grundlage für das menschliche Gesundheits- und Krankheitsverständnis werden kann, und wie auf dieser Grundlage die geschichtliche Abfolge der Krankheitsentstehung auf sechs unterschiedlichen Ebenen ätiologisch bedeutsamer Faktoren und Prozesse verfolgt werden kann. Die hier entwickelten sechs Ebenen möglicher pathogenetischer Konstellationen beziehen sich, wie in Abb. 2 gezeigt, auf die Tiefenpsychologie, die Lern- und Streßtheorien, die Traumatheorie und auf sozialökologische Theorien (Systemische Theorie, Netzwerktheorie).

Unter dieser Struktur wird die biographische Anamnese zur „Entwicklungspsychologischen Tiefenexploration". Sie erfordert im Gegensatz zu herkömmlichen Techniken, daß der Therapeut sich das empirische Wissen von normativen Reifungsschritten mit ihren Entwicklungsaufgaben angeeignet hat und ein Bild von deren Variationen in sich trägt. Des weiteren sollte er sich Wissen über mögliche Risikokonstellationen im Lebenslauf und die Folgen des Fehlens altersangemessener Förderung und Unterstützung (Defizit- und Mangelerfahrungen) angeeignet haben (*Filipp* 1990). Ich habe an anderer Stelle das weitverzweigte empirische Wissen hierzu für den gesamten Lebenslauf zusammengetragen und auf die fachlichen Erfordernisse in der Erwachsenenpsychotherapie übertragen (Osten 2000). Mit dieser Grundlage bekommt der Therapeut ein Gerüst, ein selbst erworbenes Bild von der Struktur der menschlichen Entwicklung. Das schärft seine therapeutische Wahrnehmung für entwicklungsspezifische und pathogenetische Störungsmuster, ermöglicht ihm einen Vergleich mit der vom Patienten erzählten Geschichte und verhindert, daß er den subjektiven Deutungsmustern des Patienten allzu schnell und bereitwillig folgt (vgl. *Röper* et al. 2001).

Dabei beginnt die entwicklungspsychologische Tiefenexploration mit der ebenso einfachen Aufforderung wie die biographische Anamnese: „... dann erzählen Sie mir doch einmal von den wichtigsten Stationen in Ihrem Leben, von den guten wie von den kritischen". Aber nun strukturieren Klinische Entwicklungspsychologie, Lebenslaufforschung und die Allgemeine Integrative Krankheitstheorie das Wahrnehmungs- und Bewertungsgeschehen beim Therapeuten und werden grundlegend für sein interventiv-exploratives Vorgehen. Er geht dabei nicht lebenschronologisch vor; das würde als unnatürlich erlebt werden. Vielmehr vertraut er sich dem Faktum an, daß Menschen ihre Geschichten in der Reihenfolge der gerade eben im intersubjektiven Prozeß entstehenden Bedeutsamkeit erzählen, und daß sie die Bedeutungen, die sie in die Geschichte hineinlegen – „mit dieser Geschichte *wollte* ich ihm *etwas sagen*" – meist unbewußt, dafür aber sehr kreativ auswählen (*Röttgers* 1992). Im narrativen Geschehen tauchen dann Störungsmuster, Narrative, Scripts in direktem Zusammenhang mit ressourcenvollen Faktoren und Prozessen auf, und so wird die entwicklungspsychologische Tiefenexploration zur „narrativen Praxis", in der man sich mit einer erzählten Geschichte „verbindet", Bedeutungen teilt, als Therapeut zum „Zeugen" berufen wird und als Patient einmal mehr – nämlich durch das Erzählen selbst – Identität entwirft.

Dies macht evident, warum man die Lebensgeschichte auch nicht einfach „abfragen" kann; viel eher versucht werden muß, die Eigenarten und den Charakter jedes narrativen Aufbauelementes des jeweiligen Patienten zu erfassen. Die „Checkliste" ist nur im Hinterkopf; der Therapeut „hakt ab", wovon erzählt wurde und wovon er einen für das diagnostische Prozedere hinreichenden Eindruck bekommen hat. Er fragt allenfalls engagiert und interessiert nach, wenn er spürt, daß er wirklich persönlich etwas begreifen will, und er nimmt den Lebenslauf des Patienten als ein „Rätsel", das „gelöst" werden will, ganz im Sinne *Lévinas'* (1998): „Einem Menschen begegnen heißt, von einem Rätsel wach gehalten werden". Im Sinne der guten „Gestalt" (*v. Weizsäcker* 1947) macht er sich klar, daß alles, was hier erzählt wird, zur aktuellen und historischen Wirklichkeit dieses Menschen gehört, auch wenn manches im Moment nicht zueinander zu passen scheint, man nicht versteht, welchen Sinn das alles ergibt. Und er macht sich klar, daß es immer mehr zu verstehen gäbe, als er selbst oder der Patient je verstehen wird.

Während dessen gehen periverbal viele Phänomene „über die Bühne" – Blicke, Gebärden, traurige und glückliche Gesichter treten auf und verschwinden wieder – es tauchen Stimmungsqualitäten und übergreifende Atmosphären auf, die das Erzählte kommentieren, ja manchmal sogar bewerten, und das besser als man das bei bewußtem Verstande ausdrücken könnte. Auf diesen Ebenen hört der Therapeut zu und nimmt wahr, vergleicht die erzählte Geschichte mit seinen inneren Bildern einer „Klinischen Entwicklungspsychologie", die ihn orientieren, was gefehlt hat (Defizit), was zuviel war (Überforderung), was unerträglich war (Konflikte, doublebinds, Entwertung) oder unverdaubar (Traumata). Er hört von guten und kritischen Modellen der Lebensbewältigung – Eltern, Geschwister, Lehrer, Freunde, Arbeitskollegen – und wie der Patient sie aufgenommen hat (Adaptionsmodelle), und es wird von einer einzigartigen Familie erzählt, deren Mitglieder, Atmosphären, Themen und Probleme zu lebensbestimmenden Momenten wurden (systemische Einflüsse). Im Ablauf der Erzählung werden vielleicht „Ketten adversiver Erfahrungen" deutlich, die erst zusammengenommen deutlich machen, wie und warum die Geschichte an einer bestimmen Stelle „gekippt" ist. Aber es werden auch „Ketten ressourcenvoller Erfahrungen" deutlich; diese sind der „Boden", auf den die nachfolgende Therapie bauen kann (vgl. Petzold et al. 1993). Dabei wird deutlich, daß die Bewertung der Schwere einer Noxe immer im Zusammenhang mit dem jeweiligen Entwicklungsniveau, auf dem sie eintrifft, gesehen werden muß, und mit der Frage, ob zu ihrer Bewältigung internale und/oder externale protektive Faktoren und Ressourcen vorhanden waren. Ich habe diese Wechselwirkung bereits oben beschrieben.

Es ist in diesem Rahmen nicht möglich, das weit verzweigte entwicklungspsychologische Wissen so darzustellen, daß hieraus unmittelbar eine praktische Anwendbarkeit abgleitet werden könnte. Hierzu muß ich auf die Hauptquelle verweisen (*Osten* 2000).

5.4.3 Die Sechs ätiologischen Ebenen der Psychogenese von Abhängigkeitserkrankungen und ihrer Komorbidität

Die Entwicklungspsychologische Tiefenexploration ermöglicht über das Erkennen pathogenetischer Konstellationen sowohl die ätiologische Diagnostik – meint Hypothesen zur Krankheitsentstehung zu erstellen und damit zu interventiven Zugängen in der konkreten Arbeit zu gelangen – als auch die Persönlichkeitsdiagnostik – meint von den Phänomenen und von der Entwicklungsgeschichte des Individuums her Hypothesen zu Struktur und Aufbau der Persönlichkeit zu bilden. Dieses integrierte Vorgehen eröffnet eine multiperspektivische Sicht auf das Individuum und vermindert die Gefahren, die damit verbunden sind, wenn nur *ein* ätiologisches Krankheitsmodell zur Anwendung kommt. Ich habe oben beschrieben, wie die wechselseitige Ergänzung von konflikt- und psychodynamischen, lern-, streß- und traumatheoretischen sowie sozialökologisch-interaktionellen Modellen auf dem Boden der Ergebnisse von Klinischer Entwicklungspsychologie und Lebenslaufforschung diese Gefahren ab besten abwendet. Die sechs ätiologischen Ebenen wurden oben schon kurz dargestellt und seien hier der Übersicht halber noch einmal aufgeführt:

Die sechs ätiologischen Ebenen:

(1) Defizite und prolongierte Mangelerfahrungen
(2) Konflikte und andere spannungsreiche Störungen
(3) Maligne Lern- und Adaptionserfahrungen
(4) Überforderung und zeitextendierter Streß
(5) Traumatisierungen
(6) Sozialökologische Einflüsse

Der Ansatz der ätiologischen Diagnostik, der hier vertreten wird, bezieht sich – und das nicht nur wegen Ermangelung standardisierter Methoden – explizit auf die „narrative Praxis“ im Rahmen einer „Klinische Heuristik“, die nicht unter der Prämisse der Objektivierung steht, sondern unter einem „Intersubjektivitätsparadigma“, das auf „kommunikative Validierungen“ ätiologisch bedeutsamer Faktoren hinausläuft (intersubjektive Hypothesenbildung). Das bedeutet, daß hier von den *Phänomenen*, der „Oberfläche“, ausgehend auf die Entstehungsgeschichte und die *Strukturen* der Probleme hin inferiert wird sowie auf die sich auf solchem biographischen Boden ergebenden *Entwürfe* von Zukunftsplanungen (und -befürchtungen). Auf diese Weise kann komplexes Wissen hoch vernetzt (Beziehungsaufbau durch Narration) in diagnostische und therapeutische Prozesse einfließen. Ich werde nun die 6 pathogenetischen Konstellationen des Moduls „Ätiologische Diagnostik“ beispielhaft erarbeiten; ich führe praktische Beispiele an, die häufig vorkommen, mit dem Ziel der Sensibilisierung für die Abgrenzung der Ebenen untereinander. Dies ist nötig, weil in der Praxis stets die Verschränkung der Ebenen vorherrscht.

Zur Pathogenese von Suchterkrankungen tragen alle Begleitumstände bei, die wir so häufig in den Biographien von Suchtmittelabhängigen finden. Die härtesten dieser Art sind sicher die Traumatisierungen verschiedener Herkunft (van der Kolk et al. 2000; Petzold et al. 2000a), seien sie die Folgen der Kriegserfahrungen aus der NS-Zeit, Täterschaft, Flucht, Verfolgung, Vertreibung oder andere Gewalt- und Deprivationserfahrungen (vgl. Fischer/ Riedesser 1998), etwa Inzest und sexueller Mißbrauch (Amann/Wipplinger 1997; Egle et al. 1996). Oft finden wir serielle Traumatisierungen und mit ihnen eine Reihe von Symptomen des Posttraumatischen Streßsyndroms (s. DSM-IV, 309.81). Aber auch die sublimeren Formen von, emotionaler Ausbeutung, Parentifizierung, Vernachlässigung, Verwahrlosung und doppeldeutige Entwertungen (Depravation), finden wir oft als prägende Belastungsfaktoren. Das macht Streß, Überforderung, negative Selbstattributionen, schafft innere wie äußere Konflikte und mündet in maligne Lernprozesse, was das eigene Selbst angeht, aber auch das gesamte Weltbild (vgl. Hartwich et al. 1998). Diese Wechselwirkungen von primärer Belastung und sekundärer Verarbeitung sollte man bei der Einteilung in die nun folgenden sechs Ebenen nicht aus dem Blick verlieren.

Ebene 1: Defizite und prolongierte Mangelerfahrungen

Der Blickpunkt auf Defizite und prolongierte Mangelerfahrungen greift den Faden möglicher Krankheitsentstehung bei einem schwierigen Punkt auf. Was *gut* war, davon können wir berichten, was *schlecht* und *belastend* war, auch davon läßt sich einiges sagen, aber davon, was *gefehlt* hat, was man *gar nicht erlebt* hat, kann man darüber auf einfachem Wege Auskunft geben? Vielleicht, ein wenig, aber es ist schon viel schwieriger. Aus diesem Grund ist es wichtig, daß sich Psychotherapeuten ein inneres, ein *wissenschaftlich fundiertes* Bild davon aneignen, was zu einer „Normalentwicklung“ gehört. Nur so – wenn sie normative Abläufe von Entwicklungs- und Reifungsaufgaben aus der Sicht der Klinischen Entwicklungspsychologie kennen – können sie die Folgen von *mißglückten* Entwicklungs- und Reifungsschritten halbwegs adäquat einschätzen, ihren Blick schärfen für die Folgen prolongierter Mangelerfahrungen, erkennen, welche Form altersgerechter Reifung und psychosozialer Unterstützung gefehlt hat (*Osten* 2000).

Exploriert wird auf Ebene 1 also, ob es in der Anamnese frühe Deprivationen, etwa durch Krankheit von Mutter oder Kind, Flucht, Vertreibung u.a. schwere Einflüsse gab. Unterhalb von 1½ Lebensjahren, wo das Repräsentationsgeschehen noch nicht ausgereift ist, können diese (wenn adäquate „Abpufferung" fehlte) besonders schwerwiegende Folgen haben. Diese Perspektive muß zusammengeführt werden mit den Problemen, die z.B. Familien mit schwer deprivierten Eltern, Schwerkranken, Alkohol- und Drogenkonsum und anderen schweren Belastungen (finanziell, juristisch, strafrechtlich etc.) mit sich bringen können. Hier findet man häufig Störungen der Responsivität der Eltern auf ihre Kinder, Aggression und Depressivität der Eltern, Vernachlässigung, Verwahrlosung und Gewalt (*Zobel* 2000; *Schumann* 1999; *Milch* 1998; *Beardslee* et al. 1997; *Egle* et al. 1996).

Frühe Deprivationserfahrungen können eine fatale (Langzeit-) Wirkung haben auf die Möglichkeit des Menschen, von den Eltern, später aus der Partnerschaft und ihren sozialen Netzwerken Ressourcen zu akquirieren. Die Belastungen (Ängste, Verunsicherung, Einsamkeit Schmerz), die z.B. Trennungen von den Eltern für Kinder diesen Alters bedeuten – es reichen bei Fehlen jeglicher Ressourcen u.U. schon 2-3 Wochen – können ein Muster des kommunikativen Rückzuges auslösen, das anlagebedingt ist und für den Moment der Belastung Schutz bietet, unter longitudinaler Perspektive aber dysfunktional wird. Die Kinder können sich innerlich verschließen (anästhesieren) und „beschließen", die „verschlossene Türe", die dann ja „von innen" verriegelt ist, geschlossen zu halten, um den mit einer erneuten Öffnung verbundenen Schmerz nicht erleben zu müssen (Abspaltung). Eine akute Negativwirkung ist die, daß durch die fehlende Responsivität der soziale Zustrom aus dem Umfeld beeinträchtigt werden kann und damit sekundäre Defizite entstehen. Wenn langzeitig keine oder zu wenig Kompensationsmöglichkeiten verfügbar sind, besteht die longitudinale Negativwirkung oft aus einem Muster aus spezifischen Wahrnehmungsstörungen, die als fixierte Sekundärwirkung verstanden werden müssen. Die Wahrnehmung und Einschätzung sozialer Situationen wird dabei durch Negativerwartungen präformiert (Argwohn, Mißtrauen), so daß positive, nährende Elemente nicht mehr oder nur marginal erfaßt werden können. Diese Menschen empfinden oft eine „innere Leere", stehen z.B. vor ihren Partnern, sehen u.U. noch, daß hier vieles zu bekommen wäre, was sie entbehren mußten, können dann aber ihre Muster der Blockierung nicht überwinden (gestörter expressiver Modus; *Petzold* et al. 1995; vgl. *Brisch* et al. 2002). Eigene Defizite werden u.U. gar nicht mehr wahrgenommen und gespürt (gestörter rezeptiver Modus, Anästhesierungen, Dissoziation) und dann kann auf Beziehungsangebote nicht mehr zugegriffen werden; hier wird der Aufforderungscharakter der sozialen Situation (*affordance*) nicht prägnant genug erlebt und es gibt dadurch zu wenig Möglichkeiten von Handlungsantworten (*effectivity*), d.h. Resonanz und Gefühle aufkommen zu lassen, sie auszudrücken und so Bindungen entstehen zu lassen. In dieser Situation verstehen sich Menschen – völlig unreflektiert – nur noch in der Rolle von „Gebenden", sie kommen nicht mehr auf die „absurde" Idee rezeptiv zu werden. Viele der tiefgreifenden Reifungs- und Belastungsstörungen (Persönlichkeitsstörungen, Psychosomatosen, PTSD, wozu auch sexueller Mißbrauch und Gewalterfahrungen zu rechnen sind) haben einen derart gelagerten Hintergrund (vgl. *Petermann* et al. 2000).

Mit Blick auf die Interaktion von defizitären Faktoren mit protektiven Prozessen und individuellen Resilienzfaktoren, können allerdings auch damit keine stringenten linearkausalen Schlüsse gezogen werden; z.B. auf „strukturelle Mängel". Die Plastizität und das Kompensationsvermögen ist gerade im Frühbereich erheblich und begleitende wie nachfolgende Fürsorge kann derartige Belastungen ausgleichen (*Petzold* et al. 1993; *Ernst* 1992; *Fiedler* 1999; *Knäuper/Schwarzer* 1999; *Werner/Smith* 1983). Auch genetische Vulnerabilitäten bzw. Vitalitätsfaktoren (z.B. „Temperament"; vgl. *Zentner* 1993; *Thomas/Chess* 1980 oder „Streßfaktoren"; vgl. *Nuechterlein* et al. 1992; *Lazarus/Launier* 1981), das Vorhandensein protektiver Einflüsse (kompetente Kinderkrankenschwestern, fördernde Bindungen zu anderen Kindern), und nicht zuletzt die Interaktion von Anlagefaktoren und Umweltreaktion bestimmen über die ätiologische Valenz von Defiziten (*Zerbin-Rüdin* 1985).

Eine weitere Struktur wäre, nach elterlichen Depressionen (*Beardslee* et al. 1997; *Milch* 1998) oder familiären Alkoholproblemen (*Zobel* 2000; *Schumann* 1999) u.a. zu fragen, die ähnliche deprivierende Konstellationen erzeugen; hier mit einer Variante, die ich unter der Rubrik „spannungsreiche Störungen" näher besprechen werde. Die frühkindliche Exploration gibt also Hinweise auf das Integrationsniveau des Patienten, aber nicht nur im Hinblick auf die Entwicklung des internalen Repräsentationsgeschehens (vgl. „frühe Störungen" aus der Sicht der Selbstpsychologie *Kohuts* (1976; vgl. *Kernberg* 1985).

Ganz allgemein werden im Verhalten des Patienten (szenisch-atmosphärische) Hinweise auf prävalente Entwicklungsphasen gesucht, etwa ein babyhaftes, juveniles oder provokant adoleszentes Äußeres, die dann, mit dem Wissen um „Normalentwicklungen" – ein mit aller Vorsicht wegen konservativer Stigmatisierungsgefahren anzuwendender Begriff im Hinterkopf (hierbei zu achten auf [sub-]kulturelle Spezifika), näher exploriert werden können. Für den frühen Bereich treten hier fehlende, mangelhafte Unterstützung und Förderung oder doppeldeutige Kommunikation ins Zentrum, für spätere Entwicklungsbereiche, etwa die späte Kindheit, die Qualität des Erziehungsstiles oder die der Leistungsförderung, der weitgehend die Strukturen der internalen Steuerung (Identitätsraster, Bewertungsstile, „Über-Ich") bestimmen. Hier wird die Frage relevant, inwiefern Kinder Unterstützung erhalten, sich in Regeln, Normen und Strukturen einzufinden, sie als etwas hilfreiches zu erleben, ohne sich dabei einer unterdrückenden Rigidität ausliefern zu müssen (z.B. Zwangsneurosen, alimentäre Störungen). Für die Adoleszenz wird die fehlende Unterstützung bei Ablösungs- und Identitätsbildungsprozessen ausschlaggebend, wobei man in dieser Entwicklungsphase bereits konstatieren muß, daß es hier ja schon Überlagerungen mit früher erworbenen Defiziten gibt (*Flammer/Alsaker* 2002). In jedem Fall sind es diese längsschnittlichen, manchmal prologierten und akkumulierten Mangelerfahrungen, die dann auch zu querschnittlich feststellbaren Defiziten bei Erwachsenen geführt haben, etwa, wenn ein Patient nicht in der Lage ist, verläßliche Bindungen aufzubauen, keinen Beruf findet usw. Das wird besonders evident wenn man bedenkt, daß etwa zwei Drittel der Patienten mit (pathologisch einstufbaren) Adoleszentenkrisen im Erwachsenenalter eine psychiatrische Erkrankung entwickeln (*Bronisch/Sulz* 2002), wobei hier wiederum auch lebenslagespezifische Benachteiligungen zu beachten sind (vgl. den Begriff des „Sozialen Sinnverstehens" bei *Zaepfel/Metzmacher* 1998).

In *querschnittlicher Hinsicht* sind häufige äußere Defizite etwa fehlende, toxische oder ressourcenarme soziale Netzwerke (*Hass/Petzold* 1999) oder irritierende, belastende Bindungen, streßvolle Lebensalltage, die das familiäre Leben unterwandern, bis hin zu existentiellen Defiziten wie materieller Not störungsauslösend. Innere Defizite beziehen sich auf Selbstwertprobleme, Identitätsstörungen, mangelhafte Wahrnehmung von Konflikten, und affektive Komplexe, die durch die innere defizitäre Struktur nicht bewältigt werden können (destruktive Schuld- und Schamgefühle, Ängste und Panik, Wut und Aggression, übermäßige, prolongierte oder unterdrückte Trauer, inadäquater Überschwang von Freude, etwa bei histrionischen Problemen).

Ebene 2: Konflikte und andere spannungsreiche Störungen

Die Perspektive der Konflikte als ätiologisch bedeutsame Faktoren wurde durch *Carcot* und *Janet* begründet. Schon deshalb kann die Tiefenpsychologie diesen Sektor nicht als ihre ausschließliche „Domäne" beanspruchen. Blickt man auf die komplexe Natur von Konflikten (*Petzold* 1988), wird deutlich, daß diese sich nicht etwa in der Klassifizierung der „Operationalisierten Psychodynamischen Diagnostik" erschöpfen (vgl. *Schauenburg* et al. 1998, 1998a; *Freyberger* 2000; genannt werden z.B. Abhängigkeit vs. Autonomie; Versorgung vs. Autarkie; Über-Ich-Konflikte; Identitätskonflikte etc.). Auch die Konstellationen in dem Entwicklungsalter, das die tiefenpsychologische Entwicklungstheorie als die „ödipale Phase" bezeichnet – und in dem sie die hauptsächliche Relevanz ätiologischer Konflikte ansiedelt –, erscheinen im Licht der empirischen Entwicklungsforschung viel mehr eingereiht in das Kontinuum kognitiver, emotionaler und rollensensibler Entwicklungsprozesse; die Phänomene werden hier völlig anders und einleuchtender gedeutet; vgl. hierzu *Bischof-Köhler/Bischof* 1996; *Osten* 2000).

Für den Bereich der Integrativen Diagnostik können Konflikte nicht auf derartige Themen eingegrenzt und beschränkt werden, schon gar nicht mit dem Anspruch auf Vollständigkeit. Die gesamte Natur des Menschen ist paradox und konflikthaft; tun wir ein Ding, unterlassen wir etwas anderes, was genauso wichtig wäre. Dadurch bleiben wir stets uns selbst oder anderen etwas „schuldig", und wir verbringen tagtäglich ein unglaubliches Ausmaß von Zeit und Energie mit der Bewältigung von kognitiven Spannungen und Affekten aus kleineren und größeren Konflikten. Manche sind bewußt und können gelöst werden, andere bleiben verdeckt, wirken im Untergrund und dauern an über die gesamte Lebensspanne. Inhaltlich variieren Konflikte so wie Menschen und ihre Biographien eben verschieden sind, wie sie ihre Wahrnehmungen, ihr Denken, ihr Gefühlsleben und ihren Willen ausgebildet haben (*Petzold* 2001b). Formell erscheinen Konflikte auch nicht nur als „internale Spielvarianten", sondern sie wechseln sich ab zwischen internen und externen Konstellationen (*Petzold* 1988), so daß der Psychotherapeut sich allenfalls auf das wahrnehmbare Gefühl der *Konfliktspannungen* einstellen kann. Dann müssen die Inhalte sehr individuell exploriert und diagnostiziert werden.

Ich möchte einige weitere spannungsreiche Störungen verdeutlichen, die nicht Grundkonflikte im tiefenpsychologischen Sinne, aber auch nicht klassische Konflikte im o.g. Sinn darstellen. Tiefgreifende Belastungsstörungen etwa können in der Ätiologie häufig sog. *Double-bind*-Erfahrungen aufweisen. Hier werden Kinder und Jugendliche vor unlösbare Aufgaben gestellt – z.B.: „Wen hast du jetzt lieber, Mama oder Papa?" –, in denen sie, egal wie sie entscheiden, zum Verräter werden, nur etwas falsch machen oder nur entscheiden können, *auf welche Weise* sie das Gesicht verlieren. Das erzeugt Spannungen, die vom normalen Entwicklungsgeschehen Kraft abziehen, die Aufmerksamkeit für das eigene Gefühl stören, für kognitive und affektive Dissonanzen (Verwirrung, Wut, Verzweiflung) sorgen und das Kind in sehr belastende – subjektiv erlebt „unlösbare" – Konfliktspannung bringen (*Müller* et al. 1992); diese darf allerdings nicht – im Sinne der klassischen Double-Bind-Theorie – als ursächlich etwa für die Schizophrenie bzw. Psychosen gewertet werden; hierfür ist ein komplexeres Zusammenspiel von genetischen und Belastungsfaktoren ausschlaggebend.

Eine andere Variante spannungsreicher Störungen ist die sog. *Parentifizierung* (*Boszormenyi-Nagy/Spark* 1981). Hier erscheinen den Kindern die Eltern schwach oder bedürftig. Kleine Kinder erwarten (konfigurativ) Halt und Sicherheit von schutzgebenden Personen, was in belasteten Familien oft nicht im nötigen Umfang vorhanden ist (bei depressiven und kriegtraumatisierten Eltern und in Alkoholikerfamilien ist das oft der Fall). Hierdurch kann eine deprivierende Dynamik mit dem folgenden (modellhaften) Ablauf eintreten. Es können gewisse Verhaltensweisen, die (vom Kind mehr oder minder zufällig produziert) in der Lage sind, die elterliche oder familiäre Stimmung aufzuhellen, verstärkt werden (behaviourale Theorie). Falls nun keine protektiven *„signifacant others"* kompensierend wirksam werden (Netzwerktheorie, *social support*), kann dies das naturwüchsige Verhältnis von „groß und klein" zwischen Eltern und Kindern bis ins Gegenteil verkehren. Kinder fangen etwa an, ihre Eltern zu mobilisieren, zu schonen oder zu beschützen, eigentlich, damit sie selbst möglichst so viele Ressourcen wie möglich akquirieren könnten (*Milch* 1998; *Zobel* 2000). Dazu kommt es nicht, wenn die Eltern nicht in der Lage sind, das Kind mit seinen Hilfsangeboten sanft zu beschwichtigen, sondern die Unterstützung des Kindes „für bare Münze" nehmen. Das schafft Ambivalenz, wo eigentlich Eindeutigkeit herrschen sollte; die Kinder können emotional überfordert werden und in spannungsreiche Konstellationen geraten, denn sie müssen nun ihren labilen Eltern selbst Schutz und Sicherheit geben – zu schnell, zu früh, zu viel –, und so können sich dysfunktionale emotionale Konfigurationen „einschleifen" (subjektiv erlebte „Entleerung", „emotionale Ausbeutung"), die den Aufbau eines tragfähigen Bindungsverhaltens behindern (*Petzold* et al. 1995; vgl. *Bowlby* 1983; *Grossmann* et al. 1997; *Brisch* et al. 2002).

Maßgeblich ausschlaggebend für das Auftreten dieser Verhaltensmuster sind wahrscheinlich genetische Konfigurationen der Überlebenssicherung. Wenn die elterliche Fürsorge ausbleibt, ist das Überleben des Kindes in Gefahr. Im Modus der Parentifizierungsdynamik steht das eigene Wohl des Kindes nicht an erster Stelle, sondern das der Eltern oder der ganzen Familie. Das Kind weiß nicht um die Langzeitwirkung seines (zu frühen) „beelternden" Verhaltens, es weiß nicht um die Konsequenzen, die ihm hieraus erwachsen werden, und es weiß nicht um den Zeithorizont seines Tuns (es kann nicht denken: „ich mach' das jetzt mal, bis ich 18 bin und ausziehe, dann lassen wir das wieder"); es handelt aus Not. Im infantilen Erleben sorgt das zunächst für eine Beruhigung, eine gewisse Befriedigung, manchmal sogar für „Stolz", weil die Kinder sich glücklich fühlen, etwas tun zu können oder zumindest froh sind, nicht dadurch schuldig zu werden, daß sie nichts tun (ein verhaltensauffälliges Kind: „wenn ich Mama glücklich mache, wird alles gut"). Wenn sich diese Konstellation im Erwachsenen dysfunktional stabilisiert, wirkt sie von daher nach innen hin wie ein „Versprechen" des Kindes, das nicht leicht – und nur von innen heraus – aufzulösen ist (wie ein Loyalitätskonflikt). Dies sind die Gründe, warum Parentifizierungskreisläufe schwer zu durchbrechen sind. Längsschnittlich münden viele solcher Prozesse in der Einstellung der „Erwartungslosigkeit", weil ein tiefer Argwohn gegen die Zuverlässigkeit und Tragfähigkeit von Menschen generalisiert ist. So kann die Deprivierungsdynamik in einen Kreisprozeß geraten, der manchmal lebenslang anhält, weil diesen Menschen aufgrund ihrer Haltung („ich gebe") die Muster des „Nehmens" in ihren Bindungen nicht mehr oder nur eingeschränkt zur Verfügung stehen. Darüber hinaus können sie mit alten schmerzhaften Enttäuschungen konfrontiert werden, wenn sie eine Wende machen und wieder damit beginnen würden, etwas zu nehmen (*Strauß* et al. 2002; *Fremmer-Bombik-Grossmann* 1993). Auch hier wäre wieder zu unterstreichen, daß die Parentifizierung nicht zu einer voreiligen Deutungsschablone werden darf; es kann auch zu ganz anderen Reaktionen kommen.

Eine letzte, häufige Variante spannungsreicher Störungen sei noch angegeben. Es handelt sich um die *Depravation* (Entwertung). Selbstunsicheren Menschen (in allen „Sozialisationsinstanzen", z.B. Eltern, Erzieherinnen, Lehrer, Peers), findet sich immer wieder ein dysfunktionaler Copingmechanismus: sie erhalten Selbstwertgefühl durch die Entwertung anderer aufrecht, wenn sie über entsprechende Machtpositionen verfügen (andere sichern sich durch übergroße Permissivität und setzen keine Grenzen, wieder andere fallen in Muster der Überfürsorglichkeit etc.). Die Entwertungsstrategien können bei den Betroffenen, zumal bei Kindern, die sich aufgrund ihrer sich erst entwickelnden Bewertungsfähigkeiten noch nicht effektiv wehren können, schmerzhafte und verunsichernde Gefühle auslösen. Gerade für Kinder, und noch bis zum Beginn der Pubertät, sind die Inhalte der Entwertung durch Erwachsene kognitiv noch schwer aufzulösen; sie können dann in der Reproduktion von Affektmustern fixieren (Scham- oder Schuldaffekte), werden verunsichert und ziehen sich aus diesen spannungsreichen Geschehen zurück. Ein äußerst effektives destruktives Movens der Entwertung sind soziale Vergleichsprozesse (*Suls/Miller* 1977), die normalerweise unwillkürlich – von Pädagogen häufig jedoch auch bewußt – hervorgerufen werden, man fühlt sich in seiner Unfähigkeit (die ja eigentlich alle Menschen teilen) „vorgeführt" und an den „Pranger der Dummheit" gestellt. Solche Inszenierungen spielen sich oft auf dem Leistungssektor („nichts gelernt, setzen") und im emotionalen Bereich („alte Heulsuse") ab, und haben oft tiefgreifende Verletzungen des Selbstgefühls und der persönlichen Würde zur Folge. Man trifft auf diese Dynamik häufig bei Persönlichkeitsstörungen (*Wurmser* 1990).

Ebene 3: Maligne Lern- und Adaptionsmodelle
Auf dieser Ebene werden ätiologische Konstellationen untersucht, die zurückzuführen sind auf maligne Lernerfahrungen und erworbene dysfunktionale Adaptionsmechanismen. Noch einmal wird hier die behaviourale Theorie bemüht, aber nicht nur in ihrem Verständnis der operanten Konditionierung (*Margraf* 1996), sondern im komplexen Lernmodell der Integrativen Therapie (*Sieper* 2001). Ähnlich wie beim Thema der Konflikte, wäre auch hier hinzunehmen, daß der Mensch sich nicht nur unter den von der Verhaltenstherapie entworfenen Paradigmen entwickelt, sondern unter wesentlich breit gestreuteren Bedingungen, die sublimste Lernerfahrungen in sich bergen. Es genügt also wahrscheinlich nicht, Verhalten unter den Perspektiven der Problem-, Bedingungs-, Motivations- und Plananalyse zu untersuchen (*Willutzki* 2000; *Fiedler* 2000).

Lernprozesse sind prinzipiell nicht bewußt. Die molekularbiologischen bzw. neurophysiologischen Prozesse des Lernens sind nicht bewußtseinfähig und introspektiv zu erfassen. Menschen entwickeln sich von Beginn an und über die gesamte Lebensspanne hinweg in Situationen (z.B. Windeln, Füttern, Gehaltenwerden, Spielen, Gehen, Tanzen gehen etc.), in denen andere Menschen vorkommen, die sich auf uns beziehen und auf die wir uns beziehen (Intersubjektivität/Mutualität/Proximität in diesen Situationen geschehen Interaktions-, Kommunikations- und Austauschprozesse (thematisierte und nicht-thematisierte) in einem für die jeweilige Situation spezifischen Handeln der Teilnehmer unter bestimmten Kontextbedingungen, wie dies Vygotsky und die Kontexttheoretiker gezeigt haben. In diesem situativen Austausch, den man als „Handeln in Szenen" bezeichnen kann, spüren und erleben wir uns gegenseitig (Selbst- und Fremdwahrnehmung). Zu gleicher Zeit produziert und hinterläßt diese Szene eine situationsimmanente Atmosphäre, die mit bewußt wahrnehmbaren und unbewußt wahrgenommenen Informationen geladen ist; beide Informationsebenen werden von den Situationsteilnehmern komplex verarbeitet und gespeichert (*Petzold* et al. 1995), und schon während der Szene erfolgt ein komplexes „Lernen im Prozeß". Wenn die Situation vorbei ist, gehen wir aus ihr mit einer bestimmten, zunächst an diese Situation gebundenen, (Lern-)Erfahrung hervor, die sich allerdings generalisieren kann. Diese Erfahrung „dreht" Persönlichkeitsprozeß – manchmal auf gute, manchmal auf kritische Weise – ein Stückchen „weiter" und verändert uns damit. Sie ist gewissermaßen das (Lern-)Ergebnis der Situation, ist atmosphärisch geladen mit den Stimmungen der Situation. Ein erweiterter behaviouraler Begriff würde nun konstatieren, daß wir alle Lernerfahrungen komplex speichern und sie sowohl auf uns selbst (Selbstbild) als auch auf neu sich ergebende Situationen (Fremdbild, Bewertung sozialer Phänomene) hin wieder anwenden, so daß wir aus der Unzahl der sich in den Situationen konstellierenden Selbst- und Fremdattributionen nach und nach unsere Identität formen (vgl. *Sieper* 2001). Diese Zusammenhänge konnten durch Attributions- und Kontrollforschungen weitgehend belegt werden (*Peterson* et al. 1993; *Zelen* 1991; *Flammer* 1990; *Langer* 1978). Insgesamt kommt es auch zu Prozessen eines „Metalernens", eines Lernens[5] wie man lernt, und zu wachsender „Sinnerfassungs-, Sinnverarbeitungs- und Sinnschöpfungskapazität" (*Petzold* 2002b).

Es macht daher Sinn, diese Ebene spezifisch zu betrachten und die diagnostische Wahrnehmung auf die subtilen Lernprozesse und Adaptionsmodelle in der Lebensspanne hin zu lenken, noch lange bevor man tiefgründig nach Konflikten und Defiziten zu suchen beginnt. Wenn sie auch verdeckt und unbewußt ablaufen, so sind diese Prozesse oft sehr bewußtseinsnah und liefern manchmal erstaunliche Überraschungen. Was Adler in seinem psychosomatischen Modell als „Organminderwertigkeit" beschrieben hat (vgl. *Dantendorfer/Meirhofer* 2000), entpuppt sich oft als einfache Lernerfahrung aus dem familiären Kontext (ein junger Mann bewegt sich wie sein Großvater, der eine wichtige, zu früh gestorbene, Figur in seinem Leben war; dadurch entstehen funktionelle Störungen i.S. von chronischen Rückenschmerzen). Was Therapeuten oft vorschnell als „Borderlineverhalten" diagnostizieren, kann ebenso gut ein von der (persönlichkeitsgestörten) Mutter oder dem Vater erlernter Adaptionsversuch ohne jeden anderen Hintergrund sein (eine 42jährige Patientin berichtet, daß sie ihr Verhalten manchmal selber fremd und hysterisch erlebt; in der Exploration ergibt sich, daß sie ihre Mutter, die im Krieg vergewaltigt wurde und regelmäßig Wutausbrüche hatte, in ihren Anfällen einfach sehr durchsetzungsfähig erlebt hat). Hier muß man beweg-

5 „Lernen ist das Differenzieren, Konnektivieren und Integrieren von Wahrnehmungs-, Erfahrungs-, Wissens- und Metawissensbeständen; im Erfassen, Verarbeiten und kreativen Nutzen der Komplexität dieser Prozesse selbst wird es Metalernen. ‚*Komplexes Lernen*' ist Grundlage aller Konzeptbildung – ein Kernkonzept also, das in permanten Überschreitungen, das ‚Lernen über Lernen', transversales Metalernen, einschließt" (*Petzold* 2002b).

lich im Bewußtsein bleiben, um denkwürdig anmutendes Verhalten und seltsame Bewältigungsstrategien von Patienten nicht fehleinzuschätzen.

Ebene 4: Überforderung und zeitextendierter Streß
Die Lern- und Streßtheorien beinhalteten mit ihrem Ansatz einen klaren Vorstoß in Richtung darauf, „kritische Lebensereignisse" (*Filipp* 1990; *Achenbach* 1982) und interaktionelle Phänomene (*Tress* 1997; *v. Uexküll* et al. 1994; *Petzold* 2001a) psychischer Störungen als ätiologische Faktoren (auslösender und aufrechterhaltender Art) in Krankheitsentstehungsmodelle einzubauen. Darüber hinaus brachten die entwicklungs- und persönlichkeitstheoretische Längschnittforschung den Begriff der Bewältigung durch „Daseintechniken" (*Thomae* 1988) und die klinisch-psychologische Streßforschung den Begriff des „Coping" auf den Plan, die heute in der Therapie psychisch Kranker eine zentrale Rolle spielen (*Zeidner/Endler* 1996; *Margraf* 1996).

Überforderung und Streß bedeuten alle bislang genannten und auch alle folgenden ätiologischen Konstellation; dennoch macht es Sinn, von der primären Belastung abgehoben quasi auf die „Sekundärwirkung" dieser zu schauen. In der menschlichen Entwicklung fällt der Blick zunächst auf den Streß von Familie oder Eltern, der hier ausschlaggebend werden kann. Eine verkrachte Ehe bedeutet für das Kind Dauerstreß, hineinrutschen in elterliche Konflikte, manchmal wird die natürliche Geschwisterkonkurrenz mit elterlicher Konkurrenz regelrecht „überschrieben" (*Bank/Kahn* 1990). Leistungsstreß in der Schule, vor allem bei gleichzeitigen Teilleistungsstörungen und Entwicklungsretardierungen, ziehen oft Ketten adversiver Ereignisse nach sich, die dann in einer negativen Selbstwertentwicklung kumulieren. Es kann erheblicher Streß durch Überforderung in Peergruppen aufgrund von sozialen Vergleichsprozessen kommen, die für Pubertät und Adoleszenz sehr ausschlaggebend sind (*Kanning* 2000). Akkumulierter Streß und Überforderungen, die in anhaltenden Entwicklungsstörungen begründet liegen, haben oft eine schwer erkenn- und auflösbare Persistenz. Dafür gilt es, den Blick zu öffnen. Der Leistungssektor ist besonders sensibel für diese Störungen; z.B. wenn keine Berufsausbildung gefunden wird, alle Versuche scheitern, die Fremdeinschätzung bzgl. der eigenen Fähigkeiten inadäquat ist usw. Streßkarrieren schulischer beruflicher Art können später verhindern, daß tragfähige soziale Netzwerke mit guten Bindungen entstehen, weil der „response" auf Leistungsfähigkeit ausbleibt.

Eine letzte Perspektive eröffnet der Blick auf die leiblichen Negativwirkungen von langanhaltendem Streß, sei er äußerlich begründet oder durch internale Konstellationen. Körperlich können sich prolongierte Überforderungen in einer chronifizierten „Streßphysiologie" manifestieren, aus der Patienten allein durch psychotherapeutische Interventionen schlecht herauskommen (*Hellhammer/Kirschbaum* 1998; *van der Mei* et al. 1997). Dies gilt insbesondere auch für Belastungen familiärer und systemischer Art, die weitgehend unbewußt bleiben, weil sie erstens lebenslang wirken konnten, und zweitens das Kind keine Kontrollmöglichkeiten für „andere Realitäten" hatte

(*Flammer* 1990). Lang anhaltender Streß wirkt auf Persönlichkeitsprozesse in der Art, daß über die Zeit hin Verschiebungen in der Selbstwahrnehmung und -attribution erfolgen, die zu negativen Kontrollmeinungen führen; dies gilt mit Sicherheit nicht nur für Depressionen (vgl. *Horneffer/Fincham* 1995). Dauerbelastungen können je nach Zusammenspiel von Anlage, Entwicklung, Ressourcenniveau und sozialer Unterstützung zu Ängsten, Zwängen, Depressionen, Psychosomatosen und anderen Verhaltensstörungen führen; sie sind bis in den immunologischen Status und endokrinologische Prozesse hinein verfolgbar (*Hellhammer/Krischbaum* 1998). Eine besondere Art von Streß und Überforderung, für die das speziell gilt, liegt in den Folgen von Traumatisierungen, die nun kurz umrissen werden.

Ebene 5: Traumatisierungen
Seit Forschungsergebnisse über die Langzeitwirkungen von Traumatisierungen veröffentlicht wurden, ist eine unglaubliche Fülle von Untersuchungen und wissenschaftlichem Material zur entsprechenden klassifikatorischen Kategorie, dem „Posttraumatischen Streßsyndrom" (PTSD, PTBS), erschienen. Die Ergebnisse der Studien sind im Rahmen diagnostischer Überlegungen vor allem deshalb interessant, weil viele der landläufigen psychopathologischen Syndrome (z.B. Ängste, Depressionen und Verhaltensauffälligkeiten, die wie Persönlichkeitsstörungen anmuten) bislang nur wenig unter dieser Rubrik erkannt, diagnostiziert und dann auch falsch behandelt wurden (*Petzold* et al. 2000a). Das DSM nennt folgende diagnostische Phänomene, die explorativ erfaßt werden können:

Diagnostische Kriterien des Posttraumatischen Belastungssyndroms (PTBS, PTSD)

(1) Eindringliche, wiederkehrende Erinnerungen in Form von Bildern, Wahrnehmungen, Gedanken, Gefühlen;
(2) Wiederkehrende Träume;
(3) Handeln oder Fühlen, als ob das traumatische Ereignis wiederkehrt: Illusionen, Halluzinationen, Flashback, auch bei Intoxikation;
(4) Psychische Belastung bei Konfrontation mit Hinweisreizen mit körperlichen Reaktionen;
(5) Anhaltende Vermeidung von Erinnerungsreizen;
(6) Abflachende Reagibilität;
(7) Entfremdung;
(8) Hyperarousal/Numbing (hohe Grundspannung, Reizbarkeit, Schlafstörung, Konzentrationsstörung, übertriebene Schreckreaktion, emotionale Resonanzlosigkeit und Abgestumpftheit).

Man nimmt an, daß es für Erfahrungen mit einer sehr hohen Erregungsintensität spezielle mnestische Kodierungs- und Abrufmechanismen gibt. Offenbar ist der traumatische Bewußtseinszustand durch die extreme Erregung so stark verändert, daß er vom „Normalbewußtsein" abgespalten wird.

Das „explizite“ Gedächtnis, das unserem Wach-, bzw. Ich-Bewußtsein direkt zugänglich ist, und daß das autobiographische Gedächtnis mit umfaßt, läßt sich willkürlich aktivieren. Der Zugang zum „impliziten Gedächtnis“ ist dagegen ausschließlich „zufällig“ und kontextabhängig. Seine Inhalte sind automatisierte Handlungen, die Umstände seines Lernens sind nicht unbedingt bewußt oder bewußtseinsfähig repräsentiert (z.B. Spracherwerb), und der Abruf ist nicht immer zuverlässig (Fehlleistungen, Variationen). Die Annahme eines spezifischen (dissoziierten) Traumagedächtnisses wird inzwischen von vielen Klinikern unterstützt. Gedächtnisforscher sind hier weniger eindeutig in ihrer Darstellung traumatisierter Memorations- bzw. Rekognitionsprozesse, weil die Forschungslage noch viele neue Entwicklungen erwarten läßt (*Schacter* 1996). Die Notwendigkeit, außergewöhnliche Erregungsniveaus (*hyperstreß*) zu regulieren, erzeugt spezifische neurophysiologische Prozesse, die die mnestische Abspeicherung von Erfahrungen beeinflussen. Die Nutzung des deklarativen Gedächtnisses (und damit des sprachlich gefaßten Verarbeitens) kann eingeschränkt, die des prozeduralen Gedächtnisses kann erhöht werden. Damit wird eine bewußte versprachlichbare Ereignisspeicherung verhindert oder erschwert. Funktionen des expliziten Gedächtnisses können in traumatischen Situationen abnehmen, die des impliziten zunehmen. Bei einer dysregulierten „*traumatic stress physiology*“ (*Yehuda/McFarlane* 1997) entsteht ein Set von spezifisch kodierten, weitgehend invariablen Aktivierungsreizen jenseits des Bewußtseins und der willentlichen Kontrolle, die durch entsprechende Auslöser automatisch reaktiviert werden können (z.B. durch affektive und sensomotorische Ähnlichkeit zum Traumaauslöser). Hierdurch kommen Intrusions- und Flashback-Phänomene zustande, die zum Teil mit ähnlich intrusiver Wirkung wie das ursprüngliche Trauma erlebt werden (*Brenneis* 1998). Heftige innere (und internalisierende) Reaktionen sind möglich, aber auch nach außen gerichtete (externalisierende) Reaktionen (Schimpf- und Entwertungstiraden, raptusartige Gewaltausbrüche (Jähzorn), chronische morose Stimmungslagen).

Auch diese Thematik kann an dieser Stelle nicht tiefergehend behandelt werden. Ihren Platz hat sie hier, weil es in der Diagnostik darum geht, spezifische Phänomene des posttraumatischen Streßsyndroms erkennen zu lernen. Auffällig sind ein körperlicher Anspannungs- bzw. Überregtheitszustand (z.B. starre, angstvolle Blicke), ein „*hyerarousal state*“, der bei herabgesetzter psychischer Reagibilität (z.B. emotionale Resonanzlosigkeit), ein „*numbing state*“, die beide einander abwechseln können und bezüglich ihres Beginnes und ihres Andauerns (Chronifizierung) exploriert werden müssen. Auch die eindringlichen Bilder, wiederkehrenden Träume, Schlafstörungen und „seltsame“ Reaktionen auf bestimmte Hinweisreize lassen sich oft gut explorieren. Es gibt aber auch häufig erhebliche Schwierigkeiten (Angst, Mißtrauen) bei Opfern von „man made disater“ (Migranten, Politisch Verfolgte, Folteropfer); sorgfältige Vorgehen, ohne vorschnellen („modischen“) Griff zur PTSD-Diagnose kann Behandlungsfehlern und -zwischenfällen (Retraumatisierungen) vorbeugen. Für eine Vertiefung der Thematik kann folgende Literatur empfohlen werden: *Fischer/Riedesser* (1998), *Maercker* (1997), *van der Kolk* et al. (1996), *Koukkou* et al. 1998, *Petzold* et al. (2000a).

Ebene 6: Sozialökologische und systemische Einflüsse
Sozialökologische Einflüsse sind für die Entstehung, Auslösung und Aufrechterhaltung von Suchtproblematiken in einem Ausmaß ausschlaggebend, das man gar nicht überschätzen kann (*Röhrle* 1994; idem et al. 1998; *Petzold* 1995; *Müller/Petzold* 1998; *Laireiter* 1993). Das beginnt beim familiären Milieu und dem kulturellen Zeitgeist der Entwicklung, führt über die persönlichen Ausprägungen der Erziehungsstile der Eltern und endet bei der Berücksichtigung von entwicklungsspezifischen Förderungsprozessen der kindlichen und juvenilen Umgebung. Bei Drogenabhängigen und ihren Subkulturen wird die sozialökologische Perspektive besonders relevant. Das sind wichtige Aspekte der Exploration bei Sucht- und Abhängigkeitserkrankungen. Diese Perspektiven sind selbstverständliche Aspekte der Exploration bei Sucht- und Abhängigkeitserkrankungen und wurden teilweise oben schon besprochen, weswegen ich mich hier auf einen speziellen Sektor sozialökologischer Einflüsse beschränken will, den der systemischen Faktoren.

Im Bild der Familie gesprochen werden wir nicht nur in die Welt, sondern in bereits bestehende Systeme hineingeboren, in denen – weit vor unserer Ankunft – vielfältige Kräfte zwischen denjenigen wirken, die schon da sind und waren, fördernde wie belastende. Das „atmosphärische Feld", in das wir hineintauchen, ist also keine *tabula rasa*, es ist – auf neudeutsch gesagt – nicht immer *clean*. Da gibt es viele protektive Einflüsse, positive Lernmodelle, bestärkende und bekräftigende Atmosphären. Aber es gibt auch belastende Themen, etwa Täuschungen, die Verwirrung stifteten, Tote, die nicht betrauert wurden, Kranke, derer man sich schämt, Kriegsschicksale, die unverdaubar blieben, Verbrechen, in denen sich Mitglieder von Familien schuldig gemacht haben, viele Themen also, die systemische Turbulenzen verursacht haben (und das System z.T. in Turbulenz halten) – „Brocken", die „verdaut" werden müssen.

Im Wechselspiel dieser Kräfte, die auf alle einwirken, die zum System gehören, sucht sich und erhält das Individuum eine Rolle, eine Position mit Bedeutung (oft dort, wo eine „freie Valenz" steht, d.h., eine Thematik, für die die Familie noch keine Antwort gefunden hat) und wird auf diese Weise vom System und seinen Themen auch „in den Dienst" genommen. Dieser Dienst ist nicht unbedingt immer einfach. Für solche Dynamiken gibt es viele praktische Beispiele, deren Aufführung hier zu umfangreich wäre. Vielleicht genügt es, sich vorzustellen, daß der Platz und die Rolle, mit denen man in seinem Familiensystem lebt, auf jeden Fall persönlichkeitsprägende Elemente besitzen. Meistens beinhaltet das ja fördernde Qualitäten, die zu angemessenen oder wachstumsfördernden Herausforderungen für das Individuum werden. Manchmal aber muß man mit seinem Platz ringen. Und die Systemtheorie konzipiert in diesem Bereich ätiologische Faktoren, die in den schlechten Fällen zu Konflikten und Belastungen, mitunter zu psychischen, psychosomatischen und somatoformen Erkrankungen führen können.

Die Systemische Familientherapie zentriert in ätiologischer Hinsicht auf die strukturellen Faktoren „Familien- und Generationsgrenzen", auf den „Familiären Kommunikationsstil", auf „Zirkuläre Wirkungen" und „Verstrickungen" in der Kommunikation zwischen den Familienmitgliedern sowie auf „Selektionsstrategien" der Familie, unter denen dann Index- und Delegtionsphänomene – Identifizierung, Stellvertretung und Ausgleich – auftreten (*Cierpka* 2000; *Fiegl/Reznicek* 2000; *Wirsching/Scheib* 2002). Für die Exploration dieser Faktoren gibt es familienpsychologische und Genogrammtechniken. Einige untergeordnete Konzeptuierungen – etwa die „emotionale Ausbeutung" bzw. „Parentifizierung" (*Boszormenyi-Nagy/Spark* 1981), das Konzept der „Expressed Emotions" und das der „schizophrenen Kommunikation" (vgl. *Müller* et al. 1992) – spezifizieren die Ätiologie.

In Bezug auf die Familientherapie muß beachtet werden, daß in den meisten ihrer Ansätze mittelschichtspezifische, eurozentrische, auch subtil patriarchalische Modellvorstellungen (wertekonservative Annahmen) zu Grunde liegen, daß es ihnen an der Rezeption und Einarbeitung von familiensoziologischen und netzwerktheoretischen Konzepten und Forschungsergebnissen mangelt, daß eine „Entwicklungspsychologie der Familie" bzw. des „Konvois" sowie gendertheoretische Reflexionen von Familiendynamiken bislang noch fehlen. Auch die makrosozialen Auswirkungen auf familiale Lebenslagen (globale und Wirtschaftskrisen), die massiven Einflüsse der Medien (TV, Videospiele, Internet) auf die Entwicklung von Familienklimata, die Auswirkungen der elterlichen Prägungen bleiben theoretisch meist unberücksichtigt. Es gibt keine fundierte „Sozialisiations- und Enkulturationstheorie der Familie". Damit gerät die Familientherapie in die Gefahr einer subtilen Ideologisierung. Es ist von daher wünschenswert, systemische Perspektiven mit entwicklungspsychologischen und den – kritisch reflektierten – Annahmen der Bindungsforschung zu verbinden (z.B. *Walper/Pekrun* 2002; *Brisch* et al. 2002; *Strauß* et al. 2002), vor allem aber mit der soziologischen Diskussion und den Theorien postmoderner Diskurse. All dies wird noch viel Zeit der Konzeptualisierungen und der praktischen Umsetzung bzw. Elaboration benötigen.

Dennoch bringt die Systemische Theorie eine wichtige Perspektive auf den Plan, nämlich die Bedeutung der Themen, Grenzen und Binnenstrukturen der Familie für das Individuum. In der systemischen Exploration geht es zunächst um Fakten, die Familien konstituieren: 1) die sozioökonomischen Verhältnisse, die kulturellen Normsysteme, der Zeitgeist; es werden 2) Interaktions- und Kommunikationsmuster der Familie untersucht, die die prägenden Binnenstrukturen konstellieren. Strukturell wird ein 3) Genogramm erstellt, das sich auf die Fakten und Themen der Familienentstehung bezieht. Aus diesen drei Ebenen werden im diagnostischen Prozeß intersubjektiv Bedeutungen konstelliert.

Genogrammkonzeptionen bringen oft eine beeindruckende Informationsfülle hervor, die um so mehr überrascht, wenn man die Perspektive der Ahnengeschichte lange nicht mehr reflektiert hat. Eine „neue" Perspektive, die den orientierungslosen Menschen wieder mit der Vergangenheit verbindet, kann als sinnstiftend, aber auch verführerisch schnell als „heilbringend" angesehen werden, denn unsere gegenwartsbezogene Lebensweise[6] fördert schnelle Mythologiesierungen. Auch Betonungen intergenerationaler bzw. mehrgenerationaler Perspektiven sind unter den gravierenden sozidemographischen Veränderungen seit dem zweiten Weltkrieg[7] kritisch zu bewerten. Aber die bedeutenden Schicksalsfakten, die die Menschen in Familiensystemen erlebt haben, können offenbar auch dann für Prägungen des Individuums und die Krankheitsentstehung bedeutsam sein, wenn sie *nicht* erlebniskonkret verinnerlicht werden konnten.

In der Sucht- und Psychotherapeutischen Diagnostik müssen indes vorschnelle Hypothesen und Deutungen vermieden und Konnektivierungen mit allen anderen Perspektiven angestrebt werden. „Familienaufstellungen"[8] und die szenische Arbeit damit sollten stets als „therapeutische Experimente" deklariert werden, deren Ergebnisse („Erkenntnisse") intersubjektiv ausgewertet werden müssen. Hierbei wird in der Regel eine Fülle von bedeutsamem Material freigesetzt; die Indikation hat sich von daher stark an den Belastungsgrenzen der Patienten zu orientieren, um nützlich sein zu können (d.h. um Einsicht sowie fördernde Verhaltens- und Einstellungsänderungen zu evozieren). Empirische Forschung zu den systemischen Pathogeneseannahmen bzw. aus salutogenetischer Perspektive gibt es noch nicht, auch nicht über die veränderungswirksamen Effekte der Aufstellungs- und Genogrammarbeit.

So dienen die folgenden Checklisten der 1) sozioökologischen Exploration, der 2) Exploration der familienpsychologischen Binnenstrukturen sowie der 3) Exploration der bedeutsamen Familienereignisse im Genogramm. Die explorativen Ergebnisse können dann in „Systemdiagnostische Ebenen" übertragen werden (4). Damit ergeben sich für die Diagnostik vier Ebenen, die hier, ergänzt durch Beispiele kurz dargestellt werden (vgl. *Cierpka* 2000; *Fiegl/Reznicek* 2000; *Wirsching/Scheib* 2002).

1. Lebenskontext der Familie

- Mikrokontext: lebens-, bildungs- und sozioökonomischer Status, Größe der Familie, Viertel/Wohnung

---

6 Golbale Bedrohungen der „Risikogesellschaft" (*Beck* 1986), Wirtschaftskrisen, Konsum- und Informationsterror, Sinnverlust, Glorifizierung der Jugend bei gleichzeitiger Akzeleration des Zeiterlebens etc.

7 Verlängerung der Lebenszeit, Veränderung der Bevölkerungspyramide, Veränderung der Genderverhältnisse, späte Berufseintritte, tendentiell mehr Lebenspartnerschaften als Ehen, Zunahme von Scheidungen, Klein- und Stieffamilien, extrem lange „*empty nest*"-Phasen, massives Schwinden von Mehrgenerationenbezügen und familialer Traditionsweitergabe etc.

8 Familienaufstellungen wurden in der psychodramatischen bzw. soziometrischen Arbeit von *Jackob L. Moreno* (1951) unter sozialwissenschaftlicher Perspektive eingeführt, später von *Viginia Satir* (1990, 1998) weiterentwickelt.

- Mesokontext: Stadt/Land, Norm- und Wertesysteme („Schicht"), Beruf/Arbeit, soziale Einbindung
- Makrokontext: global, zeitepochal, kulturell, gesellschaftlich

2. Interaktions- und Kommunikationsformen der Familie

- Familienatmosphäre als Ganzes, Qualität der Nähe und Emotionalität
- Paarbindung der Eltern: Qualität, Modus der Paarfindung, Kollusionen
- Erziehungsstil: Ordnung, Hierarchie, Führung, Regeln, Kontrolle, Affektregulation
- Bindungen des Geschwistersubsystems, Flexibilität der Koalitionen
- Kommunikationsstil: Mutualität, Abgrenzungen, Anerkennung von Andersartigkeit
- Identitätsbildung und Morphogenese im Familienprozeß (über Zeit, Entwicklung und Wachstum)
- Sinnattraktoren: *Bewußt*: Klarheit von Werte-, Moral- und Normvorstellungen, „ungeschriebene Gesetze". *Unbewußt*: abgewehrte Trauer, ausgegrenzte Systemmitglieder, schwere Schicksalsereignisse

3. Explorative Fragen zum Familiengenogramm

a) Genogrammstruktur

- Wieviele Geschwister sind es in der eigenen Reihe? Gibt es gestorbene Geschwister? (Abgänge, Todgeburten, verunglückte oder durch Krankheit umgekommene Kinder, ungeklärte Todesfälle)
- Wieviele Geschwister waren es bei der Mutter, beim Vater? Hier gestorbene Geschwister? Mehrlingsschwangerschaften?
- Geschwister und Besonderheiten bei den Großeltern beider Herkunftsfamilien
- Todesfälle in der Familie als Ganzes: natürliche, durch Krankheit, durch Gewalt, Fahrlässigkeit, ungeklärte?
- Andere und vorherige Partner von Vater oder Mutter vor oder während deren Ehe? Halb- und Stiefgeschwister? Adoption?

b) Familienmythen und -geheimnisse

- Welche besonderen Schicksalsereignisse gab es in der eigenen oder den beiden Herkunftsfamilien von Vater und Mutter? (Mythen und Erzählungen)
- Beteiligung von Familienmitgliedern im 3. Reich? Welche Funktionen? Gefangenschaft?
- Schicksale von Krieg, Flucht und Vertreibung, Folter, Vergewaltigung, jüdisches Schicksal? Besitzstandsfragen
- Schwere Krankheiten, Psychische Störungen, Behinderungen in der Familie?
- Inzest, Gewalterfahrung, Mißbrauch, Verwahrlosung, frühe Deprivation?

Suizide, Unfälle, fahrlässige Tötungen, kriminelle Deviation, Morde, Inhaftierung, materielle Überschuldung
- Kulturethnische Fragen und Spannungen, Emigration, Immigration ? (Wenn die Eltern unterschiedlicher Nationalität sind bzw. ein Elternteil die Heimat verlassen hat)
- Andere und aktuelle Besonderheiten

4. Systemdiagnostische Ebenen

- **Netzwerkperspektive**: Eingebundensein der Familie in die sozioökologische Umgebung
- **Binneninteraktion**: z.B. Autoritativ, Doublebind, expressed Emotions, emotionale Ausbeutung, Verstrickung
- **Systemstabilität**: Vulnerabilität, Kohäsion, Permeabilität, Adaptabilität (Streßbewältigung, Stabilisatoren und Abwehrformen) nach innen und außen
- **Identifizierungen**: Indexprobleme, Parentifizierung, Stellvertretung, Ausgleich
- **Pathogene Strukturen**: Ängstlich („wir müssen uns zusammenrotten und gut aufpassen"), Depressiv („wir alle haben schwer zu tragen"), Zwanghaft („man muß nur alles richtig machen"), Hysterisch-sensitiv („alles ist Emotion"), Paranoid („die Welt ist schlecht und feindlich gesinnt"), Dissozial („die anderen sind Schweine und wir haben das Recht, uns alles zu nehmen"), Schizoid („wir haben nichts miteinander zu tun"), Ambivalent-Desorganisiert-Instabil („nichts ist sicher"), Narzißtisch („wir sind großartig und leisten Unendliches"), Abhängig-asthenisch („wir müssen uns den anderen anpassen und uns fest aneinander halten")

Die hier vorgeschlagene Vorgehensweise ist im Schwerpunkt diagnostisch zu verstehen, also mit dem Ansinnen von Erkenntnisgewinn und Hypothesenbildung; hierzu gehört vor allem das diagnostische Erkennen von problematischen familialen *„affordances"*, auffordernden Mustern, die pathologische Reinszenierungen auslösen. Diagnostische Evidenz zeigen die Informationen aus der Familienanamnese meist, wenn ihre Inhalte und Themen mit subjektiven Zuweisungen von Bedeutsamkeiten in Form einer Szenischen Arbeit zum Tragen kommen. Die hierzu erforderliche diagnostische und therapeutische Arbeit hatte in der Integrativen Therapie mit den auf *Moreno* zurückgehenden Szenotechniken seit ihren Anfängen einen festen Platz, etwa mit Figuren und anderen therapeutischen Materialien (Münzen, Knöpfe, Kissen, Holzklötzchen, assoziative Gegenstände etc.; vgl. *Petzold* 1993e), in Skulpturierungen (*Petzold* 1969b; *Satir/Baldwin* 1988; *Satir* 1990), in szenischen Darstellungen mit leeren Stühlen und in Aufstellungen mit Hilfs-Ichs. Dies ist sowohl in Gruppen- als auch in Einzelsituationen durchführbar, wenn die nötige Aufmerksamkeit, Tragkraft und Bereitschaft vorhanden ist.

Zu warnen ist vor Inszenierungen, die im Modus ihrer Interventionen von voreiligen Begründungsmythen und Ideologiesierungen getragen sind, und die schnelle „lösungsorietierte" Therapien propagieren. In einem besonderen Risiko – dem von Retraumatisierungen – stehen in der szenischen Aufstellungsarbeit PTSD-Patienten. Nüchterne diagnostische Bewertungen und vorsichtige intersubjektive Hypothesenbildung – unter Beachtung von Eigen- und Gegenübertragungsphänomenen – schützen am besten vor Artefaktbildungen.

5.5 Exploration protektiver Faktoren und Prozesse und Resilienzen – Ressourcendiagnostik

Die Perspektive der protektiven Faktoren und Prozesse, sowie von Resilienzen (*Müller/Petzold* 2001, 2003 und *Petzold, Schay, Hentschel*, dieses Buch) ist in der modernen Psychotherapie ganz allgemein, in der Therapie mit Suchtmittelabhängigen absolut unverzichtbar geworden. Dafür haben viele empirische Strömungen gesorgt, die die klassische pathologiezentrierte Ausrichtung in eine ausgewogenere Richtung lenken; da ist zum einen die Lebenslaufforschung (*Kahn/Antonucci* 1980; *Rutter* 1992), deren sicherer empirischer Blick nicht vorbei sah an dem Faktum, daß Menschen ihre Stärken haben, ihre Umfelder nicht immer im gleichen Ausmaß von Zerstörung betroffen sind wie sie selbst. Kritische Lebensereignisse treffen durchaus manchmal auf ein inneres und soziales Niveau der Konsistenz, von wo aus sie für das Individuum bewältigbar erscheinen. Ein zweiter starker Ast dieser Bewegung ist die Gesundheitspsychologie (*Hurrelmann/Kolip* 2002; *Renneberg/Hammelstein* 2006; *Knäuper/Schwarzer* 1999; *Antonovsky* 1997; *Becker* 1997; *Ulich* 1987), die sich dezidiert mit der Wirkung „salutogener Faktoren und Prozesse" auseinandersetzt. Schließlich die Klinische Entwicklungspsychologie (*Oerter* et al. 1999), die versucht hat, in die Stränge der „Normalentwicklung" das Verständnis einer psychopathologischen Dynamik von Vulnerabilität und Resilienz einzuflechten (*Käuper/Schwarzer* 1999; *Röper* et al. 2001). In der Integrativen Therapie wurden die Erkenntnisse der klinischen Entwicklungspsychologie zu den protektiven Faktoren erstmals konsequent interventiv umgesetzt (*Petzold* 1993a; vgl. *Norcross/Goldfried* 1992; *Osten* 2000). So wie die Ergebnisse der Salutogenese- und Gesundheitsforschung nicht allerorts rezipiert wurden, ist auch dieses Konzept alles andere als „gut implementiert" in der Psychotherapie – die Suchttherapie ist da die Ausnahme (z.B. *Opp* 2002; *Uchtenhagen* 2000; *Petzold* et al. 2000b; *Osten* 2001) –; das mag an den verschiedenen Definitionen und Verständnisauffassungen des Konzepts liegen. Deshalb anbei eine kurze Definition aus „Integrativer" Sichtweise:

„Protektive Faktoren sind einerseits – internal – Persönlichkeitsmerkmale, angelegte und erworbene Stärken und verinnerlichte biographische Erfahrungen, andererseits – external – spezifische und unspezifische Einflußgrößen des sozioökologischen Kontextes (Bindungen, Familie, Kultur, Zeitgeist), die, im Prozeß ihrer Interaktion miteinander und mit vorhandenen Risikofaktoren, Entwicklungsrisiken für das Individuum und sein soziales Netzwerk weitgehend vermindern. Sie verringern Gefühle der Ohnmacht und Wertlosigkeit und gleichen den Einfluß adversiver Ereignisse und Ereignisketten aus oder kompensieren ihn. Sie fördern und verstärken aber auch als salutogene Einflußgrößen die Selbstwert- und Kompetenzgefühle und -kognitionen sowie die Ressourcenlage und die ‚supportative Valenz' sozioökologischer Kontexte". (vgl. *Petzold* et al. 1993)

Schutzfaktoren bieten die Möglichkeit, daß sich eine psychische Widerstandsfähigkeit „Resilienz" ausbildet, die therapeutisch genutzt werden kann (*Müller/Petzold* 2001, 2003) Suchttherapeuten benötigen mehr als alle anderen dezidierte *Lebensweltanalysen* ihrer Klienten, weil Suchterkrankungen von ihren auslösenden und aufrechterhaltenden Faktoren her stärker als psychosoziale Erkrankungen mit sozioökologischer Perspektive verstanden werden müssen. Sie dürfen nicht nur nach den lebensgeschichtlichen Perspektiven der Krankheitsentstehung (*Lettieri/Welz* 1983; *Petzold* et al. 2000b; *Tretter* 1998; *Scheiblich* 1994) fragen, sondern auch nach Ressourcen aus der Vergangenheit (Längsschnitt), nach Ressourcen, die da sind (Querschnitt), nach Ressourcen, die fehlen und substituiert werden müssen (*Petzold* et al. 1993; *Röhrle* 1994; *Röhrle* et al. 1998) und nach Potentialen. Sie müssen fragen, was die Patienten denn selber denken, warum sie abhängig geworden sind. Das ist die Frage nach den „subjektiven Krankheitstheorien" und „Selbst- und Symptomattribuierungen" (*Flick* 1991; *Langer* 1978), denn es ist doch klar, daß Menschen sich auch selbst Gedanken machen, weshalb sich ihr Leben so gestaltet hat und nicht anders oder leichter, besser. Diese Selbstreflexionen sind Ressourcen, an die die therapeutische Arbeit organisch anknüpfen kann.

Das bedeutet, daß Suchttherapeuten verstärkt suchen müssen nach Faktoren, die Gesundheit fördern bzw. in der Vergangenheit aufrechterhalten haben, weil die tatsächlichen „Heilungschancen" – im Sinne von Aufarbeitung und Abstinenz – bei Suchtproblemen immer noch gering sind. So steht im Zentrum jeder Suchttherapie vor den „Durcharbeitungsthemen" zunächst einmal die persönliche und lebensweltliche Stabilisierung von „prekären"[9] und desolaten Lebenslagen.

---

9 Prekäre Lebenslagen sind zeitextendierte Situationen eines Individuums mit seinem relevanten „Konvoi" in seiner sozioökologischen Einbettung und seinen sozioökologischen Gegebenheiten (Mikroebene), die dieser Mensch und die Menschen seines Netzwerkes als bedrängend erleben und als katastrophal bewerten (kognitives *appraisal*), weil es zu einer Häufung massiver körperlicher, seelischer und sozialer Belastungen durch Ressourcenmangel oder -verlust, Fehlen oder Schwächung „protektiver Faktoren" gekommen ist. Die Summationen kritischer Lebensereignisse und bedrohlicher Risiken lassen Kontroll-, Coping- und Creatingmöglichkeiten der Betroffenen (des Individuums und seines Kernnetzwerkes) an ihre Grenzen kommen. Eine Erosion der persönlichen und gemeinschaftlichen Tragfähigkeit beginnt. Ein progredienter Ressourcenverfall des Kontextes ist feststellbar, so dass eine Beschädigung der persönlichen

Nehmen wir also an, wir haben Einblick bekommen in die gesunden und erfolgreichen Lebensphasen unseres Patienten, in denen es ihm gut ging. Suchttherapie selbst soll ja zu einer richtungsveränderten, mit korrektiven Erfahrungen versehenen Weiterschreibung biographischer Erfahrungslinien werden. Nur so können Menschen sich selbst, ihre Entstehungsgeschichte und Persönlichkeitsdynamik, die Bedeutung ihrer sozialen Umfelder, ihre Lerngeschichte geistig und seelisch so zusammenfügen, daß dem ein Sinnverstehen entwächst. Und allein auf diese Weise können Heilungsprozesse gleichzeitig zur kostendämpfenden Präventiv Intervention werden, denn: nur wer sich selbst ausreichend versteht, wer weiß, wo seine Stärken sind, kann seinen eigenen Fallen und Fehlern effektiv auch in der Zukunft ausweichen und verhindern, daß es zu Wiederholungen und Rückfällen kommt.

Nehmen wir weiter an, wir haben nachgefragt, was das *eigentlich Gute* an den guten Zeiten war. Dann haben wir nicht nur etwas über eine Krankheit erfahren, sondern auch etwas über den Menschen, über die Art und Weise seines „In der Welt seins“ (*Cottier/Rohner-Artho* 1992), über seine Sichtweisen, über seine Stärken und seine Kraft, v.a. über das, was ihn über seine Lebenspanne hinweg auch *gesund erhalten* hat. So hätten wir einerseits in einer „lebensgeschichtlichen Perspektive“ erfaßt, was zu den Problemen geführt hat. Andererseits könnten wir deutlicher erkennen, was für *diesen* Menschen wahrscheinlich hilfreich und lösend ist. Denn ein gesunder Mensch ist natürlich nicht nur leidlich ohne Krankheit, er weiß auch, was ihm *schadet*, was ihm *gut* tut und wovor er sich *schützen* muß (vgl. *Osten* 2001).

So zeigt sich die Bedeutung protektiver Faktoren und Prozesse und von Resilienzen, wie sie oben schon besprochen wurde. Wichtig scheint mir, das Bewußtsein dafür zu schärfen, daß Ressourcenfelder nicht nur quer-, sondern auch längsschnittlich erfaßt werden müssen. Dies geschieht normalerweise in einem Zuge mit der „Entwicklungspsychologischen Tiefenexploration“, immer vorausgesetzt, daß der Therapeut seine Orientierung reflektiert hat und in seiner Wahrnehmung nicht einseitig auf Pathologie zentriert ist. Ein zweiter zentraler Punkt in der Ressourcenanalyse besteht darin, nicht nur zu überprüfen, welche Ressourcen aktuell vorhanden sind oder waren, sondern selbst eine Struktur zu besitzen, die in etwa beschreibt, welche Ressourcen Menschen denn grundsätzlich benötigen, um sich überhaupt gut entwickeln (Längsschnitt) bzw. sich in einer Therapie mit ihren psychischen Problemen auseinandersetzen zu können (Querschnitt). Eine solche Struktur hat viel mit Gesundheitspsychologie zu tun (*Renneberg/Hammelstein* 2006; *Faltermaier* 2005) und könnte einfacherweise wie folgt aussehen:

Identität, eine Destruktion des Netzwerkes mit seiner „supportiven Valenz“ und eine Verelendung des sozioökologischen Mikrokontextes droht, eine „destruktive Lebenslage“ eintritt, sofern es nicht zu einer Entlastung, einer substantiellen „Verbesserung der Lebenslage“ durch Ressourcenzufuhr kommt und durch infrastrukturelle Maßnahmen der Amelioration, die die „Prekarität“ dauerhaft beseitigen (*Petzold* 2000h).

Zentrale Ressourcenfelder und ihre Restitution

- Anlagefaktoren
  Temperamentäre Eigenschaften und deren Passung in Kindheit und Jugend, Interessen, Neigungen, Begabungen; Gesamt der psychophysischen Verfassung, Gesundheit und Stabilität, Familienanamnese

- Körperliche Gesundheit
  Somatische Akutintervention, Drogenentzug bei Suchterkrankungen, medikamentöse antidepressive/antipsychotische Behandlung (bei Suizidalität, Psychosen), Information über die Krankheit und ihre Heilungschancen, Hinweise auf Spezifikäten der Erkrankung, damit Patienten ihre Symptome einordnen lernen, Aufarbeitung krankheitsspezifischer Körperwahrnehmung, Förderung positiver Körperwahrnehmung (begleitende sportive oder manuelle Behandlungen)

- Existenzsicherung
  Bereiche Wohnen und Leben, Beruf und Arbeit, materielle Sicherheit, juristische Probleme, administrative Beratung (bei sozialrechtlichen Ansprüchen), Krisenintervention und Fehlersuche bei Krisen, Planung und Zielbestimmung bei krisenhaften Verläufen, Support bei der Restitution

- Psychische Stabilität
  Psychosoziale Krisenintervention, Information und Hinweise auf Spezifikäten der Krankheit (wie oben), Support bei Streß und Konfliktbewältigung vor jeder regressiven Arbeit, lösungsorientiertes Arbeiten, Förderung von Kreativität und Erlebnisorientierung (empowerment, enrichment, enlargement), Förderung von Individuation (u.U. durch gezielte Nachsozialisation), Restituierung sozialer Beziehungen

- Entwicklung und Sozialisation
  Exploration biographischer Ressourcen, Durchlaufen der Reifungs- und Entwicklungsaufgaben, biographische Ressourcen in Form von protektiven Beziehungen und deren Generalisierung (z.B. als Wert oder sinnstiftende Einstellung), erfolgreiche Bewältigung von Krisen: Resilienzbildungen

- Netzwerksicherung
  Partnerbindung bzw. Aktualsystem, Bindungen am Arbeitsplatz, Freundeskreis und Freizeitverhalten, Tagesstruktur, Bindungen zur Herkunftsfamilie, Koordinierung des Helfernetzwerkes, Vermittlung von Adressen u.a. Möglichkeiten in der Infrastruktur für den Aufbau eines tragfähigen Netzwerkes (prozeßbegleitend)

- Umgang mit Globalfaktoren
  Bewußtsein über die eigene Kohorten- und ethnische Kulturzugehörigkeit, mit ihren spezifischen Welt- und Lebensereignissen und deren Bedeutung (z.B. Werthaltungen) in Bezug auf die eigene Biographie; Re-

präsentation der Gefahren der „Risikogesellschaft" (s. Gesundheitstheorien); kreative Anpassungssuche.

Ich habe sieben Ressourcenbereiche zusammengestellt, die man in diesem Modell subsidiarisch verstehen kann (darüber ließe sich natürlich diskutieren). Die primäre Ressource wären dabei die *genetische Ausgangslage* (Temperament im sozialen Prozeß; dispositionelle Ausgangslagen) und die *Körperliche Gesundheit*, sozusagen die Basis, von der aus alle anderen Dinge gesehen und angegangen werden. In zweiter Folge das Ressourcenfeld der *Existenzsicherung*, gefolgt von der Ressource *Psychische Stabilität*, und am Ende die *Soziale Netzwerksicherung*, zu der auch der *Umgang mit Globalfaktoren* gehört. Wenn man sich diese vier Sektoren detailliert ansieht, ergibt sich nacheinander folgendes Bild der Ressourcensicherung.

Um im *Akutfall* die Ressource der körperlichen Gesundheit zu sichern, ist die Thematisierung des Drogenentzugs meistens die erste Intervention und dann – nacheinander – die Behandlung anderer somatischer und psychosomatischer Erkrankungen, die in Komorbidität mit der Suchterkrankung auftreten (*Hiller* 2000; *Stohler* 2000). Dann gibt es Fälle, in denen eine psychopharmakologische Behandlung erforderlich ist, sei es die medikamentöse Unterstützung des Entzuges, gegebenenfalls antipsychotische oder antidepressive Medikation. Zu den *Präventivfaktoren* im Bereich der körperlichen Gesundheit gehören Information über Drogen, ihre toxische Wirkung auf den Körper und Langzeitfolgen von Drogenmißbrauch. Alle Interventionen, die eine positive Körperwahrnehmung ermöglichen und damit auch die Aufarbeitung der drogeninduzierten Körperwahrnehmung, tragen zur Stabilisierung bei; dazu zählen z.B. Atem- und Bewegungstherapien (z.B. *Middendorf* 1984; *Fuchs* 1989), Lauftherapie (*van der Mei* et al. 1997) und Kreative Therapieansätze (*Petzold/Orth* 1990).

Im Bereich der *akuten* Existenzsicherung finden sich die „klassischen" Interventionen der Einzelfallhilfe. Dazu gehört, Wohn- und Lebenssituationen zu sichern oder desolate Umstände zu stabilisieren. Das gleiche gilt für den Bereich der Ausbildung, der beruflichen Identität und der Arbeitsstellensicherung. Materielle und juristische Probleme stehen oft im Kontext der Abhängigkeitserkrankungen und ziehen die Aufmerksamkeit auf sich, lange bevor man sich um seelische Fragen kümmern kann. Zu den *Präventivmaßnahmen* in diesem Sektor gehören die „Fehlersuche", das heißt, sich zusammen mit den Klienten schlau zu machen, was in desolate Situationen hineingeführt hat; weiterhin Unterstützung bei der Bewältigung der Probleme und nicht zuletzt eine zielorientierte Planung, um erneuten Entgleisungen vorzubauen.

Im Bereich der *Akutsicherung* von Psychischer Stabilität ist in den meisten Fällen nach der Krisenintervention Unterstützung bei der Bewältigung von Streß, Selbstwertproblemen und Konflikten nötig (*Kanning* 2000), dazu gehören, wie im Bereich der Körperlichen Gesundheit auch, Informationen zu den Spezifikäten der vorliegenden Erkrankungen. Dabei ist es manchmal schädlich, wenn Therapeuten in dieser Phase schon an und mit den Themen der Krankheitsauslösung arbeiten, weil biographisch aufdeckende Arbeit im engeren Sinne meistens erst einmal labilisierend wirkt. Ressourcenorientiertes Arbeiten nimmt Bezug auf den Ansatz der Lösungs- und Supportorientierung, in dem biographische Faktoren nur herangezogen werden, wenn sie irgendwie zur Bewältigung der Akutprobleme beitragen. Therapeutische Arbeit, die sich mit den Einsichten in die eigene Suchtdynamik befaßt, ist – *präventiv* – meistens erst nach der Bewältigung der Krisen angezeigt. Und dann haben – neben der Suche nach auslösenden und aufrechterhaltenden Faktoren – auch stützende Interventionen im Bereich der Erlebnisaktivierung, des Empowerments, der Nachsozialisation und der Kreativansätze Platz, die allesamt auf eine Förderung von Individuation und Bildung einer „drogenfreien Identität" hinauslaufen (vgl. hierzu *Orth/Petzold* 1990, 1993; *Petzold/Orth* 1990, 1991, 1993b, 1994; *Orth* 1994; *Rech* 1991; *Bühler* 1991; *Hampe* 1990; *Matthies* 1990; *Hoeps* 1990; *Buchholz* 1993).

Sehen wir uns weiter den Bereich der Netzwerksicherung an. Viele Forschungsergebnisse konnten in den letzten beiden Jahrzehnten belegen, daß ein einigermaßen stabiles und tragfähiges soziales Netzwerk ein megaprotektiver Faktor für seelische Gesundheit ist (*Röhrle* 1994, *Röhrle* et al. 1998; *Hass/Petzold* 1999). Deshalb ist es gerade für Drogenabhängige, die größtenteils in malignen subkulturellen Netzwerken leben, von elementarer Bedeutung, daß sie mit Hilfe ihrer Therapeuten lernen, Kraft und Energie in den Aufbau gesunder sozialer Netze zu stecken. Der Therapeut sollte über dies wissen, welche Helfer an „seinem Fall" noch beteiligt sind – frühere Therapeuten, Ärzte, Kliniken und Beratungsstellen. Diese Hilfen müssen koordiniert werden, sonst geht oft viel an Kraft und Bündelung verloren. Danach kann man sehen, welche Ressourcen es im Bereich der Partnerschaften, des Aktualsystems, am Arbeitsplatz und im Freundeskreis gibt. Auch hier schließt sich die biographische Arbeit am System der Herkunftsfamilie erst an, wenn zentrale Brandherde gelöscht wurden. Diese Arbeit kann und sollte sogar auch noch weiter in die Zukunft reichen: als Projekt, ein Aufbau eines weiten Bekanntenkreises mit abnehmender Dichte.

Als letztes wäre der Bereich des Umgangs mit Globalfaktoren zu nennen, bei dem es um ein Bewußtsein um die kulturelle, ethnische, gesellschaftliche und zeitepochale Zuordnung des Individuums geht. Dies gilt vor allem, wenn es um Themen der Emigration, der Flucht und Vertreibung nach Viktiumisierungen geht. Menschen z.B., die kriegstraumatisiert wurden, retten ich zunächst in Länder, in denen Frieden herrscht, und sie erkennen erst viel später, welche Rolle der Verlust ihrer ethnischen Umgebung in ihrer Erkrankung spielt. In ähnlicher, weniger drastischer Weise, haben Geburtskohorten jeweils andere kulturspezifische Vergegenständlichungen, Wertevorstellungen und moralische Normierungen, die im Generationenzusammenhang oft zu wenig als Belastungsfaktoren (z.B. im Sinne von Sinnverlust) gesehen werden.

5.6 Behandlungsplanung – Performanzdiagnostik

Dieses letzte Modul der Integrativen Diagnostik soll gewährleisten, daß die im explorativen Prozedere gewonnenen Erkenntnisse so weit als möglich in ein sinnvolles und tragfähiges Behandlungscurriculum *umgesetzt* (von daher „Performanz“) werden. So wird die letzte diagnostische Einheit unterteilt in fünf Arbeitsschritte (vgl. *Mans*; 2000; *König* 1994).

Indikation	–	Absicherung der Behandelbarkeit Möglichkeiten, Risiken und Grenzen; Festsetzung der Modalität
Therapieziele	–	Validierung, Hierarchisierung und intersubjektive Festlegung von Zielen und Notwendigkeiten
Prognose	–	Heilungschancen aufgrund von Krankheits- und Patientenvariablen; Motivationale Perspektive
Interventionsplanung	–	Planung von krisen- und störungsspezifischen Therapieschritten unter ätiologischen und entwicklungspsychologischen Gesichtspunkten
Kontrakt	–	Therapieinformation, Ziel- und Inhaltskontrakte, Vereinbarungen zum formalen und inhaltlichen Ablauf der Therapie

Indikation: Die Indikationsstellung soll zum einen absichern, daß die vorliegende psychische Störung/Thematik von ihrem Aufbau her psychotherapeutisch behandelbar ist und ob der Patient sich von seiner Krankheit, seiner Einsicht und Struktur her für das jeweils verwendete Verfahren eignet. Zum anderen sollte dabei die Modalität der Psychotherapie eingegrenzt werden; es ist nicht nur erheblich, ob etwa ein aufdeckendes Verfahren angezeigt ist, sondern auch, ob der Therapeut eher biographisch oder eher gegenwartsbezogen supportiv, palliativ, ameliorativ arbeiten sollte, z.B. wegen hoher Labilität (Krise), Psychose- und Suizidgefahr oder der generellen Begrenztheit von Heilungschancen.

Therapieziel: Die Therapieziele fußen zum einen auf den Notwendigkeiten, die sich durch die Exploration in den verschiedenen Sektoren aus therapeutischer Sicht ergeben haben. Zum anderen ergeben sie sich aus den subjektiven Wünschen und Bedürfnissen des Patienten, seine Gesundheit zu fördern bzw. seine Lebenswelt zu gestalten. Dieser Umstand macht es erforderlich, daß Therapieziele in einem intersubjektiven Prozeß gemeinsam bewertet (Validierung), in eine Hierarchie gebracht und festgelegt werden. Nur so haben sie, auch über kritische Phasen der Therapie hinweg, Tragkraft (Petzold et al. 1998). Therapieziele unterliegen sowohl einer temporalen als auch einer thematischen Perspektive. Die „Zeitachse“ bestimmt über Nah-,

Mittel- und Fernziele und impliziert Vorstellungen von notwendigen Entwicklungsprozessen; die „thematische Achse" legt die Subsidiarität der zu behandelnden Störungen bzw. aufzubauenden Ressourcenfelder fest, z.B. (1) Körper und Krankheit bzw. Krisengeschehen; (2) Fokalthematik, mit der der Patient kommt; (3) Wiederherstellung des Lebensweltbezugs (4) Persönlichkeitsentwicklung und -entfaltung; (5) Prävention/Gesundheitsverhalten. Therapieziele werden im Verlauf der Therapie den hinzukommenden Informationen und dem jeweiligen Erkenntnisstand der Ätiologie angepaßt; sie spielen damit eine zentrale Rolle auch in der Interventionsplanung.

Prognose: Zusammen mit der Angemessenheit der Therapieziele wird eine Vorstellung der Prognose evident; hier gehen sowohl krankheits- als auch persönlichkeitsspezifische Momente mit ein. Der Therapeut schätzt aus seinem fachlichen Wissen und seiner klinischen Erfahrung folgende Punkte ein: (1) Schwere der Erkrankung und Ausmaß der Behinderung am Lebensvollzug durch Krisen und Regression; (2) Funktionsanalyse der Erkrankung (Krankheits- und Aufmerksamkeitsgewinn, systemischer „Gewinn", Ersatzfunktion, Umfeldeinbezug); (3) Problembewußtsein (Erfassung und Attribuierung von Kontext, Sinnzusammenhängen und Kollusionen, Introspektion); (4) Ausmaß der Stabilität, der Ressourcen und Bewältigungspotentiale bzw. Beweglichkeit zwischen Regression und Progression; (5) zu erwartende Stützung oder Hemmung aus dem Umfeld des Patienten; (6) Lage der Therapiemotivation und Verläßlichkeit beim Patienten (ggf. Medikamentenkooperation).

Interventionsplanung: Im Versuch der Erstellung eines Behandlungscurriculums (*Petzold* 1988) münden alle diagnostischen Bemühungen. Von der Abfolge her werden hier zunächst die Krisenthemen bearbeitet, zusammen mit der Fokalthematik, die der Patient mitbringt. Danach können störungsspezifische bzw. ätiologisch relevante Interventionen ihren Platz finden. In diesem Schritt werden dann auch die Möglichkeiten einer entwicklungspsychologischen Orientierung sondiert (*Osten* 2000). Wenn im diagnostischen Prozeß beispielsweise der sukzessive Aufbau einer Entwicklungsstörung mit ihren akkumulativen Langzeitfolgen deutlich wird, ergibt sich auch hieraus wieder eine sinnvolle Reihenfolge von Interventionen. Die Qualität des therapeutischen Herangehens kann abgestimmt werden; je nach dem, ob es sich um ein frühes Deprivationsproblem, um eine systemische Frage, um eine prolongierte Adoleszentenkrise, um ein posttraumatisches Streßsyndrom oder um einen akuten Partnerschaftskonflikt handelt, wird die Haltung des Therapeuten zwischen den Polen Regression und Progression, Fördern und Fordern sehr unterschiedlich sinnvoll sein. Hierzu gibt es noch wenig Literatur (s. aber *Noam/Röper* 1999; *Röper* et al. 2001); der Therapeut ist auf sein entwicklungspsychologisches Wissen und seine klinische Erfahrung angewiesen.

Das Behandlungscurriculum wird zwar zu Beginn einer Therapie festgelegt; aber es wird zum einen intersubjektiv festgelegt und es wird im Behandlungsverlauf immer wieder neu hinzukommenden Informationen und

Erkenntnissen angepaßt (s. Therapieziele). So wird dem Patienten eine „Expertenschaft" in der eigenen Sache zugemutet, d.h., er wird immer wieder herausgefordert (wenn nötig hierin auch gefördert), die eigenen Themen und den Therapieprozeß zu reflektieren und mitzugestalten, soweit es in seinem Vermögen liegt (vgl. *Laireiter* 2000a).

Kontrakt: Je klarer und je intersubjektiver, ausgerichtet an der „Grundregel der Integrativen Therapie" (*Orth/Petzold*, dieses Buch) schon die Exploration und das diagnostische Prozedere mit Blick auf eine Therapieplanung und Kontrakterstellung ausgerichtet war, d.h. auf die Frage „Was gilt es nun zu vereinbaren?", desto leichter wird es nun, mit Patienten Vereinbarungen bezüglich des Therapieablaufes zu treffen. (1) *Information*: zunächst sollte der Therapeut dem Patienten Informationen zukommen lassen über seine Therapieform, über verwendete Methoden und Wirkweisen der Behandlung (aus rechtlichen Gründen einschließlich möglicher Risiken und Nebenwirkungen), um einen „*informed consent*" zu gewährleisten (*Märtens/Petzold* 2002). Im Hinblick auf Therapieziele sollte auf die Möglichkeiten und Grenzen der Behandlung verwiesen werden – auch in Bezug zum Zeitrahmen des Settings –, damit realistische Vorstellungen das therapeutische Geschehen begleiten. Der Therapeut sollte auf Risiken und Nebenwirkungen hinweisen, d.h. auf partielle Erstverschlimmerungen bzw. Auswirkung von Therapie auf den sozialen Lebenskontext des Patienten. Zuletzt macht es besonders bei Kassenpatienten Sinn, über die Kosten der Therapie zu informieren, damit Patienten auch den materiellen Wert ihrer Behandlung ermessen können und wer das bezahlt. (2) *Ziel- und Inhaltskontrakt*: Wenn man im explorativen Geschehen schon auf Intersubjektivität achtet, wird es nun um so leichter, Wünsche, Ansprüche, Ziele und Notwendigkeiten zur Erreichung dieser (Behandlungscurriculum) in der Therapie auf ein bearbeitbares Niveau zu bringen; hier ist zuweilen konfrontative Arbeit indiziert. Der Therapeut sollte in der Lage sein, die gesamte erzählte Situation einzuschätzen und dem Klienten eine eigene Reihenfolge der Ziele sowie eine Zeiteinschätzung anzubieten, worüber dann diskutiert werden kann. Damit beginnt schon therapeutische Arbeit an der Realitätseinschätzung. Dieses Vorgehen verhindert, daß der Therapeut mit den Zielen des Patienten konfluiert, unter Druck gerät oder unklare Vorstellungen auf beiden Seiten entstehen, die den Prozeß der Behandlung interferieren. (3) *Formale Aspekte*: Der Kontrakt sollte zuletzt auch die formalen Aspekte der Therapie mit einschließen, das wäre der Rhythmus der Sitzungen, die voraussichtliche Dauer, Absagevereinbarungen, Formen des Umganges mit Therapieabbruch oder der regulären Beendigung sowie ein Hinweis auf die Strukturen und Grenzen des Therapierahmens.

6. Ausblick

Die Integrative Therapie hatte in Diagnostik und Therapie stets einen hohen und komplexen Anspruch, weil differenzierte Menschen in komplexen Lebenslagen etwas sehr vielfältiges und kompliziertes sind und übervereinfachende Reduktionismen deshalb mehr schaden als nützen. Meinen eigenen Bedenken bezüglich der Machbarkeit der vorgeschlagenen Methoden halte ich entgegen, daß die Diagnostik das Kernstück einer therapeutischen Behandlung ist, daß von hier aus das „Verstehen des Menschen“ und das „Verstehen der Andersartigkeit“ (*Lévinas* 1998) ausgeht, was vielleicht die verantwortungsvollste Aufgabe von Therapeuten ist. Und: Diagnostik ist ein machtvolles Deutungs- und Manipulationsinstrument. Es besteht daher eine gewisse Berechtigung, die Dinge nicht einfacher zu gestalten als sie sind. Die diagnostische Perspektive, die ich aufzuzeigen versucht habe, empfand ich schlichtweg als logisch und notwendig; begrenzt bleibt sie deshalb trotzdem.

Die evolutionäre Psychologie und die Klinische Entwicklungspsychologie sind Forschungsgebiete, die für diesen Ansatz notwendig und deren Erkenntnisse umfangreich sind. Sie konnten hier aus Platzmangel nicht dargestellt werden und sie sickern auch erst allmählich in die Psychotherapie (und in das interventive Denken von Psychotherapeuten) ein. Ich möchte zum Schluß dazu ermutigen, sich dieses Wissen sukzessive anzueignen (*Osten* 2000; *Bischof-Köhler* 2004; *Buss* 2004). In meiner eigenen Praxis konnte ich erleben, wie sich dadurch über mehrere Jahre hinweg meine eigene Praxis grundlegend geändert hat, weil meine Wahrnehmung, neben dem klassifikatorischen Bewußtsein, völlig neu sensibilisiert und strukturiert wurde für den Antrieb und Motivationen des Menschen sowie für die Abfolge von Reifungs- und Entwicklungsaufgaben und deren individuelle Bewältigung zwischen Vulnerabilität, Ressourcen und Resilienzen. Diese neue Sicht rief neue diagnostische und interventive Zugänge auf den Plan, von deren Evidenz und Wirkung ich oft überrascht war.

Dies ist eine zum Teil mühsame Investition, auch, weil man „lieb gewonnene“ (aber überholte) Anschauungen hinterfragen und loslassen muß. Ich selbst tröste mich mit diesem Gedanken: Hohe Ansprüche sind nicht dazu da erreicht zu werden; sie dienen der Orientierung, um festzustellen, wie weit man gerade von ihnen entfernt ist. Wissen kann man sich nach und nach aneignen, es mit persönlichen Erfahrungen verbinden, und dann darauf vertrauen, daß es einem im richtigen Moment einfällt. Das gelingt manchmal besser, manchmal schlechter, insgesamt aber immer besser, wenn man es schafft, aus tiefster Überzeugung „der eigenen Dummheit zuzustimmen“. Schließlich sind wir „... weder allmächtig noch ohnmächtig, und auf dieser Mitte gibt es viel zu tun“ (*Huth/Huth* 1996)

Zusammenfassung

Es wird in dichter Form die Integrative Diagnostik in ihren Grundprinzipien und Anwendungsstrategien dargestellt und für die Arbeit mit Suchtkranken angepaßt. Sie verbindet traditionelle Statusdiagnostik (ICD), DSM) mit dem integrativen Modell einer „prozessualen Diagnostik“ und stützt sich dizidiert auf die Ergebnisse der empirischen „klinischen Entwicklungspsychologie in der Lebensspanne im Spezifikum der Integrativen Therapie.

Summary
In a condensed text basic principles and modes of application are presented, adapted for therapy with addicts. Traditional status diagnosis (ICD, DSM) is connected with the integrative model of “process diagnostic“ which is grounded in the results of empirical “clinical lifespan developmental psychology“ a specific feature of Integrative Therapy.

Keywords: Integrative Diagnostic, drug addiction, lifespan developmental psychology

3. Praxeologische Perspektiven und Praxisbeispiele Integrativer Suchttherapie

Ilse Orth, Hilarion G. Petzold

Theoriearbeit, Praxeologie und „Therapeutische Grundregel"

Zum transversalen Theoriegebrauch, kreativen Medien und methodischer und „sinnlicher Reflexivität" in der Integrativen Therapie mit suchtkranken Menschen

„Es ist niemals zu spät, sich mit der eigenen Seele zu beschäftigen"
(nach *Epikur*, Diogenes Laërtius X, 122)

Vorbemerkung

Der folgende Beitrag versteht sich als Rahmentext für praxeologisches Arbeiten in der „Integrativen Suchttherapie", die in diesem Buch dokumentiert ist. Er will einige Grundprinzipien aufzeigen, die für integrativtherapeutisches Arbeiten als „biopsychosoziale Praxis" (*Petzold* 1974j, 303ff, 2001a, *Orth, Petzold* 2000) insgesamt und spezifisch in der Behandlung von Suchtkranken (*Petzold, Thomas* 1994) charakteristisch sind, und die in allen Texten, die in diesem Buch zusammengetragen wurden, in der einen oder anderen Weise aufscheinen. Es handelt sich um folgende Prinzipien:

1. Integrative Therapie ist „*theoriegeleitet*". Theorie als „mental durchdrungene, komplex betrachtete und erfaßte Wirklichkeit" bestimmt auf dem Boden koreflexiver und diskursiver Auseinandersetzung die Interventionen und muß in der Praxis *selbst zur Intervention* werden.
2. Integrative Therapie ist im konkreten Vollzug „*angewandte Theorie*", die sich in der Praxis und durch die Praxis immer wieder koreflexiv und ko-respondierend weiterentwickelt, eine *transversale* Qualität gewinnt, und sie ist in diesen Überschreitungen „*Praxeologie*".
3. Integrative Therapie als Praxeologie ist „*kreative Therapie*", die Theorien, Methoden, Techniken und Medien in kreativer/kokreativer Weise einsetzt und entwickelt und den Therapeuten/die Therapeutin selbst als „kreatives Medium" und koaktive Gestalter sieht.
4. Integrative Therapie ist „*ethikgeleitete Therapie*", die ihr Handeln an Werten orientiert, welche in einer „Grundregel" für die Praxis umrissen wurden.

5. Integrative Therapie gründet in systematischer *„methodischer Reflexion/Metareflexion“* und zielt auf sorgsame, für neue Impulse, Ideen, Forschungsergebnisse offene, gemeinsame, ko-respondierende Weiterentwicklung des Verfahrens und seiner Methoden.
6. Integrative Therapie ist *differentiell* und *integrierend* auf *„komplexes Lernen“* (*Sieper/Petzold* 2002) auf der kognitiven, emotionalen, volitiven und Handlungsebene gerichtet (*Heuring/Petzold* 2003; *Petzold, Engemann, Zachert* 2003).

Diese Prinzipien bieten Therapeuten und Therapeutinnen die Chance, sich nicht nur als „Praktiker“ zu definieren, sondern eine „Liebe zur Theorie“ zu entwickeln, ein Interesse an Forschung, eine Faszination an der Theorie-Praxis-Verschränkung, die für den Integrativen Ansatz so charakteristisch ist.

1. Theorie als transversale Wirklichkeitsbetrachung, sinnliche Reflexivität und differentielle Intervention

> „*Theorie* ist leiblich erfaßte, verkörperte und mental durchdrungene Wirklichkeit, Verleiblichung und Mentalisierung von Welterfahrung“ (*Petzold* 2000h, vgl. *Petzold, Orth* 2004b)

In einer *akzellerierten Moderne*, in der die Halbwertzeiten des Wissen sich beständig verkürzen und fortwährend neue, zum Teil grundsätzlich neue Erkenntnisse und Forschungsergebnisse gewonnen werden, Theorienentwicklungen stattfinden, kommt dem besonnenen Umgang mit Theorie große Bedeutung zu. Therapieverfahren, die ohnehin an einer Schnittstelle von Theorie und Praxis situiert sind, deren Theorien immer auch konkrete Auswirkungen, Wirkungen und Nebenwirkungen auf das Leben und die Leiblichkeit, die Gesundheit und das Lebensglück von Menschen haben, müssen den Fragen ihres Verhältnisses zur Theorie bzw. des Theorie-Praxis-Bezugs besondere Aufmerksamkeit schenken (vgl. ausführlich *Petzold* 1991a/2003a, 1998a).

Die *transversale* Qualität der Moderne, ihre beständigen generativen Überschreitungen vorhandener Wissensstände in Neuland und ihre fortwährenden intensivierten „interdisziplinären“ Querungen der verschiedenen Wissensfelder und ihrer Erträge, führen zu *„transdisziplinären* Erkenntnissen“, einem anderen, flexibleren, offeneren Umgang mit Theorie und zu einem transgredierenden Theoriegebrauch (*Petzold* 1974j, 1988n/1996a, 1998a, 1991a/2003a), zu einer „transversalen Vernunft“ (*Welsch* 1996).

„Theorie entsteht aus von Menschen leibhaftig wahrgenommener und erfaßter *mentalisierter* Wirklichkeit (Gegenstände, Handlungen, Sachverhalte, Vorgänge, Wissensstände), Erfahrungen auf dem ‚Lebensweg‘ die persönlich *und* gemeinschaftlich exzentrisch reflektiert bzw. metareflektiert und – vorwissenschaftlich und fachwissenschaftlich untersucht – verstanden, erklärt und in Begriffe, Konzepte, *Erklärungssysteme* gefaßte wurde. Diese sind nicht abgeschlossen, sondern vermögen sich in Prozessen kultureller Entwicklung immer wieder als „*transversale Theorie* zu überschreiten“. Die so entstandenen kollektiven und subjektiven ‚*mentalen Repräsentationen*‘ ermöglichen Aussagen über Prinzipien und Regelhaftigkeiten von unterschiedlicher Genauigkeit und Verläßlichkeit, wodurch wiederum Voraussagen zu Zusammenhängen, Verhalten und Prozessen möglich sind, so daß Theorie für Praxis handlungsleitend werden und hinlängliche Handlungssicherheit für die vermitteln kann, die die Theorie gebrauchen. Theorie strukturiert erlebte, leiblich erfahrene Weltkomplexität und bändigt damit durch komplexe und elaborierte Mentalisierungen unüberschaubare, riskante Wirklichkeit und stellt damit auch eine *Macht* dar, die in ihrer Umsetzung selbst eine (machtvolle) Praxis werden kann. Deshalb wird ideologiekritische Reflexion von Theorie unerläßlich“ (*Petzold* 2000h).

In diese Bestimmung gehen machttheroretische Überlegungen von *Foucault* (1978, 1994) ein. Natürlich ist „Wissen Macht“, aber auch Gegenmacht; denn „Theorie ist nicht der Ausdruck, die Übersetzung, die Anwendung einer Praxis; sie ist selbst eine Praxis .... Sie ist Kampf gegen die Macht, Kampf um ihre Sichtbarmachung und Schwächung dort, wo sie am unsichtbarsten und hinterhältigsten ist“ (*Foucault, Deleuze* 1999), aber sie steht oft genug selbst im Dienste von Unterdrückung. Machtanalytische Reflexionen werden deshalb unverzichtbar (vgl. *Orth, Petzold, Sieper* 1999), wenn man sich mit Theorie befaßt, Theorien über Menschen und Bereiche erarbeitet, die Opfer von destruktiven Machtdynamiken sind. Und Suchtkranke, Drogenabhängige sind das in vielfältiger Weise. Theorie – *Karl Mannheim* (1952) hat das herausgearbeitet – ist immer auch als Ideologie zu sehen. Und die Drogentherapie, blickt man in ihre Geschichte, erweist sich voller Ideologien (erwähnt seien die Debatten um Hoch- und Niedrigschwelligkeit, Langzeit- und Kurzzeitmodelle, Psychotherapie- oder Sozialpädagogikorientierung, nicht zu reden von den durch Therapieschulen bestimmten Debatten). Überlegungen zum Ideologiekonzept (vgl. *Petzold*, *Orth* 1999) und ideologiekritische Arbeit ist deshalb unverzichtbar, nicht zuletzt, weil Psychotherapie in hohem Maße „ideologieanfällig“ ist (ebenda), ja zuweilen „in beunruhigendem Maße mit überflüssigen Mythen belastet ist“ *Ellis* 1999).

Diese hier vorgelegte Umschreibung eines integrativen Theoriekonzeptes hat den ideologiekrischen und metahermeneutischen Blick als systematische Perspektive aufgenommen, und das ist wesentlich. Sie gründet weiterhin auf der vom „Leibe her“ ansetzenden „Hermeneutischen Spirale“ (*Wahrnehmen, Erfassen, Verstehen, Erklären*, *Petzold* 1988b), die sich in immer weiterführenden Bewegungen überschreitet und mit dieser *Transveralität* impliziert, daß

Wahr-*genommenes,* Er-fahrenes, auf*genomme*n wurde als verkörperte, cerebral in mnestischen Speichern niedergelegte „*mentalisierte Informationen über die Welt*“ plus der „*eigenleiblichen Resonanzen*“ auf dieses Aufgenommene – die Bilder und die sie begleitenden Empfindungen. Genauer betrachtet, handelt es sich nicht nur um bildhafte Eindrücke, sondern um komplexe „impressa“ (*Petzold* 1968b), um *sequentielle „szenische und atmosphärische“ Holorepräsentationen* als gesamtcerebrales Geschehen im Sinne *Lurija*s (gleichsam „Filme“ mit Geräuschen, Gerüchen, Gespürtem, Kinästhesien, Proprizeptionen, also auch mit dem begleitenden innerleiblichen „Erleben im Prozeß“, in der ablaufenden Sequenz des Geschehens.) Das alles wird Grundlage von „*mind*“ und „*theories of mind*“: Gedanken über Erlebtes, Gedanken über Erfahrenens, Gedanken über Gedanken ... über die Welt, über mich selbst, über Selbst-in/mit-Welt als Qualitäten und Horizonte leibhaftigen Bewußtseins.

Das griechische Wort *Theorie*, „θεορια“, bedeutet „*Anschauung, Betrachtung*“, und das impliziert einen *leiblich* konkret in einer gegebenen Situation anwesenden Betrachter, der die Situation und die in ihr vorfindlichen Dinge und Menschen wahrnimmt, mit allen Sinnen *berührt,* mit *Sinnesorganen,* die im Verlauf der Evolution *im Kontakt mit der Welt* für die Wahrnehmung von Welt „auf Menschenweise“ ausgebildet wurden: um mit dem Blick zu erfassen, mit dem Gehör aufzunehmen, mit dem Gespür zu ertasten ... Leibliches Berühren, Wahrnehmen vermittelt Information, führt zu Wissen (*Hatwell* et al. 2003) als „erfaßte mentalisierte Welt“: *Weltanschauung* im ganz konkreten Sinn des Wortes ist *Theorie* als transversale, sich beständig überschreitende. Menschen sind „Welt-Anschauer“ (*Chamberlain* 1916). Hier werden Qualitäten angesprochen, die über das „systemische Konzept“ des Beobachters „erster oder zweiter Ordnung“ (*von Foerster* 1985; *Luhmann* 1992) – dieses Konzept zugleich einschließend – hinausgehen. Die Anschauung des Anschauers ist im Angeschauten selbst verwurzelt, in ihm eingebettet (*embedded*) und mit ihm verschränkt (*intertwinned*). Die Aufnahme und das Mentalisieren und Verleiblichen des Angeschauten als „perceived and embodied world“ – „world incorporated – ermöglicht aber durch die Verinnerlichung zugleich eine Überschreitung in die *Exzentrizität.* Im Sichtbaren anwesend, Teil von ihm (*Merleau-Ponty* 1964), vermag ich in der exzentrischen Transgression eine Überschau zu gewinnen, ohne die *Zentrizität,* die doppelte Einwurzelung in Leib und Lebenswelt zu verlieren: „Verkörpert aus dem Stoff der Welt und zugleich eingebettet in diese Welt“ (*Petzold* 1970c) – heute wird die Formel „Embodied and Embedded“ gebraucht (*Haugeland* 1998) –, ist das Subjekt in dieser fundamentalen Struktur „Mensch-in/mit-Welt“ aufgehoben. Sie kann in Reflexionen, Koreflexionen, Metareflexionen, Hyperreflexivität *virtuell* überschritten werden, ohne daß der Boden der Welt und des Leibes (so lange man lebt) letztlich zu verlassen ist. Dabei entsteht „Theorie“ als *transmaterielle* mentale, „mentalisierte“ Realität, die immer im *materiellen* Boden (des Cerebrums, der Neurochemie, vgl. *Perry* 2002) gegründet bleibt.

Diese Überlegungen sind vielleicht nicht einfach, besagen aber nicht mehr und nicht weniger als das: Mensch-Welt-Selbst-Welterkenntnis müssen immer als *Lebenserfahrung* auf dem *Lebensweg* (*Petzold, Orth* 2004b) in einer unlösbaren Verschränkung gedacht werden, und dieser Zusammenhang muß in den Blick kommen, muß verständlich werden. Das ist für jeden normalintelligenten Menschen – ob Therapeut oder Patient – möglich. Wenn jemand diesen Zusammehang aus- oder abgeblendet hat, muß das Thema und Gegenstand von Therapie werden. Diese Position bestimmt therapeutische Arbeit ganz konkret, indem sie immer *leiblich* (bei Wahrnehmung und Handlung und ihre Mentalisierung) ansetzt, immer in einem konkreten Weltbezug arbeitet (gerichtet auf Situationen, Mitmenschen), immer *Zentriertheit* und *Exzentrizität* zu fördern versucht, für „Anschauung“ – der Welt, der Mitmenschen, der Situation, seiner selbst – sensiblisiert, die Erarbeitung von Theorie (Anschauung und Mentalisierung, seiner selbst und der Welt/Weltverhältnisse) anregt durch Alltagstheorien aber auch Fachtheorien, die zu einer „Selbstaufklärung“ (im Sinne der „Tiefenhermeneutik“ *Lorenzer*s, vgl. Lorenzer-Themenheft, *Integrative Therapie* Jg. 2004) führt bzw. zu einer *Aufklärung über „Sich-selbst-in/mit-Welt“* als Grundlage immer neuer *ko-kreativer Selbst- und Weltgestaltung* mit den bedeutsamen Mitmenschen (im Sinne der „Metahermeneutik“ *Petzold*s und ihrer herakliteisch-transversalen Ausrichtung, vgl. 1999q, 2002h).

Eine solche Position wird in den praxeologischen Arbeiten dieses Buches immer wieder deutlich:

> 1. auf der Seite der Ausbildungskandidaten/Therapeuten, die in ihren Graduierungsarbeiten und Behandlungsjournalen ihre Arbeit in komplexen Feldern, Institutionen, Organisationen durchdringen, ihre Arbeit mit Menschen, Patienten zu erfassen und besser zu verstehen suchen, 2. auf der Seite der Patienten, deren Arbeit an sich selbst und ihrer Lebenslage, mit ihren Therapeuten, Mitpatienten, Angehörigen, Netzwerkpartnern in den Behandlungsjournalen erkennbar wird, 3. Auf der Seite der Lehrtherapeuten, die solche Arbeit als Supervisoren, Berater, Coaches begleiten, mit ihren Beiträgen zur Qualität der Lehre, Forschung, des Ausbildungsprogramms beitragen, 4. auf der Seite der Begründer und Leitfiguren des Integrativen Verfahrens (*J. Sieper* und die Autoren dieses Beitrags), die seit mehr als dreißig Jahren daran engagiert sind, gute Theorie und Methodik für therapeutische Maßnahmen und psychosoziale Hilfeleistung zu erarbeiten bzw. zu entwickeln und in qualitätsvollen Ausbildungsangeboten weiterzugeben.

Dabei ist das Vermitteln einer *„Freude an Theorie“* als „Anschauungen über das Leben“, als ein „Denken über die Welt“, aus der ich über sie reflektieren kann als ein *„être-au-monde“*, als ein zur Welt gerichtetes, ihr zugehöriges Wesen (*Merleau-Ponty* 1964; *Müller* 1975), eine Freude, weil es um eine *„sinnliche Reflexivität“* geht, in der Spüren, Empfinden, Fühlen, Denken verbunden sind und zu „Erfahrungen von vitaler Evidenz“ (*Petzold* 2003a, 694) führen:

„Unter vitaler Evidenz verstehen wir das *Zusammenwirken* von rationaler Einsicht, emotionaler Erfahrung, leibhaftigem Erleben in Bezogenheit, d.h. mit sozialer Bedeutsamkeit. Die Synergie dieser Komponenten ist [mehr] und etwas anderes als ein bloßes kognitives Verstehen der Zusammenhänge" (ibid.)

Wenn man ein solches „*sinnenhaftes Denken*" entwickelt, pflegt und zur Sprache bringen kann, „*Leib, Sprache und Welt*" verbindet (*Orth* 1996), wie wir es praktizieren (*Petzold, Orth* 1985; 1993a) – ein in der Therapie mit Suchtkranken hervorragender Ansatz –, dann bringt man persönliches Erleben, *seine* Sprache finden, *sein* Denken entwickeln zusammen in einer „Kultur seiner selbst" (*Petzold* 1999q, 2003g) und kann zu der Erfahrung kommen, die *Foucault* zu dem Ausruf brachte: „*Ich denke gern!*"

Theorie, die sich so versteht, eignet sich in ganz spezifischer Weise als Intervention. In ihr geht es nicht allein um „*reflexive Sinnlichkeit*", wie *Dreitzel* (1992) es als Ziel für die Gestalttherapie formulierte (und in der Tat hat der antiintellektuelle Ansatz von *Perls* [1969] es nötig, sinnliche Erfahrung zu reflektieren!). Sondern es geht um „*sinnliche Reflexion*" (*Heuring, Petzold* 2003), ein Denken, das vom Empfinden, von Gefühl *unterfangen*, durchfiltert ist, eine Kognitivität, die – wie durch das Funktionieren des Cerebrums als „Gesamtprozeß" (*Lurija* 1998; *Singer* 2002) nahegelegt – das limbische System nicht vom präfrontalen abgekoppelt denkt, sondern affirmiert, daß es sich um vielfältig konnektiverte Prozesse handelt. Die Wahrnehmung, die mit der Handlung in „*perception-action-cycles*" (*Petzold, van Beek, van der Hoek* 1994) unlösbar verbunden ist, transportiert in „*doppeltem Welterleben*" Außenwelt-Eindrücke und Innenwelt-Perzeptionen (eigenleibliches Spüren, movement produced information) an die neueren cerebralen Zentren des Denkens, des kognitiven „processings". Der präfrontale Cortex erhält 1. aus den Sinnesorganen über den Thalamus „sinnliche Information", 2. durch das limbische System Amygdala-markierte, emotional getönte Informationen und 3. aus den Archiven des Hippocampus szenisch-atmospärisch angereicherten Input, der in unterschiedlichen Abstraktionsgraden kognitiviert, M*entalisierung* wird, d.h. auch in unterschiedlicher Intensität „entsinnlicht" wird. Die Paläoanatomie des Gehirns, der Blick auf seine Evolution (etwa im Sinne von *Gerald Edelman*s neuronalem Darwinismus) und sein Funktionieren (*Kandel* et al. 1996; *Schandry* 2003) bestätigt, was die wortgewordene Alltagserfahrung aufweist: kognitive Realität gründet in sinnlich-handelnder Aktivität/Interaktivität: be*greifen*/Begriffenes/Begriff, er*fahren*/Erfahrenes/Erfahrung, ver*stehen*/Verstandenes/Verstand, er*fassen*/Erfaßtes/Faßbarkeit usw. Theoretiker des menschlichen Geistes von *Vico* bis *Vygotsky* und *Mead* betonen, daß Kognition und Sprache durch das Handeln und Erleben *hindurch* geworden sind, Reflexivität einen sinnlichen, in der Wahrnehmungs-/Handlungsverschränkung auf dem „Lebensweg" (*Pethold, Orth* 2004b, p; *Petzold* et al. 1994a) gründenden Boden hat. Das aktional-interaktionale, perzeptiv-sinnliche, emotionale „Grundmaterial“ des Kognitiven steht allerdings in der Gefahr, in der Abstraktion verloren zu gehen, hinter der metakognitiven Überschreitung der leiblich-sinnlichen Ausgangsmaterialien – was eine prinzipiell wertvolle Möglichkeit ist – zu verschwinden, so daß es nicht mehr auf der „Lichtung“ des Bewußseinsfeldes (*Gurwitsch*) auftaucht, und die *strukturelle* Entfremdungstendenz, die – wie *Hegel* schon gezeigt hat – das menschliche Denken und die Prozesse des Bewußtseins kennzeichnet, übermächtig werden kann als eine *Entfremdung* vom Lebendigen: der Leib wird zur Maschine (zur *pleasure mashine* etwa im selbstzerstörerischen Drogenkonsum), zum Arbeitsroboter (beim workaholic), der Mitmensch wird zum „Fall“, die Welt des Lebendigen, die Natur, wird zum Rohstoffreservoir, das „ausgebeutet“ werden muß (*Petzold* 1987d). Das alles kann geschehen, wenn die Kognition ihren sinnlichen Boden verliert. *Perls* hatte das zwar erkannt, aber ein ziemlich naives Remedium angeboten: „*Loose your mind and come to your senses*!“ (*Perls* 1969). Wir haben das umformuliert: „Keep your mind and come to your senses!“ – das wäre das Programm einer „*reflexiven Sinnlichkeit*“ (*Dreitzel*) für Menschen, bei denen die Entfremdungsprozesse schon so weit fortgeschritten sind, daß sie die neuronalen Wege zur sinnlichen Erfahrung neu bahnen müssen, ein Programm, das mit Awarenessübungen (*Brooks, Selver* 1974) in Erlebnisprozessen der Integrativen Bewegungstherapie (*Hausmann, Neddermeyer* 1996) oder ihrer Lauftherapie (*Petzold* 1974j; *Schay* et al., Integrative Suchtarbeit 2006) therapeutisch auf den Weg gebracht werden kann, also in der Integrativen Therapie – gerade auch in der Arbeit mit Suchtkranken – durchaus seinen Ort hat (*Petzold* 1988n; *Höhmann-Kost* 2002). Prinzipiell gehen wir aber noch einen anderen Weg: „*Keep your senses and come to your mind*!“ in den Prozessen der „life world embodied“, der „Einleibung/Verkörperung von Lebenswelt“ (*Petzold* 2002j), Welt, die zugleich ja die Matrix des Leibes ist (embedded in the life word). In der Pflege einer sinnlichen, sinnennahen Sprache, die „Leib und Sprache“ (*Petzold* 1988n/ 1996a, 36; *Orth* 1996) verbunden hält, versuchen wir, die Einbindung des exzentrischen Menschen in den Weltbezug zu bestärken, unterstützen wir ihn dabei, seine *Exzentrizität* gegenüber der Welt und seine *Zentriertheit* in der Welt in einer fruchtbaren Dialektik bzw. Verschränkung zu leben. Wir haben dazu im deutschsprachigen Bereich „Poesietherapie, kreatives Schreiben, Bibliotherapie“ in das Feld der Therapie eingeführt (*Petzold, Orth* 1985), durch die emotionale Sprache, reich an Empfindungen und unmittelbar im Erleben, zum Tragen kommt, wie wir das aus narrativen Prozessen kennen, wenn Menschen in Erzählgruppen zusammensitzen, eine „*narrative Kultur*“ pflegen, oder wenn sie mit sich selbst in innerer Zwiesprache, in inneren, vielstimmigen *POLYLOGEN* (*Petzold* 2002c) sind, wie dies in Tagebüchern, Lebensberichten und Briefen an Nahestehende – Möglichkeiten zu unentfremdeter, empfindsamer, sinnlich-reicher Sprache – der Fall ist. In der Integrativen Therapie – nicht zuletzt in der Behandlung Suchtkranker – geschieht dies praktisch durch „Therapietagebücher“ (man schreibt seine therapeutischen Prozesse nieder), „Lebensbücher“ (Patienten schreiben ihre Lebensgeschichte als Buch, oder, wo sie diese Kulturtechniken nicht ausreichend beherrschen – wie manche Rußlanddeutsche z.B. –, erzählen sie ihre Lebensgeschichte, die dann von einem Mitpatienten aufgezeichnet wird). Wir ermutigen dazu, ein „Tagebuch" (*journal intime*) anzulegen oder „Briefsammlungen" (Patienten beginnen Korrespondenzen und sammeln ihre Briefe und die Antworten). Tagebuchkultur und Briefkultur werden belebt (*Petzold, Orth* 1993) als eine „fortlaufende *Biographiearbeit*" – eine Methodologie, die wir besonders entwickelt haben (*Petzold* 2003g) –, um Erleben und Denken, Leib und Sprache, Emotion und Kognition verbunden zu halten, im Abstrahieren das konkrete Leben nicht zu verlieren durch eine Reflexivität, die sich ihres sinnlichen Grundes bewußt bleibt, in einer Kultivierung *„sinnlicher Reflexivität"* (*Heuring, Petzold* 2003).

In den neueren Bestrebungen, eine einseitige Orientierung in den kognitiven Theorien oder gar eine Prädominanz des kognitiven Paradigmas zu revidieren (*Núñez, Freeman* 1999; *Petzold* 2002j; *Sieper*, *Petzold* 200; *Spitzer* 2002) werden derartige integrative Positionen vertreten. Ich kann von Blumen im Duktus des Stückpreises sprechen oder von Blumen in einer Qualität, die mir Duft und Farbe heranträgt und „mir das Herz erfreut". Ich kann über Patienten denken als „Fälle", die ich klassifiziere und „an denen" ich arbeite (ärztlicher Jargon: „am Patienten arbeiten") oder über Menschen, deren Leid und Elend mich berührt, mich in meinem „inneren Wesen" anrührt. Wir haben den Begriff „Fall" (Fallbericht, Fallsupervision, Fallgeschichte etc.) aus unserem Vokabular gestrichen und sprechen vom *„Prozeß"* (an dem wir beteiligt sind), von „Patientensituation" (an der wir teilhaben), um die verdinglichende Qualität, die Objektivierung, die Negativkonnotation, die mit „Fall" verbunden ist, und die sich in *„sinnlicher Reflexivität"* unmittelbar erschließt, zu vermeiden bzw. – wo sie faktisch vorliegt – zu überwinden. Diese in *Marcel*s Konzept der „Intersubjektivität", in *Levinas*' Idee der „Alterität", der „Andersheit des Anderen", in *Ferenczi*s „Mutualität" gründende Haltung (*Petzold* 1996k) ist bei der objektivierenden Ausrichtung weiter Bereiche des klinischen Feldes, das von verdinglichter Sprache, verdinglichendem Denken und Handeln durchseucht ist, oft nicht einfach. Fremdobjektivierung führt zu Selbstobjektivierung in massiven und – problematischer – in subtilen Enfremdungsprozessen (*Petzold* 1987d; *Petzold*, *Schuch* 1991). Bei vielen drogenabhängigen/suchtkranken Menschen finden wir den Niederschlag und die Auswirkungen solcher Entfremdungs- und Verdinglichungsprozesse: gravierende *Selbstverdinglichungen;* und das ist immer mit der Beeinträchtigung, Störung einer „Selbstanschauung" verbunden, mit der *Disfiguration* von Betrachtungen der Welt, mit schlechten Theorien über das Leben. Hier wird Theorie als „Selbstaufklärung", als ein neues Anschauen der „Lebenslage", der „Weltverhältnisse", der eigenen Wirksamkeit (*Flammer* 1990), der eigenen Wirkungsmöglichkeiten und des eigenen *Willens und Wollens* (*Petzold* 2001i; *Petzold, Sieper* 2003) von zentraler Bedeutung, denn ohne eine „neue *theoria*", eine neue Betrachtung des eigenen Lebens, kann es zu keinem Entschluß kommen, ein *anderes Leben zu wollen* und fruchten therapeutische Bemühungen nicht, die mühevolle, durch Therapie unterstützte *Willensarbeit* zu leisten, die notwendig ist, um die neuronalen Bahnungen, dysregulierte Funktionen von Neurotransmittern und Neuromodulatoren, fehlgesteuerte Genregulationen (*Petzold* 2002j; *Bauer* 2002; *Schiepek* 2003) umzustellen, etwa durch *therapeutisches Laufen* und andere Formen therapeutischen Ausdauersports, die – wie unsere Forschungen zeigen (*van der Mei, Petzold, Bosscher* 1997; *Schay* et al., 2006) – hier wichtige Beiträge leisten können. Die neurobiologischen Grundlagen der Drogenphysiologie, ggf. einer vorhandenen „traumatic stress physiology“ (*Petzold, Wolf* et al. 2000; *Yehuda* 2001), werden den Patienten als „Theorie“ vermittelt, aber nicht einer Theorie, die von der eigenen Leiblichkeit, vom eigenen Leiden, von der eigenen Leibzerstörung abstrahiert, sondern die als erlebtes, erspürtes Denken zu einer *neuen Anschauung* zu einem „neuen Denken seiner selbst“ beitragen will. Gelingt es, sich in dieser Weise *neu zu denken*, die Menschen, den Welt- und Lebensbezug neu zu denken in *„sinnlicher Reflexivität“* bzw. *„Koreflexivität“*, und kommt es damit zu neuem Wollen und Handeln, dann kommen die erforderlichen Veränderungen somatischer, emotionaler, volitionaler, kognitiver Muster durch *eine übende Praxis* auf den Weg eines Lebens, das auf vielfältigen Ebenen in „neue Bahnen“ kommen muß (*Petzold, Sieper* 2003, 2003a). *Graf Dürckheims* (1964) Idee vom „Alltag als Übung“ bekommt hier in anderem Licht Bedeutung.

Vor dem Hintergrund dieses *transversalen* Theorie-Verständnisses, dessen Grundlage im biographischen Erleben und Streben der Begründer der Integrativen Therapie (*Petzold* 2002h; *Sieper* 2003a; *Oeltze* 1993; *Zundel* 1987), ihrer Lebens- und Bildungsgeschichte wurzelt und zu den elaborierten anthropologischen und der beziehungstheoretischen Modellen, der differentiellen Gesundheits- und Krankheitslehre (*Petzold, Schuch* 1991) führte, wurde im Integrativen Ansatz eine differenzierte Konzeption von „Praxeologie“ entwickelt.

2. Therapie als Praxeologie

> „Praxeologie wird gesehen als Theorie der Praxis einer ‚engagierten und eingreifenden Wissenschaft‘ und als die kunstvolle und kreative Verschränkung von Theorie und Praxis, von Praxis und Theorie“ (*Petzold* 2000h).

In der Behandlung von Suchtkranken, in der noch Vieles zu beforschen ist, in der noch Manches der theoretischen Entwicklung bedarf (vgl. *Petzold* 1994h), sind *methodenbegründete* Praxeologien von großer Wichtigkeit, tragen sie doch zur Entwicklung von *„nachhaltiger* Theorie“ bei. Sie müssen aber auch schon vorhandene Theorien konsequent einsetzen und auf ihre Brauchbarkeit überprüfen. Weil die Situation von Suchtkranken, die Ausprägung ihrer Erkankung, die Komorbiditäten, die Lebenslagen und Netzwerkkonstellationen so verschieden sind, außerdem gender-, schicht- und ethniespezifische Probleme heute in immenser Zahl hinzukommen, ist der Suchttherapeut beständig in der

Situation eines *Praxeologen*, der seine Ansätze in der Praxis entwickelt, aus der Praxis „Theorien kleiner Reichweite" konzipiert, „Theorien großer Reichweite" umzusetzen versucht und sie dabei beständig *zupassen* muß – eine sehr anspruchsvolle Aufgabe, die *methodenmonistisch* kaum adäquat wahrgenommen werden kann (vgl. *Petzold* 1998a; *Ebert, Könnecke-Ebert* dieses Buch) – das geht in der Regel zu Lasten von Patienten, die dann etwa bei schulengebundenen Psychoanalytikern in der Gefahr stehen, in psychoanalytischer Weise *reduktionistisch* betrachtet und behandelt werden (z.B. ohne spezifische leib- und bewegungstherapeutische Methoden, vgl. dagegen *Schay* et al. 2006, Lauftherapie) oder in verhaltenstherapeutischer Weise *reduktionistischen* „behavior modifications" unterzogen zu werden (z.B. ohne netzwerktherapeutische oder sinnorientierte Interventionen, die im Integrativen Ansatz große Bedeutung haben, vgl. *Orth* 1993; *Petzold* 2001k; *Petzold, Josić, Erhardt* 2006; *Petzold, Orth* 2004). Aber das muß nicht sein, wenn psychoanalytische oder verhaltenstherapeutische *Praxeologen* undogmatisch ihr Spektrum an Behandlungmethoden erweitern (was durchaus geschieht) und ihren theoretisch-konzeptuellen Rahmen verbreitern, womit man sich schon schwerer tut. Natürlich müssen sich die *Praxeologen* des „Integrativen Ansatzes" fragen und fragen lassen, wo ihre Reduktionismen liegen, denn man kann nie sicher sein, Perspektiven auszublenden oder zu negieren. Man bedarf deshalb des kritischen Feedbacks, der „*weiterführenden Kritik*" und ist hoffentlich offen für sie.

„Weiterführende Kritik ist der Vorgang eines reflexiven Beobachtens, Analysierens, Vergleichens und Wertens von konkreten Realitäten (z.B. Handlungen) oder virtuellen (z.B. Ideen) aus der *Exzentrizität* aufgrund von legitimierbaren Bewertungsmaßstäben (hier die der Humanität, Menschenwürde und Gerechtigkeit) und des *Kommunizierens* der dabei gewonnenen Ergebnisse in einer Weise, das die kritisierten Realitäten im Sinne der Wertsetzungen optimiert und entwickelt werden können" (*Petzold* 2000a).

Für die methodische Vielfalt in der *Praxeologie* ist das besonders wichtig, weil Interventionen unmittelbar die Patienten betreffen und hier möglicherweise Risiken und Nebenwirkungen eintreten können (*Märtens, Petzold* 2002). *Systematische* praxeologische Erprobung und methodische Offenheit darf deshalb mit eklektischer Beliebigkeit nicht verwechselt werden. Im Integrativen Ansatz wurde deshalb mit Bezug zu *Bourdieu* (1980) – ein für jede Soziotherapie zentraler Autor (*E. Leitner* 2000, 2003; *Leitner, Petzold* 2004) – die *Praxeologie* besonders entwickelt und gepflegt, und in der Ausbildung von Suchttherapeuten im „Integrativen Ansatz" wird in besonderer Weise darauf Wert gelegt, daß die Ausgebildeten auch engagierte und kompetente Praxeologen werden, mit Theorie-Praxis-Verschränkungen fundiert und kreativ umgehen lernen, wie viele Arbeiten dieses Buches dokumentieren, insbesonderere die Arbeiten in diesem 2. Hauptkapitel zu „Praxeologischen Perspektiven und Methoden in der Praxis".

> „Methodengegründete Praxeologien sind durch Erfahrung, systematische Beobachtung und methodisches Erproben erarbeitete, in sich hinlänglich konsistente Formen und Wege praktischen Handelns. Durch Methoden, die als solche reflektiert wurden, sind Wissensbestände entstanden, ein Praxiswissen. Aus diesem können im Prozeß seiner Elaboration theoretische Konzepte und Konstrukte generiert werden, die sich zu Theorien von zunehmender Komplexität entwickeln können, welche wiederum in die Praxis zurückwirken und diese zu verändern vermögen. Gleichzeitig werden auf der Grundlage elaborierter und damit konsistenter Praxis erst Forschung und Maßnahmen der Qualitätssicherung bzw. -entwicklung möglich, die für die Entwicklung von Verfahren, einer Disziplin und von Professionalität grundlegend sind" (*Petzold* 2000h).

Neben dieser „Bottom-up-Definition" des Theorie-Praxis-Verhältnisses in der *methodengegründeten Praxeologie* findet man auch „top-down" entwickelte *theoriegegründete Praxeologien* (z.B. die klinisch angewandte Integrative Therapie mit ihrem elaborierten theoretischen Fundament oder das psychodramatische Rollenspiel des komplexen psychosozialen Interventionsverfahrens von *J.L. Moreno*).

> „Theoriegegründete Praxeologie läßt sich bestimmen als eine theoriegeleitete, systematische Praxis in angewandten Humanwissenschaften, in welchen Praxis und Theorie sich in reflektierter Weise forschungsgestützt durchdringen" (ebenda).

Zwischenformen und Übergänge sind in unterschiedlichen Entwicklungsstadien von *Methoden* und *Verfahren* – wie zum Beispiel in der Suchtkrankentherapie – möglich. Ganz allgemein und unter einer Metaperspektive in einem „System der Humanwissenschaft" („Tree of Science", *Petzold* 1998a, 2002a) kann man *Praxeologie* als „*Wissenschaft von der Praxis*" betrachten (vgl. *Bourdieu* 1976, 1980). Arbeitet man mit einer solchen Sicht und einem solchen Selbstverständnis in der Drogentherapie, der Suchtkrankenarbeit, so wird man offen für neue Erkenntnisse, trägt zur Konzept- und Theorienbildung bei und zur Entwicklung von differenzierten Methoden und Behandlungstechniken, man wird in einer neuen Weise kreativ bzw. *kokreativ* (*Iljine, Petzold, Sieper* 1971/1990) und inspiriert seine Patienten für sich selbst, für ihre Lebenspraxis *kokreativ* zu sein bzw. zu werden, indem sie *„sich selbst zum Projekt" machen* – eine zentrale Strategie integrativtherapeutischer Arbeit. Beispielhaft sei hier auf die für die Integrative Therapie charakteristische, weil in ihrem Rahmen entwickelte (*Petzold* 1965, *Petzold*, *Orth* 1990a) Methodologie der therapeutischen und agogischen „Arbeit mit kreativen Medien" hingewiesen.

3. Arbeit mit kreativen Medien

> „Ein schöpferischer Mensch ist als solcher ein ‚kreatives Medium', das kokreatives Miteinander, innovative Kooperation, die gemeinschaftliche Gestaltung eines guten Lebens mit vielfältigen schöpferischen Ideen und Mitteln ermöglicht" (*Petzold* 1975h).

Besonders in der beliebten Arbeit mit „kreativen Medien" (*Sieper* 1971; *Petzold, Orth* 1985; 1990; *Petzold, Sieper* 1993; *Warren* 1993), die Therapeuten gerne einsetzen und die von Patienten gerne aufgenommen werden, sind theoretische Überlegungen und praxeologische Reflexionen von Bedeutung. Gerade drogenabhängige Patienten zeigen oft eine besondere Vorliebe für „kreatives Gestalten". Das gewinnt häufig aber nicht die Qualität einer konsistenten, tiefgreifenden Gestaltungsarbeit, die in der Regel durchaus arbeitsintensiv ist. Tiefgreifende Gestaltung ist immer auch mit einer *Arbeit an der eigenen Person* verbunden, in welcher das „Selbst als Künstler und Kunstwerk" in Erscheinung treten kann (*Petzold* 1999q). Wo das nämlich geschieht, tragen gestaltende Prozesse zur *Identiätsentwicklung* der Person bei – und dieser bedürfen viele Suchtpatienten (*Orth* 2002; *Petzold* 2001p; *Nitsch-Berg, Kühn* 2000). Damit also gestaltende Arbeit mit „kreativen Medien" mehr bewirkt als eine freizeitpädagogische oder beschäftigungstherapeutische Maßnahme, deren Wert hier keineswegs geschmälert werden soll, müssen die Medien in dynamische Prozesse der Selbstexploration und -diagnostik, einer „Selbstaufklärung" (sensu *A. Lorenzer*), sowie einer differentiellen und integrativen Therapeutik (*Petzold, Orth* 1990a) gestellt werden. Methoden wie das von *Petzold* entwickelte „Lebenspanorama" (*Petzold, Orth* 1993) oder seine Spezifizierungen als „Suchtpanorama" (*Flinks,* dieses Buch) oder Arbeitspanorama (*Petzold, Heinl, Fallenstein* 1983) machen die biographischen Hintergründe des Wechselbezugs von Pathogenese, Salutogenese, von Defiziten und Ressourcen (idem 1997p) plastisch und ermöglichen die Generierung von Therapiezielen und Behandlungsplänen (*Petzold, Leuenberger, Steffan* 1998), insbesondere in der *kokreativen*, motivierten Zusammenarbeit mit dem Klienten, den Patienten. Damit Medienarbeit nicht zu Formen medienaktionistischen Agierens gerät, ist es erforderlich, daß der Patient den Therapeuten als „*kokreativen Partner*" erlebt, der selbst als Person ein „kreatives Medium" ist. Er muß erfahren, daß wirkliche Kreativität eine „Qualität von Gesundheit" ist und wie weit er sich durch sein süchtiges Verhalten von Gesundheit entfernt hat (*Lorenz* 2004). Gegenüber einer resignativen Feststellung dieses Faktums, bietet die „*ansteckende Kraft kokreativen Tuns*" die Erfahrung einer Hoffnung, die verbliebene Kreativität selbst zu nutzen, um aus dem Teufelskreis der Sucht wieder herauszufinden, einen *gesundheitsbewußten Lebensstil* zu entwickeln und einen neuen WEG und neuen SINN (*Petzold* 2001k, *Petzold, Orth* 2004a, b) für ein erfülltes Leben zu gewinnen. Die Fragen des Sinnes sind in der Psychotherapie und in der Drogentherapie – von Ausnahmen abgesehen – vernachlässigt worden, obwohl sie seit den Anfängen der Drogentherapie in Deutschland thematisiert worden sind, interessanterweise im Kontext kreativitätstherapeutischer Überlegungen und Experimente (*Petzold* 1971c). Das Konstituieren von SINN ist ein eminent kreatives Geschehen, Ausdruck der Person in ihrer Ganzheit, in dem sie für sich und für Andere schöpferisch, ein „kreatives Medium" wird.

Der Einsatz von Medien in psychotherapeutischen und agogischen Prozessen zur Förderung von Kommunikation, Symbolisierungsprozessen, Erschließung unbewußter Konflikte und Potentiale findet sich seit den Anfängen integrativer Arbeit und hat *einerseits* einen biographischen Hintergrund: die Arbeit mit Puppen, mit Bildern, mit Instrumenten, mit Texten, mit szenischem Spiel in der Herkunftsfamilie von *Hilarion Petzold* (*Petzold, Petzold-Heinz* 1985). Kindheitserfahrungen bilden sehr häufig einen wesentlichen Hintergrund für die kreative Praxis erwachsener Menschen. *Andererseits* sind es theoretische und systematische Überlegungen, die den Medienbegriff im Integrativen Ansatz der Therapie und Agogik so wichtig machen. „Die Anthropologie des schöpferischen Menschen" *(Petzold* 1975h,1977c; *Orth, Petzold* 1993) sieht den Menschen als „ko-kreatives Wesen" *(Iljine, Petzold, Sieper* 1990), der aus gemeinsamen Aktionen in der „Begegnung und Auseinandersetzung" („Korespondenz") mit den Menschen und den Gegebenheiten der Welt in einem fließenden Zusammenspiel – wir haben es *„Konflux"* genannt (*Petzold* 1998a) – schöpferisch wird. Von seiner evolutionsbiologischen Anlage her (vgl. *Petzold* 2003g) – die Hände sind zum Greifen, zum Formen, der Mund zum Sprechen und Ausdrücken entstanden – ist der Mensch ein „Gestalter". Durch die *Poiesis*, seine Gestaltungskraft, beeinflußt er Weltverhältnisse in veränderungswirksamer Form, gestaltet gegebene *„Wirklichkeiten"* durch sein Wirken und bringt damit menschengeschaffene *„Realität"* (*Wallner* 1990) auf einer materiellen oder einer symbolischen Ebene hervor – und eine symboltheoretische Position war uns stets ein Anliegen *(Petzold* 1963 II; *Petzold, Orth* 1993a) und ist für die Arbeit mit „kreativen Medien" unverzichtbar. Der Mensch ist ein „Poietes" zur Welt hin, der er zugehört, aus deren „Stoff" er hervorgegangen ist, ein Stoff, den er in der *„Poiesis"* formt und gestaltet, in dem er sich, seine „Seele" ausdrückt *(Levine* 1997). In diesem Sinne affirmieren wir in der Integrativen Therapie mit *Moreno* (1931,1990), daß der Mensch wesensmäßig ein „Schöpfer" ist, der sich in seiner Entwicklung über das Lebensganze hin selbst gestaltet. Krankheit allerdings kann diese schöpferische Kraft stören, ja zerstören oder in pathologische Kreativität (etwa bei halluzinatorischen Psychosen) verkehren, wie *Moreno* (1946) herausgearbeitet hat. Auch Drogenkonsum als „chemischer Traum", der die Fähigkeit der Imagination, der kreativen Wirklichkeitsgestaltung ersetzt, weil die Kräfte von „Spontaneität und Kreativität" (*Moreno* 1990; *Petzold* 1984b) sich nie entwickeln konnten oder durch Überlastungen, traumatisierende Erfahrungen beschädigt wurden – und das ist bei vielen Suchtkranken der Fall, wie die Forschung und klinische Erfahrung zeigt (*Dayton* 2000). Kreative Methoden, wie Psychodrama (*Petzold* 1970d), Erzählen, das Schreiben von Lebenstagebüchern, von Briefen, *creative writing* und *emotional literacy* (*Steiner, Perry* 1997), Biblio- und Poesietherapie (*Petzold, Orth* 1985; *Pennebaker* 1993; *Harber*, *Pennebaker* 1993), aber auch bildnerische Arbeit, Tanz, Musik sind Wege kreativer Behandlung (*Petzold, Sieper* 1993a; *Warren* 1993), „Wege der Heilung und Förderung", in Einrichtungen, die mit Integrativer Therapie arbeiten. Dort werden diese Wege jeweils als spezifische Zugehensweise oder intermedial verbunden eingesetzt, wobei das Moment solcher *Intermedialität* – wiederum schon früh von uns auch in der Drogentherapie praktiziert (*Petzold* 1972f, 1974b) –, die theoriegeleitete und indikationsspezifische Verbindung von Malen, Bewegung, Poesie, Drama (*Orth, Petzold* 1990) besondere Möglichkeiten in der Therapie erschließt, weil nach den Überlegungen unserer „Anthropologie des schöpferischen Menschen" (*Orth, Petzold* 1993) all diese Möglichkeiten der Wahrnehmung und des Ausdrucks Menschen zur Verfügung stehen und er in ihnen und durch sie die heilende und beglückende Kraft ästhetischer Erfahrungen und Gestaltungen für sich und mit Anderen erfahren kann (*Petzold* 1999q).

Das Entwickeln einer Persönlichkeit, in der das „Selbst als Künstler und Kunstwerk" *(Petzold* 1999q) ist, das „Leben des Menschen, ein Kunstwerk" *(Foucault* 1984b; *Schmid* 1999) wird, das gilt es anzustreben. Bei Drogenabhängigen findet sich oft noch eine Ahnung, eine Sehnsucht zu diesen Bereichen, an die man anknüpfen kann.

Gesicht und Haltung, Mimik und Gestik, „Wesen" und „Charakter", Können (*Performanzen*) und Wissen (*Kompetenzen*) gestalten Menschen eigentlich ganz natürlich, gleichsam „von selbst", wenn sie nicht behindert werden und etwas Förderung erhalten. In diesen Prozessen bildet sich die Persönlichkeit aus, vermittelt sich der Mensch anderen Menschen, zeigt er sich in dem, was er ist, was er geworden ist, werden wird, in seiner Identität (*Nitsch-Berg, Kühn* 2000; *Petzold* 2001p). In seinem leiblich konkreten Verhalten ist er gleichsam *„Botschafter seiner selbst"*. In diesem Sinne *verstehen wir den Menschen selbst als ein „kreatives Medium"* und haben *Marschall MacLuhans* berühmtes Diktum „*The Medium is the Message"* aufgenommen und im Sinne einer Aussage über den Menschen interpretiert: *Der Mensch ist kommunikative Realität.* Und in diesem Sinne sehen wir auch den Therapeuten als „kreatives Mittel" (*Sieper, Petzold* 2001) – *Ferenczi* sprach von einem „katalytischen Ferment".

Es wurde von der „Droge Arzt", vom „Arzt als Arznei" gesprochen, der damit „Medium der Heilung" werden kann, wenn er sich als kreativer Mittler (Arzt, *ars,* Kunst), Vermittler von Einsichtswissen, Lebenstechniken, „medications psychologiques" *(Janet* 1919) bewußt in den kommunikativen Prozessen der Heilung, Gesundheitsförderung, Persönlichkeitsentwicklung und Kulturarbeit – und das alles umfaßt nach Integrativen Verständnis *Therapie (Petzold* 2001a) – einsetzt. Über seine Person vermittelt der Therapeut heilsames und förderliches Lebenswissen, und zwar nicht nur als Relais, über das spezifische Wissensstände übermittelt werden, sondern als „personales Medium", das solches Wissen verkörpert hat, verleiblicht hat und deshalb durch seine „inkarnierte", seine „fleischgewordene Erfahrung" *(Merleau-Ponty)* als „leibhaftige Präsenz" *(G. Marcel)* wirkt.

Menschen sind *in diesem Sinne „Medien",* da sie sich selbst in vielfältiger Weise gestalten können, miteinander in mannigfaltiger Weise schöpferisch werden können: Beziehungen, Projekte, Gegenstände, *environments* zu gestalten vermögen. *So* sprechen wir vom „kreativen Medium Mensch", einem „personalen Medium" *(Petzold* 1977c, *Sieper*, *Petzold* 2001). Therapeuten können in den von ihnen initiierten ko-kreativen Prozessen auch „Materialmedien" (Ton, Farben, Instrumente, Puppen etc., ibid.) einsetzen, zuweilen auch „technische Medien" (Video, Tonband, Beamer, PC, Scancam, ibid., *Müller/Petzold*

1998; *Malchiodi* 2000), um „Konfluxphänomene" (*Petzold* 1998a), d.h. das veränderungswirksame Zusammenfließen, Zusammenspielen *unterschiedlicher* Gestaltungskräfte – zwischen Therapeut und Patient, zwischen Patientin und Mitpatientin, zwischen Klienten und ihren Angehörigen zu fördern.

Als wir den Begriff und das Konzept der „kreative Medien" Mitte der sechziger Jahre einführten (idem 1965), stand uns die Idee des *„homo creator" Morenos* (1931) vor Augen, des „kreativen Menschen", den wir als „Medium und Message" sahen: in den avantgardistischen Theaterexperimenten, die *Petzold* und *Sieper* und ihre Freunde unternahmen (vgl. *Oeltze* 1993, 1997) im Kontext der Multimediaexperimente, der „Happenings", des „Fluxus", Bewegungen, an denen wir teilhatten und deren persönlichkeitsveränderndes Potential wir entdeckten und in das Feld der Therapie und Agogik einbrachten (*Petzold* 1965, 1973c; *Sieper* 1971). Auch unsere Kreativmethode „Konflux" stammt aus dieser Zeit (*Petzold* 1998a). Weil wir als *„personale* kreative Medien" Materialmedien (wie Puppen, Farben) nutzen können und sie uns „unter den Händen" lebendig werden, denn wir beleben sie – als *Übergangs-* oder *Intermediärobjekte* (*Winnicott* 1953; *Meili, Petzold* 2000), wie Kinder ihre Puppen im Spiel beleben (idem 1983b, 1987a). Nur weil dieses so ist, können wir auch Materialmedien als „kreative Medien" bezeichnen und enthält unser von uns gestaltetes Produkt (Bild, Skulptur, Collage etc.) *„eine Botschaft von mir, über mich, für mich und an Andere im Medium" (Orth, Petzold* 1990). Dabei hat das Medium mit seinen Materialqualitäten einen natürlichen „Aufforderungscharakter" (*K. Lewin),* bietet Handlungsmöglichkeiten, „affordances" (*J. Gibson),* hat eine „natürliche Ladung" *(Petzold* 1977c) an Information, welche neben der „intentionalen" und „nicht-intentionalen" Ladung, die der Gestalter einbringt, zum Tragen kommt. Wenn man mit den Forschungsergebnissen der „ökologischen Psychologie" und *„dynamic systems theory" (Kelso* 1990; *Thelen, Smith* 1994; *Petzold* et al. 1994a) die unlösbare Verschränkung von Mensch und Umwelt annimmt – wie schon *Merleau-Ponty,* der von einer *„chair commune",* einem „gemeinsamen Fleisch", und von einer „Prosa der Welt" sprach –, wenn wir mit der *„Kokreativitätstheorie"* des Integrativen Ansatzes menschliche Kreativität als kokreatives Geschehen zwischen Mensch und Welt, zwischen Mensch und Menschen sehen, können wir dieses als Ausfluß, Überfluß, als „Emergenz" evolutionärer *Generativität* begreifen *(Petzold/ Orth* 1990a). Vor diesem komplexen Hintergrund des Integrativen Ansatzes, den *Wolff* (1989) rezipiert und umgesetzt hat, wählte er unser Diktum *„die Medien, das sind wir selbst"* als Titel für sein Buch*. Wenn man sich mit der Medientheo-

* Ganz anders *Staemmler* (1999, 496), der – offenbar ohne die Integrative Medientheorie rezipiert zu haben – zum Konzept der „kreativen Medien" meint: „Der Sinn dieser Begriffsbildung ist mir unverständlich: Kreativ zu sein, ist in meinen Augen eine Eigenschaft von Menschen, nicht von Medien" (ibid.). Unsere Begriffsverwendung ist auch kein Anglizismus, denn im angloamerikanischen Bereich spricht man durchgängig von „creative therapies", von „creative arts" usw. (*Warren* 1993), sondern sie ist

rie im Rahmen der Integrativen Kreativitätstheorie und ihrer „Anthropologie des schöpferischen Menschen“ *(Orth, Petzold* 1993), ihren Kernkonzepten: *Kokreativität, Konflux, kreativer Impetus* (*Oeltze* 1997), *Vierstufenmodell, Intermedialität* gründlich auseinandersetzt, erschließt sich die ganze Fülle der Möglichkeiten dieser therapeutischen Mittel für die integrative Praxis der Persönlichkeitsförderung und Identiätsentwicklung (*Nitsch-Berg, Kühn* 2000) als salutogenische Arbeit, aber auch der klinischen Therapie, der psychotherapeutischen, genderspezifischen Identitätsentwicklung (*Orth* 2002; *Petzold* 2001p), wie z.B. die Behandlungsjournale in diesem Buch erkennen lassen.

Die innere Haltung, die den Patienten als kokreative Partner in der Therapie sieht, hat besonders für den Drogenabhängigen eine große Bedeutung, der durch die massiven und generalisierten gesellschaftlichen *Stigmatisierungen* – die sich oft genug auch in der Drogentherapie zeigen, etwa in den punitiven Tendenzen von Regelsystemenen in Therapieeinrichtungen mit ihren Sanktionskatalogen (etwa bei den traditionellen Daytop- oder Synanon-Modellen, vgl. *Petzold* 1974b). Wenn dem Abhängigen niemand etwas zutraut (allenfalls kriminelle Findigkeit, und der kreative Anteil selbst darin, sollte nicht übersehen werden), dann hat er wenig Chancen, sich selbst etwas zutrauen zu können und in eine *konstruktive Identiätsarbeit* (idem 2001p) einzutreten, für sich eine sinnvolle Existenz als kreativen Entwurf zu imaginieren. Das Zutrauen in die kokreativen Persönlichkeitspotentiale eines Menschen – wie schwer beschädigt auch immer durch Drogenabhängigkeit, Traumatisierung, Devianz – gehört zu den Grundbedingungen des Integrativen Ansatzes. Es bestimmt die Grundhaltung integrativer Therapeuten und hat in einer „Grundregel“ (*Petzold* 2000a) für die Integrative Therapie ihren Niederschlag gefunden, die auch in der Suchtkrankentherapie gilt. Sie soll deshalb kurz vorgestellt werden, denn sie liegt allen Beiträgen dieses Buches zugrunde.

4. Ethische Leitprinzipien und Werte und die therapeutische „Grundregel“ der Integrativen Therapie

> „*Ethik* erweist sich nur als ‚*Praxis von Ethik*‘, die sich konkret für die Integrität des Anderen, für gerechte Verhältnisse, für einen sorgsamen Umgang mit unserer Lebenswelt engagiert – nicht aus Zwängen und Geboten, sondern aus einer ‚Freude am Lebendigen‘ und einer Liebe zu Menschen, Tieren, zur gesamten Natur“ (*Petzold* 1971).

Therapeutische Arbeit – ob im Suchtbereich oder in irgendeinem anderen therapeutischen Bereich – ist offenen oder verdeckten Leitprinzipien verpflichtet. Wir halten es aus vielfältigen Gründen für wesentlich, solche Prinzipien deutlich zu machen. In der Suchttherapie werden für Patienten wie für

---

auf dem Konzept der „Person als kreatives Medium“ (*Sieper, Petzold* 2001) gegründet.

Therapeuten damit Richtungen gewiesen und Standortbestimmungen möglich. Die Integrative Therapie mit Drogenabhängigen hatte schon sehr früh solche Prinzipien formuliert (siehe unten und *Petzold* 1969c), die der Substanz nach sicher noch gegenwärtig in vielem Gültigkeit haben, heute aber durch Leitlinien unterfangen sind, die aus dem Kontext der klinischen und theoretischen Entwicklungen des Integrativen Ansatzes in der jüngeren Vergangenheit bestimmt sind, wenngleich durchaus traditionelle Momente in ihnen zum Tragen kommen.

Die im Konzept der *Intersubjektivität* (*G. Marcel*: Mensch ist man als Mitmensch, Subjektivität erwächst aus Intersubjetivität) wurzelnde therapeutische Haltung der Integrativen Therapie, die auch aus dem Gedanken der *Mutualität* schöpft (*S. Ferenczi*: Therapie erfordert wahrhaftige Mutualität, z.B. wechselseitige Einfühlung zwischen Patient und Therapeut, vgl. *Nagler* 2003) die der Idee der *Alterität* verpflichtet ist (*E. Levinas*: die grundsätzliche Andersheit des Anderen gilt es zu achten) sowie der therapieethischen Maxime der *Integrität und Würde* des Patienten (*Petzold*: patient dignity und die Integrität von Patienten sind die zentralen therapieethischen Prinzipien, eben weil die Würde antastbar ist) führen zu der Zielsetzung einer grundsätzlichen *Partnerschaftlichkeit* in der Behandlung (*Petzold, Gröbelbauer, Gschwendt* 1998). Durch diese Prinzipien sollen die Souveränität (*Petzold, Orth* 1998) und Selbstwirksamkeit (*Flammer* 1990) von Patienten gestärkt werden, so daß sie *Sinn* (*Petzold* 2001k; *Petzold, Orth* 2004) für sich und mit den relevanten Menschen ihres „Konvois", ihres „Weggeleits", gewinnen können. Eine solche Grundregel kontrastiert natürlich die *„psychoanalytische Grundregel"* *Sigmund Freud*s: der Verpflichtung des Patienten zur uneingeschränkten Selbstoffenbarung, *„daß man ohne Kritik alles mitteilen soll, was einem in den Sinn kommt"* (*Freud, S*., Zur Dynamik der Übertragung, 1912).

> „Wir verpflichten ihn [den Patienten] auf die analytische *Grundregel*, die künftig sein Verhalten gegen uns *beherrschen* soll ... gelingt es ihm, nach dieser Anweisung seine *Selbstkritik* auszuschalten, so liefert er uns eine Fülle von Material, Gedanken, Einfälle ... die uns also in den Stand setzen, das bei ihm verdrängte Unbewußte zu *erraten* und *durch unsere Mitteilung* die Kenntnis seines Ich von *seinem* Unbewußten zu erweitern" (*Freud,* Die psychoanalytische Technik, 1940, unsere Hervorhebungen).

Hinzu kommt *Freud*s *„Grundregel für den Therapeuten"* zu einer uneingeschränkten, zurückgenommenen *„Abstinenz"*.

Freud hatte dem Analytiker geraten, sogar „sein menschliches Mitleid beiseite zu drängen", alle Kräfte zu bündeln, um mit „Gefühlskälte", wie der Chirurg, die Operation dann in höchster Konzentration ausführen zu können. Das sei für „die Schonung des eigenen Affektlebens" des Therapeuten und auch für den Patienten das Beste (*Freud, S*., Ratschläge 1912).

In der Therapie mit Suchtkranken, in stationären Einrichtungen zumal, kann man so nicht arbeiten. Patienten haben ein Recht auf Geheimnisse (Suchtkranke mit Devianz- und Traumakarrieren lassen sie sich ohnehin nicht nehmen) und Suchttherapien erfordern engagierte, zugewandte Therapeuten, die bereit sind, in Begegnungen und Auseinandersetzungen mit den Patienten einzutreten – oft im Nahraum, in dem „zugewandte Integrität und Klarheit“ ohne prinzipiell abgrenzende Zurückgenommenheit erforderlich sind und *Grenzen als Angrenzungs- und Abgrenzungsmöglichkeiten* jeweils ausgehandelt werden müssen – einer der wichtigsten Therapieprozesse in der Drogentherapie. Dieses Konzept „zugewandter Integrität und Klarheit“ wurde in der Integrativen Therapie an die Stelle „zurückgenommener Abstinenz“ gesetzt, eine Konzeptualisierung, die bessere Anschlußfähigkeit an ethiktheoretische Diskurse hat (*Petzold* 2000a) und keine Konfundierungen mit dem spezifischen Gebrauch von Abstinenzkonzepten im Suchtbereich riskiert.

Die *Freud*sche *„Grundregel“* erscheint aus Integrativer Sicht als *falsch* – sowohl philosophisch, z.B. intersubjektivitätstheoretisch (*Marcel, Levinas, Ricœur*), als auch psychologisch mit Blick auf Attributions-, Kontroll- und Lerntheorien (*Flammer* 1990), denn hier ist die Gefahr gegeben, daß „learned helplesness by therapy“ produziert wird, Dependenzstrukturen implementiert und perpetuiert werden, besonders aber, weil sie die wichtigste Form des Lernens, das „Lernen am Beispiel“, Imitationslernen (*Sieper*, *Petzold* 2002) verhindert. Die *Mehrzahl der Psychotherapieverfahren sind aus Dissensprozessen zur Psychoanalyse hervorgegangen.* Unsere Ablehnung der *Freud*schen *Grundregel* (und anderer Konzepte) bedeutet aber keineswegs eine generalisierte Ablehnung, sondern eine differenzierende Wertschätzung oder aber Abgrenzung. *Freud*, selbst zeitlebens schweren Suchtproblematiken ausgeliefert (zeitweilig Kokain, exzessives Rauchen trotz Krebserkrankung in der Mundhöhle), ist u. E. kein guter Gewährsmann für die Suchttherapie (ähnlich wie *F. S. Perls*, Kettenraucher trotz seiner Angina pectoris!). So gehen wir in der Integrativen Therapie andere Wege, die der *Intersubjektivität* und *Kokreativität* zwischen Therapeut und Patient mehr Raum geben, ja aktiv ausgedrückte Zuwendung und Wertschätzung möglich machen. Überdies müssen in der Integrativen Therapie mit Suchtkranken „Freiräume der Alterität“ – der „Andersheit des Anderen“ – gesichert werden. Dafür bedarf es sorgsamer und wacher Bereitschaft auf der Grundlage einer „Wertschätzung von Andersheit“, und das ist mehr als Toleranz! Kann man Abhängige nicht wertschätzen und ihnen verantwortetes Handeln als *Potentialität* zutrauen, braucht man gar nicht erst anzufangen, mit ihnen zu arbeiten.

Die *„Grundregel“* ist kein starres Gesetz, sie ist zupaßbar auf die Patientensituation, die Möglichkeiten dieses besonderen Menschen, der zwar *auch* eine Abhängigkeitserkrankung hat, eine Devianzkarriere drogenbedingter „Notkriminalität“ (*Petzold, Hentschel* 1991), aber keineswegs nur ein „Drogie“ oder „Junkie“ ist. Sie muß in einer Weise vermittelt und *„ausgehandelt“* werden, daß auch der Abhängige, mit dem ich arbeitete, zu einem „hinlänglichen Konsens“ im Bezug auf diese Regel finden kann. Nur im Sinne einer Verbotsethik oder präskriptiv-ethischen Regelung, greift jede Grundregel zu kurz. Sie kann nur Bestand erhalten, wenn sie prinzipiell *diskursivierbar* wird, in „Polylogen“ aufgegriffen und verändernd *überschritten* werden kann.

> „*POLYLOG* wird verstanden als vielstimmige Rede, die den Dialog zwischen Menschen umgibt und in ihm zur Sprache kommt, ihn durchfiltert, *vielfältigen Sinn* konstituiert oder einen hintergründigen oder untergründigen oder übergreifenden Polylogos aufscheinen und „zur Sprache kommen" läßt ... – *POLYLOG* ist ein kokreatives Sprechen und Handeln, das sich selbst erschafft. – *POLYLOG* ist aber auch zu sehen als „das vielstimmige innere Gespräch, innere Zwiesprachen und Ko-respondenzen nach vielen Seiten, die sich selbst vervielfältigen". – Das Konzept des Polyloges bringt unausweichlich das Wir, die strukturell anwesenden Anderen, in den Blick, macht die Rede der Anderen hörbar oder erinnert, daß sie gehört werden müssen – unbedingt! ..." (*Petzold* 1988t/2002c).

Der Weg zum Anderen führt immer wieder durch Überschreitungen ... zu ihm hin, auf ihn zu, ihm nachgehend, aber auch von ihm zu mir – es sollte keine einseitige Bewegung bleiben: Wechselseitigkeit, *Mutualität* (*Ferenczi* 1932) ist angesagt, allerdings eine „*ausgehandelte* Wechselseitigkeit", die *nicht* mit der Rigorosität des *Ferenczi*anischen Anspruchs auf eine „volle Wahrheit" in wechselseitiger Selbstoffenbarung operiert (vgl. *Ferenczi*-Schwerpunktheft, *Integrative Therapie* 3-4/2003, hier insbesondere *Antonelli*), sondern auf eine „Wechselseitigkeit im Respekt" setzt, dessen Wahrhaftigkeitskriterium die „*Integrität*" des anderen Subjekts ist: diese gilt es *wahrhaftig* gewährleisten zu *wollen* – und sich um ein solches *Wollen* (*Petzold, Sieper* 2003a) immer wieder zu bemühen, ist schwer genug, denn „Respekt" (*Sennett* 2002) ist in der menschlichen Gemeinschaft keineswegs eine Selbstverständlichkeit, sondern höchst prekär, u.a. weil die „Würde des Menschen" in der Tat antastbar ist. Für die Arbeit mit Suchtkranken wird die Reflexion dieser Thematik besonders wichtig, weil manche institutionellen Praktiken in therapeutischen Einrichtungen (Briefkontrolle, Einschränkungen der Außenkommunikation, Kontrollmaßnahmen in der Privatsphäre etc.) sich in Grenzbereichen bewegen, die rechtlich problematisch werden – von ethischen Maßstäben einmal ganz zu schweigen (zuweilen sollte man sich manche dieser Praktiken unter den Kriterien von Amnesty International ansehen, und dann würde es kritisch). Ob das alles so sein muß, ist zu befragen, und die Hinter- und Untergründe solcher restriktiven Maßnahmen sind konzeptkritisch zu untersuchen (auf deligierte gesellschaftliche Straftendenzen, Eigenübertragungen usw.). Nur dann kann es zu inhaltlich begründeten Überschreitungen und evtl. notwendigen Revisionen kommen.

Für solche *Transgressionen* (*Petzold, Orth, Sieper* 2000) braucht es aber das „Moment des Expliziten", hier den Text der „*Grundregel*". Nur wenn ein solcher Text vorhanden ist und in *narrativen Kontexten*, in Gesprächs- und Erzählgruppen (*McLeod* 1997; *Petzold* 2003g) mit der eigenen biographischen Erfahrung verbunden werden kann und diese Erfahrung in kollegialen Erzählgemeinschaften oder in der Erzählgemeinschaft einer Therapiegruppe *geteilt* wird, wird aus dem präskriptiven Text ein „*erlebtes Ereignis*" von persönlicher und gemeinschaftlicher Bedeutsamkeit und „Substantialität“ (*Adorno*). Dann besteht die Chance, daß die *Grundregel* wirklich zu einer Grundlage für die Behandlung wird, weil sie „Sinn macht“ (idem 2001k) und sie nicht zu einer Form „ethischer Gewalt“ (*Butler* 2003; *Petzold* 2003i) gerät, die Unrecht schafft und den Patienten nicht „gerecht“ wird (idem 2000a, 2003d).

Die explizite Formulierung eines solchen Regeltextes gibt dem Anderen, dem Patienten die Möglichkeit, seine *Andersheit* im Sinne des *Alteritätsprinzips* von *Levinas* (1983) – so zentral für unser Denken und unsere Praxis (*Petzold* 1996k) – zu spüren, zu artikulieren, sich mit unseren Positionen „auseinander zu setzen“, um sich gegebenenfalls auch wieder mit uns „zusammenzusetzen“ in einem „*hinlänglichen* Konsens“ – *good enough* (*Winnicott*) – und in einer Qualität guter „*Konvivialität*“, denn diese soll die *Grundregel* gewährleisten helfen für beide, den Therapeuten und den Patienten.

»*Konvivialität* ist ein Term zur Kennzeichung eines ‚*sozialen Klimas*‘ wechselseitiger Zugewandtheit, Hilfeleistung und Loyalität, eines verbindlichen Engagements und Commitments für das Wohlergehen des Anderen, durch das sich alle ‚Bewohner‘, ‚Gäste‘ oder ‚Anrainer‘ eines ‚*Konvivialitätsraumes*‘ sicher und zuverlässig unterstützt fühlen können, weil *Affiliationen*, d.h. soziale Beziehungen oder Bindungen mit Nahraumcharakter und eine gemeinsame ‚*social world*‘ mit geteilten ‚sozialen Repräsentationen‘ entstanden sind, die ein „exchange learning/exchange helping“ ermöglichen. *Konvivialität* ist die Grundlage guter ‚naturwüchsiger Sozialbeziehungen‘, wie man sie in Freundeskreisen, Nachbarschaft, ‚fundierter Kollegialität‘, Selbsthilfegruppen findet, aber auch in ‚professionellen Sozialbeziehungen‘, wie sie in Therapie, Beratung, Begleitung, Betreuung entstehen können« (*Petzold* 1988t).

Eine solche, für die therapeutische Arbeit in der Integrativen Therapie zentrale Konzeption, ist gesättigt mit ethischen Prämissen. Was soll das bei „kriminellen Abhängigen?“, mag da mancher fragen. Wir halten sie gerade da für gut, ja basal. Der Frage der „Wertesozialisation“ ist in der Drogentherapie bislang ohnehin – soweit sich aus der Literatur ersehen läßt – keine wirkliche Aufmerksamkeit geschenkt worden, was zweifellos mit der Vernachlässigung dieses Themas in der Psychotherapie ganz allgemein zu tun hat. Ohne Arbeit an dysfunktionalen Werteorientierungen in der Drogentherapie wird man aber keine aussichtsreiche Rehabilitation erreichen können. Einerseits geht es um die Veränderung von negativen Kognitionen, für die die Ansätze der Verhaltenstherapie Methoden bietet, die seit der „kognitiven Wende“ entwickelt wurden (wir standen mit der IT mitten in den Anfängen dieser Entwicklung und leisteten hier Beiträge, *Petzold, Osterhues* 1972, *Sieper, Petzold* 2002). Aber auch negative Emotionen, mit den Kognitonen zumeist verbunden, müssen modifiziert werden (*Petzold* 1995g). Mit „Methoden“ ist es allerdings überhaupt nicht getan, denn es geht ja um „Inhalte“. Welche Werteorientierung kann man glaubwürdig anbieten, an Menschen, die ihre Wertlosigkeit für die Gesellschaft der Erfolgreichen knallhart „am eigenen Leibe“ erfahren haben, nicht selten bis zur Ausbildung einer zynischen Lebenseinstellung? Wie kann man, ohne zu religiösen oder politischen Indoktrinationen Zuflucht zu nehmen (ein gefährlicher Weg, den die Abhängigen der rechten und linken Szenen oder der „autonomen“ Gruppen mit wechselnden Ideologisierungen vom Anarchotrip bis zum Satanismus z.T. selbst eingeschlagen haben), in Diskurse über Werte, in Praxen gelebter Werteorientierung und Reorientierung eintreten? Sicher nur durch das *gelebte Beispiel eigenen wertegeleiteten Handelns*. Bislang stehen für die Arbeit mit Werten weder in ausreichendem Maße Konzepte noch methodische Ansätze in den meisten Formen „schulenorientierter“ Psychotherapie mit Abhängigkeitskranken zur Verfügung. In der Integrativen Therapie wurde diesen Themen bei der Behandlung von Abbhängigkeitskranken schon früh Aufmerksamkeit geschenkt, einerseits aufgrund ihrer anthropologischen Orientierung (*Petzold* 1991l), andererseits durch ihre neoferenczianischen Elemente (*Nagler* 2003) und andere Materialien ihrer Quellen, etwa dem russischen Altruismus eines *Kropotkin* oder *Tolstoy* (*Petzold* 2002h) und schließlich aufgrund der volitionspsychologischen Erkenntnis, daß der *Wille* Gründe und Ziele haben muß, um Entscheidungen zu fällen und durchzutragen, auch die Entscheidung, „etwas für sich zu tun“. Dabei kommen die Fragen auf: die *Kant*schen Fragen: *„Was kann ich wissen? Was soll ich tun? Was darf ich hoffen?* Oder: „*Wer* bin ich und wie kann ich wissen, *wer* und *was* ich bin (vgl. *Ricœur* 1996). Oder: Was will ich und wohin will ich, was ist der *Weg*“ (*Petzold*, *Orth* 2004 b) ?“ – für Drogenabhängige durchaus typische Fragen. Unsere Position für die Beantwortung dieser Fragen:

> „Wissen über mich selbst, über ‚mein Selbst‘, gewinne ich, wenn ich mich bemühe, mich in meinen verschiedenen Seiten (*Bakhtin*) und mit meinem kulturellen Hintergrund mehr und mehr kennen- und verstehen zu lernen, wenn ich mein Denken, Fühlen, Wollen und Handeln mit Anderen in der Welt *differentiell* zu erfassen suche. Indem ich so ein Bild/Bilder von mir gewinne, entsteht eine *„theory of my mind*“, ein metakognitiv gegründetes ‚Modell meiner selbst‘. Und wenn ich bewußt an der Gestaltung dieses ‚Bildes meiner Selbst‘ als einer ‚gestaltbaren Identität‘ (*Petzold* 2001p) arbeite, wenn ich ‚*an mir arbeite*‘, dadurch daß mein ‚Selbst als Künstler und Kunstwerk‘ (idem 1999q) Prozesse initiiert, in denen es sich erfahren kann, bewußt entschiedene, d.h. gewollte Entwicklungen vorantreiben kann, dann gewinne ich in diesen Prozessen ein ‚*Metawissen*‘ über mich selbst. Ich gewinne an persönlicher *Souveränität* (als mit Anderen ausgehandelter) und es erweitert sich der Freiheitsraum *meines* Willens und Wollens. Es wächst damit meine *relative* Willensfreiheit, meine Fähigkeit, meinen Willen zu nutzen und mein Wollen zu steuern, *kovolitiv* zu koordinieren und zu verantworten. Es ist damit auch anzunehmen, daß meine nicht-bewußten Willensstrebungen (Impetus des Wollens) auf meine mnestisch archivierte und ‚dokumentierte‘ Willensarbeit zurückgreifen – weil ein fungierender ‚*Metawille*‘ entstanden ist –, und es wächst damit meine Verantwortlichkeit: meinen Mitmenschen gegenüber, der Lebenswelt gegenüber, mir selbst gegenüber“ (*Petzold* 2001p).

In einer solchen Sicht kommt einer systematischen „*Gewissensarbeit*“ (idem 1992a), ein *Zentralbegriff der Drogentherapie*, d.h. einer Auseinandersetzung mit dem „eigenen WEG“ (*Petzold, Orth* 2004b) und den Fragen zu Ethik, zu Unrecht und Gerechtigkeit, Schuld und Schuldfähigkeit, zu Sinn und Abersinn und zu einer persönlichen Praxis „gelebter Tugenden“ (*Seneca*) größte Bedeutung zu (idem 2003d, 2001k). Es wird bei der Arbeit an diesen Themen auch deutlich und wird von den Patienten auch immer wieder verbalisiert, was es heißt, wenn Menschen keine Anleitung und keine Chancen erhalten, *an sich zu arbeiten,* hierfür keine glaubwürdigen Vorbilder vorhanden sind. Solche Erkenntnisse müssen für die Drogen- bzw. Suchtkrankentherapie natürlich Konsequenzen haben, die konzeptuell weitergreifen als eine „Restrukturierung“ eines „toxischen Über-Ichs“. Ein derartiger psychoanalytischer Theorierahmen greift zu kurz, zumal wenn wertetheoretische Fundierungen fehlen. In der Verbindung der Motive der „Selbstsorge“ (*Foucault* 1984) und der „Sorge um den Anderen“ (*Levinas* 1983) lassen sich aber Wege finden, Werteorientierungen anzubieten, die den Kriterien „guter, funktionaler Ideologien“ (*Petzold, Orth* 1999) entsprechen, z.B. die Altruismus- und Gemeinwohlorientierung demokratisch-freiheitlicher Grundordnungen und die Maximen der antiken, vornehmlich stoischen Tugendlehre (*Seneca, Epictet, Marc Aurel*; vgl. hierzu die Studien von *Hadot, Guillemin, Grimal* u.a.), die in den Arbeiten zur Entwicklung einer „*philosophischen Therapeutik*“ als „Nootherapie“ (von gr. *nous* = Geist) für die Belange praktischer Behandlung von uns aufgearbeitet wurden (*Kühn*, *Petzold* 1991; *Orth* 1993; *Petzold* 1983e; 2001m). Sokratische Sinngespräche, meditative Übungen, Arbeit mit kreativen Medien sind hier methodische Hilfen, um Menschen, die sich entschieden haben, „*sich selbst zum Projekt zu machen*“, eine „*Kultur ihrer selbst*“ zu entwickeln oder in konkreten Projekten – etwa in einer Amnesty International- oder WWF-Gruppe, zu der man in der Einrichtung einen festen Kontakt hat – zu unterstützen und anzuleiten. Und Suchtkranke sind zu solcher Arbeit durchaus in der Lage. Philosophie als Psychotherapie wird hier Quelle von Trost, Orientierung und Sinnerleben (de *Botton* 2000; *Hadot* 2001; *Petzold* 2001k) und in der Folge von *Rechtsempfinden* und *Dankbarkeit.* Abhängige kennen die Maßtstäbe für „Recht und Unrecht“ „Dank und Undank“ (*Petzold* 2003d) hinlänglich gut. Man soll sie hier nicht unnötig stigmatisieren, denn bei ihnen liegen die Unterschiede vielfach zwischen „kennen“ und „praktizieren“ oder zwischen den Werten ihrer Subkultur/Szene und den Werten von „denen da“, den „Bürgerlichen“ etwa, schließlich zwischen Erkennen und Tun. Wieder stehen die Probleme der vernachlässigten Volitionspsychologie im Raum, die von Psychotherapeuten ausgeblendete Frage des Willens (vgl. *Petzold* 2001i; *Petzold, Sieper* 2003, 2003a)* und die von ihnen

* »Der „*Wille*“ als Begriff im Kontext von Psychotherapie umfaßt die „Gesamtheit aller volitiven Aktivitäten (das *Wollen*) und ihre neurophysiologischen und psychologischen Grundlagen“, letztlich auch deren Umsetzung im *Wollen*, d.h. in *willensbestimmten Handlungen.* Der **Wille** ist deshalb einerseits als eine „*Potentialität* des Leibsubjektes“

zu sehen und andererseits *prozessusal* als Willensvollzug, als sich *realisierendes Wollen*. Seine „Abstrahierung“ oder „Hypostasierung“ – der „Wille“ –, wie sie im philosophischen Gebrauch des Begriffes noch sinnvoll sein mag, verbietet sich im psychologischen Gebrauch. Wille ist, wo Leben ist. Leben ist Prozeß. Das *Wollen* richtet diesen Prozeß auf Ziele als ein „Anderes“, zu Erreichendes aufgrund von Aufforderungsimpulsen (*Lewin*), inneren oder äußeren Anregungen. Mögliche Ziele motivieren „Antriebe“, ein Streben zu Anderem (das auch im eigenen Selbst liegen kann). Das wird als „*Impetus*“ bezeichnet (*Petzold* 1990b), worunter vielfältige neurophysiologische Erregungszustände mit Aktionsorientierung verstanden werden (also eine *interaktionale* motivationale, statt einer monodirektionalen *triebtheoretischen* Ausrichtung). Der **Wille** kann unter vier Perspektiven gesehen werden:
1. ist er der fungierende *Impetus des Wollens* als eines ‚sich anbahnenden‘, vorbewußten, innen- oder außenmotivierten Willensgeschehens;
2. ist er eine bewußt erfahrene prozessuale Realität, der Prozeß, in dem sich die Kraft leiblichen Strebens, die Macht der Affekte, die Stärke der Vernunft *spürbar* zu einem *Synergem*, einer erlebten Qualität des *Wollen* verbindet und *sprachlich benennbar* wird;
3. ist der *Wille* das System der nicht-bewußten *und* bewußten cerebralen Prozesse, die der Negation (dem *nolens*) oder Affirmation (dem *volens*) zugrundeliegen und *synergetisch* verbunden sind (au milieu du cerveaux: Hirnstamm, lymbisches System, neocorticale Areale/cingulärer Gyrus, Lobus frontalis, vgl. *Lurija*);
4. ist der *Wille* Produkt sozialer Verhältnisse, die den *Impetus* und seine Qualitäten sozialisatorisch formen/deformieren durch Armut und Reichtum, Zugehörigkeit zu benachteiligten Schichten, Oberschichten, durch männliche und weibliche Geschlechterrollen etc..
Willensgeschehen ist also teils unbewußt, teils vorbewußt oder mitbewußt (*Rohracher*), teils aber auch bewußt, ist enkulturiert und sozialisiert, und folglich konstituieren sich verschiedene *Willensqualitäten*, variable *Freiheitsgrade des Willens*, deren Reichweite vom Grad der Emotionalisierung, Bewußtseinsfähigkeit und der Versprachlichung (*Vygotsky*) und von den Freiräumen und Begrenzungen des Kontextes abhängt – schon in den frühen sprachlich vermittelten Grenzen, die Eltern Kindern setzen und die die Grundlagen für Selbstbegrenzungen legen (auch von eigenem Wollen durch den eigenen Willen selbst), wird das sichtbar, worauf besonders *Lurija* hingewiesen hat. Willensfreiheit ist demnach ‚Freiheit in Begrenzungen‘: eine *relative, differentielle Willensfreiheit*, die in sich jedoch die Chance *wachsenden Freiheitspotentials* birgt. Dabei kommen jeweils die mit den genannten cerebralen Zentren zusammenhängenden und mnestisch archivierten, individuellen und kollektiven lebensgeschichtlichen Erfahrungen zur Geltung – verbunden mit dem kulturellen Raum (*Lévi-Strauss*), „*Kulturen des Wollens*“, und verbundenen mit den verschiedenen Seiten der eigenen Persönlichkeit (*Bakhtin*), „*Stilen des Wollens*“, die in durchlebten motivationalen Lagen, Prozessen des Entschließens, Entscheidens und Durchtragens entwickelt wurden (*Ricœur)*.
Entfaltet sich der *Impetus des Wollens*, gelangt er zur Dauer (*durée*), gesättigt mit der Informationsfülle der mnestischen Archive, dann wird er zu einer *Kraft*, mit der sich dieses *Synergem* „Wille“ in zielgerichtetem und zielstrebendem – eben willensbestimmtem – Handeln umsetzt: durch hinlänglich souveräne Willensentscheide und persönliche Willenskraft getragene Aktionen des Individuums, das seinen Willen verwirklicht oder einer Gruppe, die gemeinsames Wollen realisiert. Dabei wird die Fähigkeit, den eigenen Willen mit dem Wollen Anderer in Prozessen der Abstimmung und des Aushandelns *kovolitiv* zu koordinieren oder zu synchronisieren als wichtige Lebenstechnik besonders gut entwickelt, wenn das familiale bzw. soziale Umfeld diese Entwicklungen unterstützt. *Psychologische Willenspathologien* wie Willensschwäche, Entschlußlosigkeit, Unentschiedenheit usw. können dann verhindert werden.

vernachlässigten Wertefragen (von Sinn, Dank, Würde, Freiheit liest man in den therapeutischen Standardwerken nichts). Die Werte, die in der Grundregel angeboten und vorgelebt werden, weil sie die Qualität der Begegnung in konkreten Therapiesettings prägen, sind damit ein „permanentes Angebot zum Einwilligen" – *eine behandlungsethische Aufgabe* (den Begriff muß man unterstreichen) – und natürlich eine Anforderung für Therapeuten, die in diesem Bereich tätig sind.

Patienten mögen die Werte der *Grundregel* teilweise auch ablehnen. Das ist ihnen vielleicht alles zu nah, zu viel „Gutmenschtum", was auch immer, und wenn das so ist, dann kann ein solches Konzept, soll es mit Druck durchgesetzt werden, zur *moralischen Zwangsjacke,* zur *ethischen Gewalt* geraten (*Butler* 2002), und fruchtbare Arbeit wird unmöglich. Aber es besteht immer die Chance für den Patienten, das einzubringen, was möglich ist, denn der Andere hat gerade aufgrund der Transparenz der Grundregel die Freiheit, sich *abgrenzen* zu können, und wenn er *angrenzen* will, dann sollen ihm die Prämissen und Konditionen so klar wie möglich sein: *Grenze* hat diese beiden Qualitäten, von denen die der *Angrenzung* oft nicht genug gesehen wird, die Möglichkeiten der Überschreitung oder auch der Übertretung häufig nicht thematisiert wird, nicht verdeutlicht wird, daß Grenze *Identität* und *Souveränität* bedeutet. Stattdessen wird generalisiert und *Abgrenzung*, Ausgrenzung, Barriere, Demarkation, Gefängnismauer konnotiert, und es kann nicht gesehen werden, daß in *Grenzen* für den Therapeuten wie für den Patienten Chancen für „Prozesse des Aushandelns" liegen, nämlich über die Rahmenbedingungen der „Grundregel" in *Korespondenz* (*Petzold* 1991e/2003a) einzutreten, in das koreflexive und diskursive *„Aushandeln von Grenzen über Konsens-/Dissensprozesse"*. Sie bilden die Grundlage jedes Sozialisationsgeschehens, aller Erziehungs- und Bildungsprozesse, jeder therapeutischen Arbeit. Solche *Ko-respondenzen* in der Therapie setzen oftmals einen Kontrapunkt zu den Binnenrealitäten von Drogeneinrichtungen, ihrem Arbeitsalltag, ihren Regelwerken, zu den Außenrealitäten der Abhängigen, ihren Haftstrafen, ihren Auflagen, ihrem Suchtdruck, und das macht *Ko-respondenzprozesse* keineswegs einfach, und genau darin liegt das Moment der *„Arbeit"* in der Therapie, wird die „Grundregel" paradigmatisch, denn sie hilft, die Dynamik von Entwurf/Zielsetzung/Ideal und Begrenzung/Umsetzungsmühen/Realität zu erfahren und handhaben zu lernen.

Die *„Grundregel"* braucht genau deshalb nicht perfekt zu sein – sie könnte es ohnehin auch nie werden. Sie ist zupaßbar – sie muß es sein, wenn sie nicht

---

Diese Erfahrungen werden in Prozessen *komplexen Lernens,* u.a. auch *‚Willenslernens'*, festgehalten und fördern nachfolgende Willensarbeit, ja formen die gesamte menschliche Persönlichkeit, die sich in ihren Lebenserfahrungen mit Anderen und mit sich selbst, mit ihrem Denken, Fühlen, Wollen und Handeln immer vertrauter wird, durch Reflexionen und Metareflexionen Perspektiven und Metaperspektiven entwickelt und dadurch ihr Selbst im Sinne der antiken Lebenskunst und Gemeinwohlverpflichtung (*Hadot*) immer bewußter gestalten kann. Dadurch wird *sozialen Willenspathologien* wie Übelwollen, Böswilligkeit, Unwillen, gleichgültiges Nichtwollen, aggressiver Gegenwille usw. entgegengewirkt« (*Petzold, Sieper* 2003a). Die Bedeutung solcher volitionspsychologischer Positionen für die Suchtkrankentherapie liegt auf der Hand.

zur Zwangsapparatur geraten will. Sie ist kritisierbar – denn Fehlakzentuierungen sind womöglich vorhanden. Sie ist ein *Arbeitsinstrument* für die „Praxis von Beziehung und Ethik", für die „Praxis von Ko-respondenz", für die „Praxis von *weiterführender Kritik*", ein Prinzip – die oben aufgeführte Definition macht das deutlich –, das für den Alltag der Drogentherapie eine hohe Bedeutung hat, und für reflexive/koreflexive und diskursive therapeutische Korespondenzprozesse geradezu ein Basisprinzip darstellt, das alle Kreativität/Kokreativität der Beteiligten erfordert. Sie ist Leitlinie und keine dogmatische Setzung. Die „Grundregel" der Integrativen Therapie ist eine Grenze und damit auch ein Ort der „Überschreitung", wo ihre Geltung und ihre Reichweite nicht mehr ausreicht. Sie ist keine blutleere Vorschrift, keine einfach umzusetzende Anweisung. *Sie ist ein Arbeitsprogramm.* Ihre Sustanz muß erarbeitet werden in immer wieder erforderlich werdenden Überschreitungen: *Transgressionen, das sind transformative Überschreitungen bisheriger Stile des Denken, Fühlens, Wollens, Handelns, nachhaltige Veränderungen von Sichtweisen, Konzepten, Praxen, Lebensstilen,* und die müssen wir auch den Abhängigen zutrauen, mit denen wir Therapie machen, sonst braucht man nicht zu beginnen.

Die „Grundregel" wurde formuliert auf dem gesamten theoretischen Fundus der Integrativen Therapie (*Petzold* 2003a; *Ebert, Könnecke-Ebert* dieses Buch) ihrer Anthropologie und Intersubjektivitätstheorie, ihrer Referenztheorien (idem 2002h) sowie auf dem Boden der Erfahrungen aus der integrativen Behandlungspraxis und der Integrativen Supervision und sollte daher für dieses Verfahren und die, die es praktizieren, „Sinn machen" (*Petzold* 2001k), denn sie wurzelt ganz zentral im „Ko-responenzmodell" des Aushandelns von Grenzen und Möglichkeiten, der jeweiligen Rolle und Rollenkonfiguration (*Heuring, Petzold* 2004), in „Begegnung und Auseinandersetzung", dem Herzstück der Integrativen Therapie (idem 1978c, 1991e).

Grundregel

„*Therapie* findet im Zusammenfließen von zwei Qualitäten statt: einerseits eine Qualität der *Konvivialität* – der Therapeut bietet einen ‚gastlichen Raum', in dem Patienten willkommen sind und sich niederlassen, heimisch werden können, in dem Affiliationen in *Dialogen, Polylogen* eines „Du, Ich, Wir" möglich werden. Andererseits ist eine Qualität der *Partnerschaftlichkeit* erforderlich, in der beide miteinander die gemeinsame *Aufgabe* der Therapie in Angriff nehmen unter Bedingungen eines ‚geregelten Miteinanders', einer Grundregel, wenn man so will:

– *Der Patient* bringt die prinzipielle Bereitschaft mit, sich in seiner Therapie mit sich selbst, seiner Störung, ihren Hintergründen und seiner Lebenslage sowie (problembezogen) mit dem Therapeuten und seinen Anregungen partnerschaftlich auseinanderzusetzen. Das geschieht in einer Form, in der er – *seinen Möglichkeiten entsprechend* – seine Kompetenzen/Fähigkeiten und Performanzen/Fertigkeiten, seine Probleme und seine subjektiven Theorien einbringt, *Verantwortung* für das Gelingen seiner

Therapie mit übernimmt und er die Integrität des Therapeuten als Gegenüber und belastungsfähigen *professional* nicht verletzt.

- *Der Therapeut* seinerseits bringt die engagierte Bereitschaft mit, sich aus einer *intersubjektiven Grundhaltung* mit dem Patienten als *Person*, mit seiner *Lebenslage* und *Netzwerksituation* partnerschaftlich auseinanderzusetzen, mit seinem *Leiden*, seinen *Störungen, Belastungen*, aber auch mit seinen *Ressourcen, Kompetenzen* und *Entwicklungsaufgaben*, um mit ihm gemeinsam an Gesundung, Problemlösungen und Persönlichkeitsentwicklung zu arbeiten, wobei er ihm nach Kräften mit professioneller, soweit möglich, forschungsgesicherter *'best practice'* Hilfe, Unterstützung und Förderung gibt.
- *Therapeut und Patient* anerkennen die Prinzipien der „doppelten Expertenschaft" – die des Patienten für seine Lebenssituation und die des Therapeuten für klinische Belange – des Respekts vor der *'Andersheit des Anderen'* und vor ihrer jeweiligen *'Souveränität*. Sie verpflichten und bemühen sich, auftretende Probleme im therapeutischen Prozeß und in der therapeutischen Beziehung ko-respondierend und lösungsorientiert zu bearbeiten.
- *Das Setting* muß gewährleisten (durch gesetzliche Bestimmungen und fachverbandliche Regelungen), daß Patientenrechte, „informierte Übereinstimmung", Fachlichkeit und die Würde des Patienten gesichert sind, und der Therapeut die Bereitschaft hat, seine Arbeit (die Zustimmung des Patienten vorausgesetzt, im Krisenfall unter seiner Teilnahme) durch Supervision fachlich überprüfen und unterstützen zu lassen.
- *Das Therapieverfahren, die Methode* muß gewährleisten, daß in größtmöglicher Flexibilität auf dem Hintergrund klinisch-philosophischer und klinisch-psychologischer Beziehungstheorie reflektierte, begründbare und prozessual veränderbare Regeln der konkreten Beziehungsgestaltung im Rahmen dieser *Grundregel* mit dem Patienten und seinen Bezugspersonen ausgehandelt und vereinbart werden, die die Basis für eine polylogisch bestimmte, sinnvolle therapeutische Arbeit bieten" (vgl. *Petzold* 2000a).

Eine so formulierte und praktizierte „Grundregel" stellt die persönliche und gemeinschaftliche *Integrität* als Basis des *Sinnes* von Psychotherapie, Soziotherapie, Suchttherapie in das Zentrum der Arbeit, als Basis aber auch für das generieren von SINN aus zwischenmenschlicher Praxis (*consensus*) und *professionellem* Rollenhandeln (*Petzold, Mathias* 1983; *Heuring, Petzold* 2004). Diese gesamte Grundregel muß beständig durch die Konsens-Dissensprozesse der Begegnungen und Auseinandersetzungen aller Beteiligten hindurchgehen, welche polylogische *Ko-respondenzen* (idem 1991e) in einem koreflexiven, diskursiven Therapieverständis kennzeichnet. Sie erfordert beständig soziale Kreativität als „Kokreativität" (*Iljine, Petzold, Sieper* 1971/1990), in der Therapeut und Patient und die Patienten untereinander zu *persönlichen Medien der Kokreativität* werden, zum *„therapeutic agent of the* *other*“ (*Moreno* 1932) und so die anthropologische Grunderfahrung wieder einmal bestätigen: *ein Leben, das gemeinsam im Miteinander gestaltet wird, bietet die Chance zur Gesundheit* in einem weiten Sinne, zu einem „gesundheitsbewußten Lebensstil“, zu hinlänglichem Lebensglück (good enough), auf das jeder Mensch ein Recht haben sollte, daß aber auch das Wagnis erfordert, sich auf Andere einzulassen.

Grundregeln bieten, wie gesagt, Leitlinien, und offenbar sind solche in Therapien wichtig. Fast alle großen Wohngemeinschaftsbewegungen im Suchtbereich, z.B. Daytop oder Synanon (*Petzold* 1974b), hatten einen Leitext (oft „prayer“ oder „philosophy“ genannt). Auch in der Anfängen der Integrativen Therapie mit Drogenabhängigen, in der ersten 1967/68 von uns seinerzeit in Paris gegründeten Therapeutischen Wohngemeinschaft mit drogenabhängigen Kommilitonen hatten wir einen solchen Leittext. Im Grunde finden sich in ihm schon wichtige Prinzipien der heutigen „Grundregel“, natürlich in einer vom damaligen Zeitgeist geprägten Emphase. Der schlecht zugängliche Text dieser „*philosophy*“ sei als Dokument hier nochmals abgedruckt:

Les Quatre Pas – Vier Schritte – Four Steps

„Vier Schritte sind notwendig, um Dich zu finden, um Menschen zu begegnen und die Welt in den Händen zu haben. Vier Schritte mußt Du tun auf einem neuen Weg mit neuen Zielen, auf unserem Weg. Vier Schritte mußt Du gehen – *alleine* aber nicht *einsam*. Wir sind mit auf dem Weg.

1. Schritt: Aus Deinem alten Leben – Entscheidung
Du mußt heraustreten aus Deinem Leben der Selbstzerstörung, der Gebundenheit, der Flucht, der falschen Träume. Es ist nicht leicht, alles zurückzulassen, aber es ist fast unerträglich zu erkennen, daß man gar nichts besitzt. Du kommst zu uns mit leeren Händen; und wenn wir Dir Deine letzte Maske wegnehmen, stehst Du nackt da, ein kleines, hilfloses Kind. Dann mußt Du Dich *entscheiden*, ob Du einen Schritt vorwärts wagst. Hinter Dir liegt ein Abgrund. Täusche Dich nicht!

2. Schritt: In die Gemeinschaft – Begegnung
Es ist ein Wagnis, sich auszuliefern. Wir stehen im Zentrum. Du bist ein Teil von uns. Wir wollen Dich ganz aufnehmen, aber auch Du mußt uns rückhaltlos annehmen. Du mußt jedem von uns *begegnen*, ohne Maske, ohne falsche Rolle. Erst dann kannst Du Dich finden. Wir sind Deine Spiegel. Schau uns an! Das bist Du.

3. Schritt: Zu Dir selbst – Wachstum
Du beginnst Dich zu entdecken. Vieles ist schmerzlich, aber es ist *Dein* Schmerz, manches ist abstoßend, aber es ist *Deine* Häßlichkeit. Oft wirst Du fliehen wollen, aber Du wirst erfahren, daß es vor sich selbst kein Entkommen gibt. Erst wenn Du zu Dir stehst, so wie Du bist, hast Du festen Grund gefunden, auf dem Du *wachsen* kannst.

4. Schritt: Auf die Welt zu – Verantwortung
Wir, Du und Ich, stehen in der Welt. Die Welt ist unser Haus, ein Haus aus Wind, Blumen, Maschinen und Menschen. Die Welt ist unsere Sache, die Menschen sind unsere Sache, die Maschinen sind unsere Sache, die Blumen sind unsere Sache. Die Welt braucht Deine Hände, Deine Gedanken, Deine Freude. Die Welt braucht uns alle, Dich und mich. Miteinander werden wir das Haus schmücken. Gegeneinander werden wir es zerstören. Nimm Deine *Verantwortung*! Du kannst sie tragen," (*H. Petzold* und die WG-Bewohner Frühjar 1968 noch vor den Maiunruhen, an denen die WG teilnahm, 1969c, repr. 1974l).

Der Text zeigt, wie zeitgebunden, zeitgeistbestimmt Leitlinien sein können, ja müssen, gehen sie doch aus von dem Lebensgefühl von konkreten Menschen in konkreten „sozialen Welten" mit ihren Möglichkeiten und Grenzen, Chancen, Konflikten, Belastungen, Ressourcen und Potentialen hervor (*Petzold* 1989f, 2003b). Er verdeutlicht, wie wichtig es ist, solche Prinzipien in jedem Kontext mit allen Beteiligten in einer sinnstiftenden Weise zu reformulieren, bis sie „passen". Für die heutige „Grundregel" der Integrativen Therapie, die in einem ganz anderen Kontext Ende der neunziger Jahre formuliert wurde, gilt das in gleicher Weise, aber auch sie wird in vielfältigen Milieus, mit Männern und Frauen (vgl. *Vogel* dieses Buch), mit Migranten (*Petzold, Josić, Ehrhardt* 2006), in der Jugendkultur (*Lammel* dieses Buch) usw. durchgeführt und erfordert für Therapeuten beständig kreative, kokreative Zupassungsleistungen in Theorie und Methodik.

Damit sind sie wiederum als Praxeologen gefordert, als „Menschenarbeiter", wie wir zu sagen pflegen (*Sieper, Petzold* 2001c), die Theorie in die Praxis übersetzen, die „Theorie als Intervention" verwenden, die Theorie als nützliches Lebenswissen an die Patienten weitergeben, die ihre Praxis mit Kollegen *interkollegial* und mit Patienten *intersubjektiv* reflektieren, um sich selbst, die eigene Arbeit, den anderen Menschen in der Behandlungssituation und im Alltag der Einrichtung, um den Therapieprozeß besser zu verstehen, denn nur dann werden Leitprinzipien, „Grundregeln" keine Dogmen und Zwangsapparaturen.

5. Methodische Reflexionen – zur „Praxis von Praxeologie"

„Therapeuten, Berater, Helfer – ‚*Menschenarbeiter*' also – handeln nur fundiert und verantwortlich, wenn sie sich als ‚*Praxeologen*' verstehen, um stets Theorie, Methodik und soziales/politisches Engagement in ihrem Denken und Handeln *kreativ/kokreativ* zu verbinden und ihre Praxis mit ihren Kollegen *und* Patienten methodisch und zugleich erlebensnah zu reflektieren und in solcher ‚sinnlichen Reflexivität' gemeinsam voranzubringen" (*Petzold* 1975h).

Fundierte und qualitativ hochwertige Therapien durchzuführen, besonders bei einem schwierigen Klientel wie dem der vielfältigen Gruppen von Suchtkranken, bedarf nicht nur einer erheblichen Kreativität/Kokreativität, einer klaren ethischen Position, wie sie in der „Grundregel“ zum Ausdruck kommt, nicht nur eines reichen Repertoires therapeutischer Methoden und Techniken und eines breiten theoretischen Wissens auf Seiten des Therapeuten; er muß auch die Fähigkeiten haben, dieses alles in der eigenen Behandlungspraxis vernetzt, differentiell und integriert zur Anwendung zu bringen und nach außen sozialpolitisch zu vertreten, denn dem „Elend der Welt“ (*Bourdieu* 1998), den inhumanen Lebensbedingungen vieler Menschen, sozialem Unrecht und gesellschaftlichen Ungerechtigkeiten (*Petzold* 2003d) kann nicht allein aus dem Engagement der Helfer und durch ihre Arbeit in konketen Situationen der Hilfeleistung, in Notlagen und sozialen Brennpunkten begegnet werden, sondern erfordert eine „Metapraxis“ (idem 1994c), die politisches Handeln und sozialpolitische Strategien und Initiativen verlangt, wie sie *Bourdieu* (1997) konkret betrieben hat und wie sie auch durch die berufs-, sozial-, gesundheits- und kulturpolitischen Initiativen und Aktivitäten im Bereich der Integrativen Therapie und ihrer Verbände und Einrichtungen unternommen werden. Professionelle Arbeit mit und für Menschen in benachteiligten Situationen, mit stigmatisierten Randgruppen führt häufig zu „Ko-Stigmatisierungen“ der „Menschenarbeiter“, d.h. der Helfer, der therapeutischen Fachleute, die mit diesen Gruppen arbeiten. Deshalb muß man sich mit solchen Phänomenen durch Öffentlichkeitsarbeit und politischen Einsatz auseinandersetzen. Auch diese Strategien einer *repräsentierenden Politik für* die und *mit* den Gruppen, mit denen man arbeitet, aber vor allen Dingen unterstützende Strategien für diese Menschen, damit sie ihre Anliegen *selbst zur Sprache bringen* und öffentlich machen können, sich selbst Gehör verschaffen können, gehört zu einer breit greifenden Praxeologie. Denn letztlich ist es „entwürdigend, für die anderen zu sprechen“ (*Foucault, Deleuze* 1999) – wie wohlmeinend auch immer –, wenn sie sich noch selbst vertreten können. Das ist eine Lektion, die wir in den Gefängnisprojekten bei *Foucault* (*Miller* 1995) und durch *Sartre*s, *Deleuzes*, *Bourdieu*s Projekte emanzipatorischer und kämpferischer Öffentlichkeitsarbeit in den Pariser Studientagen gelernt hatten (*Petzold, Orth, Sieper* 1999, 2000). Solche Praxeologie muß vorgelebt, gezeigt, vermittelt werden, und hier halten sich psychotherapeutische Ausbildungen leider zumeist bedeckt. In der Ausbildungsordnung der „Integrativen Therapie“ bildet die „Förderung von sozialem Engagment“ das vierte Richtziel im Curriculum, und das steht dort nicht als „lip service“ eines sozialkritischen Anspruchs, sondern als ein Herzstück von Praxeologie.

Eine gute Ausbildung (vgl. *Petzold, Sieper, Schay* 2006), wie sie die Integrative Therapie bietet, das zeigen umfängliche Ausbildungsevaluationen, muß hier entsprechende Grundlagen bereitstellen. Es muß deshalb die Effektivität der Ausbildung nachgewiesen werden und – zentral – die Effektivität der Ausgebildeten als Behandler, die ihre Patienten „gesund machen“ – oder doch gesünder. Solche Nachweise liegen für die Integrative Therapie in verschiedenen Bereichen vor (*Steffan* 2002; *Petzold, Hass* et al. 2000; *Petzold, Scheiblich, Thomas* 2000; *Leitner* 2001, 2003).

Interessant in den hier dargestellten Zusammenhängen ist dabei, daß die in der „Grundregel" vorgeschlagene therapeutische Haltung intersubjektiver, partnerschaftlicher, die „Andersheit des Anderen", die „patient dignity" achtender Arbeit (*Petzold* 1980g,1987g, 1991b, 1996k; *Petzold, Gröbelbauer, Gschwend* 1998) durchaus praktischen Niederschlag findet, der sich in Ergebnissen aus der institutionalisierten Qualitätssicherung an der „Europäischen Akademie für psychosoziale Gesundheit" ersehen läßt. In großen empirischen Untersuchungen aus dem Bereich der Integrativen Therapie sowohl bei Patienten (wobei z.T. auch Familienangehörige mitbefragt wurden), als auch bei Ausbildungskandidaten (n = 1500, Evaluationsbögen n = 4150, *Petzold, Hass* et al. 1995, 1998; *Petzold, Steffan, Zdunek* 2000) wurde die *„persönlich erfahrene Wertschätzung*", die die Ausbildungskanidaten von ihren Ausbildern/Lehrtherapeuten erfuhren, in den Studien am höchsten bewertet. Und die so Ausgebildeten haben diese Erfahrung im *professionellen Rollenhandeln* (*Heuring, Petzold* 2004) an ihre Patienten weitergegeben, denn auch in diesen Studien (n = 211, *Petzold, Hass* et al. 2000) fanden sich bei diesen Items die höchsten Scores. Die „Grundregel" steht durchaus auf dem Boden von Forschungsergebnissen, ihre Maximen sind also lehrbar, werden weitergegeben – durchaus bis in die familialen Situationen der Patienten hinein! Psychotherapie kann also in Ausbildung und Behandlung – neben den kurativen und gesundheitsfördernden Zielen – auch als *wertevermittelnde Sozialisation,* wertestiftende Identitätsbildung durch wertegeleitetes *professionelles Rollenhandeln* betrachtet und betrieben werden. Hier liegt ihre kulturkritische Zielsetzung und Funktion, die selbst immer wieder im Sinne „*weiterführender Kritik*" von jedem Einzelnen und allen Beteiligten in den Blick genommen werden muß.

Eine besondere Bedeutung haben in diesem Zusammenhang die „Supervisionen" in der Ausbildung sowie in der Behandlungspraxis nach der Ausbildung und für die fortlaufende *praxeologische Arbeit*. Nicht alle Formen von Supervision bringen aber wirkliche Ergebnisverbesserungen für den Behandlungsprozeß, wie wir kürzlich in einer großen Studie, die die internationale Supervisionsliteratur ausgewertet hat, zeigen konnten (*Petzold, Schigl* et al. 2003, vgl. auch *Schay et al.* 2006). Wir haben deshalb in die Konzeptentwicklung und Ausbildung von „Integrativer Supervision" investiert, die wir seit Anfang der siebziger Jahre – nicht zuletzt im Drogenbereich – entwickelt haben (*Petzold* 1973, 1991o, 1998a; *Schreyögg* 1991). Lege artis durchgeführte Integrative Supervision mit ihrer erlebnisaktivierenden Methodik, ihrem deutlichen Theoriebezug und einer guten Theorie-Praxis-Verschränkung stellt die Behandlung des Patienten zentral in den Mittelpunkt. Sie fokussiert also neben dem Supervisandensystem das *Patientensystem*, begleitet therapeutische Zielfindungsprozesse, Zielvereinbarungen (*Petzold, Leuenberger, Steffan* 1998) zwischen Therapeut und Patient und supervidiert ihre Umsetzungen (was in vielen Supervisionsprozessen leider nicht geschieht). Für ein solches Vorgehen zeigt die Evaluationsforschung gute Ergebnisse (*Oeltze, Ebert, Petzold* 2002).

Ein qualitätsbewußter Praxeologe wird deshalb Supervision und kollegiale Intervision nutzen, allerdings in kritischer Betrachtung und Bewertung des jeweiligen Supervisionsansatzes, denn nicht alle Supervision wirkt, und manche schadet auch (*Petzold, Orth, Sieper, Telsemeyer* 2003). Deshalb sind die Prinzipien der „Grundregel“ auch für die Supervision Leitlinie. Integrative Therapeuten halten sich strikt an die rechtlich vorgeschriebene Praxis, daß Patienten um Zustimmung gefragt werden müssen, wenn ihre Materialien in die Supervision gebracht werden (*Petzold, Rodriguez-Petzold* 1997, *Eichert, Petzold* 2003), – aus Respekt (*Sennett* 2002) vor der Integrität des Patienten, aber auch im Bemühen, seine Selbstwirksamkeit und Souveränität zu unterstützen.

Eine besondere Möglichkeit und Notwendigkeit der Qualitätspflege und Qualitätsentwicklung der eigenen Arbeit – und um die müssen sich Therapeuten und Einrichtungen permanent bemühen (*Laireiter, Vogel* 1998) – stellen die „Behandlungsjournale“ dar, die im Rahmen der Ausbildung von jedem Kandidaten erstellt werden müssen, und der systematischen „methodischen“ Reflexion und Metareflexion der eigenen Praxis unter einem „integrativtherapeutischen“ theoretischen Raster dienen. Das, was reflektiert wird, bezieht die Patienten aktiv – koreflexiv – mit ein. Das, was metareflektiert wird, ist nicht abgehobenes Theoretisieren, es steht im erlebnisnahen Bezug zum Patienten, seinem Schicksal, seinem Leiden, seinen Entwicklungsaufgaben und Chancen. Dieses Reflektieren ist deshalb nicht „neutral“, bzw. „wohlwollend neutral“ (*Kernberg*). Es ist „wohlwollend engagiert“, wenn auch nicht „involviert“! Es ist von *„sinnlicher Reflexivität“* (*Heuning*, *Petzold* 2003) gekennzeichnet, denn es verliert in der Metareflexion, in den systematischen, methodischen Prozessen des „Überdenkens“, den emotionalen, einfühlsamen Kontakt mit dem konkreten Menschen nicht, es blendet nicht bei den Strategienbildungen und Zielfestlegungen für das therapeutische Handeln die erlebten Wünschen, Willensbekundungen, Hoffnungen, Befürchtungen des Menschen aus, mit dem „als Partner“ (*Petzold, Göbelbauer, Gschwend* 1999) an den Lebensaufgaben, an Gesundung und Reorientierung des Lebens gearbeitet wird. In diesem Buch finden sich verschiedene Beispiele für derartige Behandlungsjournale, die aus einem solchen Verständnis geschrieben wurden. Zielsetzung der Journale ist, insgesamt zu einer *hochwertigen* Praxeologie – als joining von Fachlichkeit und Engagement – in der alltäglichen klinischen Arbeit zu gelangen. Die Arbeiten von *Flinks*, *Ostermann, Schneider, Wächter* (in diesem Buch) können beispielhaft für solche praxeologischen Dokumentationen stehen. Ihre Besonderheit liegt darin, daß sie nach einem elaborierten, theoriegeleiteten und forschungsgestützten Modell erstellt werden, das wie folgt aufgebaut ist:

Anleitung zur Erstellung eines Behandlungsjournals für Ausbildungskandidaten von EAG/FPI

Das Behandlungsjournal soll dokumentieren, daß der Kandidat eine integrative Behandlung im „dyadischen Setting“ (Einzeltherapie) aufgrund von Anamnese, Diagnose/Theragnose, konsensueller Zielvereinbarung, Therapieplanung in einem therapeutischen Rahmencurriculum lege artis durchgeführt hat. Das Behandlungsjournal soll wie folgt aufgebaut sein:

1. Persönliche Daten und Motivation des Therapeuten
2. Kurzdarstellung des Setting (Institution, Praxis)
3. Feststellen des Hilfeersuchen und der Erwartungen des Patienten an die Behandlung (expliziter und impliziter Auftrag und Patientenwille)
4. Diagnose nach ICD-10 bzw. DSM-IV einschließlich der Komorbiditäten
5. Biographische Anamnese
6. Karriereanamnese (vgl. dreizüges Karrierepanorama; *Petzold, Orth* 1993)
7. Prozeßdiagnostische Erhebung (vgl. *Petzold* 1993p; *Petzold*, *Osten* 1998; Osten 2000) mit Lebenswelt- und Lebenslageanalyse (*Petzold* 2000h), Netzwerk-/-Konvoianalyse (*Hass, Petzold* 1999), Leibfunktionsanalyse. Probleme, Ressourcen, Potentiale (PRP), Selbstqualitäten, Ich-Funktionen (*Petzold, Orth* 1994), Rollenrepertoire (*Heuring, Petzold* 2004), Identitätsbereiche (idem 2001p) einschließliche des Sinn- und Wertebereichs, des Kohärenzsinns (idem 2001k; *Lorenz* 2004)
8. Ätiologische Überlegungen zur
   - Genesetheorie erfolgen unter pathogeneseorentierterter Perspektive (Belastungsfaktoren, Critical life events, pathogene Stimulierung: Defizite, Konflikte, Störungen, Traumata);
   - aber auch unter einer salutogenseorientierten Perspektive (*Antonovsky*, vgl. *Lorenz* 2004; *Petzold*, *Goffin*, *Oudhof* 1993) zu Ressourcen (*Petzold* 1997p), protektiven Faktoren, Resilienzen (*Müller*, *Petzold* 2001, 2003), weiterhin zu Zielen, Stilen des Coping und Stilen des Creating (idem 2000h, 2000b), zu Kontinuitäten und Diskontinuitäten im Lebenslauf;
   - zu spezifischen Pathogenese- bzw. Ätiologietheorien (der PTBS, BPS, Angstörung etc., eventuell in komparativer Weise: behavioral, psychonalytisch, integrativ: *Grawe* 1998; *Thomae*, *Kächele* 1989; *Fiedler* 2000).
   - Derartige Überlegungen begründen den Behandlungsplan bzw. ein therapeutisches Rahmencurriculum, in dem *Probleme*, *Ressourcen* und *Potentiale* erhoben und differenzierte *Ziele* und *Inhalte* (*Petzold*, *Leuenberger*, *Steffan* 1998) mit den „Patienten als Partnern" (*Petzold*, *Orth* 1999) im Sinne der „Grundregel der Integrativen Therapie" (idem 2000a) erarbeitet werden.
9. Der Behandlungsverlauf soll folgende Aspekte dokumentieren:
   I. Prozeß des Patienten (**Viation I**): Übertragung, Widerstände, Kontakt, Begegnung, Beziehung, Bindung, Abwehrvorgänge, Kooperationsformen, Affiliation/Reaktanz, Ressourcenaktivierungen, Motivation, persönliche Zielsetzungen und Zielrealisierungen, Rollenangebote, Netzwerke, Einbezug von „social worlds".
   II. Strategien des Therapeuten (**Trajekt**): Wege der Heilung und Förderung (1-4), 14 Heilfaktoren (darstellen, welche Faktorenkombination eingesetzt wurden und dies begründen, vgl. *Petzold* 1993p), Auswahl der Foki bei Fokaltherapien und Einsatz von Methoden, Techniken, Medien und Modalitäten (*Petzold* 1993h), Bearbeitung von Pathogenesefaktoren und Nutzung von Salutogenesefaktoren und Resilienzen (*Petzold*, *Steffan* 2000; *Petzold* 2003a; *Müller*, *Petzold* 2003), Analyse und Neubewertung von Ressourcen, Selbstwirksamkeit, Kontrollüberzeugungen; Nutzung zentraler Behandlungsstrategien; Vereinbarung von kurzfristigen, mittelfristigen,

langfristigen Therapiezielen; Planung und Beobachtung des Behandlungsverlaufs; prozessuale Bestimmung der Behandlungsziele an Hand der festgestellten Probleme, Defizite, aber auch der Potentiale und Ressourcen.

III. Die Prozesse des Therapeuten (**Viation II**): Übertragung/Gegenübertragung, Affiliationen, partielles Engagement und selektive Offenheit, Involvierung, Metareflexion, genderspezifische Reaktionen, Belastungen, angetönte eigene Themen, Antwort auf Rollenangebote/Statuszuschreibung, Definition der eigenen Rolle, eventuelle Bezüge zu anderen laufenden Therapien, Netzwerke im Bezug, Einbezug von „social worlds“, Ressourcenlage.

10. Therapieverlauf, Darstellung der Beziehungsdynamik, der Kooporation, der Foki, die behandelt werden (*Petzold* 1993p), Fokusrotation, Schwierigkeiten, Probleme und Krisen, positive Entwicklungen und Erfolge, Transferarbeit, d.h. Vorbereitung und Begleitung der Umsetzung von Erkenntnissen und Entscheidungen im Alltag, Transferbegleitung, Wirkung ins soziale Netzwerk, Einbezug des sozialen Netzwerkes,
11. Traumabearbeitung, *Trauerarbeit* (Simplex-, Duplex-, Triplexniveau; *Petzold* 1988n), *Trostarbeit*, Arbeit mit Kontrollüberzeugungen und Attributionen (*Flammer* 1990), kognitiven und emotionalne Umwertungen, Modifikation devianter Wertewelten und negativer/toxischer normativer Strukturen (psychoanalyt. Über-Ich-Strukturen).
12. Flankierende Maßnahmen „bimodaler Therapie“ (Entspannungs- und Lauftherapie, Ergotherapie, Bildungsangebote).
13. Abschluß, Ergebnisse, katamnestisches Nachgespräch
14. Vorbereitung der Beendigung
15. Abschluß
16. Hilfen bei einer event. Epikrisis

Die Darstellung soll immer wieder mit Bezug auf die relevante Literatur des Integrativen Ansatzes, der klinischen Psychologie und angrenzender relevanter Disziplinen theoretisch reflektiert und kommentiert werden. Der Patient muß Zustimmung zur Weitergabe des Journals geben. Die Daten müssen dennoch hinlänglich anonymisiert werden.

Ein solches idealtypisches Raster soll dem Praxeologen eine Leitlinie geben, seine Arbeit mit Patienten zu strukturieren und zu reflektieren. Wird einmal ein solches Journal gleichsam *paradigmatisch* erstellt, so beeinflußt diese Erfahrung – so eine Umfrage zu Akzeptanz und Effekt der Journale an unserem Institut – die Durchführung von Therapien nachhaltig. Die Journale werden oft in der Endphase der Ausbildung erstellt und durch Integrative Supervision begleitet. In ihnen wird die in der Ausbildung vermittelte Theorie und Praxis umgesetzt und dokumentiert. Da neben der *Einzelsupervision*/Kontrollanalyse jeder Ausbildungskanidat an forlaufenden *Gruppensupervisionen* und *Theoriearbeitsgruppen* teilnimmt, werden die Prozesse in vielfältigen Kontexten diskutiert, so daß es durch die Vernetzung von Informationen zu einem intensiven Theorie-Praxis-Prozeß kommt, der die Qualität der therapeutischen Arbeit in besonderer Weise fördert, ein Ansatz, zu dem sich im Bereich der Ausbildung in Drogen- und Suchtkrankentherapie nach unserer Übersicht international kaum Vergleichbares findet. Wir meinen aber, daß eine solche Elaboration unbedingt angestrebt werden muß, geht es doch um die Heilungschancen und das Wohlergehen unserer Patienten und Klienten.

Methodische Reflexion, wie sie in den Journalen geschieht, theoretische Auseinandersetzung, wie sie in den Graduierungsarbeiten, die jeder Ausbildungskanidat zusätzlich schreiben kann und von denen einige in diesem Buch veröffentlicht sind, erfolgt, erweist sich hier nicht als eine Maßnahme verschulter Ausbildungsform. Sie dokumentiert vielmehr eine Faszination an differentieller, transversaler Theoriearbeit, an einem kreativen Umgehen mit der *Praxeologie* und ihren intermedialen Möglichkeiten auf der Basis einer bejahten ethischen Grundhaltung (*Moser, Petzold* 2003), wie sie die „Grundregel" der Integrativen Therapie zu formulieren versucht hat.

Zusammenfassung
Der Beitrag befaßt sich mit der Rolle einer differentiellen und transversalen Theoriearbeit in Ausbildung und Behandlungspraxis Integrativer Suchttherapie. Er stellt die Bedeutung kreativer Zugänge in der Behandlung und im Tun des Therapeuten heraus, der – selbst ein „kreatives Medium", eine „Message" für die Entwicklung eines neuen, kokreativen und gesundheitsbewußten Lebensstils – Therapie als kokreativen Prozeß versteht. Es wird die Wichtigkeit sinnstiftender und ethisch fundierter Therapiepraxis herausgearbeitet und werden die Prinzipien einer „Grundregel" für die Integrative Therapie vorgestellt. Das alles geht in das Konzept einer reflexiven und diskursiven „differentiellen Praxeologie" ein, deren Grundlagen erläutert werden.

Summary
This chapter is dealing with the role of differential and transversal theory elaboration in psychotherapy training and the practice of treatment in Integrative Therapy with addicted patients. It emphasizes the importance of creative approaches in treatment and in the work of a therapist, who is himself a „creative medium" and a message for the development of a new, cocreative and health conscious lifestyle, seeing therapy as a cocreative process. The importance of meaning fostering, ethically grounded practice of therapy is underlined. The principles of a „basic rule" for Integrative Therapy are presented. All these elements converge in the concept of a reflexive and discoursive „differential praxeology", the basics of which are expounded.

Key words: Integrative Therapy, Basic Rule, transversal theory, creative methods, drug therapy

Michael Schneider

Integrative Behandlung einer „vermeidend-selbstunsicheren Persönlichkeitsstörung mit multipler Suchtproblemantik"– ein kommentiertes Behandlungsjournal

1. Einleitung

1.1 Vorbemerkung

Die Erstellung eines Behandlungsjournals am Ende einer dreijährigen berufsbegleitenden therapeutischen Weiterbildung schließt den Kreis der sogenannten „heraklitischen Spirale" (*Petzold* 2003a). Vom „**Wahrnehmen**" und „**Erfassen**" über das „**Verstehen**" der Ausbildungsinhalte innerhalb dieser Zeit, folgt das „**Erklären**" – also eine sprachliche Umsetzung – als letzter und entscheidender Schritt der Erkenntnis.

Der professionelle Helfer sollte in der Lage sein, sein Handeln zu erklären, seine Aktionen theoretisch einzuordnen und zu begründen, warum er etwas getan, oder – oft genauso wichtig – unterlassen hat. Dies wird in der Integrativen Therapie **„Processing"** genannt. Weiterhin gehört es für den Therapeuten auch zum professionellen Handeln, seine Übertragungs- und Gegenübertragungsresonanzen zu reflektieren. Dabei wird von den in der Regel nicht bewußtseinsfähigen **Eigenübertragungen** des Therapeuten (sie erfordern Supervision bzw. Kontrollanalyse, *Petzold* 1995m) die **Gegenübertragung** als bewußstseinsfähiges „empathisches Resonanzphänomen" unterschieden, eine Art „empathischer Seismograph", den es im Therapieprozeß zu nutzen gilt (*Petzold* 1980g).

In diesem Behandlungsjournal wird die Betreuung einer Klientin vor dem theoretischen Hintergrund der **Integrativen Therapie (IT)** über einen bestimmten Zeitraum dokumentiert. Die Grundlagen der Integrativen Therapie werden in diesem Buch in den Beiträgen von *Ebert/Könneke-Ebert, Osten, Petzold* ausführlich dargestellt (vgl. auch „Integrative Therapie, Jubiläumsausgabe 2001; Kompamktdarstellung der *,Kernkonzepte' Petzold* 2002b).

1.2 Persönliches Interesse

Die Frage, warum ich die Patientin für diese Dokumentation ausgesucht habe, läßt sich an folgenden Punkten festmachen:

- Frau Manevala zeigte ein spürbares Interesse daran, ihre Situation zu verändern. Sie wirkte authentisch in der Beschreibung ihrer Situation, in der sie alleine nicht mehr weiter wußte und deshalb um professionelle Hilfe bat. Damit stach sie aus der Menge derjenigen Klienten hervor, die – zumindest teilweise – „fremdmotiviert" (z.B. durch Eltern, Ärzte) unsere Beratungsstelle aufsuchen. Dies führte im Rahmen der Betreuung dazu, daß sich Frau Manevala gegenüber kreativen Medien, Rollentausch oder Techniken wie dem „leeren Stuhl" aufgeschlossen zeigte, so daß sich – im Gegensatz zu anderen Betreuungen – die Gelegenheit bot, die vielfältigen therapeutischen Möglichkeiten der IT tatsächlich darzulegen.

- Ein weiterer ausschlaggebender Grund war ihr Anspruch, eher therapeutisch, denn sozialarbeiterisch betreut zu werden. Dies war als Grundlage eines Behandlungsjournals einer sozialtherapeutischen Weiterbildung eine Herausforderung.

1.3 Kurzvorstellung der Klientin

Den Namen der Klientin habe ich aus datenschutzrechtlichen Gründen geändert; im Folgenden wird sie Tanja Manevala genannt. Sie ist in Deutschland geboren, ihr Vater stammt aus Indonesien.

Zum Zeitpunkt des Betreuungsbeginns ist sie 23 Jahre alt, ledig, Sozialhilfeempfängerin. Sie bewohnt mit ihrem Lebensgefährten in Köln eine gemeinsame Wohnung. Von einem früheren Partner hat sie eine leibliche Tochter, die jedoch bei Frau Manevalas Mutter in ihrem Heimatort Duisburg lebt und aufgezogen wird.

Hier in Köln fühlt sie sich der Party- und Techno-Szene zugehörig. Ihre bevorzugt konsumierten Suchtmittel sind Speed und Ecstasy. Gemäß ihrer eigenen Angaben leidet sie unter einer vielfältigen Angstproblematik, Depressionen und leichten Magersucht.

2. Setting

2.1 Institutionsbeschreibung

Ich arbeite als Sozialarbeiter in der Drogenberatungs- und Behandlungsstelle des SKM e.V.. Die Beratungsstelle ist Teil eines Verbundsystems, das ich in Punkt 2.2-2.4 näher beschreiben werde.

Im Rahmen des von *Hilarion Petzold* entwickelten **4-Stufen Modells** (1.: Kontaktstufe/Eingangsstufe; 2.: Betreuung und Vermittlung; 3.: ambulante/stationäre Therapie; 4.: Reintegration) deckt die Beratungsstelle die ersten drei Stufen – zumindest teilweise – ab:

- Suchtprävention ist der Beratungsstelle formal angegliedert (Kontaktstufe)
- Beratungsstelle: psychosoziale Begleit*betreuung*/PSB nach § 72 BSHG (§§ 54, 68, SGB XII); aufsuchende Sozialarbeit in der JVA Köln; *Beratung*: ambulant, telefonisch; sowohl für Betroffene, als auch für Angehörige (2. Stufe: Betreuung und Vermittlung)

– Ambulante Therapie (3. Stufe)

2.2 Das Verbundsystem

„Der Sozialdienst Katholischer Männer e.V. Köln (SKM-Köln) – Fachorganisation des Caritasverbandes mit besonderen Tätigkeiten in der Familien-, Jugend-, Sozial-, und Gesundheitshilfe – hat in eigener Trägerschaft einen umfassenden Verbund der Beratung, Hilfe und Therapie für drogenabhängige junge Menschen aufgebaut“ (*Scheiblich*, Konzept der Beratungsstelle). Dieser umfaßt Einrichtungen im Bereich der niederschwelligen Drogenarbeit (Café, Notschlafstelle), ein Wohnhilfeprojekt, eine Substitutionsambulanz, die Beratungsstelle, in der ich derzeit tätig bin, sowie auch die therapeutische Gemeinschaft „Tauwetter“ und eine Adaptionseinrichtung.

2.3 Zielgruppe

„Zielgruppe der Beratungs- und Behandlungsstelle sind drogenabhängige Jugendliche und Erwachsene,

- die ihr persönliches Leid nicht bewältigen und durch Drogenkonsum ihre persönliche Not zu lindern suchen, häufig bereits mehrere Jahre drogenabhängig sind und als Folge ihres Drogenkonsums den Kontakt zu sich selbst verloren haben,
- deren soziale Beziehungen schwer gestört oder zerstört sind,
- die sich infolge des Abbruchs oder erheblicher Störungen zu den Eltern, zum Ehepartner oder zu sonstigen Bezugspersonen, wegen Unterbrechung der Schul- oder Berufsausbildung, wegen Verlustes des Arbeitsplatzes und der Wohnung oder auch wegen Inhaftierung oder Strafverbüßung im Zusammenhang mit betäubungsmittelbezogenen Straftaten in besonders schwierigen Lebenslagen befinden,
- die wegen ihrer psychosozialen, soziokulturellen und wirtschaftlichen Notlage aus eigenen Kräften eine medizinische, psycho- und soziotherapeutische Heilung und eine soziale (Wieder-) Eingliederung nicht erreichen können.

Zielgruppe sind auch Klienten, die ambulante oder therapeutische Maßnahmen durchlaufen haben und im Rahmen einer ambulanten Weiterbehandlung in der Drogenberatungsstelle Stabilisierung erfahren“ (*Scheiblich*, Konzept d. Beratungsstelle).

2.4 Konzept

Das Konzept unserer Beratungsstelle deckt sich in den wesentlichen Punkten mit den Ausbildungsinhalten der „Integrativen Sozialtherapie – Schwerpunkt Sucht“, so daß Konzept-Methoden-Institutions-Divergenzen, Ziel-Ziel- und Ziel-Mittelkonflikte (*Petzold* 2003b), wie man sie häufig in psychosozialen Praxisfeldern findet, aufgrund der „konzeptuellen Kohärenz“ kaum gegeben sind, und ich als Mitarbeiter in der angenehmen Lage bin, keine Schieflage zwischen Ausbildungsinhalten, persönlicher Überzeugung und Trägerideologie aushalten zu müssen.

3. Rahmenbedingungen

3.1 Leistungsträger

Leistungsträger ist das Sozialamt Köln. Auf der Grundlage des § 72 BSHG (§§ 54, 68 SGB XII) werden vom *Leistungserbringer* monatliche Fallpauschalen in Rechung gestellt.

3.2 Leistungserbringer

Leistungserbringer der Maßnahme ist die Drogenberatungsstelle des SKM e.V. Köln. Als der ausführende Betreuer bin ich für den Erstantrag nach § 72 BSHG (§§ 54, 68 SGB XII) und die halbjährliche Fortschreibung des Hilfeplans verantwortlich.

3.3 Leistungsempfänger

Leistungsempfängerin ist Frau Tanja Manevala. Sie unterschreibt den Erstantrag, womit ein (Betreuungs-) Kontrakt zwischen Sozialamt, SKM und der Klientin erstellt und durch den Bewilligungsbescheid rechtskräftig wird.

3.4 Betreuungsform

Eine (Betreuungs-) Form ist die spezifische Ausrichtung im Rahmen einer *Methode*, z.B. Einzel-,Paar-, Gruppen-, Netzwerkbetreuung.

Der formelle Rahmen, in dem die hier dokumentierte Betreuung stattfindet, ist die „dyadische Beratung“, d.h. sie findet grundsätzlich „nur“ zwischen Klient und Betreuer statt und wird als Einzelberatung/-betreuung/ -behandlung durchgeführt. Der Begriff der *Dyade* betont das Vorhandensein *zweier Subjekte*). Dritte Personen – virtuell sind sie natürlich im therapeutischen Geschehen als Netzwerkmitglieder (*Hass*, *Petzold* 1999) bei Problembearbeitungen vorhanden, können im Einzelfall mit in die Betreuung einbezogen werden (z.B. Familienangehörige oder Partner), was hier nicht geschehen ist.

4. Anamnese

4.1 Biographische Daten

Frau Manevala wurde 1979 geboren. Sie ist die dritte von drei Töchtern eines Indonesiers und einer Irin, in Deutschland geboren und aufgewachsen. Die Eltern lernten sich in England kennen und verzogen dann gemeinsam ins Ruhrgebiet. Ihr Vater arbeitete als Koch in einem indonesischen Restaurant, die Mutter ging 4 Jahre nach der Geburt der dritten Tochter wieder einer Vollzeitbeschäftigung nach.

Die Eltern trennten sich, als Frau Manevala vier Jahre alt war. Ihre Mutter heiratete später erneut, so daß sie mit einem sog. „Stiefvater" aufwuchs.

Sie besuchte zunächst die Grund-, später dann die örtliche Realschule. Ihre Schulzeit beendete sie mit der 9. Klasse.

Im Alter von 17 Jahren verließ sie ihre Heimatstadt und verzog nach Köln, wo sie bis heute wohnt. Mit 20 bekam sie eine Tochter. Die Beziehung zum Vater des Kindes zerbrach. Zu ihm besteht heute ein unregelmäßiger Kontakt.

Bei Betreuungsbeginn lebt sie mit ihrem jetzigen Lebensgefährten in einer gemeinsamen Wohnung.

4.2 Suchtspezifische Daten

Erster Tabakkonsum mit 13 Jahren. Alkohol, Cannabis und Tabletten (Barbiturate und Benzodiazepine) ab dem 14. Lebensjahr. Mit 15 hat sie Heroin geraucht, es blieb jedoch bei wenigen Versuchen. Ihre vorrangigen Suchtmittel wurden Amphetamine und Ecstasy, die sie ab dem Alter von 17 Jahren zunächst sporadisch, dann regelmäßig zu konsumieren begann.

Sie gibt an, seit der Entlassung aus dem Krankenhaus (gleichbedeutend mit dem Beginn der Betreuung, siehe „5 Säulen"-Leiblichkeit) frei von illegalen Suchtmitten zu leben.

4.3 Die fünf Säulen der Identität

Näheres zu dem für die Integrative Therapie spezifischen und zentralen Konzept der Identität siehe bei *Ebert, Könnecke-Ebert*, dieses Buch, und grundlegend bei *Petzold* 2001p, 2003a).

4.3.1 Leiblichkeit

Die Säule der Leiblichkeit ist zu Beginn der Betreuung sehr geschädigt. Kurz zuvor hatte Frau Manevala einen mehrwöchigen Krankenhausaufenthalt. Über den dortigen Sozialdienst wurde sie an unsere Beratungsstelle vermittelt. Wegen einer lokalen linksseitigen Lähmung wurde sie in der neurologischen Abteilung behandelt. Die Diagnose des Krankenshauses lautet: „Chronisch entzündliche Erkrankung des ZNS" und „Betäubungsmittelabusus" (Arztbericht). Weiterhin heißt es dort: „Zum Entlassungszeitpunkt besteht noch eine minimale linksseitige armbetonte Schwäche. Im Bereich der Aktivitäten des täglichen Lebens ist die Patientin völlig selbstständig."

Eine Betreuung in der hier beschriebenen Form stellt demnach keine Überforderung für die Klientin dar.

Unter lebensgeschichtlichen Aspekten betrachtet ist Frau Manevala nicht an ihrem medizinischen, sondern an ihrem „individuellen" und „sozialen Leib" (*Schuch* 2000; *Petzold* 2002j) erkrankt. Frau Manevala hat Schwierigkeiten, sich selbst zu spüren, kann Körpersignale nur undeutlich wahrnehmen. Es ist davon auszugehen, daß ihr „perzeptiver Leib" (siehe 5.2.3 „Leibfunktionsanalyse") – zumindest teilweise – psychisch „anästhesiert" ist.

4.3.2 Soziales Netzwerk

Frau Manevala verfügt über einen großen Bekanntenkreis und drei stabile Freundschaftsbeziehungen. Problematisch ist die große Nähe zur Party-Drogenszene, die sich in den meisten ihrer Sozialkontakte widerspiegelt.

Die Beziehung zu ihrem Partner ist instabil und von Ambivalenz geprägt. Sie wird von Frau Manevala immer wieder thematisiert und bedarf einer Klärung.

Die Beziehung zur ihrer Familie – speziell ihrer Mutter – bildet das größte soziale und psychische Problem im Leben von Frau Manevala.

4.3.3 Arbeit, Leistung und Freizeit

Frau Manevala lebt von Hilfe zum Lebensunterhalt (Sozialhilfe). Noch nie in ihrem Leben ist sie längerfristig einer geregelten Arbeit nachgegangen. 1995 arbeitete sie drei Monate als Altenpflegerin und zwei Monate als Aushilfskraft in einem NS-Dokumentationszentrum. Danach übte sie immer mal wieder Gelegenheitsjobs aus, z.B. als Kellnerin. Das Gefühl einer professionellen Identität, verbunden mit der Gewißheit, etwas geleistet zu haben, ist bei ihr nie aufgekommen.

In ihrer Freizeit beschäftigt sie sich am liebsten mit Musik. Sie nimmt Gesangs- und Schlagzeugunterricht, möchte in einer Band spielen. Obwohl ihr dies Freude bereitet, beschreibt sie immer wieder, daß es sie viel Überwindung kostet, zum Üben zu gehen. Hier zeigt sich, daß Frau Manevala das Gefühl der Freude, das sich nach der Überwindung des „inneren Schweinehundes" (wie sie es selbst beschreibt) nicht aus ihrer Kindheit/Jugend kennt und jetzt entsprechend auch kaum wahrnehmen kann. Sie vertraut und glaubt ihren Gefühlen nicht.

Darüber hinaus verbringt Frau Manevala viel Zeit mit Freunden und Bekannten.

4.3.4 Materielle Sicherheit

Frau Manevala empfindet ihre finanzielle Situation als völlig unzureichend (Sozialhilfe). Ihre Grundversorgung ist gesichert, der Mietzins wird vom Sozialamt entrichtet. Darüber hinaus kann sie sich keinerlei besondere Wünsche erfüllen. Für ihren Gesangs- und Schlagzeugunterricht muß sie sparen.

4.3.5 Werte und Normen

Frau Manevala leidet unter ihrer Angst- und Selbstwertproblematik. Aus ihrem Elternhaus hat sie keine sinnstiftenden Werte übernehmen können oder wollen. Im Gegenteil, sie beschreibt die o.g. Problematik als Resultat der mütterlichen Erziehung, die ihr immer das Gefühl gab, nicht gut und wertvoll genug zu sein. Eine alternatives Wertesystem, wie z.B. eine religiöse Überzeugung, hat Frau Manevala nicht entwickelt.

Dafür hat sie bereits zwei mal versucht, sich einer Sub-Kultur anzuschließen. Zunächst war sie nach ihrem Umzug nach Köln in die Punker-Szene abgedriftet, was ihr jedoch aufgrund des dort üblicherweise konsumierten Suchtmittels Bier langfristig nicht zusagte. Die Techno-Szene, verbunden mit den dazugehörigen Werten und Drogen, stellt für Frau Manevala eine Art Ersatzfamilie dar. *Wirth* und *Pultke* (1997) beschreiben, daß auf einer Techno-Party der Grundsatz gilt: „Wir sind alle eine Familie, mögen uns und gehen freundlich miteinander um" (siehe auch Leibfunktionsanalyse). In einer überwiegend als „Sinnlos" erlebten Welt ist dies ein nicht zu unterschätzender Wert.

5. Diagnostik

5.1 Diagnostik nach ICD-10

F 15 Störung durch sonstige Stimulantien einschließlich Koffein, hier: F 15.20 Abhängigkeitssyndrom, gegenwärtig abstinent), gemeint sind Amphetamine (Speed).
F 16 Störungen durch Halluzinogene, hier: F 16.20 (Abhängigkeitssyndrom, gegenwärtig abstinent), gemeint ist Ecstasy.
F 60.6 Vermeidend-selbstunsichere Persönlichkeitsstörung.

„Hauptcharakteristikum bei der selbstunsicheren Persönlichkeit ist die übergroße Empfindsamkeit gegenüber der Ablehnung durch andere. Sie zögern, sich auf Beziehungen einzulassen, um nicht Zurückweisung erleben zu müssen. Als prototypisches Merkmal erscheint ein Verharren in einem Konflikt zwischen Bindungs- und Autonomiebedürfnis. Dem entspricht ein mangelndes Selbstvertrauen zu unabhängigen Entscheidungen, um sich nicht der Möglichkeit der Lächerlichkeit preiszugeben. Sie haben ein starkes Bedürfnis nach Zuneigung und Akzeptiertwerden durch andere" (Arbeitsmaterial FPI-Seminar Persönlichkeitsstörung, *Schuch*).

5.2 Prozessuale Diagnostik

„Die Aufgabe von Diagnostik besteht im Erkennen, Benennen, Zuordnen und Erklären der Probleme der KlientInnen. (...) Diagnostik geht also weit über die „gute Einfühlung" in die KlientIn hinaus. Sie ist ein systematischer, theoriegeleiteter Erkenntnisprozess" (*Rahm* u.a. 1993).

Der Begriff der „Prozessualen Diagnostik" wurde von *Petzold* (1970) geprägt. Er verfolgt hauptsächlich das Prinzip: „Von den Phänomenen zu den Strukturen zu den Entwürfen". Damit ist gemeint, daß der Therapeut sich an dem orientiert, was der Klient ihm im „Hier und Jetzt" und an der „Oberfläche" des Verhaltens zeigt. „Impliziert ist, daß im hier und jetzt seine gesamte Lebensgeschichte in seinem Körper sozusagen anwesend ist (der Körper als gelebte Zeit)" (*Busch*, Arbeitspapier zum FPI-Seminar „Gestalttherapeutische Konzepte" 1999). „Die Diagnostik ist insofern prozessual, als sie sich von Thema zu Thema, von Focus zu Focus bewegt. Dabei können die zugrunde liegenden Probleme in unterschiedlichem Licht erscheinen und unterschiedlich bewertet werden. Die Prozessuale Diagnostik findet Behandlungsziele und wählt die entsprechenden Methoden, Techniken und Medien aus. Augrund der prozessualen Diagnostik wird eine Behandlungsstrategie und ein therapeutisches Curriculum für und mit dem Klienten entwickelt.

Die Prozessuale Diagnostik richtet ihre Aufmerksamkeit auf sieben Bereiche der Analyse, die auf pathogene Stimulierungskonstellationen und Entfremdungsphänomene hin untersucht werden" (*Scheiblich*, Konzept SKM-Drogenberatungsstelle).

5.2.1 Bedürfnisanalyse

„Was sind die Bedürfnisse, Wünsche und Motivationen des Klienten?" (*Petzold* 1993p)

Frau Manevala gibt an, daß sie drogenfrei leben möchte. Ein großer Teil ihrer Behandlungsmotivation zielt darauf ab, auch ohne Drogen „locker" sein und Spaß haben zu können, besonders auf Parties. Sie möchte die Partykultur nur ungern missen, kann aber das Drogenumfeld als Abstinente nicht mehr ertragen.

Weiterhin wünscht sie sich einmal angstfrei leben zu können und möchte langfristig ihre finanzielle Lage verbessern.

5.2.2 Problem- und Konfliktanalyse

„Wo liegen Defizite, Traumatisierungen, Störungen und Konflikte, die aufzulösen, zu substituieren oder zu mindern sind? Welche zentralen Beziehungskonflikte fallen ins Auge? Was sind die wesentlichen Coping-Strategien? (ebenda und *Petzold* 2002b)

Mit dem Blick auf die Biographie zeigt sich ein wenig haltendes Elternhaus. Es verwundert daher kaum, daß sie dieses bereits im Alter von 17 Jahren verließ, um völlig auf sich gestellt in eine andere Stadt zu ziehen.

Als jüngste von drei Töchtern war sie diejenige, die am wenigsten Zuwendung von der Mutter bekam, bzw. bei der sich die Überforderung der Mutter am deutlichsten niederschlug. Die Mutter wird als kalt und unnahbar beschrieben, Zärtlichkeiten waren selten oder gar nicht zu spüren (**Defizit**). Einnässen manifestierte sich als Symptom bis zum 7. oder 8. Lebensjahr. Ihre Erinnerungen daran sind sehr schwach und schambesetzt. Sie beschreibt jedoch deutlich ihre immer wiederkehrende Angst vor der Mutter, die sie jedes Mal körperlich züchtigte, wenn das Bett naß war (dieses Symptom beschrieb sie *nach* den unten aufgeführten 22 Sitzungen, so daß ich im Text nicht weiter darauf eingehen werde). Auch war sie diejenige, der nichts zugetraut wurde: „Laß das, das kannst/darfst du (noch) nicht" wurde zu ihrem **dysfunktionalen Narrativ**, einem fixierten „Schema".

Ein Narrativ ist ein einengendes oder Störungen verursachendes negatives Lebensskript: „Wenn der Wahrnehmungs-, Handlungs-, und Beziehungsspielraum (so) eingeengt ist (...), sprechen wir von einem Narrativ" (*Rahm u.a.* 1993; *Petzold* 2001b). Der Begriff des **Narrativs** entspricht dem auf *Pierre Janet* und in seiner Folge auf *Piaget* zurückgehenden Beriff „Schema", der durch *Grawe* (1998) in der modernen Psychotherapie populär geworden ist, greift aber etwas weiter im Sinne eines mehr oder weniger komplexen Lebensmusters (vgl. *Adler*s „Lebensstil"). All diese Begriffe besagen ähnliches (*Schank, Abelson* 1977): Sie beschreiben das Moment der **Struktur** als stützende und regulatorische Qualität („benigne" **Narrative**) in den **Prozessen** des Lebensvollzugs, der fließenden Lebenserzählung – in der IT nennen wir sie **Narration** (*Petzold* 2001b). Werden diese Struktuturen aber so „hart", daß sie den „Fluß" des Lebensvollzugs behindern, einengen, stören, so spricht man in der IT von „dysfunktionalen", ja gegebenenfalls von „malignen" **Narrativen**.

Weiterhin beschreibt sie ihre Mutter als unzuverlässig. Sie hielt Versprechen nicht ein und Aussagen, die gemacht wurden, hatten am nächsten Tag keine Gültigkeit mehr (**Störung**, durch inkonstante Stimulierung).

Ihr leiblicher Vater, zu dem sie gelegentlich Kontakt hatte, versuchte seine mangelnde Präsenz durch materielle Geschenke auszugleichen. Wenn Frau Manevala ihn einmal traf, gingen sie gemeinsam einkaufen und sie durfte sich wünschen, was sie wollte. Nach einer anfänglichen Euphorie stellte sie jedoch fest, dass sie immer unglücklicher wurde, je öfter sie ihn traf. Sie konnte sich über die Aufmerksamkeiten nur noch kurze Zeit freuen, empfand aber keine rechte Befriedigung, sondern eher ein Gefühl der Leere dabei (materielle Überstimulierung bei gleichzeitiger fehlender emotionaler Zuwendung: **Defizit**) und konnte sich diese Empfindung selbst nicht erklären.

Entscheidungsschwierigkeiten bekam sie darüber hinaus dadurch, daß die Mutter nicht wollte, daß der Vater besucht wird und mit Liebesentzug bzw. Kälte reagierte. Diesen **Konflikt** (verursacht durch gegenläufige Stimulierung externer Art; Appetenz-Appetenz-Konflikt nach *Lewin*. Beispiel: „Ich möchte beides, aber beides geht nicht zusammen." vgl. *Rahm* u.a. 1993*)* versuchte Frau Manevala erst nach Jahren dadurch zu lösen, daß sie den Kontakt zum Vater abbrach. Ihre *Entscheidungsschwäche* („eigentlich ... aber ...") und *Ambivalenz* („Ich liebe dich, ich hasse dich") mögen hier ihre Wurzeln haben.

Gesamt gesehen ist ihre Kindheit, von der klinischen Krankheitslehre der pathogenen Stimulierung *(Pathogenesemodell der Entwicklungsnoxen,* vgl. *Petzold* 2003a*)* aus betrachtet, durch eine zeitexdentdiert defizitäre, konflikthafte und auch inkonstante Stimulierungsstruktur gekennzeichnet.

Über ihre beiden älteren Schwestern sagt Frau Manevala, sie seien „noch schlimmer als ich." Die ältere der beiden, mit der sie sich besser versteht, leide an Magersucht. Die andere habe ein noch größeres Drogenproblem als sie selbst. Beide leben in Duisburg, der Kontakt zu ihnen ist unregelmäßig.

Als **protektiver Faktor** kann ihr Stiefvater bezeichnet werden, der – sofern die Mutter nicht zugegen war – es immer mal wieder zuließ, daß Frau Manevala etwas ausprobieren, sich entfalten durfte. Sein Gesamteinfluß ist jedoch als eher gering zu bezeichnen.

Deshalb fehlt ihr in ihren Partnerschaftsbeziehungen auch eine verinnerlichte gute Vaterfigur (siehe 10. Sitzung, Exkurs „Innerer Gefährte"), die modellhaft für Männlichkeit steht und Vorbildcharakter hat. Im Verein mit ihrer Angst- und Kontaktproblematik bildet dies keinen sicheren Boden für den Aufbau einer langfristigen Partnerschaft.

Drogen halfen ihr frühzeitig, ihre Kontaktstörung zu überwinden (Coping-Strategie) und einen größeren Bekanntenkreis aufzubauen. Jetzt, da sie versucht abstinent zu leben, taucht das verdrängte Problem wieder auf. Eine weitere wichtige Coping-Strategie ist ihr kindisch-passives Verhalten, mit dem sie unbewußt Hilfe und Zuneigung zu gewinnen sucht (siehe 13. Sitzung).

5.2.3 Leibfunktionsanalyse

„Wie ist es um die Funktionen des perzeptiven, expressiven und memorativen Leibes bestellt?“ (Petzold 1993p)

Durch den perzeptiven, expressiven und memorativen Leib werden die drei Funktionsbereiche des *Selbst* (siehe „Persönlichkeitstheorie“, *Ebert, Könnekte-Ebert* dieses Buch) gekennzeichnet. Unter diesen Gesichtspunkten soll die Klientin im Folgenden betrachtet werden. Darüber hinaus soll versucht werden, auf den Zusammenhang von Techno-Musik und Leiblichkeit einzugehen.

Zum **perzeptiven Leib** (lat.: „die Wahrnehmung betreffend“) fällt im Laufe der Betreuung immer wieder auf, daß Frau Manevala Schwierigkeiten hat, sich selbst, ihre Gefühle und Bedürfnisse wahrzunehmen. Dazu schreiben *Rahm* u.a. (1993):

„Wenn die schädigende Einwirkung durch Flucht oder Kampf nicht verhindert werden kann und das spontane Gefühl des Schmerzes nicht zum Ausdruck gebracht werden darf, kommt es zu einer Notanpassung. Diese kann dadurch erfolgen, daß die Wahrnehmung blockiert wird, daß es zu einer Anästhesierung (siehe auch 5.2.7) gegenüber dem Schmerz kommt.“

Augrund der oben beschriebenen *„schädigenden Einwirkungen“* (siehe „Problem- und Konfliktanalyse“) kann davon ausgegangen werden, daß bei Frau Manevala diese *„Notanpassung“* stattgefunden hat. Weiter heißt es bei *Rahm* u.a. (1993):

„Die andauernde Erfahrung von Einflußlosigkeit kann dabei zu der (strukturellen) Grundüberzeugung führen, daß eigene Aktivität nichts nützt, weder Ausdruck, noch Flucht, noch Kampf, daß der „Ansatzpunkt der Kontrolle“ ausschließlich bei anderen liegt“ (Theorie des „Locus of control“ von *Rotter* 1966).

Hier mag der Ursprung für ihre passive Haltung und der immerwiederkehrende Versuch der Abgabe von Verantwortung (siehe 13. Sitzung) liegen.

Der **expressive** (lat.: „ausdrucksvoll(e)“) **Leib** von Frau Manevala ist sehr mäßig entwickelt. Ihre gesamte Körperhaltung ist tendenziell ausdrucksschwach, eher in sich gekehrt, denn „expressiv“. Zu Beginn der Betreuung sprach sie nahezu ohne jede Gestik. Dies änderte sich im Laufe der Zeit. Die Gefühlswelt von Frau Manevala drückt sich eher über ihre Mimik aus. Lächeln, leuchtende Augen oder auch traurige Blicke lassen sich als Phänomene erkennen. Es fällt jedoch auf, daß sie ihre Gefühle nicht immer mit ihrem Leib in Einklang bringen kann. So lächelt sie regelmäßig, um ihre Trauer zu verbergen (Abspaltung von Gefühlen, Abwehr).

„Das Gedächtnis (der memorative Leib) ist Basis der Persönlichkeit, aller emotionalen und höheren geistig-seelischen Funktionen" (*Rahm* u.a. 1993). „Die Theorie der IT spricht vom „Leibgedächtnis". Im Leib sind kognitive, emotionale und volitive Inhalte im Kontext gespeichert, d.h. stets im Kontext von Atmosphären, Bildern, Szenen, Szenenfolgen, Worten und Sätzen samt ihren dazugehörigen Phänomenen (...) und den sie begleitenden emotionalen Bewertungen (valuations), kognitiven Einschätzungen (appraisals), subjektiven Sinnstrukturen und Bedeutungen (interpretations). (...) Unser Leibgedächtnis funktioniert atmosphärisch und szenisch. Szenen sind hier als leiblich sedimentierte Strukturen zu verstehen, die sich bei Aufruf in Haltungen, Gesten, Atmosphären äußern" (*Schuch* 2000; vgl. umfassend *Petzold* 2002j).

Der **memorative Leib** zeigt sich bei Frau Manevala besonders in Situationen des Suchtdrucks. Hier kommt das Leibgedächtnis zum Tragen, erinnert wird die Bewältigungs- (Coping-) Strategie des Drogenkonsums, was sich in dem unstillbaren Wunsch nach der Droge (meist, um eine Emotion aushalten bzw. unterdrücken zu können) äußert. Dieses Phänomen (Craving) taucht bei Drogenabhängigkeit immer wieder auf. Es zu überwinden erfordert für den Betroffenen ein (oft nicht vorhandenes) beträchtliches Maß an Ich-Stärke.

Frau Manevala hat es im hier dokumentierten Zeitraum geschafft, abstinent von illegalen Drogen zu leben.

Ihr *Leibgedächtnis* zeigte sich aber auch an anderen Stellen, beispielweise in Momenten der Regression. Hier konnte sie leiblich die Angst vor ihrer Mutter (vor körperlicher Züchtigung) spüren, d.h. erinnern. Auf der Ebene der Phänomene ist diese (im Grunde ständig präsente) leibliche Erinnerung durch ihre passive Haltung, ihre mangelnde Gestik etc. (s.o.) sichtbar.

In bezug auf den Zusammenhang von **Techno-Musik** und dem dazugehörigen **Körpergefühl**, möchte ich einen Ausschnitt aus dem Buch „Ecstasy, Mushrooms, Speed & Co – Das Info-Buch" von *Wirth* und *Pultke* (1997) zitieren:

„Raver berichten oft, daß sie das Tanzen als körperlich-sinnliche Befreiung erleben und die Musik fühlen können, von ihr „getragen" werden. Dies liegt nur zum Teil am starken Bass, der manchmal im ganzen Körper wummert. In der Körpertherapie werden Licht- und Schallwellen in Brainmachines eingesetzt, die bei einer Frequenz von 3 Hertz beim Klienten für Entspannungszustände sorgen. 180 bpm, also schon verhältnismäßig schnelle Musik, entspricht genau dieser Frequenz. Wenn also sich körperlich verausgabende Tänzer von einem Verschwinden von Spannungen (in Körper und Psyche) erzählen, ist dies zum Teil technisch zu erklären. In diesem Zusammenhang wird auch von „Entspannungsekstase" gesprochen. Körper Geist und Seele werden auf den gleichen Level gebracht und somit innerlich wieder „eins", nicht mehr voneinander gelöst."

Eine sehr schöne, ganzheitliche und möglicherweise heilsame Erfahrung, so war mein erster Gedanke beim Lesen. Ich persönlich habe im Zusammenhang mit Musik ähnliche Erlebnisse gehabt. Doch zwei weitere Komponenten spielen bei Frau Manevala eine Rolle: zunächst die Problematik im Umgang mit ihren Gefühlen. Dazu heißt es bei *Wirth* und *Pultke* (1997):

„Interviewpartner von Ahrens nannten als positive Effekte des Dauertanzens die Befreiung von Affektstauungen, Gewaltphantasien, Alltagsfrust, spezifischen Alltags- und Lebensängsten und den Verlust von Zeitempfinden. Hier wird deutlich, daß einige Tänzer Gefühle von Trauer und Wut mit sich selber ausmachen und durch körperliche Anstrengungen verschwinden lassen. Das „Wegtanzen" von Gefühlen kann problematisch werden, wenn es grundsätzlich als Hilfe benutzt wird, um sich nicht mit der Person oder der Situation, die diese Gefühle auslösen, auseinandersetzen zu müssen."

Hier kommt der Aspekt der **Verdrängung** bzw. **Dissoziation** hinzu. Speziell die oben beschriebene Befreiung von Affektstauungen und Gewaltphantasien (siehe 2. Sitzung) übt m. E. einen besonderen Reiz auf Frau Manevala aus.

Doch dazu kommt – und dies ist der entscheidende Faktor – der Konsum von **Drogen**. Frau Manevalas bevorzugte Suchtmittel sind „Speed" und „Ecstasy". Die Wirkung des letztgenannten wird bei *Wirth/Pultke* (1997) wie folgt beschrieben:

„**Ecstasy** kann neben der leistungssteigernden Wirkung die gesellschaftliche gefühlsarme Lücke füllen, indem sie gesellschaftliche Nähe und Wärme schafft. (...) Ecstasy gibt den Mut, Gefühle zu leben. In der Technoszene besteht darüber hinaus kaum Gefahr, auf verletzende Weise zurückgewiesen zu werden, denn es gilt der Grundsatz: „Wir sind alle eine Familie, mögen uns und gehen freundlich miteinander um." Daß es dabei eher um Oberflächlichkeit und Unverbindlichkeit, dagegen selten um tiefe und echte Zuneigung geht, ist vielen Ravern wahrscheinlich bewußt. Auch wenn es überwiegend Schein ist, wird es genossen, seine Gefühle in der Sicherheit zeigen zu können, nicht verletzt zu werden."

In bezug auf Frau Manevala sind hier meines Erachtens zwei Gesichtspunkte von großer Bedeutung: Der Mut, Gefühle leben zu können, der ihr im „realen" Leben fehlt, und der familiäre Aspekt der Techno-Szene (siehe auch Hypothese in der 1. Sitzung). Dies führt uns zur Lebensweltanalyse.

5.2.4 Lebensweltanalyse

„Wie ist die Familien- und Arbeitssituation des Patienten, sein sozioökonomisches Setting, seine Wohnsituation? Wie konsistent ist seine soziale Umwelt und wie stabil sein sozial Umwelt?" (*Petzold* 1993p)

Frau Manevala bewohnt gemeinsam mit ihrem Lebensgefährten eine vom Sozialamt finanzierte 3-Zimmer Wohnung in Köln. Ihre leibliche Tochter wohnt bei ihrer Mutter in Duisburg. Die Mutter hat derzeit das alleinige Sorgerecht. Zum leiblichen Vater der Tochter unterhält sie unregelmäßig Kontakt, gemeinsame Besuche der Tochter finden nicht statt. Der Vater sieht seine Tochter nur, wenn diese bei Frau Manevala zu Besuch ist. Die problematische Mutter-Beziehung wurde bereits oben dargestellt.

Die Beziehung zu ihrem Lebensgefährten ist in dem Moment schwieriger geworden, als Frau Manevala sich entschied, drogenfrei zu leben. Zuvor war man gemeinsam Teil einer größeren Partyszene, der sich beide zugehörig fühlten (Identität). Frau Manevala ist es eine zeitlang „gelungen", ihre Eifersucht, ihre Ängste und ihre Kontaktscheu durch den Drogenkonsum beiseite zu schieben (siehe 15. Sitzung (Lebenspanorama); Frau Manevala über die Zeit in Köln: „Da hat die Verdrängung noch funktioniert."), so daß sie auch in der Partnerschaft nur gelegentlich zu Konflikten führte. Ihr Freund ist aber nicht gewillt oder in der Lage, die Entscheidung zur Abstinenz gemeinsam mit ihr zu tragen, so daß sich für Frau Manevala immer wieder schwierige Situationen ergeben (siehe 7. Sitzung). Es hat sich ein **intrapsychischer Konflikt** entwickelt (nach dem Motto: „Ich will ihn, aber *so* nicht. Ändern kann ich ihn aber nicht."), der im Laufe der Betreuung immer wieder zum Thema wird.

Frau Manevala hat drei gute Freunde, die ihr auch in schlechten Zeiten geholfen haben und für sie da waren. So konnte sie beispielsweise dort übernachten, wenn sie ihren Freund nicht sehen wollte. Auch erzählt sie davon, daß diese drei sie kritisch hinterfragen und ihre ehrliche Meinung sagen, obwohl sie auch zur Partyszene gehören. In ihnen hat sie einen guten **protektiven Faktor** in ihrem Leben. Derartige „Schutzfaktoren" stärken die Widerstandskraft, die **Resilienzen** von Menschen und sind für die Integrative Therapie wichtige Momente im Therapieprozeß (*Petzold, Goffin, Oudhof* 1993; *Müller, Petzold* 2001, 2003). Sie kommen auch in den ‚therapiewirksamen Faktoren' zum Tragen.

5.2.5 Kontinuumanalyse

„Wie hat sich das Leben des Klienten vollzogen, welche prävalenten pathogenen Milieus lassen sich feststellen, welche kritischen Lebensereignisse und Diskontinuitäten liegen vor?" (*Petzold* 1993p)

Neben dem oben beschriebenen pathogenen Milieu ihrer Familie in der Kindheit, gibt es zwei weitere bekannte ‚kritische Lebensereignisse'.

Frau Manevala ist in ihrer Jugend vergewaltigt worden (Pathogense: **Trauma**). Der genau Zeitpunkt und die Umstände sind mir nicht bekannt (siehe 5. Sitzung). Es ist zu vermuten, daß sie sich u.a. aus diesem Grund bereits einmal in psychotherapeutische Behandlung begeben hat (siehe 22. Sitzung).

Ein weiteres kritisches Lebensereignis war ihre Schwangerschaft bzw. die Geburt ihrer Tochter. Sie hat lange mit sich gekämpft (**intrapsychischer Konflikt**), ob sie das Kind austragen soll und sich letztendlich dafür entschieden. Warum, bleibt unklar. Nach der Geburt hat sie jedoch schnell gemerkt, daß sie mit dem Kind hoffnungslos überfordert ist. Auch hier ist sie in einen *inneren Konflikt* geraten. Einerseits liebt sie ihr Kind und möchte es bei sich haben, andererseits kann sie die Nähe ihrer Tochter kaum länger als wenige Stunden aushalten. Die Tatsache, daß ihre Tochter nun von ihrer Mutter erzogen wird, beruhigt und ängstigt sie gleichzeitig: sie weiß, daß die Großmutter Verantwortung übernimmt, kennt aber ihre eigenen schlechten Erfahrungen mit ihr und möchte nicht, daß sich bei ihrer Tochter alles wiederholt.

5.2.6 Ressourcenanalyse

„Was steht dem Klienten als Eigen- und Fremdressourcen, wie soziales Netzwerk, psychische Konstitution, materielle Mittel, Bildung, Lebenserfahrung usw. zur Verfügung?" (*Petzold* 1997p)

Die Themen „soziales Netzwerk, materielle Mittel und Bildung“ habe ich bereits dargestellt. Finanziell und schulisch hat sie demnach wenige Ressourcen, auf die sie zurückgreifen kann. Ihre Familie und ihre Freunde sind sowohl stützend als auch Konfliktpotential.

Beachtenswert erscheint mir an dieser Stelle die Beleuchtung der Eigenressourcen. Hierzu möchte ich zunächst *Rahm* u.a. (1993) anführen, die grundsätzliche Gedanken zu diesem Thema ausgeführt haben:

„Die Integrative Therapie stützt sich im wesentliche auf vier Grundfähigkeiten des Menschen: Die Entwicklung dieser Fähigkeiten ist immer gleichzeitig Ziel- und – zumindest in minimaler Ausprägung – Voraussetzung der Therapie:

1. Die **Ko-respondenz** des Menschen mit seiner sozialen und ökologischen Umwelt (wer durch „schlechte Umwelten“ und Beziehungen krank geworden ist, kann durch gute gebessert oder sogar geheilt werden.)“.
   Die Fähigkeit zur *Ko-respondenz* ist bei Frau Manevala sicherlich vorhanden, jedoch schwach ausgebildet. Im Laufe der Betreuung wurde der Versuch unternommen, die in ihr vorhandene Substanz zu aktivieren. Grundlage dafür ist ihre Fähigkeit zur **Empathie**. Es mangelt ihr jedoch an der Vorstellung, wie sich das Leben aus der Sicht einer anderen Person darstellt (**Intersubjektivität**; siehe auch 6.1.2). Bei vielen ihrer täglichen (Kommunikations-) Probleme (besonders mit ihrer Mutter und ihrem Partner) verhindert u.a. dieser Mangel die Konstituierung von **Konsens**. Dies zeigte sich besonders in Momenten des Rollentausches. Hier kann sie sich jedoch aufgrund ihres spontanen kreativen Potentials (siehe nächster Punkt) mehr und mehr auf Situationen einlassen, in denen sie spürt (nicht „nur“ kognitiv versteht; siehe 4.: Evidenz), was ihr Gegenüber tatsächlich ausmacht, warum und wie er über sie denkt und (für sie) empfindet.
2. „Das spontane, kreative Potential, die Fähigkeit des Menschen zu Wahrnehmung, Ausdruck und Gestaltung, die Fähigkeit, Neues zu erproben.“
   Zu Wahrnehmung und Ausdruck von Frau Manevala habe ich bereits einiges ausgeführt. Ihr kreatives Potential halte ich für recht groß, jedoch hat sie Schwierigkeiten, dies ohne fremde Hilfe zu aktivieren. Auch ihre Fähigkeit, Neues zu erproben ist gut ausgeprägt, wie sie im Verlaufe der Betreuung immer wieder darlegen konnte.
3. „Die Fähigkeit zur **Exzentrizität**, d.h. die Fähigkeit, sich selbst und seine Umwelt in Vergangenheit und Gegenwart bewußt erleben, reflektieren und relativieren zu können, und dadurch – zumindest in der Phantasie – alternative Entwürfe entwickeln zu können, ohne den Gegenwartsbezug zu verlieren.“
   Die Fähigkeit der Exzentrizität ist sehr anspruchsvoll, kaum einer unserer Klienten ist dazu in der Lage. Bewußt reflektiertes Erleben als Voraussetzung einer geordneten Lebensführung findet oft nicht statt (meist treten an dieser Stelle Drogen oder Abwehrmechanismen auf), die Reflexion darüber noch weniger. Dies trifft auch auf Frau Manevala zu. Ent-

sprechende Probleme hat sie auch dabei, alternative Entwürfe zu entwickeln.

4. „Die Fähigkeit des Menschen zur **Regression**. Diese ermöglicht, emotional in frühere Szenen und Beziehungen zurückzugehen, so „als ob sie heute wären" und eröffnet damit die Chance einer emotionalen Neuerfahrung auf dem Hintergrund der alten Szene. Letztlich ist es diese Fähigkeit zu Regression, die es ermöglicht, den Sinn heutiger Gefühle und Symptome zu verstehen, indem diese Gefühle und Symptome mit den damaligen Szenen in Verbindung gebracht werden. Diese Art des emotionalen Verstehens (**Evidenz**) geht über das rein kognitive Verstehen hinaus."
   Die Fähigkeit zur Regression ist bei Frau Manevala gut bis sehr gut ausgeprägt. In der 10. Sitzung ließ sie sich erstmals auf ein regressives Moment ein, auch kam es zu Evidenzerlebnissen (siehe z.B. 13. Sitzung). Einen (zwischenmenschlichen) Zusammenhang emotional zu verstehen, ist ein hoher Anspruch an den Klienten, aber auch ein sehr effektiver Wirkfaktor (siehe Prozeßanalyse). Hier sehe ich weiterhin gute Entwicklungsmöglichkeiten für Frau Manevala.

5.2.7 Interaktionsanalyse

„Wie sind die Formen der **Relationalität** (positive/negative Konfluenz, Kontakt, Begegnung, Beziehung, Bindung, Abhängigkeiten) ausgeprägt? Welche Übertragungsqualitäten, Widerstands-phänomene und Abwehrformen fallen auf? Welche Gegenübertragungsresonanzen kamen beim Therapeut/Therapeutin auf?" (*Petzold* 1993p)

Frau Manevala zeigt eine Tendenz zur negativen **Konfluenz**. Wenn sich ein Gegenüber darauf einläßt, lädt sie förmlich dazu ein: ihre passive Haltung, die ruhige Stimme, das Ausleben ihrer schlechten Stimmungen bzw. Trauer schaffen eine Atmosphäre, die – unter therapeutischen Gesichtspunkten – einen konsequenten Gegenpol verlangen. Im Rahmen der Prozeßanalyse (22. Sitzung) beschreibt sie anschaulich, wie sehr sie auf ein Gegengewicht angewiesen ist.

Auch auf der Ebene des Kontaktes hat sie große Probleme. Ausgehend von einer zeitextendierten Erfahrung eines unbefriedigendes Kontaktzyklus in ihrer Kindheit fehlt ihr die eigenständige Möglichkeit der klaren (nicht-diffusen) Kontaktaufnahme. Frau Manevala liefert viele Beispiele für Situationen, in denen sich der im Normalfall ko-respondierende **Kontakt** zwischen zwei Subjekten lediglich in ihrem Kopf abspielt, obwohl ein Gegenüber vorhanden ist. Sie nimmt dann innerlich und emphatisch an der jeweiligen Situation teil, auf der Phänomenebene äußert sich das jedoch durch extreme Passivität bzw. Schüchternheit und Zurückhaltung. Mir gegenüber schildert sie, daß sie in solchen Momenten u.a. darüber nachdenkt, was der/die andere über sie denkt. Dann treten ihre internalisierten Negativkonzepte zu Tage (**Narrative**) („Der hält mich bestimmt für bescheuert"), was oft auch zu Kontaktabbruch führt (siehe 9. Sitzung), in diesem Fall von ihrem

Gegenüber. Meistens bricht sie jedoch den Kontakt ab, Wiederholungen aus den in der Kindheit erlebten pathogenen Milieus.

Stellt sich jedoch einmal ein guter Kontakt ein, hat sie die Fähigkeit zur **Begegnung** (siehe 10. Sitzung).

Frau Manevalas Probleme im Bereich **Beziehung** lassen sich m.E. auf ihre Kontaktproblematik zurückführen. Ihre wichtigsten Beziehungen – zur Mutter, zur Tochter, zum Lebensgefährten – sind von ihrer Schwäche überschattet, einen befriedigenden Kontakt herstellen zu können.

Mit ihrem Partner hat sie die Drogen als Coping-Strategie zeitweise erfolgreich eingesetzt. Unter Drogeneinfluß beschreibt sie sich als locker und wesentlich selbstbewußter, also so, wie sie normalerweise gerne wäre. Da sie mit ihrem Partner in der Party-/Techno-Szene verkehrte und beide gemeinsam konsumierten, traten die oben beschriebenen (Kontakt-) Probleme nur sporadisch immer wieder auf. In der Zeit der Betreuung – also ohne Drogen – werden sie wieder akut.

Entsprechend unfähig ist sie derzeit noch, eine langfristige und tragfähige **Bindung** einzugehen.

Ihre Neigung zur **Abhängigkeit** – sowohl auf personaler Ebene, als auch in bezug auf ihren Suchtmittelgebrauch – ist ausgesprochen hoch. Auf der personalen Ebene zeigt sich dies beispielsweise in der Unfähigkeit, ihren Partner zu verlassen. Sie ist unzufrieden bis unglücklich und sagt ihm, daß sie ihn verlassen will. Es ändert sich jedoch gar nichts. Dies ist ein klassischer „Appetenz-Aversions-Konflikt (hin zu A und gleichzeitig weg von A)" (*Rahm* u.a. 1993), der auch ihre **Ambivalenz** (einerseits/andererseits) verständlicher macht, denn „chronische Ambivalenzen sind u.U. Konflikte, die ein Defizit oder eine Störung überlagern" (*Rahm* u.a. 1993). Die scheint im Falle von Frau Manevala zuzutreffen.

Übertragung: unbewußte Vergegenwärtigung alter Atmosphären und Szenen, in der Art und Weise, daß sie die Gegenwart verstellt und die Realität des Gegenüber nicht mehr gesehen werden kann (*Petzold* 1980g). Bsp.: Ein Klient wird durch seinen männlichen Therapeuten an den überstrengen Vater erinnert und behandelt ihn wie diesen, lebt in den alten Szenen und wird dadurch handlungs- bzw. erkenntnisunfähig.

In der Arbeit mit Frau Manevala sind mir keine Übertragungsphänomene bewußt geworden. Die gilt sowohl für meine Person, als auch für sie selbst. U.a. aufgrund unseres nicht sehr großen Alterunterschiedes ist die Möglichkeit einer Vaterübertragung nicht gegeben. Möglicherweise habe ich für Frau Manevala die Position eines (in der Realität nicht vorhandenen) großen Bruders oder Freundes eingenommen; so deutet ihr Wunsch nach einem Treffen „außerhalb des Büros" (1. Sitzung) auch auf eine gewünschte freundschaftliche Ebene hin.

Situationen, in denen sie alte Atmosphären etc. (s.o.) an mir ausagierte, habe ich nicht wahrgenommen.

Widerstand wird in der IT als Fähigkeit des Ich betrachtet, sich gegen Einflüsse auf das Selbst und die Identität zur Wehr setzen zu können. Er wird dysfunktional, wenn er Veränderungen und eine Auseinandersetzung mit der Realität verhindert.

Mit dem Begriff Widerstand wird im allgemeinen die Ebene der Phänomene erfaßt, mit dem Begriff der **Abwehr** eher die Ebene der Struktur. Widerstand läßt sich beobachten, er ist situationsspezifischer, Abwehr muß erst erschlossen werden, z.B. aus verschiedenen Formen des Widerstands (vgl. *Rahm* u.a. 1993)

Das auffälligste Wiederstandsphänomen war Frau Manevalas häufiger geäußerte Bemerkung: „... eigentlich ist ja alles in Ordnung". Mit diesem Satz versuchte sie sich vor aufkeimenden Unlustgefühlen zu schützen und die (unangenehme) Realität auszublenden.

Bei Frau Manevala fallen besonders zwei **Abwehrformen** auf:

1. Die archaische **Retroflexion**. Sie bedeutet, „daß Gefühle und Impulse, die eigentlich einem anderen gelten, auf die eigene Person zurückgelenkt werden, weil der Ausdruck dieser Gefühle und Impulse zu gefährlich wäre oder weil „ein anderer" nicht da ist. (...) „Wenn ich dich nicht angreifen kann, greife ich mich selbst an" (*Rahm* u.a. 1993; *Petzold* 2003).

Diese Abwehrform zeigt sie bereits in der 2. Sitzung. Es wurde deutlich, daß sie eigene Aggressionen gegen ihre Mutter nicht ausleben kann und gegen sich selbst richtet.

2. Die archaische **Anästhesierung** („Betäubung"): nicht mehr empfinden, nicht mehr wahrnehmen. (...) Das Selbst-Gefühl wird gestört. Es kommt zu einer tiefgehenden Entfremdung vom eigenen Leib, der unter Umständen wie ein Roboter gelebt und ausgebeutet wird. Anästhesierung ist gleichsam die Grundlage der Verdrängung: Nicht-mehr-Wahrnehmen ist der erste Schritt, Nicht-mehr-Erinnern der zweite. Wenn der perzeptive, der memorative und damit in der Regel auch der expressive Leib so gehemmt wird, die Selbst-Entfaltung so eingeengt ist, bleibt unter Umständen nur noch ein nach außen „funktionierendes Selbst". Solche Menschen leiden oft an Leere in den Beziehungen, Mangel an sinnlichen Erfahrungen und damit auch Mangel an Sinn. Dies kann dann zu einer blassen Depressivität eigener Art führen" (*Rahm* u.a. 1993; *Petzod* 2003).
   Besonders die letzten Sätze scheinen mir auf Frau Manevala zuzutreffen. „Mangel an Sinn" und eine „blasse Depressivität" sind oft an ihr beobachtete Erscheinungen.

Bezüglich der **Gegenübertragungsphänomene** sei hier nur genannt, daß Frau Manevala bereits in der ersten Sitzung Beschützerinstinkte bei mir weckte. Es zeigte sich, daß es ein Strukturmerkmal von ihr ist, diese Gefühle auszulösen (siehe 13. Sitzung).

6. Die Integrative Therapie

Bevor ich in Kapitel 7 auf den eigentlichen Verlauf der Betreuung eingehe, benenne ich kurz die wichtigsten Konzepte und Begrifflichkeiten der IT (siehe *Ebert, Könneke-Ebert* dieses Buch).

Hervorzuheben sind drei besonders wichtige Konzepte (Meta-Konzepte):

1. Das heraklitische Denkmodell – alles ist und bleibt „im Fluß" – führt zum Beobachten im „continuum of awareness" (*Perls* – *Freud* sprach von „gleichschwebender Aufmerksamkeit"), eine **phänomenolgische Vorgehensweise**.
2. Das Ko-respondenzmodell – über Konsens-/Dissensprozesse wird **„von den Phänomen zu den Strukturen zu den Entwürfen** gehend", **Sinn** gewonnen.
3. Die systematische Suche nach verborgenen (Sinn-)Zusammenhängen in der Lebensgeschichte (Ereignisse, Szenen, Atmosphären) ist eine **hermeneutische** Vorgehensweise.
   Dieses phänomennologisch-hermeneutische Vorgehen kann noch durch ein vertieftes aber auch exzentrisch-hyperexzentrisches Metareflektieren überstiegen werden – zu Zeitgeisteinflüssen, untergründiges Wirken kultureller Diskurse und Machtdispositive (*Foucault* 1998; *Bublitz* et al. 1999) – nicht zuletzt durch und in einer „Integrativen Supervision" (*Schreyögg* 1991, *Petzold* 1998a), eine Methodik, die *Petzold* (ebenda und 2003a) als **methahermeneutische „Mehrebenenreflexion"** bezeichnet hat (Anmerkung: ein begleitender Supersupervisionsprozeß wird hier nicht dargestellt).

7. Therapieverlauf

7.1 Einleitung

In meiner beraterischen und therapeutischen Tätigkeit arbeite ich klientenzentriert. In einem *narrativen Erstinterview* versuche ich durch Nachfragen Informationen zu erhalten. Dabei ist es mir wichtig, dem Klienten eine Atmosphäre zu bieten, in der er sich angenommen und wohl fühlen kann. Dies entspricht einer „**konservativ-stützenden Modalität** (siehe Methodenlehre), in der Patienten Beistand, Begleitung, Entlastung, Sicherheit, die Linderung von Schmerzen erfahren (...)" (*Schuch* 2000).

Während des gesamten Prozesses, besonders aber in der Phase der Anamneseerhebung, versuche ich über **atmosphärisches Erfassen** und **szenischen Verstehen** Hypothesen zu bilden, die im weiteren Verlauf der Arbeit verifiziert und falsifiziert werden. „Atmosphärisches Erfassen bedeutet, den Horizont meiner Wahrnehmung und meines Verhaltens zu erkennen, „szenisches Verstehen" nach Maßgabe bestimmter Muster zu interpretieren und zu evaluieren" (*Schuch* 2000, vgl. auch *Osten* 1995). Ich versuche also den Klienten in seiner Ganzheit wahrzunehmen und achte auf meine Resonanzen (Gegenübertragung). Nachdem die Phase der Anamnese abgeschlossen ist und ein Behandlungsvertrag geschlossen wurde, lasse ich mich im Gespräch von dem leiten, was für den Klienten im „Vordergrund" steht, d.h. was er mir als Pänomen anbietet. Dabei lasse ich mich soweit möglich von den „Phänomenen zu den Strukturen" führen. Hier kommt nun auch vermehrt eine **„erlebniszentriert-stimulierende Modalität"** zum Tragen, wie sie im Folgenden auch dokumentiert wird. Ist die therapeutische Beziehung tragfähig geworden, versuche ich auch in der „**konfliktzentriert-aufdeckenden Modalität**" zu arbeiten, „in der (...) aktuale Probleme, dissozierte und verdrängte Konflikte, problematische Persönlichkeitsstrukturen dargestellt und behandelt werden" (*Petzold* 1974j, 1988n, *Schuch* 2000). Ich erhebe für mich nicht den Anspruch einer in der Theorie dargestellten „kurativen Behandlung" (im Sinne umfassender Heilung). Dies erscheint mir vermessen und würde die komplexen Problematiken unserer Klienten versimplifizieren. Mein persönlicher Anspruch ist im Rahmen meiner und der institutionellen Möglichkeiten, eine für den Klienten subjektive *Verbesserung* der Ausgangssituation zu erreichen.

Dies kann auch in Form einer **netzwerkaktivierenden Modalität** geschehen, „in der die Ressourcen sozialer Netzwerke aktiviert werden, defiziente oder toxische Netzwerke saniert und gute Netzwerkqualitäten gepflegt werden" (*Hass/Petzold* 1999).

Im Folgenden werde ich die ersten 15 Sitzungen, sowie die 21. und 22. Sitzung (Prozeßanalyse) dokumentieren. Damit der prozessuale Charakter nicht verloren geht, werden die Sitzung 16-19 kurz zusammengefaßt. Die Dokumentation der Sitzungen ist nach 6 Gesichtspunkten gegliedert:

1. **Thema**: Die wichtigsten Inhalte der Sitzung sollen prägnant benannt werden.
2. **Prozess**: Der tatsächliche Verlauf der Sitzung wird dargestellt. Wo es mir angebracht erschien und rekonstruierbar war, habe ich das Gespräch wörtlich wiederzugeben versucht (Mikro-Aspekt/s.u.).
3. **Intervention**: Eine Beleuchtung der Sitzung aus methodischer Sicht, d.h. die 14 Heilfaktoren und die verwendeten Techniken werden hier benannt. Wiederholungen mit bereits im Verlaufe des Prozesses angegebenen Interventionen sind insofern beabsichtigt, als daß sie hier noch einmal zusammenfassend und ausführlicher dargestellt werden sollen.
4. **Hypothesen**: Im Sinne der prozessualen Diagnostik gilt es, fortwährend Annahmen und Vermutungen, die sich im Prozess ergeben, festzuhalten und auf ihre Verifizierbarkeit zu überprüfen.
5. **Gegenübertragung**: Es wird der Versuch unternommen, mögliche Übertragungs- und Gegenübertragungsphänomene transparent zu machen. „Unter Gegenübertragung verstehen wir die bewußtseinsfähige Resonanz der Therapeutin auf das, was die KlientIn ihr entgegenbringt, eine emphatische Reaktion" (*Petzold* & *Ramin* 1987 in *Rahm* u.a. 1993, S. 361). Es werden drei mögliche Gegenübertragungsformen unterschieden:

1. **Konkordante**: „Ich fühle als TherapeutIn emphatisch mit dem Klienten mit, z.B. „wie er damals als der kleine zornige Junge", in seiner Rolle, in seiner Haut, als ob ich er wäre" (*Rahm* u.a. 1993).
2. **Komplementäre**: „Ich fühle mich wie der damalige Partner oder die damalige Partnerin, z.B. wie der strenge, ewig enttäuschte Vater oder die überprotektive Mutter des kleinen Jungen: ich bin in der Komplementärrolle" (*Rahm* u.a. 1993).
3. **Reziproke**: „Ich fühle mich von dem Klienten so behandelt, als ob ich in seiner früheren Rolle und er selbst in der Komplementärrolle wäre: z.B. ich der kleine Junge und er der strenge Vater oder die überprotektive Mutter (Rollentausch)" (*Rahm* u.a. 1993).
4. **Resümee**: Zusammenfassung der wichtigsten Ergebnisse.

Die folgende Darstellung von insgesamt 17 Sitzungen dokumentiert den **Meso-Aspekt** des Therapieverlaufs. Dies ist der Betrachtungswinkel „aus mittlerem Abstand" (*Rahm* u.a. 1993). Wie oben bereits erwähnt, soll an einigen Stellen auch der **Mikro-Aspekt** verdeutlicht werden. Dann wird das „Augenmerk auf einen Zeitabschnitt von nur wenigen Minuten" (*Rahm* u.a. 1993) gerichtet. Auf den **Makro-Aspekt**, also den Prozeß in seiner Gesamtheit aus großem Abstand betrachtet, wird im Gesamtresümee eingegangen werden.

Ich bin im Folgenden bewußt *nicht* auf Verspätungen, Terminverschiebungen, oder gar Nicht-Einhalten von Terminen der Klientin eingegangen. Mir ist klar, daß dies Phänomene sein können, die z.B. im Rahmen einer Analyse von Widerstand wichtig sind. Frau Manevala hat sich jedoch sehr selten verspätet, einige wenige Termine telefonisch abgesagt und – im Gegensatz zu vielen anderen Klienten – keinen einzigen ohne persönliche Meldung nicht wahrgenommen. Aus dem Absagen der Termine und den anstehenden Themen ließen sich aus meiner Sicht keine Rückschlüsse auf Widerstandsphänomene ziehen. Eine Ausnahme wird am Beginn der 15. Sitzung dargestellt.

7.2 Dokumentation 1.-15. und 21./22. Sitzung

Erstgespräch

Thema:
Klärung des Settings; ihre Überforderung als Mutter; Biographie; Sozialkontakte

Prozeß:
Frau Manevala erscheint pünktlich zum Erstgespräch. Im ersten Eindruck wirkt sie sehr ruhig und zurückhaltend, etwas schüchtern, aber kommunikativ. Sie redet nur auf Anfrage/Aufforderung hin, meist leise und eher langsam. Trotzdem ist sie deutlich zu verstehen.

Sie ist 23 Jahre alt, ca. 155-160 cm groß, schlank bis schmächtig. Sie hat schwarzes Haar, das sie sehr kurz geschnitten trägt. Später erwähnt sie, daß es wegen einer medizinischen Behandlung abgeschnitten werden mußte, was ihr sehr unangenehm und peinlich sei.

Vor ca. zwei Monaten ist sie wegen einer starken Gleichgewichtsstörung mit einhergehender linksseitigen Lähmung (erst Hände, dann Beine und Gesicht) in der neurologischen Abteilung eines Kölner Krankenhauses stationär behandelt worden. Der Aufenthalt dort betrug fast sieben Wochen, ihre Entlassung war vor 15 Tagen. Über den dortigen Sozialdienst ist sie an unsere Beratungsstelle vermittelt worden.

Wir vereinbaren wöchentliche Gesprächstermine von 45-50 Min.

Ihre Mutter wohnt noch in Duisburg. Das Verhältnis zu ihr ist sehr problembelastet. Ihre 3-jährige Tochter M. lebt bei der Großmutter, die das Sorgerecht hat. In ihrer Rolle als Mutter hat sie sich von Anfang an total überfordert gefühlt. Sie kann es schwer ertragen, mehr als 3-4 Stunden am Stück mit ihrer Tochter zu verbringen.

Sie sagt, daß ihr größtes Problem die Drogen sind. Es fällt ihr sehr schwer nicht zu konsumieren, solange sie in ihrem täglichen Umfeld damit konfrontiert wird. Besonders ihr Freund mache es ihr nicht leicht: er ist rückfällig und nimmt in seinem Verhalten keine Rücksicht auf Frau Manevala.

Sich selbst beschreibt sie als sehr ängstlich und unsicher. Bezogen auf ihre Drogenzeit sagt sie: „Ich habe mich selbst nicht gut behandelt".

Frau Manevala hat bereits einmal eine Psychotherapie gemacht hat. Jetzt ist ihr Wunsch an mich, daß wir nicht „nur miteinander reden". Mein Angebot z.B. auch kreative Medien einzusetzen, nimmt sie dankbar an.

Bezüglich ihres Tagesablaufs berichtet sie, daß sie derzeit täglich das NTZ (Neurologisches Therapie Zentrum) in Köln besucht. Dort nimmt sie an einer Rehabilitationsmaßnahme teil. Hauptbestandteile der Behandlung sind Krankengymnastik und Physiotherapie. Ab September möchte sie dann ihren Realschulabschluß nachholen.

Intervention:

- Einfühlendes Verstehen (1. Wirkfaktor)

Hypothese:

- die jeweiligen (Musik-) „Szenen" (Punker/Techno-Szene) stellen für Frau Manevala Ersatzfamilien dar (identitätsstiftend im Bereich „soziales Netzwerk"/"Werte und Normen"; 2. und 5. Säule der Identität).
- die Drei-Generationen-Achse „Kind – Frau Manevala – Mutter" ist der eigentliche Schwerpunkt der Behandlung, nicht das Drogenumfeld.
- sollte Frau Manevala langfristig eine Einscheidung gegen Drogen treffen, kann die Beziehung zu ihrem Freund in dieser Form nicht aufrechterhalten werden.
- autoaggressive Züge; kann Trauer/Wut nicht zulassen; neigt dazu Wut internalisieren.

Gegenübertragung:

Durch ihre Haltung/Gestik/Mimik weckt Frau Manevala Beschützer-/Vatergefühle bei mir (komplementäre Gegenübertragung)

Resümee:

Das Erstgespräch ist gut verlaufen. Ein erster Kontakt konnte hergestellt werden.

2. SITZUNG

Thema:

Mutter-Tochter-Beziehung

Prozeß:

Seit dem Erstgespräch sind drei Wochen vergangen. Diese Zeit sei für Frau Mancvala sehr krisenhaft gewesen, hauptsächlich, weil es Probleme mit dem Geburtstagsbesuch bei ihrer Tochter gab. Ihre Mutter zeigte sich diesbezüglich wenig kooperativ oder gar verständnisvoll.

Im Laufe des Gespräches beschreibt Frau Manevala Phantasien, die sie quälen: sie sticht sich mit einem Küchenmesser die Augen aus oder schlägt sich mit schweren Hanteln gegen den eigenen Kopf.

Als sie während des Gespräches mit ihrem rechten Bein regelmäßig nach vorne schnellt, fordere ich sie auch, diesen Impuls („Phänomen“) zu verstärken. Sie weiß zunächst nicht, was ich meine, läßt sich aber darauf ein. Ihre verstärkte Körperbewegung interpretiert sie als „Tritt“. Gegen wen? „Gegen mich selbst.“ Ich biete ihr eine kleine Phantasiereise an, in der Personen aus ihrem Leben vorkommen dürfen, die möglicherweise (auch) einen „Tritt“ verdient hätten. Sehr bald stellt sie fest, daß ihre Aggressionen eigentlich gegen ihre Mutter gerichtet sind. Da dies in ihrer Vorstellung jedoch nicht sein darf („man schlägt doch seine Mutter nicht“) richtet sie die Aggression gegen sich selbst (durch das „Phänomen“ wird die zugrundeliegende „Struktur“ sichtbar; 1. Weg der Heilung: Förderung leiblicher Bewusstheit/Wahrnehmungsfähigkeit, Faktor 7, LD)

Auf die Frage am Ende der Stunde, was ihr an diesem Gespräch am wichtigsten war, antwortet sie, daß es die Erkenntnis sei, daß das Verhältnis zu ihrer Mutter ihr hauptsächliches Problem ist. Vor dem Gespräch noch hatte sie ihr Dogenproblem als vorrangig angesehen. Sie merkt, daß sie das problematische Verhältnis zu ihrer Mutter zu verdrängen versucht (Förderung von Einsicht, Faktor 5, EE).

Intervention:

- Technik: Übertreiben (Verstärken der Bewegung des Fußes): von den Phänomenen zu den Strukturen.
- Förderung von Einsicht (5. Wirkfaktor)

Hypothese:

- kann sich nicht spüren: möglicherweise Anästhesierung des perzeptiven Leibes, ausgelöst durch frühe Schädigung (Defizit/Trauma)?

Gegenübertragung: -/-

Resümee:

- die Hypothesen bzgl. des Behandlungsschwerpunktes und des Nichtzulassens von Wut/Aggression (1.Sitzung) scheinen sich zu bestätigen.

3. SITZUNG

Thema:
Antrag nach § 72 BSHG (§§ 54, 68 SGB XII); Dokumentationssystem EBIS

Prozeß:
Wir besprechen den Antrag nach § 72 BSHG (§§ 54, 68 SGB XII) (siehe „Leistungserbringer"). Als Gründe zur Leistungserbringung führe ich auf:

- psychische Labilität
- berufliche Orientierung
- chronische Erkrankung des ZNS
- ungeklärte Familienproblematik
- Suchterkrankung

Als Ziele der Betreuung formuliere ich physische und psychische Stabilisierung, Realschulabschluß, langfristige Drogenabstinenz und die Beendigung der Fremdunterbringung der Tochter. Als zeitlicher Rahmen hierfür werden 1-2 Jahre angesetzt.

Danach beginnen wir den statistischen Erhebungsbogen EBIS auszufüllen.

Exkurs: „EBIS"

„Das EinrichtungsBezogeneInformationsSystem ebis wird seit 1980 in Einrichtungen des Suchtkrankenhilfe, Wohnungslosenhilfe und Straffälligenhilfe eingesetzt. (...). Auf Einrichtungsebene dient es der administrativen und therapeutischen Arbeit mit den Klienten. Die statistischen Auswertungsmöglichkeiten können für die Dokumentation, Analyse und Verbesserung der Tätigkeit der Mitarbeiter (u.a. Qualitätssicherung) sowie für die Konzeption und Schwerpunktsetzung der gesamten Einrichtung genutzt werden.

Auf einrichtungsübergreifender Ebene (Träger, Verband, Land, Bund) steht die Analyse der Versorgungsstruktur und die Angebots- und Nachfragesituation des jeweiligen Hilfesystems im Vordergrund des Interesse" (Info-Blatt des *IFT* – Institut für Therapieforschung, 2002).

Intervention:

- Anamnestische Datenerhebung gem. EBIS

Hypothese: -/-

Gegenübertragung: -/-

Resümee:

- durch die Zielformulierungen des Antrages § 72 BSHG (§§ 54, 68 SGB XII) wurde ein Arbeitsbündnis geschaffen.

4. SITZUNG

Thema:
EBIS; Problemfelder

Prozeß:
Hauptbestandsteil der Stunde ist die anamnestische Erhebung mit EBIS (optionaler Fragebogen). Im Rahmen der Befragung wird in der Rubrik „Problemfelder" u.a. erfragt, ob die Klientin jemals Opfer einer Gewalt- oder sexueller Gewalterfahrung wurde. Frau Manevala gibt an, einmal vergewaltigt geworden zu sein (Pathogenese: *Trauma*). Dies geschah in ihrem 14. Lebensjahr. Darüber hinaus zeigen sich als weitere „Problemfelder": (leichte) Magersucht, Eifersucht, vielfältige Ängste, Depressionen.

Als vorrangiges Ziel gibt sie an, endlich wieder „leben" zu wollen. Sie versteht darunter „offener" zu sein und „keine Angst mehr zu haben". Ich schlage ihr vor, ein Therapietagebuch zu führen (Förderung kommunikativer Kompetenz und Förderung von Lernmöglichkeiten).

Zum Abschluß einigen wir uns auf eine Doppelstunde beim nächsten Treffen, um uns in Ruhe dem Thema „soziales Netzwerk" widmen zu können.

Intervention:

- einfühlendes Verstehen (1. Wirkfaktor: Emphatie, Mitgefühl)
- Förderung kommunikativer Kompetenz und Förderung von Lernmöglichkeiten (6. und 9. Weg der Heilung)

Hypothese:

- das Trauma der Vergewaltigung ist nie aufgearbeitet worden.

Gegenübertragung:

- die Erwähnung der Vergewaltigung und die Vielfältigkeit ihrer Problematik lösen zeitweise bei mir Unsicherheit und das Gefühl der Überforderung aus.

Resümee:

Die Problematik bei Frau Manevala ist sehr komplex und vielschichtig. In der Reflektion der Sitzung wird mir klar, daß (§§ 54, 68 SGB XII) ich die Hilfe meines Supervisors in Anspruch nehmen will.

5. SITZUNG

Thema:
soziales Netzwerk

Prozeß: (Doppelstunde)
Nach einer kurzen Klärung, ob Frau Manevala bereit ist, das Thema „soziale Beziehungen" heute anzugehen, beginne ich mit einer Bewußtseinsübung (entspannte Sitzposition; Augen schließen; bewußt ein- und ausatmen; Atem finden, kurze verbale Heranführung an das Thema). Diese dient dazu, die Voraussetzungen für einen Erkenntnisgewinn zu schaffen (keine Erkenntnis ohne Bewußtheit/Awareness – siehe „Erkenntnistheorie").

Frau Manevala zeigt sich sehr aufgeschlossen, ihre sozialen Beziehungen unter Zuhilfenahme von Knöpfen darzustellen, die sie auf dem Boden des Büros auslegt. Sie nutzt fast den ganzen Raum des Büros aus und ordnet alle Personen überwiegend in Gruppen an. Sie selbst ist ganz nah bei ihrem Freund und zwei weiteren guten Freunden/Bekannten.

Es gibt die Gruppe der „Hippies“ und die Gruppe der „Idioten“ (die Techno-Szene). Dann gibt es eine lose Gruppe von Menschen, mit denen sie einen guten Kontakt hat oder diesen wünscht, ihn jedoch nicht herstellen kann oder will, weil es sich ausschließlich um Drogenkonsumenten handelt.

Ihre Mutter, ihre Tochter und ihr Stiefvater bilden eine Gruppe, die sehr weit von ihr entfernt ist. Noch weiter ist ihr leiblicher Vater von ihr entfernt, am allerweitesten ihr Vergewaltiger. Ich entschließe mich, an dieser Stelle nicht näher auf ihn einzugehen, da mir zum jetzigen Zeitpunkt eine Vertiefung nicht angemessen erscheint und bei mir auch Gefühle der Überforderung aufkommen.

Als Frau Manevala mir zu erklären beginnt, was die einzelnen Knöpfe für sie bedeuten, wird schnell die Ambivalenz deutlich. Sie verändert das komplette Bild mehrfach, bis sie sich selbst weit entfernt unter den Schreibtisch legt. Sie sagt dort sei es dunkel, einsam und still, aber der Schreibtisch biete ihr Schutz.

Im Gespräch stellt sich heraus, daß dieser Schutz eine Mauer ist, die sie um sich herum bzw. in sich aufgebaut hat. Sie stellt jedoch fest, daß der Schutz relativ brüchig und eher unvorteilhaft für sie ist.

Ihre Veränderungswünsche beziehen sich auf ihren Bekanntenkreis (neue cleane Sozialkontakte), und vor allen Dingen ihre Tochter in ihrer Nähe. Alles Ziele, die sie nicht als unrealistisch einschätzt.

Als Resümee des heutiges Treffens stellt sie fest, daß sie sich eigentlich ständig im Kreis dreht. Dies ist ihr jetzt jedoch einmal richtig bewußt geworden.

Als gegen Ende unseres Gespräches eine kleine Pause eintritt, lacht sie aus Verlegenheit. Sie schämt sich dann sehr, beschreibt, daß sie sich unwohl in ihrer Haut fühlt. Dann sieht sie mir in die Augen und sagt deutlich „ich möchte jetzt gehen“. Ich mache sie darauf aufmerksam, daß sie gerade ihre Gefühle wahrgenommen und in konkrete Wünsche umformuliert und damit ein Ziel erreicht hat. Sie ist ganz erstaunt über sich selbst, daß sie das gerade geschafft hat.

Intervention:

- Bewußtseinsübung zur Herstellung von Awareness
- Förderung tragfähiger sozialer Netzwerke (4. Weg der Heilung und Förderung, 13. Wirkfaktor, TN), Technik: soziales Atom
- Förderung emotionalen Ausdrucks; Sprechen über Gefühle, hier: eigene Ängste verbalisieren (4. Wirkfaktor, EA)
- Förderung von Einsicht/Sinnerleben; Frau Manevala bekommt eine (erste?) Ahnung ihrer eigenen (brüchigen) „Schutzmauer“ und ihrer Persönlichkeitsstruktur (rationale/emotionale Einsicht in Lebenszusammenhänge, 5.Wirkfaktor, EE)
- Förderung von positiven Zukunftsperspektiven durch realistische Veränderungswünsche (Aufbau von Sicherheit und Hoffnung, 10. Wirkfaktor, PZ)

Hypothese:

- Frau Manevala kann sich selbst kaum wahrnehmen oder spüren

Gegenübertragung:

- komplementäre Gegenübertragung: zeitweiliges Gefühl der Ungeduld
- Resonanz: Überforderungsgefühl (Thema: Vergewaltigung)

Resümee:

- Frau Manevala hat begonnen, erste Einsichten in ihre Lebenszusammenhänge zu gewinnen. Dies ist gleichbedeutend mit dem Beginn einer – möglicherweise längeren – Veränderungsphase.
- Bezüglich meines Überforderungsgefühls werde ich mir in der Supervision Unterstützung holen.

6. SITZUNG

Thema:
Ambivalenz; Sekundärgewinn durch Krankheit

Prozess:
Als ich Frau Manevala im Wartebereich unserer Beratungsstelle abhole, schlage ich ihr vor, spazieren zu gehen. Sie geht auf den Vorschlag ein. Das Gespräch findet auf dem Weg zu einem in der Nähe liegendem Park statt.

Wir thematisieren ihre Ambivalenz. Frau Manevala ist oft uneindeutig in ihren Aussagen. Es fällt ihr schwer sich auf etwas festzulegen. Sie ärgert sich dann über sich selbst. Am wichtigsten wäre ihr eine Änderung im Umgang mit ihrer Tochter. Sie vermutet, daß ihre Tochter unter der Unklarheit ihrer Mutter genauso leidet, wie sie seinerzeit selbst unter der Unklarheit ihrer Mutter gelitten hat (Pathogenese: uneindeutige Stimulierung/Störung).

Wir vereinbaren, daß sie beim nächsten Treffen mit ihrer Tochter versuchen soll, sich eindeutig(er) ihr gegenüber zu verhalten.

Frau Manevala erzählt, daß sie in ihrem Freundeskreis oft die Rückmeldung bekommt sehr „leidend" und ständig depressiv zu sein.

Th: Gibt es eigentlich irgendeinen Vorteil, den sie dadurch haben, depressiv zu sein?
Kl: Ich weiß nicht (Pause) ..., welchen Vorteil sollte das denn haben? (funktionaler Widerstand: „Da ist es ihm (dem Klienten) lieber, keinen Einfall zu haben, als über sich erschrecken zu müssen" (Arbeitspapier von *Döldissen*: „Orientierung am Widerstand, aus: *Schneider, K.* „Grenzerlebnisse", 1990).
Th: Stellen sie sich einmal vor, sie wären nicht ständig deprimiert und krank, sondern gut gelaunt. Was würde sich dann an der Beziehung zu ihren Mitmenschen ändern?
Kl: (zögernd) „... die würden sich vielleicht nicht mehr so um mich kümmern."

Im weiteren Verlauf des Gespräches erarbeiten wir, daß Frau Manevala als „Sekundärgewinn" ihrer Krankheit sehr viel Aufmerksamkeit (Freunde, Mitmenschen, z.B. im Krankenhaus, oder auch von mir) und Zuneigung (von ihrem Partner) bekommt.

Intervention:

- Förderung kommunikativer Kompetenz (6. Wirkfaktor, KK)
- die Vereinbarung eindeutiger ihrer Tochter gegenüber zu sein, ist der Versuch der Förderung kommunikativer Kompetenz und Stärkung der Rollenflexibilität (6. Wirkfaktor, KK).
- Arbeit mit dem Widerstand

Hypothese:

Realitätsstörungen (z.B. „das glaubst du doch nicht wirklich", statt „ich bin aber anderer Meinung als du" (*Rahm* u.a. 1993), Doppelbindungen und/oder Konfluenz in der Mutterbeziehung (z.B. „Wir bleiben immer zusammen" (*Rahm* u.a. 1993)) haben dazu geführt, daß Frau Manevala Probleme damit hat, klar und eindeutig zu sein. Bei *Rahm* u.a. (1993) heißt es: „Oft sind psychische und psychosomatische Erkrankungen wie Depression, Abhängigkeit, Angst oder Anorexia nervosa eines Familienmitglieds die Folge einer solchen Realitätsverzerrung durch Konfluenz“. Dies ist einer der Faktoren, die auch bei Frau Manevala zu den beschriebenen Symptomen (vgl. 5. Sitzung: Beschreibung der Problemfelder) geführt haben.

Gegenübertragung: -/-

Resümee:

- Pathogenese: es liegt eine inkonstante Stimulierung/Störung (*Petzold* 1988n) in der Beziehung zu ihrer Mutter vor.
- als „Sekundärgewinn“ ihrer Krankheit erhält Frau Manevala Aufmerksamkeit und Zuneigung.

7. SITZUNG

Thema:
ihre Partnerschaft

Prozeß:
Frau Manevala berichtet, wie sehr es ihr zu schaffen macht, daß ihr Partner keine Rücksicht auf sie nimmt: er konsumiert weiterhin Drogen, kommt nachts nicht nach Hause. Sie möchte „eigentlich“ die Beziehung beenden.

In der Arbeit mit dem leeren Stuhl spielt sie zunächst sich selbst, dann im Rollentausch auch ihren Freund. Es wird deutlich, daß Frau Manevala eine sehr passive Rolle einnimmt und sich schnell von den Argumenten ihres Partners verunsichern läßt. Als sie ihren Partner „spielt“ fällt mir auf, daß dieser keine relevanten Argumente, sondern leere Sätze vorträgt. Nachdem sie wieder ihre „Rolle“ eingenommen hat, thematisiere ich die einzelnen Argumente ihres Partners mit ihr. Aus dieser, eher exzentrischen Position heraus, bemerkt sie, daß sie in Momenten der emotionalen Involvierung die Inhalte der Aussagen ihres Partners nicht differenziert betrachten kann (Förderung von Einsicht).

Nach der Besprechung der ersten Sequenz spielt sie die Szene noch einmal. Ihre Aufgabe ist es, diesmal zu versuchen, das Gespräch aktiver zu gestalten (Förderung kommunikativer Kompetenz). In der Reflektion dieser Szene gibt sie an, daß sich die „aktive Variante“ besser anfühlen würde (Rollenflexibilität).

Um in Hinblick auf ihre Depressionen und ihre Passivität ein noch deutlicheres Bewusstsein zu schaffen, erzähle ich ihr die fiktive Geschichte von zwei Frauen, die ihren Partner verloren haben (Verwendung von Beispielen). Die eine bleibt monatelang meist zu Hause, verweigert sich gegenüber Freunden und Bekannten. Die andere bleibt in ihrem Schmerz eine Woche zu Hause, läßt sich dann aber wieder auf ihre Freunde und Bekannte ein, geht auch mal ins Kino etc..

Als Ergebnis resümieren wir, daß es ihr in Momenten der Involvierung (hier: Euphorie) deutlich an Bewußtheit für das fehlt, was ihr wirklich gut tut. Auf die Frage, was ihr am heutigen Gespräch besonders wichtig gewesen sei, gibt sie an, es seien die Erkenntnisse gewesen, das Passivität Leiden verlängern kann und das zu viel und zu schnelle Aktivität ergebnislos verpufft.

Intervention:

- Förderung kreativer Erlebnismöglichkeiten und Gestaltungskräfte (9. Wirkfaktor, KG)
- Förderung kommunikativer Kompetenz und Beziehungsfähigkeit (6. Wirkfaktor, KK)

- Rollenspiel; Technik: leerer Stuhl
- Förderung von Einsicht (5. Wirkfaktor, EE)
- Förderung kommunikativer Kompetenz (6. Wirkfaktor, KK, Stärkung von sozialer Wahrnehmung und Rollenflexibilität)
- Technik: Verwendung von *narrativen* Beispielen

Hypothese:

- prozessuelle Diagnose: möglicherweise liegt das klinische Bild einer manischen Depression vor.

Gegenübertragung: -/-

Resümee:

Frau Manevala benötigt besonders die Förderung leiblicher Bewußtheit und eines erlebnisaktivierenden Lebensstils (3. Weg der Heilung und Förderung, 7. Wirkfaktor).

8. SITZUNG

Thema:
Selbstregulation

Prozeß:
Bedingt durch Urlaub, Krankheit und Weiterbildung sind seit dem letzten Gespräch 7 Wochen vergangen. In der Zwischenzeit sei der Psychologe beim NTZ mein „Ersatz" gewesen. Die Behandlung dort sei aber seit 3 Wochen abgeschlossen. Ihre motorischen Fähigkeiten sind wieder nahezu normalisiert. Lediglich bei körperlicher Anstrengung ermüdet sie schnell.

Vor drei Wochen hat sie begonnen, ihren Realschulabschluß nachzuholen. Da sie nur drei Fächer (Mathematik, Biologie und Gesellschaftslehre) hat, verbringt sie nur wenig Zeit in der Schule und fühlt sich unterfordert.

Ihre Ambivalenz tritt wieder auf. Sie sagt, daß es ihr „eigentlich" gut gehe. Auf diese Bemerkung reagiere ich lächelnd mit der ironischen Anmerkung „wenn alles in Ordnung ist, dann können wir die Betreuung ja beenden". Sie lächelt, hat die Ironie der Bemerkung erkennbar verstanden, sagt dann aber, sie habe Angst MS zu haben. Diese Befürchtung ist jedoch völlig unbegründet, wie sich schnell herausstellt.

Sie gibt an, zur Zeit sehr aktiv zu sein, teilweise gehe sie sogar über ihre Grenzen, z.B. in einer Sportgruppe. Sie möchte wissen, wie sie sich besser regulieren, ein mittleres Maß finden kann. Wir thematisieren, daß es zum Leben dazu gehört, über die eigenen Grenzen zu gehen. Nur darf dies nicht ständig geschehen, es gehören beispielsweise auch Phasen der Erholung dazu. Sie stellt fest, daß ihr Körper eigentlich die richtigen Signale aussendet, wann es Zeit zur Aktivität/Passivität ist. Frau Manevala reagiert aber nicht darauf. Wir vereinbaren, daß sie in den nächsten Wochen verstärkt auf ihre Körpersignale achtet und dann beobachtet, wie sie reagiert (Förderung leiblicher Bewusstheit).

Am Ende der Stunde bezieht sie sich noch einmal auf meine ironische Bemerkung zur Beendigung der Betreuung zum Anfang der Stunde, der Angst in ihr ausgelöst hat und zwar in bezug auf die allgemeinen Bedingungen der Beendigung einer Betreuung. Wir klären erneut die Modalitäten, was ihre Angst auflöst.

Anhand dieses Beispieles thematisiere ich mit ihr exemplarisch, wie Ängste und Befürchtungen – zumindest in einigen Fällen – aufgelöst werden können. Frau Manevala erkennt, daß dies in dieser Situation damit begann, daß sie ihre Angst angesprochen hat. Dies erforderte ihren Mut und kostete Überwindung (1. Schritt). Über den Gegenstand der Angst traten wir in einen Ko-respondenzprozeß ein (2. Schritt) und erzielten einen Konsens (3. Schritt). Damit ist das Problem geklärt, die Angst hat sich aufgelöst.

Zum Abschluß der Stunde betone ich ihren Mut und ermutige sie weiterhin, entschlossener aufzutreten (emotionale Stütze).

Intervention:

- Förderung leiblicher Bewußtheit, Selbstregulation etc. (3. Weg der Heilung und Förderung)
- Technik: Aufmerksam machen, hier in ironischer Form
  Ironie: erkenntnisgenerierendes Mittel der Konfrontation, eine Kommunikationstechnik, die auf den griechischen Philosophen Sokrates und dessen berühmte (von Platon verfaßte) sokratischen Dialoge zurückgeht. Eine keineswegs unproblematische Intervention.
- Versuch der Reflektion einer Situation mit einem Theorie-Input (mini-lecture).
- emotionale Stützung (2. Wirkfaktor, ES)

Hypothese:

- die Angst vor MS war vielleicht ein Appell, ein Versuch durch Krankheitsbefürchtungen das angedeutete Ende der Behandlung zu kompensieren.
- mit ihrer Mutter gibt es noch viele wichtige offene Fragen zu bearbeiten.

Gegenübertragung:

- vielleicht hat ihre „Verharmlosung“ mich verärgert und die ironische Intervention provoziert, die offenbar auch nicht optimal war.

Resümee:

Frau Manevala wird mutiger; sie traut sich über die ihr bisher bekannten Grenzen hinaus.

9. SITZUNG

Thema:
Kontakt/Ko-respondenz

Prozeß:
Frau M erscheint in gedrückter Stimmung. „Ich bin sehr müde“. Sie erzählt von nur drei Stunden Schlaf. Wieder einmal hat sie nachts wach gelegen und sich Sorgen wegen ihres Freundes gemacht, der nicht nach Hause gekommen ist. Da Frau Manevala heute sehr passiv und wenig kommunikativ ist, biete ich ihr zur emotionalen Anregung verschiedene Postkarten an, von denen sie sich eine aussuchen darf, die ihrer Stimmung an ehesten entspricht.

Ihre Aussage zu dem Bild ist: „Ich bin verschlossen“. Trotzdem beginnt sie kommunikativer zu werden und erzählt von dem gestrigen Gespräch mit einem Bekannten, in dem sie immer verschlossener wurde und sich dann über sich selber geärgert hat. Wieder sagt sie: „Aber eigentlich ist ja alles in Ordnung ...“. Wir rekonstruieren das Gespräch. Es stellt sich heraus, daß Frau Manevala begann, sich Gedanken zu machen, ob ihr Gegenüber sie überhaupt mag und ernst nimmt. Dann fingen ihre Gedanken an „zu kreisen“. Sie wurde passiv und verschlossen, bis ihr Bekannter das Gespräch beendete, weil er dachte, sie hätte kein Interesse mehr an ihm („Sich selbst erfüllende Prophezeiung“).

Exkurs*:* „Selbsterfüllende Prophezeiungen"

„Eine sich selbst erfüllende Prophezeiung ist eine Annahme oder Voraussage, die rein aus der Tatsache heraus, daß sie gemacht wurde, das angenommene, erwartete oder vorhergesagte Ereignis zur Wirklichkeit werden läßt und so ihre eigene „Richtigkeit" bestätigt" (*Watzlawick* 1981).

Ich erinnere sie an die 8. Sitzung und frage nach, ob sie da einen Zusammenhang sieht. Im Dialog wird ihr klar, daß sie genau das *nicht* gemacht hat, was sie letzte Woche geschafft hatte: ihre Angst/Befürchtung offen darzulegen und mit dem Gegenüber ein „Ergebnis" auszuhandeln (Ko-respondenz). Dieser Ergebnis ist dann für sie realer, als die Spekulationen, die in ihrem Kopf kreisen und dazu führen, daß genau das passieren kann, was sie eigentlich nicht will (Gegenüber verliert sein Interesse).

Frau Manevala nimmt die Erkenntnis aus diesem Gespräch mit, wie viele ihrer Sorgen entstehen: nämlich durch ihre Passivität und die Gedankenkapriolen, die daraus entstehen.

Intervention:

Förderung emotionalen Ausdrucks (4. Wirkfaktor, EA) und kreativer Gestaltungsmöglichkeiten (9. Wirkfaktor, KG) durch kreative Medien, hier: Postkarten.

Hypothese:

Frau Manevala benötigt noch mehrere dieser oder ähnlicher Erkenntnisse, bevor sie langfristig in der Lage sein wird, sie in ihrem Lebensalltag befriedigend umzusetzen und ihren Denk- und Kommunikationsstil zu verändern.

Gegenübertragung: -/-

Resümee:

Es zeigt sich, daß die gewonnen Erkenntnisse nur punktuell umgesetzt werden und noch keine Tiefenwirkung besitzen. Der „dritte Weg der Heilung und Förderung" – Erlebnisaktivierung und Persönlichkeitsentfaltung – ist für sie besonders wichtig.

10. SITZUNG

Thema:

Angst

Prozeß:

Über den Rückblick auf die letzte Sitzung und die Frage, wie Ängste entstehen können, erzählt Frau Manevala von einem „Monster", das sie schon seit ihrer frühesten Kindheit kennt. „Ich sehe einen großen nackten Mann vor meinem Bett".

Den Gedanken an einen möglichen sexuellen Mißbrauch stelle ich nach einem kurzen Moment der Überlegung (Zentrierung) zurück und entscheide mich gegen eine nachfragende, intensivierende und tiefende Intervention und für ihre (und meine) Absicherung (siehe Gegenübertragung) zugunsten der Arbeit mit dem „inneren Begleiter/Gefährten".

Exkurs: „Innerer Gefährte", „Innerer Besistand"
Im Normalfall lernt jedes Baby, daß die Mutter (oder der/die „Andere") da ist, wenn sie gebraucht wird, um Bedürfnisse zu befriedigen und die Emotionen und Wertungen/Beurteilungen zu regulieren. „Dieser Andere (...) wird als „self-regulating other" bezeichnet. Diesen kann sich das Kind, wenn er nicht anwesend ist, in seiner Phantasie, in seinem Ge-

fühl, hervorholen und mit ihm innerlich in Interaktion treten. (...) Dieses zeitlebens vorhandene Wissen von „self regulating other“ und die (zeitlebens) hervorrufbaren Vorstellungen vom ‚evoked‘ companion bilden ein Reservoir für die Gefühle von Geborgenheit und Zusammengehörigkeit“ (Rahm u.a. 1993).

Wenn die Mutter bzw. Pflegeperson nun aber den Kontaktzyklus unterbricht, es zu zeitextendierten Störungen und Defiziten kommt, können sich Repräsentationen nicht in Momenten der Einsamkeit hinreichend verankern, um zum Trost hervorgerufen zu werden. Die im Normalfall durch eine zeitliche Konstanz bewirkte Verinnerlichung findet nicht oder nur ungenügend statt. Es kann ein Gefühl der inneren Leere entstehen.

Der betreffende Mensch kann sich nicht selbst zum guten „Gefährten“ werden (*G.H. Mead* in: *Rahm* u.a. 1993), kann keinen bzw. keinen befriedigenden inneren Dialog führen (z.B. „Ich kann mich nicht selbst trösten oder auch zur Arbeit anhalten“, *Rahm* u.a. 1993).

In Momenten großer Angst oder Einsamkeit greifen Menschen auf ihren wichtigsten inneren Gefährten zurück (z.B. Gott), der ihnen dann Trost spenden kann. In der therapeutische Praxis kann in solchen Momenten (wie hier bei Frau Manevala) bewußt eine heilsame Quelle (z.B. ein Mensch oder auch ein Übergangsobjekt (siehe 14. Sitzung; Exkurs Intermediärobjekt) evoziert werden, um der betreffenden Person das Gefühl der Sicherheit (zurück) zu geben. Im Wissen um eine inkonstante Mutter-Kind Beziehung, gilt es nun eine neue (positive) Erfahrung zu machen.

Frau Manevala willigt ein, daß ich diese Übung mit ihr mache. Ich bitte sie die Augen zu schließen und sich an Personen, Tiere oder Gegenstände zu erinnern, die ihr in ihrem Leben etwas bedeutet, ihr gut getan haben. Dann bitte ich sie diese Personen vor ihrem geistigen Auge langsam vorbeiziehen zu lassen. Nach einer Weile bitte ich sie anzuhalten und frage nach, an wen oder was sie gerade denkt.

Kl: „An meinen Stoffaffen“
Th: „Hat er einen Namen?“
Kl: (zögernd und leicht geniert) „... Max“
Th: „Was verbinden sie mit Max?“
Kl: „Ich habe ihn sehr gemocht. Einmal hat er mir sogar das Leben gerettet.“
Sie erzählt, wie der Affe durch seine Anwesenheit verhindert hatte, das eine Lampe in Brand geriet, während sie schlief.
Th: „Ist Max stark genug, sie gegen das „Monster“ zu beschützen?“
Kl: (zögert... dann, leise) „Sie halten mich bestimmt für verrückt.“
Th: Ich gehe in den intensiven Blickkontakt mit ihr (Solidaritätserfahrung) und antworte:
„Nein, ich halte sie überhaupt nicht für verrückt.“ (Emotionale Annahme und Stütze, ES)
Ich warte ab. Frau Manevala reagiert nicht, senkt den Blick. In gehe in die Beziehungsarbeit: „Können sie das von mir annehmen?“ (Arbeit an der Beziehung)

Exkurs: Arbeit an der und in der Beziehung (*Petzold* 1988t, 1991b, 2000h)
„Hierbei handelt es sich um die Meta-Kommunikation zwischen Klient und Therapeut über die gemeinsame Beziehung. Wenn beispielsweise im therapeutischen Prozeß eine Störung, eine Stagnation oder Irritation eintritt, kann der Therapeut das direkt ansprechen, z.B. „Wie geht es Ihnen gerade mit mir?“ (...) Bei der *Arbeit an der Beziehung* spielt sich der Therapieprozeß direkt und ausschließlich zwischen den beiden Personen ab, zwischen dem Therapeuten und den Klienten in der jetzigen Situation“ (*Rahm* u.a. 1993).

Davon wird die Arbeit in der Beziehung unterschieden. „Hiermit meinen wir die Arbeit innerhalb einer guten, tragfähigen Beziehung, also die Art von belastungsfähiger, relativ übertragungsfreier Beziehung, wie wir sie oben als Globalziel von Therapie (Intersubjektivität) genannt haben (...) (*Rahm* u.a. 1993).

Frau Manevala nickt zustimmend. Nochmaliger Blickkontakt, der mir das Gefühl gibt, eine stimmige Rückmeldung bekommen zu haben. Auf die Frage, ob „Max" als Beschützer stark genug für sie ist, antwortet sie, das „Engel" ihr helfen können. ... das gefällt Frau Manevala gut: aus „Max dem Stoffaffen" ist „der Engel Max" geworden.

Kl: (zögernd) Ich fühle mich jetzt immer noch wie ein kleines Mädchen (Regression). Es fällt mir schwer, wieder wie mit 23 zu sein.

Th: Sagen sie bitte laut: „Ich heiße (...) und bin 23 Jahre alt..." und beschreiben sie dann wo sie gerade sind und was sie machen (Bewusstseinarbeit).

Frau Manevala gerät durch diese Intervention wieder in Kontakt mit ihrem „Erwachsenen-Ich". In Rückblick über diese Stunde sagt sie dann, daß es wichtig für sie war, den Zustand des „sich wie ein Kind fühlen" (Regression) zuzulassen und sogar ein wenig genießen zu können. Ich gebe ihr die Rückmeldung, daß ich sie als sehr mutig erlebe.

Als es darum geht einen neuen Termin zu vereinbaren, sagt Frau Manevala, daß sie noch eine Frage hat:

Kl: „Ist es möglich, daß wir uns duzen?"

Th: Warum möchten sie das?"

Kl: „Für mich ist es dann irgendwie leichter und ich finde es auch persönlicher."

Ich überlege einen Moment (Zentrierung), ob die Arbeit mit Frau Manevala möglicherweise unter der persönlicheren Ebene des „Du" leiden könnte, was ich für mich verneine. Hinzu kommt, daß mir Frau Manevala sehr sympathisch und auch ein wenig ans Herz gewachsen ist. Ihre Anfrage löst bei mir eine emotionale Resonanz aus (Gegenübertragung), die ich in diesem Kontext als stimmig empfinde.

Th: „Gut, ich heiße Michael"

Wir einigen uns auf eine Doppelstunde zum nächsten Mal, vereinbaren einen neuern Termin und verabschieden uns.

Intervention:

- Arbeit mit dem „inneren Gefährten": Förderung eines prägnanten Selbst- und Identitätserlebens, hier auch: zum Aufbau „guter Innenwelten" positive Zuschreibungen internalisieren (12. Wirkfaktor, PE)
- Arbeit an der Beziehung
- Emotionale Annahme und Stütze (2: Wirkfaktor, ES, hier: stimmige emotionale Unterstützung)
- Bewußtseinsarbeit

Hypothese:

- Frau Manevala ist in früher Kindheit möglicherweise sexuell mißbraucht worden (nackter Mann vor dem Bett)
- leichte Regression

Gegenübertragung:

- Resonanz: in bezug auf den möglichen Mißbrauch entsteht bei mir das Gefühl von Überforderung („das kann ich (noch) nicht") (eigene Performanz) und auch eine Ahnung von „ich sollte nicht (selbst wenn ich es mir zutrauen würde)"
- Resonanz: Erleichterung, daß ein starker innerer Gefährte gefunden werden konnte.
- Gefühl der Sympathie für Frau Manevala. Aus ihrer Anfrage bzgl. des „Du" entstand *Begegnung*.

Resümee:

Die intrapsychische Verfassung der Klientin und die Beziehungsebene zwischen Therapeut und Klientin konnten stabilisiert werden.

Mit meiner Überforderung konnte ich in dieser Sitzung besser umgehen. In der Supervision (siehe 5. Sitzung – Resümee) konnte ich klären, daß ich mir den Druck einer Aufarbeitung dieses Themas nicht zu machen brauche und ggf. meine Gefühle auch thematisieren kann (*selektive Offenheit*).

11. SITZUNG

Thema:
5 Säulen der Identität

Prozeß: (Doppelstunde)
Zunächst thematisiert Tanja (Frau M) ihre Angst vor Fremden. Da in unserer Beratungsstelle derzeit diskutiert wird, eine ambulante Gruppe anzubieten, schlage ich ihr vor, daß sie daran teilnimmt. Tanja zeigt Interesse an der Gruppe, und wir einigen uns, das Thema nicht zu vertiefen, um die Doppelstunde für die „5 Säulen der Identität" oder das „Lebenspanorama" nutzen zu können. Nach einer kurzen Erklärung überlasse ich Tanja die Entscheidung, was sie heute besprechen möchte. Sie entscheidet sich für die „5 Säulen". Ich biete ihr an, diese zu malen. Nach einer Bewußtseinsübung (siehe 5. Sitzung „Soziales Atom", *Hass, Petzold* 1999) beginnt sie mit Wachsmalstiften die Säulen auf einem weißen Papier der Größe Din A2 darzustellen (siehe Abb.).

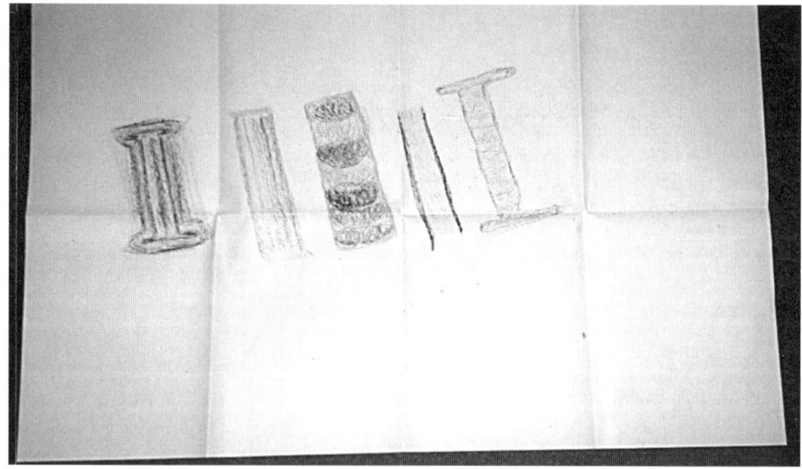

Zu den einzelnen Säulen macht Tanja folgende Angaben:

Leiblichkeit:
Sie sagt: „Ich ruhe/lebe in einem guten Körper". Veränderungswünsche hat sie im Bereich Sexualität: ihre derzeitige Partnerschaft sei diesbezüglich „sehr unbefriedigend".

Arbeit, Leistung und Freizeit:
Sie arbeitet so gut wie nie. Hier bekommt sie wenig Bestätigung/identitätsstiftende Rückmeldungen. Momentan besucht sie aber eine Schule, spielt privat Schlagzeug und nimmt Gesangsunterricht. Derzeit geht es ihr mit dieser „Säule" besser als in ihrer Vergangenheit. Lediglich ihr „innerer Schweinehund" macht ihr oft schaffen. Dann ist sie passiv und macht die Dinge nicht, die sie „eigentlich" machen will (Ich-Schwäche).

Soziales Netzwerk:
Sie empfindet ihr soziales Netzwerk als stabil. Als belastend sieht sie die Leute aus der Drogenszene; und die Beziehung zu ihrer Mutter und ihrer Tochter.

Materielle Sicherheit:
Diese Säule ist sehr dünn (oben und unten offen). Tanja hat viele materielle Wünsche, aber wenig Geduld.

Werte und Normen:
Sie glaubt an eine „innere Kraft". Über ihre Wertvorstellung (z.B. Moral) kann sie auch auf Nachfrage keine Angaben machen.

Im Ganzen betrachtet findet sie, daß es den Säulen (ihrem Leben) noch an Stabilität und Sicherheit fehlt. Sie kann erkennen und annehmen, daß sie sich derzeit in einer Art Umbruch- oder Aufbruchphase befindet. Kreativität und verschiedene Möglichkeiten sind auf ihrer Seite jedoch vorhanden (Zukunftsperspektive).

Intervention:

- Bewußtseinsübung zur Herstellung von Awareness
- Arbeit mit kreativen Medien, hier: Malen der „5 Säulen..."
- Erarbeitung von positiven Zukunftsperspektiven (10. Wirkfaktor, PZ)

Hypothese:

- Tanja entscheidet sich mit den „5 Säulen" für das Thema, das nicht in ihre Vergangenheit geht, möglicherweise weniger intensiv zu sein scheint (*Widerstand*).
- Bezogen auf den synergetischen Prozeß ihrer Lebensspanne befindet Tanja sich derzeit in einer „Phase von neuer Ordnung" (1. Stadium), die auf die vorhergegangene „Phase von Chaos" (ihre Krankheit/ Krakenhausaufenthalt) folgt. Die „Phase neuer Ordnung" ist besonders dadurch gefährdet, daß die noch unsichere Ordnung wieder verloren geht (siehe *Rahm* u.a. 1993).

Gegenübertragung: -/-

Resümee:
Es wird deutlich, dass Tanja sich in einer Veränderungsphase befindet. Der Bereich „soziales Netzwerk" („2 schwarze Schafe") bedarf besonderer Beachtung.

12. SITZUNG

Thema:
Verhaltensrückfall; „5-Säulen"-Rückblick

Prozeß:
Tanja erzählt, daß sie wieder extrem in ihre alten Verhaltensweisen zurückgefallen ist (*Verhaltensrückfall*): sie war faul, hat sich „gehen lassen" und ein sehr schlechtes Gewissen dabei. Dies anzunehmen fällt ihr nicht leicht. Wir schauen uns daher noch einmal gemeinsam ihre „5 Säulen" an. Tanja sagt, daß sie das Bild mit dem Abstand von einer ganzen Woche nun mit anderen Augen, aus einer anderen Perspektive sehen würde (*Gewinn an Exzentrizität*).

Heute kann sie das Bild mehr als Ganzes sehen, statt „nur" jede einzelne Säule für sich. Ihr fällt auf, daß die Pfeiler sehr wackelig stehen und sich nach links neigen. Weiterhin bemerkt sie, daß es weder einen Boden, noch ein Dach gibt. Die Säulen bilden keinen Tempel, keinen sicheren Ort, sondern stehen wackelig und ungeschützt.

Ihre Instabilität wird ihr aus dieser Perspektive wesentlich deutlicher. Tanja kennt das jedoch aus ihrem Leben, kann es deshalb gut annehmen, denn letztendlich war sie nie stabiler als jetzt. Ihre Zukunftsperspektive sieht sie positiv (10. Faktor, PZ). Ich lege Wert darauf, daß ihr das bei aller Instabilität bewußt wird. Um die Perspektive zu wechseln, biete ich ihr an, mit mir die Rolle zu tauschen (*Rollenflexibilität*, 6. Faktor, KK). Die Rolle des Therapeuten führt bei ihr jedoch (noch) zu einer Blockade.

Das bringt mich auf die Idee den Rollentausch in der nächsten Stunde noch einmal zu versuchen. Dann allerdings ohne den Zusammenhang mit dem Bild. Tanja nimmt den Vorschlag an.

Intervention:

- Erarbeitung von positiven Zukunftsperspektiven (10. Wirkfaktor)
- Rollentausch: Förderung kommunikativer Kompetenz und Rollenflexibilität (6. Wirkfaktor)

Hypothese:

Dach und Boden fehlen: Symbol für mangelndes Grundvertrauen und innere Sicherheit/ Stabilität (siehe auch 10. Sitzung).

Gegenübertragung: -/-

Resümee:
Nach eine Phase des „Rückfalls" erlebte Tanja eine rationale Einsicht in ihre Lebenszusammenhänge und konnte eine positive Zukunftsperspektive aufbauen. Mit dem Versuch des Rollentauschs war sie überfordert.

13. SITZUNG

Thema:
kindisches Verhalten; Opferrolle

Prozeß:
Direkt nach den Begrüßung tauschen wir die Rollen (und Stühle). Ich „spiele" Tanja, nehme ihre Sitzhaltung ein, lache verlegen, erzähle von „meinem" Freund, der keine Rücksicht

auf mich nimmt. In ihrer Rolle als Therapeutin sagt sie, ich solle lieber „Schluß machen". Ich reagiere mit Ambivalenz und wechsle dann das Thema, erzähle das ich zu Hause rumsitze und mich ärgere, weil ich das nicht mache, was ich eigentlich tun möchte. Dann sage ich Tanjas Standardsatz: „Ach, eigentlich ist ja alles in Ordnung" in einem eher gequälten Tonfall. Als Tanja „sich" so sieht, schmunzelt sie. Ich warte noch einen Moment ab und als keine weitere Reaktion von ihr kommt, nehmen wir wieder die „alten" Rollen ein. Wir tauschen die Sitzplätze, das Rollenspiel hat ca. 5 Minuten gedauert.

Th: „Wie war das für dich?"

Kl: „Ich war überrascht. Ich dachte du würdest irgendjemanden spielen. Ich wußte nicht, daß du mich spielen wolltest."

Th: Ausgehend von ihrem eher „kindischen" Verhalten, versuche ich mit ihr zu erarbeiten, wie das auf andere Menschen wirkt, was das auslöst (siehe Erstgespräch, meine komplementäre Gegenübertragung: Tanja löste Beschützer-/Vatergefühle bei mir aus). Tanja findet zwei wesentliche Reaktionen auf kindisches Verhalten eines Erwachsenen heraus: kann Beschützergefühle wecken, was dazu führt, daß man helfen will und man wird nicht ernst (genug) genommen.
„Kann es sein, daß kindisches Verhalten deine Art ist, um Hilfe zu bitten?"

Kl: „Ja, das mache ich schon, weil ich eigentlich um Hilfe bitte (*Einsicht*, 5. Faktor, EE), aber ich will auch ernst genommen werden!"

Th: „Vielleicht gibt es ja einen anderen Weg, wie du um Hilfe bitten kannst?" (*Rollenflexibilität*)

Kl: „Ich könnte direkter sagen, was ich möchte oder nicht möchte."
Wir besprechen das direktere Ansprechen von Wünschen und Gefühlen und die Auswirkungen auf ein Gegenüber.

Th: Nach dem Rollentausch habe ich bei Tanja folgende Phänomene beobachtet: Sie spricht etwas lauter, deutlicher, und engagierter, sitzt gerader auf ihrem Stuhl und wirkt insgesamt nicht mehr so passiv.
„Fällt dir eigentlich an deinem Verhalten seit dem Rollenspiel etwas auf?"

Kl: (lächelt) „Ja, ich denke ich benehme mich erwachsener als vorher."

Th: „Das ist mir auch aufgefallen (ich beschreibe ihr die o.g. Phänomene, sie bestätigt meine Wahrnehmung). Und wie fühlst du dich dabei?"

Kl: „Es ist etwas ungewohnt, aber gut." (*Förderung kreativer Erlebnismöglichkeiten*, 9. Faktor, KG)

Tanja ist der Meinung, daß sie andere, cleane Kontakte knüpfen sollte. Sie denkt darüber nach, einen Selbstverteidigungskurs für Frauen zu besuchen. Auch an unserem Gruppenangebot hat sie nach wie vor Interesse. Ich erzähle ihr, daß die Gruppe nicht wie geplant stattfinden wird, aber ich ihr die Teilnahme an einer cleanen Frauengruppe in unserem Verbundsystem (Adaptionseinrichtung) anbieten kann (*Solidaritätserfahrung*, 14. Faktor, SE). Tanja sagt, daß eine Frauengruppe vielleicht nicht schlecht für sie wäre, da sie mit Frauen im allgemeinen „nicht so gut zurecht komme". Sie betont, wie wichtig es ihr ist, noch mehr Selbstvertrauen zu bekommen.

Gefragt nach ihrem persönlichen Resümee der Stunde antwortet sie: „Ich komme langsam aus meinem Schneckenhaus und fange an, Verantwortung für mein Tun zu übernehmen."

Intervention:

- Rollenspiel, hier: Rollentausch
- Förderung von Einsicht (5. Wirkfaktor, EE)
- Förderung kommunikativer Kompetenz und Beziehungsfähigkeit, hier: Rollenflexibilität und Ausdrucksvermögen (6. Wirkfaktor, KK)

- Technik des Aufmerksammachens (auf erwachseneres Verhalten), hier: indirekt in Frageform, Versuch der Förderung von Exzentrizität
- Förderung kreativer Erlebnismöglichkeiten (9. Wirkfaktor, KG)
- Versuch der Solidaritätserfahrung durch Angebot Frauengruppe (4. Weg der Heilung und Förderung, 13. Wirkfaktor, TN)
- Förderung von Einsicht durch Metareflektion

Hypothese:

Während Tanja durch ihr Verhalten bei Männern Beschützergefühle weckt, wird sie von Frauen eher als Konkurrenz empfunden. Durch ihr fehlendes stimmiges Mutterbild (siehe 6. Sitzung) fällt es ihr schwer, einen befriedigenden Kontakt bzw. Beziehungen zu Frauen herzustellen.

Gegenübertragung:

Konkordante Gegenübertragung in der Rolle von Tanja: Gefühl der Lustlosigkeit, Passivität.

Resümee:

Erkenntnisse und „Rückfälle“ in alte Bewältigungsmuster gehen bei Tanja flüssig ineinander über. Ihr persönliches Resümee zeigt die richtige Richtung an.

14. SITZUNG

Thema:
Mutterrolle; Hass auf Partner

Prozeß:
Heute steht die Problematik mit ihrer Tochter im Vordergrund. Tanja ist niedergeschlagen, fühlt sich derzeit nicht in der Lage, sie zu sehen, hat aber ein schlechtes Gewissen, wenn sie es nicht tut. Von mir möchte sie nun die Bestätigung, daß ihr Verhalten in Ordnung ist. Ich erarbeite mit ihr den Grund ihres Handelns. Nicht etwa, weil sie ihre Tochter nicht mehr liebt, möchte sie sie nicht sehen, sondern weil sie jetzt Zeit für sich braucht. Ich gebe ihr zu bedenken, daß ihre Tochter langfristig mehr von ihrer Mutter profitiert, wenn diese nach einer „Auszeit“ stabiler in die Beziehung gehen kann (*Emotionale Annahme und Stütze*, ES, *Zukunftsperspektive*, PZ). Der Tenor lautet: jetzt ist Zeit für mich, für meine Entwicklung.

Tanja kann dies annehmen, ist bzw. scheint für einen Moment beruhigt. Dann, nach einer kleinen Pause sagt sie jedoch:

Kl: „Ich bin traurig“.
Th: „Ich kann deine Trauer gar nicht sehen“ (Aufmerksam machen).
Kl: „Eigentlich ist ja auch alles in Ordnung ...“ (funktionaler Widerstand).
Ich antworte nicht, warte ab. Plötzlich krümmt Tanja sich zusammen und bricht in Tränen aus. Sie weint minutenlang und es scheint, daß sie eine lange angestaute Trauer ausleben kann. Die damit einhergehende Entkrampfung ist für mich leiblich spürbar (konkordante Gegenübertragung).
Ich gebe ihr zu verstehen, daß hier ein Ort für alle ihre unterschiedlichen Gefühle sein kann, sofern sie das möchte (*Emotionale Annahme und Stütze*, 2. Faktor, ES).
Verkrampfungen, die sich eigentlich in Trauer/Tränen zeigen müssten, spürt Tanja regelmäßig. Wir rekonstruieren, daß sie diese Verkrampfungen im Bereich Brust-

bereich und im Hals spürt. In Zukunft gilt es für sie, stärker auf diese Körpersignale zu achten und ihre Trauer zuzulassen (*Förderung leiblicher Bewusstheit*, 7. Faktor, LB). Wir besprechen, was sie sonst noch zu ihrer Entspannung beitragen kann: Lesen, Kochen, Musik, Rad fahren sind ihre persönlichen Favoriten (Förderung eines bewegungsaktiven Lebensstils).

Dann erzählt sie von dem Haß, den sie für ihren Freund empfindet. Auch ihn spürt sie in Brust und Hals, auch er wird unterdrückt, ist für mich nicht sichtbar. Ich biete ihr an, ihrem Haß eine Gestalt zu geben (Bild, Plastik o.ä.) und mitzubringen, wenn sie darüber sprechen möchte.

Exkurs: Intermediärobjekt (*Meili, Petzold 2000)*

Dem „Haß eine Gestalt geben" bedeutet in diesem Fall ein Intermediärobjekt zu schaffen. Dies kann genutzt werden, um der Klientin eine hilfreiche Distanzierung zu ermöglichen. Die symbolhafte, also verdichtende Form von „Haß" kann einen externalisierten Ort und Raum (z.B. in Form eines Steins) bekommen. Das Bedrohliche wird aus dem inneren somatisierenden Erlebnisraum symbolisch „externalisiert", erhält Form und Gewicht und kann so in differenzierter Form erneut "dialogisch angesprochen" werden oder auch taktil (den Haßstein in die Hand nehmen) gespürt werden. (vgl. *Osten* 1995)

In der therapeutischen Arbeit wird oftmals das *Übergangsobjekt* (*Winnicott* 1974) genutzt. „Übergangsobjekte sind Gegenstände, die in der Regel weich und griffig sind, die den Geruch von Mutter und Baby angenommen haben, vorhanden bzw. erreichbar sind und mit angenehmen Erfahrungen verbunden sind, z.B. Schmusedecke (Windel), Nuckel, Daumen, Kuscheltier. Sie haben die Funktion, die Frustration des Allein-Seins, Getrennt-Seins zu mildern und aushaltbarer zu machen. Sie sind „Tröster" (*Rahm* u.a. 1993). *Intermediärobjekte* vermitteln in der Kommunikation zwischen Personen direkt und/oder auf symbolischer Ebene.

Intervention:

- Emotionale Annahme und Stütze, hier: Akzeptanz, Ermutigung (2. Wirkfaktor, ES)
- Erarbeitung von positiven Zukunftsperspektiven (10. Wirkfaktor, PZ)
- Emotionale Annahme und Stütze, hier: stimmige emotionale Unterstützung (2. Wirkfaktor, ES)
- Förderung leiblicher Bewusstheit, hier: Förderung von Wahrnehmungsfähigkeit, (Anästhesierung des „perzeptiven" Leibes/7. Wirkfaktor, LB)
- Förderung eines bewegungsaktiven Lebensstils (7. Wirkfaktor, LB)
- Versuch der Schaffung eines Intermediärobjektes (siehe Exkurs)

Hypothese:

Der „Haß" auf ihren Partner entspringt unerwiderter Liebe.

Gegenübertragung:

Konkordante Gegenübertragung bei Entkrampfung durch Tränenausbruch.

Resümee:

Tanja konnte ihre emotionale Involvierung zulassen (3. Ebene der Tiefung). Abgespaltene Emotionen kommen immer mehr zum Vorschein.

Exkurs: Die Ebenen der Tiefung (*Petzold* 1993a/2003a)

„Die IT unterscheidet vier Ebenen emotionaler Tiefung, in denen die therapeutische Arbeit, der Weg zu den früheren Szenen, verlaufen kann:

1. Die Ebene der Reflektion
2. Die Ebenen der Affekte und Vorstellungen
3. Die Ebene der emotionalen Involvierung
4. Die Ebene der autonomen Körperreaktion

(...) Tiefung ist also immer eine zeitweilige und gewollte Regression in der Therapie“ (*Rahm* u.a. 1993). Wichtig ist, daß eine Therapie nicht besser ist, „je tiefer“ sie geht (ebenda).

15. SITZUNG

Thema:

Lebenspanorama

Prozeß:

Tanja berichtet, dass sie eigentlich absagen wollte. Auf dem Weg hierher hatte sie starke Magenschmerzen (intrapsychischer, protektiver Widerstand). Jetzt ist sie jedoch froh, da zu sein, sich überwunden zu haben.

Nach einer Bewußtseinsübung (siehe 5. Sitzung) beginnt Tanja zu malen (siehe Abb.).

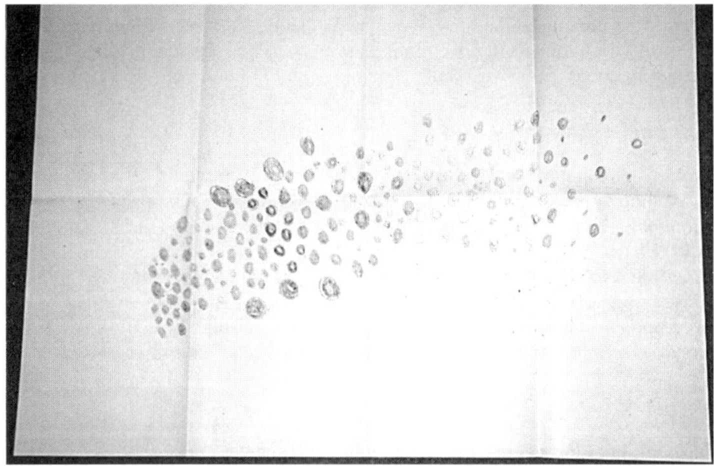

Nach einer kurzen Pause beginnt Tanja mir ihr Bild zu erklären.

Die Zeichnung zeigt, von links nach rechts gehend, chronologisch verschiedene Abschnitte ihres Lebens, die sie mit jeweils farbigen und schwarzen kleinen Punkten darstellt.

Ihr „Leben“ beginnt in der pränatalen Zeit, die sie mit drei hellen Punkten darstellt. Dann folgt eine überwiegend schwarz gemalte Phase, ihre Kindheit und Pubertät. Die sog. „Kölner Zeit“ ist recht bunt: viele Parties und Drogen. Sie sagt: „Da hat die Verdrängung noch funktioniert.“ Es folgt ihr Krankenhausaufenthalt, der sehr hell gemalt ist. Sie beschreibt ihn als gute Zeit, in der sie sich geborgen gefühlt hat. Die jetzige Phase sehr hell und bunt, mit schwarzen Flecken durchsetzt.

Auf Anfrage erzählt Tanja von der ersten „schwarzen“ Phase:

Kl: „Nach meiner Geburt war alles scheiße.“
Tanja kann sich kaum erinnern, weiß auch nicht, ob sie als Kind „gewollt“ war, vermutet aber, daß dies nicht der Fall war. Auch kann sie nicht richtig beschreiben, was „scheiße“ war.
Tanja beginnt sich zusammenzukrümmen, die Schultern hängen zu lassen und die Beine leicht anzuwinkeln. Mich erinnert das an eine Art embryonaler Haltung. Ich bitte sie daher, diesen Impuls zu verstärken (Initiierung in die 3. Ebene der Tiefung: emotionale Involvierung).

Th: „Wie fühlst du dich jetzt?“

Kl: „Wie ein Baby.“ (Regression)

Th: „Und wie geht es dir dabei?“

Kl: „(lacht – intrapersoneller Widerstand) ... das geht mir nahe. Ich werde traurig. ...
Sie beginnt sehr heftig zu weinen (3. Ebene der Tiefung). Ich versuche ihr beruhigend zuzureden, bitte sie durchzuatmen und setze mich neben sie.

Th: „Ich lege jetzt meine Hand auf deinen Rücken (Technik der leibhaftigen Stützung). Wenn sie dich stört, drück sie weg“ (keine Reaktion).
In dieser Position verbleiben wir für eine Weile, bis Tanja langsam aufhört zu weinen.

Th: „Wie geht es dir jetzt?“

Kl: „Ich merke, daß ich immer versuche cool zu wirken und so zu tun als ob mir das alles nichts ausmacht, dabei bin ich sehr verletzlich.“

Th: Verhältst du dich deiner Mutter gegenüber auch so? (siehe Hypothese)

Kl: „Ja, ihr gegenüber ganz besonders. Ich bin manchmal ziemlich ätzend und auch verletzend zu ihr.

Th: „Und wie reagiert sie, wenn du sie verletzt?“

Kl: „Dann wird sie ziemlich traurig, meist weint sie.“

Th: „Könnte es sein, das du sie attackierst, damit sie dich nicht angreift?“

Kl: „Ja, vielleicht ... .“

Th: „Hat sie dich je verletzt oder angegriffen?“

Kl: „Ja, aber mehr durch Kälte und Abwesenheit. Wenn die mich mal in den Arm genommen hat, war ich total überrascht (Pathogenese: Unterstimulierung; Defizit). ... Ich merke, daß die Beziehung zu meiner Mutter die größte Schwierigkeit in meinem Leben ist.“

Th: „Wie ist das für dich, wenn du das feststellst?“

Kl: „Wie ein großer Knoten in mir, der sich nicht auflöst.“
Mit Hilfe der hermeneutischen Spirale versuche ich ihr zu verdeutlichen, daß sie nach dem „wahrnehmen“ und „erfassen“ jetzt *langsam* beginnt ihre Lebenszusammenhänge/Probleme zu verstehen. Für ein „Erklären“ und damit Auflösung des Knotens braucht es viel Zeit und Geduld. Sie ist jedoch auf dem richtigen Weg (Zukunftsperspektive).

Intervention:

- Bewußtseinsübung
- kreative Medien, Technik: Lebenspanorama (malen)
- Technik des Übertreibens
- stützende Technik; hier: leibhaftige Stützung (im Gegensatz zur verbalen, bzw. emotionalen Stützung). (2. Wirkfaktor, ES: Emotionale Annahme und Stütze)
- Erarbeiten von positiven Zukunftsperspektiven (10. Wirkfaktor, PZ)

Hypothese:

Tanja verletzt ihre Mutter, bevor diese sie verletzen kann (Vorneverteidigung). „Gewinn" von Macht über die Mutter, wenn diese dann traurig wird.

Gegenübertragung: -/-

Resümee:

Meine Hypothese der „Vorneverteidigung" erweist sich als unrichtig. Eher scheint die defizitäre Struktur der Mutterbeziehung noch größer bzw. zeitextendierter zu sein als bisher bekannt.

Kurze Zusammenfassung der Sitzungen 16-20:

In der **16. Sitzung** bringt Tanja ihren „Haß" in Gestalt einer kleinen Schatulle mit (siehe 14. Sitzung), in der Nadeln für Plattenspieler aufbewahrt werden: steht für DJ, Party und Drogen, die sie früher auch in dieser Schachtel versteckt hatte. Über die Phänomenebene (streichelt ihren Stuhl – Suche nach Zärtlichkeit – Vernachlässigung durch die Mutter) kommt das Gespräch wieder auf ihre Mutter. Hier gilt es, Haß und Liebe als gegensätzliche Gefühle akzeptieren zu können. Die **17. Sitzung** thematisiert ihre Opferrolle, die sie immer wieder einnimmt. In der **18. Sitzung** wird noch einmal – diesmal mit Hilfe der Integrationstechnik – versucht, gegensätzliche Impulse zu integrieren („alles gehört zu mir, das „Gute" *und* das Böse"). Ausgangpunkt war die erneute gemeinsame Betrachtung ihres Lebenspanoramas. In der **19. Sitzung** wird ihr Vater zum ersten Mal Thema. Als Ergebnis wird ihr klar, daß beide in ihrem „Schneckenhaus" sitzen und sich nicht aufeinander zu bewegen, d.h. sehr wenig Kontakt miteinander haben. Dabei stellt Tanja fest, daß sie sich beide sehr lieb haben. Sie überlegt, wieder Kontakt aufzunehmen. In der **20. Sitzung** erwähnt sie fast nebenbei, daß sie in der Zwischenzeit ihren Realschulabschluss nachgemacht hat. Es wird noch einmal deutlich, wie wenig sie positives für sich annehmen bzw. ihre eigene Leistung würdigen kann.

Ihr Freund hat sie verlassen bzw. ist eine neue Beziehung eingegangen, wohnt aber nach wie vor mit ihr zusammen. Neben der großen Verletzung ist sie aber auch erleichtert. Sie beginnt Zukunftspläne zu machen, z.B. ein Praktikum als Tontechnikerin zu absolvieren oder vielleicht sogar für ein Jahr nach England zu gehen.

In dieser Stunde sage ich ihr auch, daß ich über die Arbeit mit ihr ein Behandlungsjournal für meine Ausbildung verfassen möchte. Sie ist überrascht, reagiert aber sehr positiv darauf. Wir vereinbaren eine Prozeßanalyse für die nächste Sitzung, mit der ich dann die Dokumentation – quasi als Zwischenbilanz – abschließen möchte. Die Betreuung selbst geht ja weiter.

21. SITZUNG

Thema:
die Beziehung zur Mutter

Prozeß:
Tanja fällt sofort durch ihre traurige und verschlossene Miene auf. Wieder schaut sie mich zur Begrüßung wortlos an. Schnell kommt sie auf den Punkt: „Mir geht es beschissen". Im Dialog ergibt sich, daß sie vor allem unter dem Gefühl leidet, von ihrem Freund verlassen worden zu sein. „Er hat sich überhaupt nicht um mich bemüht". Dieser Satz weckte in mir die Hypothese, daß hier alte Defizite, speziell ihre Mutter betreffend (siehe Sitzung 6 und

15), reaktiviert wurden und den natürlichen Trennungsschmerz noch überlagern und – für sie nicht nachvollziehbar – unerträglich verstärken. Ich entschließe mich an dieser Stelle (nach ca. 5 Min.), den geplanten Verlauf der Sitzung zu verlassen (und damit die „Zwischenbilanz" der Betreuung auf die nächste Stunde zu verschieben) und der im Vordergrund stehenden Problematik Raum zu geben. Ich frage also nach, ob sie dieses Gefühl aus ihrer Vergangenheit kennt.

Kl: „Ja, von zu Hause."
Th: „Und woher genau?"
Kl: „Von meiner Mutter ...". Sie spricht nicht weiter, nimmt eine vorübergebeugte, zusammengekrümmte Haltung ein und beginnt still zu weinen. Nach einer Weile richtet sie sich auf und sagt „ich hasse meine Mutter. Sie beherrscht mein ganzes Leben". Im anschließenden Gespräch verdeutlichen sich nochmals die defizitären Strukturen aus ihrer Kindheit, die schließlich zum Narrativ „ich bin es nicht wert" wurden.
Th: „Stimmt das wirklich?" (Bewußtseinsarbeit)
Kl: (längere Pause, dann leise) „Nein ...".
Th: „Ich habe dich nicht richtig verstanden." (Technik des Verstärkens/Übertreibens)
Kl: (diesmal lauter und deutlicher) „Nein."
Th: „Formulier das doch bitte mal für dich, beginnend mit „Ich"." (Bewußtseinsarbeit)
Kl: „Ich bin es wert, daß sich jemand um mich kümmert oder sich für mich interessiert."
Th: „Ja, du bist es wert! Das sehe ich ganz genauso!! (Emotionale Annahme und Stütze) Ich gehe in einen intensiven Blickkontakt mit ihr (Solidaritätserfahrung) und bitte sie, den Satz „ich bin es wert ..." noch einmal zu wiederholen (vgl. Interventionen).
Th: „Wie geht es dir jetzt?"
Kl: „Ich fühle mich besser."

Intervention:

- Über die erste Ebene der Tiefung (Reflexion; „Was ist denn los?") und die zweite Ebene der Affekte und Vorstellungen („Was spürst du denn jetzt?"), habe ich mit der Fragestellung „kennst du dieses Gefühl aus deiner Vergangenheit?" eine Tiefung in die dritte Ebene der emotionalen Involvierung initiiert.
- Förderung leiblicher Bewußtheit durch Überprüfung einer Aussage (1. Weg der Heilung und Förderung; 7. Heilfaktor, LB)
- Technik des Verstärkens
- emotionale Annahme und Stütze (2. Wirkfaktor, ES)
- Blickkontakt (Solidaritätserfahrung: 4. Weg der Heilung und Förderung, 14. Heilfaktor, SE)
- Technik des Wiederholens: in diesem Beispiel (Wiederholen des Satzes „ich bin es wert ...") handelte es sich nicht um eine nebenher oder ohne deutliche Bewußtheit geäußerte Bemerkung. Das Wiederholen diente der noch deutlicheren Bewußtwerdung, ein Versuch zur Korrektur des Narratives (12. Wirkfaktor, PI: Förderung eine prägnanten Selbst- und Identitätserlebens; Aufbau guter Innenwelten und Internalisierung positiver Zuschreibungen).

Hypothese:

Widerstand gegen die Prozeßanalyse.

Gegenübertragung:

- konkordante Gegenübertragung: Trauer
- konkordante Gegenübertragung: Wut auf Mutter

Resümee:

Tanja hat einen wichtigen Schritt zur Veränderung ihres Narratives getan.

22. SITZUNG

Thema:
Prozeßanalyse; tatsächliche Wirkfaktoren

Prozeß: (Doppelstunde)
Ich biete Tanja an, ihre Prozeßanalyse zu malen. Sie möchte jedoch lieber etwas schreiben. Nach einer Awarenessübung (siehe 5. Sitzung) und meiner Einleitung zum Thema fragt sie mich, ob sie auch meine „Knöpfe" benutzen kann (siehe 5. Sitzung, „Soziales Atom"). Sie beginnt sofort, diese über das ganze Büro verteilt auszulegen, hat offensichtlich genau im Kopf, was sie legen bzw. ausdrücken möchte (siehe Abb.).

Im Wesentlichen läßt sich ihre Darstellung des Prozesses auf zwei Linien reduzieren, die sie mit unterschiedlichen Knöpfen gelegt hat. Sie erklärt mir, daß die eine Linie unter meinem Schreibtisch beginnt. Dies stellt ihre Ausgangssituation in der Betreuung dar. Sie setzt sich fast gerade fort und endet ca. 150 cm vor der Bürotür. Diese ist einen guten Spalt geöffnet. Es ist (noch) nicht möglich hinauszusehen. Am Ende der Reihe ist das „Hier und Jetzt".

An einer Stelle zweigen zwei Linien ab. Eine führt nach rechts, sie verzweigt kurz vor ihrem Ende noch einmal und endet unter einer Blume und unter einem kleinen Regal. Die andere führt nach links und endet unter dem kleinen Bürotisch. Diese Abzweigungen symbolisieren, daß ihr Weg nicht immer gerade verlaufen ist, wie die Hauptlinie suggerieren läßt. Jene, welche unter dem Tisch endet, steht für ihren Rückzug ins „Schneckenhaus" (ähnlich des Beginns unter dem Schreibtisch). Die andere endet unter der Blume, sie symbolisiert Licht, Wärme, Geborgenheit und Freude. Die zweite kleine Abzweigung hat nur einen Knopf unter dem Regal. Tanja sagt, sie sei dort nicht richtig „geschützt", der Rückzug ins „Schneckenhaus" ist hier nur angedeutet, aber nicht vollzogen.

Ich bespreche mit Tanja die Symbolik der beiden so unterschiedlichen Abzweigungen: es ist ihr bis zu einem gewissen Grad gelungen, ihre zwei Persönlichkeitsanteile „hell" und „dunkel" (Ying und Yang) zu integrieren, bzw. für sich zu akzeptieren, daß diese im Leben nebeneinander Bestand haben können und dürfen!

Neben den beiden Hauptlinien ihrer Darstellung fallen auch einzelne Knöpfe auf, die den „Weg" säumen. Dies beschreibt Tanja als Einflüsse von Außen. Auf Anfrage mag sie jedoch keine speziellen benennen.

Weiterhin finden sich direkt in der Nähe aller Linien Anordnungen von jeweils drei Knöpfen, die direkt beieinander liegen. Diese sollen meine Person symbolisieren, die sie die ganze Zeit begleitet hat („Convoy", siehe auch Gesamtresümee). Tanja sagt, sie hätte drei Knöpfe genommen, damit es sich optisch hervorhebt. Wir sprechen darüber, wie wichtig es ist, einen Begleiter zu haben.

Ich biete ihr meine Interpretation an, daß es sich bei den beiden Hauptlinien auch um ein Koordinatensystem (X- und Y-Achse) handeln konnte. Diese Idee gefallt ihr gut, denn ein Koordinatensystem schafft Struktur, Ordnung und setzt die Dinge zueinander in Relation. Ich frage sie, inwieweit sich das auf ihr Leben übertragen läßt. Tanja sagt, daß sie ihr Leben nicht als klar und strukturiert empfindet, aber *klarer* und *strukturierter* als zuvor. Damit ist eine *Tendenz* erkennbar, die es zu erweitern gilt.

Seitdem Tanja begonnen hat, ihre Darstellung zu erläutern, ist mir auch ihre klarere und deutlichere Sprache aufgefallen (Phänomen). Außerdem zeigte sie sowohl während des Legens der Knöpfe, als auch während des Erklärens wenig Unsicherheit. Dies war noch bei der Erstellung das „sozialen Atoms" (siehe 5. Sitzung) völlig anders. Jetzt scheint mir der Zeitpunkt gekommen, ihr dies zurückzumelden (aufmerksam machen). Sie reagiert wenig überrascht, ist sich ihres „Mehr" an Klarheit durchaus bewußt (Gewinn an „Ich-Stärke"). Darüber bin ich (positiv) überrascht und lasse sie dies wissen. Tanja sagt: „Es ist gar nicht alles so scheiße wie ich mir das immer einrede, ich schaffe auch viele tolle Sachen!" Damit hat sie ein wichtiges *Narrativ* ihres Lebens in eine richtige Richtung korrigiert. Weiter sagt sie: „Ich denke, ich habe jetzt einen größeren Reichtum an Möglichkeiten in meinem Leben."

Ich gebe ihr zu verstehen, daß ich tief beeindruckt bin von dem, was sie in dieser Stunde kreiert hat und wie sie es und sich selbst darstellt.

Nachdem sie ihren bisherigen Prozeß dargestellt hat, ist es wichtig für mich, dies auch mit einer möglichst positiven Zukunftsperspektive zu verbinden.

Th: „Hast du eine Vorstellung, wie es zukünftig weitergehen kann oder soll?"

Kl: „Ja. Ich stelle mir vor, daß ich diese Linie (Hauptlinie in Richtung Tür/Anm. d.Verf.) weiter voranschreite, bis ich irgendwann zur Tür komme. Die war zu Beginn der Betreuung noch zu, jetzt ist sie weit genug geöffnet, so daß ich zu gegebener Zeit hindurch gehen kann. Dann betrete ich einen neuen Raum."

Th: „Wo werde ich mich aufhalten?"

Kl: „Du wirst mich weiterhin begleiten (zeigt auf die „drei Knöpfe"). Wir gehen gemeinsam durch die Tür und schauen uns den neuen Raum an. Dann gehe ich alleine weiter."

Ich gebe Tanja zu verstehen, daß ich ihre Metapher, gemeinsam einen neuen Raum zu betreten, um sie dann alleine weitergehen zu lassen, sehr schön finde und mich freue, daß sie so eindeutige und wenig angstbesetzte Vorstellungen vom Ende unserer gemeinsamen Zeit hat. Wir einigen uns darüber, daß wir noch nicht wissen, wann dieser Moment sein wird, es aber gemeinsam beschließen wollen.

Damit ist der erste Teil der Prozessanalyse abgeschlossen, und wir wenden uns dem zweiten zu: der wichtigen Frage, was ihr im Laufe der Betreuungszeit geholfen hat, dahin zu kommen, wo sie jetzt steht. Tanja benennt ihre Entscheidung drogenfrei zu leben (und zu bleiben) und die Tatsache, daß sie ihren Freund loslassen konnte.

Auf die Frage, was innerhalb der Betreuung für sie wichtig und hilfreich war, hebt sie hervor:

- ihre Überwindung mich nach dem „Du“ zu fragen. Seitdem könne sie persönlicher und offener werden.
- mein Einfühlungsvermögen (Emphatie – siehe 6.1.2: „Ko-respondenzmodell“). Und besonders, daß ich in schwierigen oder traurigen Situationen trotz emphatischen Mitfühlens nicht den Sinn für die Realität verloren hätte.

Auf die Frage, was ihr in dieser Stunde besonders wichtig war, antwortet sie: „Ich bin stolz auf das, was ich gemacht habe. Und ich war sehr stolz als du gesagt hast, daß du tief beeindruckt bist.“

Intervention:

- Awarenessübung
- kreative Medien, hier: Knöpfe zur Dokumentation einer Prozeßanalyse
- Technik: Aufmerksam machen
- Förderung eines prägnanten Selbst- und Identitätserlebens (hier: pos. Zuschreibungen internalisieren, 12. Wirkfaktor, PI)
- Erarbeitung von pos. Zukunftsperspektiven (10. Wirkfaktor, PZ)

Hypothese:

- Tanja hat in dieser Sitzung punktuell einige von den im bisherigen Prozeß erarbeiteten Erkenntnissen umsetzen können. Zudem hat sie eine größere Rollenflexibilität gezeigt. Eine mittel- oder gar langfristige Umsetzung ihres Kompetenzgewinns hat jedoch (noch) nicht stattgefunden. Ich bin mir bewußt, daß sie sehr bald in alte Bewältigungsmuster zurückfallen kann.
- Es fehlt ihr an konstanter Ich-Stärke. Nach wie vor ist ihr Selbstbewußtsein abhängig von Fremdattributionen („Und ich war sehr stolz als du gesagt hast, daß du tief beeindruckt bist.“).

Gegenübertragung:

- konkordante Gegenübertragung: ein Gefühl von Klarheit.
- Resonanz: stolz auf die gemeinsame Arbeit, verbunden mit einem Moment der Konfluenz.

Resümee:

Eine Sitzung von hoher emotionaler Dichte, die punktuell Tanjas Entwicklungsmöglichkeiten aufzeigen konnte.

8. Gesamtresümee

Die hier dokumentierten 22 Sitzungen gingen insgesamt über einen Zeitraum von einem ¾ Jahr. Sie stellen somit lediglich einen Ausschnitt des Betreuungsprozeßes dar, der noch nicht beendet ist.

Vom Blickwinkel des **Makro-Aspekt**es aus betrachtet, werden die **Initialphase** (1) und die **Aktionsphase** (2) dargestellt.

Rahm u.a. (1993) sprechen im Zusammenhang mit der Initialphase auch „von eine **Phase der Ordnung** (1), die unter Umständen zu rigide oder dysfunktional geworden ist (deshalb kommt die Klientin in Therapie)". Tanja beschrieb die Zeit vor dem Krankenhausaufenthalt (und dem damit verbundenen Betreuungsbeginn) als eine, in der ihre Verdrängung noch funktioniert habe (15.Sitzung). Die Initialphase, für die die Festigung der therapeutischen Beziehung und Exploration kennzeichnend sind, grenzt sich nicht 100%ig von der Aktionsphase ab. Beendet ist sie aber spätestens, als die persönliche Anrede des „Du" eingeführt wird (siehe 10. Sitzung). Hier mag die – wenn auch nur sehr kurze – Sequenz der Arbeit an der Beziehung auch eine Rolle gespielt haben. Die Arbeit mit dem „inneren Begleiter" hat sicherlich eine wichtige Rolle gespielt, denn sie hat sowohl für die Klientin, als auch für mich als Therapeuten eine Entlastung herbeigeführt und das Gefühl vermittelt, daß auch schwierige Themen gemeinsam bewältigt werden können. Damit ist ein gemeinsamer, sicherer Boden bereitet, auf dem die **Aktionsphase** sich entfalten kann. In dieser kann es zu stärkeren Erschütterungen kommen, alte Dramen können sich wiederholen und alte Wunden wieder aufbrechen. Diese müssen dann „wieder*erlebt* und *durchgearbeitet* werden. Die Aktionsphase ist die „**Chaos-Phase**", der sich, wenn alles gut geht, eine positive **Integrationsphase** (3), eine **Neu-Ordnungsphase** anschließt (*Rahm* u.a 1993).

Der Beginn der Aktionsphase liegt in der 5. Sitzung (soziales Atom). Die eigentliche „Chaos-Phase" liegt aber in der Zeit ab der 12. Sitzung, als Tanja beginnt, in ihre alten Bewältigungsmuster zurückzufallen und im Verlaufe der nächsten Stunden erste kleinere und größere Erschütterungen (12. und 13. Sitzung) erlebt, bis tatsächlich alte Wunden aufbrechen (15. Sitzung, Lebenspanorama).

In der von mir aufgrund der Erstellung des Behandlungsjournals initiierten Prozeßanalyse, gab es dann erstmals Momente, in der sie bisherige Erfahrungen integrieren konnte. Diese Integrationsleistungen treten punktuell auf, von einer Veränderung der Struktur kann (noch) nicht gesprochen werden.

Die sich in einem positiven Verlauf anschließende **Konsolidierungs- und Neuorientierungsphase** (4) ist m.E. noch nicht in Sicht. Es gilt nach wie vor unverdaute biographische Szenen wiedezubeleben und zu versuchen, sie zu integrieren, so daß Verhaltensänderungen und ein Wandel im persönlichen Lebensstil möglich werden. Einen kleinen Ausblick auf ihre Neuorientierungsphase hat Tanja in ihrer Prozeßanalyse aber bereits gegeben.

Im Hinblick auf die in 6.2.1 beschriebenen **therapeutischen Modalitäten** kamen in der Betreuungszeit alle genannten zum Tragen. Mein Versuch einer netzwerkaktivierenden Maßnahme (Teilnahme an einer cleanen Frauengruppe) gelang jedoch bisher nicht.

In Verlauf der Betreuung ist für mich noch einmal deutlich geworden, wie „effektiv" der Einsatz **kreativer Medien** für die Arbeit mit meinen Klienten ist (besonders in der „erlebniszentriert-stimulierenden" Modalität). Auf sehr natürliche Art und Weise (z.B. beim Lebenspanorama) kommen sie mit ihren individuellen Atmosphären und Szenen in Kontakt und können so in geschützter Umgebung viel über sich SELBST erfahren.

Im nachhinein denke ich, hätte ich die Arbeit an ihrem Lebenspanorama noch weiter fortsetzen können, beispielweise um mehr über die Zeit ihrer Adoleszenz und die Umstände ihres Umzugs nach Köln zu erfahren. Mir ist bei der Erstellung des Journals bewußt geworden, daß ich über diese Phase ihres Lebens nur sehr wenig weiß.

Bezüglich der in der 3. Sitzung formulierten **Betreuungsziele** läßt sich zusammenfassen: Eine objektive Veränderung – und damit eine für Tanja möglicherweise wichtige Ressource (protektiver Faktor) – ist ihr nachträglich absolvierter Realschulabschluß. Kurz nach der hier beschriebenen Betreuungsphase ergab sich auch eine Änderung im Bereich Freizeit/Leiblichkeit: Tanja berichtete, daß sie „bereits vor vier Wochen" angefangen habe, regelmäßig – phasenweise fast täglich – zu joggen. „Seit Jahren versuche ich schon, damit anzufangen", sagt sie (zum Therapeutischen Laufen in der Integrativen Therapie vgl. *van der Mei, Petzold, Bosscher* 1997 und *Schay* u.a. 2006).

Hier mag sich auch der Einfluß der **Wirkfaktoren** ablesen lassen, von denen im Verlauf der Betreuung wohl die meisten zum Einsatz kamen. Entsprechend wurden alle **vier Wege der Heilung und Förderung** zumindest angegangen. Es ließ sich in der Prozeßanalyse nicht differenzieren, welcher nun mehr „wirkte" und welcher weniger oder gar nicht.

Aus meiner Sicht haben sich aber in mehreren Lebensbereichen objektiv meßbare Veränderungen ergeben, die mit den Heilfaktoren zumindest in Zusammenhang stehen:

- Tanja nimmt sich selbst und ihre Umwelt differenzierter wahr. Zusätzlich zeigt sie erste Tendenzen eines bewegungsaktiveren Lebensstils. Insgesamt kann man sagen, dass ihre **leibliche (Selbst-) Bewußtheit** zugenommen hat.
- Im Rahmen meiner Begleitung hat sie eine wichtige Erfahrung von **Solidarität** gemacht.
- Tanja positioniert sich mittlerweile in einer differenzierteren Form und hat erstmals wahrgenommen, daß ihr so etwas wie eine **Rollenflexibilität** zu eigen ist und beginnt mit dieser experimentieren (siehe auch 9.).
- Es fällt ihr leichter als zu Beginn der Betreuung über ihre **Gefühle** zu sprechen. Außerdem ist in der Lage diese mir gegenüber differenzierter darzustellen.

- Ebenso hat sie begonnen, ihre **Narrative** – fixierte Muster/Schemata, Lebensstile – in Frage zu stellen bzw. zu korrigieren.
- Ihre **Zukunftsängste** sind spürbar einem Bild gewichen, in dem sie *nicht* aufgrund ihrer negativen Erwartungen das gewünschte Ergebnis verfehlt. Ihre Zweifel und Sorgen sind dabei noch nicht auf ein realistisches Maß gesunken, bewegen sich jedoch eindeutig in diese Richtung. An dieser Stelle benötigt sie gelegentlich (noch) einen intersubjektiven Ko-respondenzpartner, der ihr hilft, ihre (sowohl vorhandenen, als auch zwischenzeitlich erarbeiteten) Ressourcen und Potentiale vor Augen zu führen.
- Tanja hat wichtige – sowohl rationale, als auch emotionale – **Einsichten in ihre Lebenszusammenhänge** gewonnen. Sie beginnt zu verstehen, daß ihre Art des Kontaktes mit anderen Menschen oft zu Verwirrung und Mißverständnissen führt. An diesem wichtigen Aspekt ihres Lebens kann sie aber nur arbeiten, wenn sie ein – zumindest ansatzweise – gestärkteres Selbstbewußtsein und eine sichere **Rollenflexibilität** hat. Diesbezüglich ist sie aber auf einem guten Weg.
- Sie hat einen wichtigen **Integrationsprozeß** in der Beziehung zu ihrer Mutter eröffnen können: Während sie noch zu Beginn der Betreuung nur den Haß auf ihre Mutter verstärkt zum Ausdruck brachte, konnte sie später dann auch die Liebe zu ihr verbalisieren. In einem weiteren Schritt ist sie nun dabei, diese – aus ihrer Sicht zunächst unvereinbaren – Gefühle nebeneinander zu akzeptieren und somit einen intrapsychischen Konflikt zu entschärfen.
- Aus dem Blickwinkel der **heraklitischen Spirale** betrachtet, hat Tanja im Verlaufe der Betreuung zuvor abgespaltene und verdrängte Elemente ihres Daseins (Körper-Geist-Seele) und Lebenszusammenhanges (Kontext) **wahrnehmen** und **erfassen** können. Einige Bereiche hat sie bereits – zum Teil erst kognitiv, zum Teil aber auch schon emotional – **verstehen** können. Sie ist aber noch nicht imstande den letzten Schritt des „**erklären**" vollziehen zu können.

Für mich persönlich ist es eine wichtige Erfahrung, daß es mir in der dokumentierten Zeit gelungen ist, eine tragfähige therapeutische Beziehung aufzubauen und für Tanja ein guter Begleiter („**Konvoy**") ihres Prozesses sein zu können: „Intersubjektive Ko-respondenz von Therapeut und Patient bedeutet „Begegnung und Auseinandersetzung von Person zu Person", ohne die Kompliziertheit der psychotherapeutischen Situation zu verkennen. Das schließt auch ein, sich von Patienten berühren zu lassen und sich auf die Lebenswelt einzulassen, auf Zeit Teil seines „Konvoys" zu werden (*Petzold/ Groebelbauer/Gschwendt* in: *Petzold/Orth* 1999)".

Positive Veränderungen – also Faktoren der Salutogenese – sind aber genauso multifaktoriell zu betrachten wie die Pathogenese. Meine Rolle als Therapeut und „Begleiter" macht dabei nur einen von vielen einflußnehmenden Kräften aus, die auf einen Klienten einwirken. Es gilt die Verantwortlichkeit realistisch zu halten, denn selbst eine „tragfähige therapeutische Beziehung" „bedeutet ja nicht eine Garantie dafür, daß *diese* spezielle Therapiebeziehung zu einer positiven Veränderung führen wird. Die TherapeutIn kann lediglich Rahmenbedingungen für eine gute Neuorganisation bereitstellen" (*Rahm* u.a. 1993).

9. Prognostische Einschätzung

Seit der Prozeßanalyse sind nun ca. 8 Wochen vergangen. Tanjas Entwicklung in dieser Zeit ist charakteristisch für das, was die Themen der Betreuung in nächster Zeit ausmachen wird.

Einerseits hatte sie ein – wie sie es selbst beschreibt – sehr schönes Erlebnis mit ihrer Familie. Bei einem Besuch hat sie erstmals versucht, sich auf die familiäre Situation einzulassen und nicht alles schlecht zu reden. Dies hat gut funktioniert, sie hatte einen schönen Nachmittag und blieb mehrere Stunden länger als geplant.

Andererseits hatte sie vor zwei Wochen ihren ersten Drogenrückfall. Auch hier war die Situation symptomatisch für sie: Im Kreis ihrer beiden Schwestern und deren Freunden konsumierten zunächst „nur" die anderen, bis Tanja sich bei allen Anwesenden versicherte, ob es in Ordnung sei, wenn sie nun auch konsumiere ... womit sie es wieder „geschafft" hat, ihre Verantwortung für sich selbst abzugeben.

Für die Arbeit mit ihr bedeutet dies u.a., den Netzwerkaspekt stärker zu berücksichtigen, denn cleane Sozialkontakte sind sehr wichtig für sie. Dafür ist es nötig, daß sie weiter an ihrer Rollenflexibilität arbeitet und ihr Kontaktverhalten modifiziert.

Davon ausgehend, daß eine Betreuung gem. § 72 BSHG (§§ 54, 68 SGB XII) durchaus 1 ½ – 2 Jahre dauern kann, wäre nun die Hälfte der Zeit vorbei. Ich bin zuversichtlich, daß Tanja in der verbleibenden Zeit subjektive Verbesserungen in ihrem Leben erreichen will und kann.

Schlußbemerkung

> „Die Wirklichkeit, die ich einst kannte, existierte nicht mehr. Es genügte, daß Madame Swann nicht mehr als immer die gleiche im gleichen Augenblick unter ihren Bäumen erschien, und schon war die Avenue eine andere geworden. Die Stätten, die wir gekannt hatten, sind nicht nur der Welt des Raums zugehörig, in der wir sie uns denken, weil es bequemer für uns ist. Sie waren nur wie ein schmaler Streif in die Eindrücke eingewoben, aus deren ununterbrochener Folge unser Leben von damals bestand; die Erinnerungen an ein bestimmtes Bild ist wehmutsvolles Gedenken an einen bestimmten Augenblick; und Häuser, Straßen, Avenuen sind flüchtig, ach! wie die Jahre."
>
> *Marcel Proust*, die letzten Zeilen aus „In Swanns Welt"

Zusammenfassung
Es wird der Behandlungsprozeß einer „Integrativen Therapie“ mit einer Patientin mit einer „Vermeidend-selbstunsicheren Persönlichkeitsstörung mit multipler Suchtproblematik“ anhand eines Behandlungsjournals detailliert dargestellt und auf die therapiewirksamen „14 Heilfaktoren“, Behandlungsstrategien und -techniken vor dem Hintergrund der Dynamik der therapeutischen Beziehung reflektiert.

Summary
The treatment process of an „Integrative Therapy“ with a patient suffering from an „insecure avoiding personalits disorder with multiple drug dependency“ is described in detail based on the treatment journal/documentation. It is reflected on factors relevant for the treament (14 „healing factors“), treatment strategies on the ground of the dynamics of the therapeutic relation.

Key words: Integrative Therapy, drug therapy, persoanlity disorder, clinical case report.

Gerhild Wächter

„Eßstörungen" – eine Prozeßdokumentation, dargestellt am Beispiel fototherapeutischer Interventionen

Einleitung

Im Rahmen meiner Arbeit als Diplom-Sozialpädagogin sehe ich mich mit Eßstörungen als mögliche Folgen der Utopie vollständiger Kontrolle über das Leibliche konfrontiert.

Bei meinen Recherchen zum therapeutischen Umgang mit Eßstörungen überwogen die Informationen bezüglich Anorexie und Bulimie. So habe ich mich entschlossen, über eine adipöse Frau zu schreiben, als Beitrag zur Aufwertung des Körperlichen im Gegensatz zur Leibfeindlichkeit. Im Folgenden nenne ich sie „Frau X"; ohne deren Einverständnis es mir nicht möglich gewesen wäre, diese Arbeit in dieser Form zu schreiben. Frau X gehört zu den vielen Frauen mit jahrelangen Diäterfahrungen, die mit dem Körper-, Ästhetik- und Fitneßkult in unserer Gesellschaft nicht zurechtkommen. Weder durch Wissen noch mit Willen konnte sie etwas gegen ihr Übergewicht unternehmen. Durch die vielen gescheiterten Versuche war sie müde und hoffnungslos geworden. Um nichts unversucht zu lassen, hatte sie sich an die Beratungsstelle gewendet.

Seit Mai 1998 kam sie zu Einzelgesprächen in die Beratungsstelle, die anfangs wöchentlich stattfanden. Nach der Teilnahme an der von mir geleiteten Projektgruppe für Frauen mit Eßproblemen und dem regelmäßigen Besuch der daraus entstandenen Selbsthilfegruppe fanden die Einzelgespräche nunmehr im zweimonatlichen Rhythmus statt.

Da innerhalb der Integrativen Therapie der Umgang mit kreativen Medien konzeptualisiert ist, habe ich aufgrund meiner beiden Ausbildungen zur Meisterfotografin und Sozialpädagogin die fototherapeutische Intervention entwickelt.

Schon während meiner fotografischen Tätigkeit beschäftigten mich die unterschiedlichen Reaktionen der Menschen auf eigene Portraits. Meistens stellte sich eine Diskrepanz zwischen Fremd- und Selbsteinschätzung heraus. Ich sah mich als Fotografin sowohl mit der Angst, als auch mit der Lust sich zu zeigen, konfrontiert. Immer wieder war ich überrascht über die Bedeutung von Bildern im Leben der Menschen. Da mir sowohl die Aufnahme- und Gestaltungsmöglichkeiten, als auch die Labortechnik vertraut sind, sehe ich im Porträtieren eine Chance, anhand von Fotos ein visuelles Feedback zu geben.

Die mehrperspektivische Sichtweise der Integrativen Therapie (IT) fasziniert mich. Besonders wichtig erscheint mir die Möglichkeit, sich mit Phänomenen auf dem Hintergrund von unterschiedlichen Folien zu beschäftigen, um so zu den Strukturen und Entwürfen zu kommen. Doch diese Chance, die mich schon während der Auseinandersetzung mit den theoretischen Konzepten der IT überzeugt hat, stellte sich beim Schreiben dieser Arbeit als für mich schwierig dar. Reduktion von Komplexität wurde schließlich zu meinem Motto. So habe ich mich auf die Darstellung der mir wichtigsten Therapiestunden beschränkt und dabei versucht, theoretische Bezüge herzustellen. Vieles konnte hier nicht berücksichtigt werden, da es den Rahmen dieser Arbeit sprengen würde.

Mit der ausführlichen Prozeßdokumentation* habe ich im Rahmen meiner Supervision bei Frau Dr. *Ingrid Terfloth-Hoegg* begonnen. Ab der Aktionsphase habe ich die Einzelgespräche auf Tonband aufgezeichnet und anschließend aufgeschrieben. Die verwendeten Zitate habe ich aus Verständnisschwierigkeiten teilweise leicht verändert, indem ich sie aus dem bayerischen Dialekt ins Hochdeutsche übertragen habe.

Soziodemographische Daten von Frau X**

Die Informationen hierzu sammelte ich schrittweise während der ersten Gespräche. Zum äußeren Erscheinungsbild: Frau X war 33 Jahre alt, als sie zum ersten Mal in die Beratungsstelle kam. Sie war 1,67 Meter groß und wirkte trotz ihres Übergewichtes (120 kg) jung und beweglich. Ihre Haltung war aufrecht, ihr Haar kurz geschnitten mit einer leichten rötlichen Tönung. Sie kleidete sich sehr korrekt und geschmackvoll, meist mit Hosen und dazu etwas länger geschnittenen Blusen. Ihr Lächeln wirkte natürlich und warmherzig mit einem kleinen Hauch von Seufzen und Wehmut.

Frau X wurde im Alter von 3 Monaten von einem kinderlosen Ehepaar adoptiert. Ihre Mutter war Hausfrau, ihr Vater Fabrikarbeiter. Bezüglich ihrer leiblichen Eltern hat sie keine Informationen. Es war ihr nie ein Bedürfnis, mehr von ihnen zu erfahren oder mit ihnen in Kontakt zu treten. Sie war mit dem Bewußtsein aufgewachsen, dem Schicksal ewig dankbar sein zu müssen für das Glück der sofortigen Adoption. Oft wurde ihr zu verstehen gegeben, die Altersvorsorge ihrer Eltern zu sein. Das Verhältnis der Eltern zueinander bezeichnete sie als voneinander abhängig. Die Mutter sei dominant gewesen, der Vater habe die Rolle des Ernährers innegehabt. Sie selbst habe sich mehr zum Vater hingezogen gefühlt und von ihm auch etwas mehr Verständnis bekommen. Zum jetzigen Zeitpunkt sei ihr Verhältnis zu den Eltern nach außen

* Die hier veröffentlichte Fassung des Behandlungsjournals ist aus Gründen der Übersichtlichkeit gekürzt.

** Die Daten wurden anonymisiert.

hin „normal und ordentlich“. Sie würde ihren Pflichten als Tochter nachkommen, z.B. die Eltern zum Arzt zu bringen oder sie regelmäßig zu besuchen. Nach außen hin bewahren sie das Bild der glücklichen und heilen Familie. Sie selbst habe jahrelang daran geglaubt und an der Fassade mitgearbeitet. Inzwischen könne sie ihre Verletzungen und Enttäuschungen spüren, ohne sich jedoch innerlich davon zu lösen. Im Elternhaus lebte bis zu ihrem 9. Lebensjahr ihr Großvater (mütterlicherseits). Von ihm wurde sie gelegentlich, jedoch nur heimlich, verwöhnt. Sonst pflegten die Eltern keine engen verwandtschaftlichen Kontakte.

Frau X wuchs in einem kleinen Dorf auf. Im Alter von drei Jahren besuchte sie den Kindergarten. Anschließend absolvierte sie sehr erfolgreich die Grund- und Hauptschule. Obwohl die Lehrer einen Gymnasiumsbesuch befürworteten, wurde sie von ihren Eltern zur dreijährigen Ausbildung als Verkäuferin gedrängt. Sie selbst konnte sich in dieser Angelegenheit den Eltern gegenüber nicht durchsetzen, auch wenn sie sich sicher war, den falschen Beruf zu erlernen. Da zudem alle Mitschülerinnen praktischen Berufen nachgingen, sah sie auch für sich schließlich keine andere Möglichkeit und lehnte sich dagegen nicht auf. Ihrem Wissensdrang folgte sie, indem sie eine einjährige Ausbildung zur Hauswirtschafterin machte und später zusätzlich die einjährige Meisterschule besuchte, die sie sehr erfolgreich mit der Meisterprüfung bestand.

Als Siebzehnjährige lernte sie einen acht Jahre älteren Mann aus landwirtschaftlichem Hause kennen, den sie auf starkes Drängen ihrer Mutter nach zwei Jahren heiratete. Das Ehepaar wohnte im Elternhaus des Mannes, zusammen mit der Schwiegermutter und einem unverheirateten Bruder. Anfangs hatten sie nur ein kleines Zimmer zur Verfügung. Frau X mußte sofort auf dem Bauernhof mitarbeiten.

Da sie über keine sexuelle Erfahrungen verfügte und Verhütung kein Thema war (darüber auch nicht mit ihrem Mann sprechen konnte), wurde sie ungewollt schwanger. Ihr Sohn kam mit Kaiserschnitt zur Welt. Im Abstand von je zwei Jahren gebar sie zwei weitere Kinder (Töchter). Da sie sich nicht bewußt für die Mutterrolle entschieden hatte, empfand sie den Kindern gegenüber starke Schuldgefühle.

Im Dorfleben hat sie sich, obwohl sie eine „Zugereiste“ war, schnell einen Freundeskreis aufgebaut. Sie brachte sich aktiv in der Theater- und Bauchtanzgruppe ein. Politisch hat sie sich an dem Projekt Agenda 2000 stark engagiert. Im Rahmen des Bauernverbandes hat sie das Amt der Schriftführerin übernommen.

Frau X hatte viele Versuche unternommen, ihr Gewicht zu reduzieren. Als sie einen Bericht über meine Arbeit in der Zeitung las, hatte sie lange gezögert, sich einen Termin geben zu lassen. Sie war von dem intensiven Wunsch besessen, etwas zu verändern („da es so nicht mehr weitergehen konnte“), und gleichzeitig von der Angst geprägt, es wieder nicht zu schaffen.

Diagnostik nach ICD 10/DSM-IV

Nach ICD 10, F 50.4: Eßattacken bei sonstigen psychischen Störungen
Nach DSM-IV: Binge Eating-Störung

Bereits im Alter von 14 Jahren fühlte sich Frau X „schrecklich dick". Sie begann ohne großen Erfolg mit Abmagerungskuren. Sie erinnerte sich daran, daß sie „nie gesehen" wurde und dadurch oft depressiv verstimmt war und sich wenig bedeutend fühlte. Sehr früh entwickelte sie eine intensive und irrationale Angst davor, zu dick zu werden. Ihre Körperwahrnehmung war gestört, weil sie sich als fett ansah, während das Gewicht durchschnittlich war. Im Laufe der Jahre traten wiederholte Episoden von Freßanfällen auf, bei denen sie schnell und unkontrolliert kalorienreiche Nahrung aufnahm. Diesen Freßanfällen folgten Selbstvorwürfe. Es entwickelte sich bei ihr eine androide Körperform, d.h. viszerales Fett im oberen Körpersegment mit Betonung der Abdominalregion.

Im Rahmen der Integrativen Therapie wird die prozessuale Diagnostik (*Petzold, Sieper* 1996) angewandt. Dies bedeutet, daß die Diagnose ein anhaltender Prozeß ist, der während der ganzen Therapie läuft und die neu erworbenen Informationen kontinuierlich einbezieht (Rückkopplungseffekt), wie es auch der Begriff Theragnose (Therapie und Diagnose) benennt. Dabei wird die klassifikatorisch – kategoriale Diagnostik des ICD-10 und des DSM-IV berücksichtigt.

Therapieziele

Frau X formulierte schriftlich als Therapieziele:

- schlank sein,
- harmonische Partnerschaft,
- nicht mehr sparen müssen.

Daraus leitete ich als Ziele ab:

Unterstützung beim Erkennen der emotionalen Aspekte des Gewichtes, d.h.
- Förderung der emotionalen Akzeptanz des Gewichtes im Umgang mit der Symptomatik,
- Erschließung der Funktion des Übergewichtes und Entwickeln neuer Bewältigungsstrategien,
- Förderung der Akzeptanz von Stimmungsschwankungen.

Stärkung der Identität und des Selbstwertes, d.h.
- Klärung und Stärkung des Rollenverständnisses als: Frau, Ehefrau, Mutter, Tochter,
- Stärkung des Selbstvertrauens und der Selbständigkeit,
- erkennen der Auswirkung von Selbstabwertungsprozessen wie „Selbsterfüllende Prophetie",

- erkennen der eigenen Bedürfnisse, z.B. Bedürfnis nach Ruhe und Erholung,
- Förderung der Abgrenzungsfähigkeit, „Nein Sagen",
- erkennen und entwickeln eigener Fähigkeiten und Kompetenzen,
- Förderung des kreativen Potentials,
- Förderung der Auseinandersetzung mit der eigenen Biographie, sowie Einleitung von Schritten zum Wahrnehmen und Erfassen, zum Erlangen von Verständnis und Erwerben von Fähigkeiten zur Erklärung der frühen Schädigung, sowie das Erlangen von Verständnis und Akzeptanz des eigenen Verhaltens bis hin zu Aussöhnungsversuchen (z.B. Adoptionsproblematik, Funktionalisierung durch Eltern).

Unterstützung in der partnerschaftlichen Beziehung, d.h.
- Klärung der eigenen Bedürfnisse, Wünsche und Erwartungen an den Partner,
- Förderung der Empathie- und Kontaktfähigkeit gegenüber dem Partner,
- Stärkung der Durchsetzungsfähigkeit gegenüber dem Partner,
- Förderung des Erkennens von sexuellen Wünschen.

Unterstützung bei der Erschließung materieller Ressourcen, d.h.
- Fort- und Weiterbildung

Erschließung und Erweiterung sozialer Kontakte, d.h.
- Ablösungsprozeß von den Eltern,
- Pflege von Freizeitaktivitäten.

Aspekte der Prozeßanalyse

Erstkontakt: Telefonisch (21.04. 98)

Frau X ist durch einen Zeitungsartikel auf die Beratungsstelle aufmerksam geworden. Sie meldete sich telefonisch, um einen Gesprächstermin zu vereinbaren. Sie erzählte mir, daß sie schon viele Versuche unternommen habe, abzunehmen, und äußerte Zweifel, ob es überhaupt noch Sinn mache zu kommen. Sie habe viele Bücher über Eßstörungen gelesen und wisse alles darüber, doch umsetzen könne sie es nicht. Auf meine Nachfrage konnte sie keine Autoren bzw. Titel nennen. Daraufhin fragte ich sie, ob sie den Anti-Diät-Ansatz von *Susie Orbach* kenne. Sie verneinte und bat sofort um die genaue Literaturangabe.

Erstgespräch (05.05.98)

Frau X kam etwa 10 Minuten vor dem vereinbarten Gesprächstermin. Ich lud sie in mein Büro ein und forderte sie auf, Platz zu nehmen. Sie begann sofort, von *Susi Orbachs* Anti-Diät-Buch zu sprechen. Durch die Lektüre habe sie zum ersten Mal über ihr Gewicht nachgedacht und sich gefragt, welche Funktion es für sie habe.

Da sich schon beim telefonischen Erstkontakt Fülle und Vielfalt abzeichnete, regte ich als Strukturierungshilfe an, zu Hause Bilder zu malen, die sie im Einzelgespräch vorstellen könnte.

Aufgrund ihrer Therapieerfahrung bei einer niedergelassenen Ärztin erkundigte sie sich nach den Rahmenbedingungen. Wir vereinbarten fünf probatorische Sitzungen mit der Perspektive auf regelmäßige wöchentliche Einzelgespräche von 50 Minuten, ohne daß ihr dadurch weitere Kosten entstehen würden. Sie erlaubte mir auch, mit den behandelnden Ärzten in Kontakt zu treten (Schweigepflichtentbindung).

Sammeln von Daten anhand von Bildbesprechungen und Protokollauswertung

Da sich Frau X sofort auf das Malen von Bildern einlassen konnte, wurde ihr kreatives Potential aktiviert. Anhand der Bilder entstand zugleich die Möglichkeit des „Sich-Zeigens und Gesehen-Werdens". Dies hatte eine Ichstärkende und Ich-stützende Wirkung. Gleichzeitig erhielt ich durch die Bildexploration die notwendigen Informationen zur prozessualen Diagnostik.

Die Themenauswahl bestimmten wir im Ko-respondenzprozeß. Dadurch konnte ich die spontane Expression fokussieren: vom Allgemeinen zum Speziellen. Im Malen wurden verschüttete Erinnerungen und Szenen vergegenwärtigt, konkretisiert und dadurch innere Vorgänge verdeutlicht. Die Bilder wurden zu Intermediärobjekten zwischen dem sprachlosen Bereich und dem Bewußtsein.

Im Laufe der ersten 15 Gespräche brachte Frau X Bilder mit und stellte sie vor. Exemplarisch stelle ich eine Arbeit vor. Die Erklärungen dazu wurden von mir jeweils in Ich-Form protokolliert und danach mit ihr durchgesprochen.

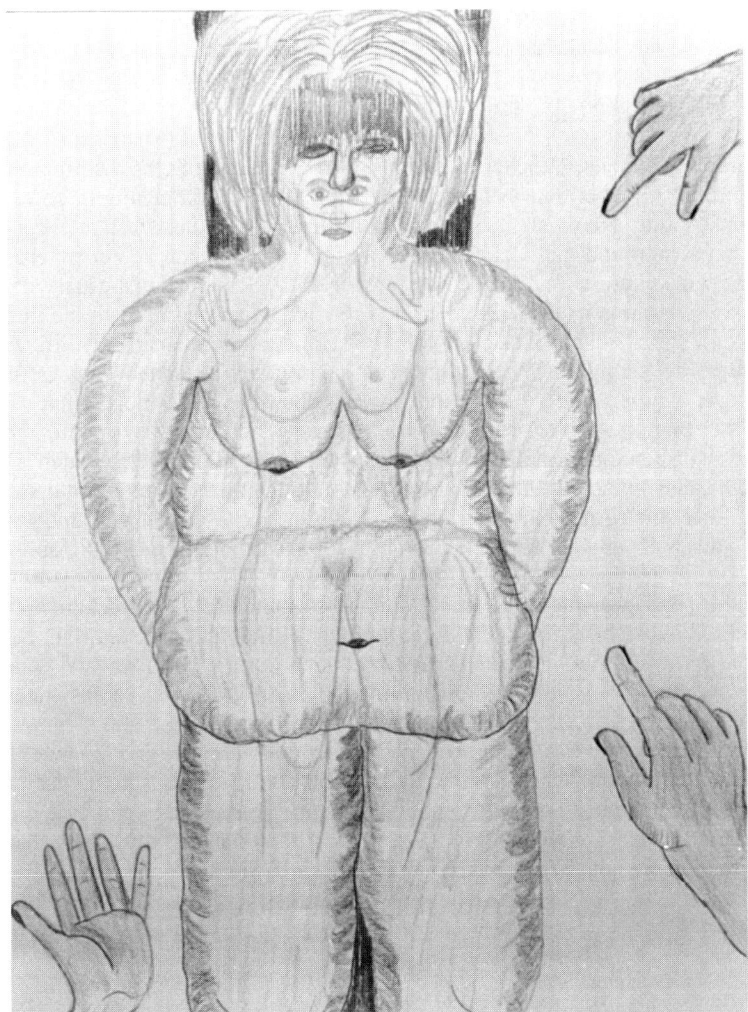

Tafel 1: Frau in der Frau-Bild (16.06.98)

Frau in der Frau-Bild

Ich fühle mich, wie an den Marterpfahl gebunden. Die Hände zeigen verächtlich auf mich. Die untere Hand soll die volle Anklage und Hilflosigkeit zeigen. Die braune dikke Frau, das bin ich. Das ist die Realität. Daran kann auch ich nicht vorbeigehen. Die rosa Frau, das bin ich auch. Das ist die schlanke Frau in mir. Die kann sich zeigen lassen. Die kann die Augen offen halten. Sie ist eingeschlossen in der Dicken. Sie stemmt sich mit beiden Händen gegen die Außenfrau. Sie kann nicht raus. Da ist zu viel Fett. Die Dicke hat die Augen geschlossen und schaut der Schlanken zu. Die beiden sind

miteinander in Kontakt. Ich weiß nicht genau, ob es ein guter oder schlechter ist. Auf jeden Fall leben sie miteinander. Beiden fehlen die Füße.
Beide kommen nicht von der Stelle, da sie am Marterpfahl stehen. Jemand muß sie befreien. Ich weiß nicht, wer das sein könnte.

Während der ersten Wochen hielt ich Frau X dazu an, Selbstbeobachtungsprotokolle zu schreiben. Mit dem Auflisten von Nahrungsmitteln hatte sie schon Routine. Neu war für sie, auf die Situation und die Umstände des Essens zu achten und die dazugehörigen Gefühlsstimmungen zu benennen. Alternativen konnte sie anfangs nicht entwickeln. Der Gewinn bestand darin, daß sie sich ein genaues Bild über ihr Eßverhalten und somit auch die individuellen, spezifischen Auslöser für die Heißhungerattacken identifizieren konnte. Sie stellte fest, daß hauptsächlich innere Gedanken und Gefühle Auslöser waren. Äußere Situationen, beispielsweise der Anblick und Duft von Lebensmitteln, verloren zunehmend an Bedeutung. Sie begann immer mehr zwischen emotionalem und physischem Hunger zu unterscheiden. Hinzu kam, daß sie ein Gefühl für kritische Situationen entwickelte und dadurch allmählich auch Alternativen erarbeiten konnte: z.B. wenn sie Wut und Ärger empfand, nicht gleich mit dem Essen zu beginnen, oder bei Müdigkeit sich einen Mittagsschlaf zu gönnen, anstatt zu essen. Wichtig war auch die Erkenntnis, daß bestehende Konflikte nicht essend gelöst werden können. So entschloß sie sich immer mehr, ihrer Körperweisheit zu vertrauen. Die Folge davon war, daß sie sich von der Waage (siehe unten Brief an die Waage: *Fristlose Kündigung*) den Diätbüchern bzw. Kalorientabellen verabschiedete. Beim Essen begann sie darauf zu achten, ob sie Hunger habe und wenn, worauf. Sie machte die Erfahrung, daß sie Hunger-, Sättigkeits- und Völlegefühle voneinander unterscheiden konnte. Hinzu kam, daß sie über ihre eigenen Essenswünsche nachdachte und sie sich zugestand. Entlastung erfuhr sie durch die Aufgabe der Trennung von Lebensmitteln in „erlaubte" und „verbotene". Dadurch tat sich der Weg zur Genußfähigkeit auf.

Brief an die Waage

Fristlose Kündigung

Da Sie, seit Sie in unserem Kollektiv erschienen sind, die meiste Zeit nur Unzufriedenheit erzeugten und selten einen positiven Beitrag zur allgemeinen Tagesstimmung beigetragen haben, sehe ich mich nun endlich genötigt, Sie mit sofortiger Wirkung zu kündigen. Von gelegentlichen, zufälligen Treffs (1-2 mal jährlich) abgesehen, werde ich Ihre Dienste nicht mehr in Anspruch nehmen. Sollte die Versuchung trotzdem an mich herantreten, so werde ich sie im Keime ersticken. Mögen Sie in Zukunft Ihre Tätigkeit sinnvoller einsetzen.

Freundlichst

Ort, Datum

Frau X

Frau X hatte keine Kontaktschwierigkeiten. Anhand der gemalten Bilder konnte ich stützende, positive und biographische Milieus aufspüren, wobei ich meinen Schwerpunkt auf den Aspekt der Persönlichkeitsentwicklung setzte. Vorrangig dabei war die Förderung und Entwicklung ihrer Kreativität, Phantasie und Sensibilität. Gleichzeitig entstand ein Plateau, von wo aus sie sich mit ihrer Biographie auseinandersetzen konnte und dabei auch ihre schöpferische Seite entfaltete. Damit kam der Dritte Weg der Heilung zum Tragen (*Petzold*.1988).

Durch Bildbesprechungen und Protokollauswertungen (Techniken der Exploration zur Prägnanzanalyse), konnte Frau X ihre Probleme und Konflikte wahrnehmen, ohne sich zu überfordern. Deutlich wurde, daß sie wegen ihres Übergewichts kam, da sie es nicht akzeptieren konnte (Motivation) und fachliche Hilfestellung erwartete (Bedürfnis). Ihre Wunschvorstellungen waren: Schlankheit, harmonische Partnerschaft und materielle Sicherheit (kognitives Potential). Aufgrund ihrer unterschiedlichen Erfahrungen (zahlreiche Diäten, Weight-Watcher-Gruppe) hatte sie sich Wissen angeeignet und wollte es nun praktisch umsetzen (Zielformulierung). Sie strebte den „normalen" Essensumgang an, was das Gefühl von Hunger, Sättigung und Völle, sowie die Genußfähigkeit implizierte (Zielformulierung). Sie war geprägt von den elterlichen Idealvorstellungen bezüglich der Familie: Mann als Ernährer, Frau als Mutter und das brave Kind. Sie selbst versuchte immer noch, diesem Ideal zu entsprechen (zentraler Beziehungskonflikt). Da ihr dies nicht gelang, ohne sich selbst und ihre Wünsche zu verleugnen, hatte sie die heimliche Angst, als unnormal zu gelten (Risikofaktor).

Zusammenfassend kann ich sagen, daß anhand der Bilder und der Gespräche vielfältige Szenen aus dem gesamten Lebensbereich atmosphärisch deutlich wurden. Somit konnten narrative Strukturen des Selbst deutlich werden. Durch meine aufdeckende Arbeitsweise wurden vergangene Situationen erneut ins Bewußtsein gerufen und im Ko-respondenzprozeß aus der exzentrischen Position betrachtet. Frau X konnte vieles mit ihrem aktuellen Wissen und ihrer Erfahrung (verstehen) und neu einordnen.

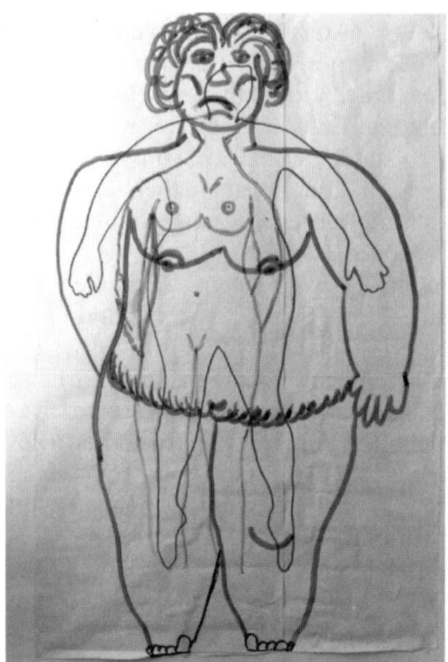

Tafel 2: Body Chart-Bild (06.08.98)

Body Chart

Frau X kam müde und erschöpft in die Beratungsstelle. Sie erzählte ausführlich und plastisch, daß sie sich unglaublich dick fühle und Angst habe vor ihrem Gewicht. Dann verstummte sie. Auf mich wirkte sie sehr depressiv. So entschloß ich mich, ihr das Angebot zu machen, Körperbilder zu malen. Sie konnte sich darauf, trotz spürbarer Angst und Unsicherheit darauf einlassen.

Body Charts „stellen einen Weg dar, Zugang zu den ‚Archiven des Leibes' zu finden, um das, was dort ‚hinein verdrängt' und verschlossen wurde, offensichtlich – das heißt wahrnehmbar und erfaßbar – zu machen, so daß es verstanden werden kann und dazu beiträgt, biographische Bedingtheiten, den aktuellen Lebensvollzug und Zukunftsentwürfe zu erklären, ‚Sinn' zu stiften" (*Petzold*. 1993).

> Ich zeigte Frau X die Papierrolle und forderte sie auf, sich so viel Papier abzuschneiden, wie sie ihrer Meinung nach für ihr inneres Bild der „Alptraumfrau" benötige. Sie schnitt sich zwei Bahnen (1,20 m x 2,00 m) ab und klebte sie zusammen. Erst konzentrierte sie sich und zeichnete dann die Umrisse mit schwarzer Wachsmalkreide (Externalisierung des bösen Introjektes). Danach betrachtete sie die Zeichnung und schüttelte sich. Anschließend forderte ich sie auf, die Umrisse der „Idealfrau" zu malen (Expression des projektiven Potentials, Neugestaltung). Diese malte sie mit blauer Farbe in die der „Alptraumfrau". Sie überprüfte die Darstellung und zeigte ihre Zufriedenheit. Zur Realitätsüberprüfung leitete ich sie an, sich auf das Papier zu legen. Dabei versicherte ich mich nochmals, ob es ihr recht sei, daß ich die Konturen mit roter Wachsmalkreide nachziehe (Nähe-Distanz-Aspekt). Das Ergebnis lies sie verstummen. Ungläubig und fassungslos starrte sie auf das Papier (Erlebnis von vitaler Evidenz). Sie hatte Schwierigkeiten, der Zeichnung zu glauben und äußerte spontan, ich könne wohl zaubern. Ich gab ihr den Hinweis, sich die vorherigen Gefühle, während sie am Boden gelegen war, zu vergegenwärtigen (Verankerung in der Realität). Sie schloß die Augen und ein feines Lächeln breitete sich aus. Dann begann sie glücklich und erleichtert zu lachen.

Durch die konkrete Darstellung der abstoßenden und der idealen Frau gab sie ihren Gefühlen Ausdruck. So wurde das Körperbild zum Intermediärobjekt, mit dessen Hilfe sie einen Einblick in sprachlosen Raum (*Petzold* 1993, S. 1206) erhielt. Sie wurde konkret mit ihrem negativen Selbstkonzept und ihrer realen Körpergröße konfrontiert. Anhand des Vergleiches der Konturen machte sie eine korrigierende und emotionale Leiberfahrung, die eine entlastende Wirkung zeigte. Daraus konnte sie ein neues Selbstverständnis entwickeln.

> „So legen Bilder Lebensgeschichte aus. Sie machen im eigenleiblichen Spüren Wahrgenommenes erfaßbar, führen das Erfaßte in ein Verstehen durch Bilder, das Grundlage für die Erklärung des eignen Lebens ‚im Bilde' wird. Aber es geht nicht nur um Einsicht und Erkenntnis, es geschieht auch Veränderung: das, was der Klient spürt, führt ins Erinnern in ein ikonisches Wiederholen, ja in ein Durcharbeiten und Verändern. Der verbale Diskurs kommt unterstützend hinzu, aber das ‚fixierte Narrativ' (*Petzold* 1990p, 853ff) kann sich dadurch auflösen, daß es sich im Bild verflüssigt. Das Bild wird zur Szenenfolge, zum Stück, zur lebendigen Narration, in der die determinierende Kraft negativer Ereignisketten gebrochen wird und eine neue ‚gute Kontinuität' eröffnet, ein neuer Weg beschritten werden kann" (*Petzold* 1993; *idem* 1988n, 226ff der Fortgang dieser Therapie bei *Orth* 1994).

Fototherapeutische Intervention

Entstehungsgeschichte

Die Idee entstand aus der Not. Ausgangspunkt waren erfolglose Versuche mit unterschiedlichen Methoden und Techniken, Kontakt zu der Klientin herzustellen. Weder auf der kognitiven noch auf der emotionalen Ebene konnte ich sie erreichen. Aufgrund meiner langjährigen Erfahrung als Meisterfotografin entschloß ich mich, ihr meine fotografische Sichtweise anzubieten. Dadurch sind wir in Kontakt gekommen und der Erfolg war umwerfend. Wer heilt, hat recht (frei nach *Ferenczi*), dachte ich. Als ich etwas unsicher im Rahmen meiner Supervision von der Intervention berichtete, wurde ich von der Supervisorin ermutigt, damit weiterzuarbeiten. Ich entwickelte einige Übungen und meine heuristische Herangehensweise wurde zunehmend systematischer: Fotosession und Sequenzfotografie. Aufgrund der intensiven Auseinandersetzung mit den Konzepten der Integrativen Therapie und der konkreten Ermutigung meiner Supervisorin setzte ich Fotografie immer häufiger ein.

Als sich die Frage des Behandlungsjournals stellte, konnte ich mir nichts Schöneres vorstellen, als über die Arbeit mit fototherapeutischen Interventionen zu schreiben.

Ziele

1. Fotografieren als Ko-respondenzprozeß zwischen Klienten/Fotografierten und Therapeutin/Fotografin unter besonderer Berücksichtigung des Beziehungsaspektes (Konfluenz, Kontakt, Begegnung, Beziehung, Bindung).
2. Experimentieren mit Rollen:
   Durch das fotografische Festhalten der Rollenexperimente entsteht die Möglichkeit, Seiten der Identität zu zeigen oder zu konstituieren. Foto-

grafie kann die Verwandlung/Metamorphose festhalten. Dabei entsteht die Möglichkeit, mit Hilfe von Projektionen innerer Ängste und Wünsche einen Zugang zu den Archiven des Leibes zu finden. Die Fotografie ist dabei ein visuelles Feedback:

- Selbstdarstellung: „Ich zeige mich, wie ich bin" eröffnet die Möglichkeit zur Überprüfung des Selbstbildes (expressiver Leib).
- Verkörpern von neuen Rollen: „So will ich sein?" „Wie steht mir das?" „Wie fühlt sich das an?" erweitert die Palette. Die Thematisierung unter verschiedenen Aspekten, beispielsweise des leiblichen Selbstausdruckes (expressiver Leib), fördert die Kreativität und eröffnet den Zugang zu projektiven Anteilen (z.B. Wünsche, Sehnsüchte, Ängste).
- Verkörpern von alten Rollen: z.B. Baby, Kleinkind, Jugendliche, Schülerin, Ehefrau, Schwangere, Mutter. Dabei kommen die Aspekte des memorativen Leibgedächtnisses zum Tragen. Bewußtseinsarbeit durch Reinszenierung alter Leiberfahrungen eröffnet Zugänge zu traumatischen, defizitären, konflikthaften, störenden Erlebnissen, so daß Narrative zu Narationen werden können (heilende Wirkung).

3. Partielle Körperdokumentation
   Durch die Wahl des Bildausschnittes können Entfremdungseffekte oder auch Anonymisierungen entstehen („Wessen Ohr, Haut, Auge ist das?"). So kann ein Zugang zur Betrachtung von einzelnen Körperteilen ermöglicht werden (Reduktion von Komplexität durch die Fokussierung). Durch die exzentrische Position wird die Hemmschwelle gesenkt und die konkrete Auseinandersetzung angstfreier (z.B. „Wer weiß schon, daß es meine Haut, mein Auge ist?").
4. Selbstkonfrontation durch die konkrete Auseinandersetzung mit dem eigenen Bildmaterial
   Durch die Gegenüberstellung von Selbst- und Fremdwahrnehmung anhand der Fotos ist die Arbeit an der Identität möglich.
   - „Wie steht das innere Bild zu dem Foto?" – „Wie dachte ich, daß es aussehen könnte?" – „Wie sehe ich aus?" (Übereinstimmung und Diskrepanz).
   - „Wie sehe ich mich?" – „Wie werde ich von den anderen gesehen?", z.B. von der Fototherapeutin, dem Freund. Überprüfung der eigenen Sichtweise mit der des anderen.
5. Entmythifizierung der Fotografie
   - Die Liegeübung als Experiment (Klient liegt unbewegt am Boden und wird von allen Seiten fotografiert) veranschaulicht die perspektivisch-technischen Möglichkeiten der Fotografie. Damit wird die Macht der Fotografen spürbar deutlich und erlebbar.
   - Durch die fotografische Dokumentation der eigenen unterschiedlichen Ausdrucksmöglichkeiten innerhalb eines kurzen Zeitraumes entsteht die Chance, den eigenen Facettenreichtum kennenzulernen.

Gleichzeitig werden die Einflußmöglichkeiten des sozialen Kontextes und Kontinuums deutlich und fotografisch festgehalten.

6. Fotografie als Arbeitsmaterial
   - Dialogische Auswertung des eigenen Bildmaterials: Hierarchisierung, Skalierung.
   - Bearbeitung der Bilder. z.B. in einen neuen Kontext setzen, bemalen, zerschneiden (Förderung der Kreativität).
   - Fotografie als Intermediärobjekt.

Fotosession

Spezielle Zielsetzung der Fotosession ist die Erfassung der individuellen Ausdruckspalette vor der Fotokamera kennenzulernen und auszuleben.

- In der Fotosession werden unterschiedliche Fotos (Liegeübung, Rollendarstellung) aufgenommen (mindestens 1 Film/36 Bilder bis zu 10 Filmen).
- Zeitdauer mindestens 80 Minuten bis max. 4 Stunden.
- Sie kann sowohl im Fotostudio (Therapieraum) als auch im selbstgewählten Kontext (Lieblingsplatz) stattfinden, unter Ausschluß anderer Personen (z.B. zufälligen Passanten).

Sequenzfotografie

Spezielle Zielsetzung ist die Objektkonstanz im Sinne von: „Ich bin die gleiche.“ – „Ich erkenne mich mit meinen unterschiedlichen Facetten.“ – „Ich lerne einiges über meine leiblichen Ausdrucksmöglichkeiten und deren Aussagekraft.“ – „Ich bin unterschiedlich, doch immer noch ich.“ Durch die Wiederholung entsteht ein Gewöhnungseffekt, der angstabbauend wirkt. Die Klienten gewinnen an Sicherheit, sich zu zeigen und können den Prozeß des Fotografierens selbst leichter mitgestalten.

Nach Absprache sollte jede Stunde fotografiert werden (mindestens 1 Foto).

Indikation

- Zur Überprüfung der Selbst- und Fremdwahrnehmung
- Zur Förderung der leiblichen Ausdrucksmöglichkeiten und Kreativität
- Zur Stärkung des Selbstwertgefühls
- Zur Arbeit an der Identität durch Fremd- und Selbstbilder

Rahmenbedingungen

1. Räumliche Voraussetzung: ein Fotostudio, eine Umkleidekabine mit Schminktisch. Der Raum sollte zumindest 3,00 m x 3,00 m groß sein, mit Tageslicht, einer leeren, vorzugsweise weißen Wand und der Möglichkeit, sich ungestört umzuziehen.
2. Fotomaterial:
   - eine Kamera mit mehreren Objektiven (Brennweite 20-80 mm) und/oder eine digitale Kamera, eine Polaroidkamera
   - Filme mit unterschiedlicher Sensibilität (100-2000 ASA)
3. Personelle Voraussetzungen:
   - Solide Kenntnisse im Umgang mit erlebnisaktivierenden Methoden, um mit dem evozierten Material umgehen zu können
   - Fotografische Erfahrungen und spezielle Kenntnisse in Porträtfotografie
4. Sonstige Materialien:
   - Kleider, Schminkutensilien, Tücher und Spiegel u.a.
   - Stereoanlage

Durchführung der fototherapeutischen Intervention

Fotosession am 01.09.98, Tafeln 3-12, ca. 4 Stunden

Da Fotos juristische Beweiskraft besitzen, kann allein schon die Tatsache, fotografiert zu werden, Angst erzeugen. Prägnant wird die Angst, entdeckt zu werden oder etwas zu zeigen, was man selbst nicht an sich kennt und womit man sich nicht identifizieren kann oder möchte. Hinzu kommt die Angst, der Fotografin restlos ausgeliefert zu sein. Die eigenen fotografischen Vorerfahrungen schwingen mit und prägen den fotografischen Prozeß. Die aggressive Bilderflut (z.B. der Werbung) hat einen nicht zu unterschätzenden Einfluß. Es entsteht ein Zwang, sich und andere daran zu messen oder zu vergleichen.

Initialphase

Frau X stand voll bepackt vor der Tür. Sie wirkte sehr aufgeregt. Mitgebracht hatte sie eine große Tasche voller Kleider und ihren CD-Player. Sie setzte sich auf den gewohnten Platz und begann zu reden. Sie berichtete, daß sie ihrem Mann und ihrer Freundin von dieser Fotositzung erzählt habe. Die Freundin sei sehr neugierig geworden und habe ihr den Auftrag gegeben, gut aufzupassen, um sie anschließend auch so zu fotografieren.

Während sie erzählte, packte ich die Kamera aus und hängte die Bilder von der Wand ab, um einen ruhigen Hintergrund zu erhalten. Um eine angstfreie Atmosphäre herzustellen, versicherte ich ihr noch einmal, daß ich nicht vorhätte, Schnappschüsse zu machen. Ich wies darauf hin, daß wir jederzeit aufhören könnten (Warm Up).

Sie wirkte unsicher und angespannt, was sowohl an ihrer Stimme, am Wortschwall und ihrem Lachen deutlich wurde. Sie erzählte, daß sie kein einziges Portrait von sich habe. Als Braut sei sie nur zusammen mit ihrem Mann fotografiert worden. Ihr Vater habe sie zwar fotografiert, doch das habe wenig Spaß gemacht. Sie geriet langsam ins Stocken, da sie die Widersprüchlichkeit bemerkte. Sie versicherte sich, ob sie wirklich tun und lassen könne, was sie wolle. Dann begann sie langsam Grimassen zu schneiden. Sie hatte sichtlich Spaß daran, wurde immer ausgelassener und streckte schließlich sogar die Zunge heraus (Tafel 3). Die Ambivalenz gegenüber dem Fotografiertwerden kam hier deutlich zum Ausdruck: „Ich will gesehen werden, aber ich traue mich nicht". Gleichzeitig rechnete sie mit ihrem Vater ab: „Wenn der das wüßte!". Langsam konnte sie ihren Gefühlen, Gedanken, Überlegungen und Vorstellungen freien Lauf lassen. Allmählich fiel die Angst ab und die Anspannung ließ nach. Frau X begann, sich auf das Fotografieren einzulassen, zeigte sich, wollte gesehen werden und konnte den Kamerablick gut aushalten.

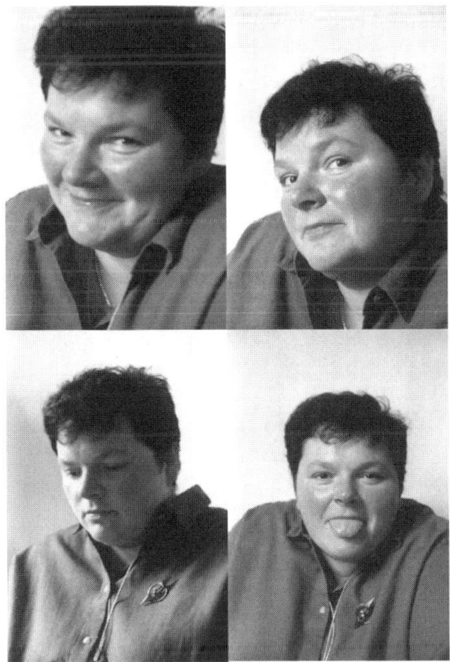

Tafel 3: Fotosession

Aktionsphase

Damit war die atmosphärische Voraussetzung für die Liegeübung (Tafel 4) geschaffen. Ich legte den Stoff so aus, daß Frau X sich darauf legen konnte. Dann ging ich rings um sie herum und fotografierte sie von allen Seiten, aus mehreren Blickwinkeln. Die Lichtverhältnisse waren ausgesprochen ungünstig, so daß ich wenig Möglichkeiten zur beschönigenden Lichtführung hatte (keine Tiefenschärfe, lange Belichtungszeiten). Die Liegeübung kann nur in einer angenehmen, vertrauensvollen Umgebung stattfinden. Sie kann den Zustand der Geborgenheit und des Sich-Fallenlassens fördern, aber zugleich beinhaltet sie ein großes regressives Potential. Frau X lag angespannt da. Es fiel ihr sichtbar schwer, einfach dazuliegen und sich der Kamera zu stellen. Wenn ich die Kamera weglegte, ließ die Anspannung sofort nach, nahm ich sie in die Hand, war sie gleich wieder da. Somit leitete ich zur Stehübung über (Tafel 4), wo sie zusehend an Sicherheit gewann. Die Klientin überlegte kurz, wie sie sich zeigen wollte, stellte einen Fuß vor und konnte mühelos in die Kamera blicken. Sie stand sicher im „Rampenlicht", so wie sie es schon öfter auf der Bühne getan hatte.

Mir wurde dabei deutlich, wie schwer es ihr fiel, zu vertrauen. Sie erzählte, daß sie immer fallengelassen wurde, sobald sie sich jemandem anvertraut hatte. Darum würde sie lieber alles selbst in die Hand nehmen. Es sei ihr schwergefallen, am Boden zu liegen, und sie habe die alte Angst gespürt.

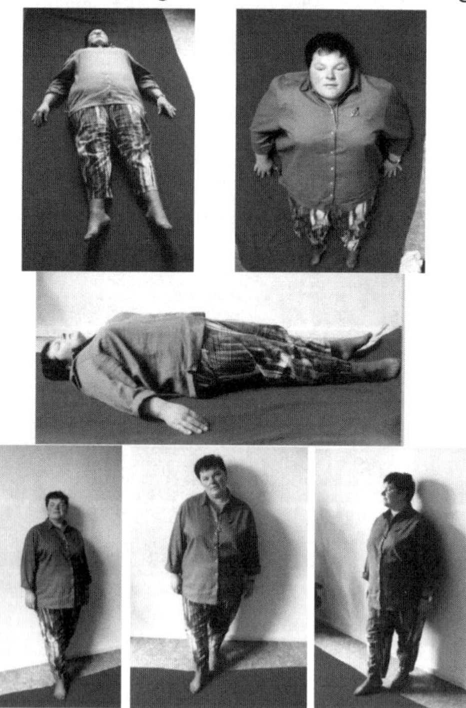

Tafel 4: Fotosession

Danach schminkte sie sich (Tafel 5). Sie tat es geübt, sicher und mit einem hohen Tempo. Dabei erzählte sie, daß ihr Mann das nicht gern sehe. Sie müßte es immer heimlich tun. Nur bei gemeinsamen Bühnenauftritten würde er es kommentarlos „durchgehen lassen". Sie erzählte unbefangen und schien die Kamera dabei vergessen zu haben. Auf mich wirkte es wie eine Verwandlung. Sie schien dabei in eine Rolle zu schlüpfen und Teil eines selbstinszenierten Theaterstückes zu sein.

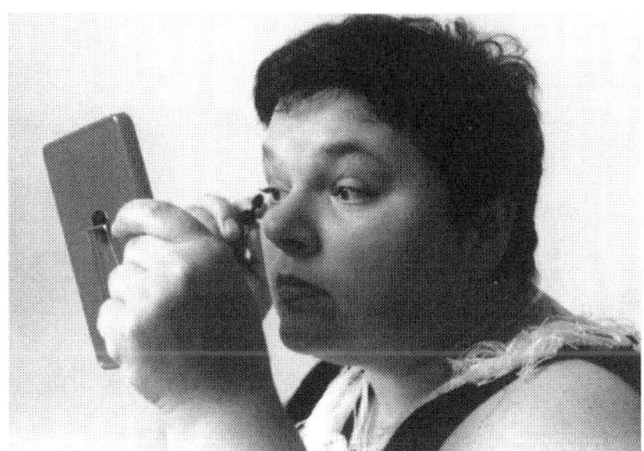

Tafel 5: Fotosession

Um Rollen auszuprobieren legte sie (die) eine Filmmusik von James Bond ein. Ich fuhr fort mit der partiellen Körperdokumentation von Augen, Mund, Fuß, Bein, Bauchhaut und der Tätowierung (Tafel 6), worauf sie besonders Wert legte. Dafür verwendete ich das Makroobjektiv, so daß ich mich ihr sehr stark nähern mußte. Sie schien das entspannt, angstlos, neugierig und lustvoll zu genießen. Dies sprach für die gewachsene Beziehung. Sie konnte Nähe gut aushalten, was von einem gestärkten Selbstbewußtsein zeugt.

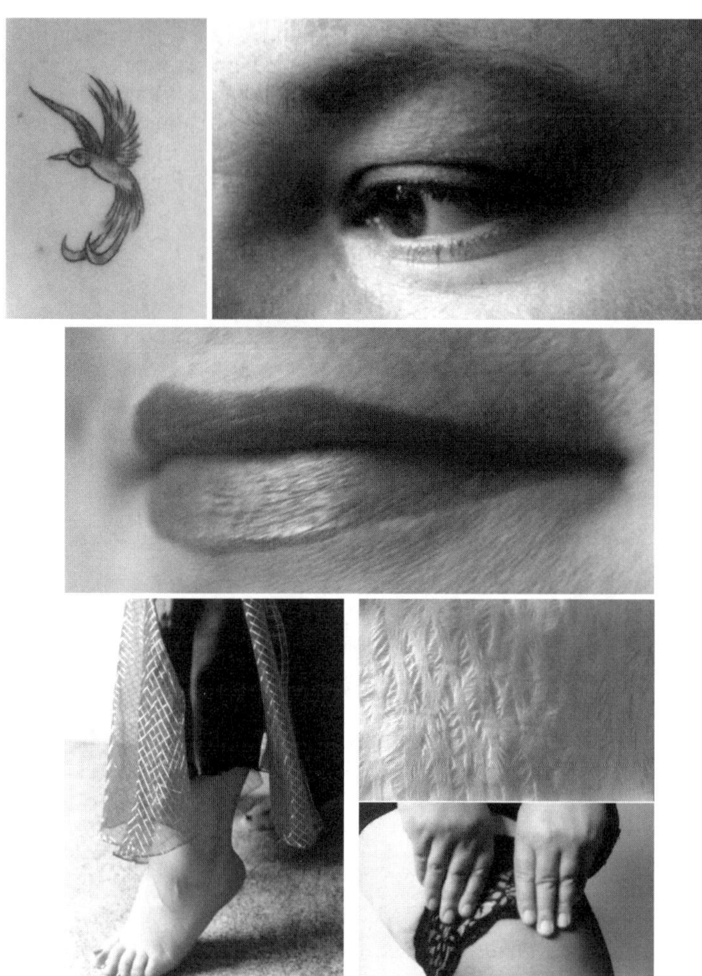

Tafel 6:
Fotosession

Sie zog ein schwarzes Kleid an, legte die Federboa um (Tafel 7) und spielte die Filmmusik von Marlene Dietrich: „Ich bin von Kopf bis Fuß auf Liebe eingestellt". Sie sang leise mit. Alles wirkte sehr theatralisch auf mich und ich machte einige Portraits. Sie wirkte selbstsicher und verführerisch. Sie schaute spielerisch provokant, herrisch, streng in die Kamera.

Tafel 7: Fotosession

Sie schlüpfte in einen Sari und wirkte dabei äußerst glücklich (Tafel 8). Sie erzählte, daß Seide ihr ganz viel bedeute und sie am liebsten darin verschwinden möchte. Ich versuchte mit dem Sari ihrem Wunsch nachzukommen, ihre verführerische und erotische Seite kennenzulernen, indem ich einen Akzent auf die Brustpartie setzte. Hier wirkte sie sehr authentisch. Sie sagte, daß sie immer schon stolz auf ihren Busen gewesen sei, und daß er sich sehen lassen könne. Sie lachte und zeigte ihre Freude am Fotografiertwerden. Sie staunte selbst, daß sie es richtig genießen konnte, sich zu zeigen und gleichzeitig gesehen zu werden. Sie spielte mit dem Fächer und äußerte den Wunsch, damit fotografiert zu werden.

Hier kam die feminine Seite deutlich zum Ausdruck. Sie wurde sich ihrer körperlichen Attraktivität bewußt, konnte sie erleben und schaffte sich damit den Gegenpol zu den vielfältigen negativen Erfahrungen und Selbsteinschätzungen.

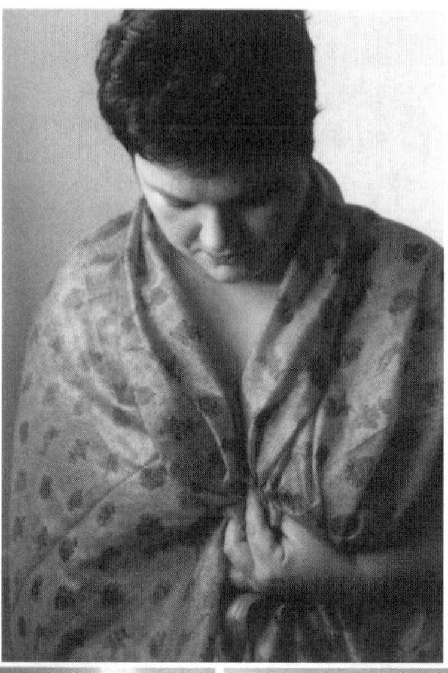

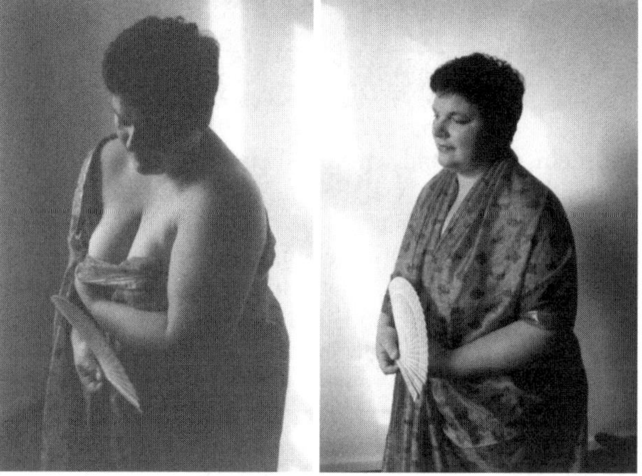

Tafel 8:
Fotosession

Anschließend legte sie Bauchtanzmusik ein und zeigte sich stolz in ihrem selbstgenähten Bauchtanzkostüm. Ich war fasziniert von ihrer Kreativität und ihrem handwerklichen Geschick (Tafel 9-10).

Sie bewegte sich sicher und unbefangen im Raum. Dann begann sie, hochkonzentriert zu tanzen. Es war ein kleines gut eingeübtes Stück, das sie schon öfters aufgeführt hatte. Dabei wurde eine breite Palette der körperlichen Ausdrucksmöglichkeiten prägnant: ihre Bewegungen waren dynamisch und geschmeidig rund, der Ausdruck ihrer Blicke variierte zwischen werbend, verführerisch, abweisend, herrisch und in sich gekehrt.

Tafel 9: Fotosession

Tafel 10: Fotosession

Integrationsphase

Es war recht dunkel im Raum geworden. Sie setzte sich auf den Boden, mit dem Rücken an die Wand gelehnt. Sie dachte über das abgelaufene Geschehen nach und ließ es vor ihrem inneren Auge wie einen Film vorüberziehen. Nun spürte sie die Geborgenheit und das Vertrauen, das gewachsen war. Sie fühlte sich sicher im Raum und wußte um ihre Anfangsängste, die nun wie weggeblasen waren. Dieses gedankliche Durcharbeiten führte zu einem Zusammenwirken (Synergieprinzip) im Sinne einer Integration: das eben Erlebte auf dem Hintergrund der alten Erfahrungen. Sie dachte nach (kognitives Lernen) und spürte eine neue Selbstsicherheit (emotionales Lernen).

Sie äußerte Bedauern darüber, daß sie bis jetzt zu wenig Möglichkeiten gefunden hatte, sich durchzusetzen. Sie erinnerte sich wieder an ihre eigene Hochzeit. Dabei kam die alte Trauer zu Tage: „Keiner hat gefragt, was ich mir wünsche, keiner hat mich gesehen. Immer haben andere für mich entschieden, erst meine Mutter, dann mein Mann und was weiß ich, wer noch". Sie gestand sich den Neid auf alle frisch verheirateten Paare ein. Sie versuchte, sich vorzustellen, wie es anders hätte sein können, zum Beispiel alleine zu wohnen.

Neuorientierung

Sie äußerte den Wunsch nach neuen Möbeln, traue sich aber nicht, neue anzuschaffen, da die alten noch funktionstüchtig seien. Diese entsprächen aber nicht ihrem Geschmack. Sie verspüre den Wunsch, sie einfach hinauszuwerfen. Wir sprachen Möglichkeiten durch und sie faßte den Entschluß, den Flur umzugestalten.

Viele Gedanken und Gefühle stiegen in ihr hoch. Da wir beide sehr müde waren, unterbrach ich vorsichtig ihren Gedankenfluß. Sie packte langsam ihre Sachen wieder ein und fragte, ob sie mich nach Hause bringen dürfe. Ich war überrascht und zögerte mit der Antwort. Das war zu viel Nähe. Dies fühlte sie sofort. Da sie viel Gepäck hatte, begleitete ich sie bis zum Aufzug.

Die Erfahrung und die Erkenntnis dieser Sitzung brachten sie zu dem Entschluß, den Versuch zu starten, die Wohnung nach ihrem eigenen Geschmack zu verändern. Damit wagte sie zum ersten Mal, den Wohnraum, in dem sie nun schon jahrelang lebte und der ihr zustand, einzunehmen. Es war keine spontane Idee, sondern eine langsam gereifte Haltung, zu der sie sich nun entschlossen hatte (Wochen später konnte sie den Entschluß umsetzen).

Frau X und ich hatten vereinbart, möglichst regelmäßig jede Stunde zu fotografieren. Es überraschte mich dennoch, als sie gleich nach der Fotosession den Wunsch äußerte, mit einer Hand vor dem Gesicht (Tafel 11) fotografiert zu werden. Es war das erste Mal, daß sie sich traute, eine Bitte an mich klar und deutlich zu formulieren. Sie übernahm damit die Verantwortung für die Fotos. Dennoch fiel es ihr schwer, sich der Kamera zu stellen.

Sequenzfotografie (07.09.98 – 24.03.99)

Tafel 11

Die ersten Male forderte sie verbal die Fotos ein, saß aber steif, verkrampft und schweigend auf dem Stuhl. Es fiel ihr schwer, in die Kamera zu sehen, und wenn sie es tat, dann nur indem sie in imaginäre Rollen schlüpfte. Oft suchte sie nach einer Beschäftigung, beispielsweise Lesen. Sie ging damit aus dem Kontakt und wartete passiv. Auf mich wirkte das oft so, als ob sie da stand, um am Ende der Stunde bestraft zu werden, sozusagen mit der Kamera erschossen zu werden (eigene Resonanz). Die Situation war geprägt von den alten Erfahrungen, Wahrnehmungen und Empfindungen und deutete auf Defizite im Bereich der frühkindlichen Perzeptionen und Exterozeptionen. Atmosphärisch verdichtete sich das Gefühl von tiefer Unsicherheit und nicht-vertrauen können. Anfangs scheute sie die Konfrontation mit den eigenen Fotos und konnte nur ihre Defizite sehen. Ich forderte sie auf, sich die Bilder genauer anzusehen aus der Perspektive einer wohlwollenden alten, weisen Frau. Aus dieser exzentrischen Position gelang es ihr, sich als ganzen Menschen wahrzunehmen. Dadurch veränderte sich langsam ihre Haltung, und sie ging dazu über, sich mit ihrem ganzen Körper zu zeigen. Dabei veränderte sich ihr Gesichtsausdruck und sie wurde immer lockerer. Sie überlegte genauer, wie sie sich zeigen wollte, und begann während des Fotografierens mit mir zu sprechen. Sie wurde immer sicherer und konnte problemlos den Kontakt zu mir halten. Dabei überwand sie ihre Angst und baute so von selbst das Plateau, von dem aus sie neue Erfahrungen machen konnte.

Metaphorisch könnte man sagen, daß es ihr durch die Auseinandersetzung mit dem eigenen Bildmaterial gelang, sich mit dem „liebevollen mütterlichen Blick" zu begegnen und anzunehmen. Somit wurde die Ebene des reflexiven Leibes durch reflexives Bewußtsein gestärkt. Dies kommt einem Prozeß gleich, vom „Gesehen-werden" zum „Sich selbst sehen", oder anders formuliert: einem schöpferischen Prozeß, der sie befähigte, vom eigenen Wahrnehmen und Differenzieren, hin zum Integrieren und Kreieren zu gelangen. Frau X weichte damit die körperliche Entfremdung auf und sammelte Erfahrungen im Bereich der expressiven Ausdrucksmöglichkeiten ohne die imaginäre Bühnenflucht.

Eines Tages kam Frau X mit blutunterlaufenen Augen in die Stunde und erzählte, daß sie sich trotz ihrer körperlichen Einschränkung einem Bauchtanzsolo gestellt habe. Sie konnte meine Sorge um ihre Gesundheit und mein Entsetzen bezüglich der eigenen Grenzüberschreitung nicht verstehen und betonte, daß sie gutes Geld damit verdient habe. Erst durch die fotografische Konfrontation konnte sie sich des eingegangenen Risikos bewußt werden und meine Sorge verstehen. Dadurch stellte sie sich dem Thema des Umgangs mit den eigenen Grenzen, des Rechtes auf Krankheit und Schwäche. Dabei wurde sie sich ihrer primären Grundrechte bewußt.

Immer wieder versuchte sie, aktiv das Bild zu gestalten. Ihr Humor (Ressource) wurde deutlich, als sie sich kniend fotografieren ließ (Tafel 10): „Wenn ich stehe, ist das zu anstrengend. Sitze ich, könnte ich faul wirken. Also knie ich!"

Tafel 12

Mit der Zeit gab sie das imaginäre Rollenspiel auf und zeigte ihr Alltagsgesicht. Dabei unterließ sie die vernichtenden Bildkommentare und sah sich die Bilder mit interessiertem, kritischem und offenem Blick an.

Später entstanden zusammenfassende Darstellungen, wie Bildgeschichten.

Auf dem letzten Foto zeigte sie sich als Herrscherin, als Siegerin mit verschränkten Armen und wippendem Bein. Die Realität wirkte nicht mehr beängstigend. Sie hatte die Essensproblematik überwunden und fühlte sich für den Alltagskampf gerüstet.

Anschließend gab ich ihr den vollständigen Fotosatz. Frau X sah sich die Bilder konzentriert an, kommentierte sie und suchte sich einige aus.

Abschrift der Tonbandaufzeichnung:

„Ich hatte Angst, der Wahrheit ins Gesicht zu sehen. Wie das halt so bei Dicken oder Übergewichtigen ist. Nun, ich habe noch keinen gesehen, der sich gerne fotografieren läßt. Wenn ich mich dann so richtig auf dem Foto sehe, muß ich mich zwangsläufig damit auseinandersetzen. Nackte Tatsachen. Du mußt der Realität ins Auge sehen. Oft ist Verstecken zwecklos. Da kannst du nichts verstecken. Das Bild ist so, wie es ist. Es ist nicht retuschiert. Es ist die nackte Wahrheit. Natürlich habe ich Angst gehabt, daß nur das Negativste fotografiert wird. Ich habe immer noch das Gefühl, wenn ich mich manchmal sehe, daß ich zweierlei ICH's bin. Mein Körper ist die Hülle für eines meiner ICH's, aber das ICH sieht man nicht. Das kann man nicht fotografieren. Vielleicht bin ich doch nicht so negativ, so unförmig, wie man es sich vorstellt. Wenn ich an die letzten Bilder denke, wo ich doch so entsetzt war! Nun ist eine Hoffnung da. Vielleicht sind auch schöne Fotos dabei. Kann doch sein. Es bleibt trotzdem dabei, das ICH ist sicherlich nicht auf den Fotos. Das ICH ist irgendwo unter dem ganzen Fett vergraben.Im Nachhinein kann ich nicht sagen, daß es mir die Angst genommen hat vor den Fotos. Ich werde mich weiterhin drücken vor irgendwelchen Schnappschüssen. Davor habe ich trotzdem noch einen Horror. Was ich festgestellt habe ist, daß ich mich am liebsten in Rollen fotografieren lasse. Da macht es mir nichts aus. Damit gehe ich viel freier um, obwohl ich mir sie hinterher auch nicht anschaue. Ich bin schon neugierig auf die Fotos, aber manchmal möchte ich sie doch nicht ansehen. Am liebsten möchte ich nur die schönsten vorgelegt bekommen.“

Arbeit mit dem Fotomaterial

Tafel 13: Kartenbild (06.10.98)

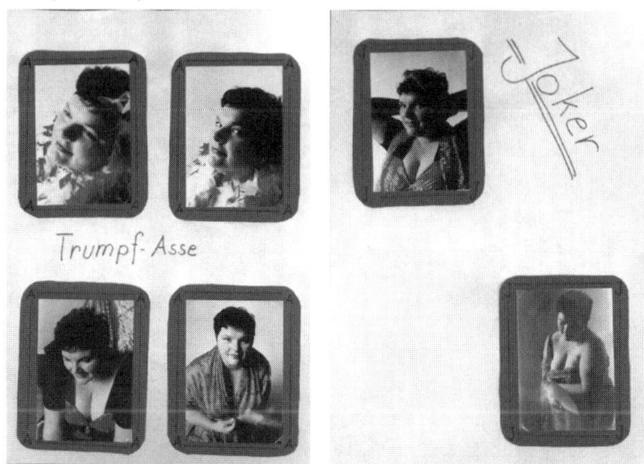

Frau X kam lächelnd auf mich zu und legte einen weißen zusammengefalteten Papierbogen auf den Tisch. Dann fragte sie mich verschmitzt, ob ich denn erraten könne, was sie da mitgebracht habe. Ich sagte, daß ich es mir nicht vorstellen könne und vermute, daß sie wie vereinbart mit den Bildern gearbeitet habe, und daß ich darauf sehr gespannt sei.

> Abschrift der Tonbandaufzeichnung:
>
> Frau X: Das sind die Karten. Das sollen Spielkarten darstellen. Das ist ein Joker. Die haben mir am besten gefallen. Das Problem war, was mache ich mit den Fotos, ohne daß ich sie aufkleben muß. Ich habe sogar Fotoecken gekauft, damit ich sie nicht kaputt machen kann. Ich weiß zwar, daß sie umgekehrt sind, doch durch meinen Übereifer habe ich die Farben umgekehrt. Spielkarten sind normalerweise nicht rot. Erst als ich alle ausgeschnitten hatte, habe ich's gemerkt. Es sind Symbole für ein Kartenspiel. Es tut richtig gut, so einen Joker zu haben. Der kann einen in schwierigen Situationen retten. Wenn alles verloren scheint, kann man ihn einfach herausziehen und damit dem Spiel eine andere Wendung geben.

Damit ist es Frau X gelungen, sich „innere Beistände" (gute Objekte) zu schaffen, die sicherlich auch intermediäre Funktionen erfüllen. Dabei wird ihre spielerische, kreative Haltung deutlich (Ressource). Gleichzeitig zeigt sich daran, daß sie damit etwas gegen ihr Gefühl von Hilflosigkeit unternommen hat.

Tafel 14: Puzzle (13.10.98)

Frau X legt ihr Bild auf den Tisch und begann ohne zu zögern, es vorzustellen.

Abschrift der Tonbandaufzeichnung:

Frau X: Wichtig ist für mich, die Angst vor dem Fotografieren zu überwinden. Nicht mehr flüchten zu müssen. Ich habe nun Fotos, die sind dermaßen unterschiedlich, aber doch äußerst faszinierend.

- Da ist eines, da sehe ich nachdenklich, niedergeschlagen, todernst und bewegt aus. Sicherlich habe ich über etwas nachgedacht oder ich habe mich an etwas erinnert, was ewig weit zurück liegt. Hier liegt richtig die alte Kraft.
- Hier sehe ich schlimm aus. Hier habe ich sicherlich nur das Negative gesehen.
- Meine schöne Tätowierung. Das ist die Frauenrevolution schlechthin. Obwohl ich sie inzwischen schon fast vergessen habe. Selten, nur nach dem Duschen, wenn ich Zeit habe und daran denke, muß ich sie immer anschauen. Ich bin immer noch stolz darauf.
- Das mit dem Strumpfband hat einen erotischen Anflug, zumindest innerlich.
- Schwangerschaftsstreifen, das Bild kommt mir negativer als negativ vor. Doch das gehört auch zu mir. Sie gefallen mir nicht. Hier auf dem Bild, muß ich mich wirklich damit auseinandersetzen. So lange schaue ich sie mir sonst sicherlich nicht an. Sie sind da und fertig. Wenn du dich eine Zeit lang daran gewöhnt hast, dann kannst du sie sehen. Am Anfang schauen sie furchtbar schlimm aus, aber sie werden mit der Zeit heller.
- Ohren: ich habe ganz normale Ohren. Das hat überhaupt nichts mit Gewicht zu tun, sie sind bei anderen nicht anders als da.
- Augen: Meine Augen sind schön. Sie gefallen mir immer noch, besonders wenn sie geschminkt sind.

Mund: der Mund gefällt mir auch, weil er geschminkt ist.

- Mundfoto mit Zähnen: ich zeige nicht gerne meine Zähne. Sie sehen wie Mäusezähne aus, so klein. Aber es gehört einfach dazu. Man muß den Tatsachen ins Auge sehen.
- Das Fußfoto kann man unter mehreren Aspekten betrachten:
  - Ich habe Spaß am Tanzen.
  - Das ist der neckische Linke, zum Glück. Der rechte Fuß sieht schlimmer aus. Da sind die ganzen Adern sichtbar. Das sind die Reste von der Schwanger schaft. Vorläufig bereiten sie mir keine Beschwerden.
  - Nicht elegant, aber wie in einer Filmsequenz: von tanzenden Nilpferden. Zwar elegant, aber die Eleganz kommt nicht im Gesamteindruck rüber. Irgendwie schlägt es die lachhafte Seite in mir an.
- Das Bild hat mir gefallen wegen meines Gesichtsausdrucks. So bin ich, wie ich mich am liebsten mag. So schön, etwas Spaß haben, ausgeglichen, ruhig. Ja, so bin ich am liebsten. Das andere sind Seiten von mir, die da sind, mehr oder weniger sichtbar. Es wäre bestimmt ein Puzzle mit 2000 Teilen. Es müssen lauter Puzzleteile sein. Ein Puzzle besteht nicht nur aus positiven und negativen Seiten, sondern nur das Ganze bringt es. Schade, daß man davon nicht ein paar wegschmeißen kann. Ich möchte mich akzeptieren, so wie ich bin. Daß ICH ICH bin. Auch für mich selber. Daß ich mir bewußt mache, daß ICH das bin, auch wenn ich mich nicht immer sehen will. Ich wollte irgendwas hineinschreiben: ICH. So wie mich die Puzzleteile zeigen. Ich würde zwar gerne ein paar Teile austauschen, einige einfach verlieren. Eine gute Figur einsetzen, aber die Tatsachen zählen.

Durch das Puzzle ist es Frau X gelungen, sich als ganzes ICH zu definieren. Die bisher getrübte Selbstwahrnehmung wurde hiermit korrigiert und führte zu einer inneren Aussöhnung mit sich selbst. Hier wurde zum ersten Mal die Spaltung in Gut und Böse sichtbar aufgehoben und konnte dadurch das maligne dysfunktionale Narrativ „Ich bin häßlich und dick“ auflösen. Diese Arbeit verdeutlicht Frau X's hohe Synthese- und Integrationsleistung. Durch den Gestaltungsprozeß wurden Frau X ihre kreativen Ressourcen bewußt. Sie hatte wiederholt berichtet, daß Fotos innerhalb ihrer Familie, speziell ihrem Vater als „heilig“ galten und sie die Bilder niemals ungezwungen ansehen konnte. Indem sie die Fotos zerschnitt, hatte sie eine weitere Grenze überschritten und auch mit ihrem Vater in diesem Punkt abgerechnet.

Durch die Identifikation (Selbstattribution) mit dem Fotomaterial wurde eine korrigierende emotionale Erfahrung möglich. Dies führte zur Stärkung der Identität: „Das bin ICH!“

Prozeßdarstellung des Eßverhaltens anhand des Brückenbildes (29.09-22.12.98)

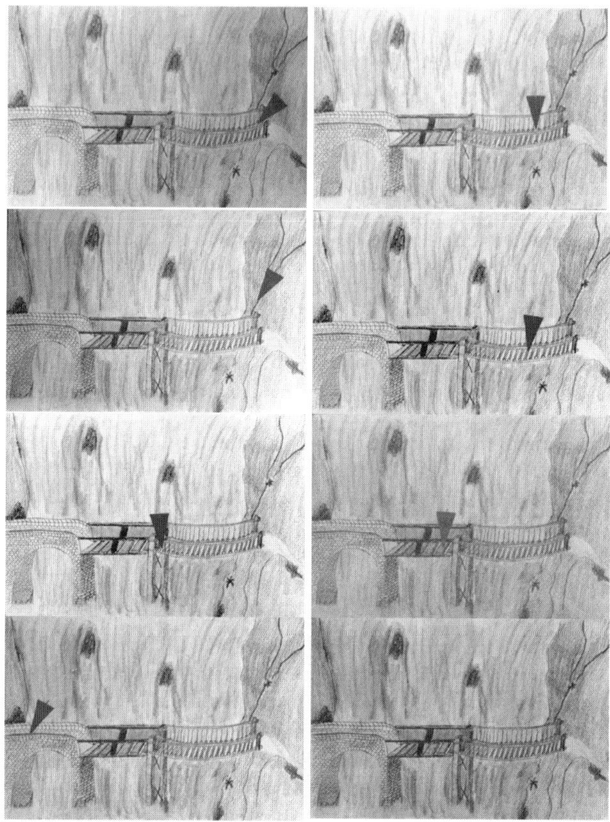

Tafel 15: Brückenbild

Frau X berichtete, sie würde gerne ein Bild zeichnen, von dem sie bereits konkrete Vorstellungen habe. Sie sähe sich auf einer Brücke stehen (Tafel 15), es sei keine Betonbrücke, sondern eine natürliche, nach indianischer Art. Diese führe über einen tiefen, schrecklichen Abgrund. Sie merke schon beim Erzählen, daß sich sehr viel für sie verändert habe. Essen habe erheblich an Bedeutung verloren. Sie habe es geschafft, ihre Lieblingstorte stehen zu lassen. Es sei ihr nicht leicht gefallen und sie sei erstmals darüber richtig erschrocken. Inzwischen betrachte sie dies als eine Leistung, die sie mit Stolz erfülle.

Frau X hatte im Laufe der Zeit viele kleine Schritte der Veränderung ausprobiert: z.B. Essen einfach stehen zu lassen, nur zu essen, worauf sie Lust hatte, die Waage auf den Dachboden zu stellen u.a. Sie hatte sich gedanklich vom gezügelten Eßverhalten (*Pudel* und *Westerhofer*, 1998) distanziert und hatte begonnen, auf ihre eigenen Impulse von Hunger, Sättigung und Völlegefühl zu achten. In den ersten Stunden der Therapie hatte

sie regelmäßig Bilder gemalt. Nach fünf Monaten spürte sie ihre Veränderung deutlich und wollte diese bildlich konkretisieren. Es überraschte mich, daß sie dafür meine Unterstützung einholte. Ich ermutigte sie dazu, indem ich sie an ihre erste Zeichnung erinnerte.
Frau X kam mit diesem Bild und fragte vorsichtig, ob ich es sehen wolle. Sie habe es „gaudihalber“ gemalt, und während des Malens sei ihr bewußt geworden, daß die Brükke für ihr Eßverhalten stünde. Anhand des Aquarellbildes hatte sie einen realistischen Entwicklungsplan für ihre Veränderungen entworfen. Die Brücke bestand aus drei Teilen: der erste Teil stellte eine „Wackelbrücke“ dar, hier konnte sie noch ungeschützt in die Tiefe sehen, Wassertropfen von unten konnten sie erreichen. Dieses könnte man als eine symbolische Darstellung für ihre Heißhungerattaken verstehen.
Der zweite Teil stellte eine Holzbrücke dar, auf der man material- und wetterbedingt leicht ausrutschen konnte. Doch sie bot schon mehr Sicherheit und verhinderte den Blick nach unten. Dieser Teil stand für kleine Rückfälle und Ausrutscher.
Der dritte Teil stellte eine Betonbrücke dar. Von diesem Abschnitt aus konnte sie nur noch das Ziel der Genußfähigkeit sehen und Sicherheit auf dem begonnenen Weg gewinnen.

Frau X hatte ein rotes Dreieck gebastelt, mit dem sie ihren Standpunkt flexibel wählen konnte. Daraus entwickelte sich ein zweites Ritual, das sich über zwölf Wochen erstreckte: am Ende jeder Stunde definierte Frau X erneut ihren Standpunkt auf der Brücke. Dadurch stärkte sich ihre Fähigkeit zur Exzentrizität und zur Zentrierung. Sie übte sich in der Selbstbeobachtung und konnte so ihre Veränderungen intensiver wahrnehmen, wodurch Robustheit und Zuversicht zunahmen. Gleichzeitig wurden die Ich-Funktionen gestärkt und die prospektiven Fähigkeiten aktiviert: sie entwickelte Zukunftspläne, Wünsche und Hoffnungen. Das kontinuierliche Bilanzieren stärkte ihre Wahrnehmung gegenüber den alltäglichen Arbeitsüberforderungen und intellektuellen Unterforderungen. Verstärkt wurde auch das Bewußtsein für die alten Verhaltensmuster, in kritischen Situationen mit Essen zu reagieren. Die so gewonnenen Eindrücke konnten wir zusammen auswerten. Die gemeinsamen Explorationen ermöglichten intersubjektive Deutungsprozesse.

Kommentare von Frau X zu der Bilddarstellung

6.10.98

Ich stehe am Anfang der Brücke. Ich fühle mich noch sehr unsicher. Oh Gott, wie soll ich das denn schaffen? Ich weiß nun zwar, daß es eine Brücke und sozusagen einen Weg gibt, aber das Ende kann ich nicht planen. Dennoch spüre ich, daß ich die Kraft dazu habe, auch wenn ich nicht weiß, wann oder ob ich jemals ankommen werde.

13.10.98

Ich muß gestehen, daß ich wieder gesündigt habe. Ich muß leider ein gutes Stück zurück gehen. Ich hatte viele Heißhungerattacken. Auch wenn ich weiß, daß ich aus Ärger und Frust esse, kann ich nichts dagegen tun. Ich fühle mich hilflos.

Wenn ich genau hinsehe, glaube ich, ich könnte es trotzdem schaffen.

23.10.98

Heute bin ich ganz mutig. Ich fühle mich schon ein gutes Stück weiter. Natürlich weiß ich nicht, wie lange das anhält. Doch ich stehe gut auf dem ersten Pfahl. Wenn ich das Bild ansehe, denke ich immer, es gäbe ein schönes Seidenbild ab. Ich finde den Hintergrund, das Wasser toll und fließend.

10.11.98

Ich fühle mich zur Zeit sicherer mit dem Essen. Ich habe keine Eßattacken mehr. Inzwischen kann ich immer öfter das Essen genießen.

17.11.98

Unveränderte Situation. Die Brücke bedeutet für mich „mein Eßverhalten“. Ich fühle mich zunehmend sicherer. Ich traue mich nicht, runter zu sehen. Da habe ich das dunkle Gefühl, den Abgrund. Ich traue mich nicht, hinunter zu schauen. Es ist so wie auf dem ersten Bild: schwarz.

Anfangs wirkte sie ruhig, in sich gekehrt. Dann wurde die Angst spürbar. Sie sah gerade aus vor sich und bewegte die Augen im „Suchblick“.

26.11.98

Frau X: Da brauche ich nichts zu ändern. Ich bin an der gleichen Stelle nur in einer anderen Dimension. Das was da steht, ist da. Aber irgendwie bin ich nicht da, nur meine Hülle steht dort. Mein Äußeres.

Th.: Auf der Brücke?
Frau X: Ja, das steht so richtig da, da drückt mich keiner weg, und trotzdem bin ich nicht da, sondern irgendwo.
Th.: Ist es da besser?
Frau X: Anders. Ich bin wie ein Schmetterling. Da hat er seinen Kokon stehen, alles andere ist im Moment in der Schwebe. Es schwebt so dahin. Wobei ich nicht weiß, ob ich die Hülle da stehen lassen soll. Also irgendwie muß ich mich wieder anziehen.
Th.: Ist der Schmetterling befreit aus dem Kokon?
Frau X: Aber der Kokon muß ja irgendwo hin. Also wenn ich auf der Brücke weiter gehen soll, ist kein Platz mehr da für den Schmetterling.
Th.: Der kann ja fliegen!
Frau X: Klar! Die Rüstung steht ja da. Irgendwann kommt er schon zurück.
Th.: Warum?
Frau X: Weil er die Rüstung irgendwohin bewegen muß.
Th.: Ritter ohne Rüstung?
Frau X: Nun, wenn es egal ist, ob ich da rüber muß.
Th.: Wenn Essen kein Thema ist, dann sind Sie schon über den schwarzen Abgrund hinweg. Haben Sie einen anderen Weg gefunden, vielleicht über die Lüfte?
Frau X: Ja, das könnte ich wohl. Die Brücke ist aber so eine Art Rückversicherung. Es ist nicht so abwegig. Der Schmetterling aus dem Kokon ... aber wer weiß ... wer weiß, auch Schmetterlinge haben Füße. Ich kann ja die Brücke mal stehen lassen.
Frau X: Im Moment überfliege ich das alles. Im Moment bin ich so ziemlich ruhig, lokker, es ist alles so weich. Ich weiß nicht, es ist schön ... so innerlich. Doch, das ist es.
Th.: Beschreiben Sie das Gefühl von Leichtigkeit.
Frau X: Im Moment fühle ich mich leicht, so leicht wie ein Schmetterling. Nur im Kopf und nur solange ich nicht in den Spiegel schaue.

Th.: Wo beginnt die Freiheit?

Frau X: Doch, das ist ein schönes Gefühl. Komischerweise erst seit ich dieses Ding gemacht habe. Ich weiß gar nicht, wie ich es bezeichnen soll. Es gibt keinen Namen dafür, lassen wir den Kokon mal stehen. Als ich das gemalt hatte, war das zu flach.

Th. Haben Sie einen Namen dafür?

Frau X: Mein Energiefeld vielleicht.

Th.: Sie nannten es schon einmal: „Mein Baby“, „Mein Energiefeld“, „Mein Licht“ oder „Meine Verletzlichkeit“.

Frau X: Mein verletzlichstes ICH, irgendwie sehr wichtig. Wenn mir jemand das kaputt machen würde, täte das wirklich weh.

Th.: Wohin kommt es jetzt?

Frau X: Langsam werde ich realistisch. Irgendwie habe ich mich vom normalen Leben abgespalten. Es ist immer da, aber die direkte Lichtverbindung kann ich halten.

Th.: Was ist, wenn das Licht nicht verhüllt wäre?

Frau X: Weiß ich nicht. Wenn es zu groß ist, ist es zu verletzlich. Man muß es wieder einpacken. Es ist immer da und man kann sich darauf freuen.

Th.: Jetzt auch?

Frau X: Jetzt schon. Mein Lebensgefühl hat sich geändert, das kann ich sagen.

22.12.98

Das Brückenbild interessiert mich gar nicht mehr. Ich weiß, daß da hinten irgendwo weit weg ein tiefer Graben war. Doch der liegt schon hinter mir, das ist Vergangenheit. Essen ist uninteressant geworden. Auch vor den anstehenden Feiertagen habe ich keine Angst, ich fühle mich richtig frei und sehr, sehr sicher.

Anhand des Brückenbildes (Tafel 15) gelang es ihr, sich ihre zunehmende Sicherheit zu verdeutlichen und ihren Erfolg bewußt zu würdigen.

Indem sie alte Szenen durcharbeitete und durchlebte, konnte sie das Erlebte verstehen. Das Narrativ der Essensproblematik verflüssigte sich.

Gesamtauswertung

Als Ausgangspunkt der Gesamtauswertung des Prozesses wähle ich die Überprüfung der therapeutischen Zielsetzung.

Im Februar 2000 fragte ich Frau X, wie sie zu ihren selbstformulierten Zielen stehe.

Ziel: „Schlank sein“

Im Verlauf der Behandlung hatte Frau X etwas an Gewicht verloren. Bezeichnend war ihre Erfahrung: „Ich schrumpfe!“ Sie wurde nicht mehr von „utopischen Schlankheitsidealen“ gequält. Abnehmen wollte sie zwar noch, doch aus gesundheitlichen Gründen. Der Druck, es mit aller Gewalt tun zu müssen, sei völlig verschwunden.

Ziel: „Harmonische Partnerschaft“
Sie sagte, sie habe erkannt, daß dieses Ziel eine Lebensaufgabe sei, und daß sie langsam versuche, sich in die Position ihres Ehemannes hineinzuversetzen. Von der Illusion, ihrem Mann „das Gedankenlesen beibringen zu wollen“, habe sie sich distanziert und gelernt, ihre Wünsche, wenn auch noch recht mühevoll, durchzusetzen.

Ziel: „Nicht mehr sparen müssen“
Frau X hatte sich aktiv an der Haushaltsplanung beteiligt und konnte sich dadurch einige ihrer Wünsche, z.B. den Kauf eines Computers, eine kleine Urlaubsreise und neue Möbel erfüllen. Hinzu kam, daß sie sich beim hauswirtschaftlichen Fachservice gemeldet hatte und für eine begrenzte Zeit zusätzlich Geld verdient hatte. Insgesamt fühlte sie sich nicht mehr so hilflos.

Allgemeine Zielüberprüfung

Erkennen der emotionalen Aspekte des Gewichtes
Anhand der Essensprotokolle und der kritischen Auseinandersetzung mit dem eigenen Eßverhalten konnte Frau X im Laufe der Behandlung die Faktoren herausarbeiten, die zu ihrem Übergewicht geführt hatten. Sie erkannte, daß Essen für sie eine Problembewältigungsstrategie geworden war und das Gewicht eine Schutzhülle („Kokon“), die sie zeitweilig brauchte. Die Arbeit mit dem „Brückenbild“ (Tafel 15) veranschaulichte ihren Heilungsweg, auf dem sie Gefühle von Hunger, Sättigung und Völle wieder entdeckte. So verschwanden die Heißhungerattacken allmählich. Mit Hilfe fototherapeutischer Interventionen konnte sie auch ihre physisch schönen Seiten entdecken und in ihr Selbstkonzept integrieren.

Der Umgang mit kreativen Medien eröffnete ihr neue Umgangsweisen mit ihrer eigenen emotionalen Palette, z.B. Angst, Furcht, Wut, Euphorie und Freude. Was erstmalig in der Fotoarbeit „Puzzle“ deutlich wurde, ist die Syntheseleistung des Integrationsprozesses. Im Laufe der Zeit lernte sie immer besser, mit ihren Gefühlsschwankungen umzugehen und sie zu akzeptieren.

Stärkung im Bereich der Identität und des Selbstwertes
Frau X hatte die Tendenz, in Rollen zu flüchten, z.B. „everybodys Darling“. Durch das Darstellen von Rollen innerhalb der Fotosession wurde das Bewußtsein gestärkt, daß sie sich in den oft auch selbstgewählten Rollen sicher bewegen konnte.

Intensives Literaturstudium führte zu unterschiedlichen Diskussionen innerhalb und außerhalb der Einzelgespräche, was sie letztlich in ihrer weiblichen Identität stärkte.

Hinsichtlich ihrer Mutterrolle litt sie anfänglich unter starken Selbstvorwürfen, „keine gute Mutter zu sein“. Im Laufe der Behandlung veränderte sich ihre Sichtweise zusehends und sie gewann einen Blick für ihre Leistung.

Anfangs fiel es ihr schwer, sich mit ihrer Rolle als Tochter auseinanderzusetzen. Sie verließ ihre Kinderrolle „als angepaßtes Mädchen, das um Liebe und Anerkennung bettelt", und lernte, sich den Eltern gegenüber abzugrenzen. Auch hier vollzog sich die Veränderung sukzessive.

Viele einzelne Faktoren trugen zur Stärkung des Selbstvertrauens und der Selbständigkeit bei. Ihre Begeisterung wurde deutlich an unzähligen Bemerkungen wie „Ich bin ja wer!", „Ich kann mich sehen lassen!", „Was ich alles schon weiß und kann!".

Zur Auswirkung von Selbstabwertungsprozessen läßt sich sagen, daß diese aufgrund ihres gestärkten Selbstwertgefühles immer weniger Raum einnahmen. Ein signifikantes Merkmal hierfür waren für mich ihre Bildkommentare, die anfänglich vernichtend ausfielen und im Laufe der Zeit immer fairer und wohlwollender wurden.

Erkennen der eigenen Bedürfnisse

Anhand der Übung Zeitkuchen (Tafel 16) wurde Frau X ihre Tendenz zur Überforderung schlagartig klar. Diese einfache Übung stellte ein Erlebnis von vitaler Evidenz dar und förderte gleichzeitig ihre Abgrenzungsfähigkeit durch „Neinsagen".

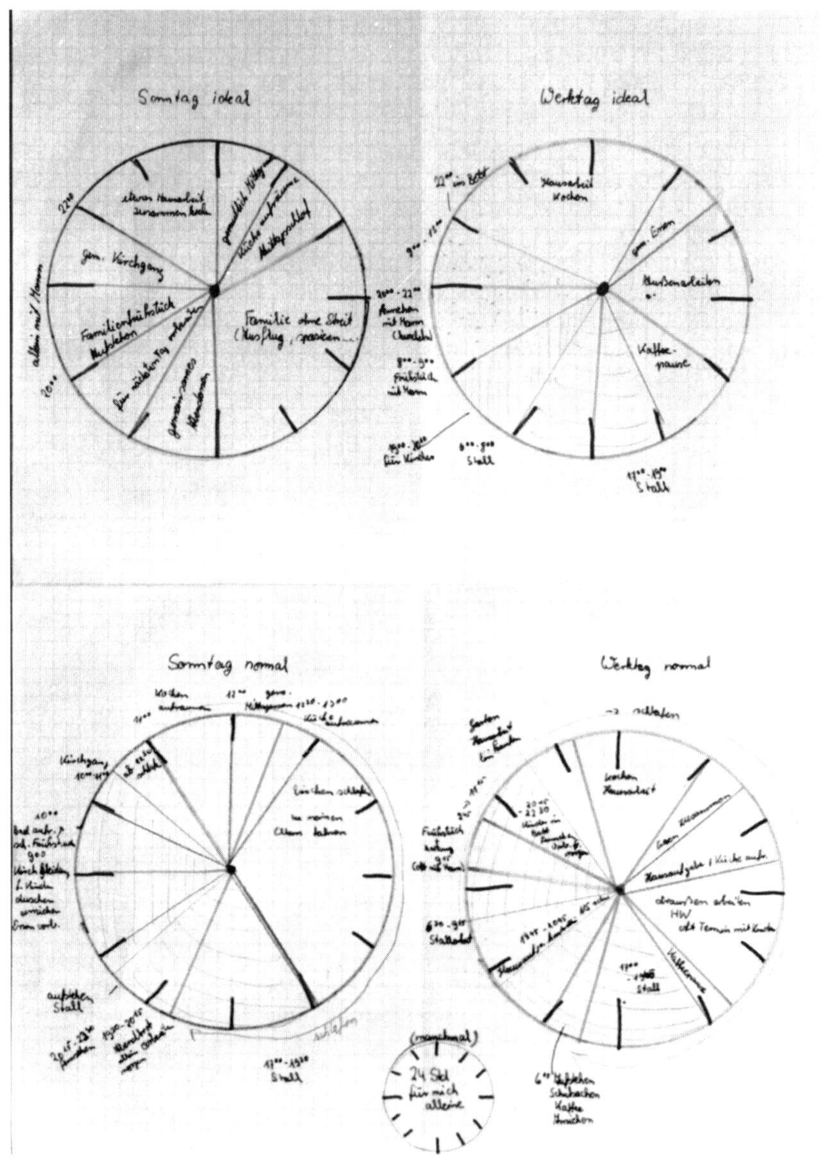

Tafel 16: Zeitkuchen

Frau X hatte im Laufe ihres Lebens mit Hilfe ihrer Kreativität (protektiver Faktor) viele Schwierigkeiten gemeistert. Innerhalb des Behandlungszeitraums konnte sie sich dieser Kraft bewußt werden und sie als Ressourcenpotential schätzen lernen.

Mich überraschte und faszinierte sie unzählige Male mit ihrem sicheren Gespür für ihre eigene Situation. Ihre sprachlichen Ausdrucksmöglichkeiten sowie ihr schnelles Tempo machten die Stunden lebendig.

Während des ganzen therapeutischen Prozesses konnte sie schrittweise Vertrauen zu mir entwickeln (Grundvertrauen), so daß man im Sinne des zweiten Weges der Heilung von Nachbeelterung sprechen kann. Dazu die Beschreibung von Frau X: Sie habe sich anfangs getragen gefühlt (positive Konfluenz), dann habe sie Boden unter ihren Füßen gespürt (Kontakt) und langsam gehen gelernt. Sie habe gespürt, daß man sie anfangs an beiden Händen gehalten hätte, später nur an einer. Inzwischen könne sie gut gehen, doch sie müsse immer noch zurückblicken, ob ich noch da sei. Auch bestimmt sie heute die Termine variabel, nach ihren Bedürfnissen. In Bezug auf ihre leiblichen Eltern hat sie sich an die Adoptionsstelle gewandt und die ersten Informationen erhalten. Auf diesem Weg wünscht sie sich meine Begleitung.

Unterstützung in der partnerschaftlichen Beziehung
Vieles wurde innerhalb der Stuhlarbeit verdeutlicht. Frau X konnte ihre Bedürfnisse (z.B. Kauf eines PC´s) durchsetzen. Durch ihre Arbeit erhielt sie Einblick in andere Haushaltsverhältnisse, wodurch sich ihr Selbstbewußtsein stärkte und sie ihrem Mann gegenüber sicherer wurde. „Er weiß jetzt, was er an mir hat."

Unterstützung bei der Suche, sich materielle Ressourcen zu erschließen
Um ihre beruflichen Möglichkeiten genauer zu erfahren, hat Frau X sich an den Berufsberater gewandt. Sie hat sich zur Fortbildung als Stadtführerin beworben und lernt dafür Englisch und Französisch. Insgesamt kann man sagen, daß sie dabei ist, sich ihre Zukunftsperspektiven zu entwickeln und an der Realität zu überprüfen.

Erschließen und Erweitern von sozialen Kontakten
Frau X hat durch die therapeutische Frauengruppe neue Kontakte geknüpft. Mit diesen Frauen hat sie einiges unternommen. Zu Beginn der Behandlung zeigte Frau X große Abgrenzungsschwierigkeiten (Konfluenz). Mit zunehmender Fähigkeit zur Exzentrizität und Introspektion gelang es ihr, verstärkt zwischen ihrem eigenen Leben und dem der anderen zu unterscheiden. Zusehends begann sie, die Rolle „everybodys Darling" abzulegen, und sie lernte, sich selbst zu zeigen und ihre Kontakte/Begegnungen zu gestalten.

Zusammenfassung

Während der Initialphase erhob ich die diagnostisch-anamnestischen Daten hauptsächlich anhand der von Frau X gemalten Bilder. Ziel war es, durch ein stimulierendes Klima den Kontakt zur Klientin herzustellen. Dabei kam ihre außergewöhnliche Kreativität zum Tragen, die es der Klientin ermöglichte, Aspekte ihres Lebens wie beispielsweise Gefühle, Gedanken und Erinnerungen mitzuteilen. Gleichzeitig zeichneten sich Spaltungsmechanismen und ambivalente Tendenzen ab. Vieles deutete auf Schwierigkeiten im Umgang mit ihrer Leiblichkeit hin, geprägt vom dem Zwiespalt: einerseits der Wunsch und das Bemühen gesehen zu werden, anderseits das Mißtrauen und die Angst vor Enttäuschungen und Verletzungen.

Die Identifizierung und Formulierung unterschiedlicher Problembereiche führte von der Sach- und Affektebene zur konkreten Auseinandersetzung. Dadurch wurde die Aktionsphase eingeleitet, in der anhand von Body Chart (Körperbild, Tafel 12), fototherapeutischen Interventionen (Tafeln 3-12) und Bewegungsübungen emotionales Lernen möglich wurde. Diese Phase ist von erlebnis- und konfliktzentrierter Dimension gekennzeichnet und ermöglichte Frau X neue Erfahrungen. Um mit *Perls*, *Hefferline*, *Goodmann* (1997) zu sprechen: „Von höchster Bedeutung ist hier, daß die Vollendung einer starken Gestalt selbst die Heilung ist."

Der Übergang zur Intergrationsphase vollzog sich nahtlos durch die Ansicht und Bearbeitung des entstandenen Bildmaterials. Frau X konnte das abgelaufene Geschehen so auch kognitiv erfassen.

Das Zusammenspiel von emotionalem und kognitiven Lernen gestaltete gleichzeitig den Integrationsprozeß. Das „Brückenbild" (Tafel 15) ermöglichte es schließlich, den schrittweisen Heilungsprozeß bildlich nachzuvollziehen. In dieser Zeit verzichtete Frau X auf den pathogenen Bewältigungsmechanismus des Essens und erreichte damit eine Stabilität, die aufgrund neu erworbener Strategien, wie z.B. Wahrnehmen der Gefühle, Bedürfnisse und Grenzen bis heute anhält.

Insgesamt läßt sich feststellen, daß es Frau X gelang, Vertrauen in mich als „ihre Therapeutin" zu fassen und sich auf andere einzulassen (Transferleistung).

Gefahren sehe ich in ihrer Tendenz zur Selbstüberforderung und zur Bagatellisierung der eigenen Bedürfnisse.

Betrachtete man die Leistung, die Frau X im Laufe dieses Zeitraumes vom April 1998 bis Februar 2000 vollbracht hat, so darf man optimistische Prognosen wagen. Sie hat enorm viel für sich erreicht, doch um dies aufrecht zu erhalten, braucht sie Kraft. Um mit ihrem Bild zu sprechen: „Ich habe hier ein Haus gebaut, in dem ich wohnen kann. Nun muß ich es nur noch gut instand halten."

Zusammenfassung

Der Beitrag bietet eine differenzierte Kasuistik, eine gekürzte Fassung eines Behandlungsjournal, das die integrativ therapeutische Arbeit mit einer Patientin mit einer Eßstörung (ICD-10, F 50.4-Eßattacken bei sonstigen psychischen Störungen bzw. Eßstörungen des Binge-Eating-Typus nach DSM-IV) darstellt: Diagnostik, Hypothesenbildung, Behandlungsstrategie und Behandlungsverlauf.

Schlüsselwörter: Integrative Therapie, Eßstörungen, psychische Störungen, Prozeßdokumentation

Summary
This chapter offers a differenciated case report, a treatment journal. The process with a polytoxiomonic patient diagnosed as borderline personality disorder is described from diagnosis to treatment planning, strategies and the course of treatment.

Key words: Integrative Therapy, polytoxicomanic, borderline personality disorder, treatment process

Christine Flinks

Der Einsatz des „Suchtpanoramas" als kreatives Medium in der ambulanten Arbeit mit Drogenabhängigen

Einleitung

Die „***Integrative Therapie***" hat zahlreiche „*kreative*" *Methoden, Techniken* und *Medien* oder „*mediengestützte Techniken*" für Zwecke der Behandlung (*Petzold, Orth* 1990), Diagnostik (*Petzold, Orth* 1994; *Müller*, *Petzold* 1998), Persönlichkeitsentwicklung (*Nitsch-Berg, Kühn* 2000; *Sieper, Petzold* 2001) und Kulturarbeit (*Petzold* 1987c, d) eingesetzt. Darin besteht einer ihrer wichtigen und originellen Beiträge zur Psychotherapie, Soziatherapie und zu einer erlebnisaktivierenden Pädagogik.

In dieser Arbeit wird die „Panoramatechnik", wie sie von *Petzold* begründet und von *Heinl*, *Orth* u.a. in spezifischen „Zupassungen" entwickelt wurde, in der Form eines „***Suchtpanoramas***" eingesetzt. Mit diesem wird das Konzept der „Entwicklungspsycho(patho)logie in der Lebensspanne" (*Petzold* 1999b) und der „Suchtkarriere" (vgl. *Petzold, Schay, Hentschel*, dieses Buch) diagnostisch-therapeutisch umgesetzt, denn die Entwicklung der Suchterkrankung und der Suchtkarriere können recht konkret rekonstruiert werden. Am Beispiel eines Patienten „Axel"* wird dieses Vorgehen mit der Darstellung seines theoretischen Hintergrundes beschrieben. Es soll dargestellt werden, wie mir die Panoramatechnik, die in der Arbeit mit Drogenabhängigen gut aufgenommen wird, als diagnostisches Medium dient, und welche Therapieziele ich zusammen mit dem Patienten im „Ko-respondenzprozeß" in der therapeutischen Beziehung zur weiteren Behandlung erarbeiten kann. Dabei bin ich als Therapeutin natürlich selbst als Person ein „kreatives Medium" (*Sieper, Petzold* 2001).

Institutioneller Rahmen und Bedingungen

Mein Arbeitsfeld befindet sich in einer ambulanten Drogentherapieeinrichtung, in der vorwiegend Heroin- und Kokainabhängige behandelt werden. Insgesamt stehen 60 Therapieplätze zur Verfügung und die Einrichtung ist nach §§ 35, 36, 37 BtMG anerkannt.

---

* Das Beispiel wurde selbstverständlich anonymisiert

Die Einrichtung ermöglicht eine spezifische Therapie, die auf einer Gemeinschaft orientierten ambulanten Behandlungsstruktur basiert und süchtige Menschen weit vor deren sozialen Dekompensation und möglicher Verelendung erreichen möchte.

Aufnahmekriterien

Aufgenommen werden volljährige drogenabhängige Frauen und Männer, die

1. die Fähigkeit und Bereitschaft, mit Beginn der Therapie abstinent zu leben,
2. eine ausreichende Eigenmotivation,
3. eine stabile Wohnsituation,
4. ausreichend stabilisierendes soziales Netz,
5. Aussicht auf berufliche Integration oder eine deutliche Orientierung auf eine baldige Wiederaufnahme eines Arbeitsverhältnisses, Ausbildung oder Umschulung,
6. ein ausreichendes Maß an körperlicher und psychischer Stabilität,
7. die Bereitschaft zu aktiver Mitarbeit,
8. eine ausreichend vorhandene Introspektions- und Verbalisationsfähigkeit haben.

Die ambulante Drogentherapieeinrichtung stellt einen geschützten Rahmen dar, in dem der Patient an einer 18-monatigen Therapie teilnimmt und während der Behandlung in seinem Lebensraum bleibt.

Innerhalb dieses geschützten Rahmens steht im Vordergrund die Idee der ambulanten Gemeinschaft (Du schaffst es nur allein, aber allein schaffst Du es nicht), in der dem Patienten ein Klima der Begegnung und des Lernens bereitgestellt wird, in dem er seinem Bedürfnis nach echten Kontakt nachkommen kann, mit sich selbst konfrontiert wird und er Gelegenheit erhält, mit seinen Potentialen zu experimentieren und sie zu erweitern.

Die Gemeinschaft bietet den Identifikationsraum für neue Werthaltungen und Sinnorientierungen, die den Aufbruch in ein drogenfreies Leben unterstützen und Hoffnung, Schutz und gegenseitige Unterstützung ermöglichen. Die Patienten können sich jederzeit während der Öffnungszeit in der Einrichtung aufhalten, sich mit anderen Patienten treffen, unterhalten, Zeitung lesen und Kaffee trinken.

Das Teilen gemeinsamer Ziele (Kampf um ein drogenfreies Leben) an diesem geschützten Ort, bietet Kraft und Zuversicht, Unterstützung und Hoffnung, die schwierige Zeit durchzustehen. Viele Patienten erleben zum ersten Mal das Gefühl, wirklich zu einer Gemeinschaft dazu zu gehören.

Fast allen Patienten fällt es schwer, sich auf die Gemeinschaft einzulassen. Aufgrund ihrer Lebensgeschichte und Suchtkarriere treten die meisten Patienten als „Einzelkämpfer“ durch die Tür. Sie kommen mit vielen Ängsten und Vorbehalten. Sie haben Angst vor Kontakt, stehen schutzlos da, sind den Verletzungen ihrer Umwelt preisgegeben und können nur fliehen oder sich abkapseln, haben eine innere Mauer gebildet, die sie isoliert und mit der sie sich selber isolieren.

Neben den therapeutischen Angeboten wie Einzeltherapie, Gruppentherapie und vier Therapiewochenenden gibt es weitere feste gemeinsame Termine. Einmal wöchentlich findet Volleyball für alle Patienten statt. Dies ist der Marktplatz der Einrichtung, an dem Tratsch, Klatsch, Bewegung, Spiel, Spaß im Vordergrund steht.

Der Gemeinschaftssport ermöglicht den Patienten unkompliziert Kontakt untereinander herzustellen. Innerhalb der Einrichtung findet eine Kanu-Cleanreise statt, an der auch alle Therapeuten teilnehmen. Der würdige Abschluß dieser Gemeinschaftserfahrung findet im Abschiedsfest statt, das von der jeweils abschließenden Therapiegruppe in Eigenregie in den Räumen der Einrichtung organisiert und durchgeführt wird. Beim offiziellen Abschiedsritual erhält jeder Patient von seinem Bezugstherapeuten als Zeichen für den Therapieerfolg und seiner Metamorphose, von der Raupe zum Schmetterling, einen Anstecker in Form eines kleinen silbernen Schmetterlings überreicht.

Das Mitarbeiterteam besteht aus

Der Leitung:

1. ein Facharzt für innere Medizin als ärztlicher Leiter
2. ein Diplom-Psychologe mit therapeutischer Zusatzausbildung als therapeutischer Leiter

Den Bezugstherapeuten mit therapeutischer Zusatzausbildung

3. zwei Diplom-Pädagogen
4. ein Diplom-Psychologe
5. zwei Diplom-Sozialarbeitern

Dem sozialarbeiterischen Bereich:

6. eine Diplom-Sozialarbeiterin
7. eine Verwaltungskraft
8. ein Sportlehrer
9. Honorarmitarbeiter

Ich arbeite in dieser Einrichtung als Bezugstherapeutin, d.h. in diesem ambulanten Rahmen führe ich therapeutische Einzel- und Gruppengespräche durch. Die Gruppentherapie beginnt nach einer Eingangsphase, in der die Patienten nach ihrer jeweiligen Präferenzdroge in getrennten Gruppen die Therapie beginnen und bis zu 12 Wochen Informationen über Abhängigkeit, Auslösereize, Risikosituationen, Szene-Sprache, Freizeitgestaltung usw. erhalten

Anschließend beginne ich dann mit bis zu 12 neuen Patienten die Gruppentherapie. Die Gruppentherapie findet einmal wöchentlich über 3 Stunden statt, wird von einem Therapeuten allein geleitet, wobei nach 3-5 Monaten der Therapeut der Gruppe wechselt. Einzeltherapie erhalten die Patienten über ca. 12 Monate. Die ersten drei Monate zwei mal wöchentlich, später einmal in der Woche.

Ein wesentlicher Teil meiner Arbeit liegt in der Motivisationsarbeit, wenn die Patienten nach der Anfangseuphorie mit Hilfe von Copingstrategien „die Füße still halten".

Zur Außenorientierung erarbeiten sich die Patienten Strategien, wie sie sich in der Stadt bewegen können, ohne ständig mit der Droge und den damit verbundenen Auslösereizen konfrontiert zu werden. Setzen sie diese Strategien in ihren Alltag um, kann sich schnell eine Scheinsicherheit entwickeln, und sie fragen sich, wozu jetzt noch weiter Therapie.

Hier setzt dann die eigentliche Arbeit an, die Patienten weiterhin in die Behandlung einzubinden, ihnen Angebote bereitzustellen, in denen sie ihre Beziehungsmöglichkeiten erweitern können und sie zu motivieren, für ein dauerhaft drogenfreies Leben zu kämpfen, was auch eine Lebensstiländerung nach sich ziehen muß.

Die Patienten sind auf der Suche nach Halt, Orientierung, Vorbildern, nach neuen Werten, einem Sinn erfüllten Leben, wofür es sich lohnt, drogenfrei zu leben.

Der Therapeut muß sich meiner Meinung nach (im Unterschied zur „Freudschen Abstinenzregel") aktiv verhalten. Die Integrative Therapie erscheint mir in diesem Setting als optimale Möglichkeit und bietet genau das, was ein Drogenabhängiger benötigt, um seine chronische Erkrankung „zum stoppen" zu bringen.

> „Eine tragfähige Beziehung und empathisches Verständnis für erlebtes Leid, konkrete Hilfe in Problemlagen, Einsicht in die gesellschaftlichen Bedingungsgefüge der Biographie, des aktualen Lebens und der Zukunftsentwürfe, Bewußtheit für den eigenen Leib sowie Räume für emotionalen Ausdruck und soziales Miteinander, das ist es, was unsere Patienten brauchen, um gesund zu werden, was Menschen brauchen, um gesund zu bleiben, und was Psychotherapie bereitstellen muß, um wirksam zu sein. Dabei müssen vielfältige, kreative Methoden und Medien eingesetzt sowie differentielle und integrative „Wege der Heilung und Förderung beschritten werden. Dies ist die Richtung, die wir in der Praxis der Integrativen Therapie eingeschlagen haben" (*Petzold* 1993a).

Einordnung der Panoramatechnik in die Theorie

Die Panoramatechnik wurde von *Hilarion Petzold* entwickelt und in der projektiven bzw. semiprojektiven Persönlichkeitsdiagnostik (*Müller, Petzold* 1998) eingesetzt.

In projektiven Zeichnungen werden vom Patienten salutogene Einflüsse, protektive Faktoren, prolongierte Mangelerfahrungen, Ketten widriger und kritischer Lebensereignisse dargestellt.

Es wird möglich, Konfliktfelder, Konfliktkerne, Konfliktkonstellationen, aber auch Defizite und Traumatisierungen oder Störungen zu erfassen, wie auch die Ressourcenlagen des Patienten zu ermitteln.

Wenn wir von einer „narrativen Struktur des Selbst" ausgehen, wird deutlich, warum wir „aufdeckend" arbeiten, warum wir vergangene Situationen, ihre Motive, Szenen, Beziehungen, Atmosphären und ihre Verarbeitung noch einmal ausbreiten müssen.

Die Panoramatechnik versucht, ... das narrative Gefüge des Selbst in seiner Entstehung noch einmal nachzuvollziehen, mit dem entscheidenden Vorteil, daß die Situation, aus einer exzentrischen Perspektive mit Wissens- und Erfahrungsvorsprung, betrachtet werden können (*Plessner* 1976).

Häufig werden gerade durch den nochmaligen Blick auf die eigene Geschichte, Verbindungen, Homologien, Wiederholungen im Lebenslauf ins Bewußtsein gebracht.

Weiterhin eröffnet die Betrachtung vermittels des Panoramas Aspekte, die vorher nicht gesehen wurden, wobei es sich um einverleibte Eindrücke handelt, die durch Nachbearbeitung eine Neubewertung ermöglicht.

Es geht gerade darum, neben den durch die Einstimmung bewußt erinnerten Szenen beim Schaffen des Panoramas immer auch unbewußte Atmosphären und Motivationen zu Tage zu fördern und so Bewußtseinsarbeit zu leisten und zur Heilung und Entwicklung der Persönlichkeit beizutragen.

Die Panoramatechnik versucht das Leben einer Person „als Ganzes" zu erfassen, und ihre Lebensgestaltung, ihr Lebensgefühl, ihre gegenwärtige Befindlichkeit in einem gemeinsamen Prozeß zu erschließen. So eine Ansicht auf das Leben aus einer exzentrischen Position hat therapeutisch eine hohe veränderungswirksame Kraft.

Die Panoramatechnik hat sich als ein sehr potentes Instrument „lebenslaufbezogener Psychotherapie" (*Petzold*, 1999b) erwiesen, die einen Blick über die gesamte Spanne des Lebens werfen kann, Atmosphären, Gesamtansichten präsentieren kann, die sonst in Therapien über einen langen Zeitraum allmählich von Sitzung zu Sitzung erschlossen werden.

Die Technik dient als Instrument, um Prozesse aufzuzeigen, prägnanter werden zu lassen, sich entfalten zu lassen. Sie löst keine Prozesse aus!

Es gibt zwei Formen des Einsatzes

1. zur initialen Diagnostik
   die Panoramatechnik dient der Anamnese, als breites Erfassen von Noxen, Ressourcen und Defiziten und zur weiteren Bestimmung von Therapiezielen
2. zur prozessualen Diagnostik
   im Therapieverlauf wird die Panoramatechnik als bewußtseinsfördernde, erlebnisaktivierende und konfliktzentrierte Intervention verwandt.

In einem mehrperspektivischen Zugang werden Gesundheit und Krankheit kontextabhängig, karrierebezogen und multifaktoriell bestimmt gesehen, wobei negative Beziehungserfahrungen in Interaktion mit supportiven Erlebnissen „stressfull live events" in Interaktion mit positiven Lebensereignissen zu „zeitexendierten Belastungen" (mit den sie begleitenden Überforderungsgefühlen und ihren Bewertungen in „subjektiven Theorien") führen können, die als krankheitsverursachend für die Persönlichkeit und ihre Strukturen „Selbst, Ich und Identität" betrachtet werden (*Petzold* 1993).

Die Panoramatechnik läßt Verlaufsbilder und Lebensstile prägnant werden, und aus der Arbeit mit dieser Methode läßt sich erschließen, ob der Schwerpunkt der Behandlung eher reparativ, stabilisierend oder konservierend sein sollte und welche weiteren Therapieziele im Vordergrund stehen.

Therapieziele in der Integrativen Therapie

Die Integrative Therapie verfolgt mit ihren verschiedenen Arbeitsformen und Methoden als oberstes Ziel, die Wiederherstellung von Gesamtheit und Lebenskompetenz. Dazu gehört die Ko-respondenzfähigeit und damit die Wiederherstellung der Fähigkeit, zu möglichst gleichgewichtigem Austausch zwischen Mitmenschen und Gelingen von Intersubjektivität zu kommen.

Ziel der IT ist es, im Rahmen einer ko-respondierenden und kooperativen therapeutischen Beziehung zu behandeln, um beschädigte Gesundheit und Identität wiederherzustellen, die Entwicklung der Persönlichkeit zu fördern, bei der Bewältigung von irreversiblen Schädigungen Copinghilfen oder palliative Stützung zu geben (vgl. *Petzold* 1993).

Weiterhin unterscheidet sie Globalziele, persönlichkeitsorientierte Ziele, lebensweltorientierte Ziele und methodenbestimmte Ziele (vgl. *Petzold* 1987c; *Petzold, Leuenberger, Steffan* 1993; *Rahm* et al. 1993).

Globalziele
1. Förderung der Leibfunktionen (Perzeption, Expression, Memoration)
2. Intcgration von Abgcspaltcncm
3. Förderung von Kontakt-, Begegnungs- und Beziehungsfähigkeit
4. Förderung der Fähigkeit, sich selbst im Lebensganzen verstehen zu lernen und „sich selbst zum Begleiter zu werden“, sein Leben gemäß der eigenen Persönlichkeit zu gestalten.

persönlichkeitsorientierte Ziele
1. Wie sicher sind die Funktionen des Leib-Selbst, des Rollen-Selbst, des Ich und der Identität?
2. Abgrenzungsfähigkeit
3. Fähigkeit zum Rollentausch
4. Fähigkeit zur Wahrnehmung der eigenen Bedürfnisse

An welcher Stelle des erweiterten Kontakt-Zyklus ist der Prozeß hauptsächlich gestört?
1. bereits bei der Bedürfnisbildung und -wahrnehmung
2. Verstehen einer Situation oder auch bei der Entwicklung von angemessenen Handlungsplänen, Förderung der Rollenkompetenz und Rollenflexibilität
3. Blockierung durch innere Konflikte

4. beim Ausdruck bzw. Handlungsvollzug
5. bei der Wahrnehmung von Beruhigung und Befriedigung (Wertesystem: schlechtes Gewissen, sich etwas zu gönnen)

Lebensweltorientierte Ziele
1. Arbeitsplatzsuche
2. Abbau von Ängsten vor sozialen Kontakten oder vor Leistungsversagen

Methodenbestimmte Ziele
1. Einzeltherapie
2. Gruppentherapie

Allgemeine Therapieziele in der Arbeit mit Heroin- und Kokainabhängigen

In meiner Arbeit mit Heroin- und Kokainabhängigen ist es wichtig, die Ganzheit des Menschen, sein Umfeld, sein „Geworden-sein" aufgrund seiner Geschichte zu betrachten, d.h. die Arbeit muß mehrdimensional und interdisziplinär angelegt sein. Es kann nicht nur um das Symptom oder die Folgeschäden gehen, wenn das Ziel dauerhafte Drogenfreiheit und damit „Heilung" der chronischen Erkrankung erreicht werden soll.

Grundsätzlich entwickelt jeder Mensch seine ganz persönliche Krankheit, hier Drogenabhängigkeit, und die Symptomatik kann nur verstanden werden, wenn man seine ganz persönliche Struktur und Lebensgeschichte erforscht.

Eine ambulante Behandlung bedeutet einen Umlernprozeß für alle Beteiligten. Der Vorteil der ambulanten Behandlung ist, daß der Abhängige in seinem Lebensraum verbleibt, eine intensivere Arbeit mit der oder den Bezugsperson/en möglich wird, und die sozialen Folgestörungen vermindert werden können.

Patienten in der ambulanten Drogentherapie sind in ihrer Ko-respondenzfähigkeit eingeschränkt, d.h. sie kommen mit sich, ihrer Umwelt, ihrer Leiblichkeit nicht mehr zurecht. Oberstes Ziel in der Behandlung ist

- die Wiederherstellung der Ko-respondenzfähigkeit
- Stärkung des Ich-Erlebens und des Kontaktes
- Identitätsbildung und Stärkung

Mit Hilfe des „Suchtpanoramas", die allgemeinen Ziele der Integrativen Therapie im Blick, verfolge ich im Rahmen einer ko-respondierenden und kooperativen therapeutischen Beziehung unterschiedliche Ziele in der Arbeit mit abhängigen Patienten. Dabei gehe ich davon aus, daß die Erkrankung „Drogenabhängigkeit" in der Regel die Folge von einer unglücklichen Karriere mit einer „*chain of adversive events*" und gestörten traumatischen Beziehungen ist und wenig „*protektive Faktoren*" und „*salutogene Einflüsse*" zu Verfügung standen. In Anlehnung der Unterteilung von *Petzold. Leuenberger, Steffan (*1998), *Dorothea Rahm* et al. (1993) unterscheide ich zwischen:

Globalziele

1. Förderung von Kontakt-, Beziehungs- und Bindungsfähigkeit
2. Förderung der Fähigkeit sich selbst und seine Erkrankung „Drogenabhängigkeit“ im Lebensganzen verstehen zu lernen
3. Förderung der Fähigkeit „sich selbst zum Begleiter zu werden“, sein Leben gemäß der eigenen Persönlichkeit zu gestalten
4. Integration von abgespaltenen Gefühlen, wie Wut, Trauer, Schmerz, Haß aber auch Denkweisen und neuen Werten, weiterhin Integration von Lust, Spaß, was häufig im Alltag bei Süchtigen abgespalten ist, Erfolg, oft steht im Vordergrund das Versagen
5. Förderung der Leibfunktionen (memorativ, expressiv, propriozeptiv)

Persönlichkeitsorientierte Ziele

1. Individuelles Rollenverständnis entwickeln, Fähigkeit zum Rollentausch
2. Abgrenzungsfähigkeit
3. Wie sicher sind die Funktionen des Leib-Selbst, des Rollen-Selbst, des Ich und der Identität, wie stabil ist der Patient gefühlsmäßig, wie belastbar ist er, wie geht er mit Konflikten, Krisen um?
4. Fähigkeit zur Wahrnehmung der eigenen Bedürfnisse, Entfaltung und Verstärkung der Fähigkeit des Patienten zur Selbstaktualisierung, Ich-Stärke, Stabilität des Selbst
5. Hinführen zur einer realistischeren Wahrnehmung des eigenen Selbst und der Beziehung zur Umwelt
6. Ermöglichen und Einüben neuer Kommunikations- und Verhaltensmuster
7. Förderung von Identität
8. Höheres Selbstwertgefühl

Lebensweltorientierte Ziele

1. Arbeitsplatzsuche, Unterstützung in Schule/Beruf
2. Abbau von Ängsten vor sozialen Kontakten oder vor Leistungsversagen
3. Notfallstrategien bei Drogengier, z.B. Sauna, Joggen, Fahrradfahren; jemanden anrufen, sich verabreden
4. Strategien, sich in der Stadt sicher zu bewegen, Plätze (Cafe's, Kneipen, Discos, best. U-Bahnstationen, Straßen) meiden, Drogenkontakte meiden
5. Coping-Strategien, um mit negativen Gefühlszuständen umgehen zu können

Methodenspezifische Ziele

1. Gruppentherapie
2. Einzeltherapie
3. Welche Angebote mache ich, z.B. spielerische Angebote, kreative Medien

Entwicklung des Suchtpanoramas

Aufgrund der dahinterstehenden Theorie der Panoramatechnik und der eigenen Erfahrungen mit dem Lebenspanorama in meiner Ausbildung zur Gestaltsoziotherapeutin, habe ich in meiner Arbeit mit Heroin- und Kokainabhängigen eine Zupassung der Panoramatechnik als „Suchtpanorama" vorgenommen. Mein Ziel ist es, neben der Gesamtschau auf das „Geworden-Sein" auch Einblick zu erhalten, welche Funktion das jeweilige Suchtmittel im Kontext und sozialen sowie zeitlichen Kontinuum hat. Weiterhin Klärung und Aufdeckung der Faktoren, die das süchtige Verhalten bedingen. Welche salutogenen Faktoren dazu führen, den Konsum einzustellen, welche Faktoren dazu geführt haben, daß der Patient mit dem Konsum fortfuhr oder mit dem Konsum aufhörte.

Einsatz des Suchtpanoramas

Nach einigen verhaltensdiagnostischen Sitzungen, in denen der Patient eruiert, in welchen Situationen er konsumiert, mit welchen Orten, Personen, Gegenständen, Gefühlen, Gedanken der Konsum verbunden ist, Coping-Strategien erlernt, lernt Notfallprogramme gegen Drogengier zu entwickeln und einzusetzen, wende ich das Suchtpanorama als initiale Diagnostik an, als Anamnese zum Erfassen von Noxen, Ressourcen und Defiziten, der genauen Funktion des Suchtmittels im Kontext und Kontinuum des Lebens und weiteren Bestimmung von Therapiezielen (vgl. *Petzold, Leuenberger, Steffan* 1998). Weiterhin dient es mir als bewußtseinsfördernde, erlebnisaktivierende und konfliktzentrierte Intervention. Voraussetzung für den Einsatz dieses Mediums ist gerade im ambulanten Rahmen, daß der Patient mit der Fülle des zu Tage kommenden Materials umgehen, es bewältigen und verdauen kann.

> Die Fülle des symbolisierten Materials kann gerade für den Patienten nicht nur erhellend sein, sondern auch zu einer Konfrontation werden, die nicht verkraftet wird und dann zu einer Verschlechterung des Befindens oder zu ungewünschten Labilisierungen führen (vgl. *Orth, Petzold* 1993) und evtl. wieder Rückfälle auslösen kann.

Das Suchtpanorama eröffnet einen hermeneutischen Zugang zur eigenen Biographie, zur Klärung und Aufdeckung der süchtigen Strukturen und Bedingungen. Die Struktur des Lebens, die Bedeutung des Suchtmittels wird zugänglich wie ein Text.

Das Suchtpanorama kann im kreativen Prozeß der therapeutischen Beziehung auch als Intermediärobjekt fungieren. Das Schöpferische ist immer ein Ausdruck der Beziehung des Leib-Selbst mit seiner Umwelt in seiner Lebensgeschichte mit Auswirkungen auch auf das aktuelle Entstehen von Stimmungen, Gedanken und Bewertungen.

Im Idealfall findet Therapie in den drei Phasen (Einsichtsphase, Entscheidungsphase, Veränderungsphase) und auf den Ebenen des Denkens, Fühlens, Handelns sowie der sozialen Ebene statt, d.h. im kognitiven, emotionalen, somatomotorischen und sozialen Bereich. Wenn auf allen vier Ebenen gearbeitet wird, können sich neue Erfahrungen gegenseitig verstärken und aufeinander aufbauen.

Besonders in der Einsichtsphase ist eine feine Ausbalancierung von unterstützend-stabilisierender und aufdeckend-konfrontierender Arbeit wichtig.

Vorbereitungen

Bevor ich die Panoramatechnik anwende, versuche ich, den Patienten hinsichtlich seiner kreativen Möglichkeiten und seiner aktuellen Stabilität einzuschätzen. Wie schon weiter oben erwähnt, muß der Patient mit der Fülle des zu Tage tretenden Materials auch umgehen, es bewältigen können. Ist dies gegeben, halte ich es für unabdingbar, den Patienten im Kontakt in der therapeutischen Beziehung zu erklären, warum ich gerade jetzt an dieses Medium denke, welche Ziele wir mit dem Einsatz verbinden, und was das Ergebnis des vorliegenden Materials sein kann, um eine angstfreie Atmosphäre zu schaffen, in der der Patient keine Bewertung seines Ausdrucks, seiner Schöpfung erfährt.

> Es würde möglicherweise auch maligner Gehorsam oder Anpassung wiederholt, die vielleicht zur Erkrankung oder Behinderung von Entwicklung bereits beigetragen haben. Letztlich geht es hier um den emanzipatorischen Prozeß versus der Fortschreibung von Unterwerfungsritualen (*Orth, Petzold* 1993, *Petzold* 1993a.)

Ist der Patient bereit, gebe ich die Materialien vor und beginne dann mit der Einstimmung, die ich auf die Lebenswelt und Sprache der Patienten abgestimmt habe, d.h. ich benutze den Begriff für „Leib" „Körper".

Einstimmung Suchtpanorama

„Mache es dir bequem, so daß du entspannt sitzen kannst, und dich nirgendwo etwas drückt ... dann spüre, wie dein Körper auf dem Stuhl aufliegt, vertraue dich der Unterlage an, laß deinen Körper absinken und sich mit jedem Atemzug entspannen, und spanne nun alle Muskeln einmal kräftig an ... und loslassen, entspannen, sich dem Fluß des Atems überlassen ... und noch einmal anspannen, halten ... und lösen, sich in die Entspannung hineinfallen lassen. Spüre jetzt deinen Körper, deine inneren Regungen ..., deinen Rhythmus ... laß deine Empfindungen, Gefühle, eventuelle Bilder, die aufkommen, einfach an dir vorüberziehen, der Körper ist deine Geschichte ..., er hat alle deine Lebenserfahrungen aufgenommen, gute, schlechte, ... angenehme, schmerzliche ... von Babyzeiten an.
Ohne dich besonders anzustrengen, laß dich von dem inneren Strom deiner Bilder leiten, auch wenn sie von meinen Anregungen abweichen. Laß die Bilder kommen und gehen, ohne Bewertung, spüre ihnen nach, wie sie sich im Moment der Betrachtung für dich anfühlen.

Versuche nun, die Lebensstraße zurückzuwandern ... vom heutigen Tag in die Vergangenheit zurück bis zu deiner Geburt ... Schau nach links und rechts auf deinem Weg, wie auf eine Landschaft.
Wenn wir jetzt das Panorama unserer Lebenserfahrungen an uns vorbeiziehen lassen, richten wir unsere besondere Aufmerksamkeit auf Erfahrungen mit Krankheit, Sucht aber auch auf Heilendes, ... und auf Gesundes ... Geh nun zurück, Jahr um Jahr in deiner Geschichte mit dem Blick auf das, was schmerzlich war, kränkend .. krank machend, süchtig machend.
Schau auf deine erste Erfahrungen mit Drogen, auch mit Alkohol, wie alt warst du, wie war die Atmosphäre zu Hause?
An welchen Orten hast du konsumiert, wie hast du konsumiert, mit Freunden, allein?
Erinnere dich noch mal wie war deine erste Erfahrung mit Drogen? Wie hat dich dieses erste Erlebnis mit der Droge verändert, dein Erleben verändert? Welche Droge hast du in welcher Lebenssituation bevorzugt?
Welchen Problemen, Konflikten, Schwierigkeiten konntest du mit der Droge entfliehen?
... z.B. Problemen mit Eltern, Pubertät, Schule, Leistung, Sexualität, Geld, Einsamkeit, Kontaktschwierigkeiten, nicht dazugehören?
Gab es abstinente Phasen in deiner Drogenkarriere, welche Bewältigungsstrategien haben dir geholfen ... z.B. Wichtige Beziehungen, Freunde, Lehrer, Beratungsstelle, Engagement für bestimmte Ziele?
Was hat jede Droge an Positivem bei dir ausgelöst und welche negativen Konsequenzen hatte, hat die Droge durch den kontinuierlichen Konsum. Schau von außen, wie auf einen Film, ein Video, laß dein Leben an dir vorbeiziehen, laß dir Zeit, wenn du soweit bist, komm wieder in diesen Raum und öffne deine Augen."
Ich fordere nun den Patienten auf, mit Wachsmalkreiden seine Eindrücke, Gefühle und Gedanken, aber auch Teile der erinnerten Szenen und Atmosphären, in Farben und Formen auszudrücken.

Bearbeitung des Suchtpanoramas

Nach dem Malen bitte ich den Patienten in aller Regel zu erzählen, wie es ihm in der Rückführung und mit der Einstimmung und dem Malen ergangen ist. Dies ist als Einstieg in die narrative Praxis zu sehen.

Ich betrachte zusammen mit dem Patienten sein Bild und versuche mit ihm, einen Gesamteindruck über sein Panorama zu bekommen, bevor ich mir einzelne Szenen erläutern und beschreiben lasse. Auch fordere ich den Patienten auf, ein Wort als Überschrift, als „Synergiemetapher" für das Gemalte zu nennen. Mit diesem Schritt geschieht schon eine „persönliche Hermeneutik".

Die Auswertung des Bildes geschieht dann im Gespräch, im Rahmen einer „intersubjektiven Hermeneutik" in der ich es unterlasse, Deutungen zu geben und allenfalls Angebote mache, die als meine subjektive Ansicht gekennzeichnet sind. Der Patient kann sich so als kompetenter Gesprächspartner und „Ko-diagnostiker" erleben. Er bestimmt das therapeutische Geschehen mit und es entsteht ein respektvolles, „intersubjektives Klima".

In weiteren Sitzungen bearbeite ich mit dem Patienten zusammen sein Panorama und verwende Techniken der Integrativen Therapie: vorwiegend die „Identifikation“ mit den dargestellten Symbolen, Formen, Farben und im weiteren „Dialoge“ mit und zwischen ihnen, „Assoziationen“ zu ihnen.

Meine Erfahrung mit einigen Patienten ist, daß gerade die Bearbeitung des Panoramas eine dichte vertrauensvolle Atmosphäre schafft, in der Ängste und Widerstände vermindert werden. Diese *„mediengestützte Technik“* bewirkt, eingebettet in ein intersubjektiv orientiertes Auslegungsverfahren, schon im anamnestischen Prozedere ein natürliches „Evidenzerleben“ bezüglich der angesprochenen und aufgedeckten Inhalte.

Ein Beispiel aus meiner Praxis

Der Patient *Axel* ist 25 Jahre alt, konsumierte seit seinem 20. Lebensjahr regelmäßig Cannabis und seit ca. zwei Jahren regelmäßig Kokain. Der Patient stand kurz vor seiner Exmatrikulation seines Studiums, als er sich entschloß, eine stationäre Entgiftung wahrzunehmen und sich um eine ambulante Drogentherapie bemühte.

Nach einem Urlaubssemester und einem erstellten Gutachten ist es ihm nun wieder möglich, sein Studium weiterzuführen.

> Patient: „Ich habe mein Studium verkifft, stand kurz vor der Exmatrikulation, habe kein lebenswertes Leben mehr geführt, kaum noch Freude oder Spaß empfunden. Ich mußte den Schleudersitz ziehen. Ich habe keine andere Perspektive mehr gesehen, als mich selbst einzuweisen und so mein Leben langsam wieder unter Kontrolle zu kriegen. Ich habe noch einiges vor.“

Der Patient lebt seit Beginn der Behandlung nachweislich abstinent, ist alleinstehend und lebt in einer eigenen Wohnung. Er hat Kontakt zu seinen Eltern und soll/möchte nach dem Studium in die Firma seines Vaters einsteigen.

In der 5. Sitzung malte der Patient sein „Suchtpanorama“. Die Einstimmung gefiel ihm und das Malen machte ihm Spaß. Im weiteren Verlauf bearbeiten wir sein Panorama mit Hilfe der „Identifikations-“ und der „Dialogtechnik“.

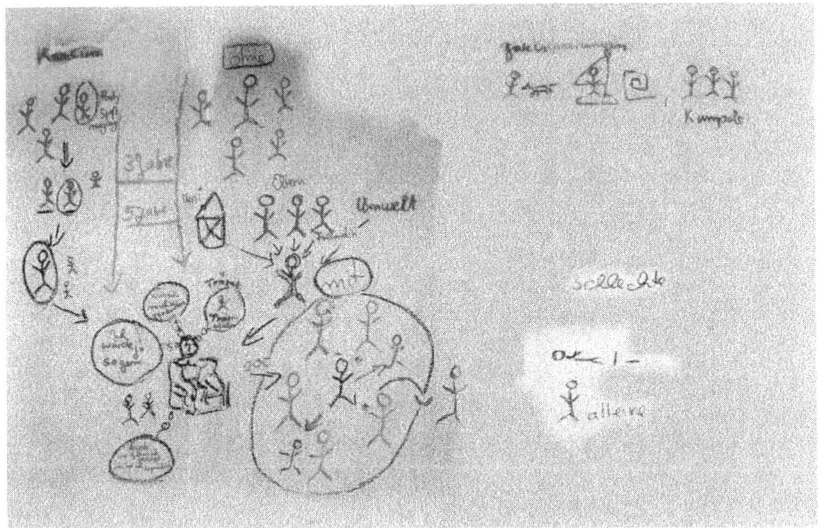

Identifikation und Dialogtechnik

1. Szene: Axel sitzt auf der schwarzen Couch

Axel
Ich sitze auf der Couch. Konsumiere, um den Tag 'rum zu kriegen. Ich würde so gern alles mögliche machen, mehr angeln, surfen, ich habe Angst zu versagen, in der Uni, was mach ich eigentlich hier, es wäre schön, wenn ich Surflehrer am Strand wäre, ich will die Couch verlassen, möchte mich verändern.

Couch
Ich bin die Couch, auf mir sitzt Axel, er sitzt den ganzen Tag auf mir, schaut fern oder konsumiert. Er ist anstrengend, er erzählt viel, macht aber doch nichts, anstrengend, ich bin genervt von ihm, er könnte mal wieder aufräumen.

Couch zu Axel
Steh auf, beweg dich, tu was, nicht nur reden und denken, sondern handeln.

Axel zur Couch
Ja, ja mach viel, mach ich morgen.

Couch zu Axel
Erzählst du schon seit einer Woche.

Axel zur Couch
Ja aber heute bin ich müde, keine Lust, morgen steh ich früh auf und mach das. „*Unendliche Geschichte*".

2. Szene: Kreis mit grünen, blauen, schwarzen, grün-schwarzen Figuren

Schwarze Figur
Ich möchte gesellschaftsfähig sein, Aufgaben lösen, Erfolg haben, Spaß haben, mich entwickeln, will aktiv sein.

Grüne Figur
Ich bin Auszubildener bei der Bank, bin ein bißchen spießig, ein bißchen langweilig, hab Spaß, hab Erfolg, fühl mich nicht unbedingt langweilig, bin mit mir selbst im Frieden.

Blaue Figur
Ich guck' über den Tellerrand, ich habe genau den Erfolg, den ich haben möchte, führe wirklich mein Leben, ich habe viel Spaß, ich kann mir meine Wünsche erfüllen, wenn ich etwas dafür tue, ich strebe nach Höherem, ich bin froh, daß ich nicht so wie die „grünen" bin.

Grünschwarz
Ich bin grünschwarz. Meine Ziele sind mit leichtem Konsum erreichbar,ich fühl mich auch wohl, habe kein Problem mit dem Konsum, habe auch Spaß.

Schwarz zu Grün
Mit geht es gut, ich habe keine Probleme, habe viel Spaß.

Grün zu Schwarz
Glaub ich dir nicht, ich lache über dich, ich halte dich für minderwertig, ich glaube nicht, daß aus dir irgendwas wird.

Schwarz zu Grün
Doch doch, wart mal ab, ich werde es dir zeigen, ich werde das schon hinkriegen, aber wenn ich es mache, dann mache ich es noch ganz anders, ich will nicht so werden wie du.

Grün zu Schwarz
Ich bin froh wie es ist, bin zufrieden, bin stolz darauf, was ich geschafft habe, du mußt erst mal beweisen, daß du etwas erreichen kannst.

Blaue Figur außerhalb des Kreises (rechts vom Kreis)
- ich bin aktiv
- ich setze mir Ziele
- ich kann sie erreichen
- ich bin zufrieden mit meinem Leben
- ich habe Spaß
- mir geht's gut
- ich bin nicht mehr unsicher
- ich weiß was ich kann, wer ich bin
- ich mache auch Fehler, lerne aus ihnen, habe keine Angst vor diesen Fehlern
- ich kümmere mich um mich selber
- ich verfolge meine Wünsche und Träume

Schwarze Figur zur Blauen Figur
Ich würde auch gern endlich was machen, was Richtiges, wenn, dann wirklich was Richtiges.

Blaue Figur zur Schwarzen Figur
Mach doch endlich, es ist nicht schwer, du kannst das, es macht Spaß.

Schwarze Figur zur Blauen Figur
Ja, ich werde es mir überlegen, ich will auf jeden Fall, im Moment geht's noch nicht.

Blaue Figur zur Schwarzen Figur
Warum nicht? Man kann immer damit anfangen.

Schwarze Figur zur Blauen Figur
Bin doch nicht der, der ich eigentlich sein will.

Blaue Figur zur Schwarzen Figur
wenn du nichts machst, wirst du nicht der sein, der du sein möchtest.

Schwarze Figur zur Blauen Figur
ja, ich weiß, aber im Moment geht nichts, ich habe Angst, daß ich noch nicht so weit bin und dadurch Fehler mache.

Blaue Figur zur Schwarzen Figur
mach etwas, aus Fehlern kann man lernen, jeder macht Fehler.

Schwarze Figur zur Blauen Figur
ja gut, ich werde machen (macht trotzdem nichts).

3. Szene: Blaue Figur (ohne Konsum 12-16 Jahre)

Ich fühle mich anders als die Masse, verhalte mich anders, ich probier immer wieder aus dem gesellschaftlichen Rahmen auszubrechen, probiere mein Leben zu leben, ich gehe nicht fleißig zur Schule, mache nicht fleißig Hausaufgaben, habe meine eigenen Regeln aufgestellt
Ich will Spaß haben, das machen, was ich will, trotzdem Erfolg haben, mich nicht anpassen, nur weil es von mir verlangt wird, nur wenn ich es wirklich verstehe mich damit identifiziere.
Ich kümmere mich nicht, gehe zu Sportveranstaltungen, was andere sich nicht trauen, gehe unter der Woche auf Konzerte, andere sind neidisch.

Grüne Figur über die Blaue Figur
- der ist ein bißchen verrückt, dem ist egal, was andere Leute denken, ich bin neidisch, daß er einfach das macht, was er will und nicht das was von ihm verlangt wird
- bleibe, wie ich bin, wie ich es mache, ist normal
- der ist irgendwie cool
- der ist ein leichter Rebell

Blaue Figur mit schwarzen Rand
- ich habe viel Druck auf der Uni
- macht mir nicht besonders viel Spaß
- vieles ist unwichtig, was ich da lernen sollte
- ich fühle mich nicht richtig verstanden (Eltern)
- ich habe ganz eigene Probleme, die sie nicht verstehen können/wollen
- ich will mein eigenes Leben führen, nicht gesteuert, nicht wie die es von mir verlangen/erwarten
- sie nerven mich mit ihren Streitereien untereinander, und ihrer andauernden Kritik mir gegenüber
- mir sind Freunde wichtig, nicht wichtiger als die Familie, warum verstehst du das nicht, daß mein Leben nicht nur von der Familie abhängig ist (an Vater)
- die Gesellschaft funktioniert nicht wirklich, Politik ist ein Witz, arbeiten nicht so wie es eigentlich gedacht war (an Umwelt)
- die Gesellschaft entwickelt sich nicht dahin, wohin sie sollte, gesteuert durch die Politik geschieht soviel Unrecht
- alles ist nur noch Bürokratie, kein Menschenverstand
- ich fühle mich enttäuscht, frustriert von der Gesellschaft, Politik

- ich bin verlassen, vor allem von der Idee, daß mir jemand was Gutes tut
- ich isoliere mich von Eltern, weil unverstanden

4. Szene: Uni, Eltern

Uni
- ich bin die Uni
- der Junge hat gute Ansätze
- ist irgendwie ein Querulant
- läßt sich nicht einfach alles vorsetzen, fragt nach, schluckt nicht
- eigentlich hat er teilweise Recht, darf nicht offiziell darüber reden, daß nichts funktioniert

Eltern
- ich bin die Eltern
- wenn er so weiter macht, wird aus dem nie was werden
- was macht er immer für einen Blödsinn
- muß doch endlich verstehen worum es im Leben geht
- gesellschaftskonform sein, schauen, was wird erwartet

Mutter
- ich bin die Mutter
- ich habe Angst/Sorgen um den Jungen, daß er sozial absteigt, daß er sein Leben nicht auf die Reihe kriegt
- ich traue ihm eine Menge zu
- er muß bloß endlich anfangen, zu machen
- ich liebe ihn wirklich
- ich finde es traurig, wie er lebt, wie er seine Chancen nicht nutzt

Vater
- ich bin der Vater
- der Junge hört nicht auf mich
- macht sowieso alles anders
- macht aber eigentlich alles falsch
- warum geht er nicht den idealen Weg
- warum hört er nicht auf mich
- so wird aus ihm nie was werden, mache mir große Sorgen
- er macht so viele unnötige Fehler auf seinem Lebensweg
- ich kann mich nicht auf ihn verlassen
- er kommt nur, wenn er was will

OrangeBlaue Figur
- Mit 16 Haschisch ausprobiert, später dann auch selber gekauft.

Schwarze Figur
- Eigene Wasserspeife, später dann bei der Bundeswehr, Knieverletzung Fallschirmspringer war aus, war dort Mädchen für alles ... tägl. Konsum von Alkohol und Haschisch, nicht während der Arbeit. Aus alter Einheit ausgeschlossen gefühlt.

Konsument mit Wasserpfeife
- ich bin der Konsument mit Wasserpfeife
- brauche den Konsum
- fühl' mich wohl
- keine Lust auf etwas anderes

- Angeln, Sport
- ich habe viel Langeweile
- ich schlage die Zeit tot

Szene:Oben rechts Blaue Ecke
- ich bin die Welle
- ich will viel Spaß haben
- ich stelle mich meinen Problemen
- erfülle mir Träume und Wünsche
- führe für viele Menschen ein ausgeflipptes Leben

Kai ein Freund
- ich surfe auch
- ich bin neidisch
- Axel kann surfen, ich nicht so gut, obwohl er 5 Jahre nichts getan hat
- er konsumiert zu viel
- ich habe Angst um ihn
- er macht sich damit nur fertig
- ich habe früher viel Spaß mit ihm gehabt
- jetzt hat er oft keine Lust mehr, wegzugehen

Artus der Hund
- ich bin der Hund Artus
- Axel ist mein liebstes Herrchen
- kümmert sich ganz besonders um mich
- mit dem macht mir alles am meisten Spaß
- der hilft mir, wenn ich verletzt bin
- dem kann ich vertrauen
- ich habe mitgekriegt, wie er Cannabis konsumiert hat

Erarbeitung von Therapiezielen mit Axel

Mit Hilfe des „Suchtpanoramas", der „Identifikations-" und der „Dialogtechnik" wird für Axel deutlich, wie sehr er durch seine verinnerlichte Vaterinstanz verunsichert wurde und daß, wie sein Vater zu werden, für ihn wohl kein erstrebenswertes Ziel bedeutet (Grüne Figur).

Für den Vater zeigt er nicht genügend Einsatz, und es ist alles nicht gut genug, er macht alles falsch (siehe Dialog). Wahrscheinlich hat der Vater Lust und Spaß beim kleinen Axel abgewürgt. Die mütterliche Seite bleibt eher blaß und wenig unterstützend (Blaue Figur; ich kümmere mich um mich).

Aus diesen verinnerlichten Instanzen, dem strengen rigiden Vater und der schwachen mütterlichen Seite, fällt es Axel schwer, aus sich heraus Spaß zu haben bzw. sich zu erlauben. Aus Angst zu versagen, Fehler zu machen, benebelte er sich täglich mit Haschisch und um den massiven Leistungsdruck im Studium zu dämpfen, konsumierte er Kokain.

Traumatische Erfahrungen, seine Bundeswehrzeit, aus gesundheitlichen Gründen konnte er kein Fallschirmspringer werden, wurde dann „Mädchen für alles", verbuchte er als eigenes Versagen und fühlte sich von seinen Eltern allein gelassen und unverstanden. Des weiteren macht ihm Angst, seine Rolle als Student aufzugeben, wirklich seinen Mann zu stehen und in der Firma des Vaters zu arbeiten.

Daraus ergeben sich folgende Ziele für den therapeutischen Prozeß:

Globalziele

- Förderung der Ausdrucksfähigkeit, wahrnehmen seiner verhaltenen Atmung
- liebevoller Umgang mit dem eigenen Körper
- Integration von abgespaltenen traumatischen Erfahrungen und den damit abgespaltenen Gefühlen, der Angst zu versagen, erfolgreich zu sein, Spaß im Alltag zu haben und den damit verbundenen emotionalen Lernen und der Entwicklung der emotionalen Ausducksfähigkeit
- Förderung von Kontakt-, Begegnungs- und Beziehungsfähigkeit, durch das Ermöglichen neuer Erfahrungen und damit Stärkung der Ko-respondenz und Erweiterung seines Handlungsrepertoires
- Förderung der Fähigkeit, sich selber im Lebensganzen verstehen zu lernen, Verständnis zu haben für seine Erkrankung „Drogenabhänigkeit“ und sein „So-Gewordensein“
- zu lernen, sich selbst „zum Begleiter zu werden“, sein Leben gemäß der eigenen Persönlichkeit zu gestalten, sich selber nährende, haltende Mutter und sichernder, schützender Vater zu sein
- Identitätsarbeit: Wer bin ich, was will ich, Entwicklung eigener Lebensentwürfe

Persönlichkeitsorientierte Ziele

- vom Narrativ zur Narration, lernen, die Eltern realistisch zu sehen, sich von den verinnerlichten Instanzen äußerlich wie innerlich abzugrenzen, zu lernen, sich selber gute Mutter und guter Vater zu sein
- Auseinandersetzung hinsichtlich seiner beruflichen Perspektive, will er wirklich in der Firma des Vaters arbeiten oder ist es erzwungen?
- zu lernen, die eigenen Bedürfnisse wahrzunehmen, ernst zu nehmen, und sie sich zu erlauben
- ein individuelles Rollenverständnis entwickeln, was will ich, will ich ewig Student bleiben, ein konsumierender Drogenabhängiger sein?
- was gibt Sinn in meinem Leben, woran glaube ich, wofür lohnt es sich abstinent zu leben, das Studium zu beenden?
- erreichen der dauerhaften Abstinenz
- Copingstrategien entwickeln beim Umgang mit negativen Gefühlszuständen, um die Krankheit zu stoppen, muß Axel etwas Neues entwickeln
- um sich nicht mehr betäuben zu müssen, um Spaß im Alltag zu haben

Lebensweltorientierte Ziele

- regelmäßige Teilnahme an den Seminaren des Studiums und Abschluß des Studiums
- regelmäßige Teilnahme am Fußball
- wahrnehmen aller Termine der Therapieeinrichtung
- Abbau von Ängsten vor sozialen Kontakten und vor Leistungsversagen im Studium, als Partner in der Beziehung zur neuen Freundin
- Wohnung selbstständig sauber halten
- regelmäßiger Kontakt zu Mitpatienten aus der Einrichtung
- Initiierung von sozialen Netzwerken und Auffrischung der alten Freundschaft zu Kai
- was macht im Alltag Spaß?

Methodenbestimmte Ziele

- Vereinbarung der Teilnahme an Gruppentherapie und Einzeltherapie
- Gestaltarbeit

Prognose

Die Prognose des Patienten Axel hinsichtlich einer dauerhaften Abstinenz erscheint günstig. Aufgrund seiner Introspektionsfähigkeit ist es ihm möglich, sein „So-Gewordensein" bezogen auf seine Lebengeschichte zu erfassen, und er erscheint hochmotiviert, weiter an seiner Abstinenz und seinen weiteren Therapiezielen zu arbeiten.

Axel hat sich sehr gut auf die Behandlung eingelassen und in die Gemeinschaft der Einrichtung integriert. Es macht ihm Spaß, dazu zu gehören, und er war in der Lage, sehr kränkende Situationen mit seiner neuen Freundin in der Einzeltherapie und der Gruppentherapie zu bearbeiten.

Durch die Auseinandersetzung mit der Freundin durchlebte er eine depressive Phase, die er jedoch ohne Drogenkonsum bewältigte.

Deutlich wurde ihm die Reinszenierung alter Familienstrukturen, seine starke Rückzugstendenz und seine selbstabwertenden, rigiden Tendenzen, die ihm sehr von seinem Vater vertraut sind.

Diese selbstabwertenden, kritischen inneren Stimmen waren bislang immer Auslösereize für seinen Drogenkonsum.

Weiterer Einsatz von „kreativen Medien"

Die Integrative Therapie geht davon aus, daß Verhalten und Persönlichkeit aus der Gesamtheit aller positiven, negativen und defizitären Erfahrungen resultiert ... (*Petzold* 1988n.), und nur durch eine prozessuale Diagnostik über den Therapieverlauf können diese Faktoren erfaßt werden.

Der Einsatz von weiteren kreativen Medien und intermediären Quergängen muß genau geprüft werden. Das evozierte Material wird immer in einem intersubjektiven Setting in der therapeutischen Beziehung ausdifferenziert.

Um die erstellten Therapieziele zu untermauern und an den Therapiezielen zu arbeiten, plane ich mit Axel den Einsatz weiterer kreativer Medien:

1. Fünf Säulen der Identität (Leib, Soziales Netz, Beruf und Arbeit, Materielles, Werte): Entwicklung von Ressourcen (*Petzold* 1997p) auf den fünf verschiedenen Ebenen.
2. Beziehungspanorama: wie sahen die ersten frühen Beziehungen von Axel aus?
3. Schreiben von Briefen an „inneres Kind" aus der Sicht einer guten Mutter, eines guten Vaters* oder Freundes. Märchen mit einem möglichen positiven Ausgang, Gedichte
4. Arbeit mit dem „leeren Stuhl"

Fazit

Ich arbeite seit 1992 im Suchtbereich. Bis Ende 1997 war ich in einer Beratungsstelle für Alkohol- und Medikamentenabhänge tätig. Ende 1997 begann ich in der ambulanten Drogentherapieeinrichtung als Einzel- und Gruppentherapeutin zu arbeiten. Diese Arbeit erlebte und erfahre ich immer noch als eine große Herausforderung. Es fiel mir anfangs sehr schwer, im Team und mit dem Klientel meinen eigenen therapeutischen Stil auf dem Hintergrund der Zusatzausbildung in Integrativer Therapie und Gestaltsoziotherapie zu finden, zu festigen und gegenüber meinen Kollegen zu vertreten. Durch die eigene Erfahrung mit der Panoramatechnik in meiner Ausbildung kam ich auf die Idee, für mich ein Handwerkszeug zu entwickeln, das „Suchtpanorama", um so schnell, einen diagnostischen Zugang zum Patienten, zu seiner speziellen Erkrankung „Drogenabhängigkeit" und zu seinen verinnerlichten Instanzen, Szenen, Atmosphären zu erhalten. Meine Erfahrung ist, daß die Patienten sich gern auf dieses diagnostische Medium einlassen, wenn sie erfahren haben, daß keine Kunstobjekte erwartet werden, sondern daß es um einen Ausdruck für das So-Gewordensein auf dem Hintergrund ihrer Lebensgeschichte geht, damit inneres Leid, die Erkrankung verstehbar wird, und für das „Gesund werden" und die Entfaltung ihrer Persönlichkeit zur weiteren Behandlung Therapieziele entwickelt werden können. Oft sind sie nach dem Schaffensakt erschöpft, aber stolz auf ihre Schöpfung und betrachten ihr „So-Gewordensein" mit Wut, Trauer, zuweilen mit Freude. Das gemeinsame Betrachten des Suchtpanoramas im therapeutischen Prozeß schafft innerhalb

* sofern dieser Ansatz indiziert ist, denn er hat, in der Integrativen Therapie" reflektiert man das kritisch (*Petzold, Orth* 1999) auch Probleme (z.B. das der Fixierung in der Regression)

kürzester Zeit eine dichte vertrauensvolle Atmosphäre, so daß ich diese Technik fast routinemäßig anwende, sobald der Patient eine einigermaßen stabile Abstinenz erreicht hat. Weiterhin arbeite ich mit den kreativen Medien und mediengestützten Techniken (*Petzold, Orth* 1994), wie 5 Säulen der Identität, Bodychart, Schreiben von Gedichten/Märchen, Identifikation mit Gegenständen, sowie Gestalt-Methoden der Einsichtsförderung und zur Förderung von eigener Verantwortlichkeit und Entscheiungsfähigkeit in Anlehnung an *Rahm*, (1986). Des weiteren ist meine Erfahrung mit Drogenabhängigen, daß sie häufig 10-15 Jahre konsumiert haben, bevor sie professionelle Hilfe in Anspruch nehmen. Fast alle haben zwischen dem 12. und 18. Lebensjahr begonnen, illegale Drogen zu konsumieren, um soziale Probleme (Konflikte mit Eltern, Pubertät, Sexualität, Schule) und einer inneren Unerfülltheit zu entfliehen. Viele Heranwachsende fühlen sich von der Welt der Erwachsenen „mißbraucht, verraten und verkauft". Es fällt ihnen schwer, sich in so eine verlogene Welt zu integrieren. Sie finden wenig Alternativen und versuchen, sich über die illegale Droge vom „Spießertum" abzusetzen und in den Rausch zu flüchten.

> „Drogenabhängigkeit als Symptom einer unreifen, oralregressiven oder anderweitig gestörten Persönlichkeit verlangt nach Reifung und nicht nur nach Symptombehandlung" (*Petzold* 1974).

Daraus resultiert, daß es für die chronische Erkrankung „Drogenabhängigkeit", die jederzeit wieder ausbrechen kann, um eine dauerhafte Abstinenz zu erreichen, unerläßlich ist, daß der Drogenabhängige in der Therapie ein wohlwollendes Klima der Begegnung und des Lernens (*Sieper, Petzold* 2002 erfährt, in dem er seinem Bedürfnis nach echtem Kontakt nachkommen kann, mit sich selbst konfrontiert wird und er Gelegenheit erfährt, seine Potentiale zu entdecken, zu erweitern, sie zu festigen und mit ihnen zu experimentieren. Ich denke, daß dies in der ambulanten Drogentherapieeinrichtung, in der ich arbeite, gegeben ist. Dies setzt jedoch ein hohes Engagement der Kollegen voraus.

Zusammenfassung

In der „Integrativen Therapie" wurden zahlreiche „kreative" Methoden, Techniken und Medien bzw. „mediengestützte Techniken" entwickelt. Darin liegt einer ihrer Beiträge zur Psychotherapie. Hier wird die „Panoramatechnik" (*Petzold*) dargestellt und auf den Bereich der Arbeit mit Suchtkranken zugepaßt: das „Suchtpanorama", mit dem die Suchkarriere von PatientInnen recht konklret rekostrruiert werden kann.

Summary

Within the framework of „Integrative Therapie" a host of „creative" methods, techniques and media resp. media supported techniques have been developed. This is one of her original contributions to psychotherapy. Here the „panorama technique" (*Petzold*) is presented as adapted to the work with addicts, the „panorama of addiction", by which the carreer of the addictedness can be reconstructed quite concerctly.

Key words: Integrative Therapy, addiction, creative Therapy, lifespanorama technique

Doris Ostermann

Die Behandlung einer Polytoxikomanie und Borderline-Persönlichkeitsstörung mit Integrativer Therapie – ein Behandlungsjournal

1. Einleitung

Die Therapeutische Gemeinschaft Nettetal ist eine Einrichtung des Caritasverbandes für die Diözese Osnabrück e.V. und Teil des Therapieverbundes im Referat Gefährdetenhilfe, Abt. Suchtberatung/-behandlung. Seit 1982 bietet sie drogenabhängigen Männern ein sozialtherapeutisches Rehabilitationsangebot an. Zur Zeit stehen in der TG Nettetal 33 Therapieplätze zur Verfügung.

Ziel der Einrichtung ist, den Patienten personale und soziale Handlungskompetenzen und -performanzen (*Petzold, Engemann, Zachert* 2003) zu vermitteln, die es ihnen ermöglichen, die eigene Zukunft in einem zufriedenstellenden Kontext drogenfrei zu gestalten. Hierzu bietet die Einrichtung zwei Angebote: die Langzeitentwöhnungsbehandlung und die Kurzzeittherapie.

Die Langzeittherapie dauert i.d.R. zehn Monate, da per Konzept die Entwöhnungs- und die Adaptionsbehandlung verbunden sind und unter „einem Dach" stattfinden. Sie kann entsprechend der individuellen Entwicklung verkürzt bzw. durch eine Anschlußbehandlung und Nachsorge ergänzt werden.

Das Angebot der Kurzzeittherapie wendet sich an Drogengebraucher, die entweder eine Therapie ganz oder im wesentlichen absolviert haben, aber in einer Lebenskrise anhaltendes Rückfallverhalten zeigen und ihre momentanen Schwierigkeiten in einem Wechsel zwischen ambulanter und stationärer Phase beheben möchten. Der stationäre Selbstfindungsprozeß orientiert sich an der individuellen Entwicklung von Lösungen innerhalb eines Zeitraumes von bis zu sechs Monaten.

Seit 2000 gibt es für die Region Osnabrück das spezielle Angebot „Psychose und Sucht" im Verbundsystem, d.h. eine Rehabilitation für Menschen mit psychischer Erkrankung und einer stoffgebundenen Suchtproblematik. Die Maßnahmen werden entweder in einem Reha-Zentrum für psychisch Kranke oder in der TG Nettetal durchgeführt. Das Landeskrankenhaus Osnabrück steht zur stationären Akutbehandlung, umfassenden Diagnostik und Kriseninterventíon zur Verfügung.

Für das Behandlungsjournal habe ich einen Patienten der Langzeittherapie (in der ich tätig bin) ausgewählt, der im Rahmen unseres Angebots

„Sucht und Psychose“ zur Aufnahme kam. Der Patient beendete die Behandlung nach sechs Monaten gegen ärztlichen Rat. Der Therapieprozeß war phasenweise schwierig. Es bestanden in der Diagnosephase viele Fragen zum Krankheitsbild und zeitweilig Zweifel an der Behandlungsstrategie, mit denen ich mich sowohl mit meinen Kollegen in der TG als auch in der externen Supervisionsgruppe und in Seminaren am FPI-Institut fachlich auseinandersetzte.

Nach dem Therapieabbruch hielt der Patient den Kontakt zu uns und bat um eine Wiederaufnahme. Entsprechend unseres Therapiekonzepts machten wir ihm das Angebot, ihn nach drei Monaten wieder aufzunehmen. Meines Erachtens ist eine Weiterführung des therapeutischen Prozesses in unserer Einrichtung erfolgversprechend.

Es ist erfreulich, daß der Patient sich an die notwendigen Aufnahmemodalitäten gehalten hat und sich einer Fortführung des begonnenen Prozesses und eine Bearbeitung der Rückfalldynamik anschließen kann. Aus therapeutischer Sicht kann der Rückfall als wichtige Lernerfahrung verstanden werden, die ihm einen Erkenntnisprozeß auf einer weiterführenden Ebene im Sinne der „hermeneutischen Spirale“ ermöglichen kann. Ich freue mich – trotz des Wissens, daß die Zusammenarbeit nicht immer leicht sein wird – auf die weitere Begleitung des Patienten im therapeutischen Kontext. Dieses kommt auch und insbesondere durch die intensive Auseinandersetzung und Reflexion meiner therapeutischen Arbeit, die für die Erstellung dieses Behandlungsjournals notwendig und bereichernd war. Die Arbeit an dem Behandlungsjournal erlebte ich als einen weiteren Schritt der Theorie-Praxis-Verschränkung und der professionellen Weiterentwicklung meiner **Kompetenz** (Fähigkeiten, Wissen) und **Performanz** (Fertigkeiten, Können, vgl. *Ebert, Könneke-Ebert*, dieses Buch) als Integrative Terapeutin.

2. Angaben zur Person des Patienten

Name: Meier* (der Patientenname wurde selbstverständlich geändert)
Vorname: David
Geburtsdatum: 11.06.1977
Nationalität: deutsch

* Patientenname und Lebensdaten wurden anonymisiert. Das Patienteneinverständnis wurde eingeholt.

3. Körperliche/psychische/geistige Situation

3.1 Erkrankungen/Unfälle in der Lebensgeschichte

Im Alter von sieben Jahren erlitt der Patient einen schweren Verkehrsunfall, wobei ihm ein LKW über den Fuß fuhr (es handelte sich um eine Mutprobe). Das Bein konnte gerettet werden. Herr Meier trug jedoch eine knöcherne Fußverletzung mit weitgehender Sprunggelenksversteifung davon. Er war damals drei Monate in stationärer Behandlung und benötigte länger als ein Jahr, um neu gehen zu lernen. Seitdem neigt der Patient zu Rückenschmerzen.

Seit ca. vier Jahren ist eine Hepatitis C bekannt. Eine Hepatitis B ist ausgeheilt.

3.2 Körperliche Behinderungen

Herr Meier ist seit dem Verkehrsunfall körperlich eingeschränkt. Es besteht eine Deformität und Bewegungseinschränkung der Zehen des rechten Fußes. Der Patient hat einen Behindertenausweis (30 %).

3.3 Geistige Behinderungen

Keine

3.4 Psychiatrische Erkrankungen (Ko-morbidität)

Prä-psychotischer Zustand 1997 nach intensivem Ecstasymißbrauch. Während der Entwöhnungsbehandlung im Jahr 2000 wurde aufgrund der ausgeprägten Kontakt- und Beziehungsstörungen eine Persönlichkeitsstörung vermutet.

Die Verdachtsdiagnose bestätigte sich im therapeutischen Prozess zunehmend. Eine emotional instabile Persönlichkeitsstörung vom Borderline-Typus wurde diagnostiziert.

3.5 Klassifikation nach ICD 10

10 F 19.2	Polytoxikomanie
10 F 60.31	Emotional instabile Persönlichkeitsstörung vom Borderline-Typus

3.6 Einschätzung der Leistungsfähigkeit

Herr Meier kam aus der JVA zur Aufnahme in unsere Einrichtung. Bei dem Patienten fielen die deutlich eingeschränkte körperliche Belastbarkeit, das vermehrte Schlafbedürfnis sowie wiederkehrend auftretende Gliederschmerzen auf. Eine Laborkontrolle bestätigte eine chronisch aktive Hepatitis C. Dementsprechend wurden die körperlichen Belastungen für Herrn Meier reduziert, und er bekam zu Beginn im Arbeitsalltag unübliche zusätzliche Pausen. Subjektiv steigerte sich die Leistungsfähigkeit: Herr Meier konnte nach sechs Wochen an den sportlichen Aktivitäten und nach zwei Monaten am normalen Arbeitstherapieprogramm teilnehmen.

Trotz der massiven Verhaltensauffälligkeiten und der defizitären Gruppenintegrationsfähigkeit zu Behandlungsbeginn bestand eine Therapiefähigkeit. Herr Meier konnte seine bestehende intrinsische Therapiemotivation und -bereitschaft immer wieder verdeutlichen.

3.7 Spezielle Behandlungen/Förderprogramme

- Entspannungsübungen im Rahmen der Abendaktivitäten (zur Streßreduktion)
- Medikamentöse Therapie (aufgrund anhaltender erheblicher Stimmungsschwankungen und prä-psychotischer Zustände wird eine niedrig dosierte Taxilan-Medikation notwendig)
- Akupunktur
  Walking (zur nachhaltigen Veränderung der Streßphysiologie und Steigerung des körperlichen Wohlbefindens und Selbstwertgefühls)
- Förderung des vorhandenen kreativen Potentials (Übergabe der Verantwortung für den Kreativitätsraum)

4. Anamnese

Die Anamnese wird nach dem Integrativen Modell von *Petzold* (1993p) und *Osten* (2000 und dieses Buch, *Petzold, Osten* 1998) durchgeführt und bezieht auch Netzwerkaspekte ein (*Hass, Petzold* 1999).

4.1 Familienstand

ledig, keine Kinder, eine Partnerschaft bestand nicht.

4.2 Herkunftsfamilie

Mutter
Hausfrau, in zweiter Ehe verheiratet, wurde vom Patienten „launisch“, kalt, reizbar und dominant erlebt; er verstand ihr Verhalten oft nicht, unter anderem fühlte sie sich ständig beobachtet von Nachbarn, so daß die Vorhänge in der Wohnung tagsüber zugezogen waren; der Patient durfte zwar als Kind spielen, jedoch sollte kein Spielzeug in der Wohnung herumliegen; die Mutter hatte ein massives Putzbedürfnis; aus den Schilderungen des Herrn Meier wurden zwanghafte Persönlichkeitszüge deutlich.

Vater
gelernter Bürokaufmann, Tätigkeit als Arbeiter im Industiebetrieb, wurde als verständnisvoll, kumpelhaft, schweigsam, durchsetzungsschwach und konfliktscheu beschrieben; Alkoholmißbrauch; Patient begleitete im Jugendalter seinen Vater, um mit ihm zu trinken und von den ehelichen Problemen zu hören.

Geschwister
Herr Meier ist Einzelkind. Über seinen Onkel erfuhr er, daß es einen Sohn aus erster Ehe seiner Mutter gab; dieser sei im Alter von sieben Jahren bei einem Verkehrsunfall verunglückt; danach habe sich die Mutter sehr verändert; der Patient versuchte später mit seinen Eltern darüber zu reden, erhielt aber keine Aussagen.

Großeltern
Inzwischen verstorben; die Großmutter väterlicherseits wurde als warmherzig, verständnisvoll erlebt; er verbrachte die Ferien öfters bei ihr; sie habe ihm Mut gemacht und ihm oft „gut zugeredet“.

Andere Familienmitglieder
Herr Meier berichtete von einem Onkel, dem Bruder seines Vaters; mit ihm und dessen Ehefrau kiffte und trank er; von ihnen fühlte sich der Patient ernst genommen.

Freundschaften
Vom vierten bis sechsten Lebensjahr verbrachte er viel Zeit mit einem ca. acht Jahre älteren Nachbarjungen und dessen jüngerer Schwester. Sie spielten miteinander; es gab „Doktorspiele“, die immer regelmäßiger wurden und sich zu sexuellen Handlungen entwickelten. Herr Meier konnte damals sein Unwohlsein zwar zum Ausdruck bringen, war jedoch froh, mit ihnen spielen zu dürfen. Durch einen Umzug wurde der Kontakt abgebrochen.

Nach dem Verkehrsunfall gab es längere Krankenhausaufenthalte, die feste Spielkameraden für Herrn Meier unmöglich machten. Er mußte das Laufen neu erlernen und verbrachte viel Zeit allein. Während der Schulzeit hatte er große Schwierigkeiten, da er mit seinen Klassenkameraden nicht zurechtkam, oft gehänselt wurde („Behinderter“, „Krüppel“), sich zu prügeln begann und zum Außenseiter wurde.

Im Alter von ca. 14 Jahren fand er Anschluß an eine Motorradclique. Die Mitglieder waren bis zu zehn Jahre älter als der Patient; er suchte und fand Bestätigung. Er rauchte und trank mit ihnen, fuhr am Wochenende mit ihnen zum Zelten und war begeistert vom Motorradfahren. Ein Mitglied dieser Clique begann nach einigen Monaten sich ihm körperlich zu nähern und mißbrauchte ihn sexuell (Traumata). Herr Meier entlastete sich bei den Anderen; diese lachten ihn aus und unterstellten ihm, dieses „doch gewußt“ und letztlich provoziert zu haben. Herr Meier brach den Kontakt ab, traf jedoch in den folgenden Jahren vereinzelt Cliquenmitglieder, was zunehmend Wut- und Rachegefühle bei ihm auslöste. Alkoholisiert versuchte der Patient, den Täter körperlich anzugreifen. Es gelang ihm nicht; Herr Meier fühlte sich erneut hilflos und ohnmächtig.

Ab ca. 16 Jahren hatte er „Kumpel“ auf der Straße, mit denen er Drogen konsumierte und viel „Mist“ machte. Herr Meier gab an, daß er bis dato keine festen Kontakte und Freundschaften entwickelte. Er beschrieb sich als „einsamen Wolf“.

Eine dreimonatige Beziehung zu einer 16 Jahre älteren Frau erlebte Herr Meier als wertvoll und wichtig. Er fühlte sich verstanden und gemocht und war in dieser Zeit clean. Aufgrund erneuten Drogenkonsums beendete die Frau die Beziehung.

Wohnsituation

Herr Meier wurde in P. geboren und wuchs dort bei seinen Eltern in einer Mietwohnung bis zu seinem sechsten Lebensjahr auf. Die Familie zog nach B. um. Mit seinem achten Lebensjahr gab es einen erneuten Umzug und er lebte bis zu seiner Inhaftierung in einer ländlichen Kleinstadt. Aufgrund von Spannungen zwischen seinen Eltern und ihm und der zunehmenden Aggressivität des Patienten „warfen“ die Eltern ihn mehrmals aus der Wohnung. Vor vier Jahren mietete der Vater für seinen Sohn ein Appartement; trotzdem hielt sich der Patient meistens in der elterlichen Wohnung auf. Das Appartement wurde während der Inhaftierung aufgekündigt.

4.3 Suchtanamnese

Im 10. Lebensjahr rauchte Herr Meier seine erste Zigarette. Ab dem 13. Lebensjahr trank er regelmäßig Alkohol. Der Konsum von Cannabis folgte und ab dem Alter von 15 Jahren konsumierte er LSD und Amphetamine. Sein erster Rausch war ein Horrortrip. Schließlich kamen Ecstasy und Speed hinzu. Zu der Zeit besuchte er die Berufsschule, konnte jedoch keinen Abschluß erreichen. Inzwischen befand er sich oft auf Technopartys, konsumierte verstärkt Heroin, um vom Ecstasyrausch „herunterzukommen“. Mit 17 Jahren begann er Kokain zu spritzen. In dieser Zeit scheiterte seine erste Arbeitsbeschaffungsmaßnahme. Aufgrund seiner Aggressivität warfen ihn seine Eltern aus der Wohnung und es kam zu ersten gerichtlichen Auflagen aufgrund seiner Kriminalität. Herr Meier absolvierte seine erste Entgiftung, wurde nach fünf Wochen jedoch wieder rückfällig. Mit 18 bemühte er sich um eine erneute Arbeitsmaßnahme, konsumierte jedoch ununterbrochen weiter und steckte sich über eine benutzte Spritze mit Hepatitis B und C an, die einen schweren Verlauf genommen hatte. Nach der Ausheilung der Hepatitis B war er für ca. drei Monate clean. Nach erneuter Rückfälligkeit mit ca. 19 Jahren bemühte er sich nach einer weiteren Entgiftung um einen Therapieplatz. Nach 2 ½ Monaten brach er die Therapie ab, wurde sofort rückfällig und inhaftiert. Nach der Haftzeit konsumierte er wiederum Heroin und Benzodiazepine. Im Hause seiner Eltern brach er zusammen und wäre beinahe gestorben. Die Eltern kümmerten sich um eine weitere Versorgung, woraufhin Herr Meier in ein Methadonprogramm aufgenommen wurde. Für etwa 14 Monate hatte er keinen Beikonsum. Stabilisierend wirkte 1997 eine berufliche Aufgabe. Er ließ sich vom Methadon herunterdosieren, setzte dieses letztlich ab und entgiftete zu Hause. Mit ca. 22 Jahren war Herr Meier etwa sechs Monate clean. Nachdem er mit einem aus der Haft entlassenen Bekannten zusammenkam, begann er wieder Heroin zu konsumieren. Herr Meier ließ sich erneut in ein Methadonprogramm aufnehmen, absolvierte eine Entgiftung und schloß im März 2000 eine weitere Therapie an. Nach seiner Entlassung im Juni 2000 bis zum Aufnahmetermin in unserer Einrichtung saß er in der JVA ein. Während der Haftzeit konsumierte er gelegentlich Cannabis, vom Methadon ließ er sich herunterdosieren. Die bei der Aufnahme durchgeführten Drogenscreenings waren negativ.

4.4 Juristische Situation

Es bestand eine gerichtliche Auflage nach § 35 BtMG. Herr Meier wurde wegen diverser Delikte, u.a. BtMG-Verstöße, Raubüberfall, Diebstahl verurteilt. Der Patient hat insgesamt 21 Monate Strafhaft verbüßt. Es bestand eine 3-monatige Meldepflicht als gerichtliche Auflage in der Therapiezeit.

4.5 Wirtschaftliche Situation

Herr Meier erhielt Sozialhilfe.

Er hatte ca. 9000 DM Schulden. Eine Schuldenregulierung strebte Herr Meier während der hiesigen Therapie an. Er bat seine Schuldner um Stundung und Ratenzahlung. Nach zweimonatiger Therapiezeit begann er von seinem Taschengeld die erste Rate zu zahlen.

4.6 Schul- und Berufsanamnese

Herr Meier wurde verspätet eingeschult, besuchte nach Grund- und Orientierungsstufe die Hauptschule. Nach abgeschossenem Hauptschulabschluß brach er ein BGJ im Bereich Holz sowie eine anschließende Zweiradmechanikerlehre ab. 1995 scheiterte nach wenigen Monaten ebenfalls eine Arbeitsbeschaffungsmaßnahme als Fahrzeuglackierer. 1997 arbeitete er im Rahmen eines Jugendprojekts für einige Monate im Gartenlandschaftsbau. Während der Inhaftierung beendete er erfolgreich einen Lehrgang zum Schweißer.

5. Kreatives Potential

Sport: Herr Meier berichtete, daß er schon als Kind gerne sportlich aktiv war. Er verspürte schon immer einen „Drang nach Bewegung“, konnte diesen jedoch nur bedingt aufgrund seiner Fußbehinderung nachgehen. Mit zunehmendem Alter verbesserte sich dieser Zustand. Herr Meier fuhr viel Fahrrad und Inline-Skating; teilweise exzessiv. Manchmal sei er stundenlang „durch die Gegend gefahren“ – insbesondere nach „Streß“ mit seiner Mutter. Während der sportlichen Aktivitäten im Rahmen der hiesigen Therapie zeigte Herr Meier motivierten, engagierten Einsatz und Freude an der Bewegung. Die bestehende körperliche Beeinträchtigung konnte der Patient nicht akzeptieren; er versuchte sie zu ignorieren.

Begabung im Malen und Zeichnen: Während der Haftzeit entdeckte er seine Freude am Malen. Er zeichnete Motive nach und entwickelte seine Fähigkeit weiter. Herr Meier konnte andere Mitpatienten mitbegeistern und malte gemeinsam mit ihnen. Aus diesem Grund wurde dem Patienten auch die Verantwortung für den Kreativitätsraum übergeben.

Sonstige Aktivitäten: Der Patient zeigte Begabungen im handwerklichen Bereich. Ein Interesse am Lesen von Abenteuergeschichten, Phantasieromanen sowie Bücher über Esoterik wurde deutlich.

6. Therapievorerfahrungen

6.1 Ambulante Behandlung

Seit 1996 unterhielt Herr Meier unregelmäßig Kontakt zur Drogenberatung im Gesundheitsamt seiner Heimatstadt. Er bereitete mit Hilfe des Drogenberaters die beiden ersten Therapieversuche vor. Eine Sozialarbeiterin in der

JVA leistete die psychosoziale Betreuung sowie die Vorbereitungen für die jetzige Therapie.

Subjektive Bewertung: Die ambulante Behandlung durch den Drogenberater bewertete Herr Meier als wenig sinnvoll. Letztlich sah er jedoch seinen eigenen Anteil. Er sei exzentrisch motiviert gewesen; seine gesundheitliche Situation sowie die juristische Situation hätten ihn „gezwungen" etwas zu tun. Zu der Zeit habe er selbst nichts verändern wollen.

Die Betreuung während der Haftzeit bewertete Herr Meier positiv. Er habe zu der Beraterin Vertrauen entwickeln und mit ihr über seine Probleme sprechen können.

6.2 Stationäre Entwöhnungsbehandlungen

Während des ersten Therapieversuchs 1996 zeigte Herr Meier sich laut Entlassungsbericht der Einrichtung als ein „kindlicher Patient", dem es im Rahmen der Einrichtung zu wenig Aufregung und zu wenig „Aktion" gab. Herr Meier versuchte ständig, in der Gruppe durch Abbruchdrohungen Aufmerksamkeit auf sich zu ziehen und ließ sich nur langsam auf therapeutische Regeln ein. Die Einschränkungen im Bereich Musik- und Fernsehkonsum waren für ihn nicht akzeptabel, und er wertete ständig die therapeutischen Prozesse ab. Der Versuch, Herrn Meier relativ schnell in Einzeltherapie zu nehmen, gelang nicht. Herr Meier erzählte zwar sehr viel über seine Kindheit, ließ sich jedoch nie auf eine therapeutische Beziehung ein. Aufgrund des therapeutischen Verlaufs kam es bereits nach sechs Wochen zu einem Abbruchversuch, den der Patient jedoch nicht durchführte, brach jedoch kurz darauf die Behandlung ab.

Subjektive Bewertung: Herr Meier sieht die erste Therapie als für ihn wenig gewinnbringend. Er habe sich auf die Therapie nicht eingelassen und nach wie vor in seinem Leben nichts ändern wollen. Die Gruppentherapie sei neu und „bedrohlich" für ihn gewesen.

Der zweite Therapieversuch im Frühjahr 2000 endete nach drei Monaten mit einer disziplinarischen Entlassung. In der Einrichtung fiel Herr Meier von Beginn an durch seine extreme Aggressivität auf, die ihren Ausdruck in aggressiven Ausbrüchen fand und in einer beobachtenden, taxierenden und fixierenden Mimik, die auf äußerst mißtrauische Wachsamkeit in Bezug auf andere Menschen schließen ließ. Er wurde vermehrt von Gruppenmitgliedern darauf hingewiesen, sich zu „zügeln". In Gesprächen fiel sein verbissener, starr wirkender Gesichtsausdruck auf, der keinen Anflug von Lächeln erkennen ließ. Auf beschwichtigende und freundliche, klare Hinweise reagierte Herr Meier positiv und konnte sich für bestimmte Zeiträume immer wieder eingliedern. Dies gelang ihm jedoch nur vorübergehend, so daß seine Gruppenfähigkeit in Frage gestellt war. In den ersten Wochen seiner dortigen Therapie entstand der Eindruck, daß Herr Meier noch unter ausschleichenden halluzigenen Drogeneinflüssen gestanden hatte. Zum Ende der drei Monate hin besserte sich sein Zustand. Die Phasen, in denen er sich zurücknehmen und besser eingliedern konnte, wurden länger, so daß die Einrichtung mutmaßte, daß seine befremdlich wirkenden Reaktionen und Verhaltensweisen weiterhin rückbildungsfähig seien. Es wurde vermehrt integrierend, ernsthaft mit klaren Verhaltensanforderungen auf ihn eingewirkt, wobei Herr Meier durch seine Ausbrüche, sein tiefes Mißtrauen in andere Menschen und seine Kontakt- und Beziehungsstörungen die Frage aufkommen ließ, wie weit er sich in Gruppen integrieren und wieweit das dortige Therapieangebot greifen konnte.

Herr Meier wurde letztlich aus disziplinarischen Gründen (Alkoholrückfall) entlassen. Die weitere Therapiebedürftigkeit stand für die Einrichtung außer Frage; eine Wiederaufnahme kam jedoch nicht in Betracht.

Subjektive Bewertung: Herr Meier bedauerte, die zweite Therapie nicht regulär abgeschlossen zu haben. Er habe sich dort gut eingelebt. Es sei ihm zu „nah und eng" geworden; der beginnenden Auseinandersetzung mit der Vergangenheit habe er „aus dem Weg" gehen wollen.

Herr Meier war sich sicher, daß die beiden Therapieversuche ihm bei der jetzigen Behandlung hilfreich sind.

7. Therapieverlauf

Herr Meier kam im Februar 2001 aus der JVA in unsere Einrichtung. Er wirkte zu Beginn sehr angespannt, hatte Schwierigkeiten, Hilfe zu erbitten und war in seinem Verhalten stark auffällig: er verließ Gruppensitzungen, beleidigte Mitpatienten, lachte in emotional dichten Situationen und zeigte insgesamt wenig Einfühlungsvermögen bei sich und Anderen. Gleichzeitig war Herr Meier bemüht, sich den vorgegebenen Strukturen anzupassen und bekundete trotz der Auffälligkeiten seine Behandlungsmotivation.

Schon frühzeitig wurden erhebliche sowohl selbst als auch fremdaggressive Tendenzen bei dem Patienten deutlich, deren Wurzeln in kindlichen und jugendlichen Traumatisierungen liegen (siehe 8.3).

Entsprechend dieser ersten Diagnostik und vor dem Hintergrund der Verdachtsdiagnose einer Persönlichkeitsstörung ging es in den ersten Therapiewochen (siehe 8.1) vornehmlich darum, einen verläßlichen, kontinuierlichen Kontakt zu Herrn Meier aufzubauen. Dabei zeigte sich eine deutliche Nähe-Distanz-Problematik; der Patient stellte den Kontakt zu mir wiederholt in Frage und durch unangemessene Verhaltensweisen auf die Probe und äußerte insbesondere nach vertrauensvollen Gesprächen immer wieder vermehrt Mißtrauen (siehe 8.6). Dabei führte die Erfahrung, daß trotz dieser Verhaltensweisen Verläßlichkeit von meiner Seite gegeben war, zu einer allmählichen Reduktion der Auffälligkeiten. Diese vorsichtig positive Entwicklung ging auch mit einer Verbesserung des körperlichen Wohlbefindens einher.

Im April 2001 fand die erste sogenannte „Orientierungsgruppe“ des Patienten zur Überweisung in die folgende Therapiephase statt. Die Vorbereitung dieser Gruppensitzung, die auch die Darstellung des Lebenslaufes beinhaltet, war von großen Unsicherheiten und Zweifeln begleitet. Mehrfach wurde Herrn Meier die Sicherheit gegeben, daß die erheblichen Traumata in seiner Biographie nicht in der Gruppe thematisiert werden müssen; Herr Meier nutzte den einzeltherapeutischen Rahmen zur Entlastung. Dabei wurde der Schwerpunkt auf konservativ-stützende und palliative Interventionen gelegt. Unterstützend wirkten hier vermehrte Freiräume und abendliche Entspannungsübungen sowie Akupunktur. Der Therapieprozeß gestaltete sich zufriedenstellend, so daß eine Überweisung in die folgende Therapiephase erfolgen konnte.

In der Folgezeit wurden die Anforderungen etwas höher dosiert. Der Patient reagierte erneut mit vermehrten Stimmungsschwankungen, potentiell aggressivem Verhalten und Infragestellung des therapeutischen Kontaktes. Diese Instabilität wurde noch forciert durch ein familientherapeutisches Gespräch mit seinen Eltern, das von Herrn Meier zwar gewünscht war, jedoch nur teilweise adäquat toleriert werden konnte. In der vornehmlich stützenden und ressourcen-orientierten Begleitung konnte das Hobby Malen reaktiviert werden. Diese erlebniszentriert-stimulierende Modalität nutzte er zur Darstellung eigener Gefühle, Ängste und Befürchtungen. Es kam mehrfach zu Krisen, Craving und Abbruchgedanken, die letztendlich im therapeutischen Rahmen gut abgefangen werden konnten.

Im Juni 2001 rückten körperliche Symptome bei Herrn Meier verstärkt in den Vordergrund. Der Patient versuchte, die körperliche Behinderung (siehe 3.2) vollständig zu ignorieren. Die Anforderungen im arbeitstherapeutischen Alltag führten jedoch dazu, daß Herr Meier genötigt war, die eigenen Grenzen wahrzunehmen.

Anfang Juli 2001 kam es zu einer krisenhaften Entwicklung, nachdem Herr Meier im Einzelgespräch erneut erhebliche Traumata aus seiner Jugendzeit verbalisiert hatte. Stützende Interventionen wehrte der Patient ab, das bestehende Vertrauen zu mir wurde negiert, und eigen- und fremdaggressive Tendenzen traten auf. Zunächst bat Herr Meier darum, in ein psychiatrisches Krankenhaus überwiesen zu werden, konnte sich aber nach entsprechenden Gesprächen dazu entscheiden, die Krise im Rahmen unserer Einrichtung mit medikamentöser Unterstützung durchzustehen. Herr Meier wurde für einige Tage von der Gruppentherapie befreit. Durch die Vermittlung substitutiver, korrektiver und alternativer emotionaler und kognitiver Erfahrungen wurde im Sinne des zweiten Weges der Heilung und Förderung versucht, Herrn Meier im Übertragungsprozeß „nachzubeeltern“. Unter dieser Vorgehensweise konnte eine Stabilisierung binnen fünf Tagen erreicht werden. Stimmungsschwankungen und Abbruchgedanken klangen ab; der Patient war wieder in der Lage, am „Therapiealltag“ teilzunehmen.

Im weiteren therapeutischen Prozeß ging es darum, positiven und protektiven Erfahrungen und Erlebnissen eine stärkere Bedeutung zu geben.

Herr Meier neigte dazu, lediglich negative Faktoren seines Lebens zu sehen und „nährende Inseln“ abzuwerten. Durch Beobachtungsaufgaben und Dokumentation wichtiger Erfahrungen gelangte Herr Meier sukzessiv zu einer differenzierteren Sichtweise, was sich günstig auf seine Stimmung niederschlug. In der Folge zeigte sich Herr Meier konstruktiver in der Zusammenarbeit mit anderen Patienten. Spontane Überreaktionen, in denen Herr Meier alles abwertete, provozierte und den Sinn der Therapie in Frage stellte, waren in dieser Phase gegeben, konnten jedoch schneller vom Patienten in einen Zusammenhang mit Vorangegangenem reflektiert und dann korrigiert werden.

Seine liebenswerten Anteile, die zunehmend zum Vorschein kamen, brachten Herrn Meier Sympathien im Kreise seiner Mitpatienten ein. Emotionale Offenheit auch in diesem Kontext führte dazu, daß Herr Meier aus den anfänglich vermehrten oberflächlichen Beziehungen nach eigenem Ermessen eine Auswahl traf, die er dann kontinuierlich vertiefte. Dabei machte er die Erfahrung von gegenseitiger Akzeptanz und Wertschätzung, was sein Selbstbewußtsein und Selbstvertrauen deutlich stärkte.

Im Rahmen dieser Erfahrungen äußerte Herr Meier erneut den Wunsch nach einer Beziehungsklärung mit den Eltern. Nach wiederholter Abwägung in einzeltherapeutischen Settings entschied er sich, mit seinen Eltern über die Vergangenheit und seine Zukunftspläne zu sprechen. Es gelang Herrn Meier, seinen Eltern, seine vergangenen Verletzungen und seine Wünsche mitzuteilen. In der Reflexion dieses Gesprächs wurde Herrn Meier deutlich, daß zum einen er selbst viel zu dem gestörten Verhältnis zu seinen Eltern beigetragen hat, zum anderen jedoch die bekannten Gefühle von „ich werde nicht verstanden“ und „ich habe Schuld, es liegt nur an mir“ reaktiviert wurden. Herr Meier erkannte, daß er zukünftig nicht mehr mit seinen Eltern zusammenleben kann und darf, wenn er clean leben möchte. Durch diese Klarheit geriet der Patient erneut in eine Krise, da er dadurch mit den bekannten Gefühlen des „Alleinseins“ konfrontiert wurde. Herr Meier stellte alles in Frage, entwertete sich selbst, was zu fremd- und autoaggressiven Tendenzen führte. Diese waren vornehmlich Ausdruck unterdrückter Trauerreaktionen, die Herr Meier kaum zuzulassen vermochte. Infolgedessen verfiel er in Selbstzweifel, die er kaum auszuhalten wußte und die zu Abbruchgedanken führten. In situationsnahen und lösungsorientierten Gesprächen mit den therapeutischen Wirkfaktoren der „emotionale Annahme und Stütze“ und der „Förderung von Einsicht, Sinnerleben, Evidenzerfahrung“ wurden mehrfach Verhaltensstrategien erarbeitet, die ihn jeweils kurzfristig stabilisierten.

Im weiteren therapeutischen Prozeß ging es um die langsame Verselbständigung des Patienten. Wir besprachen mit ihm Möglichkeiten von Probeausgängen, um in begrenztem örtlichen Umfang neue Erfahrungen machen zu können. Zum einem entsprach dies dem Wunsch des Patienten – der im Vorfeld vermehrt auf die Teilnahme an einem Sportverein drängte – auf der anderen Seite lösten diese beim Patienten Ängste und Zweifel aus, die er jedoch überspielte bzw. hinter einer verbal aggressiven Fassade verbarg. Die

Krise spitzte sich zu, was wiederum zu Abbruchgedanken bei Herrn Meier führte. Er läutete eine sogenannte Akutgruppe ein, um der Gruppe mitzuteilen, daß er die Therapie abbrechen möchte. In dieser Gruppensitzung berichtete der Patient sehr offen von seinen Schwierigkeiten, erstmalig von seinen Traumata wie auch von seinen Wünschen nach Nähe und Geborgenheit, die erhebliche Ängste aber auch Aggressionen auslösten. In dieser Situation gelang es zunächst, Herrn Meier zu stabilisieren und in der Einrichtung zu halten. Es war noch einmal möglich, den Patienten für die Zusammenhänge zwischen seinem Verhalten und seinen Problemen zu sensibilisieren. Herr Meier erfuhr von der Gruppe viel Verständnis und Zuwendung (Solidaritätserfahrung) und in den folgenden beiden Tagen vor seinem Therapieabbruch erhielt Herr Meier Beziehungsangebote von einigen Patienten. Dieses tat dem Patienten sichtlich gut, andererseits verwirrte es ihn emotional entsprechend seines Narrativs: „Wenn dir jemand zu nahe kommt, mußt du aufpassen“ (siehe 11.). Herr Meier entwickelte wiederum Abbruchgedanken und verließ im August 2001 unsere Einrichtung. Er suchte das Gespräch zu mir, bedankte sich für die Hilfestellung und entwertete im gleichen Moment die gesamte Zusammenarbeit. Herr Meier verzichtete auf die Verabschiedung von seinen Mitpatienten und ging dadurch einer erneuten Auseinandersetzung mit seiner Entscheidung aus dem Weg. Herr Meier brach die Therapie mit sehr widersprüchlichen Gefühlen ab.

Entsprechend dem „tetradischen Modell“ der Integrativen Therapie (*Petzold* 2003a) befand sich Herr Meier in der Integrationsphase. Das in der Aktionsphase Erlebte wurde in einer Rückschau durchgearbeitet, reflektiert, zusammengefaßt und konnte beginnend in den Lebenskontext integriert werden. Herr Meier erfaßte sein Leben kognitiv besser und war sich seines Verhaltens und seiner Emotionen bewußter. Beim bevorstehenden Übergang in die Konsolidierungs- und Neuorientierungsphase beendete Herr Meier die Therapie.

8. Prozessuale Diagnostik

8.1 Diagnosephase

In der Diagnosephase (ca. vier Wochen; danach prozessuale Diagnostik) erfolgt die medizinische, psychologische und arbeitstherapeutische Diagnostik sowie die Prüfung der Rehabilitationsfähigkeit, die Definition der persönlichen Therapieziele, die Analyse der Ressourcen, einer Rückfallanalyse und die individuelle Therapieplanung mit anschließender Fallkonferenz zur Formulierung von Arbeitshypothesen und Zuweisung in unseren verschiedenen Angeboten. Unser therapeutisches Vorgehen lag zunächst in der sorgfältigen Beschreibung der Symptome im bio-psycho-sozialen Bezugsrahmen. Die Diagnosephase bei Herrn Meier dauerte länger, weshalb er vermehrt von mir in unsere Fallbesprechungen eingebracht wurde. Zum einen zeigte Herr Meier sich in den verschiedensten Therapiebereichen unterschiedlich; zum anderen wollten wir eine vorschnelle Zuschreibung und „Etikettierung" verhindern.

Im Aufnahmeverfahren wurde deutlich, daß Herr Meier wußte, daß er an unserem Sucht- und Psychoseangebot teilnimmt, er jedoch selbst nichts von einer Psychose wußte – er habe während einer Entgiftungsbehandlung Halluzinationen gehabt, ebenfalls kenne er „Flashbacks", die bis zu einer Stunde dauerten und die begleitet waren von Unruhezuständen, Wahrnehmungsveränderungen und Herzrasen, ansonsten sei er jedoch „normal". Ich informierte Herrn Meier, daß wir dieses in den ersten Therapiewochen überprüfen und abklären und ihn über den jeweiligen Stand in Kenntnis setzen, gegebenenfalls ihn aus dem Doppeldiagnoserahmen herausnehmen. Über den hergestellten „informed consens" war Herr Meier positiv überrascht und stimmte zu. Dadurch wurde dem Patienten Mitwirkung am therapeutischen Vorgehen eröffnet und die „client dignity" gewährleistet.

Im Folgenden habe ich im Sinne der prozessualen Diagnostik die Phänomene, die Herr Meier zeigte, ermittelt, zugeordnet und überprüft, ob und welche psychische Erkrankung vorliegt.

Die ausgeprägten Stimmungsschwankungen kombiniert mit erheblichen aggressiven Impulsen, Suiziddrohungen und einem negativen Selbstbild führten nach fachlicher Auseinandersetzung außerhalb und innerhalb unserer Einrichtung zur Diagnoseerhebung einer emotional instabilen Persönlichkeitsstörung vom Borderline-Typus. Nach dieser diagnostischen Klarheit waren Verhaltensweisen von Herrn Meier nachvollziehbarer, verständlicher (dadurch wurde die Arbeit mit Herrn Meier für mich auch weniger „anstrengend").

8.2 Bedürfnis- und Motivationsanalyse

Herr Meier hatte nach zwei Therapieversuchen trotzdem das Gefühl, das er nur über eine Therapie sein Leben wieder „in den Griff" bekommt". Darunter verstand er, daß er eine Ausbildung absolviert, einer geregelten Arbeit nachgeht und eine Beziehung zu einer Frau aufbaut. Er wollte drogenfrei leben, weil er das Gefühl hatte, daß sein Körper den massiven Drogenkonsum nicht länger mitmachen würde. Körperlich sei er „heruntergekommen" und mehrfach dem Tode „gerade noch ausgewichen". Er habe die Gefühle von Einsamkeit, die Erinnerungen an die negativen Erfahrungen nach Drogenkonsum (Horrortrip, Halluzinationen, Alpträume) „satt" und für das harte Leben auf der Szene keine Kraft mehr.

Herr Meier hatte Cleanzeiten, in denen er sich gut fühlte; er baute zu einer Frau eine Beziehung auf, bezeichnete diese als die „schönsten Monate seines Lebens" und hoffte, diesen Zustand zukünftig wieder zu erreichen.

8.3 Problem- und Konfliktanalyse

Hier wird das Integrative Konflikmodell (*Petzold* 1988n, 2003b) zugrundegelegt.

Defizite
Herr Meier erlebte in seinem Elternhaus eine Unter-Stimulierung. Seine Mutter war aufgrund ihrer scheinbar zwanghaften Persönlichkeitsstruktur nicht in der Lage, das Kind emotional zu versorgen bzw. seine Entwicklung zu fördern. In der Familie wurde nicht darüber gesprochen, wie es den einzelnen Familienmitglieder geht (prävalentes Milieu). Herrn Meier war bewußt, daß er mit Schwierigkeiten nicht zu seinen Eltern gehen konnte, da diese besonderen Wert darauf legten, daß er sich ruhig verhielt und gegenüber der Nachbarschaft der Schein gewahrt blieb. Herr Meier nahm Rücksicht auf seine Mutter, versuchte sich anzupassen und es ihr recht zu machen. Bei Fehlern beschimpfte die Mutter ihn. In dieser entwertenden Umgebung wurde auf das Mitteilen von Gefühlen in unangemessener, extremer Weise reagiert; es wurde nicht ernst genommen, sondern stattdessen bestraft. Die vom Patienten zum Ausdruck gebrachten Erklärungen, Motive und Absichten für sein Verhalten wurden als falsch zurückgewiesen. Der Patient erlebte seine Mutter oft als „komisch“, „irgendwie kalt und krank“; er konnte sich an positive, liebevolle Worte und Zuwendungen nicht erinnern.

Der Vater verhielt sich schweigsam und passiv. Obgleich der Patient wahrnahm, daß der Vater sich ebenfalls über seine Ehefrau ärgerte, sagte und unternahm er in der Konfliktsituationen nichts; vielmehr versuchte er den Sohn mit dem Kauf von Spielsachen und später mit gemeinsamen Kneipenbesuchen zu „besänftigen“, bei denen der Vater abwertend über seine Ehefrau sprach.

Traumata

Hier wird die Integrative Traumatherapie berücksischtigt (*Petzold, Wolf* 2000, 2000; *Petzold, Josić, Ehrhard* 2006)

Die Traumatisierungen erfolgten nicht in der Primärfamilie, wurden hier jedoch aufgrund fehlender Unterstützung reaktiviert.

Im Alter von ca. 5 Jahren wurde Herr Meier vom Nachbarjungen über einen ca. dreimonatigen Zeitraum regelmäßig mißbraucht (Überstimulierung bei mangelndem Beistand im Elternhaus). Im Alter von 10 Jahren berichtete er seinen Eltern davon, die ihm nicht glaubten bzw. der Lüge beschuldigten.

Als Herr Meier ca. 14 Jahre alt war, wurde er erneut sexuell mißbraucht (siehe Freundschaften, 4.2). Auf der Suche nach Unterstützung wurde ihm vorgeworfen, „es gewollt“ zu haben. Seinem Vater vertraute er sich an, der mit Empörung, Unverständnis und Abwertung reagierte („Warum treibst Du Dich auch mit diesen Leuten herum“; „Wenn Du Dir die Pest (der Vater meinte Aids) eingefangen hast, schlage ich Dich tot“).

Störungen

In der Kindheit des Patienten gab es regelmäßige inkonstante und uneindeutige Stimulierungen. Herr Meier schilderte seine Mutter als „völlig unberechenbar“. Wenn er als Kind spielte, schimpfte seine Mutter mit ihm, weil das Spielzeug herum lag. Sie schmeichelte dem Patienten, wenn sie etwas von ihm haben wollte und schimpfte ständig bei der „kleinsten Kleinigkeit“. Der Patient konnte es ihr nie recht machen. Als der Vater nach Alkoholabusus zusammenbrach, reagierte die Mutter auf das Drängeln des Patienten, einen Arzt zu holen, mit Schreien, Beleidigungen und sorgte sich mehr um den verschmutzten Teppich als um ihren zusammengebrochenen Mann. Der Patient wurde von der Mutter gefragt, warum er „jetzt“ schon aus der Schule komme, sie hätte ohne ihn viel mehr Ruhe gehabt.

Während die Mahlzeiten in der Woche weitestgehend allein eingenommen wurden, sollte am Wochenende ein gemeinsames Mittagessen stattfinden. Das Essen wurde in der beengten Küche eingenommen, an einem Tisch, wo nur zwei Personen, der Vater und der Patient, sitzen konnten; die Mutter aß im Stehen. Herr Meier erlebte die Mahlzeiten als „grausam und kaum auszuhalten“; der Vater schwieg, die Mutter versuchte irgendwie ein Gespräch zu führen, was scheiterte.

Herr Meier blieb öfters ohne Absprache mit seinen Eltern bei Klassenkameraden und kam einige Male nachts nicht nach Hause. Es gab keine Reaktionen von den Eltern; „Ich schien ihnen egal zu sein“.

Herr Meier konsumierte ab seinem 13. Lebensjahr Alkohol; seine Mutter beschimpfte ihn zwar („Du bist ein Trunkenbold wie dein Vater“), unternahm jedoch sonst nichts. Später trank er gemeinsam mit seinem Vater in Kneipen.

Konflikte

Konträre Stimulierungen kennzeichnen vor allem die Kindheits- und Jugendzeit des Patienten.

Im Hinblick auf seine Mutter empfand Herr Meier Wut aber auch Mitleid. Er nahm wahr, daß seine Mutter irgendwie „eine Macke hat“. Er hatte Schuldgefühle, wenn er durch sein provozierendes Verhalten die Mutter „reizte“ und Streitigkeiten zur Eskalation brachte, obgleich er die Hilflosigkeit der Mutter spürte. Es bestand ein intrapsychischer Konflikt.

Herr Meier hatte Aggressionen gegenüber seinen Eltern, die eng mit den Szenen beim Mittagessen am Wochenende in Zusammenhang standen. Er ärgerte sich sowohl über das Verhalten seiner Mutter als auch über das Schweigen seines Vaters. Der Patient hatte Angst, daß sich seine Aggressionen unkontrolliert entladen könnten.

Das Selbstwertgefühl von Herrn Meier war stark beeinträchtigt; er hatte das Gefühl „er sei nicht in Ordnung“, „er mache seinen Eltern das Leben schwer“; er empfand sich aufgrund seiner körperlichen Behinderung als unattraktiv, unansehnlich und konnte sich selber nicht leiden.

Herr Meier lebte während der Therapie ständig in dem Konflikt zwischen Angst vor Überforderung sowie vor Auseinandersetzung mit der Vergangenheit und dem Verlust der emotionalen Kontrolle sowie der Angst vor dem erneuten Abbrechen der Therapie.

Herr Meier wollte einerseits von den Drogen „weg", andererseits steckte er in dem Konflikt, dadurch alles aufzugeben, was ihm in den letzten Jahren Sicherheit gegeben hatte.

Herr Meier hatte den Wunsch, sich Anderen/mir mitzuteilen und anzuvertrauen, gleichzeitig hatte er Angst, enttäuscht zu werden. Dieser Appetenz-Aversions-Konflikt/Nähe-Distanz-Konflikt war während der hiesigen Behandlung stets präsent.

8.4 Kontinuums-Analyse

Hier wird auf den „life span develomental approch" der Integrativen Therapie Bezug genommen (Petzold 1999b, 2003a, Bd. II, 2)

Prävalente pathogene Milieus

Herr Meier fehlten in seiner Kindheit beschützende, „nährende" Eltern. Die Atmosphäre zwischen seinen Eltern und ihm gegenüber hat er als kalt und lieblos empfunden. Die Mutter wurde als unberechenbar erlebt. Sie gab double-binds und reagierte auf persönliche Mitteilungen und Gefühle von Herrn Meier in unangemessener und extremer Weise. Herr Meier fühlte sich nicht ernst genommen, sondern wurde stattdessen bestraft oder beschimpft. Das anfangs schweigende und sich anpassende Kind, später provozierende, auffällige und „aufmüpfige" Kind wurde von den Eltern ignoriert. Die Versuche von Herrn Meier, seine Bedürfnisse auszudrücken sowie Motive für sein Verhalten zu benennen, scheiterten; vielmehr wurde ihm gesagt: „Es liegt an Dir". In dieser entwertenden Umgebung lernte Herr Meier nicht, wie er Emotionen richtig benennen, regulieren und emotionale Belastungen aushalten kann. Herr Meier empfand seine Gefühle oft als falsch, war dadurch stark verunsichert.

Herr Meier nahm wahr, daß sein Vater auf das Verhalten der Mutter mit Rückzug und Schweigen reagierte und vermehrt Alkohol konsumierte. Ab dem 13. Lebensjahr konsumierte Herr Meier regelmäßig Alkohol, was zwar zu Ärger mit der Mutter führte, jedoch kaum Auswirkungen hatte.

Im Jugendalter erfuhr der Patient über den Onkel etwas aus der Biographie der Mutter (siehe 4.2). Dadurch glaubte er, seine Mutter besser zu verstehen, hatte Mitgefühl, nahm Rücksicht, wurde jedoch nach einfühlendem Zugehen auf die Mutter erneut zurückgewiesen.

Kritische Lebensereignisse/Brüche

Herr Meier erinnerte verschiedene Lebensereignisse, die für seine Persönlichkeitsentwicklung als kritisch eingestuft werden müssen:

- Der erlebte Mißbrauch als 5-jähriger, der von den Eltern als „ausgedacht und phantasiert" mißachtet wird.

- Durch den (unter 3.1. beschriebenen) Verkehrsunfall und dessen körperlichen Auswirkungen wurde das soziale Netzwerk des Patienten stark beschädigt. Er konnte nicht mehr wie zuvor mit Klassenkameraden spielen und wurde in den folgenden Jahren oft gehänselt.
- Ein Bruch der Beziehung zur Mutter stellte eine Szene im Schlafzimmer der Eltern dar. Der Patient hatte Angst, daß der zusammengebrochene alkoholisierte Vater stirbt, wurde von der Mutter gehindert, den Notarzt zu rufen („die Nachbarn sollen nichts merken").
- Im Alter von 14 Jahren fand Herr Meier Bestätigung und das Gefühl von Zugehörigkeit in einer Motorradclique. Er wurde sexuell mißbraucht. Er erfuhr keine Unterstützung von den anderen Cliquenmitgliedern, auch nicht von seinen Eltern. Vielmehr wurde er erneut entwertet und fühlte sich von seinem Vater, dem er sich anvertraute, gedemütigt (siehe Traumata, 8.2).
- Dramatisch schilderte Herr Meier seinen Horrortrip nach Einnahme von LSD. Er sei fast verrückt geworden, im Anschluß von nächtlichen Alpträumen aufgewacht und habe sich seit dem „nicht mehr so wie vorher gefühlt". Danach sei der erstmalige Wunsch nach Drogenfreiheit aufgetaucht.

Einschätzung des bisherigen Lebenslaufs

Herr Meier schätzte sein bisheriges Leben als erniedrigend, schlecht, bedrohlich ein und erlebte sich als „nicht erwünscht, überflüssig und lästig". Er wollte sein Leben ändern, von den Drogen wegkommen, obwohl diese ihm sein bisheriges Leben überhaupt erträglich machten. Er strebte ein neues Leben an, obwohl er Angst davor hatte, den Anforderungen nicht gewachsen zu sein.

Die Lebensgeschichte von Herrn Meier weist eine Kette „schädigender Stimulierungen" auf, sehr früh beginnende, lang anhaltende Defiziterfahrungen, wiederkehrende Traumatisierungen, mangelnde Verläßlichkeit der Eltern, eine negative Attribuierung durch die Mutter und grundsätzliche, die eigene Existenz in Frage stellende Konflikte.

Auswirkungen auf das „Hier und Jetzt"

Es wird von einer „perspektivischen Hier-und-Jetzt-Konzeption" mit Vergangenheit und Zukunft als Horizonten ausgegangen (*Petzold* 1981e, 2003a, 299ff).

Herr Meier wuchs in einer Umgebung auf, die seine Gefühle für falsch und ungültig erklärt und wodurch er nicht lernen konnte, die eigenen Gefühle in einer angemessenen Art und Weise zu benennen und auszudrücken. Infolgedessen zeigte Herr Meier große Schwierigkeiten in der Modulation seiner Erregungen und in der Regulation von Gefühlen. Er neigte zu extremen Stimmungsschwankungen und einer erhöhten Verletztbarkeit.

Herr Meier zeigte die Tendenz, seine emotionalen Reaktionen, Gedanken, Überzeugungen und Verhaltensweisen zu entwerten. Er stellte unrealistisch hohe Anforderungen an die eigene Person, denen er nicht gerecht wurde und entwickelte demzufolge Selbsthaß. Insbesondere Gefühlsreaktionen, die mit Trauer und Verlust zusammenhängen, überforderten ihn, und er versuchte, diese Gefühle zu unterdrücken und zu kontrollieren.

Deutlich wurde eine Suche nach Strukturen und Sicherheit. Er neigte dazu, die Umgebung ständig nach Richtlinien abzusuchen, wie er sein und was er denken und fühlen sollte. Gleichzeitig testete er diese immer wieder aus. Herr Meier wollte oft wissen, was die Anderen von ihm denken und kann Schweigen nicht auszuhalten.

Er fühlte sich sehr schnell abgelehnt. Die nicht sofortige Befriedigung seiner Wünsche wertete Herr Meier als grundsätzliche Ablehnung seiner gesamten Person und reagierte beleidigt und verärgert.

8.5 Ressourcenanalyse

Soziales Netzwerk/Bildung/Lebenserfahrung

Die Ressourcentheorie des Integrativen Verfahrens (*Petzold* 1997p) darf wohl als eine der elaboriertesten in der Psychotherapie angesehen werden. Ein ressourchenreiches Netzwerk (*Huss, Petzold* 1999) spielt dabei eine besondere Rolle.

Die Beziehung zu den Eltern erlebte der Patient nach dem zweiten Therapieversuch verändert; insbesondere durch die erste Auseinandersetzung mit seinem Verhalten und dem Erkennen seiner Mitverantwortung an dem Entstehen von vergangenen Situationen. Während der Haftzeit gab es einen regelmäßigen Briefkontakt, den Herr Meier zwar als oberflächlich, jedoch als „ersten positiven Schritt“ bewertete. Der Vater besuchte ihn zweimal in der JVA. Herr Meier berichtete, daß er hier vom Vater Unterstützung erfuhr – wie er es in seinem Leben öfters erlebte – jedoch war der Vater dann nur mit dem Patienten allein. Sobald die Mutter anwesend war, erlebte er den Vater wie zuvor schweigend und zurückhaltend. Herr Meier hatte weiterhin die Befürchtung, daß es zu Spannungen mit der Mutter kommt, hoffte jedoch auf eine Klärung und Verbesserung der Beziehung zu ihr. Sowohl der Vater als auch die Mutter hatten sich im Vorfeld bereit erklärt, ihn in der Therapie zu unterstützen und an Gesprächen teilzunehmen.

Bei seinem Onkel und dessen Ehefrau fand der Patient Rückhalt. In der Vergangenheit konsumierte er mit ihnen Cannabis. Beide seien jedoch inzwischen clean. Herr Meier fühlte sich gesehen und verstanden; es bestand ein sporadischer telefonischer Kontakt.

Herr Meier zeigte sich interessiert an Bildung, Wissen und Ausbildung. Er äußerte sein Bedauern darüber, daß er trotz bestehender Fähigkeiten „zu faul“ gewesen sei, etwas aus sich zu machen. Letztendlich scheiterten Ausbildungsversuche am Drogenkonsum. Die positiven Rückmeldungen von Arbeitgebern, die der Patient in verschiedenen Arbeitsbereichen in Cleanzeiten erlangte, stimmten ihn optimistisch.

Die Hobbys des Patienten (siehe 5.) boten ihm Ausgleich; er konnte darüber Spannungen abbauen und Zufriedenheit erlangen. Stolz war Herr Meier über seine früheren sportlichen Leistungen. Er wußte, daß er in Cleanzeiten eine gute körperliche Konstitution und Leistungsfähigkeit hat.

Herr Meier erfuhr Bestätigung und Zuspruch bezüglich seiner malerischen und zeichnerischen Fähigkeiten. Er wurde in diesem Bereich von Mitpatienten angesprochen und um Unterstützung gebeten.

Zu den Ressourcen von Herrn Meier gehörte auch die gute Erinnerung an seine Großmutter, bei der er als Kind mehrfach die Ferien verbrachte. Er erfuhr von ihr Wertschätzung, Rückhalt und das Gefühl von Geborgenheit.

Die soziale Unterstützung von seiner Drogenberaterin, von der er sich angenommen und gesehen fühlte, konnte ebenfalls als positive Ressource genutzt werden.

Bewältigungsstrategien (Coping)

Herr Meier verhielt sich in seiner frühen Kindheit angepaßt und versuchte, trotz Verunsicherung seiner Mutter „alles recht zu machen". Frustrierend war für den Patienten, daß er keine positive Rückmeldungen erhielt, wenn er etwas gut gemacht hatte, wenngleich er beschimpft wurde, sobald er einen Fehler machte. Herr Meier berichtete, daß er ab ca. seinem achten Lebensjahr auffälliger wurde; so zeigte er häufige Wutanfälle, zerstörte sein Spielzeug und schlug mit dem Kopf und Händen gegen die Wand. Dieses habe er öfters provoziert, um eine Reaktion von der Mutter zu bekommen. Da Herr Meier davon ausging, alles falsch zu machen, provozierte er diese Situation immer häufiger. Es half ihm, seine Anspannungen abzubauen. Sein Vater reagierte oft erst bei Extremen (z.B. Diebstahl, Besuche von der Polizei). Herr Meier lernte, daß Impulshandlungen helfen, seine Anspannung abzubauen und provozierte dramatische Situationen, um „sich selbst auszuhalten".

Herr Meier war gewohnt, sich minderwertig, einsam, nicht beachtet und ungeliebt zu fühlen. Machte er andere Erfahrungen, war er verunsichert und versuchte, den gewohnten Zustand der Ablehnung zu erfahren. Herr Meier kontrollierte seine Gefühle, konnte „blitzartig eine Maske aufsetzen", „den Schalter umlegen" und rechnete stets damit, daß seine Gefühle ausgenutzt werden.

Herr Meier hatte eine große Sehnsucht nach einer festen Beziehung. Aufgrund seines hohen Mißtrauens testete er ständig die Glaubwürdigkeit von Mitpatienten, die ihm Beziehungsangebote machten, da er davon ausging, „sowieso fallengelassen" zu werden.

Als sich Herr Meier in der Beziehung zu einer Frau (siehe 4.2.) sicher und aufgehoben fühlte und emotionale Nähe spürte, tauchten Verlustängste und Angst vor einer erneuten Enttäuschung auf. Diese Ängste bewältigte er über Drogenkonsum, der letztlich zum Beziehungsende führte. Insgesamt versuchte Herr Meier, seine Gefühle von Angst, Einsamkeit, Traurigkeit und Wut mit Alkohol und später Drogen zu betäuben und darüber ihn belastende Lebensereignisse zu bewältigen.

Da er emotionale Belastungen nicht aushalten konnte, reagierte er mit Rückzug (zu Beginn der Therapie mit Verlassen des Gruppenraumes). Insbesondere wenn für ihn bedrohliche Themen besprochen wurden, reagierte er unangemessen lustig, aggressiv oder beleidigend.

Erkennbar wurde die Tendenz, sich mit Arbeit zu überlasten, um nicht über sich selbst nachzudenken zu müssen, denn sowohl die Erinnerung über sein Leben wie sein eigenes Bild von sich selbst waren so negativ, daß das Nachdenken für ihn schon bedrohlich und belastend war. Ebenfalls überschritt er häufiger die Grenzen seiner Leistungskraft und gestand sich keine Schwächen zu, denn er hatte Angst, als Versager zu gelten.

Deutlich wird, daß Herr Meier überlebensnotwendige Ressourcen besitzt. Es galt in der Therapie, die Situationsangemessenheit dieser selbst- und fremddestruktiven Tendenzen zu überprüfen und zu verändern, um sie schließlich um sozial angemessenere Bewältigungsstile und Interaktionskompetenzen anzureichern. Wichtiges Therapieziel war, daß Herr Meier lernt, seine Bedürfnisse genauer wahrzunehmen, seine Gefühle besser zu regulieren, die Unkontrollierbarkeit destruktiver Behandlungen zu unterbrechen und im Gegenzug die bewußte Verantwortung für das eigene Handeln insgesamt zu stärken.

8.6 Interaktionsanalyse

Relationen der Bezogenheit

In der Integrativen Therapie haben die Formen der *Relationalität*, der zwischenmenschlichen Bezogenheit – *Konfluenz, Kontakt, Begegnung, Beziehung, Abhängigkeit, Hörigkeit* (*Petzold* 2003a) – eine zentrale Bedeutung. Zu Beginn der Therapie hatte Herr Meier keinen guten *Kontakt* zu sich (schwache Selbstrelation). Er beschrieb seine Lebensgeschichte distanziert, ohne Emotionen, wobei die Kontrolle und Anspannung deutlich spürbar war. Herr Meier fiel durch sein ernste, beobachtend-taxierende Mimik auf. Hinter dieser Fassade verdeckte er zu Beginn seine Gedanken und Gefühle der Ablehnung. Sukzessiv wurde jedoch deutlich, daß er schon erste Erkenntnisse über sich und sein Verhalten hat. Er erklärte, daß es sich nicht um sein „eigentliches Gesicht" handelt, daß er seine Kontrolle wahrnimmt, er sich jedoch nicht in der Lage sieht, sich „echt" zu zeigen. Schon zu Beginn benannte Herr Meier seine Schwierigkeiten, sich in andere einzufühlen und bezeichnete sich als „abgestumpft". Er fiel in den therapeutischen Settings durch seine inadäquaten Haltungen auf (z.B. lachte er in einer Gruppenstunde, in der es um Abschied und Tod ging). Zunehmend gelang es dem Patienten, sich für sein Verhalten zu entschuldigen und verbal seine eigene Enttäuschung und Traurigkeit hierüber zum Ausdruck zu bringen.

Da die zwischenmenschlichen Beziehungen des Herrn Meier von Ablehnung, Anschuldigungen, Feindsehnlichkeiten und Mißbrauch gekennzeichnet waren, wird verständlich, daß er jeglichen Kontakt zunächst durch einen

„Filter“ der vergangenen Erfahrungen kritisch und mißtrauisch bewertet. So zeigte Herr Meier die Fähigkeit, jeden Kontakt durch das Aufsetzen seines „harten Gesichts“ abzubrechen oder aber auf die Probe zu stellen. Ich versuchte mit ihm immer wieder, Kontakt herzustellen und die Unterschiede zwischen ihm und mir und anderen Menschen deutlich zu machen.

Übertragungsqualität

Wie oben erwähnt, wurde jeder neue Kontakt mißtrauisch bewertet und mehrfach „angetestet“. Vom Übertragungsgeschehen (*Petzold* 1980g) schien Herr Meier mir Mutterprojektionen entgegenzubringen. So bemühte er sich anfangs (wie in seiner Herkunftsfamilie), sich anzupassen, regelmäßig um Einzelgespräche zu bitten und „testete“, wie verläßlich bzw. wie sicher er bei mir sein konnte. So reagierte der Patient beleidigend, als ein Gesprächstermin aus organisatorischen Gründen nicht zustande kam oder ein Einzelgespräch aus seiner Sicht zu kurz war. Er stellte den Kontakt zu mir in Frage, provozierte, beobachtete mich dabei sehr genau. Deutlich wurde, daß er Sicherheit brauchte, inwieweit ich für ihn da bin. Weil ich ihm klar und offen entgegentrat und nicht auf seine Provokationen einging, wechselte Herr Meier sein Verhalten. Hilfreich war es hier ihm zu spiegeln, was er gerade tat, und ihn zu fragen, ob er sicher ist, dadurch das zu erreichen, was er möchte. Sehr schnell erkannte Herr Meier den Hintergrund seines Verhaltens, und im Verlauf der Therapiezeit wurden die Provokationen weniger. In den letzten beiden Wochen vor Therapieabbruch schien Herr Meier vom Übertragungsgeschehen her, mir erneut Mutterprojektionen entgegenzubringen.

Nachdem die therapeutische Beziehung tragfähiger war und Herr Meier sich mir anvertraute, erstmalig über seine Traumata sprach und er sich von mir akzeptiert fühlte, übertrug er Liebesgefühle auf mich. Er fühlte sich in dem Maße von mir verstanden wie durch seine damalige Freundin. Er sprach seine Gefühle von Zuneigung mir gegenüber an und war überrascht, daß ich nicht einen Therapeutenwechsel vorschlug. Trotz der klaren Grenzziehung von meiner Seite, erlebte Herr Meier diese Situation als positiv, da er mit Ablehnung und Beziehungsabbruch gerechnet hatte. Abwechselnd brachte er mir positive Gefühle (Zuneigung, Liebe) entgegen, wenn er mir die Rolle als Freundin und Partnerin zuwies, und negative Gefühle (Ablehnung, Haß, Wut) in der Rolle als Mutter, von der er sich Zuneigung wünscht, die ihn jedoch ablehnt.

Widerstandsphänomene und Abwehrmechanismen

Der Integrative Ansatz unterscheidet funktionale Widerstände (z.B. protektive) von dysfunktionalen (Weiterkommen verhindernden), sieht Widerstands- und Abwehrgeschehen also etwas anders als sonst im tiefenpsychologischen Bereich (*Petzold* 1981c).

- Herr Meier verhielt sich in emotional intensiveren Gesprächen und Gruppensitzungen auffällig: er war unruhig, stand auf, verließ den Gruppenraum, wurde blitzschnell aggressiv und entwertete Personen.
- Der Patient gab sich teilnahmslos in der Gruppe und starrte vor sich hin.
- Bei Behandlungsbeginn setzte er sich zu Beginn des Einzelgesprächs so hin, als sei er „auf dem Sprung" und beabsichtige, sofort wieder herauszulaufen.
- Er antwortete nicht auf eine Frage, sondern fing ein anderes Thema an oder aber er häufte Probleme an.
- Der Patient machte sich über den therapeutischen Prozess lustig, „verstand" bestimmte Fragen nicht und stellte die therapeutische Beziehung in Frage.
- Herr Meier drohte nach der Bearbeitung von ihm belastenden Themen mit Abbruch oder reagierte mit körperlichen Beschwerden.
- Er bemühte sich im Arbeitsbereich alles richtig zu machen und ging über seine Grenzen.
- Herr Meier verleugnete seine Wünsche nach Geborgenheit. In Situationen, in denen er eigentlich mit Traurigkeit und Enttäuschung reagieren mußte, wurde dies nicht spürbar.
- Herr Meier versuchte mit unterschiedlichen Erklärungen, am Wochenende nicht am Kaffeetrinken im Speisesaal teilzunehmen.

Die Widerstandsphänomene können als psychophysische Überlebenstechniken, als Veränderungswiderstände gedeutet werden. Herr Meier hatte Angst vor Überforderung in der Therapie, in der bislang gelernte Rollen und Verhaltensweisen nicht mehr tragfähig waren und zusammenbrachen und er neue Schritte üben mußte. Einige Male äußerte Herr Meier den Wunsch, aber auch die Angst vor dem Sterben. Dies könnte ein Hinweis auf die Verzweiflung als Ergebnis des inneren Konfliktes sein. Herr Meier fühlte sich zerrissen zwischen seinen bisherigen Lebensstrategien und den ersehnten neuen aus seiner Sicht kaum erreichbaren Lebensmöglichkeiten und betrachtete den Tod als einen letzten Ausweg aus seiner unerträglichen Lebenssituation.

Bei Herrn Meier lassen sich folgende Abwehrformen (*Petzold* 2003a) vermuten:

- *archaische Retroflexion*: Gefühle und Impulse von Wut, die eigentlich einer anderen Person gelten, werden auf die eigene Person zurückgelenkt (Selbstentwertungen, unrealistisch hohe Anforderungen an die eigene Person; er hielt sich für häßlich, sprach abwertend über seinen Fuß).
- *archaische Anästhesierung*: Abschalten der eigenleiblichen Empfindungen und Gefühle (er sah sich manchmal wie einen „Roboter", der nur noch funktionierte, fühlte sich dabei innerlich leer und empfand dabei alles sinnlos).
- *archaische Spaltung*: Deutliche Störungen in der Wahrnehmung seines Selbst und anderer Personen, (er hatte diffuse Ängste, Träume, Bilder (als Selbst-Zustände) und Stimmungen, die dem Bewußtsein greifbar na-

he waren und ihn bedrohen; er wußte nicht, wer er ist und was mit ihm los war).

Gegenübertragungsresonanzen
Während der Behandlung waren unterschiedlichste Gegenübertragungsresonanzen (ders. 1980g) vorhanden. Überwiegend trat bei mir eine konkordante Gegenübertragung auf, d.h. ich konnte mich gut in den Patienten einfühlen. In diesen Situationen fühlte ich meinen Wunsch, dem Patienten Erfahrungen von Unterstützung und Akzeptanz zu ermöglichen.

Öfters war ich in der Komplementärrolle, d.h. ich fühlte mich wie die damalige strenge Mutter. Wenn der Patient mich provozierte und beleidigte, reagierte ich streng, klar und brachte meinen Ärger zum Ausdruck. Aufgrund des Impulses, ihn auch zu schützen, wandte ich die Interventionsform der Konfrontation nur vorsichtig an.

Es waren Doppel- oder Dreifach-Übertragungen gegeben. So z.B. wenn Herr Meier mich so behandelte, wie er seine Mutter damals behandelt hat, gleichzeitig aber auch als der kleine Junge verstanden werden wollte (also Mitgefühl von mir erwartete) und darüberhinaus unbewußt erwartete bzw. befürchtete, daß ich ihn wie seine strenge Mutter behandele („Sie wird sicher böse auf mich sein"). In diesen Situationen fühlte ich mich angespannt und verwirrt. Hier erfuhr ich Hilfestellung und Klarheit in der externen Gruppensupervision und geriet infolgedessen weniger in Verwirrung und konnte klarer und schneller die Gegenübertragungsphänomene erkennen (unter Punkt 11 wird hierauf ausführlicher eingegangen).

Insgesamt war mir bewußt, daß im Mittelpunkt der Therapie die Beziehungsgestaltung steht, d.h., daß die therapeutische Beziehung sich immer wieder aufs neue bewähren muß. Nicht zuletzt durch die fachliche Auseinandersetzung wurde mir immer wieder deutlich, daß meine Haltung von Mitgefühl, Beständigkeit, Geduld geprägt sein muß und daß insbesondere mein Glaube und Zuversicht in die Effektivität der Behandlung größer sein muß als der Glaube von Herrn Meier an dessen Ineffektivität (Anmerkung: Zeitweilig geriet ich hier persönlich an meine eigenen Grenzen).

Interaktionsverhalten in der Therapie
Die Anfangszeit in unserer Einrichtung gestaltete sich recht schwierig. Herr Meier versuchte selbstsicher aufzutreten. Er wirkte jedoch angespannt und erregt, wobei anfangs noch ein offenes aggressives Verhalten unterdrückt wurde. Sehr schnell kam diese Seite zum Vorschein. Er zeigte sich spontan in seinen Reaktionen, fiel durch seine beleidigende, aggressive Haltung auf. Statt für eine konstruktive Klärung zu sorgen, verhielt er sich abwertend gegenüber einzelnen Gruppenmitgliedern, was zu vielen Konflikten und infolge zu sogenannten Akutgruppen führte. In diesen Momenten war der Patient uneinsichtig, versuchte zu verhindern, daß eigene Schwächen erkannt wurden. Er konnte nicht begreifen, inwieweit sein Humor, seine Witze verletzend sowie seine Umgangssprache beleidigend wirkten. Seine Eigenwahrnehmung

unterschied sich stark von der Wahrnehmung der Gruppe: „Ich sage doch nur meine Meinung". Herr Meier fühlte sich von der Gruppe mißverstanden, reagierte auf Kritik in lauter Weise mit einer Trotzhaltung. Erst nach zeitlichem Abstand gelang ihm eine selbstkritischere Betrachtungsweise dieser Situation, die er häufig provozierte. Aufgrund dieser Haltung hatte er massive Integrationsprobleme in die Patientengruppe. Im Gruppenalltag versuchte er, die gruppengültigen Normen und Regeln zu umgehen bzw. auszutesten. Er begab sich in Grenzbereiche, bis er eine „bedingte Kündigung" erhielt. Seine Haltung erzeugte viel Mißtrauen und Ablehnung.

Durch eine klare Haltung sowie kontinuierliche Bindungsarbeit, insbesondere in Einzelgesprächen, konnte eine Basis geschaffen werden, in der er sich langsam in die Gruppe integrierte. Das Bewußtsein für Konsequenzen seiner grenzüberschreitenden und destruktiven Verhaltensweisen führten zu einer Veränderungsmotivation. Im weiteren therapeutischen Prozess entwickelte er ein realitätsgerechteres Selbstbild, was sich auf sein Interaktionsverhalten in der Gruppe günstig auswirkte. Zunehmend knüpfte er durch seine Späße und Sprüche oberflächliche Kontakte und verschaffte sich auch von einigen Mitpatienten Anerkennung. Allerdings hatte dieses Verhalten auch zur Folge, daß Herr Meier mit seinen persönlichen Belangen bedingt ernst genommen wurde. Insgesamt ist festzuhalten, daß bis zum Therapieabbruch das Mißtrauen sowie die Angst vor „Gesichtsverlust" beim Patienten dominierte. Die Solidarität und Akzeptanz, die er bei vorsichtiger Öffnung in gruppen- und einzeltherapeutischen Settings erfuhr, führten zu begrenzter Vertrauensfähigkeit.

8.7 Spezifische Beobachtungsfelder

Körper/Leiblichkeit

Hier ist die Integrative Leibtheorie Hintergrund der Betrachtung (*Eisler* 1991; *Petzold* 2000j). Bei Behandlungsbeginn fielen bei dem Patienten die eingeschränkte körperliche Belastbarkeit, das vermehrte Schlafbedürfnis sowie wiederkehrend auftretende Schmerzen auf. Dementsprechend wurden die körperlichen Belastungen für Herrn Meier reduziert. Er bekam im Arbeitsalltag unübliche zusätzliche Pausen und konnte nach ca. zwei Monaten ohne Pausen an der Arbeitstherapie sowie am Sportprogramm teilnehmen. Seine körperliche Fitneß steigerte er in seiner Freizeit, indem er freiwillig mit Mitpatienten Gymnastikübungen machte. Herr Meier erfreute sich an seinem körperlichen Wohlbefinden, jedoch wirkten sich Stimmungsschwankungen bei ihm sofort körperlich aus, was wiederum erneuter Grund zur Unzufriedenheit war. Herr Meier konnte körperliche Einschränkungen nicht akzeptieren, wertete sich und seinen Körper vehement ab. Ebenfalls traten für den Patienten unberechenbar koenästhetische Leibgefühle und Körperhalluzinationen auf, d.h. Herr Meier klagte über abstruse und kaum einfühlbare Körperempfindungen, die nicht von außen gemacht empfunden wurden sowie Steifigkeitsgefühle, Druck- und Bewegungsempfindungen, Herzrasen und

Größenveränderungen. Diese wurden psychiatrisch abgeklärt und auch medikamentös behandelt. Vorstellungen beim Orthopäden fanden ebenfalls statt, da bei Herrn Meier (infolge seines Verkehrsunfalls) unter der regelmäßigen körperlichen Betätigung vermehrt Beschwerden im Bein auftraten. Es wurden orthopädische Schuhe empfohlen. Diesbezüglich konnte der Patient sich zunächst nicht überwinden, da er sich stark an frühere „Hänseleien" beim Tragen von orthopädischen Schuhen erinnerte. Er bat um Bedenkzeit, nutzte die Empfehlung jedoch bis zum Therapieabbruch nicht.

Die bei Behandlungsbeginn starke psychomotorische Unruhe ließ zunehmend nach.

Herr Meier fiel durch eine starr wirkende Körperhaltung auf. Sein Gesichtsausdruck wirkte verbissen; er erhielt oft die Rückmeldung „nicht zu lachen" und „hart und kalt" zu wirken. Negativen Gefühlen konnte er gut Ausdruck geben, während sein Gesicht bei Gefühlen von Traurigkeit, Enttäuschung starr und unbewegt war. Durch Selbstbeobachtungen im Spiegel, durch das Einholen von Rückmeldungen bezüglich seines Gesichtsausdrucks veränderte sich die Gesichtsphysiologie. Herr Meier bekam weichere Gesichtszüge, Freude war ihm mehr anzusehen.

Emotionalität

Grundlage bildet die emotionspsychologische Forschung und die auf ihr besierende Integrative Emotionsthorie (*Petzold* 1995g, 2003a). Herr Meier zeigte eine deutliche Fehlregulation emotionalen Erlebens und eine ausgeprägte emotionale Verletzbarkeit. Entsprechend der Diagnose einer emotional instabilen Persönlichkeitsstörung beziehe ich mich auf die Ausführungen des Borderline-Verständnisses von *Linehan*, die ich als sehr zutreffend erachte.

Borderline-Persönlichkeiten sind sowohl emotional verletzbar, als auch unfähig, ihre Emotionen zu steuern. Sie können unangepaßte, stimmungsabhängige Handlungen kaum unterlassen. Die emotionale Fehlsteuerung bezieht sich zwar am ausgeprägtesten auf negative Emotionen, es fällt ihnen aber auch schwer, positive Emotionen und deren Folgen auszusteuern.

Die Betroffenen haben eine „ausgeprägte" Empfindlichkeit, d.h. sie besitzen eine niedrige Schwelle für emotionale Reaktionen und reagieren sehr schnell. Es bedarf nur schwacher Auslöser für eine emotionale Reaktion. Selbst Ereignisse, die andere Menschen völlig unberührt lassen, belasten sie. Ferner neigen sie dazu, Dinge zu dramatisieren.

Im negativen Spektrum heißt das, daß Situationen, die für andere Menschen nur ein wenig peinlich sind, eine schwere Demütigung bedeuten können. Verärgerung wird zur Wut, aus leichten Schuldgefühlen kann sich ein intensives Schamgefühl entwickeln, leichte Besorgnis kann zu einer Panikattacke oder lähmenden Schmerz eskalieren.

Im positiven Spektrum sind sie idealistisch und neigen dazu, sich „Hals über Kopf" zu verlieben.

Die Intensität der Emotionen führt zu einer Einengung der Aufmerksamkeit, so daß die Wahrnehmung emotionsrelevanter Reize verstärkt wird. Dies führt u.a. zu einer Verzerrung von Interpretationen, Projektionen, persönlichen Vorhersagungen und sozialen Urteilen in Richtung der aktuellen Stimmung. Affekte wirken bei Borderline-Persönlichkeiten oft selbstverstärkend, weil sie so intensiv sind. Sie klingen oft erst nach Tagen wieder ab.

Herr Meier befand sich ständig in emotionale Krisen und zeigte o.g. Muster.

In der Selbsteinschätzung bezüglich seiner Emotionalität, die im Freiburger Persönlichkeitsinventar untersucht wurde, beschrieb sich der Patient selbst als labil, empfindlich, ängstlich und mit Problemen belastet.

Kognitiver Bereich

Hier ist die Literatur zur kognitiven Psychologie und Entwicklungspsychologie eine unverzichtbare Hilfe und Grundlage. Herr Meier wies geordnete formale Gedankengänge auf, es gab keine Hinweise auf inhaltliche Denkstörungen, keine Wahrnehmungsstörungen. Die Konzentration und mnestischen Fähigkeiten waren gegeben. In der Anfangsphase schien die Instruktionsfähigkeit unterentwickelt, konnte jedoch im Therapieprozeß ausgebaut werden. Das Reflexionsvermögen und die Fähigkeit der Exzentrizität von Herrn Meier erweiterte sich mit zunehmender Übung.

Problemlösungskompetenz war gegeben, jedoch im Hinblick auf emotional besetzte Themen oder Konflikte wenig ausgeprägt. Hier wurden festgefügte kognitiv-affektive Schemata deutlich. Zu Beginn gab es bei Herrn Meier oft nur ein „Entweder-Oder bzw. Schwarz-Weiß Denken“. Dieses ist nach *Linehan* ein Ergebnis der Störungen der Modulation von Gefühlen sowie das Nichtvorhandensein eines differenzierten emotionalen Beurteilungssystems. Persönlichkeiten mit einer Borderline–Struktur können einerseits für eine gewisse Zeit an einem affektiven Interaktionsmuster stark festhalten, jedoch unvermittelt in einen anderen Gefühlszustand wechseln. Diese – für die Interaktionspartner häufig uneinsichtigen und überraschenden Gefühlsschwankungen – ergeben sich daraus, daß die Betroffenen nicht die rational inhaltlichen Strukturen zwischenmenschlicher Beziehungen zum Orientierungspunkt wählen, sondern sie richten sich unmittelbar an den jeweils vorhanden aktuellen Stimmungen und Affekten aus. Bei Herrn Meier führte das, da er z.B. bestimmte Meinungen und Einstellungen zu Personen kaum oder gar nicht aufgeben mochte, zu kognitiven Verunsicherungen. Erst wenn Herr Meier zu Beobachtungen und Erklärungen für ihn positive Gefühle empfand, konnte er seine Einstellung verändern. Im therapeutischen Prozess ließ er neue Gedanken und Ordnungen erstmal nicht an sich heran. Ich mußte genau, strukturiert und klar Themen und neue Gedanken vorbringen. Dabei erlebte ich Herrn Meier sehr aufmerksam und überprüfend, jedoch erstmal an seiner Meinung festhaltend. Überraschend war für mich, wie er das Gesagte dann für sich umsetzte und weiterentwickelte.

Werte, Normen, Prinzipien
Der Bereich der Werte wird in der Psychotherapie gemeinhin nicht besonders beachtet, sieht man von den Arbeiten von *Victor Frankl* einmal ab. In der Integrativen Therapie spielen sie jedoch eine große Rolle (*Petzold* 2000a, 2003d; *Neuenschwander* 2003).

Herr Meier zeigte Gemeinschaftssinn und war bereit, etwas für die Gruppe zu tun, scheiterte aber oft aufgrund seiner o.g. Schwierigkeiten. Zuverlässigkeit, Pünktlichkeit und Ordnung waren ihm wichtig. Bei „Stimmungstiefs" hielt er sich nicht daran, was zur weiteren Unzufriedenheit beitrug. Hilfsbereitschaft und der Einsatz für andere, insbesondere Schwächere, waren ihm wichtige Werte. Insbesondere wenn Patienten die Therapie abbrechen wollten, redete er ihnen vehement „ins Gewissen" und kämpfte für und um sie.

Herr Meier legte Wert darauf, daß er für seinen eigenen Lebensunterhalt selbständig sorgen kann und möglichst nicht von Behörden abhängig ist. Aufgrund seines Wunsches selbständig zu werden, verzichtete er auf Geldangebote seiner Eltern wie auch auf deren Angebot, für ihn eine Wohnung anzumieten. Der Patient hat in materieller Hinsicht niedrige Ansprüche, wirkt eher bescheiden und kann auch mit dem in der Therapie zur Verfügung stehendem Taschengeld zu seiner Zufriedenheit auskommen. Seine aus der Drogenzeit resultierenden Schulden belasten ihn und er beginnt konsequent eine Ratenzahlung.

Alkohol- und Drogendistanz
Herr Meier hatte in seiner Drogenkarriere viel Kontakt zur Drogenszene unterhalten, hier jedoch keine Beziehungen aufgebaut. Er bediente sich der Szene- und Knastsprache, war stolz auf seine Tätowierungen am Oberarm, kleidete sich jedoch nicht szenentypisch. Herr Meier legte Wert auf modische Kleidung und Körperpflege.

Die Distanz zu Alkohol war für den Patienten schwer. Hinsichtlich einer zukünftigen Abstinenz war er unentschlossen. Bei Gruppenaktivitäten außerhalb der Einrichtung hatte er mehrfach den Wunsch, Alkohol zu trinken. Er konnte sich ein Leben ohne Alkohol nicht vorstellen und bagatellisierte seinen früheren Alkoholgenuß. Er machte mehrfach deutlich, daß er nach der Therapie trinken möchte und provozierte mit dieser Thematik andere Gruppenmitglieder. In der letzten Woche vor seinem Therapieabbruch sprach er häufig seine Trinklust an.

8.8 Zielstruktur

In der Integrativen Therapie wird auf die Erarbeitung einer diffenzierten Zielstruktur Wert gelegt (*Petzold, Leuenberger, Steffan* 1998).

Das wichtigste Ziel zu Beginn der Therapie war der Aufbau einer tragfähigen therapeutischen Beziehung. In dieser Zeit war mir folgendes wichtig:

- Wertschätzung, Zuspruch, Bestätigungen und Bekräftigungen geben
- Definition mit der positiven und negativen Verhaltensweisen sowie Auflistung in der Reihenfolge seiner Wichtigkeit

- Aufbau eines stabilen Behandlungsrahmens
- geben eines haltenden Raums für die Wut des Patienten
- setzen und einhalten von Grenzen
- Fokus auf die Interventionen im „Hier und Jetzt“
- Vermeiden einer passiven therapeutischen Haltung
- konfrontativer, aktiver Umgang mit selbstzerstörerischem Verhalten
- herstellen einer Verbindung zwischen Gefühlen und Handlung
- Entwicklung von grundlegenden Bewußtseinsfertigkeiten wie beobachten, beschreiben, teilnehmen, aushalten

Insgesamt ging es um eine geduldige Haltung mit dem Prinzip der kleinen Schritte.

Nach ca. 8 Wochen erfolgte die sogenannte Orientierungsgruppe, in der es um die Überweisung in die neue Therapiephase ging. Im Rahmen dieser Gruppensitzung müssen neben Lebenslauf und Reflexion der ersten Wochen auch die Ziele vorgestellt werden. Herr Meier hatte für sich folgende Ziele formuliert:

1. Umgang mit Menschen wieder lernen
2. ein bißchen mehr Mitgefühl zu anderen Menschen zeigen können
3. Streß abbauen und Hektik vermeiden
4. schöne oder positive Dinge zu sehen und für mich auch anzuerkennen
5. mehr auf mein körperliches Wohlbefinden achten
6. Regeln einhalten
7. bei Negativem nicht sofort aggressiv und beleidigend werden
8. mich mit meiner Familie und Vergangenheit auseinander setzen

Für den Übergang in die Außenorientierungs- und Adaptionsphase sollten die Ziele von dem Patienten erweitert und ergänzt werden. Kurz vor Beginn dieser Phase brach Herr Meier die Therapie ab.

9. Prozessuale Analyse

9.1 Gruppentherapie

Motivation/Eigeninitiative/Beteiligung:
Die Integrative hat spezialiserte Formen der Gruppentherapie und der Betrachtung von Gruppengeschehen entwickelt (*Petzold, Frühmann* 1986; *Petzold, Schneewind* 1986: *Orth*, *Petzold* 1995), die zur Beurteilung des Patientenverhaltens im Gruppengeschehen herangezogen werden. Wie im Therapieverlauf (Punkt 7) und in der Interaktionsanalyse (Punkt 8.6) deutlich wird, war Herr Meier in der Gruppentherapie stets sehr „präsent“; zu Beginn „automatisch“ oder „am Rande“ (weil im Fokus eigentlich ein anderer Patient stand), da er durch verschiedenste akute reaktive Störungen auffiel, die durch besondere Erregung oder Hemmung, impulsives Verhalten, heftige Entladung oder Ausagie-

ren innerer Spannung gekennzeichnet waren. Insgesamt beteiligte sich Herr Meier engagiert an den Gruppensitzungen und brachte zunehmend eigene Themen von sich aus ein. Öfters wirkte er desinteressiert, lustlos und blickte starr vor sich hin. Wurde er jedoch angefragt, zeigte sich, daß er wach zugehört hatte, das Gehörte mit seiner Lebensgeschichte verglich, eigene Überlegungen anstellte und das in Gruppen Erlebte für sich verwertete. Wenn Herr Meier von meinen Kollegen oder mir in den Fokus genommen wurde, verhielt er sich in der Regel erst abwehrend, konnte sich aber meist auf die Themen einlassen; war oft abhängig von seiner aktuellen Stimmung. Anderen Gruppenmitgliedern stellte er kritische, provozierende Fragen. Bei psychodramatischen Gruppensitzungen ließ sich der Patient bereitwillig in Rollen wählen, gab diese jedoch einige Male auf, wenn es ihm zu nah wurde (z.B. als er in der Rolle des Sohnes vom Vater angeschrien wurde).

Sharing/Feedback

Zu Beginn drückte sich in seinen Resonanzen wenig Anteilnahme an dem Erleben seiner Mitpatienten aus. Dieses war meines Erachtens als Abwehrform zu verstehen. Herr Meier selbst thematisierte von sich aus sein geringes Einfühlungsvermögen und Mitgefühl für andere Menschen im Einzelgespräch. Nach verschiedensten Interventionen (siehe Punkt 11) waren hier Veränderungen zu verzeichnen. Ebenfalls war Herr Meier bereit, seine eigenen Erfahrungen der Gruppe offen mitzuteilen; die ihn emotional belastenden Themen (Traumata) deutete er nur an, machte sie von sich aus jedoch überraschend (kurz vor seinem Abbruch) auf.

Seine Feedbacks waren klar, kritisch und „hart, aber ehrlich". Herrn Meier fiel es nicht schwer, eine Position einzunehmen und diese trotz Gegenargumente anderer konsequent zu vertreten.

Mehrfach äußerte er in den Gruppen sein Interesse an einem Feedback der Mitpatienten. In der letzten Woche vor seinem Abbruch forderte er aktiv dazu auf, ihm ein Feedback zu seinem Therapieverlauf zu geben. Kritik an seinem Verhalten und Auftreten konnte er gut annehmen; die lobenden und bestärkenden Beiträge kaum.

Bearbeitete Themen

- Verhaltensweisen in Beziehungen
- Vermeidungsverhalten/Angst vor Therapie und vor Veränderungen
- Umgang mit Stimmungsschwankungen
- Auseinandersetzung mit der Lebensgeschichte
- Umgang mit Alkohol, Rückfallgefahr
- Abbruchgedanken
- Reflexion des Besuchs seiner Eltern

Im gesamten Therapieprozess ging es oft um sein Konfliktverhalten. Gerade in der Anfangsphase kam es zu einigen sogenannten Akutgruppen, in denen Mitpatienten in der Großgruppe ihre Konflikte mit Herrn Meier zu klären versuchten bzw. klärten. Diese wurden auch mehrfach von dem Patienten selbst eingeläutet. Im Laufe der Therapie nahm die Häufigkeit dieser Akutgruppen ab. In den letzten beiden Wochen gab es zu seinen Abbruchgedanken drei Großgruppen.

Rolle/Status

Die Integrative Rollentheorie (*Petzold, Mathias* 1983) wurde entwickelt, weil die Moreno-Tradition für sie bedeutend ist: Menschen handeln in Rollen, stehen in Rollenkonfigurationen, die es in der Therapie zu beachten gilt.

Zu Beginn der Therapie nahm Herr Meier die Außenseiterrolle ein, die ihm bekannt war und ihm Sicherheit gab. Die Bezeichnung „Außerirdischer", die er von einem Mitpatienten aufgrund seines auffälligen Verhaltens erhielt, gefiel ihm auf der einen Seite, da er sich abhob und auch bewußt gerne anders war. Im Laufe der Zeit mißfiel sie ihm jedoch, kränkte ihn, wie im Einzelgespräch deutlich wurde. Zunehmend merkten und spürten die Mitpatienten seinen Wunsch nach Veränderung und sahen seine Bemühungen, bemerkten gleichfalls seine Hilf- und Ratlosigkeit, wodurch er bei einigen Sympathien erfuhr. Kam ihm ein Gruppenmitglied „zu nah", tat er schnell etwas dafür, seine ihm bekannte Rolle wieder einzunehmen. Herr Meier war hier ambivalent.

Im Laufe der Therapie wurde die Meinung von dem Patienten gehört. Herr Meier galt als einer, der sagt, was er denkt und der ohne Angst vor Sympathieverlust andere kritisch konfrontiert, was geschätzt wurde.

Störungen

Nachdem Herr Meier im Einzelgespräch erneut erhebliche Traumata seiner Kindheit verbalisiert hatte, kam es im Juli zu einer krisenhaften Entwicklung mit eigen- und fremdaggressiven Tendenzen. Nach Gesprächen konnte er sich entscheiden, die Krise mit medikamentöser Unterstützung in unserer Einrichtung durchzustehen. Herr Meier wurde für einige Tage von der Gruppentherapie befreit.

Herr Meier verließ einmal eine Gruppensitzung und gab an, die Toilette aufzusuchen. Deutlich wurde, daß er sich in den Aufenthaltsraum setzte und eine Zigarette rauchte. Dieses erzählte er provozierend, hämisch am nächsten Tag.

9.2 Dyadische Therapie/Einzeltherapie

Durch kontinuierliche Einzelgespräche (im Integrativen Ansatz als „dyadische Therapie" bezeichnet) mit mir, konnte das anfängliche Mißtrauen des Herrn Meier reduziert werden, somit die Basis für eine Zusammenarbeit gelegt werden. Es gab diverse Einzelsitzungen zu unterschiedlichen Themen. Emotional belastende Ereignisse, wie z.B. die Mißbrauchserfahrungen, wurden nur hier besprochen. Weil die Themen sehr angstbesetzt waren, erhielt er hier den besonderen Schutz. Wichtig war es Herrn Meier, diese Themen möglichst nicht im Büro, sondern an besonderen Plätzen, z.B. auch in der Natur zu besprechen.

Er fühlte sich beengt und hatte Sorge, daß andere Personen „irgendwie zufällig" zuhören könnten oder unbeabsichtigt in den Raum kommen.

9.3 Netzwerktherapie

In unserer Einrichtung erfolgen grundsätzlich Einführungsgespräche mit allen Personen, die einen Patienten erstmals besuchen, weil wir die Bedeutung von Netzwerktherapie hoch schätzen (*Hass, Petzold* 1999). Im Fall von Herrn Meier erfolgten Gespräche mit seinen Eltern, seinem Onkel und dessen Ehefrau. In diesen Gesprächen werden die Angehörigen nach der bisherigen Beziehungsgestaltung gefragt, ihren Erwartungen an die Therapie, ihren Vorstellungen, was der Patient verändern müßte, um künftig clean leben zu können. Die Eltern des Patienten hatten wenige konkrete Vorstellungen: ihr Sohn habe falsche Freunde gehabt und müsse lernen, sich von Drogen abzugrenzen.

Die Eltern besuchten Herrn Meier insgesamt fünfmal, es erfolgten zwei Familiengespräche. In dem ersten Gespräch konnte Herr Meier erstmalig seine Gefühle und Eindrücke zu seiner Kindheit schildern, war dabei vorsichtig und angespannt. Die Mutter fühlte sich angegriffen, sah sich als die Schuldige und begann zu weinen. Dieses konnte Herr Meier nicht aushalten und er bat mich um Beendigung des Gesprächs. Er sagte in der Situation, daß er mit seinen Eltern nichts zu klären habe.

Das zweite Gespräch fand nach fünfmonatiger Therapiezeit statt. Hier gelang es der Familie, besser miteinander zu kommunizieren. Herr Meier erhielt mehr Akzeptanz und mehr Verständnis für die hintergründige Dynamik. Klar wurde, daß er wieder mit seinen Eltern ins Gespräch kommen, jedoch nicht mehr mit ihnen zusammen leben kann.

9.4 Arbeitsbündnis/Therapeutische Beziehung

Das Arbeitsbündnis mit Herrn Meier gestaltete sich schwierig. Es war von ambivalenten und krisenanfälligen Momenten gekennzeichnet, aber meines Erachtens ist in den sechs Monaten eine tragfähige therapeutische Beziehung entstanden.

Nach *Linehan* (1993) tendieren Borderline-Patienten dazu, gegenwärtige Interaktionen mit den Möglichkeiten anzugehen, die ihnen als überlebenswichtige Kompetenz in traumatischen Situationen oder in konflikthaltigen Beziehungen zur Verfügung standen (allerdings verallgemeinern wir diese Aussage nicht so wie *Linehan,* weil gerade diese Patientengruppe sehr unterschiedliche Muster zeigt). Auf jeden Fall ist die wesentliche Voraussetzung der Therapie die Herstellung eines grundlegenden Gefühls von zwischenmenschlicher Sicherheit.

So wurde ich zunächst durch einen „Filter" der vergangenen Erfahrungen kritisch und mißtrauisch bewertet und die Beziehung wurde trotz positiver

Erfahrungen von Herrn Meier wiederholt auf ihre Tragfähigkeit geprüft. Dieses war zu Beginn anstrengend, und da ich bislang nur über wenig Erfahrung in der Behandlung von Borderline-Patienten verfügte, kam ich an einigen Stellen an meine Grenzen. Mir wurde bewußt, daß eine geduldige Haltung ebenso notwendig ist, wie eine positive Einstellung zur Behandlung, auch wenn dies oft nicht einfach war. Herr Meier achtete zu Beginn sehr genau auf das, was ich sagte, achtete auf Zeiten, verglich diese mit den Zeiten, die ich mit anderen Patienten verbrachte. Ihm war es wichtig, was ich über ihn denke, er deutete meine Mimik und Gestik. Letztendlich war Herr Meier verunsichert und brauchte von mir viel Sicherheit und Bestätigung.

Als er mir gegenüber sein Verliebtsein in meine Person thematisierte sowie Beziehungswünsche äußerte, war er sich ebenfalls bewußt, daß ich Grenzen setze, war aber verunsichert, inwieweit ich den Kontakt zu ihm verändern würde.

Im Verlauf der Therapie bekam Herr Meier Übung, sich adäquat mitzuteilen, reduzierte die Provokationen und konnte direkt sagen, was er möchte und sich wünscht. Herr Meier beschrieb die erfahrene Unterstützung als wohltuend, war hier jedoch schwankend, lehnte den Kontakt auch öfters zu mir ab, weil er die Nähe zu mir nicht aushielt, da sie sexuelle Wünsche bei ihm auslöste. In diesen Situationen ging er auf meinen Kollegen zu, kam letztendlich jedoch auf die Zusammenarbeit mit mir zurück. In Urlaubs- bzw. Fortbildungszeiten schien er gekränkt zu sein und machte mir den Vorwurf, durch meine Abwesenheit „nicht weiter" zu kommen.

Das Übertragungsgeschehen war am Anfang und vor Therapieabbruch vorherrschend. Phasenweise erlebte ich die Beziehung als gleichberechtigt.

In dem letzten Gespräch mit Herrn Meier ging es um die Entscheidung, die Therapie fortzuführen oder zu beenden. Er schwankte hier, verabschiedete sich dann jedoch von mir mit der Mitteilung, daß er nur wenig Unterstützung von mir bekommen und ich ihn nicht richtig verstanden hätte.

Herr Meier wurde am gleichen Tag rückfällig, nahm telefonisch Kontakt zu uns auf und konnte durch unsere Unterstützung in das Landeskrankenhaus überwiesen werden. Er ließ mir über den Sozialarbeiter der Entgiftungsstation Grüße zukommen und ausrichten, daß die Zusammenarbeit ihm manchmal zu nah war, ihm jedoch grundsätzlich gut getan habe.

Hinzufügen möchte ich, daß Herr Meier eine gute Beziehung zu unserer Ärztin hatte, die er wegen seiner Stimmungsschwankungen und seiner anderen körperlichen Beschwerden oft aufsuchte. Hier entlastete er sich auch über die Schwierigkeiten mit mir. Der regelmäßige kollegiale Austausch war sehr hilfreich und für die Entwicklung von Herrn Meier äußerst günstig.

10. Zusammenfassung und Prognose

10.1 Klärung des Suchtgeschehens

Herr Meier wuchs in einer Familie auf, die ihm nicht den notwendigen Schutz für eine gesunde Persönlichkeitsentwicklung geben konnte. Emotionale Geborgenheit war kaum vorhanden. Der Patient suchte mittels Drogen bzw. in dem dazugehörigen Umfeld einen Zufluchtsort, einen Ort für Wärme und Geborgenheit. In diesem neuen Bezugspunkt erfuhr er auch Traumata und Defizite, die er nicht verarbeiten konnte. Der Konsum wurde erhöht, um die Wahrnehmung für die Realität zu betäuben. Aufgrund der frühen Schädigungen wurde der Patient von seinen Gefühlen und den Inhalten seines Primärprozesses überschwemmt. Das führte zu massiven Ängsten. Die Droge stellte eine Schutzmaßnahme und Anpassungsfunktion des kranken, labilen Ichs dar. Herr Meier lernte schon früh („am Vorbild" seines Vaters), daß man Spannungen und Schwierigkeiten mit Alkohol zu lösen versuchen kann. Im Vordergrund stand bei Herrn Meier die Angst vor Einsamkeit, Abwertung und das Gefühl von Ohnmacht, zu deren Abwehr und Bewältigung Herr Meier Drogen konsumierte.

Die Einsicht in die Suchtstruktur und -dynamik war bei Herrn Meier grundsätzlich vorhanden und im Laufe der Therapie gewachsen. Die Entscheidung zu einem drogenfreien Leben schien zu Behandlungsbeginn eindeutig und klar. Suchtdruck und Abbruchgedanken traten zu Behandlungsbeginn vermehrt auf, ließen nach und traten kurz vor der sogenannten Außenorientierungs- und Adaptionsphase erneut auf. Herr Meier hatte sich gut eingelebt und fühlte sich in unserem therapeutischen Rahmen sehr sicher. Er wünschte „Freiheit" und neue externe Erfahrungen, die er massiv forderte. Nach *Fiedler* (2000) haben jedoch insbesondere Personen mit einer Borderline-Persönlichkeitsstörung eine schlechte Kontrolle ihrer Triebimpulse, eine mangelnde Angsttoleranz und ein intensives Gefühl der Angst vor Veränderung und neuen Erfahrungen. Dieses wird besonders dann als sehr stark erlebt, wenn Ereignisse aus der subjektiven Sicht schwer vorhersehbar oder kontrollierbar sind.

Vor Abbruch der Therapie verfiel Herr Meier in Zukunftsängste und Selbstzweifel, die sich im Erleben des Patienten zuspitzten und für ihn nicht mehr kontrollierbar waren.

10.2 Klärung der psychischen bzw. psychopathalogischen Symptomatik

Herr Meier hatte zu Beginn der Therapie wenig Einsicht und Verständnis für seine Problematik und eine gestörte Selbstwahrnehmung. Im therapeutischen Prozeß konnten hier Veränderungen festgestellt werden. So konnte Herr Meier sich selbst als sehr empfindsam und sensibel wahrnehmen. Ihm wurde bewußt, daß er sein Gegenüber gut einschätzen und seine ausgeprägte Beobachtungsgabe nutzen konnte, wenn er sich von anderen abgrenzen wollte oder sich in die Enge getrieben fühlte. Er hatte die Fähigkeit, den Anderen durch Provokation an dessen sensibelsten Punkten zu treffen und zu kränken. Er war selbst leicht verletzbar, von starken Minderwertigkeitsgefühlen geplagt, selbstbezogen und wenig belastbar. Er erkannte, daß er seine Gefühle überstark empfand und manchmal irrationale Vorstellungen von dem hatte, was andere ihm antun könnten. Um sich zu schützen, wehrte er dieses heftig ab. Die Umwelt erlebte er als unzuverlässig (ein Resultat multipler Schädigungen in seiner Lebensspanne bei der Abwesenheit protektiver Faktoren) und war deshalb mißtrauisch und leicht reizbar. Dem Patienten wurde bewußt, daß er seine Angst nicht aushalten konnte und diese in Aggressivität umschlug, die er im Laufe der Therapie selbst als unangebracht einschätzen konnte. Durch die Bearbeitung seiner Lebensgeschichte erkannte er den Zusammenhang zu seinem Drogenkonsum, den er als äußere Stütze für sein zerbrechliches Selbst brauchte.

Die biographischen Arbeiten ermöglichten Herrn Meier einen besseren Umgang mit seiner Vergangenheit. Er erkannte, daß er die Erinnerungen an seine Kindheit nicht unbedingt vermeiden muß, daß er über seine Traumata sprechen kann, wenn er will. Aufgrund des Therapieabbruchs konnte diese Erfahrung nicht stabilisiert werden. Insgesamt hat Herr Meier mehr Verständnis für sich entwickelt und fühlte sich nicht länger als Versager. Er war in der Lage, sich mit seinem „Schwarz-Weiß-Denk-Schemata“ wahrzunehmen und seinen destruktiven Gedanken, seine neuen positiven Erfahrungen entgegen zu setzen. Dieses gelang jedoch nur selten und hielt nicht lange an. Herr Meier lernte noch unzureichend, Fehler ohne negative Selbstbewertung zu akzeptieren und so negative Effekte zu begrenzen.

Günstig wirkten sich bei dem Patienten verhaltenstherapeutische Methoden aus wie z.B. Selbstbeobachtung, Artikulierungen und Beobachtungen der Umwelt. Er erkannte dadurch den Zusammenhang zwischen seinem eigenen Verhalten und vorausgegangenen und nachfolgenden Ereignissen. Hinderlich war hier die noch unzureichende Fähigkeit des Patienten, langsamen Fortschritt zu akzeptieren. Herr Meier zeigte wenig Geduld bei Veränderungsprozessen und konnte nicht akzeptieren, daß trotz erfolgreicher Schritte auch negative Gefühle vorhanden sind.

10.3 Wiederherstellung der Erwerbstätigkeit

Herr Meier wurde in den Arbeitsbereichen Reinigungsdienst, Gartenbereich, Fahrradwerkstatt sowie Küchenbereich eingesetzt. Insgesamt zeigte sich der arbeitstherapeutische Verlauf schwankend, da der Patient aufgrund seiner körperlichen Beschwerden und Stimmungsschwankungen erhebliche Fehlzeiten hatte. Hinzu kam, daß er nur bedingt in der Lage war, auf seine Bedürfnisse zu achten, seine Grenzen aufzuzeigen. Die Motivation zur Arbeitstherapie war wechselhaft, abhängig von seiner Stimmungslage. Grundlegende Voraussetzungen wie Ordnungsbereitschaft, Pünktlichkeit, Selbständigkeit und Sorgfalt waren ausreichend ausgeprägt.

Erhebliche Schwierigkeiten zeigten sich insbesondere anfänglich im Rahmen von Teamarbeit, da Herr Meier kaum kritik- oder kontaktfähig war. Entsprechend seiner Doppeldiagnose bekam der Patient einen Arbeitstherapeuten zugeordnet, der ihm in Teamarbeitssituationen eng zur Seite stand. Durch diese Unterstützung gelang es Herrn Meier allmählich, sich in die Patientengruppe zu integrieren, so daß ein Einsatz in der Küchenmannschaft (enge Zusammenarbeit, hohes Streßpotential) möglich war. Die Fähigkeit, im Team Kritik zu äußern und Konflikte auszutragen, blieb allerdings bis zuletzt unterentwickelt.

Schwierigkeiten zeigte er auch bei der Übernahme von Verantwortung, da er häufig mit der eigenen Person beschäftigt und nicht dazu in der Lage war, sich zusätzlich auf andere zu konzentrieren. In Gesprächen konnte eruiert werden, daß Herr Meier sich durch die Verantwortungsübernahme überfordert fühlte, dieses jedoch nicht akzeptieren konnte.

10.4 Betrachtung der „4 Wege der Heilung und Förderung"

In der Arbeit mit dem Patienten wurden alle „4 Wege der Heilung und Förderung" nach *Petzold* (1988n, 2002b) beschritten, wie sie in diesem Buch bei *Ebert, Könnecke-Ebert* beschrieben wurden.

Erster Weg der Heilung und Förderung: Bewußtseinsarbeit, *Sinnfindung*
Anhand von lebenslaufbezogenen Instrumenten, wie z.B. Lebenslaufpanorama und Lebensbericht wurden Strukturen in der Lebensgeschichte verdeutlicht. Herr Meier verstand seine wesentlichen Narrative und lernte, sich und seine Rolle in der Familie klarer zu sehen. Er konnte sich als Agierender in seiner Lebensgeschichte verstehen, dem sowohl adversive als auch protektive Events widerfahren sind. Diese wurde letztlich vom Patienten jedoch nicht akzeptiert und konnte aufgrund des Therapieabbruchs nicht genügend stabilisiert werden.

Zweiter Weg der Heilung und Förderung: emotionale Differnezierungsarbeit Nachsozialisation, Grundvertrauen
Aufgrund des Therapieverlaufs und Abbruchs war es nur bedingt möglich, von „Nachbeelterung" zu sprechen. Es ist mir jedoch gelungen, an bereits vorhandene innere Beistände (Großmutter, Onkel, Freundin) anzuknüpfen, so daß Vertrauen entwickelt und gefördert werden konnte. Die Defizite der Kindheit konnten (natürlich) nicht revidiert werden, jedoch machte Herr Meier korrigierende emotionale Erfahrungen. Die ins Gedächtnis verankerten aggressiven Muster gegenüber seinen Eltern wurden abgeschwächt und in Ansätzen modifiziert.

Dritter Weg der Heilung und Förderung: Erlebnisaktivierung, Persönlichkeitsentfaltung

Im Laufe der Behandlung vertiefte sich das emotionale Erleben, der verbale Ausdruck von Emotionen wurde prägnanter und die Kommunikationsstruktur verbesserte sich. Insbesondere durch das Malen lernte Herr Meier, sich selbst darzustellen und dadurch sein Selbst neu zu erfahren. Die Fähigkeit der reflektiven Selbstbetrachtung war zu Beginn defizitär, d.h. Herr Meier hatte ein verzerrtes Selbstbild. Diese Fähigkeit konnte gefördert werden.

Vierter Weg der Heilung und Förderung: Solidaritätserfahrung

Während der Behandlung konnte Herr Meier die Erfahrung machen, daß er mit seiner Problematik nicht alleine ist, wenngleich er oft betonte, daß ihn letztlich keiner versteht und er sich bewußt mit seinen Erfahrungen als „besonders schwierig" darstellte. Die Gruppenarbeit ermöglichte ihm, seine Kompetenzen im sozialen Miteinander zu überprüfen und zu erproben sowie neue Rollen zu definieren. Es entstand eine Bewußtheit für Beziehungsnetzwerke, und er erfaßte seine Lebenszusammenhänge deutlicher. Aus dieser Erkenntnis heraus ergab sich für Herrn Meier der Wunsch nach Veränderung, was zu bedrohlich für ihn war (siehe 10.1)

Zusammenfassung und prognostische Einschätzung

Nach einem insgesamt schwankend verlaufenen therapeutischen Prozeß mit wiederholten Verhaltensrückfällen kam es bei dem Patienten zu einem Therapieabbruch. Herr Meier hat Verhaltensveränderungen in vielen Therapiebereichen gezeigt, diese jedoch letztlich nicht durchhalten können. Herrn Meier ist es gelungen, Krankheitseinsicht zu erarbeiten. Aufgrund neuer Erfahrungen im arbeitstherapeutischen und sozialen Bereich konnte er einen Gewinn an Selbstwertgefühl und Selbstvertrauen für die eigene Person verzeichnen. Über kontinuierliche Reflexionen und Erarbeiten von Verhaltensalternativen konnte Herr Meier soziale Kompetenzen, insbesondere im Bereich der Kritik- und Auseinandersetzungsfähigkeit ausbauen. Er nutzte das umfangreiche Angebot im arbeitstherapeutischen Bereich zur Wahrnehmung eigener Fertigkeiten und Grenzen sowie seiner Interessen und kreativen Fähigkeiten zur Gestaltung einer sinnvollen Freizeit. Im Verlauf der Therapie konnte er angemessener Wünsche und Bedürfnisse zum Ausdruck bringen und damit eine Grundlage für eine tragfähige Beziehungsgestaltung legen. Er schaffte es, Sozialkontakte innerhalb der Einrichtung aufzubauen, wenngleich er diesbezüglich wenig Kontinuität zeigte. Das eher diffuse, durch Resignation, Selbstabwertung und Insuffizienzgefühle geprägte Problem-Erleben des Patienten konnte phasenweise deutlich relativiert, jedoch aufgrund des Therapieabbruchs nicht weiter stabilisiert werden. Die Symptome der emotional instabilen Persönlichkeitsstörung, die immer wieder Krisen und Suchtverlangen mit Abbruchgedanken hervorriefen, standen bei Herrn Meier deutlich im Vordergrund.

Zum Therapieabbruch kam es vor dem Hintergrund einer anstehenden Außenorientierung, die von Herrn Meier zwar gewünscht, gleichzeitig jedoch auch gefürchtet war. In dieser Situation vermochte er auf keines der Entlastungsangebote einzugehen und entschloß sich zum Behandlungsabbruch.

Insgesamt führte die Therapie bei Herrn Meier zu einer Zunahme der emotionalen Stabilität und Beziehungsfähigkeit. Die mit ihm erarbeiteten Therapieziele konnten nicht zufriedenstellend erreicht werden, dennoch ist der Prozeß grundsätzlich als konstruktiv zu bezeichnen. Eine Weiterverfolgung des therapeutischen Prozesses ist meines Erachtens erfolgversprechend. Dementsprechend machten wir dem Patienten das Angebot einer Wiederaufnahme in unserer Einrichtung nach 3 Monaten. Eine sofortige Wiederaufnahme, die vom Patienten gewünscht wurde, war aufgrund unseres Therapiekonzeptes nicht möglich. Sie wurde wegen der besonderen Problematik von Herrn Meier zwar im Team diskutiert, jedoch letztlich entschieden wir uns dagegen, da dem Patienten im Vorfeld bewußt war, welche Konsequenzen sein Abbruch hat. Wir verfolgten auch in dieser Situation eine klare und konsequente Haltung, die im gesamten Therapieprozeß den Patienten zu positiven Entwicklungsschritten befähigte.

11. Einzelne therapeutische Einheiten

Bei der Auswahl der therapeutischen Einheiten habe ich mich auf die beschränkt, die die besonderen Schwierigkeiten des Patienten verdeutlichen.

Die jeweiligen *therapeutischen Wirkfaktoren gebe ich abgekürzt* (zu diesen siehe *Ebert, Könnecke-Ebert*, dieses Buch) an.

Gruppensitzung: Widerstand des Patienten

David sitzt nach vorn gebeugt auf seinem Stuhl in der Gruppe und blickt starr mit heruntergezogenem Mund vor sich hin. Beim Eingangsblitzlicht sagt er: „Mir geht es scheiße" und beteiligt sich ansonsten nicht am Gruppengespräch, in dem sich ein Mitpatient zum Thema macht. P. erzählt von seinen Ängsten in der Kindheit, von der Alkoholabhängigkeit und Gewalttätigkeit seines Vaters.

Plötzlich, unerwartet schreit David aufgebracht dazwischen: „Was soll der ganze Mist? Ändert doch nichts!"; dabei schaut mich David wütend an.

Ich: „Du bist ja sehr betroffen. Was macht Dich so wütend?" (Aufmerksam machen, EV, EA).

Er: „Das bringt doch nichts, über das Alte zu reden. Mir geht es damit richtig scheiße, das halte ich hier nicht mehr aus!"

Ich: „Kann es sein, daß bei Dir durch die Erzählungen von P. Erinnerungen hochgekommen sind?"

Er: „Das geht Dich nichts an!"

Ich: „Das mußt Du entscheiden. Vielleicht hilft es Dir, wenn Du uns sagst, was Dich so wütend macht" (EA, LB, KK).

David springt auf und rennt aus der Gruppe.

Einzelgespräch: Reflektion des Vermeidungsverhaltens:

Im Einzelgespräch nach dieser Gruppensitzung setzt sich David direkt neben die Tür und es wirkt so, als sei er „auf dem Sprung", um schnellstens wieder rauslaufen zu können.

Ich frage ihn nach seinem Befinden (EV, ES, EA, Kontakt aufnehmen).

David wartet ab, schaut mich an und sagt, daß er nach der letzten Gruppensitzung verunsichert ist und sich „bescheuert" vorkommt. Er weiß nicht, was ich nun von ihm denke. Er habe das Gefühl, den Ansprüchen der Therapie nicht gerecht zu werden und es nicht zu schaffen, sich konstruktiv mit seinen Themen auseinanderzusetzen.

Ich frage ihn, ob er am liebsten jetzt aus dem Raum rauslaufen möchte.

David schaut mich verwundert an und fragt, wie ich darauf komme.

Ich antworte ihm, daß er sehr nahe an der Tür sitzt und er unruhig mit seinen Beinen wackelt (aufmerksam machen; LB).

Er: „Ja, Du hast recht. Am liebsten möchte ich hier jetzt abhauen".
Ich: „Ist das so, wie gestern in der Gruppe, als Du wütend rausgerannt bist?"

David berichtet von seiner Anspannung und dem Gefühl, es in der Gruppe nicht mehr ausgehalten zu haben, er habe das Gefühl sich blamiert zu haben und außerdem sei es ihm sowieso egal und keiner würde auf ihn achten.

Ich: „Du hast Dich blamiert gefühlt. Woher kennst Du so etwas?" (spiegeln, tiefen).

David erzählt von seiner Mutter, die ihn ausgelacht habe, wenn er über seine Ängste als Kind gesprochen habe, sie habe gelacht und gemeint „Du bist doch kein Baby mehr" Ferner hätten Mutter und Vater ihn nicht ernst genommen, als er ihnen von dem Mißbrauch erzählte. David berichtet vom Klima zu Hause und von seinen Gefühlen. Zunehmend wird er körperlich ruhiger.

Er berichtet mir erstmalig von dem erlebten kalten Klima, von der Unberechenbarkeit seiner Mutter, von den Beleidigungen, Beschimpfungen.

Ich sehe David an und schildere ihm meine spürbare Resonanz von Angst und Beklemmung (EV, ES). Ich mache ihn darauf aufmerksam, daß er von seiner Angst und seinen Erfahrungen so distanziert spricht, als gehe ihn das nichts an und er von einer anderen Person berichtet. Weiter frage ich, wie er sich jetzt fühlt, wenn er mir davon erzählt (Spiegeln, Konfrontation; EV, ES, EA, LB).

David sagt: „Ich wünsche mir, mal wieder richtig mitfühlen zu können, auch in Gruppen und auch weinen möchte ich mal wieder."

Zum Abschluß sagt er, daß er immer dann angespannt sei, wenn er sich angegriffen fühle wie z.B. in der Gruppe, dieses Gefühl sei während des Gesprächs gewichen.

Daraufhin ermuntere ich ihn, daß Gefühl des Angriffs beim nächsten Mal in der Gruppe anzusprechen, damit würde er dazu beitragen, von den anderen besser verstanden zu werden.

Einzelgespräch: Bearbeitung von Übertragung

David: „Ich wollte gestern mir Dir reden und Du hattest keine Zeit. U. war wichtiger als ich. Meiner Mutter war ich auch unwichtig ... ."
Ich: „Ich bin aber nicht Deine Mutter. Weil sie Dir damals weh getan hat, tust Du mir jetzt weh" (Konfrontation).
David: „Dir? Du hast mir weh getan!"
Ich: „Du provozierst und beleidigst mich und tust so, als wenn unsere Gespräche nichts wert seien, nur weil ich einen Termin nicht eingehalten habe."

Im weiteren Verlauf der Sitzung sprechen wir darüber, wie der Patient die schlimmen Erfahrungen mit seiner Mutter auf alle Beziehungen überträgt, wie sie immer wieder zu negativen Interpretationen kommen. David findet wieder Vertrauen zu mir und spürt, daß ich mich nicht so verhalte wie seine Mutter und beginnt sein „Schwarz-Weiß-Denken" zu überdenken.

Akutgruppe: Vermeidungsverhalten

Akut-Gruppen sind in unserer Einrichtung ein Setting, daß sowohl von Mitarbeitern als auch von Patienten einberufen werden kann. An der Gruppensitzung nehmen in der Regel alle Patienten sowie mehrere Mitarbeiter teil. (Anmerkung: Da ich nicht im Dienst war, nahm ich nicht teil, gebe den Prozeß aber hier wieder.)

Ein Mitpatient hatte die „Akut" einberufen, weil David wiederholt nicht am verpflichtenden Kaffeetrinken am Samstag teilgenommen hatte.

David zeigte sich uneinsichtig und stur, erklärte nicht die Hintergründe seines Verhaltens, sondern gab Lustlosigkeit und „keinen Kaffee zu mögen" an. Er stellte den Sinn der Therapie in Frage, wenn wir ihn dazu zwingen würden und äußerte Abbruchgedanken.

Im Verlauf der Gruppensitzung wurde David zugänglicher und ruhiger, konnte seine Verzweifelung darüber äußern, daß er es nicht schafft, das 20minütige „Kaffeetrinken" auszuhalten. Er fühle sich beengt, beobachtet und in ihm würden „alte Bilder" hochkommen und er hätte das Gefühl, „explodieren zu müssen". Im weiteren konnte mit ihm erarbeitet werden, daß es für ihn einen Gewinn bringe, sich seiner Vergangenheit zu stellen; er bekam einen Zugang dazu, daß er nicht sein Leben lang vor seiner Vergangenheit „weglaufen" kann (EE, SE, EV, ES).

Gruppensitzung: Erarbeitung der ursprünglichen Szene:

Nach einleitenden Worten thematisiere ich das Verhalten von David am Wochenende („Teilnahme am Kaffeetrinken"). David fühlt sich offensichtlich dadurch angegriffen.

Ich spiegele ihm sein Verhalten und erkläre ihm, daß ich genauer verstehen möchte, was ihm daran Schwierigkeiten bereite. David hatte schon einmal in einem Einzelgespräch kurz erwähnt, daß es bei Mahlzeiten in seiner Herkunftsfamilie oft zu Streitigkeiten gekommen sei. Weil ich einen Zusammenhang vermute, frage ich nach, wann seine Abneigung gegen gemeinsame Einnahme von Mahlzeiten bzw. von Kaffee begonnen habe.

Er erzählt, daß es schon immer so gewesen sei. David wird ruhiger und nach einer längeren Pause erklärt er, daß er diese Abneigung schon im Elternhaus verspürt habe. Er habe die gemeinsamen Mahlzeiten gehaßt. Die Erfahrungen aus der Vergangenheit „sprudelten" dann aus David heraus.

Ich frage nach, wie er sich damals fühlte (EV, EA).

David beschreibt, daß er sich hilflos, ohnmächtig gefühlt habe.

Ich zeige David meine Anteilnahme und Verständnis (EV, ES).

Die Atmosphäre in der Gruppe wird schwer, auch andere Gruppenmitglieder wirken in sich gekehrt. Um David Solidaritätserfahrungen (4.Weg der Heilung) zur Verfügung zu stellen, bitte ich die Gruppenteilnehmer um ihre Resonanzen.

David erfährt darüber viele emphatische Reaktionen, hört von den Erlebnissen anderer (DV, SE). Er fühlt sich von seinen Mitpatienten gestützt.

Von diesem Zeitpunkt an war er bereit, sich mehr in Gruppen mit sich selbst und seinen Gefühlen auseinanderzusetzen.

Einzelgespräch: Ressourcenaktivierung

In einem Einzelgespräch spreche ich David auf seinen Ring an, den er sich in einer Cleanzeit, einer Pause, in der er sich richtig wohl gefühlt habe, gekauft habe. Sofort verändert sich die Gesichtsphysiologie und David schaut mich überrascht an und fragt: „Was ist mit meinem Ring?"

Ich sage ihm, daß mir scheint, daß dieser Ring ihn an positive Erfahrungen und an seine Cleanzeit erinnert und daß der Ring scheinbar positive Gefühle bei ihm auslöse.

David nickt und schaut seinen Ring an.

Ich bitte ihn seinen Ring weiter zu betrachten und vielleicht zu berühren und mir dabei von den damaligen positiven Erfahrungen zu erzählen. Während David erzählt, verstärke ich den Ressourcenzustand zunehmend; ich lasse mir seine Empfindungen, seine Körperhaltungen, seine Gedanken beschreiben und stärke diese.

David hatte bislang die Neigung, alles düster zu beschreiben und hatte mehrfach betont, daß es fast nichts Positives gebe. Von daher versuche ich, David über den Ring einen Zugang zu verborgenen Ressourcen zu schaffen und ihm zu ermöglichen, diese positive Erfahrung immer wieder abzurufen.

Ich frage ihn, ob er sich vorstellen könne, zukünftig Situationen, in denen er negativ denkt, auf seinen Ring zu schauen und ich sei gespannt, inwieweit sein Ring ihn an die schöne Zeit in seinem Leben erinnere.

David lächelt und sagt zu, daß er seinen Ring dafür nutzen möchte.

Vereinzelt knüpfen wir in den folgenden Einzelgesprächen an den Ring an. David teilt mir mit, daß „unser Experiment" Erfolge zeige.

Einzelgespräch: Aktivierung des kreativen Potentials als Ausdrucksmöglichkeit seines Erlebens

David thematisiert seine Schwierigkeiten mit der in zwei Wochen auf ihn zukommenden Gruppensitzung, in der er seinen Lebenslauf vorstellen soll. David berichtet, daß er nicht richtig wisse, wie und wo er anfangen soll, daß er mit seinen Gedanken eigentlich wo anders sei, daß er gar nicht wisse, was er davon habe und auch nicht ob die anderen an ihn und seinen Lebenslauf interessiert seien.

Ich schaue David ruhig an und frage ihn, was ihn denn „eigentlich" beschäftige.

David weicht mir aus, wird trotzig und sagt, daß er darüber nicht sprechen wolle, daß er es doch gesagt habe, er käme mit dem Schreiben des Lebenslaufes nicht zurecht.

Da David mir im Vorfeld von seinem früheren Hobby, dem Malen, erzählt hatte, schlage ich ihm vor, ob er sich vorstellen könnte seine Erinnerungen und Erfahrungen in seinem Leben zu malen. Ich erkläre die Erstellung des „Lebenspanoramas".

David hört mir zu und sagt, daß er sich dieses vorstellen kann, er jedoch noch unentschlossen sei.

Am folgenden Tag kommt David mit einem gemalten Bild zu mir, welches er erst verdeckt, dann damit kokettiert, dabei ganz unruhig ist und es mir dann zeigt. Auf dem Bild ist eine nackte Frau sitzend auf einen Stein gemalt, im Hintergrund war ein Wasserfall, dessen Wasser am Stein entlang läuft. Die Frau hat beide Hände im Wasser.

David beobachtet mich genau beim Betrachten des Bildes und fragt: „Wie findest Du das Bild?"

Ich bin irritiert, habe das Gefühl, daß er mit der Frau mich meint, kann in dem Moment jedoch nichts sagen.

David fragt erneut, worauf ich ihm mitteile, daß ich das Bild schön finde; was ehrlich ist. Ich sage nicht, um David nicht weiter zu verunsichern, wie irritiert ich selber in diesem Moment bin und daß die Aufgabenstellung gestern eine andere war.

David sagt: „Ich schenke Dir das Bild", fügt sofort hinzu: „Aber wenn es Dir nicht gefällt, mußt Du es nicht nehmen."

Ich sage David, daß mir das Bild gefällt und ich das Bild gerne annehme und mir es in Ruhe anschauen möchte. Ich frage ihn, ob er damit einverstanden ist.

David fragt: „Was willst Du mit dem Bild machen?"

Ich sage ihm: „Ich werde mir zu dem Bild Gedanken machen, und wenn Du einverstanden bist, würde ich gerne in der nächsten Woche mit dir darüber erneut sprechen."

David ist damit einverstanden.

Seminar am FPI-Institut:

Ich stellte den bisherigen Behandlungsverlauf vor und berichtete von meiner derzeitigen Irritation und auch Verunsicherung bezüglich der weiteren Therapieschritte.

Deutlich wurde, daß der Patient Irritationen auslöst, da er selbst irritiert ist und dieses über sein unruhiges, forderndes, provozierendes Verhalten zu verdeutlichen versucht. Deutlich wurden auch die Übertragungsphänomene, die Nähe-Distanz-Problematik von David sowie die für die emotional instabile Persönlichkeitsstörung nach dem Borderline-Typus typischen Symptome.

Ich erhielt insbesondere die Bestätigung, daß zum einen meine Irritation „ganz normal" sei und gerade Personen mit einer Borderline-Struktur „anstrengend" sind, da sie immer wieder den Kontakt in Frage und auf die Probe stellen, da sie Sicherheit und Kontinuität suchen.

Einzelgespräch: Sehnsucht nach Beziehung und Geborgenheit

Ich informiere David darüber, daß ich das Bild mit Kollegen besprochen habe und ich ihn diesbezüglich Fragen stellen möchte. David ist einverstanden und wir besprechen einzelne Aspekte des Bildes.

Die Frau stellt tatsächlich meine Person dar; sie sei nackt dargestellt, was seine sexuelle Anziehung mir gegenüber verdeutlichen solle; David selbst stelle den Wasserfall dar, dem es gut tue, daß sich jemand um ihn kümmere, was die Hände ausdrücken sollen.

Über die Bildbesprechung kommen die Sehnsüchte von David nach Körperlichkeit, Nähe und Zuneigung zum Ausdruck. Er habe oft den Wunsch, einfach in den Arm genommen zu werden und sich „fallen lassen zu dürfen". Die Kontrolle und Anspannung würde dann für Augenblicke weichen.

Ich sage David, daß diese Wünsche in Ordnung und normal seien, ich diese jedoch nicht erfüllen könne.

David wird traurig, sage jedoch, daß ihm das bewußt sei. Er wirkt traurig, was ich ihm spiegele (Spiegeln, EA).

David bestätigt dieses und bittet um Beendigung des Gesprächs.

Bevor er die Tür verläßt, fragt er mich, ob ich das Bild immer noch haben will.

Ich sage ihm: „Es ist Dein Bild, wenn Du möchtest, werde ich es hier behalten und wenn Du willst, kannst Du es Dir jederzeit zurückholen."

David sagt: „Ich möchte, daß Du das Bild behältst."

Gruppensitzung: Ärger über Mitpatienten, Übertragungsphänomene

In der Gruppe wirkt David gereizt und verärgert; er beklagt sich heftig über die mangelnde Aktivität der Mitpatienten; diese würden hier die Zeit „absitzen" und nicht konstruktiv an ihren Zielen arbeiten. David spricht laut, hat einen düsteren Gesichtsausdruck und „zappelt" mit seinen Beinen hin und her.

Einige der Mitpatienten versuchen sich gegen diesen Angriff zu wehren.

David greift sich M. heraus und wirft ihm Faulheit, Interesselosigkeit vor. Dieser wehrt sich zunächst, woraufhin David ihn anschreit und beleidigt. Als M. merkt, daß er nicht gegen David ankommt, sagt er nach einer Pause, daß David schon Recht habe und er sei momentan voller Angst und glaube, daß er es nicht schaffen würde, seine Ziele zu erreichen und sein Leben ohne Drogen zu leben. Gleichzeitig würde er es ihm nicht gelingen, sich damit in der Gruppe zum Thema zu machen und zu sagen, wie es ihm geht. Dadurch würde es ihm noch schlechter gehen, da er eigentlich wisse, daß er dieses tun muß.

Ich frage David, an wen er sich bei M. erinnert fühle (EE, KK, LM).

David, der bei den Ausführungen von M. ruhiger und nachdenklicher wurde, antwortet: „Ich kenne das selber!"

M. sei ein gutes „Ventil" gewesen, seine Anspannung und Wut über sich selber loszuwerden.

David wirkt ernst und bittet M. um Entschuldigung, fragt, ob er ihm helfen kann. Darüber entwickelt sich ein Gespräch in der Gruppe darüber, wie einzelne sich gegenseitig helfen können.

Einzelgespräche: Förderung von Selbstsicherheit und Selbstvertrauen

Als äußerst hilfreich zeigte sich hier der Einsatz von Übungen und Hausaufgaben, d.h. David bekam z.B. die Aufgabe, sich und die Umwelt zu beobachten, Problemsituationen und Veränderungen, die sich im Alltag zwischen den Therapiesitzungen ereigneten, genau zu registrieren. Diese protokollierte David und wir besprachen sie gemeinsam.

Ebenfalls hilfreich waren klare Absprachen in Bezug auf den Umgang mit seinen Aggressionen. Hierdurch wurde er einerseits ermutigt, da ich ihm zutraute, daß er seine Probleme selbständig kontrollieren konnte, zum anderen waren es Selbst-Verpflichtungen, die seiner Spontaneität und geringen Impulskontrolle entgegenwirkte.

Ferner waren „positive Verstärker" sehr wichtig. David hatte ein Lob vom Arbeitstherapeuten erhalten, was er kaum annehmen konnte, was ihm aber sehr gut tat. Ich ermutigte David auf Grundlage dieser Erfahrung, sich selbst mit seiner inneren Stimme zu loben, sich selber anzuspornen, i.S. der Selbstverwirklichung

Einzelgespräch: Arbeit am Narrativ

Ich nahm in der mittleren Phase von Davids Therapiezeit wahr, daß ich nach jeder Sitzung angestrengt und enttäuscht, manchmal verärgert zurückblieb und gleichzeitig dem nächsten Gespräch mit ihm positiv entgegensah. Daraufhin nutzte ich die externe Supervisionsgruppe. Um mehr Klarheit darüber zu bekommen, nahm ich die Rolle von David ein und spürte Angst in mir.

Ich betrachtete daraufhin die folgende Sitzung mit David unter diesem Aspekt genauer und stellte fest, daß David zu Beginn des Gesprächs interessiert, aufmerksam und freudig wirkt und wir angenehm und konstruktiv zusammenarbeiten. Zum Schluß der Stunde wurde es im Kontakt schwieriger; David war skeptisch, wertete das Gespräch ab und machte sein Mißtrauen bezüglich der besprochenen neuen Schritte deutlich und gab mir das Gefühl, daß ich als Therapeutin „nichts bringe".

Nach zwei Sitzungen sprach ich David darauf an, d.h. ich teilte ihm meine Beobachtung mit und fragte ihn, ob es sein könne, daß es für ihn wichtig ist, daß er mit keinem guten Gefühl aus dem Gespräch geht.

David schaute mich verwundert, mißtrauisch an und fragte: „Wie meinst Du das?"

Ich sagte: „Was wäre eigentlich, wenn Du aus einem Gespräch mit mir zufrieden herausgehen würdest?"

David: „Dann würdest Du mir immer wichtiger werden."

Ich: „Und was ist wenn ich Dir wichtiger werde?"

David: „Dann könntest Du mich verletzen. Dann bin ich in deiner Hand. Und wenn Du dann nicht mehr da bist, dann wäre ich wieder allein."

Ich fragte ihn, ob es sein kann, daß er so dafür sorgt, daß ich bzw. andere Menschen ihm nicht wichtig werden. David verstand, worauf ich hinaus will und bestätigte meine Annahme.

Wir fanden heraus, daß die Beziehungen von David entsprechend folgender Struktur verliefen: „Wenn jemand Dir wichtig wird und Du ihn magst, dauert es nicht mehr lange und er verläßt Dich." Sein Narrativ war: „Ich lasse nicht zu, daß mir jemand zu nah kommt, denn er wird mich wieder verlassen und das tut weh." David war in der Lage zu verstehen, daß sein Bedürfnis nach Verständnis und Vertrauen kurz vor Ende des Kontakts durch Mißtrauen blockiert wird. Er konnte eingestehen, sich auf die Gespräche mit mir zu freuen und konnte ebenfalls sein ihm bislang nicht bewußtes Misstrauen am Ende und dessen Bedeutung erkennen (EE, AK, LM).

Diese Erkenntnis brachte Veränderungen. Zum einen achtete der Patient zum Ende mehr auf das, was er sagte, zum anderen konnte ich ihn bei erneuter Abwertung des Gesprächs konkret fragen, ob es um seine irrationale Überzeugung gehe, daß er niemand vertrauen dürfe oder aber ich ließ mir von ihm beschreiben, was ihm an dem Gespräch nicht gefallen hatte.

In den Gruppensitzungen gelang es David kaum, diese Haltung aufzugeben; für ihn gab es fast in jeder Gruppensitzung etwas zu bemängeln oder aber gab es „kein Ergebnis" für David.

Gespräche beim Spaziergang

David fühlte sich aufgrund von Erfahrungen in seiner Kindheit sehr schnell eingeengt, fühlte sich beobachtet und kontrolliert. Seine Mutter wies ihn als Kind oft darauf hin, daß Nachbarn von außen schauen könnten, und von daher wurden die Vorhänge zugezogen. David machte von sich aus den Vorschlag, einen Spaziergang zu machen, weil er sich in der Natur besser fühle. Während er in Räumen schnell unruhig wurde, sich von Gesprächen außerhalb gestört fühlte, zeigte er sich bei Gesprächen in der Natur wesentlich offener. Die Gespräche fanden an einem bestimmten Ort auf einer Bank statt. Ich erwähne es hier, weil es meines Erachtens für David ein wichtiges therapeutisches Mittel darstellte. Wenn David mich bat, einen Spaziergang zu machen, war dies oft ein Hinweis, daß er mit mir ein ihn belastendes Thema besprechen wollte. Zusätzlich förderte es die leibliche Bewußtheit und psychophysische Entspannung (LB).

Einzelgespräch: Ressourcenaktivierung

David bittet morgens um ein Einzelgespräch, wirkt hektisch, unruhig und berichtet, daß er nicht mehr in der Einrichtung bleiben könne, da er nachts nicht mehr schlafen könne und gar nicht zur Ruhe komme, da er nachts ständig nachdenken müsse. Um endlich wieder in Ruhe schlafen zu können, bleibe nur, die Therapie abzubrechen.

Ich: „Du sagtest gerade, daß Du heute nicht geschlafen hast. Wann war das zuvor so?"
David: „Vor 3 Tagen."
Ich: „Vor 3 Tagen. Ist das ungewöhnlich für Dich, 3 Tage schlafen zu können?"
David: „So einigermaßen, meist sind es nur 2 Tage, die ich durchschlafe."
Ich: „Was war denn anders in den 2 Tagen, in denen Du gut geschlafen hast?"
David: „Ich weiß nicht ... ."
Ich: „Überleg mal, was hast Du anders gemacht an den 2 Tagen?"
David: „Ich habe mich besser gefühlt."
Ich: „Was war noch anders?"
David: „Ich war mehr unter den anderen, ich habe abends mit den anderen Backgammon gespielt, habe mich auch ganz gut unterhalten ... ich habe mich nicht alleine gemacht."

Am Ende der Stunde sage ich David einige anerkennende Worte über die gute Kenntnis, die er über seine Schwierigkeiten hat (LH,LB).

In den folgenden Tagen achtete David mehr darauf, etwas für seinen Schlaf zu tun. Er fühlte sich im Vorfeld „machtlos" und erkannte, daß er selbst aktiv etwas für seinen Schlaf tun kann.

Einzelgespräch: Brief an die Eltern

David hat zu diesem Gespräch einen Brief mitgebracht, den er an seine Eltern geschrieben hat. (Dieser Brief war eine Intervention meinerseits, nachdem ein Besuch seiner Eltern, Anspannungen und Wut bei ihm ausgelöst hatte.)

David erzählt, daß ihm das Schreiben schwergefallen und er dabei immer wütender geworden sei. Er habe gar nicht gewußt, wie er anfangen solle. David beginnt den Brief vorzulesen; deutlich werden viele Vorwürfe. Die Wut kommt klar zum Ausdruck.

Ich frage ihn, bei welchem Elternteil er seine Wut deutlicher verspürt.

Er benennt sofort seine Mutter.

Deshalb bitte ich ihn, seine Mutter auf den leeren Stuhl zu holen (aus einer vergangenen Arbeit kannte David dieses Vorgehen schon). Er holt einen Stuhl und reguliert nach einem Hinweis von mir Nähe und Distanz. David schaut mich an und sagt, daß er das nicht kann und auch nicht möchte.

Ich akzeptiere seine Grenze und spüre als Resonanz Traurigkeit. Ich nehme mir meinen Stuhl und setze mich neben David und sage: „Du wirkst sehr traurig."

David schaut weg und versucht zu verhindern, daß ich seine feuchten Augen sehe.

Ich lege meine Hand auf seinen Arm (ES, EV) und frage ihn, ob das in Ordnung ist.

David nickt und langsam fängt er an, zu sprechen. Deutlich wird, wie lieblos er seine Mutter empfunden hat, wie sehr er sich Geborgenheit und Akzeptanz gewünscht hat und er seine Mutter nicht versteht. Gleichzeitig habe er immer das Gefühl gehabt, daß auch sie „irgendwie krank" sei. Da er den Kontakt zur Mutter oft nicht ausgehalten habe, sei er oft rausgelaufen und habe sich stundenlang draußen aufgehalten. Wichtig sei es für ihn heute noch, nach draußen gehen zu können, was er sich jetzt auch wünsche.

Ich begleite David bei einer bekannten Runde im Wald. Hier wird er zunehmend ruhiger. Ich frage ihn, ob er Zusammenhänge zwischen seiner Kindheit, dem Verhalten seiner Mutter, seinem jetzigen Verhalten sowie seiner Drogenabhängigkeit sehen könne. Bislang war David davon überzeugt, daß er an allem Schuld trage und in seinem Leben versagt habe. Nun äußerte David Verständnis für sich selbst, daß er bei seiner Mutter nicht habe lernen können, wie er mit Gefühlen umgehen kann und ebenfalls – wie sein Vater – statt Probleme zu lösen, Alkohol konsumierte. Später habe der Vater ihm ja auch zum Alkohol trinken eingeladen, mit dem Hinweis „Dann wird alles besser". David beschreibt, daß er nun besser nachvollziehen kann, warum er schon früh Alkohol und später Drogen genommen habe.

Zum Ende des Spaziergangs frage ich David, wie sich seine neuen Erkenntnisse auf ihn auswirken würden (EE, PI). David fühlt sich besser, erkennt Zusammenhänge zwischen seiner Lebens- und Suchtgeschichte. Ebenfalls macht er deutlich, daß er seinen Eltern nicht die ganze Schuld zuweisen könne, da er ab einem bestimmten Alter gewußt habe, was er tut. David hat mehr Einsicht und Akzeptanz sich selbst gegenüber gewonnen.

Einzelgespräch: Krisenintervention

Etwa eine Woche vor seinem Therapieabbruch bittet David um ein Einzelgespräch, da er starke Abbruchgedanken hat. Deutlich werden seine Ängste bzgl. der anstehenden Außenorientierungsphase. Im Vorfeld hatte der Patient sehr deutlich seinen Wunsch zum Ausdruck gebracht, endlich nach „draußen" gehen zu können. Nun spüre er Ängste; ferner sei ihm deutlich geworden, daß er nicht mehr zurück zu seinen Eltern kann und will und er sich absolut alleine fühlt.

Ich setze mich näher zu David und lege tröstend den Arm um ihn (empathische Reaktion, um Kontakt herzustellen, aber auch Beistand zu sein).

David erzählt, wie unsicher er sich fühlt, daß alles sinnlos sei, er es nicht schaffen könne. Um David die Folgen seines Abbruchs deutlich zu machen, nutze ich die „Zeitmaschine" und bitte ihn, sich vorzustellen, daß er heute die Einrichtung verläßt.

David berichtet, daß er Alkohol trinken und es nicht lange dauern werde, bis er zu harten Drogen greife.

Ich erinnere David an Krisen, die er zu Beginn seiner Therapie bewältigt hat und frage ihn danach, was ihm dabei geholfen hat (Ressourcenaktivierung).

David hat Schwierigkeiten, sich darauf einzulassen.

Ich frage David deshalb, was T. (sein bester Kontaktpartner in der Einrichtung), sagen würde, wenn er heute die Einrichtung verlasse (Rollentausch anbieten als Technik der inneren Distanzierung). Ich bitte David, sich auf einen leeren Stuhl zu setzen, der für T. steht.

David bekommt schnell Zugang zu seinen Ressourcen; warnt „David" in der Rolle als T. vor den „Gefahren" und gibt ihm Hinweise, was er tun kann und macht „David" bewußt, wie viel er hier schon erreicht hat und ob er das alles „wegschmeißen" will. Außerdem macht er verschiedene Vorschläge, wie es „David" besser gehen könne.

Ich bitte David wieder auf seinem ursprünglichen Stuhl Platz zu nehmen und lasse ihn überprüfen, was er von dem Gesagten für sich nutzen könne.

David entscheidet sich für das naheliegende; daß er zunächst mit T. sprechen möchte.

Ich frage ihn nach seiner Befindlichkeit.

David sagt, daß er sich nicht grundsätzlich besser fühle, er jedoch nicht mehr abbrechen müsse, sondern sich gerade erinnert habe, daß er hier in der Einrichtung ähnliche Situationen „durchgehalten" habe.

Im weiteren spreche ich noch die kognitive Ebene des Patienten an, weshalb ich ihm erkläre, daß seine Ängste zu seinem Therapieprozeß gehören und daß diese in der bisherigen Therapiezeit stets dann aufgetaucht seien, wenn er vor „Neuem" gestanden habe. Andere Menschen würden ebenfalls wie er, in neuen Situationen Ängste empfinden. Ich erinnere ihn daran, wie viele belastende Situationen er schon in den vergangenen Monaten bewältigt hat (Bewußtseinsarbeit) und vergewissere mich, ob bei David die Erklärungen angekommen sind.

Zum Abschluß des Gesprächs kläre ich mit ihm ab, was er an dem Tag noch tun wird und wie er das Wochenende für sich nutzen möchte. Ich weise ihn auch darauf hin, welche Kollegen im Wochenenddienst sind (Notfallhelfer), an die er sich wenden kann. Auch verdeutliche ich ihm, daß es gut möglich sein könne, daß dieselben Gefühle ihn erneut am Wochenende beschäftigen und das auch „normal" ist. (Dieses war mir besonders wichtig, da David bislang wenig Geduld bei Veränderungsprozessen gezeigt hatte.)

Ein Einzelgespräch für den Montag wird vereinbart.

Zusammenfassung

Die Autorin beschreibt in ihrem Behandlungsjournal den Verlauf einer stationären Entwöhnungsbehandlung (mit dem speziellen Therapieangebot „Sucht und Psychose") eines polytoxikomanen Patienten mit vordiagnostizierter emotional instabiler Persönlichkeitsstörung vom Borderline-Typus, der die Behandlung gegen ärztlichen Rat abgebrochen hat. In der Beschreibung des 6-monatigen Behandlungsverlaufs werden die Besonderheiten der Integrative Therapie (Übertragungsqualitäten, Gegenübertragungsresonanzen, Bewältigungsstrategien, Widerstands-phänomene/Abwehrmechanismen, Interaktionsverhalten in der Therapie) und ihre methodischen Ansätze („Vier Wege der Heilung", „14 Heil- und Wirkfaktoren) sehr praxisbezogen und anschaulich dargestellt.

Schlüsselwörter

medizinische Rehabilitation, Polytoxikomanie, Borderline-Typus, Integrative Therapie

Hilarion G. Petzold

Drogenabhängigkeit als Krankheit

Anthropologische, persönlichkeitstheoretische, entwicklungspsychologische und klinische Perspektiven

Dieser Artikel ist die aktualisierrte Fassung eines Vortrages, der auf der Fachtagung des Vereins Therapiehilfe e.V. am 28.09.1988 gehalten wurde. Er ist inzwischen ein „klassischer" Text und so etwas wie eine Leitlinie geworden, wie auch mein Eröffnungsvortrag auf dem 14. Bundeskongreß des FDR, 10. Juni 1991 in Braunschweig: „Menschenbilder als bestimmendes Moment von Grundhaltungen und Konzepten in der Drogenhilfe" (*Petzold* 1991l). Aus diesem Grunde steht er auch am Schluß dieses Buches und unterstreicht mit seiner Ausrichtung eine therapeutische Haltung und Sicht, die den hier zusammengestellten Arbeiten zu Grunde liegt.

Das Thema „Die Persönlichkeit des Drogenabhängigen/der Drogenabhängigen und ihre Therapie" hat mich persönlich stets fasziniert und über die Jahre begleitet. Ich habe meine ersten Kontakte beraterischer, therapeutischer, sozialarbeiterischer Art mit Drogenabhängigen Mitte der 60er Jahre in Frankreich gemacht und Ende der 60er Jahre in Deutschland (*Petzold* 1969c, 1971c, 1972, 1974b; *Petzold*, *Vormann* 1980). Seit 1979 lehre ich an der Freien Universität Amsterdam und habe dort wieder eine andere Drogenszene und wieder andere Persönlichkeiten von Drogenabhängigen kennengelernt.

Mir ist in all diesen Jahren sehr plastisch geworden, daß es „die" Persönlichkeit des Drogenabhängigen/der Drogenabhängigen nicht gibt. Im Laufe der Jahre haben sich die Populationen gewandelt, hat sich das, was ich für „den" typischen Drogenabhängigen einstmals hielt, verändert. Wenn man etwas genauer in die Szene hineinschaut und intimer in *Kontakt* mit den Menschen kommt, die in der Drogenszene gefangen sind, *Begegnungen* mit ihnen hat, zu ihnen in *Beziehung* tritt, so differenziert sich das uniforme Bild, das man von außen hat, doch sehr schnell. Wir finden ganz unterschiedliche Menschen mit ganz unterschiedlichen Schicksalen, Lebenskarrieren, die drogenabhängig geworden sind. Jeder Versuch, hier eine Uniformität einzuführen, sowohl in der Theorienbildung als auch in den Explikationsrastern, greift meines Erachtens zu kurz. Wir brauchen vielfältige Optiken der Betrachtung und ein breites Spektrum an Angeboten der Hilfe, Therapie und Rehablilitation, mit denen diese Vielfalt der persönlichen Problematiken Antworten erhält. Sie müssen sich niederschlagen in einer *Vielzahl therapeutischer Angebote*, die nicht nur von den unterschiedlichen Intensionen der Anbieter, der Therapeuten, der Einrichtungen bestimmt sind, sondern auch von praktischen Notwendigkeiten. Das Entstehen derartiger Einrichtungen ist in der Regel eine Antwort auf die Nöte des Feldes. Auch das kann man heutzutage wieder sehen, z.B. in der andauernden Diskussion um die medikamentengestützte Rehabilitation. Ist das nicht auch eine Antwort auf die Nöte des Feldes? Viele Antworten, die im Laufe der Jahre entwickelt worden sind, haben mehr oder minder gut gegriffen. Andere Antwortversuche sind verschwunden, wie die einstmals zu Beginn der 70er Jahre bedeutende Release-Bewegung, von der fast nichts mehr übrig ist.

Weil die Probleme so vielfältig und so schwierig sind, wird natürlich immer wieder nach neuen Wegen und nach neuen Antworten gesucht. Ob das gute Antworten sind, ob beispielsweise der „Patriarch" eine gute Antwort war, ob „Release" eine gute Antwort war, ob Substitutionsprogramme gute Antworten sind, wird die Zeit erweisen, und heute natürlich mehr und mehr die Evaluationsforschung.

Die Güte einer Einrichtung oder Maßnahme zeichnet sich auch und insbesondere durch *Kontinuität* aus. Kontinuität einerseits im Hinblick auf die Akzeptanz durch die Klienten und andererseits im Hinblick auf die Akzeptanz durch die Leistungsträger, die (nicht immer) in nützlicher und sinnvoller Weise kritisch darauf achten, ob das, worin sie investieren, auch die gewünschten (Behandlungs-)Effekte bringt. Aber genau da zeigt sich direkt eine große Schwierigkeit: Was ist der Effekt? Was heißt, die Persönlichkeit von Drogenkranken zu verändern?

Wenn man sich der Frage nach der Persönlichkeit von Drogenpatienten nähert, kommt man noch in ein weiteres schwieriges Fahrwasser: nicht nur die Vielfalt der Schicksale, sondern auch die Vielfalt der theoretischen Modelle, unter denen man sich dem Thema nähern kann und muß, ist zu berücksichtigen. Es gibt eben nicht nur eine allgemein akzeptierte Persönlichkeitstheorie – und hinter den Persönlichkeitstheorien stehen wiederum Menschenbilder, die z.T. sehr unterschiedlich sind (*Petzold* 1991l).

Wenn man die Literatur zur Drogentherapie differenziert betrachtet, wird deutlich, daß die verhaltenspsychologisch und -therapeutisch orientierten Autoren ihre Persönlichkeitstheorie oder Teile einer Persönlichkeitstheorie und die damit impliziten Menschenbilder in ihre Praxis hineintragen. Psychoanalytiker tun das in ihrer Weise, indem sie ihre Modelle in die Diskussion hineintragen; ebenso Gestalttherapeuten, Psychodramatiker, Transaktionsanalytiker, Primärtherapeuten ... (die Liste ließe sich auf 70 bis 80 kleinere oder größere Schulen erweitern). Sie alle bringen unterschiedliche Persönlichkeitsbilder ein, Folien, Raster, unter denen die Persönlichkeit von Drogenabhängigen betrachtet werden kann.

Die mehrperspektivische Betrachtungsweise

Ich persönlich fühle und fühlte mich immer einer *mehrdimensionalen* Sichtweise verpflichtet, weil mir sehr bald klar wurde, daß die unterschiedlichen Raster und Folien mir auch unterschiedliche Aspekte von Problemen eröffnen. Gerade Drogenabhängige und ihre Lebenssituation erfordern eine mehrperspektivische, multidimensionale Sichtweise, um ihre Probleme, Konflikte, Defizite, aber auch ihre Ressourcen und Potentiale, wie sie sich in ihrer Lebensgegenwart und ihren Lebensgschichten zeigen, zu verstehen (*Petzold* 1997p, 2003b, g).

Diese Problematik akzentuiert in sehr beeindruckender Weise etwas, was wir eigentlich bei jeder Krankheit finden. Die Drogenerkrankung macht deutlich, was wir vielleicht bei der Depression oder bei der Zwangserkrankung oder bei Psychosomatosen nicht so klar sehen oder sehen wollen: daß es sich nicht nur um eine Erkrankung der *Seele* (die Gesamtheit aller emotionalen, affektiven und volitionalen Strebungen, vgl. *Petzold* 2003a), oder eine Erkrankung des *Körpers* handelt, sondern um eine Erkrankung des *ganzen Menschen in und mit seinem Kontext und Kontinuum des Lebens* (ders. 2002b, 2003g). Und wie diese Erkrankung zustande kommt, wie diese Persönlichkeit krank wird in ihrem Kontext/Kontinuum, muß dann auch wieder um an und von unterschiedlichen Modellen der Pathogenese; der Entstehung von Krankheit, gesehen werden (ders. 2003a). Auch der Zwangskranke oder der Depressive darf nicht eindimensional betrachtet werden. Nur, sein Krankheitsbild stellt uns die Vieldimensionalität der Prozesse nicht so massiv und konfrontierend vor Augen, wie das der Drogenkranke tut.

Ich möchte eine kurze Definition versuchen:

> „Drogenabhängigkeit ist eine komplexe, somatische, psychische und soziale Erkrankung, die die Persönlichkeit des Drogenabhängigen/der Drogenabhängigen, sein soziales Netzwerk und seinen mikroökologischen Rahmen betrifft, beschädigt und – wenn sie lange genug wirkt – zerstört. Drogenabhängigkeit hat eine multikausale, zum Teil sehr stark variierende Genese. Sie zeigt unterschiedliche Ausprägungen und Verlaufsformen, abhängig von genetischen Dispositionen, biographischen Vorschädigungen, psychosozialer Gesamtsituation/Lebenslage, Grad der Chronifizierung, Ressourcenlage."

Es ist zu fragen wieviel Geld ist da, wieviele Freunde sind vorhanden, hat er noch einen Arbeitsplatz etc. – und natürlich: in wie weit ist er abhängig von welchem Suchtmittel (nicht jedes Suchtmittel hat gleiche Auswirkungen). Weil diese Situation so komplex ist, bedarf es vielfältiger Therapieangebote und eines multidimensionalen Ansatzes von Therapie. Diese Definition hat natürlich einen Hintergrund in einem *Menschenbild* und einen Hintergrund in einer *Persönlichkeitstheorie,* sonst könnte ich sie nicht so formulieren (vgl. *Petzold*

1990h, 2003a). Ich möchte diesen Hintergrund kurz skizzieren, weil es der Boden ist, auf dem ich seit vielen Jahren Drogentherapie betreibe, auf dem ich Menschen, die in der Drogentherapie arbeiten, weiterbilde. Und es ist auch der Hintergrund vieler Kollegen, die mit einer solchen *„Breitensicht"*, die unbedingt die *„Tiefensicht"*, die „tiefenpsychologischen Perspektiven" – sie sind hier defizient – ergänzen müssen, Drogenarbeit in den verschiedensten Einrichtungen und mit den verschiedensten sozialen Agenturen betreiben.

Anthropologische Folie

Wir sehen in unserem Ansatz den Menschen *genderspezifisch* als Mann und Frau unter einer anthropologischen Perspektive als *„Körper-Seele-Geist-Subjekt in einem sozialen und ökologischen Feld"*.

Es sind also in dieser subjekttheoretischen Betrachtung fünf große Bereiche, die zum Menschsein gehören: der *somatische*, *psychische*, *geistige*, *soziale* und *ökologische* Bereich (vgl. *Petzold* 2003e)

Wenn man Menschen, hier: Drogenabhängige, unter Zugrundelegung dieser Folie betrachtet, dann sieht man, daß Drogenabhängigkeit eine *somatische Erkrankung* ist, eine physische Abhängigkeit, mit physiologischen, neurobiologischen, psychoneuroimmunologischen Dimensionen (*Petzold* 2002j; *Schiepek* 2003), die durch die Modalitäten des Drogenkonsums in eine Multimorbidität führt. ***Multimorbidität*** heißt, daß viele Folgeerscheinungen auftreten, ***negative Synergien*** eintreten: es entstehen 1. die physische Abhängigkeit, dann infiziert man sich ggf. mit Hepatitis, der physische Allgemeinzustand wird ruinös [Dimension *somatischer* Erkrankung]; 2. Depressionen, Angstzustände, Traumanachwirkungen; es erfolgt eine „Erosion persönlicher Belastungsfähigkeit", ein „personality burn-out" [Dimension *psychischer* Erkrankung]; 3. ein Werteverfall und Sinnverlust; Sinnlosigkeit generalisiert sich, der Zukunftshorizont verdüstert sich und bricht zusammen, no future [Dimension *noetischer* Erkrankung]; 4. Netzwerkzerfall; die durch Beschaffungsprobleme entstehende Kriminalität, Bindungs- und Solidaritätsverluste, Ressourcenmangel [Dimension der *sozialen* Erkrankung] addieren sich und 5. Obdachlosigkeit, die Verwahrlosung [Dimension *ökologischer* Erkrankung], wobei die letzten drei Krankheitsdimensionen in der Regel weder diagnostisch erfaßt und gewertet, noch gezielt therapeutisch angegangen werden. So haben wir bei dem drogenabhängigen Menschen eine *Multimorbidität*, die multiple Behandlungszugänge erforderlich macht und zwar nicht nur – obwohl sehr dringlich – *somatische* Behandlung. Der somatische Aspekt muß aber über die rein medizinalisierte Perspektive hinaus erweitert werden um die anderen aufgeführten Dimensionen.

Bei meiner Definition der Drogenerkrankung wird deutlich, daß dies ein definitorischer Rahmen ist, der weit über ein traditionelles, medizinalisiertes Krankheitsverständnis hinausgeht und hinausgehen muß, da ich darauf hinweise, daß es nicht nur eine Erkrankung der Person insgesamt, sondern der Person in und mit ihrem *Netzwerk (Keupp/Röhrle* 1985: *Hass, Petzold* 1999*)* und ihrer marode gewordenen *Lebenslage* handelt. (*Petzold* 2000h). Denn: das Netzwerk – das zur Person gehört – ist gleichfalls krank. Und: es gibt keine Person ohne soziales Netzwerk und ohne Lebenslage. Jede Person *ist* ein soziales Netzwerk, und das heißt, daß sozialmedizinische Maßnahmen, soziotherapeutische, sozialarbeiterische bis hin zu pädagogischen Maßnahmen mit in die Intervention hineingehören, um eine so komplexe *somatopsychosoziale* Erkrankung mit ihrer *sozioökologischen* Lebenslage unter eine *biopsychosozialen* – oder noch weitergreifend – *biopsychosozialökologischen* Perspektive (ders. 2001a, 2002b) auch behandeln zu können.

Somatotherapie

Wir sehen bei dem Aspekt der *Somatotherapie* (ders. 2002j), daß es nicht genügen wird, die Zähne zu sanieren (was immer noch Voraussetzung für die Aufnahme in einer Entwohnungseinrichtung ist) und den allgemeinen Gesundheitszustand zu verbessern (z.B. Leberwerte), sondern daß im Sinn einer weitergreifenden medizinischen Maßnahme gesehen werden muß, daß hier jemand ist, der zu seiner *Leiblichkeit* ein ausgesprochen gestörtes, destruktives Verhältnis entwickelt hat und der erst einmal wieder lernen muß, *Leiblichkeit* in einer Weise zu erfahren, die ihm deutlich macht, daß Leib und Person nicht gespalten sind, daß er also seinen Körper nicht als *„pleasure machine"*, als Lustmaschine, als Drogenkonsummaschine benutzen kann, sondern daß Leib und Person eins sind. Auf die Spaltung zwischen Leib und Person aufgrund komplexer Sozialisationsschäden, werde ich später noch näher eingehen.

Somatotherapie begrenzt sich also nicht auf die rein reparative medizinische Intervention, sondern schließt eine „Sensibilisierung für Leiblichkeit" ein; eine Wiederaneignung, eine Integration in die Personalität des Subjekts. Dafür sind besondere therapeutische Ansätze notwendig, etwa aus dem Bereich der Atemtherapie, der Bewegungstherapie, der „Sporttherapie" (*van der Mei, Petzold, Bosscher* 1997, *Schay* et al. 2006), in denen es nicht um Leistung gehen darf, sondern darum, daß der Körper als solcher in seiner *Geschichtlichkeit* und in seinen prospektiven Möglichkeiten erfahren und wertgeschätzt wird: als Leib. Die verbalen Therapieansätze stellen so nur einen Ansatz in der *konzertierten Aktion* therapeutischen Handelns dar. Wir müssen also über die verbalen Ansätze hinausgehen und in den Einrichtungen, bei den Behandlungen, den nonverbalen, leibnahen Bereich mit einbeziehen, der auch für die Bearbeitung der Themen „Sexualität" (*Foucault* 1986), „Traumatisierung" (*Petzold, Wolf* et al. 2000, 2002), „Konflikte und Aggression" (ders. 2003b, *Bloem, Moget, Petzold* 2004) unverzichtbar ist.

Weil wir in einer die Leiblichkeit *verdinglichenden* Kultur leben und unter den Suchttherapeuten (immer noch) viele sind, die selber keinen guten Zugang zu ihrer Leiblichkeit haben (Zigarettenabusus, Bewegungsmangel), gewinnt die Drogenarbeit in einem konkreten Feld, etwa in einer Fachklinik, eine gesellschaftstherapeutische Dimension. Wir müssen hier etwas tun, etwas rückgängig machen, was heute als allgemeine Kulturkrankheit Menschen insgesamt affiziert: die *Entfremdung von der Leiblichkeit,* die *Verdinglichung des Leibes*, seine Objektivierung, die Spaltung zwischen Person und Leib. In der Person des Drogenkranken hat diese *allgemeine Erkrankung* in spätmodernen Gesellschaften eine ungeheure Verschärfung erfahren, eine Verschärfung, die mit der Destruktion des „Konsumleibes" einhergeht.

Psychotherapie

Der zweite Aspekt der anthropologischen Formel „Körper, Seele, Geist, sozial und ökologisch" ist das *Seelische.* Dieser Blick auf die konventionelle Psychotherapie versucht, die menschliche Person als Geschichte seelischer Formungen zu sehen.

In der Integrativen Therapie sehen wir aber immer die Geschichte *körperlicher* **und** *leibseelischer* Formungen. Der depressive Mensch, der verwirrte Mensch, der haßerfüllte Mensch, der verbitterte Mensch, der verwahrloste Mensch ist eben nicht nur in seiner Seele geformt, sondern auch körperlich, d.h. in seiner *Leiblichkeit* insgesamt: in jeder Lach- und Gramfalte, in jeder Bewegung, in seiner gesamten Haltung. Die seelischen Schwingungen und Strömungen, die im Laufe der Sozialisation moduliert wurden, werden im Sinne einer positiven Entfaltung, im Sinne einer personalen Prägnanz gefördert oder zerstört im Sinne einer Demontage oder Amputation oder sie können sich vielleicht gar nicht entwickeln. Diese seelischen Kräfte, Vermögen und Fähigkeiten gilt es, in der Drogentherapie zu fördern. Das heißt: die Sicht auf das Seelische zwingt uns, *Psychotherapie* zu betreiben – aber eine Psychotherapie, die eben nicht abgekoppelt ist vom Somatischen, eine Psychotherapie, die die Einheit von körperlicher Disposition, Erregung und Affekt sieht und darüber hinaus noch die Eingebundenheit dieses somatopsychischen Geschehens in soziale Kontexte. Der Mensch „*embodied and embedded*" (ders. 2002j), dessen psychoneuroimmunologische Situation abhängig ist von den sozialen Verflechtungen körperlich-seelischer Bezogenheiten, lacht und weint in der Regel eben nicht alleine, und wenn ich alleine weinen muß, weine ich auch vor den *Abwesenden*, d.h. der nicht präsente Kontext ist durch die virtuelle Anwesenheit der Abwesenden präsent. *Die Präsenz des Sozialen kann niemals ausgeschlossen werden.*

Nootherapie

Als weiterer Aspekt der anthropologischen Formel ist „der Mensch als Körper-Seele-Geist-Wesen in der Lebenswelt" zu sehen. Wenn man die psychologischen und medizinischen Folien der Persönlichkeitstheorie, die unseren Blick für die Behandlung von Personen einengen, überschreitet, finden wir beim drogenabhängigen Menschen, ob Jugendlicher oder Erwachsener, das Milieu des „Noetischen" (von griech. *nous* = Geist) als einen ganz massiven Schädigungsbereich. Die Frage des Sinnes, des Lebenssinnes und der Werte, der Lebensziele (*Petzold, Orth* 2004a), die Fragen nach Unrecht/Ungerechtigkeit, Recht/Gerechtigkeit werden wesentlich (ders. 2003d), besonders bei Drogenabhängigen, in deren Lebensgeschichten (ders. 2003g) wir sehr viele Unrechtserfahrungen auf der Opfer- und der Täterseite finden. Die bei Drogenabhängigen häufig vorfindliche Perspektivelosigkeit – das „*No future*" – ist nicht nur das Resultat der desolaten Drogensituation und -karriere, sondern es ist eine *motivationale* Kraft dafür, daß man nach Drogen greift.

Die innere Leere, Unerfülltheit, der Verlust von Werten, von Sinn, von Lebenszielen, die tragen, ist ein Moment, das schädigend für die Persönlichkeit des Drogenabhängigen ist, insoweit es einen Vakuumssog entfaltet, ein geistiges *craving,* das neben dem physischen *craving,* neben dem psychischen *craving* ernstgenommen werden muß und für das der Drogenkonsum durchaus eine „schlechte" *Substitution* bietet. Wenn man mit dieser Folie an Drogenabhängige herangeht, wenn man bereit ist, diese Schicht zu suchen und aufzufinden, dann wird man die Frustration der „Sehnsucht nach SINN", nach Lebensinn und einem WEG (ders. 2001k, *Petzold, Orth* 2004a, b), durchaus entdecken und auch die pathogene Valenz ihrer Frustation. Sie wird im Gespräch über die Fragen nach Lebenssinn, Lebenszielen und Werten, über Religiosität, über Lebensorientierung und auch über den Tod deutlich. Drogenabhängige sind Menschen, die in ihrer Abhängigkeit *mit dem Tod leben*, auch wenn er sehr stark verdrängt scheint.

Todesfälle im sozialen Drogenumfeld zeigen eine kurze Berührtheit, Erschütterung, die jedoch schnell wieder *betäubt* wird. Durch die destruktiven Kräfte auf der Schiene von Tod, Destruktion und Affizierung kommen wir wiederum in den Bereich der Auseinandersetzung mit der Sinnfrage. Wir sprechen in unserem Ansatz hier von *Nootherapie* (griechisch *nous = Geist*). Das ist keine „Seelsorge" im spezifischen Sinn, sondern eine Auseinandersetzung mit etwas, was jeder Mensch braucht und was sich mit den Fragen nach einer inneren Orientierung, einer persönlichen Weltsicht, Lebensphilosophie, nach einem WEG (*Petzold*, *Orth* 2004b) zeigt. Hier hat das Konzept einer „philosophischen Therapeutik" (ders. 1971; 2001m; *Hadot* 1991, 2001), wie wir es bei *Seneca* oder *Marc Aurel* finden, durchaus einen Platz für eine moderne Psychotherapie und Drogentherapie, die auch eine Anleitung zu einer „Lebenskunst" bieten soll (*Foucault* 1984; *Schmid* 1991, 1999; *Petzold* 1999q).

Wenn wir uns selber einmal fragen: „Wie geht es mir denn, wenn ich keine Ziele mehr habe, wenn ich meinen Glauben verloren habe?" – und da meine ich nicht unbedingt den Glauben an den „lieben Gott", sondern den Glauben daran, daß mein Leben und Tun in dieser Welt etwas Sinnvolles hat, SINN macht – wenn wir uns also nach einem möglichen Verlust dieser Dimension fragen, die sich im Familiären, im Zwischenmenschlichen, in der Arbeit zeigt, werden wir merken, wie bedrängend das sein und werden kann. Deswegen sind nootherapeutische Ansätze der *Besinnung,* der *Betrachtung* und *Versenkung* als Möglichkeiten zu sehen, WEGE zu sich und zum Anderen zu finden (*Marc Aurel* 1998; *Petzold, Orth* 2004b) und deshalb *sinnvoll* (*Petzold* 1983e, 2001k).

Soziotherapie

Das vierte Element, das zur Persönlichkeit gehört, ist das der *Sozialität.* Der Mensch ist immer ein soziales Wesen (*Aristoteles*). Das wird in einem Gedankenexperiment leicht spürbar, wenn ich mir die furchtbare Vorstellung erlaube, daß mein ganzer Familien- und Freundeskreis, der evtl. zu einem großen Familienfest mit einem gemieteten Bus gefahren ist, durch einen schlimmen, tragischen Unfall zu Tode kommt. Bei dieser Vorstellung merke ich deutlich, daß diese Menschen „ein Teil von mir" sind und daß mit ihrem Tod auch ein Teil von mir stirbt. Aus diesem Grunde muß die kranke, defiziente, zerstörte Sozialität des Drogenabhängigen als eine Krankheit seiner sozialen Realität, der sozialen Realität seiner Persönlichkeit gesehen werden. Und wenn wir unter dem Aspekt der Social-Network-Forschung die Netzwerke (*Hass, Petzold* 1999), die sozialen Supportsysteme von Drogenabhängigen betrachten, sehen wir mit bedrückender Deutlichkeit, wie brüchig diese Netzwerke sind, wie viele Pseudorelationen sie beinhalten, wie viele toxische Beziehungen vorherrschen und wie gering die *supportive Valenz*, die stützende Kraft dieses Netzwerkes ist (*Petzold* 1982v; *Keupp, Röhrle* 1987).

Aus diesem Grunde brauchen wir in der Drogenarbeit *Soziotherapie* als Netzwerk-Therapie, um den Familienbezug, wo er noch wiederhergestellt werden kann, familientherapeutisch zu stützen (*Petzold*, *Josić*, *Ehrhardt* 2006). Diese wichtige Komponente in der Drogenarbeit, die Familienarbeit der Drogeneinrichtungen sowohl im ambulanten wie im (teil-)stationären Setting, ist in den 90er Jahren wesentlich intensiviert worden (*Hentschel* 1988). Immer noch gehen Drogentherapeuten zu sehr davon aus, daß *das* Elternhaus den Drogenabhängigen krank gemacht hat und beachten dabei zu wenig, daß dieses Familien-Netzwerk nicht nur aus Realpersonen besteht, die noch da sind, sondern daß es internalisiert worden ist. Das heißt: ich muß die verinnerlichten Eltern, die verinnerlichten Bezüge bearbeiten (internale *Netzwerk-Therapie*) und das geschieht am besten, wenn man mit den vorhandenen Netzwerken, den Realpersonen Bearbeitungssituationen herstellt.

Die *Netzwerk-Therapie* greift weiter als die Familientherapie und bezieht den Freundes- und Kollegenkreis ein. Ein Netz *lebendiger Freundschaften* wird als Kriterium für psychosoziale Gesundheit gewertet. Menschen ohne

Freunde sind oft kranke Menschen. Menschen mit Pseudofreundschaften, die sich im Sinne eines Dealer-Klienten-Verhältnisses gestalten, sind häufig kranke Menschen. Freundschaft bietet Intensitäten, die in der Herauslösung aus dem Familienverband substitutiv für zwischenmenschliche Nähe, für ein Miteinander-Schwingen sind, das der Mensch braucht.

Wenn wir unsere Patienten anschauen, dann sehen wir, daß auf ganz vielen Ebenen die Möglichkeit, solche Bezogenheiten herzustellen, verlorengegangen ist: durch traumatische Beziehungserfahrungen, durch Enttäuschung, durch Mißbrauch, wobei hier nicht nur der familiäre Bereich zu betrachten ist. Auch durch die Drogenszene mit ihren vielfältig schädigenden Milieus sind die Abhängigen in ihrer Möglichkeit gestört worden, gesunde soziale Netzwerke aufzubauen. So wird Soziotherapie als Netzwerk-Therapie eine Aufgabe, die nicht nur im therapeutischen Setting einer Fachklinik, sondern deswegen funktioniert, weil sie ein *substitutives soziales Netzwerk* bereitstellt, weil sie ein krankes „soziales“ Atom *(Petzold/Mathias* 1983; *Moreno* 1947) mit einer *„Netzwerk-Prothese“* versieht, d.h. ihnen im Netzwerk therapeutischer Gruppen oder Selbsthilfegruppen die Möglichkeit bietet, wieder beziehungsfähig zu werden (*Petzold, Schobert* 1991; *Petzold, Vormann* 1980).

Ökologische Intervention

Letztes Element unserer anthropologischen Folie ist der Mensch als *ökologisches Wesen*. Die Ökologie ist – wie das soziale Netzwerk – nicht ausgelagert aus der Person. Die Forschungen zur ökologischen Psychologie, die im Bereich der Psychiatrie und Sozialgerontologie sehr interessante Ergebnisse gezeigt haben (*Saup* 1992), machen deutlich, wie stark Persönlichkeit von der physikalen Umgebung geprägt wird.

Wenn wir uns unter den Drogenabhängigen die verwahrloseste, deprivierteste Gruppierung anschauen, und uns verdeutlichen, in welchen destruktiven mikroökologischen Szenen sie sich bewegen, wird *deutlich*, daß sie dort noch zusätzlich krank werden (z.B. als Folge der Obdachlosigkeit werden sie in ihrer Gesundheit geschädigt).

Wenn ich gedanklich nachvollziehe, daß meine Wohnung, in der ich mich „zu Hause“ fühle, in der ich mich verwirklicht habe, in der ich mich wohl fühle, nicht mehr vorhanden ist und ausgetauscht wird mit einem Krankenbett auf der Entzugsstation, mit einer Notschlafstelle, mit einem Abbruchhaus und ich dort leben müßte, wird mir deutlich, wie eine solche Situation meine Identität zerstören kann.

Wir müssen also die *mikroökologische Perspektive* betrachten, und gerade in der Unterschichtspopulation im Felde der Drogenabhängigen finden wir schädigende ökologische Einflüsse *en masse*: Beengtheit und Tristesse des Lebensraumes, fehlende Entfaltungsspielräume im frühen Sozialisationsbereich usw.. Auch hier ist Intervention notwendig und möglich: *ökologische*

Intervention (Lehr 1979), d.h. diesem Aspekt muß Aufmerksamkeit gewidmet werden. Es ist nicht zu akzeptieren, daß in Einrichtungen der Drogenhilfe aus ökonomischen Gründen und/oder mangelnder Professionalität der Mitarbeiter immer noch Atmosphären herrschen, die desolat sind, in denen die Tristesse Klienten wie Betreuern gleichermaßen anweht und in denen ein ökologisches Aufbauen der Person sehr schwierig ist. Es geht darum, daß die Drogenabhängigen während ihrer Behandlung einen Sensus für Wohn- und Lebenskultur entwickeln, damit sie sich im Außenfeld, in das sie durch die Rehabilitation wieder eingegliedert werden sollen, einen Raum schaffen können, der supportiv, stützend, tragend ist.

Es wird – so hoffe ich – mit diesen Ausführungen deutlich, daß ein anthropologisches Modell, das bewußt und gezielt den diagnostischen Blick öffnet und weitet, Konsequenzen für die Zielsetzung von Therapien beinhaltet. Und natürlich ist auch noch die Persönlichkeitstheorie mit in den Blick zu nehmen. Anthropologie besagt: „So ist der Mensch". Persönlichkeitstheorie sagt: „So baut sich Persönlichkeit auf, das sind ihre Aspekte und Dimensionen, und so entwickelt sie sich".

Persönlichkeitstheoretische Folie

Persönlichkeit ist historisch geworden. Wenn ich einem 25jährigen Drogenabhängigen begegne, dann begegne ich 25 Jahren gelebten Lebens, vollzogener Lebensgeschichte (*Petzold* 2003g). Da habe ich nicht einen „Frühgestörten" vor mir, sondern jemanden, der unter dem für die Integrative Therapie so typischen Blick aus der „Psychologie der Lebensspanne", dem „life span developmental approach" (*Petzold* 1999b) eine Karriere von 25 Jahren hinter sich hat, in der vieles an Pathogenem, Zerstörerischem auf *allen Altersniveaus* im Sinne der *Lebenslaufperspektive in* den Blick zu nehmen ist, in der aber auch die Ressourcen, die Schutzfaktoren und Resilenzfaktoren, die Widerstandskräfte zu berücksichtigen sind (*Petzold, Goffin, Oudhof* 1993; *Müller, Petzold* 2003).

Die habituellen theoretischen Modellvorstellungen einer gestörten frühen Mutter-Kind-Beziehung als Ursache für die Drogenabhängigkeit sind zu einfach und werden durch diese Einsichtigkeit *falsch* (*Thompson* 1999; *Fonagy, Target* 2004, 107).

In meinem Forschungsbereich an der Freien Universität Amsterdam, wo wir uns mit frühgeborenen Babies und ihrer neuromotorischen Entwicklung befassen *(Hopkins* et al.1990; *Petzold* 1994j), sehen wir, daß kleine Kinder „Kompensationsgiganten" sind. Sie können durchaus im sehr frühem Bereich Schädigungen haben. Wenn sie dann aber genügend positive Zuwendung, Behandlung, Betreuung durch Eltern, die richtig beraten sind, bekommen, so daß die interpersonal begründete Regulationskompetenz ausgebildet werden kann (*Petzold* et al. 1994; *Fonagy* 2001, 2003), dann zeigen diese Babies im Vergleich zu den „Normalbabies" z.T. sogar eine bessere Entwicklung, eben *weil* sie so gute Betreuung erhalten haben. Es ist also falsch, sich alleinig oder überwiegend auf den Frühbereich zu konzentrieren, obwohl dieser sicherlich wichtig ist (*Panksepp* 2004). Wenn wir diagnostisch die Lebensgeschichte eines Drogenabhängigen explorieren, sehen wir eine Vielfalt von Traumatisierungen und eine häufige Abwesenheit von positiven Einflüssen *(Petzold, Hentschel* 1990). Die Persönlichkeit *eines Menschen* entsteht durch die Gesamtheit aller *positiven,* aller *negativen* und aller *Defiziterfahrungen* (*Petzold* 1990h, 2003a).

Wir haben es bei Drogenabhängigen immer mit Persönlichkeiten zu tun, die auf unterschiedlichen Milieus der Persönlichkeitsentwicklung, der Sozialisation und des Entwicklungsgeschehens betroffen sind, und zwar durch unterschiedliche pathogene Einflüsse: Traumatisierungen, d.h. die Überflutung mit negativen Reizen (Schläge, Erkrankungen, plötzliche Trennungen) und Überstimulierungen mit negativen Reizen, die sehr stark sind, kurzfristig einwirken, so daß der Mensch mit seinen für die *jeweilige Altersstufe spezifischen* Bewältigungsmechanismen *diese Reize* nicht kompensieren kann.

In einer *aufdeckenden* Psychotherapie mit Drogenabhängigen findet man solche Traumatisierungen immer wieder. Wir haben mit Ereignissen physischer und psychischer Mißhandlungen zu tun und zwar nicht nur im Frühbereich, sondern bis in die Adoleszenz hinein und noch darüber hinaus. Man muß sich deutlich machen und darf nicht glauben, daß z.B. die Beschaffungsprostitution – ich nenne sie *Notprostitution* –, in die sich viele männliche und weibliche Drogenabhängige *begeben müssen*, keinen traumatisierenden und deformierenden Effekt auf die Persönlichkeit habe. Die psychoanalytische/tiefenpsychologische Zentrierung auf „Frühstörungen" negiert, marginalisiert (*Streck-Fischer* 2004) oder verleugnet die pathogene Valenz dieser Erfahrungen, was besonders schwer wiegt (und deshalb bei diesen Verfahren auch sehr kritisch befragt werden muß), weil in der Population der Drogenabhängigen diese traumatogenen Mißbrauchserfahrungen in Pubeszenz, Adoleszenz, jungem Erwachsenenleben sehr, sehr häufig sind (*Petzold* 1994f).

Gerade die Adoleszenz ist eine sehr *plastische Phase*, in der sich massive neuronale Wachstum- und Veränderungsprozesse finden, neue neuronale Netzwerke und Entwicklungen im präfrontalen Kortex und damit neue kognitive Landkarten und emotionale Schemata entstehen (*Hüther* 2004). Die Bedeutung dieser Phase in ihrer Eigenständigkeit wird in den tiefenpsychologisch orientierten Psychotherapietheorien für die Adoleszenz (*Blos* 1979; *Erdheim* 1983) oft genug unterschätzt, weil sie häufig doch im Rekurs auf die frühe Kindheit konzeptualisieren und nicht genug beachtet wird: sie ist eine Phase, in der wir durch die psychophysischen Umstellungen, allein schon durch die Veränderung des Körperbildes, eine Situation erhöhter Verwundbarkeit vorfinden. Wenn dann die Stützsysteme, die eine gute Bewältigung der Adoleszenz, ja ein Nutzen ihrer kreativen Potentiale gewährleisten sollten (es ist ja keine „pathologische" Phase), nicht funktionieren, kann eine Suchtgefährdung entstehen. Und wo diese schon in eine Süchtigkeit mündete – muß der abhängig gewordene Mensch sich sozial anders orientieren, denn er fällt aus den Netzwerken suchmittelfreier oder -feindlicher Sozialwelten heraus. Er kommt in die *„Szene“*; und was ihm in der Szene widerfährt, führt oft genug zu weiterer Beschädigung, Störung oder Zerstörung wichtiger Bereiche der Persönlichkeit, der Selbstregulations- und Interaktionskompetenz. Eigentlich ist die Adoleszenz mit ihrer hohen Plastizität noch eine Phase, in der sich, wenn sie gelingt, Persönlichkeit konsolidieren könnte, in der „frühe Schädigungen“ noch kompensiert werden könnten. Das Drogenmilieu oder der „Knast“ bieten indes für heilende, konsolidierende, kompensierende Einflüsse keinen Raum. Es werden hier neue Noxen gesetzt. Deswegen ist in der Drogentherapie etwa die Bearbeitung von Vergewaltigungen, von Prostitutionserfahrungen, von Beraubtwerden, von Zusammengeschlagenwerden, von Erlebnissen mit schlechtem Stoff (auch Horrortrips hinterlassen etwas in der Seele, deformieren die Persönlichkeit) ein durchaus wichtiges Moment, dem oftmals nicht genug Zeit und Aufmerksamkeit in der Einzel- und Gruppentherapie gewidmet wird.

Mir ist wichtig, hier herauszustellen, daß wir in der Therapie von Drogenabhängigen und überhaupt in der Psychotherapie über das klassische psychoanalytische Paradigma hinausgehend, die wichtige Perspektive einer *„Pathogenese in der Lebensspanne“* (*Rutter* 1988; *Petzold* 1990h, 1999b) einnehmen müssen. Die Lebensspanne artikuliert sich nicht nur im *Verflossenen,* sondern auch im *Entwurf. Identität* wird gewonnen nicht nur dadurch, daß ich mich mit meiner *Geschichte*, mit dem, was mir widerfahren ist, identifizieren kann (das ist *meine* Geschichte, und das bin *ich*), sondern Identität artikuliert sich auch in meinen *Zukunftsstrebungen*: meinen Hoffnungen, Sehnsüchten, Plänen, Wünschen, Lebensentwürfen. Wir können bei kranken Menschen sehen, ganz gleich aus welchem Bereich sie kommen, ob es der der Psychiatrie ist oder ob es der Bereich der Drogenabhängigkeit ist, daß die Lebensentwürfe meistens gescheitert, nur rudimentär entwickelt sind und häufig keine Perspektive vorhanden ist (*Petzold* 1990h, 2003a).

Wenn wir uns vergegenwärtigen, welche Hoffnungen, Pläne und Wünsche (wie irreal auch immer) wir als 16jährige hatten? Wenn wir uns vorstellen, durch eine Drogenkarriere zwischen 16 und 19 Jahren keine Zukunft mehr zu haben, dann wird plastisch, daß dieser „Verlust von Zukunft“ uns persönlich in unserer Identität aufs schwerste treffen würde.

Diese Zusammenhänge konstituierten eines der schwierigsten Probleme der „Drogenarbeit als Identitätstherapie“, als *Persönlichkeitstherapie*: wie können wir mit unseren Klienten realistische Lebensentwürfe entwickeln, die nicht desolat sind? Denn die Person ohne solche Entwürfe ist eine – metaphorisch gesprochen – „amputierte“ Person und in ihrem Gesundungsprozeß schwer beeinträchtigt. Wie können wir also *hoffnungsvolle* Perspektiven entwickeln, wenn die gesellschaftlichen Bedingungen (z.B. der Arbeitsmarkt) für unsere Klienten kaum Chancen bietet?

In der *Persönlichkeitstheorie* sehen wir von unserem Ansatz her (*Petzold* 2001p; 2003a), drei wichtige Perspektiven oder Dimensionen der Persönlichkeit. Wir nehmen an, daß der Mensch als „archaisches **Leib-Selbst**“ geboren wird. Da ist noch kein **Ich**, da ist noch keine persönliche **Identität**, sondern da ist ein kleiner Organismus, der ausgestattet ist, mit der Fähigkeit, wahrzunehmen (*perzeptiver Leib*), der über die Fähigkeit zu erinnern verfügt (*memorativer Leib*) und mit der Fähigkeit begabt ist, auf das Wahrgenommene mit Ausdruck zu reagieren (*expressiver Leib*): in Interaktionen wahrzunehmen und zu reagieren.

Diese Grundmöglichkeiten des Leibes wahrzunehmen, zu erinnern und auszudrücken, können im Entwicklungs- bzw. Sozialisationsprozeß gefördert und/oder beeinträchtigt werden: wenn z.B. im Frühbereich nicht genügend Angebote für die Perzeption vorhanden sind, wird durch die Defizite der perzeptive Leib unzureichend entwickelt; wenn z.B. negative Einwirkungen erfahren werden (z.B. Gewaltanwendung durch den alkoholisierten Vater), so finden wir häufig als Folge des *Traumas* apathische Reaktionslosigkeit. Das Kind schreit nicht mehr. Es hat den *perzeptiven Leib* „anästhesiert" und will sich nicht mehr ausdrücken – ihm wurde der *expressive Leib* „amputiert". All dies ist so furchtbar, daß es auch nicht erinnert werden darf, d.h. der *memorative Leib,* der Erinnerungsleib, das Leibgedächtnis (idem 2002j) wird „amnesiert" – die Erinnerungsinhalte werden dissoziiert bzw. verdrängt.

Diese *Schädigungen* des „archaischen" und heranreifenden *„Leib-Selbsts-in-Interaktion"* finden wir nun durchgängig in der Sozialisation von Drogenabhängigen, und zwar auf allen Niveaus und in allen Milieus in der Sozialisation. Wir haben es schließlich mit Menschen zu tun, die in ihren perzeptiven Fähigkeiten des Erlebens, des Wahrnehmehns entweder nicht bekräftigt oder unterdrückt wurden, denen der expressive Leib „amputiert" wurde, so daß irgendwann der Zeitpunkt für eine Extremreaktion kommt: um zu überleben, müssen sie sich einer ganz starken Stimulation und Sedierung zugleich bedienen – Drogen. Hier wird die Droge als Notreaktion genutzt, um die „Schädigungen des Leib-Selbstes" zu kompensieren – natürlich in dysfunktionaler Weise –, weil der „chemische Traum" den Traum liebevoller Berührungen letztlich nicht erfüllt.

Das „archaische **Leib-Selbst**" entwickelt aus seinen Fähigkeiten des Wahrnehmens, des Erinnerns und des Ausdrückens das **Ich**. Die Ich-Entwicklung im spezifischen Sinn beginnt etwa vom 8. postnatalen Lebensmonat an. Sie hat einen Kulminationspunkt in dem Moment, in dem der kleine Mensch sagt: *„Ich will* das tun*",* nicht mehr: „Hänschen will teita gehen", sondern: *„Ich will* teita gehen".

Dieser Zusammenschluß von *Ich-Funktionen* zu einem *kohärenten Ich* kann nun gestört und beschädigt werden, indem z.B. die Ich-Äußerungen verhindert werden, die Ich-Äußerungen unterdrückt werden, so daß dadurch kein starkes Ich ausgebildet wird und wir ein *fragmentiertes Selbst* mit einem *schwachen Ich* vorfinden, wie es uns in der Persönlichkeit der Drogenabhängigen häufig begegnet: sie sind Menschen, die immer wieder von archaischen Gefühlen überflutet werden, die sich nicht abgrenzen können, es sei denn durch totale Isolation. Entweder sind sie ganz überfließend, überflutend, *konfluent* oder sie sind ganz in der Isolation von Pseudowelten gefangen. In der Drogentherapie gilt es herauszufinden, in welchem Lebensabschnitt die **Ich-Entwick-**

lung geschädigt worden ist und was man tun kann, die Ich-Entwicklung zu fördern.

Mit der Ich-Entwicklung kommt ein nächster Schritt der Persönlichkeitsentwicklung, wenn das **Ich** reif und kompetent genug wird, das **Selbst** zu erkennen:

„***Ich*** schaue in den Spiegel und sehe *mich* ***selbst***."

Dieser Satz ist persönlichkeitstheoretisch aufschlußreich. ***Ich*** erkenne ***mich*** und mehr noch, ***ich*** sehe und bewerte, wie andere Menschen ***mich*** erkennen und was sie mir attribuieren oder zuweisen, ob ich ein Tunichtgut oder ein Nichts oder Mutters Prinzchen bin. **Identität** wird aufgebaut durch die Tätigkeit des Ichs. Und in diesem Prozeß der Identitätsbildung, die durch die Zuweisung aus dem Umfeld geschieht, welche ich erkenne, kognitv einschätze (*appraisal*) und emotional werte (*valuation*) und verinnerliche (*internalization*), durch die „Spiegelerfahrungen" im Spiegel eines Gesichtes, das mir Freundlichkeit, Liebe, Zärtlichkeit zurückspiegelt und im Spiegel aus Glas, in dem ich mich und meine Stimmungen erkenne, in diesem komplexen Geschehen wächst das „**archaische Leibselbst**" zum „**reifen Leibselbst**". Das **reife Leibselbst** verfügt über ein gut arbeitendes **Ich** und eine prägnante **Identität** (*Petzold* 1990h, 2001p).

Mit dem Konzept der **Identität**, die als Teil eines „**reifen Selbst**" gesehen wird, kommen wir in der Persönlichkeitstheorie zu einem wichtigen Punkt:

1. **Identität** ist, daß ich mich selbst erkenne und einschätze (*self appraisal*) und wertschätze (*self valuation*): „Aha, das bin selbst!" (***Personal identity***) und
2. **Identität** ist gleichzeitig das, was mir zugeschrieben wird, was mein soziales Umfeld mir attribuiert, was ich wiederum einschätze (*appraisal*) emotional bewerte (*valuation*) und verinnerliche (*internalization*), was zu „***sozialer Identität***" (***social identity***) führt.

In den Identitätsattributionen in den Biographien von Drogenabhängigen sehen wir, daß sie oftmals über Jahre Negativattribution, keinerlei positive Attributionen oder insgesamt sehr schwache erhalten halten. Häufig sind es Kinder, die „wundgeschwiegen" wurden, die nicht nur vom bösen Wort verletzt wurden, sondern die kein gutes „Wort" bekommen haben. Und so stehen wir dann vor der Situation, daß wir bei Drogenabhängigen Persönlichkeiten finden, die auf unterschiedlichen Milieus der Entwicklung zu einem **reifen Selbst** geschädigt wurden. Entweder haben sie eine gestörte Beziehung zur oder eine Fragmentierung der Eigenleiblichkeit, d.h. des **Leib-Selbstes**, oder ein schwaches **Ich** oder/und eine gestörte **Identität**.

Eine solche Sichtweise stellt natürlich an die Therapie hohe Anforderungen, weil durch die Folie der **Identitätstheorie** das soziale Netzwerk, die Sozialität mit in die Interventionsaufgaben hineinkommt. Die modernen ***Identitätstheorien*** „nach" *Erikson* haben für Psychotherapie und Supervision (*Orth* 2002; *Petzold* 1982v, 2001p; *Petzold, Mathias* 1983; *van Wijnen, Petzold* 2003) eine so große Bedeutung, weil in ihnen die anthropologische Konstante „interaktive Sozialität" so deutlich wird: der Mensch ist ein „soziales Wesen, deswegen braucht er den Anderen *(Levinas, Plessner)* und deshalb muß auch eine heilsame Therapie immer einen „significant caring other" als protektiven Faktor (*Petzold, Goffin, Oudhof* 1993) einbeziehen. Gerade in der Therapie Drogenabhängiger, deren soziale Netzwerke oft so desolat sind, daß kein „caring other" mehr da ist, kommt den Therapeuten genau diese Rolle zu. Es ist keine ideologisch überhöhte, hochstilisierte „therapeutische Beziehung" *Petzold*, *Orth* 1999), es ist die bloße existentielle Präsenz eines Therapeuten und der Menschen in einer Therapiegruppe für einen Patienten, der „niemanden mehr hat", die als therapeutischer Wirkfaktor „purer Mitmenschlichkeit" (*Märtens*, *Petzold* 1998) lebensrettend oder heilend sein kann, denn der Mensch ist – anthropologisch gesehen – immer Koexistierender. Er braucht den Mitmenschen, um Mensch zu sein *(Marcel)*. Oder auf der Ebene der Persönlichkeitstheorie: das **Ich** braucht das **Du** *(Buber),* ja mehr noch: die **Vielheit der Anderen** (*Bakhtin*), das **Wir**; denn das Selbst ist ohne die Anderen, ohne das **Wir** nicht erfahrbar *(George Herbert Mead)*, es ist in seiner Identität immer ein Soziales *(Erikson)* und konstituiert sich über die dialogische Erfahrung hinausgehend im *POLYLOG* (*Petzold* 1971, 2002c).

Ich brauche also die positiven Identitätszuweisungen des Umfeldes und die Ressourcen der sozioökologischen Lebenswelt (ders. 2000h, 2001p), sowie die tragende Gemeinschaft Gleichgesinnter, die ähnlich denken, fühlen, wollen und handeln und dadurch meine „Sozialwelt" (*social world*) geteilter „mentaler Repräsentationen" konstituieren (*Strauss* 1978; *Moscovici* 1984). Szene-Identitätszuweisungen sind kein guter Ersatz für Attributionen aus positiven Netzwerken (*Hass*, *Petzold* 1999) und Partizipation an benignen „social worlds" (*Petzold* 2000h). Natürlich gibt es auch die „Szene-Identität": z.B. als „Szene-König", Kleindealer o.ä.. Damit hat man wenigstens ein bißchen an Identität, indes keine sehr tragfähige. Diese für therapeutisches Arbeiten notwendige identiätsstiftende „soziale Dimension" stellt Therapie vor die größte Schwierigkeit mit der Frage: Wie schaffen wir für unsere Patienten hinlänglich gute „soziale Welten" und „supportive, ressourcenreiche Netzwerke" – über die Einzeltherapie oder die Gruppentherapie hinaus, die Identitätsprozesse fördern?

Eine Fachklinik bietet eine Möglichkeit, für eine begrenzte Zeit, eine hinlänglich gute „soziale Welt" zu schaffen („good enough" *Winnicott*). Ein gravierendes Problem in diesem Kontext ist: daß oft, wenn der Drogenabhängige ein wenig Vertrauen gefaßt hat, wenn er ein *„Gefühl für Identität"* im Rahmen dieses neuen sozialen Netzwerkes zu gewinnen beginnt, er entlassen werden muß. Dieses Problem ist durch die Kürzung der Behandlungszeiten in ganz gravierender Weise verschärft worden. Auch werden die gegebenen Behandlungsmöglichkeiten (hier: Adaption) nicht immer im Interesse des Patienten genutzt und somit Möglichkeiten für den Drogenabhängigen leichtfertig nicht aufgegriffen. Leider finden wir auch immer noch in Therapiekonzepten den Ansatz, daß auf Rückfälle oder Regelverletzungen mit der disziplinarischen Entlassung reagiert wird, womit wieder einmal ein Ereignis von *Diskontinuität im Bezug* stattfindet.

10 Monate (6 Monate stationäre Entwöhnung + 4 Monate Adaption) sind sehr wenig, wenn wir die Behandlungszeiten der Psychoanalyse zugrunde legen, die z.B. eine „narzißtische Neurose" oder „Borderline-Persönlichkeitsstörung" in hunderten von Stunden über 5, 6 und 7 Jahre mit mittlerem oder auch geringem Erfolg behandelt (mittlerer Erfolg nicht, weil die Psychoanalyse so ineffektiv ist – obwohl das bei der gegebenen Forschungslage auch zu bedenken wäre –, sondern weil diese Patienten sehr schwierig sind). Drogentherapeuten sollen also in einem komprimierten Setting von 6-10 Monaten eine gute Behandlung leisten für Menschen, die durch die Adoleszenzprobleme ohnehin schon labilisiert sind und meistens eine sehr schlechte Ressourcenlage haben. Ein solcher Anspruch muß in Probleme führen, und der Erfolg wird, setzt man allein auf diese Maßnahme, eher begrenzt sein. Eine „Gesamtstrategie der Drogenhilfe" wird erforderlich (vgl. *Petzold, Schay, Hentschel* dieses Buch).

Fachkliniken oder ähnliche Settings können sicher mit gutem Erfolg Zwischenstabilisierungen im Rahmen einer *karriere-begleitenden Langzeittherapie (Petzold, Hentschel* 1991; *Robins, Rutter* 1989*)* leisten, die Rückfälle und Mehrfachaufenthalte einbezieht und in einem fortlaufenden Prozeß nutzt. Mit einer solchen Konzeption als Basis werden die Einrichtungen der Drogenhilfe notwendige, gute und vielleicht hervorragende Orte, wenn es ihnen gelingt, *therapeutische Kontinuität* zu gewährleisten. Diese ist durch unzureichende Nachbetreuungsprogramme jedoch immer wieder nicht gewährleistet. Insbesondere die Leistungsträger müssen realisieren, daß durch den *„Drehtüreffekt ohne Kontinuitätsmoment*" finanzielle Ressourcen nicht effektiv genutzt werden. Die sinnvolle Modifizierung der Drogentherapie zu einem Rahmen *individualisierter Langzeitstrategien* ist unverändert notwendig.

Zu dem Modell der *„therapeutischen Kette"* oder des *„therapeutischen Verbundsystems*" gibt es bislang keine Alternative, d.h.: eine Kette von Händen und Herzen, die Menschen aufnimmt (behandelt), trägt, hält und weiter begleitet, die schwer geschädigt sind, ein Verbundsystem das wirklich Verbundenheiten schafft und nicht nur eine gut funktionierende sozialtechnokratische Organisationseinheit bereitstellt. Die Konsequenz: *alle* Beteiligten sind gefordert, ihre Konzepte so weiterzuentwickeln, daß nach der Intensivphase einer fachklinischen Behandlung eine intensive, mehrjährige Begleitung gewährleisten wird. Dies ist machbar, wenn die gegebenen Behandlungs- und Betreuungsmöglichkeiten effektiv genutzt und ausgeschöpft werden, Selbsthilfemodelle, Modelle professioneller Psychotherapie und Soziotherapie, (teil-)stationäre und ambulante Modelle ineinandergreifen als eine „Kette verbunderer Hilfsagenturen", die die *„chains of adverse events"* in eine *„chain of protective factors"* verwandelt (*Petzold, Goffin, Oudhoff* 1991*)* und Gesundheit und Resilienz (*Müller, Petzold* 2003) fördert.

Zusammenfassung
Anhand der anthropologischen Formel der Integrative Therapie und unter persönlichkeitstheoretischen und entwicklungspsychologischen Überlegungen der „Psychologie der Lebensspanne" wird das Konzept einer komplexen „karrierebegleitenden" Drogentherapie vertreten und theoretisch begründet.

Summary
Following the anthropological formula of Integrative Therapy and referring to its concepts of personality theory and „life span developmental psychology" the position of a longitudinal supportive drug therapy is advocated and grounded in theoretical reflections.

Key words: drug addiction, Integrative Therapy, theory of illness, lifespan developmental therapy.

Gesamtliteraturverzeichnis

Aaken, E. van (1998): Das van Aaken Lauflehrbuch. Aachen

Achenbach, T.M. (1982): Developmental psychopathology. New York

Adorno, T.W. (1951): Minima Moralia. Reflexionen aus dem beschädigten Leben. Frankfurt/M. Neuauflage 1964, 1973

Aebi-Hus, Maison Blanche (1998): Richtungswechsel. Leubringen/Ch. (Info-Broschüre)

Affeldt, M. (1991): Erlebnisorientierte psychologische Gruppenarbeit zur Begleitung von Jugendlichen in ihrer Entwicklung. Hamburg

Agarval, D.P., Goedde, H.W. (1987): Genetik des Alkoholismus. in: *Kisker* et al. (Hg.): Psychiatrie der Gegenwart 3. Abhängigkeit und Sucht. Berlin: Springer.

Ahrens, H., Be Aware, Frontpage, http://www.techno.de/frontpage/95-05/harens.html

Ajuriaguerra, J. de (1970): L'organisation psychomotorice et ses troubles. Manuel de Psychiatrie de l'Enfant. Paris

Ajuriaguerra, J. de (1962): Le corps comme relation, *Revue de psychologie pure et appliquée* 2. Paris

Akil, H., Campeau, S., Cullinan, W.E., Lechan, R.M., Toni. R., Watson, S.J., Moore, R.Y. (1999): Neuroendocrine systems I: Overview – thyroid and adrenal axes. in: *Zigmond, M.J.* et al. (Eds.), Fundamental neuroscience. San Diego, London, pp. 1127-50

Albrecht, E., Brabender, V. (1983): Alcoholics in Inpatient, Short-Term Interactional Group Psychotherapy: An Outcome Study. Group, 7

Alloy, L.B., Kelly, K.A., Mineka, S. Clements, C.M. (1990): Comorbidity of Anxiety and Depressive Disorder: A Helpleness-Hopelessness perspective. in: *Manser, J.D., Cloninger, C.R.* (1990): Comorbidity of mood anxiety disorders. Washington, pp. 449-543

Alheit, P. (1999): Biographie und Leib. Gießen: Psychosozial.

Althen, U. (1991): Das Erstinterview in der Integrativen Therapie. in: *Integrative Therapie*, 4/72001, 421-449. Paderborn.

Amann, G., Wipplinger, R. (1997): Sexueller Mißbrauch. Überblick zur Forschung, Beratung und Therapie. Tübingen: dgtv.

Amendt-Lyon, N., Hutterer-Krisch, R. (2000): Diagnostik in der Gestalttherapie. in: Laireiter (2000), 179-192.

Andreas-Siller, P. (1999): Kinder und Alltagsdrogen – Suchtprävention in Kindergarten und Grundschule. Graduierungsarbeit an der Europäischen Akademie für psychosoziale Gesundheit. Hückeswagen

Andritzky, W. (2005): Sinnerfahrung, religiöse Glaubensmuster und Verhaltensweisen. Ihre Relevanz für Psychotherapie und Gesundheitsverhalten – gesundheitspsychologische Perspektiven. in: Petzold, Orth (2004a)

Angermeyer, M.C., Bock B.: Das soziale Netzwerk Alkoholkranker. in: *Psychotherapie, Psychosomatik, Medizinische Psychologie*, 34

Anglin, M.D., Hser, Y.-I., Grella, C.E. (1997): Drug addiction and treatment careers among clients in the drug abuse treatment outcome study (DATOS). in: *Psychology of Addictive Behaviors*, 11, pp. 308-323

Anokhin, P.K. (1978): Beiträge zur allgemeinen Theorie des funktionellen Systems. Jena

Anthinelli, R.M., Schuckit, M.A. (1991): Genetics. in: *Lowinson, J.H., Ruiz, P., Millmann, R.B.* (Hg.): Substance Abuse. Baltimore: Williams & Wilkins.

Antonovsky, A. (1979): Health, stress and coping. London, San Francisco

Antonovsky, A. (1987): Unraveling the mystery of health. London

Antonovsky, A. (1997): Salutogenese. Zur Entmystifizierung von Gesundheit. Deutsche Gesellschaft für Verhaltenstherapie. Tübingen

Antonovsky, A. (1979): Health, stress and coping. London, San Francisco

Antonovsky, A, (1987): Unraveling the mystery of health. London

Antonovsky, A. (1997): Salutogenese. Zur Entmystifizierung der Gesundheit. Tübingen: dgvt.

Antonucci, T.C., Akiyana, H. (1994). Convoys of Attachment and Social Relations in Children, Adolescents and Adults. in: *Nestmann, F., Hurrelmann, K.* (Eds.), Social Networks and Social Support in Childhood and Adolescence. Berlin

Archer, J. (1999): The nature of grief. The evolution and psychology of reactions to lass. London

Arendt, H. (1970): Macht und Gewalt. München

Argelander, H. (1970): Die szenische Funktion des Ich und ihr Anteil an der Symptom- und Charakterbildung. in: Psyche, 24, 325-345.

Argelander, H. (1989): Das Erstinterview in der Psychotherapie. Darmstadt: Wissenschaftliche Buchgesellschaft.

Arico, S., Zannero, A., Galatola, G., Valenti, M., Corrao, G. (1994): Family Compliance to a Treatment Programme for Alcoholics: A Prospective Study of Prognostic Factors. *Alcohol and Alcoholism,* 29

Artmaier, H., Hitzler, R. Huber, F., Pfandenhauer, M. (Hrsg.) (1997): Techno zwischen Lokalkolorit und Universalstruktur. München.

Aßfalg, R., Rothenbacher, H. (1990): Diagnose der Suchterkrankungen. Hamburg.

Assmann, A. (1999). Erinnerungsräume. Formen und Wandlungen des kulturellen Gedächtnisses. München

Assmann, J. (1988): Kollektives Gedächtnis und Identität. in: *Assmann/Hölscher* (1988), S. 9-19

Assmann, J. (1999): Das kulturelle Gedächtnis. Schrift, Erinnerung und politische Identität in frühen Hochkulturen. München

Assmann, J., Hölscher, T.(1988): Kultur und Gedächtnis. Frankfurt/M.

Athen, D. (1998): Alkoholabhängigkeit als differentialdiagnostische Herausforderung. in: *Nervenheilkunde* 17, 378-384.

Baacke, D. (1994): Die 13- bis 18-Jährigen. Weinheim/Basel: Beltz Verlag

Babor, T.-F. et al. (1988): Unitary versus multidimensional models of alcoholism treatment outcome: An empirical study. in: *Journal of Studies onAlcohol,* 49 (2), pp. 167-77

Baer, R. (2000): Drogenhilfe zwischen Rausch und Nüchternheit – Suchttheorie, Drogenpolitik am Beispiel des Aebi-Hus/Maison Blanche 1974-1999. Bern

Bakhtin, M., Holquist, M. (Eds.) (1981): „Discourse in the Novel." The Dialogic Imagination: Four Essays. Austin

Baldini, G./Fricke, W. (1974): Sieben Zwerge. Auf dem Weg zu einem Therapiedorf für Drogenabhängige. in: *Petzold, H.G.* (Hrsg.) (1974b): Drogentherapie – Methoden, Modelle, Erfahrungen, Junfermann/Hoheneck, Paderborn 3.Aufl. Frankfurt/M. 1983

Balint, M. (1966): Die Urformen der Liebe und die Technik der Psychoanalyse. Stuttgart: Klett Cotta.

Balint, M., Balint, E. (1962): Psychotherapeutische Techniken in der Medizin. Bern: Huber.

Balint, M., Ornstein, P., Balint, E. (1973): Fokaltherapie. Ein Beispiel angewandter Psychoanalyse. Frankfurt a. M.: Suhrkamp.

Baltes, P.B. (1979): Entwicklungspsychologie der Lebensspanne. Stuttgart: Klett.

Baltes, P.B. (1987): Theoretical propositions of life-span development psychology: On the dynamics between growth and decline. in: *Developmental Psychology,* 23, pp. 611-626

Baltes, P.B. et al. (1980): Life-span developmental psychology, *Annual Review of Psychology* 31, pp. 65-110

Bandura, A. (1969): Principals of Behaviour Modification. New York: Holt, Rinehart & Winston.

Bandura, A. (1979): Sozialkognitive Lerntheorie. Stuttgart: Klett.

Bank, St.P., Kahn, M.D. (1990): Geschwisterbindung. Paderborn: Junfermann.

Bardeleben, U, v. (2000): Somatische Erkrankungen. in: *Uchtenhagen/Zieglgänsberger* (2000), 274-276.

Barrett, L., Dunbar, R., Lycett, J. (2002): Human Evolutionary Psychology. New York: Palgrave.

Bartling, G., Echelmeyer, I., Engberding, M., Krause, R. (1992): Problemanalyse im therapeutischen Prozeß. Stuttgart: Kohlhammer.

Bateson, G. (1972): Ökologie des Geistes. Frankfurt/M. (Neuauflage 1981)

Batuev, A.S., Sokolova, L.V. (1993): A.A. Uktomskij on human nature. in: *Journal of Russian and East European Psychology,* 1

Bauer, J. (2002): Das Gedächtnis des Körpers. Wie Beziehungen und Lebensstile unsere Gene steuern. Frankfurt/M.

Bauer, U., Wolfram, H., Strzata, A., Neise, U., Kühne, G.E. (1996): Langzeit-Katamnesen Alkoholabhängiger über 10 bis 14 Jahre nach stationärer viermonatiger Entwöhnungsbehandlung – Erfolgsmerkmale und Mortalität. in: *Sucht* 41 (6), S. 384-394

Baxter, L.R. et al. (1992): Caudate glucose metabolic rate changes with both drug and behavior therapy for obsessive-compulsive disorder. in: *Arch. General Psychiatry* 46, pp. 681-689

Beardslee, W., Versage, E., Wrigt, J., Salt, P., Rothberg, P., Derzner, K., Gladstone, T. (1997): Examination of Preventive Interventions for Families with Depression: Evidence of Change. in: *Development and Psychopathology* 9, 109-130.

Beauvoir, S. de (1968): Das andere Geschlecht, Sitte und Sexus der Frau. Reinbek: Rowohlt-Verlag.

Beck, D. (1974): Die Kurzpsychotherapie. Bern: Huber.

Beck, A.T. (1976): Cognitive therapy and the emotional disorders. New York

Beck, P. (1996): Persönliche Projekte. Heidelberg

Beck, U. (1986): Risikogesellschaft. Auf dem Weg in eine andere Moderne. Frankfurt/M.

Becker, P. (1997): Psychologie der seelischen Gesundheit. Bd. I: Theorien, Modelle, Diagnostik. Göttingen: Hogrefe.

Becker-Schmidt, R. (1998): Trennung, Verknüpfung, Vermittlung: Zum feministichem Umgeng mit Dichotomien. in: *Knapp, G.-A.* (Hrsg.): Kurskorrekturen. Frankfurt: Campus Verlag.

Becker-Schmidt, R., Knapp, G.-A. (2001): Feministische Theorien zur Einführung. Hamburg: Junius-Verlag.

Beek, P.J. (1989): Juggling dynamics. Amsterdam

Behnke, C., Liebold, R. (2000): Zwischen Fraglosigkeit und Gleichheitsrethorik. Familie und Partnerschaft aus der Sicht beruflich erfolgreicher Männer. in: *Feministische Studien*, 18. Jahrgang Nov. 2000 Nr.2. Weinheim: Deutscher Studien Verlag.

Behrend, H. (2001): Ost-/West-Feminismus. in: *„Das Argument241"*, 43. Jahrgang Heft 3. Hamburg: Argument Verlag.

Benhabib, S. (1995): Selbst im Kontext: Gender Studies. Frankfurt: edition Suhrkamp.

Benz, A. (1988): Augenblicke verändern mehr als die Zeit. Das psychoanalyische Interview als erster Eindruck von Therapeut und Gesprächspartner. in: *Psyche*, 42, 577-601.

Benzins, J., Ross, W.F. (1973): Locus of control among opiate addicts. in: *Journal of consult and Clin. Psychol.* 40, 84-91.

Berger, K. (1999): Wie kann Gott Leid und Katastrophen zulassen? Gütersloh

Berger, M. (2004): Psychische Erkrankungen. Klinik und Therapie. München: Urban & Fischer.

Berger, P.L., Luckmann, T. (1966): The social construction of reality, Doubleday, New York 1966; dtsch. (1970): Die gesellschaftliche Konstruktion der Wirklichkeit. Eine Theorie der Wissenssoziologie. Frankfurt/M. 1980

Bergin A.E., Garfield S.L. (1994) (Eds.): Handbook of psychotherapy and behavior change. Chichester

Bernstein, N.A. (1967): The co-ordination and regulation of movements. Oxford

Bernstein, N.A. (1975): Bewegungsphysiologie. Leipzig

Berthoz, A. (2000): The brain's sense of movement. Cambridge, London

Biederman, J. et al. (1993): Patterns of psychiatric comorbidity, cognition, and psychosocial functioning in adults with attention deficit hyperactivity disorder. in: *American Journal of Psychiatry* 150 (1993), pp. 1792-1798

Biederman, J. et al. (1998): Does attention-deficit hyperactivity disorder impact the developmental course of drug and alcohol abuse and dependence. in: *Biological Psychiatry* 44 (1998), pp. 269-273

Biederman, J. et al. (1997): Is ADHD a risk factor for psychoactive substance use disorders? Findings form a four-year prospective follow-up study. in: *Journal of the American Academy for Children and Adolescent Psychiatry* 36 (1997), pp. 21-29

Biederman, J. et al. (1995): Psychoactive substance use disorders in adults with attention deficit hyperactivity disorder (ADHD): Effects of ADHD and psychiatric comorbidity. in: *American Journal of Psychiatry* 152 (1995)

Bilitza K.W. (Hrsg.) (1993): Suchttherapie und Sozialtherapie. Göttingen

Birbauer, N., Schmidt, R.F. (2002): Biologische Psychologie. Berlin

Bischof-Köhler, D., Bischof, N. (1996): Die „ödipale“ Phase im Lichte empirischer Forschung. in: *Kretz, H.* (Hrsg.): Lebendige Psychohygiene. München: Eberhard, 75-99.

Bischof-Köhler, D. (2002): Von Natur anders. Die Psychologie der Geschlechtsunterschiede. Stuttgart

Bischof-Köhler, *D.* (2004): Von Natur aus anders. Stuttgart: Kohlhammer.

Bjorklund, D.F., Pellegrini, A.D. (2000): The origin of human nature. Evolutionary developmental psychology. Washington

Blane, H.T. (1968): The Personality of the alcoholic. Guises of Dependency. New York: Harper & Row.

Blätter, A. (2000): Psychosoziale Faktoren der Substanzwirkung. in: *Uchtenhagen/Zieglgänsberger* (2000), 145-149.

Blättler, S. (2001): Feministische Politik und Hannah Arendts Konzeption der Pluralität. in: *Kahlert, H., Blondell, R.D.* (1993): Impaired physicians. in: *Primary Care* 20, 209-219.

Blaszczynski, A., McConaghy, Frankova, A. (1991): A comparison of relapsed and nonrelapsed abstinent Pathological gamblers following behavioural treatment. in: *British Journal of Addiction,* 86 (11), pp. 1485-1489

*Bleiberg, J.L., Devlin, P., Croan, J., Briscoe, R. (*1994): Relationship between treatment length and outcome in a therapeutic community. in: *International Journal of the Addictions,* 29

Bloem, J., Moget, P. (2000): Budo en psychosociale effecten: feit of fictie? Een literatuur review. Europäische Akademie für psychosoziale Gesundheit. Hückeswagen

Bloem, J., Moget, P., Petzold, H.G. (2004): Budo, Aggressionsreduktion und psychosoziale Effekte: Faktum oder Fiktion? – Forschungsergebnisse – Modelle – psychologische und neurobiologische Konzepte. in: *Integrative Therapie* 1-2/2004, 101-149

Bloem, J., Moget, P.C.M., Petzold, H.G. (2004a): Budokünste als „Weg“ und therapeutisches Mittel in der körper- und bewegungsorientierten Psychotherapie, Gesundheitsförderung und Persönlichkeitsentwicklung – transversale und integrative Perspektiven. in: *Integrative Therapie* 1-2 (2004)

Blos, P. (1979): The Adolescent Passage. Developmental Issues. New York
Blos, P. (1989): Adoleszenz. Eine Psychoanalytische Interpretation. Stuttgart: Klett.
Böhme, G. (1988): Der Typ Sokrates. Frankfurt/M.
Böhme, G. (2003): Leibsein als Aufgabe. Zug: Die Graue Edition.
Bökmann, M.B.F. (2000): Systemtheoretische Grundlagen der Psychosomatik und Psychotherapie. Berlin: Springer.
Bolland, U., Hubert Bolland, A. (2000): Geh-Schichten und Lebens-Spuren: Wieder-Holung mit Kreativen Medien und Landschaft in Psychotherapeutischer Gruppenarbeit. Unveröffentliches Manuskript. Basel
Bongaardt, R. (1996): Shifting focus. The Bernstein tradition in movement science. Amsterdam
Böning, J. (2002a): Neurobiologie und Klinik des Suchtgedächtnisses – vom Konstrukt zur Therapie. in: *Richter, G.* et al.: Alkohol, Nikotin, Kokain ... und kein Ende? Lengerich, S. 73-82
Böning, J. (2002b): Neurobiologische Perspektiven für die Suchtforschung und -behandlung am Beispiel des „Suchtgedächtnisses". in: *Fachverband Sucht e.V.*: Die Zukunft der Suchtbehandlung. Trends und Prognosen. Geesthacht
Bosch, M. (1989): Die entwicklungsorientierte Familienetherapie. in: *Bosch, M., Ullrich, W.*: Die entwicklungsorientierte Familientherapie nach Virginia Satir. Paderborn
Boschker, M.S.C. (2001): Action-Based Imagery. On the Nature of Mentally Imagined Motor Actions. Enschede/Amsterdam
Boschker, M.S.J. et al. (2000): Retroactive interference effects of mentally imagined movement speed. in: *Journal of Sports Sciences* (2000) 18, S. 593-603
Boscolo, L., Cecchin, G., Hoffman, L., Penn, P. (1988): Familientherapie – Systemtherapie. Das Mailänder Modell. Dortmund: Modernes Lernen.
Bosscher, R.J., Running and mixed physical exercises with depressed psychiatric patients. in: *Int. Journal Sport Psychol.* 24 (1993), pp. 170-184
Bosscher, R.J., Runningtherapie bij depressive: een experiment. in: *Bewegen & Hulpverlening* 4 (1991b), 234-260
Bosscher, R.J., Runningtherapie met depressieve patienten. in: *Bewegen & Hulpverlening* 2 (1985), S. 99-109
Boszormenyi-Nagy, I., Spark, G. (1981): Parentifizierung. in: *Boszormenyi-Nagy, I., Spark, G.* (Hrsg.): Unsichtbare Bindungen: Die Dynamik familiärer Systeme. Stuttgart: Klett.
Botton, de, A. (2000): Les consolations de la philosophie. Paris
Bourdieu, P. (1973): Grundlagen einer Theorie der symbolischen Gewalt. Frankfurt/M.
Bourdieu, P. (1980): Les sens pratique. Paris
Bourdieu, P. (1993): Sozialer Sinn. Frankfurt a.M.: Suhrkamp.
Bourdieu, P. (1997): Das Elend der Welt. Zeugnisse und Diagnosen alltäglichen Leidens an der Gesellschaft. Konstanz
Bourdieu, P. (1998): Gegenfeuer. Konstanzer Universitätsverlag.
Bowlby, J. (1983): Verlust, Trauer und Depression. Frankfurt a. M.: Fischer.
Bownds, M.D. (1999): The biology of mind. Origins and structure of mind, brain, and consciousness. Bethesta, MD
Boyesen, G. (1987): Über den Körper die Seele heilen. Biodynamische Psychologie und Psychotherapie. München: Kösel.
Bozok, B., Bühler, K.-E. (1988): Wirkfaktoren der Psychotherapie – spezifische und unspezifische Einflüsse. in: *Fortschritte der Neurologie, Psychiatrie* 56 (4) 119-132
Brammer, H, (1979a): Ich bin Alkoholiker. in: *Münchner Medizinsche Wochenschrift* 121, 770-771.
Brammer, H. (1979b): Ich bin Kollege. in: *Münchner Medizinische Wochenschrift* 121, 1089.
Brammer, H. (1979c): Ärtze als Alkoholiker – kaum zu retten. in. *Münchner Medizinische Wochenschrift* 121, 1155.
Brandes, H., Bullinger, H. (1996): Handbuch der Männerarbeit. Weinheim: Beltz-Verlag.

Brandes, H., Bullinger, H. (1996): Handbuch der Männerarbeit. Weinheim: Beltz-Verlag.

Brandtstädter, J. (1985): Personale Entwicklungskontrolle und regulatives Handeln: Überlegungen und Befunde zu einem vernachlässigten Forschungsthema. in: *Montada, L.* (1985) (Hrsg.): Bericht über die 7. Tagung Entwicklungspsychologie in Trier, Trier

Brandtstädter, J., Gräser, H. (1985 Hrsg.): Entwicklungsberatung unter dem Aspekt der Lebensspanne. Göttingen

Braun, K. (1998): Mensch, Tier, Schimäre: Grenzauflösungen durch Technologie. in: *Knapp, G.A.* (Hrsg.): Kurskorrekturen. Frankfurt: Campus Verlag.

Bremner, J.D. (1999): Traumatic Memories Lost and Found: Can Lost Memories of Abuse Be Found in the Brain? In: *Williams, L. M., Banyard, V.* (1999), Trauma & Momory. London, pp. 217-228

Bremner, J.D. et al. (1997): Positron emission tomography measurement of cerebral metabolic correlates of yohimbine administration in combat-related posttraumatic stress disorder. in: *Archivs of Genetic Psychiatry* 54, pp. 246-254

Bremner, J.D., Marmar, C.R. (Eds.) (1998): Trauma, Memory, and Dissociation. Washington

Bremner, J.D. et al. (1995): MRI based measurements of hippocampal volume in combat related posttraumatic stress disorder. in: *American Journal of Psychiatry* 152, pp. 973-981

Brenneis, C.B. (1998): Gedächtnissysteme und der psychoanalytische Abruf von Trauma – Erinnerungen. in: *Psyche*, 52, 801-823.

Breuer-Kreuzer, D. (1997): Alkoholabhängige Strafgefangene in der Sozialtherapeutischen Justizvollzugsanstalt Kassel: ein Projektbericht. in: *Zeitschrift für Strafvollzug und Straffälligenhilfe*, 46

Brickenkamp, R. (1997): Handbuch psychologischer und pädagogischer Tests. Göttingen: Hogrefe.

Brines, R., Hoffman-Goetz, L., Klarlund-Pedersen, B. (1996): Can you exercise to make your immune system fitter? In: *Immunology Today* 6, Vol. 17, pp. 252-254

Bronisch, Th., Sulz, K.D. (2002): Jugend oder frühe Kindheit als Prädiktor psychischer Erkrankung im Erwachsenenalter? in: *Psychotherapie in Psychiatrie, Pychother. Med. Klein. Psych.* (CIP-Medien), 7/1, Editorial.

Brooke, D. (1997): Impairment in the medical and legal professions. in: *Journal of Psychosomatic Research* 43, 27- 34.

Brooks, Ch. (1974): Sensory awareness. New York

Brown, G.W., Harris, T. (1978): Social origins of depression: A study of psychiatric disorder in women. New York

Brownmiller, S. (1978): Gegen unseren Willen: Frankfurt: Fischer Verlag.

Brück, B., Kahlert, H. u.a. (1997): Feministische Soziologie. Frankfurt: Campus Verlag.

Brühlmann-Jecklin, E, Petzold, H. G. (2004): Die Konzepte ‚social network‘ und ‚social world‘ und ihre Bedeutung für Theorie und Praxis der Supervision im Integrativen Modell. www.FPI-Publikationen.de/materialien.htm

Brühlmann-Jecklin, E. (1996): Der „vierte Weg der Heilung“ am Beispiel der Flüchtlingsarbeit. in: *Integrative Therapie* 1/1996, 19-34

Brühlmann-Jecklin, E., Petzold, H.G. (2004): Die Konzepte ‚social network‘ und ‚social world‘ und ihre Bedeutung für Theorie und Praxis der Supervision im Integrativen Modell. www.FPI-Publikationen.de/materialien.htm

Brumund, L., Märtens, M. (1998): Die 14 Heilfaktoren der Integrativen Therapie und ihre Bedeutung im Urteil der Therapeuten. in: *Gestalt und Integration* 2, 448-466

Brunner, E.J. (1984): Interaktion in der Familie. Berlin: Springer.

Bublitz, H., Bührmann, A.D., Hanke, C., Seier, A. (1999): Das Wuchern der Diskurse. Perspektiven der Diskursanalyse Foulcaults. Frankfurt am Main: Campus.

Bubolz, E. (1983): Bildung im Alter. Freiburg

Buchholz, M.B. (1993): Metaphernanalyse. Göttingen: Vandenhoeck & Ruprecht.

Bühler, K.E. (1991): Der Leib – ein Zeichen. in: *Integrative Therapie*, 1-2/1991, 9-28. Paderborn.

Bühringer, G.: Prävention der Drogenarbeit, DHS-Informationen,1984, 1/95

Bührmann, A., Diezinger, A., Metz-Göckel, S. (2000): Arbeit, Sozialisation, Sexualtität. Zentrale Felder der Frauen- und Gecshlechterforschung. Opladen: Leske + Budrich.

Büro für Suchtprävention (Hrsg.) (1996): Ecstasy: Prävention des Missbrauchs. Geesthacht: Raincr Domcs.

Buhl, E., Jaspersen, G. (1982): Der Gestalttherapeut in seinem sozialen Umfeld. Eine Untersuchung zu „sozialer Kompetenz" und „sozialem Engagement". Düsseldorf

Bundesarbeitsgemeinschaft für Rehabilitation (1996): Arbeitshilfe für die Rehabilitation von Suchtkranken. Frankfurt.

Bunin, M.A., Wightman, R.M. (1999): Paracrine neurotransmission in the CNS: Involvement of 5-HAT. in: *Trends in Neurosciences* 9 (1999), pp. 377-382

Burian, W. (1994): Die Rituale der Enttäuschung: Die Psychodynamik der Droge und die psychoanalytische Behandlung der Drogenabhängigkeit. Wien

Bürmann, J. (1992): Gestaltpädagogik und Persönlichkeitsentwicklung. Theoretische Grundlagen und praktische Ansätze eines persönlich bedeutsamen Lernens. Bad Heilbrunn

Buss, D.M. (1999): Evolutionary Psychology. The New Science of the Mind. Boston, MA

Buss, D.M. (2004): Evolutionäre Psychologie. Heidelberg: Pearson Studium

Butler, J. (2003): Kritik der ethischen Gewalt. Frankfurt am Main: Suhrkamp Verlag.

Butollo, W., Rosner, R., Wentzel, A., (1999): Integrative Psychotherapie bei Angststörungen. Bern

Calicchia, J.P. (1974): Narcotic addiction and preseived Locus control. in: *Journal Clin. Psychol.*30, 499-504.

Campbell, A. (2002): A mind of her own. The evolutionary psychology of women. Oxford

Canguilhelm, G. (1965): La connaissance de la vie. Paris 1992[2]

Canli, T., Zhao, Z., Brewer, J., Gabriel, J.D., Cahill, L. (2000): Event related activation in the human amygdala associates with later memory for individual emotional experience. in: *Journal of Neuroscience*, 20, p 99

Canton, G. et al. (1988): Locus of control, life events and treatment outcome in alcohol dependent patients. in: *Acta psychiatr. scand.*, 78 (1), pp. 18-23

Capelle, W. (1968): Die Vorsokratiker. Stuttgart

Carlson, N.L. (1994): Physiology Behavior. Boston

Carman, R.S. (1979): Motivations for drug use and problematic outcomes among rural junior high school students. in: *Addictive Behaviors* 4, 91-93.

Caspar, *F.* (2003): Psychotherapy Research and Neurobiology: challenge, change or enrichment? In: *Psychotherapy Research* 13, pp. 1-23

Caspar, F.M., Grawe, K. (1992). Psychotherapie: Anwendung von Methoden oder ein heuristischer integrierender Produktionsprozeß? *Report Psychologie* 49, 10-22

Caspi, A., Moffitt, T. E., Newman, D. L., Silva, P. A. (1996): Behavioral observations at age 3 years predict adult psychiatric disorders. in: *Archives of General Psychiatry* 53, pp. 1033-1039

Castonguay, L.G., Goldfried, M.R. (1997): Die Zeit ist reif für eine Psychotherapie-Integration. in: *Integrative Therapie*, 3/1997, 243-272. Paderborn.

Chamberlain, H. St. (1916): Immanuel Kant. Die Persönlichkeit als Einführung in das Werk. München: Bruckmann.

Chaney, E.F., O'Leary, M.R., Marlatt, G.A. (1978): Skill Training with Alcoholics. in: *Journal of Consulting and Clinical Psychology*, 46 (5), pp. 1092-1104

Chesler, Ph. (1977): Frauen – Das verrückte Geschlecht. Reinbek: Rowohlt Verlag.

Chlada, M. (2000): Denken mit dem rosaroten Panther: Deleuze und die Philosophie. in: Das Universum des Gilles Deleuze. Aschaffenburg: Alibri Verlag.

Chodrow, N. (1994): Das Erbe der Mütter. München: Verlag Frauenoffensive. 4. Aufl.

Chwallek, B. (2004): Berufliche Integration. In *Bürkle, S.* (Hrsg.) 2004, Nachsorge in der Suchtkrankenhilfe. Freiburg

Cierpka, M. (1996): Handbuch der Familiendiagnostik. Berlin: Springer.

Cierpka, M. (2000): Diagnostik in der Familientherapie. in: *Laireiter* (2000), 217-234.

Ciompi, L. (1997): Die emotionalen Grundlagen des Denkens. Zum Entwurf einer fraktalen Affektlogik. Göttingen. Vandenhoek & Ruprecht.

Clark, A. (1997): Being There. Putting Brain, Body, and World Together Again. Cambridge MA

Clark, A. (1999): An Embodied Cognitive Science? In: *Trends in Cognitive Sciences* 3 (9), pp. 345-351

Cohn, Ruth C. (1997): Von der Psychoanalyse zur themenzentrierten Interaktion. Von der Behandlung einzelner zu einer Pädagogik für alle. Stuttgart

Cohn, Ruth, C. (1993): Es geht um's Anteilnehmen: Die Begründerin der TZI zur Persönlichkeitsentfaltung. Freiburg

Cohn, R.C., Frühmann, R. (1985): Frauen und Therapie – Ein Briefdialog. in: *Frühmann, R.* (1985): Frauen und Therapie. Paderborn: Junfermann.

Cole, M., Maltzman, I. (Hrsg. 1969): A Handbook of Contemporary Soviet Psychology. New York

Compernolle, T. (1982): Moreno ein unbekannter Wegbereiter der Familientherapie. in: *Integrative Therapie* 8 (3), S. 166-172

Connell, R.W. (2000): Der gemachte Mann. Opladen: Leske + Budrich. 2. Aufl.

Connell, R.W. (2000): Globalisierung und Männerkörper – Ein Überblick. in: *Feministische Studien*, 18. Jahrgang, Nov. 2000, Nr.2 Weinheim: Deutscher Studien Verlag.

Cooper, S.-E. (1983): The influence of self-concept on outcomes of intensive alcoholism treatment. in: *Journal of Studies on Alcohol*, 44 (6), pp. 1087-1093

Corballis, M.C., Lea, S.E.G. (1999): The decent of mind. Psychological perspectives on hominid evolution. Oxford

Corcoran, V.M., Moshe, S. (1997): Kindling. New York

Corson, S.A., Corson, E.O. (1975): Pet-facilitated Psychotherapie in a Hospital Setting. in: Current Psychiatric Therapies. Oxford, New York, Toronto

Corson, S.A., Corson, E.O. (1980): Pet Animals as Nonverbal Communication Mediators in Psychotherapy in Institutional Settings. in: *Ethology & Nonverbal Communication.* in: *Mental Health*, Oxford, New York, Toronto, Sydney

Cosmides, L., Tooby, J. (2003): What is evolutionary psychology? Explaining the new science of the mind. London

Costello, R.M. (1975): Alcoholism treatment and evaluation, in search of methods. in: *International Addiction* 10 (5), pp. 857-867

Cottier, S.C., Rohner-Artho, E. (1992): Der Krankheitsbegriff in der Dasiens-Analyse. in: *Pritz, A., Petzold, H.* (1992): Der Krankheitsbegriff in der modernen Psychotherapie. Paderborn: Junfermann., 171-195.

Cronkite, R.C., Moos, R.H. (1978): Evaluating Alcoholism Treatment Programs: An Integrated Approach. in: *Journal of Consulting and Clinical Psychology*, 46 (5), pp. 1105-1119

Cross, A. (1995): Spionin in eigener Sache. Frankfurt: Eichborn Verlag.

Csikszentmihalyi, M. (1993). Das Flow-Erlebnis. Stuttgart

Cunningham, M.S. (1993): Evaluating Alcohol and other Drug Abuse Programs. in: *Freemann E.M.* (ed): Substance abuse treatment. A Family Systems Perspective. Newbury Park, pp. 267-294

Daffertshofer, A., Peper, C.E., Beek, P.J. (2000): Spectral analyses of event-related encephalographic signals. in: *Phys. Lett.* A 266, 2000, pp. 290-302

Damasio, A.R. (1997). Descares Irrtum. Fühlen, Denken und das menschliche Gehirn. München: dtv.

Damen, T., Bosscher, R. J., Fahrenfort, J. (1984): Runnigtherapie bij patienten met en stemmingsontregeling. in: *Tijdschrift voor Psychiatrie* 26, S. 105-116

Damm, K. (2000): Erfahrungen mit dem Hilfsangebot der Ärztekammer Hamburg an suchtkranke Ärzte. in: *Zerdick*, J. (Hrsg.) (2000): Schriftenreihe der DGS, Band 5: Suchtmedizin im Dialog. Kongreßband des 9. Kongresses der Deutschen Gesellschaft für Suchtmedizin am 5.11.2000 in Münster. Berlin: Verlag für Wissenschaft und Bildung. 251-257.

Dantendorfer, K., Maierhofer, D. (2000): Diagnostik in der Individualpsychologie. in: *Laireiter* (2000), 75-84.

Danvaloo, H. (1980): Short-term Dynamic Psychotherapie. New York: Jason Arason.

Dauk, E. (1989): Denken als Ethos und Methode. Foucault lesen. Berlin

Davidson, R. J. ((2000): Affective Style, Psychopathology, and Resilience: Brain Mechanisms and Plasticity. in: *American Psychologist* 55, pp. 1196-1214

Davidson, R.J., Jackson, D. C., Kalin, N.H. (2000): Emotion, plasticity, context, and regulation: Perspectives from affective neuroscience. in: *Psychological Bulletin* 126, pp. 890-906

Davidson, R.J., Pizzagalli, D., Nitschke, J.B., Putnam, K. (2002): Depression: Perspectives from Affective Neuroscience. in: *Annual Review of Psychology* 53, pp. 545-574

Dayton, T. (2000): Trauma and addiction. Ending the cycle of pain through emotional literacy. Deerfield Beach, Florida: Health Comunications.

Deimel, H. (1988): Sporttherapeutische Gesichtspunkte in der Behandlung von Alkoholabhängigen. in: *Brennpunkte der Sportwissenschaft*, 2 (1) S. 43-58

Deimel. H. (1983): Sporttherapie. Berlin

Deister, A. (2000): Milieutherapie. in: *Möller* et al. (2000), 772-778.

Del-Boca, F.-K., Mattson, M.-E. (1994): Developments in alcoholism treatment research: Patient-treatment matching. in: *Alcohol,* 11 (6), pp. 471-475

Deleuze, G. (1993): Das Leben als Kunstwerk (Gespräch mit *Didier Eribon,* 1986). in: Ders.: Unterhaltungen 1972-1990. Frankfurt/M.

Deleuze, G. (1992): Woran erkennt man den Strukturalismus? Berlin: Merve Verlag. *Derrida, J.* (1986): Positionen. Graz

Derrida, J. (1997): Cosmopolites de tous les pays, encore en effort. Paris

Derrida, J. (2000): Politik der Freundschaft. Frankfurt/M.

Deutsche Hauptstelle gegen Suchtgefahren (1998): Jahrbuch Sucht. Geesthacht: Neuland Verlag.

Diener, G. (1971): Goethes „Lila". Heilung eines Wahnsinns durch „psychische Kur". Frankfurt/M.

Dickhaut, H.H. (1987): Ich bin Arzt und Alkoholiker – wer gibt das schon gern zu? in: *Ärztliche Praxis* 46, 1527-1529.

Dieckmann, C. (1994): Gewalterfahrungen süchtiger Frauen – Wiederholung im Hilfesystem. in: *Richelshagen, K.* (Hrsg.) (1994): Sucht, Macht und Gewalt. Freiburg: Lambertus Verlag.

Diepgen, R. (1993): Muenchhausen-Statistik. Eine Randbemerkung zu einer Argumentationsfigur von Grawe (1992). in: *Psychol. Rundschau* 44, S. 176-177

Dilling H., Reimer C. (1997): Psychiatrie und Psychotherapie. Berlin, Heidelberg

Dilling, H., Mombour, W., Schmidt, M.h. (1991): Internationale Klassifikation psychischer Störungen. Bern, Göttingen, Toronto: Verlag Hans Huber.

Dingler, J., Frey, R., Frietsch, U., Jungwirth, I., Kerner I., Spottka, F. (2000): Dimensionen postmoderner Feminismen. in: *Feministische Studien*, 18. Jahrgang, Nov. 2000, Nr.1. Weinheim: Deutscher Studienverlag.

Disney, E.R., Elkins, I.J., McGue, M., Iacono, W.G. (1999): Effects of ADHD, conduct disorder, and gender on substance use and abuse in adolescence. in: *American Journal of Psychiatry* 156 (1999), pp. 1515-1521

Dittmann-Kohli, F. (1995): Das persönliche Sinnsystem. Göttingen

Dobson, K.S., Craig, K. D., (1998): Empirically Supported Therapies. Best practice in professional psychology. Thousand Oaks

Dobson, K.S., Shaw, B.F. (1988): The use of treatment manuals in cognitive therapy: Experience and issues. in: *Journal of Conult. Clinical Psychology* 56, pp. 673-680

Döge, P. (2000): Männlichkeit und Politik. Ansatzpunkte einer politikwissentschaftlichen Männer- und Männlichkeitsforschung. in: *Feministische Studien*, 18. Jahrgang, Nov. 2000, Nr.2. Weinheim: Deutscher Studienverlag.

Dolde, G. (1996): Alkoholauffällige Täter im Strafvollzug: Ein Sonderprogramm für Straßenverkehrstäter. in: *Bewährungshilfe*, 43, S. 117-126

Domanski, J. (1996): La philosophie, théorie ou manière de vivre? Les controverses de l'Antiqué à la Renaissance. Fribourg, Paris

Donabedian, A. (1966). Evaluating the Quality of Medical Care. in: *MMFQ*, S. 166-206

Donovan, D.-M., Ito, J.-R. (1988): Cognitive behavioral relapse prevention strtegies and aftercare in alcoholism rehabilitation. Special Issue: Nontraditional approaches to treating alcohol-dependent veterans. in: *Psychology of Addictive Behaviors*, 2, pp. 74-82

Dornes, M. (1993): Der kompetente Säugling. Frankfurt a.M.: Fischer.

Dornes, M. (1997): Die frühe Kindheit. Entwicklungspsychologie der ersten Lebensjahre. Frankfurt a.M.: Fischer.

Dost, B. (1996): Das Leiden aneinander: Abhängigkeit, Co- Abhängigkeit und Autonomie im Geschlechterverhältnis. in: *Fett, A.* (Hrsg.): Männer – Frauen – Süchte. Freiburg: Lambertus Verlag.

Downing, G. (1996): Körper und Wort in der Psychotherapie. München: Kösel.

Dreher, E., Dreher, M. (1999): Konzepte von Krankheit und Gesundheit in Kindheit, Jugnd und Alter. in: *Oerter* et al. (1999), 623-653.

Dreisholtkamp, U. (1999): Jaques Derrida. München: Verlag C.H. Beck.

Dreitzel, H.P. (1992): Reflexive Sinnlichkeit. Mensch – Umwelt – Gestalttherapie. Köln: Edition Humanist. Psychologie.

Dreyfus, H.L., Rabinow, P. (1982): Michel Foucault: Beyond hermeneutics and structuralism. Chicago: University of Chicago Press, dt. (1994): Jenseits von Strukturalismus und Hermeneutik. Weinheim: Beltz- Athenäum.

Duala-M'Bedy, M. (1977): Xenologie. Die Wissenschaft vom Fremden und die Verdrängung der Humanität in der Anthropologie. München

Dürckheim, K. v. (1964): Der Alltag als Übung. Bern

Durlak, J.A. (1979): Comparative effectiveness of paraprofessional and professional helpers. in: *Psychol. Bull.* 86, S. 80-92

Ebert, A., Möhler, A. (1997): Integrative Therapie bei Patienten mit koronarer Herzkrankheit. Aspekte der Förderung von Integrität, Wohlbefinden und Sinnerleben. in: *Integrative Therapie* 3/1997, 289-315. Paderborn.

Ebert, W. (2001): Systemtheorie und Supervision. Opladen

Ebert, W., Könnecke-Ebert, B. (2004): Einführung in die Integrative Beratung und Therapie mit Suchtkranken. in: *Petzold, H.G., Schay, P., Ebert, W.* (2004): Integrative Suchttherapie: Theorie, Methoden, Praxis, Forschung. Wiesbaden, 173-220

Eckstaedt, A. (1992): Die Kunst des Anfangs. Psychoanalytische Erstgespräche. Frankfurt a.M.: Suhrkamp.

Edelmann, G.M.. (1995): Göttliche Luft, vernichtendes Feuer. Wie der Geist im Gehirn entsteht. München: Piper.

Edelmann, G., Tononi, G. (2001a): Consciousness. Harmondsworth: Penguin Books.

Edelmann, G., Tononi, G. (2001b): A Universe of Consciousness. New York: HowMatterbecomes Imagination. Basic Books.

Egle, U., Hoffmann, S., Joraschky, P. (1996): Sexueller Mißbrauch, Mißhandlung, Vernachlässigung. Stuttgart: Schattauer.

Ehlers, A. (1999): Posttraumatische Belastungsstörung. (= Fortschritte der Psychotherapie, Bd. 8). Göttingen

Ehrhardt, H. (1959): Drug addiction in the medical and allied professions in Germany. in: *Bulletin on Narcotics* 11, 18-26.

Eichenbaum, L., Orbach, S. (1984): Feministische Psychotherapie. München: Kösel-Verlag.

Eichenbaum, L., Orbach, S. (1986): Was wollen die Frauen. Reinbek: Rowohlt.

Eichert, H.-C. (2005). Supervision und beruflicher Stress im psychiatrischen Bereich – Ressourcenentwicklung durch Supervision. www.fpi-publikationen.de/supervision

Eichert, H.-Ch., Petzold, H.G. (2003a): Supervision und innerinstitutionelle Schweigepflicht. Vrije Universiteit Amsterdam Faculteit der Bewegingswetenschappen – Postgradualer Studiengang Supervision Amsterdam. www.fpi-publikationen.de/supervision

Eichert, H.-Ch., Petzold, H.G. (2003b): Hilflosigkeit, Kontrolle, Bewältigung – Kernkonzepte und Materialien für die Supervision. www.fpi-publikationen.de/supervision

Eichert, H.-Ch., Petzold, H.G. (2003c): Kausalattribution und Kontrollüberzeugung und deren Bedeutung für die Supervision. www.fpi-publikationen.de/supervision

Eisenbach-Stangl, I., Mäkelä, K., Schmidt-Semisch, H. (2000): Gesellschaftliche Reaktionen auf Drogenkonsum und Drogenprobleme. in: *Uchtenhagen/Zieglgänsberger* (2000), 150-161.

Elal-Lawrence, G., Slade, P.D., Dewey, M.E. (1986): Predictors of Outcome Type in Treated Problem Drinkers. in: *Journal of Studies on Alcohol,* 47 (1), pp. 41-47

Eliasoph, E. (1955): A group therapy and psychodrama approach with adolescent drug addicts. in: *Group Psychotherapy* 2 (1955), pp. 161-167

Ellis, A. (1999): Thesen: Die Psychotherapie ist in beunruhigendem Maße mit überflüssigen Mythen belastet. in: *Petzold, H.G., Orth, I.* (1999a) S. 79-86.

Emmelkamp, P.M.G., Foa, E.B. (1983): Failures in behavior therapy. New York

Emrick, C.D. (1974): A review of psychologically oriented treatment of alcoholism: I. The use and interrelationships of outcome criteria and drinking behavior following treatment. in: *Quarterly Journal of Studies on Alcohol* 35 (2), pp. 523-549

Emrick, C.D. (1975): A review of psychologically orientated treatment of alcoholism: II. The relative effectiveness of different treatment approaches and the relative effectiveness of treatment versus no treatment. in: *Quarterly Journal of Studies on Alcohol,* 35 (2), pp. 523-549

Ende, M. (2002): Trödelmarkt der Träume. München

Endres, A. (2000): Alkoholkranke Ärzte – Die Existenz steht auf dem Spiel. in: *Deutsches Ärzteblatt* 97, B24-25.

Engel, G.L. (1976): Psychisches Verhalten in Gesundheit und Krankheit. Bern

Engel, G.L. (1977): The need for a new medical model: A challenge for biomedicine. in: *Science* 196 (1977), 129-136

Engel, G.L. (1997): From biomedical to biopsychosocial. in: *Psychotherapy Psychosom* 66, 57-62

Epiktet (1992): Handbüchlein der Moral (Encheiridion). Übers. und hrsg. von *Steinmann, K.*, Stuttgart: Reclam.

Epstein, S. (1993): Implications of cognitive-experiential self-theory for personality and developmental psychology. in: *Funder, D.C.* et al.: Studying lives trough time: Personality and development. Washington pp. 399-438

Epstein, S., Morling, B. (1995): Is the self motivated to do more tan enhance amd or/verify itself? In: *Kernis, M. H.*: Efficacy, Agency, and self-esteem. New York, 9-29

Erdheim, M., (1982): Die gesellschaftliche Produktion von Unbewußtheit. Eine Einführung in den ethnopsychoanalytischen Prozeß, Frankfurt: Suhrkamp.

Erikson, E.H. (1959): Identity and the life cycle. New York: International Universities Press.

Eriksson, P.S. et al., (1998): Neurogenesis in the adult human hippocampus. in: *Nature Medicine* 4 (1998), pp. 1313

Erlenmeyer, A. (1886): Über Cocainsucht. in: *Deutsche Medizinal-Zeitung* 44, 483-484.

Ermann, M. (1991): Psychoanalytische Diagnostik und das psychoanalytische Erstinterview. in: *Praxis der Psychotherapie und Psychosomatik*, 36, 97-103.

Ermann, M., Waldvogel, B. (2000): Psychodynamische Psychotherapie. Grundlagen und klinische Anwendungen. in: *Möller* et al. (2000), 617-655.

Ernst, C. (1992): Sind Säuglinge psychisch besonders verletzlich? Argumente für eine hohe Umweltresistenz in der frühen Kindheit. in: *Integrative Therapie*, 1-2/1992, 45-57. Paderborn.

Ernst, M.-L., Rottenmanner, I., Spreyermann, C. (1994): Frauen – Sucht – Perspektiven. Zürich

Etheridge, R.M., Craddock, S.G., Dunteman, G.H. & Hubbard, R.L. (1995): Treatment services in two national studies of community-based drug abuse treatment programs. in: *Journal of Substance Abuse* 7, pp. 9-26

Etheridge, R.M. et al. (1999): The relationship of treatment and self-help participation to patient outcomes in DATOS. in: *Drug and Alcohol Dependence* 57, pp. 99-112

Etheridge, R.M. et al. (1997): Treatment structure and program services in the Drug Abuse Treatment Outcome Study (DATOS). in: *Psychology of Addictive Behaviors*, 11 (4), pp. 244-260

Eysenck, H.J. (1952): The effects of psychotherapy: An evaluation. in: *Journal of Consulting Psychol.* 16, pp. 319-324

Fachverband Drogen und Rauschmittel e. V. (1994): Therapieziele im Wandel. Berichte. Bonn

Fähndrich, E., Stieglitz, R.-D. (1998): Leitfaden zur Erfassung des psychopathologischen Befundes. Halbstrukturiertes Interview anhand des AMDP-Systems. Göttingen: Hogrefe, 2. Aufl.

Faltermaier, T. (2005): Gesundheitspsychologie. Stuttgart: Kohlhammer.

Faltermaier, T., Mayring, Ph., Saup, W., Strehmel, P. (1992): Entwicklungspsychologie des Erwachsenenalters. Stuttgart: Kohlhammer.

Faltermaier, T. et al. (1992): Entwicklungspsychologie des Erwachsenenalters. Stuttgart

Farrington, D.P. (1999): Conduct disorder and delinquency. in: *Steinhausen, H.-C., Verhulst, F.C.*: Risks and Outcome in Developmental Psychopathology. Oxford

Faust, V., Baumhauer, H. (1995): Medikamenten-Abhängigkeit. in: *Faust, V.* (Hg.): Psychiatrie. Ein Lehrbuch für Klinik, Praxis und Beratung. Stuttgart: Fischer.

Fausto-Sterling, A. (2002): Sich mit Dualismen duellieren. in: *Pasero, U., Gottburgsen, A.* (Hrsg.): Wie natürlich ist Geschlecht. Wiesbaden: Westdeutscher Verlag.

Feest, J. (Hrsg.) (2000): Kommentar zum Strafvollzugsgesetz: (AK-StVollzG). Neuwied (4., neu bearb. Aufl., vor § 56 Rz. 27 m.w.N.)

Feltham, C. (ed.) (1999): Understanding the Counselling Relationship. London

Fend, H. (1999): Entwicklungspsychologie des Jugendalters. Opladen: Leske + Budrich (UTB).

Fend, H. (1971): Sozialisierung und Erziehung. Weinheim

Ferenczi, S. (1988): Journal clinique, Paris dtsch.: Ohne Sympathie keine Heilung. Das klinische Tagebuch von 1932. Frankfurt/M.

Fett, A. (1996): Männer – Frauen – Süchte. Freiburg: Lambertus Verlag.

Feuerhorst, R. (2000): Integrative Soziotherapeutische Gruppen mit Frauen. in: *Gestalt* 38, S. 3-20

Feuerlein, W., Krasney, O., Teschke, R. (1991): Alkoholismus – Eine Information für Ärzte, 3. völlig neu überarbeitete Aufl. erstellt im Auftrag der Deutschen Hauptstelle gegen die Suchtgefahren e.V., Geesthacht: Neuland Verlag.

Feuerlein, W. (1990): Langzeitverläufe des Alkoholismus. in: *Schwoon D.R., Krausz M.* (Hrsg): *Suchtkranke: die ungeliebten Kinder der Psychiatrie.* Stuttgart, S. 69-80

Feuerlein, W. (1989): Alkoholismus – Missbrauch und Abhängigkeit, Entstehung – Folgen – Therapie. Stuttgart

Feuerlein, W., Küfner, H., Huber, M., Buschmann-Steinhage, R. (1988): Münchener Evaluation der Alkoholismusherapie (MEAT): Eine katamnestische Studie vier Jahre nach der stationären Entwöhnungsbehandlung. in: *Dt Rentenversicherung* 11, 662-677

Feuerlein, W. (1986): Alkoholprobleme des Arztes. in: *Münchner Medizinische Wochenschrift* 128, 385-388.

Feuerlein, W.(Hrsg.) (1986): Theorie der Sucht. Heidelberg: Springer Verlag.

Feuerlein, W. (1972): Entstehungsbedingungen und Therapie des Alkoholismus. Kassel: Nicol Verlag.

Fichter, M.M. (1990): Verlauf psychischer Erkrankungen in der Bevölkerung. Berlin

Fiedler, P. (2000): Integrative Psychotherapie bei Persönlichkeitsstörungen. Göttingen

Fiedler, P.A. (1980): Wider die Methodenintegration. Argumente für eine problemorientierte Psychotherapie. in: *Schnelz, W., Hautzinger, M.*: Klinische Psychologie und Psychotherapie, Kongreßbericht Bd. 1. Tübingen

Fiedler, P. (2000): Phänomen- und störungsspezifische Diagnostik in der Verhaltenstherapie: Differentielle Indikation und Therapieplanung. in: *Laireiter* (2000), 129-142.

Fiedler, P. (1999): Salutogenese und Pathogenese in der Persönlichkeitsentwicklung. in: *Oerter* et al. (1999): 314-334.

Fiegl, J., Reznicek, E. (2000): Diagnostik in der systemischen Therapie. in: *Laireiter* (2000), 235-246.

Filipp, S.-H., Schmidt, K. (1995): Mittleres und höheres Erwachsenenalter. in: *Orter/Montada* (1995), 139-186.

Filipp, S.H. (1979): Selbstkonzeptforschung. Stuttgart

Filipp, S.-H. (1990): Kritische Lebensereignisse. München: Psychologie Verlags Union.

Fink, E.B. et al.(1985): Effectiveness of Alcoholism Treatment in Partial Versus Inpatient Settings: Twenty-four month outcomes. in: *Addictive Behaviors,* 10 (3), pp. 235-248

Finn, P.R., Zeitouni, N.C., Pihl, R.O. (1990): Effects of alcohol on psycho-physiological hyperreactivity to nonaversive and aversive stimuli in men at high risk for alcoholism. in: *Journal of Abnormal Psychology* 99, pp. 79-85

Finney, J.W., Moos R.H (1992).: The Long-Term Course of Treated Alcoholism: II. Predictors and Correlates of 10-Year Functioning and Mortality. in: *Journal of Studies on Alcohol,* 53 (2), pp. 142-153

Finney, J.W., Moos, R.H., Darrow, A.C. (1981): Length of Stay and Program Component Effects in the Treatment of Alcoholism: A Comparison of Two Techniques for Process Analyses. in: *Journal of Consulting and Clinical Psychology,* 49

Fiorentine, R. und Anglin, M.D. (1996): More is better:counseling participation and the effectiveness of outpatient drug treatment. in: *Journal of Substance Abuse Treatment*, 13, pp. 341-348

Fischer, J. (1999): Mein langer Lauf zu mir selbst. Köln

Fischer, G., Riedesser, P. (1998): Lehrbuch der Psychotraumatologie. München: UTB-Reinhardt.

Fixx, J.F. (1992): Das komplette Buch vom Laufen. Frankfurt/M.

Flaake, K., King, V. (Hrsg.) (1993): Weibliche Adoleszenz. Frankfurt: Campus Verlag. 2. Aufl.

Flammer, A. (1990): Erfahrung der eigenen Wirksamkeit. Einführung in die Psychologie der Kontrollmeinung. Bern. Huber.

Flammer, A., Alsaker, F. (2002): Entwicklungspsychologie der Adoleszenz. Die Erschließung innerer und äußerer Welten im Jugendalter. Bern: Huber.

Fletcher, P. et al. (1995): Other minds in the brain: a functional imaging study of „theory of mind“ in story comprehension. in: *Cognition* 57, pp. 109-128

Flick, U. (1991): Alltagswissen über Gesundheit und Krankheit. Subyektive Theorien und soziale Repräsentationen. Heidelberg: Asanger.

Flügel, A., Merfert -Diete, Ch. (1993): Frauenspezifische Therapie. in: *Jahrbuch Sucht* 1994 hrsg. von der deutschen Hauptstelle gegen die Suchtgefahren e.V., Geesthacht: Neuland Verlag.

Foa, E.B. (1997): Psychological Processes Related to Recovery from a Trauma and an Effective Treatment for PTSD. in: *Yehuda, McFarlane* (1997)

Foa, E.B., Molnar, C., Cashman, L. (1995): Change in rape narratives during exposure therapy for PTSD. in: *Journal for Traumatic Stress* 8 (4), pp. 675-690

Foa, E.B., et al. (1995): The impact of fear activation and anger on the efficacy of exposure treatment for PTSD. in: *Behavioral Therapy* 26 (1995), pp. 487-499

Foerster, H. von (1985): Sicht und Einsicht: Versuche zu einer operativen Erkenntnistheorie. Braunschweig: Vieweg.

Förstl, H. (2002): Lehrbuch der Gerontopsychiatrie und -psychotherapie. Stuttgart: Thieme.

FOGS, Gesellschat für Forschung und Beratung im Gesundheits- und Sozialbereich mbH (1996): Entwurf des Landessuchtprogramms Nordrhein-Westfalen. Köln.

Fonagy, P.(2001): Bindungstheorie und Psychoanalyse. Stuttgart: Klett-Cotta.

Fonagy, P.(2003): The development of psychopathology from infancy to adulthood. The mysterious unfolding of disturbance in time. in: *Infant Mental Health journal* 3, 212-239.

Fonagy, P., Target, M. (2004): Frühe Interaktion und die Entwicklung der Selbstregulation. in: *Streek-Fischer* (2004): Adoleszenz, Bindung, Destruktivität. Stuttgart, S. 105-135

Foucault, M. (1966): Lárcheologie du savior. Paris: Gallimard; dt. (1973): Die Archäologie des Wissens. Frankfurt: Suhrkamp; (1978): Berlin: Ullstein.

Foucault, M. (1974): Die Ordnung des Diskurses. München: Hanser.

Foucault, M. (1982): Der Staub und die Wolke. Bremen

Foucault, M. (1984a): L'histoire de la sexualité. 2 L'usage des plaisiers. Paris

Foucault, M. (1984a): Von der Freundschaft. Michel Foucault im Gespräch. Berlin

Foucault, M. (1984b): Eine Ästhetik der Existenz. in: *Foucault:* Von der Freundschaft. Michel Foucault im Gespräch. Berlin, 133-141

Foucault, M. (1986a): Die Sorge um sich. Sexualität und Wahrheit. Frankfurt/M.

Foucault, M. (1986b): Der Gebrauch der Lüste. Sexualität und Wahrheit. Frankfurt/M.

Foucault, M., Die Sorge um sich, Bd. III, Frankfurt/M. 1986c, 1989

Foulcault, M. (1988): Technologien des Selbst. Hrsg. von: *Martin, L.H., Gutman, H., Hutton, P.* Frankfurt/M.: Suhrkamp.

Foulcault, M. (1994): Das Subjekt und die Macht. in: *Dreyfus, Rabinow* (1994) 243-264.

Foulcault, M., Deleuze, G. (1999): Prolegomena: Gespräch zwischen Michael Foulcault und Gilles Deleuze: Die Intelektuellen und die Macht. in: *Petzold, H.G., Orth, I.* (1999a) S. 67-76.

Frambach, L. (1993): Identität und Befreiung in Gestalttherapie, Zen und christlicher Spiritualität. Petersburg

Frank, M. (2002): Selbstgefühl. Eine historisch-systematische Erkundung. Franfurt/M.

Frank, T.D. et al. (2000): Towards a comprehensive theory of brain activity: Coupled oscillator systems under external forces. in: *Physica* D 144, 2000, pp. 62-86

Franke, A., Mohn, K., u.a. (2001): Alkohol- und Medikamentenabhängigkeit bei Frauen. Weinheim, München: Juventa Verlag.

Franke, A. (2000): Gesundheit und Abhängigkeit von Frauen. in: Jahrbuch Sucht 2001 hrsg. von der Deutschen Hauptstelle gegen die Suchtgefahren e.V., Geesthacht: Neuland Verlag.

Fremmer-Bombik, E., Grossmann, K.E. (1993): Über die Lebenslange Bedeutung früher Bindungserfahrungen. in: *Petzold, H.G.* (1994), Bd. I, 83-110.

Freeman, W. (1995): Societies of brains. Mahwah

Freeman, W.J. (1996): Three centuries of category errors in studies of the neural basis of consciousness and intentionality. in: *Neural Networks* 10, pp. 1175-83

Freeman, W. (1999): How Brains make up their Minds. London

Freeman, W.J. (2000): Neurodynamics. An Exploration of Mesoscopic Brain Dynamics. London

Freud, S. (1905): Drei Abhandlungen zur Sexualtheorie. GW, Studienausgabe, Bd. 5. Frankfurt a.M.: Fischer, 37-145.

Freud, S. Zur Dynamik der Übertragung (1912b), in: GW, Bd. VIII, Fischer, Frankfurt 1973, 364-374.

Freud, S., Ratschläge für den Arzt bei der psychoanalytischen Behandlung (1912c), in: GW, Bd. VIII, Fischer, Frankfurt 1973, 376-387.

Freud, S. (1919/1982): Studienausgabe. Frankfurt/M.

Freud, S. (1933): Sándor Ferenczi (obituary). in: *International Journal of Psycho-Analysis* 14:3 (1933)

Freyberger, H.J. (2000): Moderne operationalisierte Klassifikatiossysteme. in: *Möller* et al. (2000), 337-351.

Fricke, U., Peschke, H. (1998): Substitution als induzierte Krise – Integrative Pespektiven. Graduierungsarbeit an der Europäischen Akademie für psychosoziale Gesundheit. Düsseldorf, Hückeswagen

Fricke, U. (1999): Internes Arbeitspapier zum Seminar Prozessuale Grundfragen der therapeutischen Praxis am FPI.

Fried, J. (2004): Der Schleier der Erinnerung. Grundzüge einer historischen Memorik. München

Friedan, B. (1966): Der Weiblichkeitswahn. Reinbek: Rowohlt Verlag.

Friedrich, H. (1984): Anamnese als Drama. Die ersten Sätze. in: *Zt. f. psychosomatische Medizin und Psychoanalyse,* 3, 314-322.

Friedrichs, J. (1973): Metoden empirischer Sozialforschung. Wiesbaden: Westdeutscher Verlag.

Frießheim, D. (1993): Alkohol- und Medikamentenabhängige – Benachteiligte in der Justiz? In: Sucht und Justiz: Suchtkrankenhilfe oder Strafverfolgung? Landesstelle gegen die Suchtgefahren in Baden-Württemberg (Hrsg.). Geesthacht: Neuland

Fromm, E. (1956): Die Kunst des Liebens. Frankfurt: Fischer. 1975.

Frueh, B.C., Turner, S.M., Beidel, D.C., Mirabella, R.F. Jones, W.J. (1996): Trauma Management Therapy: A preliminary evaluation of a multicomponent behavioral treatment for cronic combat-related PTSD. in: *Behavior Research and Therapy* 34 (1996), pp. 533-543

Frykholm,B. (1979): Termination of the drug carrier an interview study of ex-addicts. in: *Acta Psychiast. Scand.* 59, 370-380.

Frühmann, R. (1985): Frauen und Therapie. Paderborn

Frühmann, R. (1986): Das mehrperspektivische Gruppenmodell im Integrativen Ansatz der Gestalttherapie. in: *Petzold, H.G., Frühmann, R.* (1986): Modelle der Gruppe, Bd. 1. Paderborn: Junfermann. 255-283.

Frühmann, R. (1991): Spiele zwischen Eltern und Kindern die Bedeutung der Spielkultur in Familien. in: *Gestalt und Integration* 2, S. 29-41

Frühmann, R. (1993): Die Vermittlung therapeutischer Grundqualitäten im Prozeß der Lehranalyse aus der Sicht der Integrativen Therapie. in: *Frühmann, Petzold* (1993), S. 331-363

Frühmann, R., Petzold, H.G. (1993). Lehrjahre der Seele. Paderborn

Fuchs, M. (1989): Funktionelle Entspannung . Theorie und Praxis einer organismischen Entspannung über den rythmisierten Atem. Stuttgart: Hippokrates 4.Aufl.

Fuhr, R., Sreckovic, M., Gremmler-Fuhr, M. (1999): Handbuch der Gestalttherapie. Göttingen

Fuller, R.-K. (1988): Can treatment outcome research rely on alcoholics' self-reports? In: *Alcohol Health and research World,* 12

Funk, K. (1994): Integrative Therapie mit Drogenabhängigen ein Praxisbericht. in: *Scheiblich, W.* (Hrsg.) (1994): Sucht aus der Sicht psychotherapeutischer Schulen. Freiburg

Funke W. (1990): Differentielle Psychodiagnostik des chronischen Alkoholismus. Entwicklung eines Klassifikationsmodells für die primäre Indikation psychotherapeutischer Intervention. Schriftenreihe der Fachklinik Bad Tönisstein

Funke, J., Klein M. (1981): Katamnestische Untersuchung stationär behandelter Alkoholiker. in: *Suchtgefahren,* 27

Gabbard, G.O. (2000): A neurobiological informed perspective on psychotherapy. in: *British Journal of Psychiatry* 177, pp. 117-122

Gabbard, G.O., Kay, J. (2001): The fate to integrative treatment: Whatever happenend to the biopsychosocial psychiatrist? In: *American Journal of Psychiatry* 158, pp. 1956-1963

Gallese, V (2001): From Grasping to Language: Mirror Neurons and the Origin of Social Communication. Towards a Science of Consciousness Section 4: Vision and Consciousness – Introduction. CogNet Proceedings

Gallese, V, Goldman, A. (1998): Mirror neurons and the simulation theory of mindreading. in: *Trends in Cognitive Sciences* 2, 1998, pp. 493-511

Gallese, V. et al. (1996): Action recognition in the premotor cortex. in: *Brain* 119 (2) pp. 593-610

Garfield, S.L. (1973): Basic ingredients or common factors in psychotherapy? In: *J. Consult. & Clinical. Psychol.* 41, pp. 9-12

Garmezy, N. (1985): Stress resistant children: The search for protective factors. in: *Stevenson, J.* (ed.), Recent research in developmental psychopathology. Oxford 1985, 213-234

Gastpar, M., Mann, K., Rommelspacher, H. (Hrsg.) (1999): Lehrbuch der Suchterkrankungen. Stuttgart

Gazzaniga, M.S. (2000^2): The Cognitives Neurosciences. Cambridge

Gazzaniga, M.S., Ivry, R.B., Mangun, G.R. (1998): Cognitive Neuroscience: The Biology of the Mind. New York, London

Gebhardt, M., Petzold, H.G. (2005): Die Konzepte „Transversalität" und „Mehrperspektivität" und ihre Bedeutung für die Integrative Supervision und das Integrative Coaching. www. FPI-Publikationen.de/materialien.htm

Geck, K.A. (1974): Die Heidelberger Free Clinic. in: *Petzold, H.G.* (Hrsg.) (1974b): Drogentherapie – Methoden, Modelle, Erfahrungen. Frankfurt/M.

Geiger, L. (1988): Ausdauersport-Leitfaden. Oberhaching

Geißler, P. (1994): Psychoanalyse und Bioenergetische Analyse im Spannungsfeld zwischen Abgrenzung und Integration. Frankfurt a.M.: Peter Lang.

Genton, U. (1989): Integrative Bewegungstherapie mit Drogenabhängigen. in: *Integrative Therapie* 1 (1989), 35-41

Gerdelmann, H. (2001): unveröffentlichtes Behandlungsjournal von Siegfried C. im Rahmen der Motivationsbehandlung für alkoholauffällige/abhängige Straftäter in der Justizvollzugsanstalt Meppen. Hückeswagen

Germain, C.B., Gitterman, A. (1999): Praktische Sozialarbeit – Das Life Model. Stuttgart: Thieme Verlag.

Gewehr, F. (1956): Betäubungsmittelverbrauch und -sucht im Spiegel der Statistik. in: *Pharmazeutische Zeitung* 101, 813-818.

Gewehr,F. (1957): Über die Bekämpfung der Rauschgiftsucht aus der Sicht der Bundesopiumstelle unter besonderer Berücksichtigung der Erfassung der süchtigen Personen. in: *Bayrisches Ärzteblatt* 12, 1-8.

Gibbs, L., Flanagan, J. (1977): Prognostic indicators of alcoholism treatment outcome. in: *International Journal of the Addictions,* 12 (8), pp. 1097-1141

Gibson, J. (1979): Senses considered as perceptual systems. Boston

Gibson, J.J. (1979): The ecological approach to visual perception. Boston, dtsch.: Der ökologische Ansatz in der visuellen Wahrnehmung. München 1982

Gibson, J.J. (1982):The concept of affordance in development: The renaissance of funciontalism. in: *Collins, N.A.,* The concept of development. Hillsdale

Giddens, A. (1996): Konsequenzen der Moderne. Frankfurt a.M.: Suhrkamp.

Gieseke, W. (Hrsg.) (2001): Handbuch zur Frauenbildung. Opladen: Leske + Budrich.

Gilbert, P., Andrews, B. (1998): Shame. Interpersonal behavior, psychopathology, and culture. New York

Gilbert, P., Bailey, K. G. (1999): Genes on the couch. Explorations in evolutionary psychotherapy. Philadelphia

Gilligan, C. (1999): Die andere Stimme. München: Piper Verlag. 5. Aufl.

Gintzel, U., Jordan, E. u.a. (Hrsg.) (1998): Jahrbuch der sozialen Arbeit 1999 – Soziale Arbeit im 21. Jahrhundert. Frankfurt: Votum Verlag.

Goodman, P. (1962): Utopian essays and practical proposals. New York

Goodman, P. (1962): The society I live in is mine. New York

Goebel, J., Clermont, C. (1998): Die Tugend der Orientierungslosigkeit. Berlin: Rowohlt Verlag.

Goffman, E. (1959): The presentation of self in every day life. New York. dtsch. (1969): Wir alle spielen Theater. Die Selbstdarstellung im Alltag. München

Goffman, E. (1963): Stigma. Notes on the management of spoiled identity. Englewood Cliffs. dtsch.: (1967): Stigma. Über Techniken zur Bewältigung beschädigter Identität. Frankfurt/M.

Goffman, E., (1977): Rahmenanalyse. Frankfurt/M.

Goffman, E. (2001): Interaktion und Geschlecht. Frankfurt, New York: Campus Verlag. 2. Aufl.

Gold, M.S., Slaby, A.E. (1991): Dual Diagnosis in Substance Abuse. New York: Dekker.

Goldfried, M.R. (1992): Handbook of Psychotherapy Integration. New York: Basic Books.

Good, P. (1998): Maurice Merleau-Ponty Eine Einführung. Düsseldorf: Parerga Verlag.

Gossop, M. et al. (1999): Treatment retention and 1 year outcomes for residential programmes in England. in: *Drug and Alcohol Dependence* 1999, Dec. 1; 57 (2), pp. 89-98

Gossop, M. et al. (1997): NTORS in the UK: 6 month follow-up outcomes. in: *Psychology of Addictive Behavior*, 11 (4), 324-337

Gottfried, K., Petitjean, S., Petzold, H.G. (2003): Supervision im Feld der Psychiatrie – eine Multicenterstudie (Schweiz). in: *Petzold, Schigl, Fischer, Höfner* (2003), 299-333

Gottheil, E., McLellan T., Druley K.A. (1992): Length of Stay, Patient Severity and Treatment Outcome: Sample Data from the Field of Alcoholism. in: *Journal of Studies on Alcohol,* 53 (1), pp. 69-75

Gottschaldt, M. (1992): Abhängigkeit bei Ärzten. in: Sonderdruck *Hessisches Ärzteblatt* 53 Jg., Nr.4, 163-164.

Gould, E. et al. (1999): Neurogenesis in adulthood: a possible role in learning. in: *Trends in Cognitive Science* 3 (1999), pp. 186-92

Granzow, S. (1994): Das autobiographische Gedächtnis. Kognitionspsychologische und psychoanalytische Perspektiven. Berlin, München

Grawe K. (1998): Psychologische Therapie. Göttingen: Hogrefe

Grawe K., Donati R., Bemauer P. (1994): Psychotherapie im Wandel. Von der Konfession zur Profession. Göttingen

Grawe, K (1996): Umrisse einer zukünftigen Psychotherapie. in. *Berns H., Frank R., Eibe-Rudolf R. (Hg):* Erfolg und Mißerfolg in der Psychotherapie. Regensburg, S. 38-58

Grawe, K. (1992): Komplementäre Beziehungsgestaltung als Mittel zur Herstellung einer guten Therapiebeziehung. in: *Margraf, J., Brengelmann, J.* (Hrsg.), Die Therapeut-Patient-Beziehung in der Verhaltenstherapie, S. 215-244. München

Grawe, K. (1992): Therapeuten: unprofessionelle Psychospieler? In: *Psychologie Heute* 6, S.-22-28

Grawe, K. (1997): Research informed psychotherapy. in: *Psychotherapy Research* 7, pp. 1-19

Grawe, K. (2004): Neuropschotherapie. Göttingen: Hogrefe

Grawe, K. (2005): (Wie) kann Psychotherapie durch empirische Validierung wirksamer werden? In: *Psychotherapeuten Journal* 1, S. 4-10

Grawe, K. (2005a): Alle Psychotherapien haben ihre Grenzen, in: *Neue Zürcher Zeitung* 23.10. 2005, Nr. 43, 78

Grawe, K. (2005b): (Wie) kann Psychotherapie durch empirische Validierung wirksamer werden? in: *Psychotherapeutenjournal* 1, 4-11

Grawe, K., Caspar, F., Ambuehl, H. (1990): Die Berner Therapievergleichsstudie. in: *Zeitschrift f. klin. Psychol.* 19, S. 294-376

Grawe, K., Donati, R., Bernauer, F. (1994): Psychotherapie im Wandel – Von der Konfession zur Profession. Göttingen: Hogrefe

Grawe, K., Regli, D., Smith, E., Dick, A. (1999): Wirkfaktorenanalyse – ein Spektroskop für die Psychotherapie. in: *Verhaltenstherapie und psychosoziale Praxis* 2, S. 201-225

Greber Bretscher, F., Albertini, v. U., Eberle, S. (1997/98): Feminismus und Gestalttherapie/Integrative Therapie. in: *Gestalt und Integration* Sonderheft 2/1996 – 2/1998, Bd. 2. Paderborn: Junfermann Verlag.

Green, B. (2004). Der Stoff aus dem der Kosmos ist. München

Greer, G. (2000): Die ganze Frau, Körper, Geist, Liebe, Macht. München: Deutscher Taschenbuch Verlag.

Greiffenhagen, S. (1993): Tiere als Therapie. Neue Wege in Erziehung und Heilung. München

Grimal, P. (1978): Seneque: traite sur la vie heureuse aux lettres a Lucilius. Vita latina 69, 2-11

Grossmann, K.E., Becker-Stoll, F. Grossmann, K., Kindler, H., Schieche, M., Spangler, G., Wensauer, M., Zimmermann, P. (1997): Die Bindungstheorie: Modell, entwicklungspsychologische Forschung und Ergebnisse. in: *Keller, H.* (Hrsg.): Handbuch der Kleinkindforschung. Göttingen: Hogrefe.

Grünbaum, A. (1988): Die Grundlagen der Psychoanalyse. Eine philosophische Kritik. Stuttgart: Reclam.

Grund, O. et al. (2004): Das Modell „komplexen Bewusstseins" der Integrativen Therapie-Beispiele der Anwendung in verschiedenen Tätigkeitsfeldern. www.FPI-Publikationen.de/materialien.htm

Gürtler, S. (1994): Gleichheit, Differenz, Alterität. Das Denken von Emanuel Levinas als Herausforderung für den feministischen Diskurs. in: *Feministische Studien*, 12. Jahrgang, 1994 Nr. 1., Weinheim: Deutscher Studien Verlag.

Guillemin, A-M. (1952): Seneque directeur d'ames. *Revue Etudes Latines* 30, 202-221; 31(1953) 215-234; 32 (1954) 250-274.

Gunkel, S., Kruse, G. (2004): Salutogenese, Resilienz und Psychotherapie. Hannover

Gunzelmann, T., Schiepek, G. & Reinecker, H. (1987): Laienhelfer in der psychosozialen Versorgung: Meta-Analysen zur differentiellen Effektivität von Laien und professionellen Helfern. in: *Gruppendynamik*, 18 (4), S. 361-384

Gurman, A.S., Kniskern, D.P. (1981): Family Therapy Outcome Research.Knowns and Unknowns. in: *Gurman, A.S., Kniskern, D.P.* (Hg.): Handbook of Family Therapy. New York: Bruner & Mazel, 742-776.

Gurwitsch, A., Studies in phenomenology and psychology, North Western Unversity Press, Evanston 1966.

Gurwitsch, A., Das Bewußtseinsfeld, Springer, Berlin 1975.

Habermas, J. (1980): Der Universalitätsanspruch der Hermeneutik (1980a). in: *Habermas, J., Henrich, D., Taubes, J.* (Hrsg.): Hermeneutik und Ideologiekritik. Frankfurt/M., S. 120-159

Habermas, J. (1973): Erkenntnis und Interesse. Frankfurt a.M.: Suhrkamp, 11. Aufl. 1994

Hackfort, D., Munzert, J., Seiler, R.(2000). Handeln im Sport als handlungstheoretisches Modell. Heidelberg

Hadot, P. (1969): Seneca und die griechisch-römische Tradition der Seelenleitung. Berlin

Hadot, P. (1981): Exercises spirituels et la philosophie antique. Paris, 3., erw. Aufl. 1993

Hadot, P. (1991): Philosophie als Lebensform. Geistige Übungen in der Antike. Berlin

Hadot, P. (1992): La citadelle interieur. Introduction aux Pensees de Marc Aurele. Paris: Fayrd.

Hadot, P. (1995): qu´est-ce la philosophie antique? Paris: Gallimard.

Hadot, P. (2001): La philosophie comme manière de vivre. Entretiens avec Jeannine Carlier et Arnold I. Davidson. Paris

Hadot, P. (2002): Philosophie als Lebenskunst. Antike und moderne Exerzitien der Weisheit. Frankfurt a.M.: Fischer.

Haeberlin, U., Niklaus, E. (1978): Identitätskrisen. Bern, Stuttgart.

Häfner, H. (1985): Sind psychische Krankheiten häufiger geworden? In: *Der Nervenarzt* 56 (3), S. 120-133

Härter, H., Berger, M. (1997). Qualitätszirkel – eine Maßnahme der Qualitätssicherung in der ambulanten psychiatrisch-psychotherapeutischen Versorgung. in: *Berger/Gaebel* (Hrsg.), Qualitätssicherung in der Psychiatrie. Berlin, S. 89-98

Hafen, B.Q. et al. (1996): Mind, body health. Boston

Hagemann-White, C. (1984): Sozialisation: weiblich – männlich? Opladen: Leske + Budrich.

Haggerty, R.J., Sherrod, L.R., Germezy, N., Rutter, M. (1994): Stress, Risk, and Resilience in Children and Adolescents. Process, Mechanisms, and Interventions. Cambridge: University Press.

Haken, H. (1996): Principles of brain functioning. A synergetic approach to brain activity, behavior and cognition. Berlin

Haken, H., Haken-Krell, M. (1997): Gehirn und Verhalten. Stuttgart

Haken, H., Kelso, J.A.S., Bunz, H. (1985): A theoretical model of phase transitions in human hand movements. in: *Biological Cybernetics* 51, pp. 347-356

Hampe, R. (1990): Symbolisierung und Desymbolisierung in der kunsttherapeutischen Arbeit. in: *Intergrative Therapie*, 1-2/1990, 3-15. Paderborn.

Haney, C., Banks, W. C., Zimbardo, P.G. (1973): Interpersonal dynamics in a simulated prison. in: *International Journal of Criminology and Penology* 1 (1), pp. 69-97

Happel, H.-V. (1998): Selbstorganisierte Wege aus der Drogenabhängigkeit. in: *Suchtgefahren* 34, S. 491-496

Haraway, D. (1995): Die Neuerfindung der Natur. Frankfurt: Campus Verlag.

Harber, K.D., Pennebaker, J.W. (1992): Overcoming traumatic memories. in: *Christianson, S. (ed.),* The Handbook of Emotion and Memory. Research and Theory. Hillsdale, NJ: Lawrence Erlbaum, 359-387.

Hark, S. (2001): Was wir zeigen, sind wir, nicht umgekehrt. Hannah Arendt und die Dekonstruktion von Identitätspolitik. in: *Kahlert, H., Lenz, C.* (Hrsg.): Die Neubestimmung des Politischen. Könistein: Ulrike Helmer Verlag.

Harter, S. (1978): Effectance motivation reconsidered: towards a developmental model. in: *Human Development* 21, 34-68

Hartmann-Kottek, L. (2004): Gestalttherapie. Berlin

Hartwich, P., Haas, S., Maurer, K., Pflug, B. (1998): Alkohol- und Drogenabhängigkeit. Konzepte und Therapie, Wissenschaft und Praxis. Berlin: Sterenberg.

Hass, W., Petzold, H. (1999): Die Bedeutung sozialer Netzwerkforschung für die Psychotherapie. in: *Petzold/Märtens* (1999), 54-81.

Hass, W, Petzold, H.G. (1999): Die Bedeutung sozialer Netzwerkforschung für die Psychotherapie. in: *Petzold, H.G., Märtens M.* (Hrsg.) (1999a): Wege zu effektiver Psychotherapie. Opladen, S. 193-272

Hatwell, Y. Streri, A., Gentaz, E. (2003): Touching for Knowing: Cognitive psychology of haptic manuel perception. Amsterdam: Benjamins Publishing Company.

Haugeland, J. (1998): Mind eembodied and embedded. in: *Haugeland, J.* (1998): Having Thought. Cambridge MC: MIT Press. 3-38.

Hausmann, B., Neddermeyer, R. (1996): Bewegt Sein. Paderborn

Havassy, B.E., Hall S.M., Wassermann D.A. (1991): Social support and relapse: Commonalities among alcoholics, opiate users, and cigarette smokers. in: *Addictive Behaviors* 16 (5), pp. 235-246

Havighurst, R.J. (1948): Developmental tasks and education. New York

Havighurst, R.J. (1963): Dominant concerns in the life. in: *Schenk-Danzinger, L., Thomae, H.* (1963): Gegenwartsprobleme der Entwicklungspsychologie. Göttingen, S. 27-37

Hebb, D.O. (1949): The organisation of behavior. A neurophysiological theory, New York

Heft, H. (2001): Ecological Psychology in Context. Mahwah, London

Heide, K. (1985): Katamnesen nach Alkoholismustherapie an der Suchtstation der Universitäts-Nervenklinik. Tübingen

Heidrich, H. (1999): Frauenwelten: Arbeit, Leben, Politik und Perspektiven auf dem Land. Bad Windsheim: Verlag Fränkisches Freilandmuseum.

Heigl, F, Schultze-Dierbach, E., Heigl-Evers, A. (1994): Die Bedeutung des psychoanalytisch-interaktionellen Prinzips für die Sozialisation des Suchtkranken. in: *Bilitza, K.W* (Hrsg.): Suchttherapie und Sozialtherapie. Göttingen, 230-249

Heigl-Evers, A., Schultze-Dierbach, E., Standtke, G. (1991): Grundstörungen der Abhängigkeit und Sucht aus tiefenpsychologischer Sicht. in: *Wanke, K., Bühringer, G.* (Hrsg.): Grundstörungen der Sucht. Berlin: Springer, 37-54.

Heigl-Evers A., Helas I., Vollmer H.C. (Hrsg.) (1991): Suchttherapie. Psychoanalytisch, verhaltenstherapeutisch. Göttingen

Heigl-Evers, A. Helas I., Vollmer H.C. (Hrsg.) (1993): Eingrenzung und Ausgrenzung. Zur Indikation und Kontraindikation für Suchttherapien. Göttingen

Heigl-Evers, A., Heigl, F. (1983): Das interaktionelle Prinzip in der Einzel- und Gruppenpsychotherapie. in: *Zeitschrift für Psychosomatische Medizin und Psychoanalyse,* 29 (1), S. 1-14

Heigl-Evers, H., Heigl, I., Ott, J. (1993): Lehrbuch der Psychotherapie. Stuttgart

Heim, E. (1985): Praxis der Milieutherapie. Berlin: Springer.

Heim, E. (1993): Bewältigung der Berufsstressoren in den Heilberufen. in: *Psychotherapie, Psychosomatik und medizinische Psychologie.* 43, 307-314.

Heimannsberg, B. (1988): Schuld und Schuldgefühle in der klassischen Gestalttherapie und der Integrativen Therapie. in: *Integrative Therapie* 2-3, 183-198

Heinermann, H., Kind, D. (1998): Protektive Faktoren und Resilienzprozesse einer Lebensgeschichte. in: *Petzold* (1998h), 38-84

Heinl, H. (1985): Körper und Symbolisierung. in: *Integrative Therapie*, 3-4/1985, 227-231. Paderborn.

Heinl, P. (1986): Die Interaktionsskulptur, Integrative Therapie 1/2

Heinl, P. (1988): Kontext und Kommunikation: Koordinaten des Genogramms. in: *Integrative Therapie* 14 (4), S. 365-375

Heinl, H. (1997): Ein integriertes Kurzzeit-Gruppenpsychotherapiemodell zur Behandlung chronischer psychosomatischer Schmerzssyndrome des Bewegungssystems. in: *Integrative Therapie* 3/1997, 316-330. Paderborn.

Hellhammer, D., Kirschbaum, C. (1998): Psychoendokrinologie und Psychoimmunologie. Göttingen: Hogrefe.

Hellinger, B. (1995a): Familien stellen mit Kranken. Lehrvideo (3 Bände und Begleitbuch). Heidelberg

Hellinger, B. (1995b): „Wenn man den Eltern Ehre erweist, kommt etwas tief in der Seele in Ordnung". Ein Interview. in: *Psychologie Heute 22* (6), S. 22-26

Helwig, G. u.a. (1993): Frauen in Deutschland 1945-1992. Berlin: Akademie Verlag.

Henkel, D. (1990): Arbeitslosigkeit und Alkoholismus. in: *Schwoon D.R., Krausz M.* (Hrsg): Suchtkranke: die ungeliebten Kinder der Psychiatrie. Stuttgart, S. 35-49

Henkel, D., Zemlin, U. (2006): Arbeitslosigkeit und Suchtbehandlung: Neue empirische Ergebnisse und Schlußfolgerungen für die Praxis der medizinischen Rehabilitation, in: *Sucht aktuell* 1/2006, Zeitschrift des Fachverbandes Sucht e.V.

Henning, J. (1998): Psychoneuroimmunologie. Verhaltens- und Befindenseinflüsse auf das Immunsystem bei Gesundheit und Krankheit. Göttingen: Hogrefe.

Hentschel U. (1993): Niedrigschwellige Angebote in der Drogenarbeit. Abschlußbericht zum Modellvorhaben in Nordrhein-Westfalen, Ministerium für Arbeit, Gesundheit und Soziales des Landes Nordrhein-Westfalen. Hückeswagen

Herbst, K. (1992): Verlaufanalyse bei Drogenabhängigen nach stationärer Behandlung. in: *Suchtgefahren*, 38, 147-154

Herold, H.K. (2001): Feminismus – quo vadis? in: *„Das Argument 241"*, 43. Jahrgang Heft 3. Berlin: Argument Verlag.

Herpertz-Dahlmann, B., Resch, F., Schulte-Markwort, M., Warnke, A. (2004): Entwicklungssychiatrie. Biopsychologische Grundlagen und die Entwicklung psychischer Störungen. Stuttgart: Schattauer.

Herpertz-Dahlmann, B., Resch, F., Schulte-Markwort, M., Warnke, A. (2004): Entwicklungspsychiatrie. Biopsychologische Grundlagen und die Entwicklung psychischer Störungen. Stuttgart

Heuft, G., Kruse, A., Radebold, H. (2000): Lehrbuch der Gerontopsychosomatik und Alterspsychotherapie. München: UTB-Reinhardt.

Heuring, M., Petzold, H.G. (2004): Rollentheorie und Rollenkonfliktmodell und ihre Bedeutung für die Supervision. SUPERVISION: *Theorie-Praxisforschung. Eine interdisziplinäre Internet-Zeitschrift 1/2004.* www.FPI-Publikationen.de/materlialien.htm.

Heuring, M. (2005): Management, Qualitätsmanagement, Reflexives Management. www.fpi-publikationen.de/supervision

Heuring, M., Petzold, H.G. (2003): „Emotionale Intelligenz" (Goleman), „reflexive Sinnlichkeit" (Dreizel), „sinnliche Reflexivität" (Petzold) als Konstrukte für die Supervision. www.fpi-publikationcn.dc/supcrvision

Heuring, M., Petzold, H.G. (2004): Rollentheorie und Rollenkonfliktmodell und ihre Bedeutung für die Supervision. Bei www.FPI-Publikationen.de/materialien.htm – SUPERVISION: Theorie – Praxis – Forschung. Eine interdisziplinäre Internet-Zeitschrift – 1/2004

Herzog, W. (1984): Modell und Theorie in der Psychologie. Göttingen: Hogrefe.

Hildebrand, V. (2000): Hilflose Helfer, Via Perspektiven, 22-26. Homepage der Bundesärztekammer am 31.05.2002: Suchterkrankungen bei Ärzten: http://www. bundesaerztekammer. de/30/Praevention/20Sucht/75Suchtarzt/Ärztestatistik vom 31.12.2001: Das wichtigste in Kürze: http://www.bundesaerztekammer.de/cgi-bin/printversion.cgi

Hiller, W. (2000): Klassifikation und kategoriale Diagnostik in der Psychotherapie. Klassifikation nach ICD und DSM. in: *Laireiter* (2000), 353-366.

Hirsch, R., Imhof, J. (1975): A family therapy approach to the treatment of drug abuse and addiction. in: *Journal of Psychedelic. Drugs 2*, 181-185.

Hobfoll, S.E., Dunahoo, C.A., & Monnier, J. (1995). Conservation of resources and traumatic stress. in: *Freedy, J. R., Hobfoll, S.E.* (Eds.): Traumatic stress: From theory to practice. New York, pp. 29-47

Hoeps, R. (1990): Symbol und Bild. Zur Deutung von Symbolen und von Werken in der bildenden Kunst. in: *Integrative Therapie*, 1-2/1990, 45-52. Paderborn.

Hoff, E.-H. (1995): Frühes Erwachsenenalter: Arbeitsbiographie du Persönlickeitsentwicklung. in: *Oerter/Montada* (1995), 423-438.

Hofstra, M.B., Van der Ende, J., Verhulst, F.C. (2002): Child and adolesccents problems predict DSM-IV disorders in adulthood: A 14-year follow-upof a Dutch epidemiological sample. in: *Journal of the Amer. Academy of Child and Adolescent Psychiatry* 2, pp. 182-189

Höhmann-Kost, A., Siegele, F. (2004): Das Konzept der „Arbeit an sich selbst" – Die Kampfkünste als ein Weg der Übung in der Suchtbehandlungund als sinnvolles Element im Kontext von Integrativer Supervision. in: *Integrative Therapie*, Heft 1/2, 3-23

Hörisch, J. (2004): Theorie-Apotheke. Frankfurt/M.

Holder, H.D., Blose, J.O. (1992): The Reduction of Health Care Costs Associated with Alcoholism Treatment: A 14-Year Longitudinal Study. in: *Journal of Studies on Alcohol,* 53 (4), pp. 293-302

Holitzka, M., Remmert, E. (2001): Systemische Familienaufstellungen. Konfliktlösungen für Söhne, Töchter und Eltern. Ein Praxishandbuch nach Bert Hellinger und anderen. Darmstadt: Schirner.

Holzapfel, G. (2002): Leib, Einbildungskraft, Bildung. Bad Heilbrunn

Holzapfel, G. (2005) Integrative Pädagogik im Kontext von Diskursen zur Humanistischen Pädagogik. Chancen, Grenzen, Weiterentwicklungsmöglichkeiten. in: *Sieper, Orth, Schuch* (2005)

Hopfner, J.F., Leonhardt, H.W. (1996): Geschlechterdebatte. Bad Heilbrunn: Klinkhardt Verlag.

Hopper, E. (1995): A psychoanalytical theory of „drug addiction": unconscious fantasies of homosexuality, compulsions and masturbation within the context of traumatogenic processes. in: *Int Journal Psychoanal* 76/12 (1995)

Hopkins, E, Pechau, M.-G., Papousek, H. (1989): Infancy and Education: Psychological Considerations, in: *European Journal of Psychology of Education 2.*

Horneffer, K.J., Fincham, F.D: (1995): The contruct of attributional style in depression and martial distress. in: *J. of family Psychology* 9, 186-195.

Howard, KI., Kopta, S.M., Krause, M.S., Orlinsky, D.E. (1986): The dose-effect relationship in psychotherapy. in: *American Psychologist* 41, pp. 159-164

Hüther G. (2004): Destruktives Verhalten als gebahnte Bewältigungsstrategie zur Überwindung emotionaler Verunsicherung: ein entwicklungsbiologisches Modell. in: *Streeck Fischer* (2004) S. 136-152

Hughes; P.H., Brandenburg, N., Baldwin, D.C. Jr., Storr, C.L., Williams, K.M., Anthony, J.C., Sheehan, D.V. (1992): Prevalence of substance use among US physicians. JAMA 267, 2333-2339.

Huth, A., Hut, W. (1996): Handbuch der Meditation. München: Kösel.

Hurrelmann, K. (1997): Lebensphase Jugend. Weinheim/München: Juventa Verlag.

Hurrelmann, K., Bründel, H. (1997): Drogengebrauch – Drogenmißbrauch – Eind Gratwanderung zwischen Genuß und Abhängigkeit. Darmstadt: Wissenschaftliche Buchgesellschaft.

Hurrelmann, K., Hesse, S. (1991): Drogenkonsum als problematische Form der Lebensbewältigung. in: *„Sucht 37".*

Hurrelmann, K., Kolip, P. (2002): Geschlecht, Gesundheit, Krankheit. Männer und Frauen im Vergleich. Bern: Huber.

Hurrelmann, K., Ulich, D., (1998): Handbuch der Sozialisationsforschung. Weinheim: Beltz.

Hser, Y.-I., Anglin, M.D., Grella, C.E., Longshore, D. und Prendergast, M.L. (1997): Drug treatment careers: a conceptual framework and existing research findings. in: *Journal of Substance Abuse Treatment*, 14, pp. 543-558

Hser, Y.-I., Grella, C.E., Hsieh, S.-C., Anglin, M.D. und Brown, B.S. (1999): Treatment history process and outcomes among patients in DATOS. in: *Drug and Alcohol Dependence*, 57, pp. 137-150

Hubbard, R.L., Craddock, S.G., Flynn, P.M., Anderson, J. und Etheridge, R.M. (1997): Overview of 1-year follow-up outcomes in the drug abuse treatment outcome study (DATOS). in: *Psychology of Addictive Behaviors*, 11, pp. 261-278

Hubbard, R.L., Marsden, M.E., Rachal, J.V., Harwood, H.J., Cavanaugh, E.R. und Ginzburg, H.M. (1989): Drug Abuse Treatment: A National Study of Effectiveness. Chapel Hill, NC.

Huber, W. (2001): Die Gruppe: Das verkannte emanzipatorische Arbeitsinstrument zur Befreiung aus Abhängigkeiten und Verstrickungen. Fachartikel publiziert im „*EXTRA*", Aebi-Hus-Zeitschrift 1/2001

Hurrelmann, K. (1995): Einführung in die Sozialisationstheorie. Weinheim

Hurrelmann, K., Kolip, P. (2002): Geschlecht, Gesundheit und Krankheit. Männer und Frauen im Vergleich. Bern

Hurrelmann, K., Ulich, D. (1991): Neues Handbuch der Sozialisationsforschung. Weinheim

Huth, W. (1995): Die Flucht in die Gewißheit. München

Hüther, G. (1996): The central adaptation syndrome. Psychosocial stress as a trigger for adaptive modifications of brain structure and brain function. in: *Progress in Neurobiology* 48, pp. 569-612

Hüther, G. (1997): Biologie der Angst. Wie aus Streß Gefühle werden. Göttingen

Hüther, G. (1998): Stress and the adaptive self-organization of neuronal connectivity during early childhood. in: *International Journal of Developmental Neuroscience* 16, pp. 297-306

Hüther, G. (1999): Der Traum vom stressfreien Leben. in: *Spektrum der Wisssenschaft. Dossier* 3, S. 6-11

Hüther, G. (2004): Die Macht der inneren Bilder. Göttingen: Vandenhoeck & Ruprecht

Hüther, G., Adler, L., Rüther, E. (1999): Die neurobiologische Verankerung psychosozialer Erfahrungen. in: *Zeitschrift für psychosomatische Medizin und Psychotherapie* 45, S. 2-17

Hüther, G., Rüther, E. (2003): Die nutzungsabhängige Reorganisation neuronaler Verschaltungsmuster im Verlauf psychotherapeutischer und pharmakologischer Behandlungen. in: *Schipek* (2003), 224-234

Hüther, G., Adler, L., Rüther, E. (1999): Die neurobiologische Verankerung psychosozialer Erfahrungen. in: *Zeitschrift für psychosomatische Medizin und Psychotherapie* 45, 2-17

Iljine, V.N., Petzold, H.G., Sieper, J. (1990): Kokreation – die leibliche Dimension des Schöpferischen – Aufzeichnungen aus gemeinsamen Gedankengängen. in: *Petzold, H.G., Orth, I.* (1990): Die neuen Kreativitätstherapien. Paderborn. S. 203-212

Irigaray, L. (1991): Die Zeit der Differenz. Frankfurt: Campus Verlag.

Jacobi, F., Poldrack, A. (2000): Klinisch-psychologische Forschung. Göttingen

Jacobson, E. (1938): Progressive Relaxation. Chicago: UP.

Jäckel, B. (2001): Motive und Motivation als Grundlage menschlichen Verhaltens. Überlegungen zu einer integrativen Motivationstheorie. in: *Integrative Therapie* 1-2, S. 145-172

Jakob-Krieger, C. et al. (2004): Mehrperspektivität – ein Metakonzept der Integrativen Supervision. Zur „Grammatik" – dem Regelwerk – der mehrperspektivischen, integrativen Hermeneutik für die Praxis. www.FPI-Publikationen.de/materialien.htm

Janet, P. (1919) Les médications psychologiques, 3 Bde. Paris

Jantzen, W. (1986). Abbild und Tätigkeit. Studien zur Entwicklung des Psychischen. Solms-Oberbie

Jantzen, W. (1994): Die neuronalen Verstrickungen des Bewusstseins – Zur Aktualität von A.R. Lurijas Neuropsychologie. Münster

Jantzen, W. (1994b): Syndromanalyse und romantische Wissenschaft. Perspektiven einer allgemeinen Theorie des Diagnostizierens. in: *Jantzen* (1994), S. 125-158

Jantzen, W., Holodynski, M. (1992): A. R. Lurija heute. Bremen

Jessor, R., Jessor, S.L. (1977): Problem behavior and psychosocial development – a longitudinal study of youth. New York: Academic Press.

Joe, G.W. et al.: Retention and patient engagement for different treatment models in DATOS. in: *Drug and Alcohol Dependence* 1999 Dec 1; 57 (2), pp. 113-25

John, U. (1979): Zum Stellenwert der Arbeit im Therapieerfolg bei Alkoholkranken. in: *Suchtgefahren,* 25 (4), S. 145-156

John, U. (1982): Bessern auch unbehandelte Alkoholiker ihr Trinkverhalten? Ein Problem der Studien über Therapieerfolgskontrollen. in: *Suchtgefahren* 28

John, U. (1985): Rehabilitation Alkoholabhängiger, Ansätze und Grenzen sozialwissenschaftlicher Untersuchungen. Freiburg

Johnson, B.A., Roache, J.D. (1997): Drug Addiction and ist Treatment. Nexus of Neuroscience and Behaviour. Philadelphia: Lippincott-Raven.

Johnston, L.D., O`Malley, P.M., Bachmann, J.G. (1987): National trends in drug use and related factors among American high school students and young adults. Rockville: National Institute and Drug Abuse.

Joseph, G. (1993): Schwarzer Feminismus. Orlanda: Frauenverlag.

Jung, C.G. (1976): Die Archetypen und das kollektive Unbewußte, GW IX/1. Olten: Walter.

Jung, C.G. (1995): Die Dynamik des Unbewußten. GW., Bd.8. Olten: Walter.

Kaczmarekt, L.K., Levitan, I. B. (1987): Neuromodualtion: The biocemical control of neuronal exitability. New York

Kadden, R.M., Cooney, N.L., Getter, H., Litt, M.D. (1989): Matching Alcoholics to Coping Skills or Interactional Therapies: Posttreatment Results. in: *Journal of Consulting and Clinical Psychology,* 57 (6)

Kadden, R.M. et al. (1992): Relationship between role-play measures of coping skills and alcoholism treatment outcome. in: *Addictive Behaviors,* 17

Kähler, H.D. (1983): Der professionelle Helfer als Netzwerker. in: *Archiv für Wissenschaft und Praxis der Sozialen Arbeit* 4, S. 225-244

Kahlert, H., Lenz, C. (2001): Die Neubestimmung des Politischen. Königstein: Ulrike Helmer Verlag.

Kahn, R. L., Antonucci, T.C. (1980): Convoys of Social Support: A Life Course Approach. in: *Kiesler, I.B., Morgan, J.N., Oppenheimer, V.K.* (eds): Aging. New York, pp. 383-405

Kahn, R.L. & Antonucci, T.C. (1980): Convoys over the life-course: Attachments, roles and social support, In: *Baltes, P.B., Brim, O.* (Eds.): Life-span developement and behavior, Vol. 3 , pp. 253-286. New York:

Kahn, R.L., Antonucci, T.C. (1980): Convoys over the Life Course: Attachement, Roles,and Social Support. in: *Baltes, P.B., Brim, O.G.* (Hg.): Life pan Development and Behaviour. New York: Academic Press, 253-286.

Kahneman, D., Diener, E., Schwarz, N. (1999): Well-Being: The foundation of hedonic psychology. New York

Kaiser, G. et al. (Hrsg.) (1997): Kriminologie. Eine Einführung in die Grundlagen. 10. völlig neubearb. Aufl. Heidelberg

Kalverboer, A.F., Genta, M.L., Hopkins, J.B. (1999): Developmental Psychology: Amsterdam

Kalverboer, A.F., Hopkins, B., Geuze, R. (1993): Motor development in early and later childhood. Longitudinal approaches. New York

Kames, H. (1992): Ein Fragebogen zur Erfassung der fünf Säulen der Identität (FESI). in: *Integrative Therapie* 4/1992, S. 363-386

Kaminski, M. (1998): Hunger nach der Beziehung – Wirkfaktoren in der Psychoanalyse Frühgestörter. München: Klett Cotta Verlag.

Kampe, H., Kunz, D. (1983): Was leistet Drogentherapie? Evaluation eines stationären Behandlungsprogramms. Weinheim

Kamper, D. (1981): Zur Geschichte der Einbildungskraft. München

Kandel, D.B., Kessler, H. Margulies, R. (1978): Adolescent initiation into stages of drug use: A developmental analysis. in: *Kandel, D.* (1978): Longitudenal research and drug use: Empirical findings and methodological issues. Washington: Hemisphere/ Wiley.

Kandel, D.B., Murphy, D., Karus, D. (1985): Cocain use in young adulthood : Patterns of use and psychosocial correlates. in: *Kozel, N.J., Adams, E.H.* (1985): Cocain use in America: Epidemological and clinical Perspectives. Rockville: National Institute of Drug Abuse.

Kandel, D.B., Davies, M., Karus, D., Yamaguchi, K. (1986): The consequences in young adulthood of adolescent drug involvement: an overview. in: *Archieves of General Psychiatry* 43, 746-754.

Kandel, E.R., Hawkins, R.D. (1992): The biological basis of learning and individuality. in: *Scientific American* 267, pp. 78-86

Kandel, E.R., Schwarz, J.H., Jessell, T.J. (1995): Essentials of Neuronal Science and Behavior, New York dtsch. Neurowissenschaften. Eine Einführung. Heidelberg 1996

Kanfer, F. (1989): Basiskonzepte in der Verhaltenstherapie: Veränderungen während der letzten 30 Jahre. in: *Hand, I., Wittchen, H.-U.* (Hrsg.) (1989): Verhaltenstherapie in der Medizin. Berlin, 1-16

Kanning, U.P. (2000): Selbstwertmanagement. Die Psychologie selbstwertdienlichen Verhaltens. Göttingen: Hogrefe.

Kanthak, J., Hensel, G., Steter, M. (1988): Stationäre Nachsorge und ambulante Nachbetreuung von Opiatabhängigen. Eine empirische Pilotstudie. in: *Suchtgefahren* 34/2 (1988), 120-126.

Kaplan, H.D. (1986): Social Psychology and Self-referent Behaviour. New York: Plenum.

Kaplan, L.J. (1988): Abschied von der Kindheit. Eine Studie über die Adoleszenz. Stuttgart: Klett.

Katz-Bernstein, N. (1996): Das Konzept des „Safe Place" – ein Beitrag zur Praxeologie Integrativer Kinderpsychotherapie. in: *Metzmacher* et al. (1996), 111-141

Kaufmann, E. (1985): Family Systems and Family Therapy of Substnce Abuse. An Overview of two Decades of Research and clinical Experience. in: *Int. J. Addiction* 20, 897-916.

Kaufmann, E. (1986): The Family of the Alcoholic Patient. in: *J. Psychsom. Research* 27, 347-360.

Kaufmann, I., Kaufmann, P.L. (1983): Familientherapie bei Alkohol- und Drogenabhängigkeit. Freiburg: Lambertus.

Kavemann, B. (2001): Strukturelle Gewalt gegen Frauen und die politischen Rahmenbedingungen. in: *Satilmis, A., Jacobs, T.* (Hrsg.) Feministischer Eigensinn. Hamburg: Argument Verlag.

Keil-Kuri, E. (1993): Vom Erstinterview zu Kassenantrag. Stuttgart: Jungjohann.

Keller, H, (1998): Lehrbuch Entwicklungspsychologie. Bern: Huber.

Kendler, K.S., Evans, L. (1986): Models for the Joint Effect ogf Genotype and Environment on the Liability to Psychiatric Illness. in: *Am. J. Psychiatry* 143, 279-289.

Kellermann, B. (1983): Über Pentazocin-Abhängigkeit bei Ärzten. in: *Waldmann, H.* (Hrsg.) (1983): Medikamentenabhängigkeit. Wiesbaden: Akademische Verlagsanstalt. 65-71.

Kelso, J.A.S. (1995): Dynamic patterns. The self-organization of brain and behavior. Cambridge, MA

Kempler, W. (1976): Gestalt-Familientherapie. Stuttgart

Kennair, L.E.O. (2004): Evolutionspsykologi. En innføring i menneskets natur. Trondheim

Kern, E., Jahrreis, R. (1990): Klientel und katamnestische Ergebnisse einer Kurzzeitentwöhnungstherapie. in: *Suchtgefahren,* 36 (3), S. 167-177

Kern, J.C., Schmelter, W., Fanelli, M. (1978): A Comparison of Three Alcoholism Treatment Populations, Implications for Treatment. in: *Journal of Studies on Alcohol,* 39 (5), pp. 785-792

Kernberg, O. (1985): Schwere Persönlichkeitsstörungen. Theorie, Diagnose und Behandlungsstrategien. Stuttgart: Klett, 4. Aufl. 1992.

Keso, L., Salaspuro, M. (1990): Laboratory tests in the follow-up of treated alcoholics: How often should testing be repeated? In: *Alcohol and Alcoholism,* 25

Keup, W. (1985): Biologie der Sucht. Berlin: Springer.

Keupp, H. (1999): Identitätskonstruktionen. Reinbek

Keupp, H., Röhrle, B. (1987): Soziale Netzwerke. Frankfurt/M.

Khantzian, E.J. (1987): Psychiatric and psychodynamic factors in cocain dependence. in: *Washton, A.M., Gold, M.S. (1987):* Coca-A clinician's handbook. New York: Guilford. 229-240.

Khantzian, E.J., Khantzian, M.J. (1984): Cocain addiction: is there a psychological predisposition? in: *Psychiatric Annals* 14, 753-759.

Kissin, B. (1983): The disease concept of alcoholism. in: *Smart R.G. et al. (Ed)*: Research advances in alcohol and drug problems (Vol 7). New York

Klein, G. (1999): electronic vibrationen, Popkultur Theorie. Hamburg: R&B Zweitausendeins Verlag.

Kleiner, D. (Hrsg.) (1987): Langzeitverläufe bei Suchtkrankheiten. Berlin

Klett, F., Hanel, E., Bühringer, G. (1984): Sekundäranalyse deutschsprachiger Katamnesen bei Drogenabhängigen. in: *Suchtgefahren* 30 (1984), S. 243-265

Klinger, C. (1998): Philosophie als Denkonstruktion und Kritische Theorie. Einige abstrakte und spekulative Überlegungen. in: *Knapp, G.-A.* (Hrsg.): Kurskorrekturen. Frankfurt: Campus Verlag.

Knauf, W. (1998): Psycho- und Soziotherapie der Alkoholabhängigkeit. in: *Integrative Therapie* 1 (1998), 62-97

Knapp (1991): Vorbeugung gegenüber Suchtgefahren. Neuwied, Kriftel, Berlin: Luchterhand Verlag.

Knapp, G.-A. (1998): Postmoderne Theorie oder Theorie der Moderne? Anmerkungen aus feministischer Sicht. in: *Kurskorrekturen*. Frankfurt: Campus Verlag.

Knapp, G.-A., Wetterer, A. (Hrsg.) (1995): Traditionen Brüche. Freiburg: Kore Verlag.

Knäuper, B., Schwarzer, R. (1999): Gesundheit über die Lebensspanne. in: *Oerter* et al. (1999), 711-727.

Knobel, R., Mankwald, B., Sombrowski, C., Petzold, H.G. (1992): Qualitative Forschung als Grundlage therapeutischer Intervention in den Neuen Bundesländern – ein interdisziplinärer Ansatz. in: *Integrative Therapie* 4, 429-454

Kofoed, L. et al. (1993): Alcoholism and drug abuse in patients with PTSD. in: *Psychiatry Quaterly* 64, 151-169.

Kohli, M. (1986): Gesellschaftszeit und Lebenszeit. Der Lebenslauf im Strukturwandel der Moderne. in: *Soziale Welt, Berger, J.* (Hrsg.), Die Moderne – Kontinuitäten und Zäsuren. Göttingen 1986, Sonderband 4, 183-208

Kohut, H. (1976): Narzißmus. Eine Theorie der psychoanalytischen Behandlung narzißtischer Persönlichkeitsstörungen. Frankfurt: Suhrkamp.

Kolk, B.A. van der (1994): The body keeps the score: Memory and the evolving psychobiology of PTSD. in: *Harvard Review of Psychiatry* 1, pp. 253-265

Kolk, B.A. van der, McFarlane, A.C., Weisaeth, L. (1996) (Eds.): Traumatic Stress. The Effects of Overwhelming Experience on Mind, Body, and society. New York

Kolk, B.A. van der, McFarlane, A.C., Weisaeth, L. (2000) (Hrsg.): Traumatic stress. Grundlagen und Behandlungsansätze. dtsch.: *Märtens, M., Petzold, H.G.* (2000). Paderborn

Kolk, B.A., van der, Mc Farelane, A.C., Weisaeth, L. (2000): Traumatic Stress. Grundlagen und Behandlungsansätze, Theorie, Praxis und Forschung zu posttraumatischem Stress sowie Traumatherapie. Paderborn: Junfermann.

König, K. (1994): Indikation. Entscheidungen vor und während einer psychoanalytischen Therapie. Göttingen: Vandenhoek & Ruprecht.

Körkel, J. & Lauer, G. (1995): Rückfälle Alkoholabhängiger: Ein Überblick über neuere Forschungsergebnisse und -trends. in: *Körkel, Lauer, Scheller* (1995)

Körkel, J. (1988): Der Rückfall des Suchtkranken – Flucht in die Sucht? Berlin: Springer.

Körkel, J. (2000): Das Dogma der Totalabstinenz ist fachlich unhaltbar. *in: Psychologie heute*, Juli 2000, S. 52-57

Körkel, J., Lauer, G., Scheller, R. (1995): Sucht und Rückfall. Stuttgart

Koukkou, M., Leutzinger-Bohleber, M., Mertens, W. (1998): Erinnerung von Wirklichkeiten. Psychoanalyse und Neurowissenschaften, Bde. I und II. Stuttgart: Verlag Internationale Psychoanalyse.

Krach, Ch., Peschke, H. (1986): Elf Jahre danach, Drogenberatungsstelle Hannover. Hannover: STEP Therapiekette.

Krach, C., Peschke, H., (1987): Das Hannoversche Methadon-Programm – 11 Jahre danach. Hannover

Krasney, O.E. (1994): Rechtliche Rahmenbedingungen therapeutischer Ziele im Suchtbereich. in: Fachverband Sucht (Hrsg.), Therapieziele im Wandel? Geesthacht

Kreyssig, U. (1996): Sucht und Suchtkrankenhilfe – Versuch einer Bestandsaufnahme aus feministischer Sicht. in: *Fett, A.* (Hrsg.): Männer – Frauen – Süchte. Freiburg: Lambertus Verlag.

Kriz, J. (1999): Fragen und Probleme der Wirksamkeitsbeurteilung von Psychotherapie. in: *Petzold, Märtens* (1999), 273-284

Kriz, J. (2002): Monoklone Therapeuten für Monoklone Symptomträger. in: *Psychoskop* 1, S. 8-11

Kriz, J. (2003): Gutachten über den Begriff der Wissenschaftlichkeit in der Psychotherapie. Zürich

Kroger, F. (1981): Familiare Interaktion bei Suchtkranken. Frankfurt: Verlag akademische Schriften. (VAS).

Krohn, W. Küppers, G. (1992): Emergenz: Die Enstehung von Ordnung, Organisation und Bedeutung. Frankfurt/M.

Krozynski, P. (1992): Rehabilitationsrecht. München.

Krüger, M. (2001): Feminismus um die Jahrtausendwende: Rückblick und Ausblicke. in: „*Das Argument 241*“, 43. Jahrgang Heft 3. Berlin: Argument Verlag.

Kruse, A., Schmitz-Scherzer, R. (1995): Psychologie der Lebensalter. Darmstadt: Steinkopff.

Kruse, G., Sievers, K. (1987). Tagesklinische Behandlung von Abhängigkeitskranken, In: *Psychiatr. Praxis* 14 (5), S. 174-178

Küfner, H./Bühringer, G. (1997): Alkoholismus. in: *Hahlweg, K., Ehlers, A.* (Hrsg.): Enzyklopädie der Psychologie. Psychische Störungen und ihre Behandlung. Band 2. Klinische Psychologie. Göttingen, S. 437-512

Küfner, H. (1997): Behandlungsfaktoren bei Alkohol- und Drogenabhängigen. in: *Watzl, H., Rockstroh, B.* (Hrsg.): Abhängigkeit und Mißbrauch von Alkohol und Drogen. Göttingen

Küfner, H., Denis, A., Roch, I., Arzt, J., Rug, U. (1994): Stationäre Krisenintervention bei Drogenabhängigen. Ergebnisse einer wissenschaftlichen Begleitung des Modellprogramms. Baden-Baden

Küfner, H., Feuerlein, W., Huber, M. (1988): Die stationäre Behandlung von Alkoholabhängigen: Ergebnisse der 4-Jahreskatamnesen, mögliche Konsequenzen für Indikationsstellung und Behandlung. in: *Suchtgefahren* 34 (3), S. 157-270

Küfner, K. (1995): Behandlungsmerkmale und Therapieabbruch bei der stationären Behandlung von Drogenabhängigen: Zwischen Pädagogik und Psychotherapie. in: *Fachverband Sucht e.V.* (Hrsg.) (1995): Qualitätsmerkmale in der stationären Therapie Abhängigkeitskranker – Praxisorientierte Beiträge. Geesthacht

Küfner, W. (1998): Ergebnisse der Suchtbehandlung. in: *Sucht aktuell*, 5, 1+2

Kühn, R., Petzold, H.G. (1991): Psychotherapie und Philosophie. Paderborn

Küfner, H., Kraus, L. (2002): Epidemiologische und ökonomische Aspekte des Alkoholismus. in: *Deutsches Ärzteblatt* 99, A936-945.

Kühn, R., Petzold, H. (1992): Psychotherapie und Philosophie. Paderborn: Junfermann.

Küster, S. (1998): Wesen Postmoderne? Facetten postkolonialer Kritik. in: *Knapp G.-A.* (Hrsg.): Kurskorrekturen. Frankfurt: Campus Verlag.

Kuhn, T.S. (1975): The Structure of Scientific Revolutions. Chicago: The University of Chicago Press. dtsch: *Kuhn, T.S.* (1976): Die Struktur der wissenschaftlichen Revolution. Frankfurt/M.

Kullmann, D.M. (1999): Synaptic and extrasynaptic roles of glutamate in the mammalian hippocampus. in: *Acta Physiologica Scandinavica* 166 (1999), S. 79-83

Kurz, R. (1987): Die Bedeutung professioneller Hilfen im Verlauf von Alkoholiker-Karrieren; Diss. med. Hamburg

Ladewig, G., Vormann, G. (1981): Katamnestische Untersuchungen für die therapeutischen Gemeinschaften der STEP für den Zeitraum 1973-1980. in: *Informationen aus der Therapiekette Hannover* 1 (1981)

Ladewig, D., Graw, P. (1983): Sozialisationschancen und Sozialisationsbedinungen Opiatabängiger: Bericht an den schweizerischen Nationalfonds. Basel: Psychiatrische Universitätsklinik Basel.

Laireiter, A. (1993): Soziales Netzwerk und soziale Unterstützung. Bern: Huber.

Laireiter, A. (Hrsg.) (1993): Soziales Netzwerk und soziale Unterstützung. Konzepte, Methoden und Befunde. Bern, Göttingen, Toronto, Seattle

Laireiter, A., Vogel, H. (1998): Qualitätssicherung in der Psychotherapie und psychosozialen Versorgung. Tübingen

Laireiter, A.-R. (1999) (Hrsg.): Selbsterfahrung in Psychotherapie und Verhaltenstherapie – Empirische Befunde. Tübingen

Laireiter, A.R. (2000): Diagnostik in der Psychotherapie. Berlin: Springer.

Laireiter, A.-R. (2002): Negative Effekte von Selbsterfahrung und Eigentherapie von TherapeutInnen in der Psychotherapie. in: *Märtens, Petzold* (2002), S. 384- 412

Laireiter, A.-R., Elke, G. (1994): Selbsterfahrung in der Verhaltenstherapie. Konzepte und praktische Erfahrungen. Tübingen

LaJeunesse, C.A., Thoreson, R.W. (1988): Generalizing a Predictor of Male Alcoholic Treatment Outcomes. in: *International Journal of the Addictions*, 23

Lakoff, G, Nuñez, R. (2001): Where Mathematics Comes from: How the Embodied Mind Brings Mathematics Into Being. New York

Lambert, M. (2004): Bergin und Garfield's Handbook of Psychotherapy and Behavior Change. New York

Lambert, M.J., Ogles, B. (2004): The efficacy and effectiveness of psychotherapy. in: *Lambert* (2004), S. 139-193

Lammel, U.A. (1998): Parallele Welten – Rave & Co.: in: Jahrbuch der Sozialen Arbeit 1999. Frankfurt: Votum Verlag.

Lammel, U.A. (1999): Techno und Rave – Jugendkultur und Suchtprävention – Teilnehmende Beobachtungen in der Techno – Szene. in: *Forum* KFH. Köln.

Lamnek, S. (1979): Theorien abweichenden Verhaltens. München.

Landesweiter Arbeitskreis „Frauen und Sucht" der Koordinierungsstelle der bayerischen Suchthilfe (1998): Musterkonzeption des geschlechtsspezifischen Ansatzes in der Suchtarbeit, hrsg. von der Koordinierungsstelle der bayerischen Suchthilfe (KBS), München.

Langer, E.L. (1978): Rethinking the Role of Thought in Social Interaction. in: *Harvey, J., Ickes, W., Kidd, R.* (Hg.): New Directions on Attribution Research, Vol.2. Cambridge: Harvard University Press, 35-58.

Langer, S.K. (1965): Philosophie auf neuem Wege. das Symbol im Denken, im Ritus und in der Sprache. Frankfurt a.M. : Suhrkamp.

Langner, R. u. Mitarbeiter (1988): DSM-III-X. Experten- u. Lehrsystem zur psychiatrischen Diagnostik auf der Grundlage des DSMIII-R. Beltz Test Software 2.0. Weinheim

Längle, G., Schnied, H.W. (1990): Zehn-Jahres-Katamnesen eines integrierten stationären und ambulanten Behandlungsprogrammes für Alkoholkranke. in: *Suchtgefahren,* 36 (2), S. 97-105

LaPerriere, A. et al. (1990): Exercise Intervention Attenuates Emotional Distress and Natural Killer Cell Decrements Following Notification of Positive Serologie Status for HIV-1. in: *Biofeedback and Self-Regulation* 3, Vol. 15, pp. 229-243

LaRue-Jones, C., Battjes, R.J., (1985): Etiology of Drug Abuse. Implications for Prevention. NIDA Research Monograph 56. Rockville: National Institute on Drug Abuse.

Lasar, M., Mäulen, B. (1990): Alkoholabhängigkeit bei Priestern und Ordensleuten. in: *Suchtgefahren* 36, 27-31.

Lauer, G., Richter, B., Sohns, R. (1997): Rückfälle während stationärer Alkoholismustherapie: Auszugrenzendes Übel oder integrationsbedürftige Realität. in: *Report Psychologie* 22 (5-6). S. 422-423

Lazarus, R.S., Launier, R. (1981): Streßbezogene Transaktionen zwischen Person und Umwelt. in: *Nitsch, J.R.* (Hg.): Streß. Bern: Huber, 213-260.

Lawler, D.A., Hopker, S.W. (2001): The effectiveness of exercise as an intervention in the management of depression: systematic review and meta-regression analysis of randomised controlled trials. in: *British Medical Journal* 31 March 2001, pp. 1-8

Lazaridis, D. (1992): Zehnjahreskatamnese in der Therapiekette Hannover. STEP gemeinnützige Gesellschaft für Sozialtherapie und Pädagogik mbH. Hannover

Lechler, P. (1982): Kommunikative Validierung. in: *Huber, G., Mandl, H.* (Hrsg.): Verbale Daten. Weinheim: Beltz.

Lederman, J. (1973): Anger and thro rocking chair: Gestalt awareness with children. Ew York: Viking Press.

LeDoux, J. (1998): Das Netz der Gefühle. Wie Emotionen entstehen. München: Hanser.

LeDoux, J.E. (2001): Das Netz der Persönlichkeit. Wie unser Selbst entsteht. Olten: Walter.

Leemrijse, C. (2000): Developmental Coordination Disorder: Evaluation and Treatment. Enschede

Leesemann, S. (1994): Suchtkranke Ärzte. Analyse eines bislang vernachlässigten Problems. Inaugural-Dissertation. Köln: Univ., Diss.

Leesemann, S. (1995): Suchtkrankheiten bei Ärztinnen und Ärzten – Berufsstreß und hohe Drogenakzeptanz. in: *Deutsches Ärzteblatt* 92, 3300-3305.

Lehr, U. (1979): Psychologie des Alterns. Darmstadt: Steinkopff, 1987.

Lehr, U., Thomae, H. (1987): Formen seelischen Alterns. Ergebnisse der Bonner gerontologischen Längsschnittstudie (BOLSA). Stuttgart

Leibowitz, Y. (1990): Gespräche über Gott und die Welt. Frankfurt/M. Neuaufl. 1994

Leitner, A. (2001): Strukturen der Psychotherapie. Wien: Krammer Verlag, Edition Donau-Universität

Leitner, A. (2003): Entwicklungsdynamiken der Psychotherapie. Wien: Krammer, Edition Donau-Universität

Leitner, A. (2004b): Qualitätssicherung in der Weiterbildung „Psychotherapeutische Medizin" in Lehre und therapeutischer Praxis. in: *Fröhlich, Jütte* (Hrsg): Qualitätsentwicklung in der postgradualen Weiterbildung – Internationale Entwicklungen und Perspektiven, 2004. Münster, New York, München, Berlin, S. 462-484

Leitner, A. (2005): Weiterbildungs- und Interventionsforschung in psychosozialen und klinischen Feldern. Krems: Edition Donau-Universität Krems

Leitner, A., Märtens, M., Kastler, U., Jütte, W., Petzold, H.G. (in Vorbereitung): „Effektivitätsstudie in Psychotherapeutischer Medizin unter Einbezug von PatientInnen und deren Angehörigen" 2002-2005/06

Leitner, A., Märtens, M., Petzold, H. G., Telsemeyer, P. (2004a): „Die Effizienz der Psychotherapeutischen Medizin Weiterbildung Psy-III" – Eine Evaluation im Methodenvergleich. Abschlussbericht des Forschungsprojektes, Donau-Universität Krems

Leitner, A., Märtens, M., Petzold, H.G., Telsemeyer, P. (2004): Die Qualität von „Psychotherapeutischer Medizin“ – eine Evaluationsstudie in der psychotherapeutischen Weiterbildung im Methoden-vergleich. www.FPI-Publikationen.de/materialien.htm

Leitner, A., Petzold, H.G., Orth, S., Sieper, J., Telsemeyer, P. (2002): Mythos Supervision? – Zur Notwendigkeit von „konzeptkritischen“ Untersuchungen im Hell- und Dunkelfeld zu Risiken, Nebenwirkungen und Rechtsverletzungen. Düsseldorf, Hückeswagen. www. FPI-Publikationen.de/materialien.htm

Leitner, E.Ch., Petzold, H. G. (2004): Pièrre Bourdieu – ein Referenztheoretiker der Integrativen Therapie. www. FPI-Publikationen.de/materialien.htm

Leitner, E. (2000): Bourdieus eingreifende Wissenschaft Handhabungen. Wien: Turia & Kant.

Leitner, E. (2003): Hommage a Pierre Bourdieu, in: *Integrative Therapie* 1/2003, 91-104. Paderborn.

Lemere,F., O'Hollaren, P., Maxwell, M.A. (1958): Motivation in the treatment of alcoholism. in: *Quarterly Journal of Studies on Alcohol*. 19, pp. 428-431

Lemke, Ch., Töns, K. (1998): feninistische Demokratietheorie und der Streit um Differenz. in: *Knapp, G.-A.* (Hrsg.): Kurskorrekturen. Frankfurt: Campus Verlag.

Lesch, O.M. (1985): Chronischer Alkoholismus. Typen und ihr Verlauf. Eine Langzeitstudie. Stuttgart

Lesieur, H.R., Blume, S.B. (1991): Evaluation of patients treated for pathological gambling in a combined alcohol, substance abuse and pathological gambling treatment unit using the Addiction Severity Index. in: *British Journal of Addiction,* 86 (8), pp. 1017-1028

Lettieri, D.J., Welz, R. (1983): Drogenabhängigkeit. Ursachen und Verlaufsformen. Ein Handbuch. Weineheim: Beltz.

Leune, J., Ratensperger, J. (1997): Die Entwicklung der Hilfe für Drogenabhängigkeit. in: *Deutsche Hauptstelle gegen die Suchtgefahren* (Hrsg.): Suchtkrankenhilfe in Deutschland – Geschichte Strukturen, Perspektiven. Freiburg

Leune, J. (2001): Zahlen, Fakten, Trends im Hilfesystem. in: Jahrbuch Sucht 2002, hrsg. von der Deutschen Hauptstelle gegen die Suchtgefahren e.V., Geesthacht: Neuland Verlag.

Leutz, G.A. (1974): Psychodrama. Theorie und Praxis. Bd. 1. Berlin

Lévinas, E. (1963): La trace de l'autre. Paris. dtsch. (1983): Die Spur des Anderen. Freiburg

Levinas, E. (1998): Die Spur des Anderen. Utersuchungen zur Phänomenologie und Sozialphilosophie. Freiburg/Br.: Alber.

Levita de, David J. (1976): Der Begriff der Identität (Theorie). Frankfurt/M.

Levine, S.K. (1997): Poiesis: The Language of Psychology and the speech of the soul. London: Jessica Jingsley Publishers.

Lewin K. (1926): Untersuchungen zur Handlungs- und Affektpsychologie. in: *Psychologische Forschungen* 7 (1926), 294-385

Lewin, K. (1935): Dynamic theory of personality. New York: Harper

Lewin, K. (1953): Die Lösung sozialer Konflikte. Bad Nauheim: Christian.

Lewis, M., Miller, S., (1990): Handbook of Developmental Psychopathology. New York: Pkenum.

Lewis, M., Miller, S.M. (1990): Handbook of Developmental Psychopathology. New York

Lewis, M.D., Granic, I. (2000): Emotion, Development, and Self-Organisation. Dynamic Systems Approaches to Emotional Development. Cambridge

Liberman, R.P., Eckman, T.A. (1989): Dissemination of Skills Training Modules to Psychiatric Facilities. Overcoming Obstacles to the Utilisation of a Rehabilitation Innovation. in: *British Journal of Psychiatrie* 155 (5), pp. 117-122

Lindenmeyer, J. (1997): Beck/Wright/Newman/Liese: Kognitive Therapie der Sucht. Weinheim

Lindenmeyer, J. (1999): Alkoholabhängigkeit. Göttingen

Linder, H.T., Klein, M., Funke, W. (1994): Qualitätssicherung: Konzepte, Vorgehensweisen, Kritiken am Beispiel stationärer Entwöhnungsbehandlungen von Alkohol-, Medikamenten- und Drogenabhängigen. in: *Fachausschuß Sucht des Wissenschaftsrates* (Hrsg.): Qualitätssicherung in der stationären Behandlung Abhängigkeitskranker, Hilden. Schriftenreihe des Wissenschaftsrates der AHG S. 71-77

Lindner, T., Schneider, B. (1999): Qualitätsentwicklung in der Suchtkrankenhilfe. Arbeitsergebnisse. 21. Fachtagung der Landesregierung Rheinland-Pfalz. Mainz

Linehan, M. (1993): Dialektisch-Behaviorale Therapie der Borderline- Persönlichkeitsstörungen. München: CIP-Medien.

Loeber, R., Farrington, D.P. (1998): Serious, violent juvenile offenders: Risk factors and successful interventions. Thousand Oaks

Loeber, R., Farrington, D.P., Waschbusch, D.A. (1998): Serious and violent juvenile offenders. in: *Loeber, R., Farrington, D.P.,* Serious & violent juvenile offenders: Risk factors and successful interventions. Thousand Oaks

Loeber, R., Hay, D.F. (1994): Developmental approaches to aggression and conduct problems. in: *Rutter, Hay* (1994)

Loftus, E.F. (1996): Eyewitness testimony. Cambridge, Mass.

Loftus, E.F., Hoffmann, H.G. (1989) Misinformation and memory: The creation of new memories. in: *Journal of Experimental Psychology* 118, pp. 100-104

Löhmer, C., Standhardt R. (1995): TZI Pädagogisch-therapeutische Gruppenarbeit nach Ruth C. Cohn. Stuttgart

Loevenich, A., Schmidt, R., Schifferdecker, M. (1996): Ärzte als Patienten – zur Problematik des psychisch kranken Arztes. in: *Fortschritte in der Neurologie und Psychiatrie* 64, 344-352.

Longabaugh, R. et al. (1983): Cost effectiveness of alcoholism treatment in partial vs inpatient settings: Six-month outcomes. in: *Journal of Studies on Alcohol,* 44 (6), pp. 1049-1071

Lopez-Frank, U., Veith, A., Willutzki, U. (1999): Die Bedeutung der Psychothersapieforschung für die Behandlung in der privaten Praxis. in: *Petzold, Märtens* (1999), 97-114

Lorenz, F. (2004): Salutogenese. München

Lorenz, G. (2004): Integrative Therapie und Salutogenese. München

Lorenz, K., Wuketits, F.M. (1983): Die Evolution des Denkens. München

Lorenz, R. (2004): Salutogenese. Mit einem Vorwort von *H. Petzold.* München

Lorenz, T., Opitz, S. (2001): Vom Training zur Performance. Improving Performance – Nutzen für Mitarbeiter und Unternehmen. Offenbach

Löschmann, C., Brünger, M., Koch, U. (1996): Strukturelle und konzeptionelle Voraussetzungen in Kliniken der stationären Suchtbehandlung als Elemente der Qualitätssicherung. in: *Dt. Rentenversicherung* (4), 247-263

Lotze, J., Stasch, R. Mohr, O., Vollmer, S., Rabe, M.-L., Meyer, A., Petzold, H.G. (1974): Konzeption des ambulanten Therapieprogramms unter Verwendung von Methadon. in: *Petzold* (1974b), 450-457

Lowen, A. (1981): Körperausdruck und Persönlichkeit. München: Kösel.

Luborsky, L., McLellan, A.T., Woody, G.E., O'Brien, C.P., Auerbach, G. (1985): Therapist success and its determinants. in: *Archives of General Psychiatry*, 42; pp. 602-611

Lürsen, E. (1976): Das Suchtproblem in neuerer psychanalytischer Sicht. in: *Psychologie des 20. Jahrhunderts,*Bd. II. München: Kindler.

Luhmann, N. (1968): Zweckbegriff und Systemrationalität. Über die Funktion von Zwecken in sozialen Systemen. Tübingen

Luhmann, N. (1992): Beobachtungen der Moderne. Opladen

Lurija, A.J. (1963): Höhere Rindenfunktionen. Moskau

Lurija, A.R (1966): Human Brain and Psychological Processes. New York

Lurija, A.R. (1970/2001): Die höheren kortikalen Funktionen des Menschen und ihre Störungen bei örtlichen Hirnschädigungen. Berlin

Lurija, A.R. (1973): The working brain. Harmondsworth

Lurija, A.R. (1976): Reduktionismus in der Psychologie. in: *Zeier, H.* (hrsg.): Die Psychologie des 20. Jh., Zürich. in: *Zeier, H.* (1984): Lernen und Verhalten, Bd. I, Lerntheorien. Weinheim 1984, S. 606-614

Lurija, A.R. (1978): Zur Stellung der Psychologie unter den Sozial- und Biowissenschaften. in: *Gesellschaftswissenschaftliche Beiträge* 31 (1978), S. 640-647

Lurija, A.R. (1982): Sprache und Bewusstsein. Köln

Lurija, A.R. (1992): Das Gehirn in Aktion. Einführung in die Neuropsychologie. Reinbek 6. Aufl. 2001

Lurija, A.R. (1993): Romantische Wissenschaft. Reinbek

Lurija, A.R. (1992): Zur Stellung der Psychologie unter den Sozial- und Biowissenschaften

Lutz, W., Grawe, K. (2001): Was ist „Evidenz" in einer Evidence Based Psychotherapy? in: *Integrative Therapie* 1-2/2001, 11-28.

Lutzau, H. von (1988): Das Ermessen des Rentenversicherungsträgers bei medizinischen Maßnahmen zur Rehabilitation für Abhängigkeitskranke und die Folgerungen aus dem York – Urteil des Bundessozialgerichts vom 12.8.82, *Amtl. Mitt. LVA Rheinpr.* (12/88)

LVA Westfalen (1993): Rahmenkonzept für Rehabilitationseinrichtungen zur Adaption Abhängigkeitskranker. Münster

LVA Westfalen: Das Rentereformgesetz 1992 – Die Leistungen zur Rehabilitation. Münster

LWL (1996): Qualitätsmanagement in der ambulanten und stationären Suchtkrankenhilfe. Münster

Lyotard, J.-F. (1982): Das postmoderne Wissen. Ein Bericht. Bremen. 2. Aufl. 1986. Graz, Wien

Lyotard, J.-F. (2005): Das postmoderne Wissen. Wien: Passagen.

Mace, C., Moorey, S., Roberts, B. (2000): Evidence in the Psychological Therapies. London

Mackenroth, I., Waldschmidt, A. (1996): Lebensstil und Konsummuster- Ecstasy und neue Drogen. in: *Partner,* Jg. 30. Drogentagung 1995.

Maercker, A. (1997): Therapie der posttraumatischen Belastungsstörungen. Berlin: Springer.

Mahler, M. (1978): Die psychische Geburt des Menschen, Symbiose und Individuation. Hamburg: Fischer Verlag.

Malchiodi, C. (2000): At therapy and Computer Technology. Lonon: Jessica Kingsley Publishers.

Mannheim, K. (1952): Ideologie und Utopie. Frankfurt. 3. Aufl.

Mans, E.J. (2000): Differentielle Diagnostik. in: *Laireiter* (2000), 305-320.

Mansel, J., Kocke, A. (Hrsg.) (1996): Die Jugend von heute – Selbstanspruch, Stigma u. Wirklichkeit. Weinheim/ München: Juventa Verlag.

Mansfeld, J. (1987): Die Vorsokratiker. Griechisch/Deutsch. Stuttgart

Marcel, G. (1964): Auf der Suche nach Wahrheit und Gerechtigkeit. Frankfurt: Knecht Verlag.

Marcel, G. (1964): Der Mensch als Problem. Frankfurt Knecht Verlag.

Marcel, G. (1964): Die Erniedrigung des Menschen. Frankfurt: Knecht Verlag.

Marcel, G. (1985): Leibliche Begegnung. Notitzen aus einem gemeinsamen Gedankengang. in: *Petzold, H.G.* (1985), 15-46.

*Marcel, G. (*1935/1954): Sein und Haben. Paderborn

Marcel, A. (1983a): Conscious and unconscious perception. Experiments on visual masking and word recognition. in: *Cognitive Psychology* 15, pp. 197-237

Marcel, A. (1983b): Conscious and unconscious perception. An approach to the relations between phenomenal experience and perceptual processes. in: *Cognitive Psychology* 15, pp. 238-300

Marc Aurel (1998): Wege zu sich selbst. Hrsg. *Nicke*, R. Darmstadt: Wissensch. Buchgesellschaft.

Margraf, J. (1996): Lehrbuch der Verhaltenstherapie. Bd. I: Grundlagen, Diagnostik, Verfahren, Rahmenbedingungen. Bd. II: Störungen. Berlin: Springer.

Margraf, J., Schneider, S., Ehlers, A. (1991): DIPS. Diagnostisches Interview bei psychischen Störungen. Handbuch, Interviewleitfaden, Protokollbogen. Berlin

Markowisch, H.J. (2001): Mnestische Blockaden als Streß- und Traumafolgen. in: *Zt. f. Klein. Psych. Psychother.* 30/3, 204-211.

Märtens, M. et al. (2002): Qualitätsicherung in der Weiterbildung „Psycho-therapeutische Medizin" in Niederösterreich. Abschlußbericht für das von der Europäischen Akademie für psychosoziale Gesundheit im Auftrag der Niederösterreichischen Ärztekammer durchgeführte Forschungsvorhaben. Düsseldorf, Hückeswagen. Auch: in: *Leitner, A.* (2003): Entwicklungsdynamik in der Psychotherapie. Wien, 357-429

Märtens, M., Leitner, T., Steffan, A., Telsemeyer, P., Petzold, H. G. (2004): Qualitätssicherung in der Weiterbildung „Psychotherapeutische Medizin" PSY-III Niederösterreich in Weiterbildung und Therapie. Abschlußbericht des Forschungsprojektes. Zentrum für psychosoziale Medizin. Donau-Universität. Krems

Märtens, M., Merten, P., Petzold, H.G. (1998b): Tätigkeitsfelder und Arbeitsbedingungen Integrativer Therapeuten – eine empirische Bestandsaufnahme. in: *Petzold* (1998h), 483-502

Märtens, M., Petzold, H.G. (1995a): Perspektiven der Psychotherapieforschung und Ansätze für integrative Orientierungen. in: *Integrative Therapie* 1, 7-44

Märtens, M., Petzold, H.G. (1995b): *Petzold*) Psychotherapieforschung und kinderpsychotherapeutische Praxis. in: *Metzmacher, Petzold, Zaepfel* (1995), 345-394

Märtens, M., Petzold, H.G. (1998b): Wer und was wirkt wie in der Psychotherapie? Mythos „Wirkfaktoren" oder hilfreiches Konstrukt? In: *Integrative Therapie* 1, 98-110

Märtens, M., Petzold, H.G. (2002): Therapieschäden. Über Risiken und Nebenwirkungen von Psychotherapie. Mainz: Grünewald

Marti, U. (1999): Michel Foulcault. München: Beck Verlag. 2. überarb. Aufl.

Martin, G.-W, Wilkinson, D.A. (1989): Methodological issues in the evaluation of treatment of drug dependence. in: *Adv Behav Res Therapy* 11 (3), pp. 133-150

Matheny, K.B, Aycock, D.W., Pugh, J.L., Curlette, W.L., Silva Canella, K.A. (1986): Stress Coping: A Qualitative and Quantitative Synthesis with Implications for Treatment. in: *The Counseling Psychologist,* 14 (4) pp. 499-549

Mattejat, F. (2004): Entwicklungsorientierte Psychotherapie. in: *Herpertz-Dahlmann* (2004), S. 264-304

Massing, A. (1994): Zukunft braucht Herkunft. in: *Kontext* 25, 100-114.

Massing, A., Beushausen, U. (1986): Bis ins dritte und vierte Glied. Auswirkungen des Nationalsozialismus in der Familie. in: *Psychosozial* 28, 27-42.

Masterson, B. (1982): The Borderline Adolescent. New York: Brunner & Mazel

Mattejat, F.(1985): Familie und psychische Störungen. Stuttgart: Enke.

Matthies, K. (1990): Symbolisches Verstehen als Zielsetzung sinnlich-sinnhaften Lernens in den Künsten. in: *Integrative Therapie* 1-2/1990, 25-44. Paderborn.

Maurer, M. (2002): Sexualdimorphismus, Geschlechtskonstruktion und Hirnforschung. in: Pasero, U. Gottburgsen, A. (Hrsg.) (2002): Wie natürlich ist Geschlecht? Wiesbaden: Westdeutscher Verlag.

Mäulen, B., Gottschaldt, M., Feuerlein, W., Bonitz, G. (1991): Abhängigkeit bei Ärzten. Eine klinische Studie zu Betroffenen in der Bundesrepublik Deutschland. in: *Münchner Medizinische Wochenschrift* 133, 446-449.

Mäulen, B. (1995): Abhängigkeit bei Ärzten. in: *Faust V.* (Hrsg.) (1995a): Psychiatrie – Ein Lehrbuch für Klinik, Praxis und Beratung. Stuttgart, Jena, New York: Gustav Fischer Verlag, 317-320.

Mäulen, B., Gottschaldt, M., Damm, K. (1995b): Hilfsmöglichkeiten für abhängige Ärzte – Unterstützung durch die Ärtekammern. in: *Deutsches Ärzteblatt* 92, C2083-2084.

McEwen (1996): Hormones modulate environmental control of a changing brain. in: *Greger, R., Winhorts, U.* (Eds.): Comprehensive human physiology. Berlin, S. 473-493

McEwen, B.S., Magarinos, A.M. (1997): Stress Effects on Morphology and Function of the Hippocampus. in: *Yehuda, McFarlane* (1997), pp. 271-284

McLeod, J. (1997): Narrative and Psychotherapy. London

Mead G.H. (1934): Mind, self and society. Chicago dtsch. (1968): Geist, Identität, Gesellschaft. Frankfurt/M. Neuaufl. 1973, 1975, 1988

Mead, G.H. (1973): Bedeutung. in: *Steinert, H.* (Hrsg.) (1973): Symbolische Interaktion. Stuttgart

Meaney, M.J. et al. (1993): Individual differences in the hypothalamic-pituitary-adrenal stress response and the hypothalamic CRF system. in: *Annuals of the New York Academy of Science*, 697, pp. 70-85

Mei, S.H., van der, Petzold, H., Bosscher, R.J. (1997): Runningtherapie, Stress, Depression. Ein übungszentrierter Ansatz in der integrativen eib- und Bewegungs- Psychotherapie. *Integrative Therapie* 3/1997, 374-429.

Meili, E., Petzold, H.G. (2000): Aus der Praxis für die Praxis: Übergangsobjekte und Intermediärobjekte in der Kindertherapie. in: *Integrative Therapie* 1/2000, 118-123. Paderborn.

Mentzos, S. (1985): Neurotische Konfliktverarbeitung. Einführung in die psychoanalytische Neurosenlehre unter Berücksichtigung neuer Perspektiven. Frankfurt/M.

Merfert-Diete, Ch., Soltau, R. (1984): Frauen und Sucht. Reinbek: Rowohlt Verlag.

Merleau-Ponty, M. (1942): La structure du comportement, Paris. dtsch. Struktur des Verhaltens. Berlin 1976

Merleau-Ponty, M. (1945): Phénoménologie de la perception, Paris. dtsch Phänomenologie der Wahrnehmung. Berlin 1966

Merleau-Ponty, M. (1955): Les adventures de la dialectique, Paris. dtsch. übers. v. *Schmidt, A., Schmidt, A.*, Die Abenteuer der Dialektik. Frankfurt/M. 1968

Merleau-Ponty, M. (1964): Le visible et l'invisible. Paris: Gallimard; dtsch. (1986): Das Sichtbare und das Unsichtbare München: Fink.

Merleau-Ponty, M. (1966): Phänomenologie der Wahrnehmung. Berlin: de Gruyter.

Mertens, W. (2001): Psychoanalyse. Stuttgart. Kohlhammer.

Merzenich, M. et al. (1983): Topographic reorganization of somatosensory cortical areas 3b and 1 in adult monkeys following restricted deafferentiation. in: *Neuroscience* 8, pp. 33-55

Metzinger, T. (1995): Bewußtsein. Beiträge aus der Gegenwartsphilosophie. Paderborn: Schöningh.

Metzmacher, B., Petzold, H.G., Zaepfel, H. (1995): Therapeutische Zugänge zu den Erfahrungswelten des Kindes. Integrative Kindertherapie in Theorie und Praxis. Bd. 1. Paderborn

Metzmacher, B., Petzold, H.G., Zaepfel, H. (1996): Praxis der Integrativen Kindertherapie. Integrative Kindertherapie in Theorie und Praxis. Bd. 2. Paderborn

Metzmacher, B.; Petzold, H.G., Zaepfel, H. (Hrsg.) (1995): Therapeutische Zugänge zu den Erfahrungswelten des Kindes von heute (Band I, Band 2 1996). Praxis der integrativen Kindertherapie. Paderborn

Meulenbelt, A. u.a. (1998): Frauen und Alkohol. Reinbek: Rowohlt Verlag.

Middendorf, I. (1984): Der erfahrbare Atem. Eine Atemlehre. Paderborn: Junfermann.

Milch, W. (1998): Überlegungen zur Entstehung von Borderline-Störungen auf dem Hintergrund der Säuglingsforschung. in: *Zt. f. Persönlichkeitsstörungen* (PTT), 2/1, 10-21.

Mierke, K. (1955): Wille und Leistung. Göttingen

Milgram, S. (1974): Obedience to authority: an experimental view. New York

Milgram, S. (1997): Das Milgram-Experiment. Zur Gehorsamsbereitschaft gegenüber Autorität. Reinbek

Miller, J. (1995): Die Leidenschat des Michel Foulcault. Eine Biographie. Köln: Kiepenheuer & Witsch.

Miller W.R., Hester R.K. (1986): The effectiveness of alcoholism treatment. in: *Miller W.R., Heather N.* (Ed.): Treating addictive behaviors. New York, pp. 121-174

Miller, R., Rollinck, R. (Hrsg.) (1999): Motivierende Gesprächsführung: Ein Konzept zur Beratung von Menschen mit Suchtproblemen. Freiburg

Miller, W.R. und Rollnick, S. (1991): Motivational Interviewing: Preparing People to Change Addictive Behavior. New York

Miller,W.R. et al. (1995): What works? A methodological analysis of the alcohol treatment outcome literature. in: *Hester, R.K., Miller, W.R.,* Handbook of alcoholism treatment approaches, pp. 12-44. Boston

Miller, W.R. (Eds.) (1980): The addictive behaviors: Teatment of alcoholism, drug abuse, smoking, and obesity. New York

Miller, W.R. et al. (1992): Long-Term Follow-Up of Behavioral Self-Control Training. in: *Journal of Studies on Alcohol,* 53 (3), pp. 249-261

Miltenburg, R., Singer, E. (1997): The (ab)use of Reliving Childhood Traumata. in: *Theory & Psychology* 7 (5), pp. 605-628

Mingers, J., Gill, A. (Eds.) (1997): Multimethodology. The theory and practice of combining management science methodologies. New York

Minuchin, S., Rosman, B., Baker, L. (1983): Psychosomatische Krankheiten in der Familie. Stuttgart: Klett-Cotta.

Missel, P., Schäfer, R. (1997): Qualitätsmanagement in der Therapie Suchtkranker. in: *Jeschke, H.A., Lang, J.R.* (Hrsg.), Rehabilitation im Umbruch. Kulmbach

Missel, P. et al. (1997): Effektivität in der Rehabilitation Abhängigkeitskranker: Ergebnisse einer klinikübergreifenden Katamnese. in: *Verhaltensmedizin heute*, 7

Mitscherlich, M. (1987): Die friedfertige Frau. Frankfurt: Fischer Verlag.

Mitscherlich, M. (1990): Über die Mühsal der Emanzipation. Frankurt: Fischer Verlag.

Möller, H.J. (2000): Standartisierte psychiatrische Befunddiagnostik. in: *Möller* et al. (2000), 388-411.

Möller, H.-J., Laux, G., Kapfhammer, H.-P. (2000): Psychiatrie und Psychotherapie. Berlin: Springer.

Moffitt, T.E. (1993): Adolescence limited and life-course-persistent antisocial behavior: A developmental taxonomy. in: *Psychological Review* 4, pp. 647-701

Molter, H. et al. (1992): Niemand sucht allein. in: *Osterhold, G., Molter H.* (1992) (Hrsg): Systemische Suchttherapie. Entstehung und Behandlung von Sucht und Abhängigkeit im sozialen Kontext. Heidelberg

Monti, P.M., Gulliver, S.B., Myers, M.G. (1994): Invited Review: Social Skills Training for Alcoholics: Assessment and Treatment. in: *Alcohol & Alcoholism,* 29 (6), pp. 627-637

Moos, R.H. et al. (1979): Family Characteristics and the Outcome of Treatment for Alcoholism. in: *Journal of Studies on Alcohol,* 40

Moos, R.H., Finney, J.W., Cronkite, R.C. (1990): Alcoholism treatment. Context, Process and Outcome. New York, Oxfort

Moran, M. et al. (1978): Systems Releasing Action Therapy with Alcoholics: An Experimental Evaluatio. in: *Journal Clin Psychol* 34 (3), pp. 769-774

Moreno, J.L. (1923): Der Königsroman. Potsdam

Moreno, J.L. (1923): Rede über den Augenblick. Wien

Moreno, J.L. (1924): Das Stegreiftheater. Potsdam

Moreno, J.L. (1931): Towards a curriculum of the ipromptu play school. in: *Impromptu* 1, 20-23.

Moreno, J.L. (1932): Application of the group method to classification National Committee on Prisons and Prison Labor. Washington

Moreno, J.L. (1934): Who shall survive? A new approach to the problem of human interelations, Nervous and Mental Disease Publ. Co., Washington; erw. Ausg. Beacon House, Beacon 1953.

Moreno, J.L. (1937): Intermediate (insitu) Treatment of the Matrimonial Triangle. in: *Sociometry* 1, pp. 124-163

Moreno, J.L. (1940): Psychodramatic Treatment of Marriage Problems. in: *Sociometry* 3, pp. 1-23

Moreno, J. L. (1946): Psychodrama. Vol. I. Beacon

Moreno, J.L. (1941): The Function of the Social Investigator in Experimental Psychodrama. in: *Sociometry* 4, pp. 392-417

Moreno J.L., (1947): Organisation of the social atom, in: *Sociometry* X, 3, 287-293

Moreno, J.L. (1951): Sociometry. Experimental method and the science of society, Beacon. dtsch. Soziometrie als experimentelle Methode. Paderborn 1981

Moreno, J.L. (1959): Gruppenpsychotherapie und Psychodrama. Stuttgart, 2. Aufl. 1973

Moreno, J.L., Moreno, Z., Moreno, J. (1963): The first psychodramatic family. in: *Group Psychotherapy* 1

Moreno, L. (1940): A frame of reference for testing the social investigator. in: *Sociometry* 4, pp. 317-328

Moreno, Z. (1951): Psychodrama in a well-babyclinic. in: *Group Psychotherapy* 1-2

Moreno, Z. (1973): Psychodrame d'enfant. Paris

Moreno, J.L. (1990): Kanon der Kreativität und Analyse der Kreativitätscharta. in: *Petzold, H.G., Orth, I.* (1990a) 187-188.

Morgan, W.P., Goldstone, S.E. (1987): Exercise and Mental Health. Washington

Moscovici, S. (1979): Sozialer Wandel durch Minoritäten. München

Moscovici, S. (1984): Psychologie sociale. Paris

Moscovici, S. (1990). Social psychology and developmental psychology: extending the conversation. in: *Duveen, G.*, Social Representations and the development of knowledge. Cambridge, pp. 164-185

Moscovici, S. (2001). Social Representations. Explorations in Social Psychology. New York

Moser, J., Petzold, H.G. (2002): Supervison und Ethik – Theorien, Konzepte, Praxis. Düsseldorf, Hückeswagen. www.FPI-Publikationen.de/materialien.htm

Mosher, V., Davis, J., Mulligan, D., Iber, F.L. (1975): Comparison of Outcome in a 9-Day and 30-Day Alcoholism Treatment Program. in: *Journal of Studies on Alcohol,* 36 (9), pp. 1277-1281

Mulford H.A. (1977): Stages in the Alcoholic Process: Toward a Cumulative, Nonsequential Index. in: *Journal of Studies on alcohol* 38, pp. 563-583

Müller, I., Czogalik, D. (1995): Veränderungen nach einer Integrativen Therapie bei Patienten mit chronischen Rückenschmerzen – Eine Evaluationsstudie. Düsseldorf: FPI-Publikationen.

Müller, L. Petzold, H.G. (1998): Projektive und semiprojektive Verfahren für die Diagnostik. in: *Integrative Therapie* 3-4, S. 396-438

Müller, L., Petzold, H.G. (1997): Musiktherapie in der klinischen Arbeit. Integrative Modelle und Methoden. Stuttgart

Müller, L., Petzold, H.G. (1998): Projektive und semiprojektive Verfahren für die Diagnostik von Störungen, Netzwerken und Komorbidität in der Integrativen Therapie von Kindern und Jugendlichen. in: *Integrative Therapie* 3-4, S. 396-438

Müller, L. Petzold, H. (1998): Projektive und Semiprojektive Verfahren, kreative und virtuelle Medien, für die Diagnostik von Störungen von Netzwerken und Komorbidität in der Integrativen Therapie mit Kindern und Jugendlichen. *Integrative Therapie* 3-4/1998, 396- 437.

Müller, L., Petzold, H.G. (1999). Identitätsstiftende Wirkung von Volksmusik – Konzepte moderner Identitäts- und Lifestyle-Psychologie. in: *Integrative Therapie* 2-3, 187-250

Müller, L., Petzold, H.G. (2002a): Problematische und riskante Therapie (nicht nur) in der Arbeit mit älteren und alten Menschen in „Prekären Lebenslagen" – *„Client dignity?"*. *in: Märtens, Petzold* (2002), 293-332

Müller, L., Petzold, H.G. (2002b): Gerontotherapie: Psychotherapie mit älteren und alten Menschen – Forschungsergebnisse, protektive Faktoren, Resilienzen, Grundlagen für eine Integrative Praxis, (Teil 1). in: *Integrative Therapie* 1, 2002, 52-90

Müller, L., Petzold, H. (2002): Gerontotherapie. Psychotherapie mit älteren und alten Menschen – Forschungsergebnisse, protektive Faktoren, Resilienzen. Grundlagen für eine Integrative Praxis. in: *Integrative Therapie*, Teil 1: 1/2002, 52-91, Teil 2: 2/2002, 107-153.

Müller, L., Petzold, H.G. (2003): Resilienz und protektive Faktoren im Alter und ihre Bedeutung für den Social Support und die Psychotherapie bei älteren Menschen. www. FPI-Publikationen.de/materialien.htm

Müller, L., Petzold, H.G., (2001). Integrative Kinder- und Jugendlichenpsychotherapie – diagnostische und therapeutische Perspektiven.(Chartacolloquium I, Kindertherapie). Düsseldorf, Hückeswagen, FPI-Publikationen: POLYLOGE: Materialien aus der Europäischen Akademie für psychosoziale Gesundheit – 05/2001

Müller, M., Petzold, H.G. (2003): Affiliation, Reaktanz, Übertragung, Beziehung – Modalitäten der Relationalität in der Supervision. www.FPI-Publikationen.de/materialien. htm

Müller-Fahrnow, W., Pallenberg C., Beckmann U., Knüpfer U. (1989): Epidemiologische Analysen zu den stationären Entwöhnungsbehandlungen und Berentungen wegen Abhängigkeitserkrankungen. in: *Deutsche Rentenversicherung,* 8-9, 535-545

Müller, U., Hahlweg, K., Feinstein, E., Hank, G., Wiedemann, G., Dose, M. (1992): Familienklima (Expressed Emotion) und Interaktionsprozesse in Familien mit einem shizophrenen Mitglied. in: *Zt. f. Klein. Psych.* 4, 332-351.

Müller, W. (1975): Etre-au-monde. Grundlinien einer philosophischen Anthropologie bei aurice Merleau-Ponty. Bonn: Bouvier.

Mühlen Achs, G. (1998): Geschlecht bewußt gemacht. München: Verlag Frauenoffensive.

Murray, R.M. (1976): Characteristics and prognosis of alcoholic doctors. in: *British medical Journal* 4, 1537-1539.

Mysterud, I. (2003): Mennesket og moderne evolutionsteori. Oslo

Naber, D. (1991): Wie kann suchtkranken Ärzten geholfen werden? in: *Münchner medizinische Wochenschrift* 133, 439-440.

Nagel-Docekal, H., Pauer-Studer, H. (1993): Jenseits der Geschlechtermoral. Frankfurt: Fischer Verlag.

Nagler, N. (2003): Die paranoide Rufmordcampagne gegen Sándor Ferenczi und seinen Entwurf zu einer ganzheitlichen Psychoanalyse, in: *Integrative Therapie* 3-4/2003, 235-249. Paderborn.

Nagler, N. (2003): Auf der Suche nach einem soziokulturellen *Ferenczi*-Bild jenseits von Demontage und Hagiographie, in: *Integrative Therapie* 3-4/2003, 250-280. Paderborn.

Nagler, N. (2003): Sandor Ferenczi, *Schwerpunktheft Integrative Therapie* 1-2, 2003

Nestmann, F. (1985): Beratung von sozialpädagogischen Institutionen – Plädoyer für einen eklektischen Ansatz. in: *Neue Praxis* 1, 12-25

Nestmann, F. (Hrsg.) (1997). Beratung. Bausteine für eine interdisziplinäre Wissenschaft und Praxis. Tübingen

Neumeyer/ Sehmisch, (1997): Exstasy – Design für die Seele. Freiburg: Lambertus Verlag.

Neuenschwander, B. (2003): Gerechtigkeit in der Integrativen Therapie. in: *Integrative Therapie* 29, S. 65-90

Neuenschwander, B. (2005): Säkulare Mystik. in: *Sieper, Orth, Schuch* (2006) in Vorber.

Newcomb, M.D. (1987): Consequences of teenage drug use: The transition from adolescents to younger adulthood. in: *Drugs and Society* 1, 25-60.

Newcomb, M.D., Bentler, P.M. (1986): Drug use, educational aspirations, and work forte involvement: The transition from adolescence to young adulthood. in: *American Journal of Community Psychology* 14, 303-321.

Newcomb, M.D., Bentler, P.M. (1986a): Cocain use among young adults. in: *Advances in Alcohol ans Substarte Abuse.* 6, 73-96.

Newcomb, M.D., Bentler, P.M. (1988): Impact of adolescent drug use and social support and problems of young adults: a longitudinal study. in: *Journal of Abnormal Psychology* 97, 64-75.

Newcomb, M.D., Bentler, P.M. (1990): Antecedents and consequences of cocain use: an eight-years study from early adolescence to younger adulthood. in: *Robins, Rutter* (1990) 158-181.

Newcomb, M.D., Huba, G.J., Bentler, P.M. (1981): Multidimensional asessment of Stressful life events among adolescents.: Dervation and correlates. in: *Journal of Health and social Behavior* 22, 400-415.

Nieman, D.C. (1997): Exercise Immunology: Practical Applications. in: *Int. Journ. Sports Medicine* 18, pp. 91-100

Nitsch-Berg, H., Kühn, H. (2000): Kreative Medien und die Suche nach Identität. 2 Bde. Köln: Edition Humanistische Psychologie.

Noam, G., Röper, G. (1999): Auf dem Weg zu entwicklungspsychologisch differentiellen Interventionen. in: *Oerter* et al. (1999), 478-511.

Norcross, J. C. (1995): Psychotherapie-Integration in den USA. in: *Integrative Therapie* 1/1995 (1995)

Norcross, J.C. (2001): Empirically supported therapy relations: Summary report of the Devision 29 Task Force. Psychotherapy, 38 (4).

Norcross, J.C. , Goldfried, M.R. (1992): Handbook of Psychotherapy Integration. New York: Basic Books.

Nordström, G. (1987): Successful outcome in alcoholism. A prospective long-term follow-up study. Diss Abstracts Int 48/2307c

Nuber, U. (1998): Der Mythos vom frühen Trauma. Über Macht und Einfluß der Kindheit. Frankfurt a.M.: Fischer.

Nuñez, R. Freeman, W. J. (1999): Reclaiming Cognition: The Primacy of Action, Intention and Emotion. New York

O'Farrel, T.-J., Maisto, S.-A. (1987): The utility of self-report and biological measures of alcohol consumption in alcoholism treatment outcome studies. Special issue: Two decades of behavioral research in the alcohol field: Change, challenge, and controversy. in: *Advances in Behaviour Research and Therapy,* 9 (2-3); pp. 91-125

Oeltze, H.J. (1993): Johanna Sieper – Integrative Bildungsarbeit und kreative Medien. in: *Petzold, H.G., Sieper, J.* (1993a) (Hrsg.): Integration und Kreation, Bd. 2, 439-442, Paderborn: Junfermann.

Oeltze, H:j: (1997): Intermediale Arbeit in der Integrativen Musiktherapie. in: *Müller, L., Petzold, H.G.* (1997), 113-136.

Oeltze, H.-J., Ebert, W., Petzold, H.G. (2002): Integrative Supervision in Ausbildung und Praxis – eine empirische Evaluations-studie im Mehrebenenmodell. Düsseldorf, Hückeswagen, FPI-Publikationen. www.FPI-Publikationen.de/materialien.htm: *SUPERVISION: Theorie – Praxis – Forschung.* Eine interdisziplinäre Internet-Zeitschrift – 01/2002

Oerter, R., Hagen, C.v., Röper, G., Noam, G. (1999): Klinische Entwicklungspsychologie. Ein Lehrbuch. Weinheim: Beltz.

Oerter, R., Montada, L. (1995): Entwicklungspsychologie. München: Psychologie Verlags Union, 3. Aufl.

Olson, R.P. et al. (1981): Long-Term Effects of Behavioral Versus Insight-Oriented Therapy With Inpatient Alcoholics. in: *Journal of Consulting and Clinical Psychology,* 49 (6), pp. 866-877

Opp, G. (2002): Das Konzept der Schutz- und Risikofaktoren als integrative Perspektive auf die Biographien und Lebenswelten von Suchtklient(inn)en. in: *Walter-Hamann* (2002), 15-32.

Orbach, S. (1994): Anti-Diätbuch: Über die Psychologie der Dickleibigkeit: Die Ursachen von Eßsucht. München: Frauenoffensive.

Orbach, S. (1993): Anti-Diätbuch II: Eine praktische Anleitung zur Überwindung von Eßsucht. München: Frauenoffensive.

Orbsch, S. (2000): Intime Beziehungen, schwierige Gefühle. München: Verlag Frauenoffensive.

Orlinsky, D. (1999): Learning from many masters. in: *Petzold, Märtens* (1999), pp. 31-43

Orlinsky, D. E., & Howard, K.J. (1986): The relation of process to outcome in psychotherapy. in: *Garfield, S.L., Bergin, A.E.* (Eds.), Handbook of Psychotherapy and behavior change. New York, pp. 311-384

Orlinsky, D.E., Grawe, K., Parks, B. (1994): Process and Outcome in Psychotherapy – noch einmal. in: *Bergin/Garfield* (1994), pp. 270-376

Orlinsky, D.E., Howard, K.I. (1986): A generic model of psychotherapy. in: *J. of Integrative and Eclectic Psychotherapy* 6, pp. 6-27; dtsch. *Integrative Therapie* 4 (1988), 281-308

Orlinsky, D.E., Roennestadt, M.H., Willutzki, U. (2004): Fifty years of psychotherapy process-outcome research: continuity and change. in: *Lambert* (2004), pp. 307-390

Ornstein, P., Cherepon, J.-A. (1985): Demographic variables as predictors of alcoholism treatment outcome. in: *Journal of Studies on Alcohol,* 46 (5), pp. 425-432

Orth, D., Petzold, H.G., Zunker, S. (2005): Qualitätssicherung in der Ausbildung von Integrativer Psychotherapie an FPI/EAG – dargestellt an Ergebnissen einer Veranstaltungsevaluation im EAG-Qualitätssystem 1999-2004. www.FPI-Publikationen.de/materialien.htm – POLYLOGE: Materialien *aus der Europäischen Akademie für psychosoziale Gesundheit* – Jg./2005

Orth, E.W. (1986): Studien zur neueren französischen Phänomenologie. Ricoeur, Foucault, Derrida. Freiburg, München: Alber.

Orth, I. (1993): Integration als persönliche Lebensaufgabe, In: *Petzold, Sieper* (1993a), 371-384

Orth, I. (1996): Heilung durch Bewegung. Überlegungen zu Diagnostik, Indikation und Therapeutik in der Integrativen Leib- und Bewegungstherapie. in: *Integrative Bewegungstherapie*, 20, 312-339

Orth, I. (1996): Leib, Sprache, Gedächtnis, Kontextualisierung. in: *Gestalt* (Schweiz) 27, 11-17.

Orth, I. (1994): Unbewußtes in der therapeutischen Arbeit mit künstlerischen Methoden. Überlegungen aus der Sicht der Integrativen Therapie. in: *Integrative Therapie*, 4/1994, 312-339. Paderborn.

Orth, I. (1994): Der domestizifizierte Körper. in: *Integrative Bewegungstherapie* 1, 4-19.

Orth, I. (1996): Heilung durch Bewegung. Überlegungen zu Diagnostik, Indikation und Therapeutik in der Integrativen Leib- und Bewegungstherapie. Integrative Bewegungstherapie, 6, 44-54.

Orth, I. (2002): Weibliche Identität und Leiblichkeit – Prozesse „konvivialer" Veränderung und Entwicklung – Überlegungen für die Praxis. POLYLOGE: Materialien aus der Europäischen Akademie für psychosoziale Gesundheit – 15/2002. Auch: in: *Integrative Therapie* 4, 2002

Orth, I. (2002): Weibliche Identität und Leiblichkeit – Prozesse „konvivialer" Veränderung und Entwicklung – Überlegungen für die Praxis, Düsseldorf, Hückeswagen, www.FPI-Publikationen.de/materialien.htm Auch: in: *Integrative Therapie* 4, 2002, 303-324

Orth, I., Petzold, H. (1990): Metamorphosen – Prozesse der Wandlung. in: *Integrative Therapie*, 1-2/1990, 53-97. Paderborn.

Orth, I., Petzold, H. (1993): Zur Anthropologie des schöpferischen Menschen. in: *Petzold/Sieper* (1993), Bd.I, 93-116.

Orth, I., Petzold, H.G. (2000): Integrative Therapie: Das „biopsychosoziale" Modell kritischer Humantherapie. in: *Integrative Therapie* 2-3/2000, 131-144. Paderborn.

Orth, I. Petzold, H.G. (2004): Theoriearbeit, Praxeologie und „Therapeutische Grundregel" Zum transversalen Theoriegebrauch, kreativen Medien und methodischer und „sinnlicher Reflexivität" in der Integrativen Therapie mit suchtkranken Menschen. in: *Petzold, Schay, Ebert* (2004), 297-342

Orth, I., Petzold, H.G. & Sieper, J. (1999a): Ideologeme der Macht in der Psychotherapie – Reflexionen zu Problemen und Anregungen für alternative Formen der Praxis. in: *Petzold, Orth* (1999a), 269-334

Orth, I., Petzold, H.G. (1993b): Beziehungsmodalitäten – ein integrativer Ansatz für Therapie, Beratung, Pädagogik. in: *Petzold, Sieper* (1993a), 117-124

Orth, I., Petzold, H.G. (1993c): Zur „Anthropologie des schöpferischen Menschen". in: *Petzold, Sieper* (1993a), 93-116

Orth, I., Petzold, H.G. (1995a): Kritische Überlegungen zu offenen und verdeckten Ideologien in der Psychotherapie – Überlieferungen und Veränderungen im psychotherapeutischen Feld – Präzisierungen Integrativer Positionen. Düsseldorf. in: *Petzold, Orth* (1999), 125-261

Orth, I., Petzold, H.G. (1995b): Gruppenprozeßanalyse – ein heuristisches Modell für Integrative Arbeit in und mit Gruppen. in: *Integrative Therapie* 2, 197-212

Orth, I., Petzold, H.G. (1998a). Heilende Bewegung – die Perspektive der Integrativen Leib- und Bewegungstherapie. in: *Illi, U. Breithecker, D., Mundigler, S.* (Hrsg.). (1998): Bewegte Schule. Gesunde Schule. Zürich, 183-199

Orth, I., Petzold, H.G. (2004): Theoriearbeit, Praxeologie und „Therapeutische Grundregel". in: *Petzold, H.G., Schay, P., Ebert, W.* (2004): Integrative Suchttherapie: Theorie, Methoden, Praxis, Forschung. Wiesbaden

Orth, I., Petzold, H.G., (1995b): GruppenProzessanalyse – ein heuristisches Modell für Integrative Arbeit in und mit Gruppen. in: *Integrative Therapie* 2, 197-212

Osofsky, J. (1987): Handbook of Infant Development. New York: Wiley.

Osten, P. (1995/2000): Die Anamnese in der Psychotherapie. Ein integratives Konzept. München; überarb. und erw. 2. Auflage (2000): Die Anamnese in der Psychotherapie. Klinische Entwichlungspsychologie in der Praxis. UTB – Reinhardt, München

Osten, P. (1996): Kreative Wahrnehmung, kreativer Ausdruck. Methoden und Wirkweisen der Integrativen Kunsttherapie. in: *Zt. f. Musik-, Tanz- und Kunsttherapie,* 7, 145-160.

Osten, P. (1999): Phänomenologische Bewegungsdiagnostik. in: *Pritz, A., Stumm, G.* (Hg.): Wörterbuch der Psychotherapie. Berlin: Springer.

Osten, P. (2001): Lebensgeschichtliche Perspektiven in der Entstehung von Sucht. und Abhängigkeitserkrankungen. Klassifikation, Ätiologische Diagnostik, Ressourcenanalyse und Behandlungsplanung in der Suchtkrankenhilfe. in: *Walter-Hamann* (2002), 33-67

Osten, P. (2002a): Pubertät und Adoleszenz aus der Sicht der Klinischen Entwicklungspsychologie. Empirische Grundlagen der psychotherapie, Teil 2: Die Adoleszenz. in: *Psychotherapie in Psychiatrie, Psychother. Med. Klein. Psych. (*CIP-Medien), 7/1, 66-87.

Osten, P. (2004): Integrative Diagnostik bei Sucht- und Abhängigkeitserkrankungen. in: *Petzold, H.G., Schay, P., Ebert, W.* (2004): Integrative Suchttherapie: Theorie, Methoden, Praxis, Forschung. Wiesbaden, 221-294

Osten, P. (2006): Verhaltensdispositionelle Muster der Ressourcenakquise bei Kindeern im familiären Kontext. Bedeutung in der Persönlichkeitsentwicklung und der Ätiologie psychischer und psychosomatischer Störungen. Vortrag gehalten am 17.6.2006 an der Donau Universität Krems am „Kremser Symposium Psychotherapie und Medizin – Thema: Stress in Gesundheit und Krankheit", Veranstalter: Österreichische Gesellschaft für Psychosomatische und Psychotherapeutische Medizin.

Ossola, E., Petzold, H.G. (2003): Moderne Beratungspsychologie – ihre Bedeutung für psychosoziale Arbeit und Supervision. Düsseldorf/Hückeswagen. Bei www.FPI-publikationen.de/materialien.htm – SUPERVISION: Theorie – Praxis – Forschung. Eine interdisziplinäre Internet-Zeitschrift.

Otte,H. (1995): Elternmacht in der Therapie? Das Beziehungsdilemma in der Nachbeelterung. in: *Schmidt-Lellek, Ch.J., Heimannsberg, B.* (Hg.): Macht und Machtmißbrauch in der Psychotherapie. Köln: EHP.

Otte, H. (2002): Mögliche Risiken und Nebenwirkungen in der Integrativen Therapie. Überlegungen zu „risikosensiblen" Arbeitsformen. in: *Märtens, Petzold* (2002), 181-215

Oyabu, N., Garland, T.N. (1987): An Investigation of the Impact of Social Support on the Outcome of an Alcoholism Treatment Program. in: *International Journal of the Addictions,* 22 (3), pp. 221-234

Oyama, S. (1985): The Ontogeny of Information. Cambridge

Paar, G.H., Hagen, C.v., Kriebel, R., Wörz, Th. (1999): Genese und Prognose psychosomatischer Störungen. in: *Oerter* et al. (1999), 299-238.

Palazzoli, S., Boscolo, L., Lecchin, G., Prata, G. (1991): Paradoxon und Gegenparadoxon. Ein neues Therapiemodell für die Familie mit schizophrener Störung. Stuttgart: Klett.

Panksepp, J. (2004): Die psychobiologischen Langzeitfolgen der emotionalen Umweltem von Kleinkindern für das spätere Gefühlsleben – Forschungsperspektiven für das 21. Jahrhundert. in: *Streek-Fischer* (2004), 45-104

Papousek, H., Papousek, M. (1981): Intuitives elterliches Verhalten im Zwiegespräch mit dem Neugeborenen. in: *Sozialpäd. Prax. Klin.* 3, 229-238

Papousek, H., Papousek, M. (1982): Die Rolle der sozialen Interaktionen in der psychischen Entwicklung und Pathogenese von Entwicklungsstörungen im Säuglingsalter. in: *Nissen, G.* (Hrsg.), Psychiatrie des Säuglings- und des frühen Kleinkindalters. Bern, 69-74

Papousek, H. (1991): Early human movements: Heritage and chance, Inauguralvorlesung, Vrije Universiteit Amsterdam. Amsterdam

Papousek, H., Papousek, M. (1983): Biological basis of social interactions: Implications of research for an understanding of behavioural deviance. in: *Journal Child. Psychol. Psychiatr.* 24 (1), pp. 117-129

Papousek, H., Papousek, M. (1991): Frühemenschliche Kommunikation: Biologisches Erbe und Entwicklungspotential. in: *Viebrock, H., Holste, U.* (Hrsg.), Therapie, Anspruch und Widerspruch. Bremen, S. 70-83

Papousek, H., Papousek, M. (1992): Vorsprachliche Kommunikation. Anfänge, Formen, Störungen und psychotherapeutische Ansätze. in: *Integrative Therapie,* 1-2/1992, 139-155. Paderborn.

Papousek, H., Papousek, M. (1992): Early integrative and communicative development: Pointers to humanity. in: *Emrich, H.M., Wiegand, M.* (Eds.): Integrative biological psychiatry. Berlin, pp. 45-60

Papousek, M. (1999): Regulationsstörungen in der frühen Kindheit: Entstehungsbedingungen im Kontaxt der Eltern- Kind- Beziehung. in: *Oerter* et al. (1999), 148-169.

Pasero, U., Gottburgsen, A. (Hrsg.) (2002): Wie natürlich ist Geschlecht? Wiesbaden: Westdeutscher Verlag.

Payk, R. (1979): Mensch und Zeit. Chronopathologie im Grundriß. Stuttgart

Pennebaker, J.W. (1993): Putting Stress into Words: health, linguistic and therapeutic implications. in: *behaviour Research and Therapy* 31, 539-548.

Perls, F.S. (1944): das ich, der Hunger und die Aggression. Die Anfänge der Gestalttherapie. München: dtv, 2. Aufl. 1991.

Perls, F.S. (1969): gestalt therapy verbatim. Moab: Real People Press.

Perls, F.S., Hefferline, R.F., Goodman, P. (1997): Gestalttherapie. Grundlagen. München: dtv.

Perry, E.K.J. (2002): Neurochemistry of Consciousness: Neurotransmitters in Mind (Advances in Conciousness Research, 36). Amsterdam: Benjamins Pub Co.

Perrez, M. (1991): Behandlung und Therapie (Psychotherapie): Systematik und allgemeine Aspekte. in: *Perrez, M., Baumann* (Hrsg.): Klinische Psychologie. Band 2: Intervention, 99-116. Bern

Perrig, W., Wippich, W., Perrig-Chielo, P. (1993): Unbewusste Informationsverarbeitung. Bern

Petermann, F., Kusch, M., Niebank, K. (1998): Entwicklungspsychopathologie. Weinheim: Beltz.

Peterson, C., Maier, S.F., Seligman, M.E.P. (1993): Learned Helplessness. A theory for the age of personal control. Oxford: University Press.

Petitjean, S. (2002): Geringes Risiko, breite Wirksamkeit – Wirksamkeit des Psychotherapieverfahrens der Integrativen Therapie. in: *Psychoskope* 23/1, 13-15

Petraglio, O. (1998): Betreuung von psychisch Kranken im Übergangswohnheim unter dem Aspekt der vier Wege der Heilung und Förderung und der 14 therapeutischen Wirkfaktoren. Graduierungsarbeit. Twann

Petry, J. (1996): Alkoholismustherapie. Weinheim: Beltz Psychologie-Verlagsunion. 3. Aufl.

Petry J. (1998): Suchtentwicklung und Motivationsdynamik. in: Bundesverband für stationäre Suchtkrankenhilfe, *Beutel, M.* (Hrsg.): Motivation in der Suchttherapie. buss Schriftenreihe Band 2

Petry, N.M. (2001): The need for combining pharmacotherapy and psychotherapy in treating substance abuse and gambling disorders. in: *Benefit Trends* 13, 4-5, pp. 7-11

Petry, J. (1993): Behandlungsmotivation, Grundlagen und Anwendungen der Suchttherapie. Weinheim

Petry, J. (1994): Kognitive Verhaltenstherapie bei Alkoholismus. in: *Hautzinger, M.* (Hrsg.), Kognitive Verhaltenstherapie bei psychischen Erkrankungen. Berlin, 137-157

Petzold, Ch. (1991): Lebenswelten alter Menschen. Hannover

Petzold, H.G. (1963II): Über Symbole und Sinnbilder der Bibel. in: *Othodixie heute 6,* 1963, (Düsseldorf) 7-16; erw. *Erbe und Auftrag. Benediktinische Monatsschrift* 2, 1966, 119-130.

Petzold, H.G. (1969a): Die verhaltenstherapeutische Komponente im Psychodrama. Überlegungen zum Konzept eines Behaviourdramas, Paris, russ., Inst. St. Denis, Semin. Psychol. Prof. Vladimir Ilijne; dtsch. in: *Samenspel* 6/7 (1975).

Petzold, H.G. (1985l): Über innere Feinde und innere Beistände. in: *Bach, G., Torbet, W.* (1985): Ich liebe mich – Ich hasse mich. Reinbek: Rowohlt. S.11-15.

Petzold, H. (1986): Leiblichkeit, Philosophische, gesellschaftliche und therapeutische Perspektiven. Paderborn: Junfermann.

Petzold, H.G., (1972f): Methoden in der Behandlung Drogenabhängiger. Vierstufentherapie, Komplexes katahymes Erleben, Psychosynthesis, Gestalttherapie, Psychodrama, Kassel: Nicol.

Petzold, H.G. (1974b, Hrsg.): Drogentherapie – Methoden, Modelle, Erfahrungen, Junfermann/Hoheneck, Paderborn; 3. Aufl. Fachbuchhandlung für Psychologie, D. Klotz, Frankfurt 1983, 4. Aufl. 2003

Petzold, H.G. (1977c): Die Rolle der Medien in der Integrativen Pädagogik. in: *Petzold, Brown,* 101-123.

Petzold, H.G. (Hrsg.) (1981b): Widerstand – ein strittiges Konzept der Psychotherapie. Paderborn: Junfermann.

Petzold, H.G. (1982): Methodenintegration in der Psychotherapie, Paderborn: Junfermann

Petzold, H.G. (1983b): Die Geheimnisse der Puppen. in: *Petzold* (1983a) 19-31. Auch in: *Integrative Therapie* 1/1983, 9-19. Paderborn.

Petzold, H.G. (1984b): Psychodrama. Die ganze Welt ist eine Bühne. in: *Petzold* (1984a) Bd. 1, 111-216.

Petzold, H.G. (1987c): Überlegungen und Konzepte zur integrativen Therapie mit kreativen Medien und einer intermedialen Kunstpsychotherapie. in: *Integrative Therapie* 2-3/1987, 104-141, Paderborn. erw. in: *Petzold, Orth* (1990a) 585-637.

Petzold, H., (1988): Integrative Bewegungs. und Leibtherapie. Ein ganzheitlicher Weg leibbezogener Psychotherapie. Bde. I u.II., Paderborn: Junfermann.

Petzold, H.G. (1988): Die Persönlichkeit des Drogenabhängigen und ihre Therapie – ein ganzheitlicher Ansatz. Vortrag auf der Fachtagung des Vereins Therapiehilfe e.V. Do it, Hamburg.

Petzold, H.G. (1988b): Zur Hermeneutik des sprachlichen und nichtsprachlichen Ausdrucks in der Integrativen Therapie, Fritz perls Institut, Düsseldorf; revid. als: Konzepte zu einer mehrperspektivischen Hermeneutik leiblicher Erfahrung und nichtsprachlichen Ausdrucks Bd.II, 1 (1991a) S. 98-152; (2003a) S.141-180.

Petzold, H.G. (1988d): Die „vier Wege der Heilung und Förderung" in der „Integrativen Therapie" und ihre anthropologischen und konzeptuellen Grundlagen – dargestellt an Beispielen aus der „Integrativen Bewegungsherapie", Teil I, in: *Integrative Therapie* 4/1988, 325-364, Paderborn; Teil II, in: *Integrative Therapie* 1/1989, 42-96, Paderborn; revid. als „Die vier Wege der Heilung und Förderung", in: Bd. I, 1 (1996a [S. 173-283]).

Petzold, H.G., (1990h): Der „Tree of Science" als metahermeneutische Folie für Theorie und Praxis der integrativen Therapie, Fritz Perls Institut, Düsseldorf; erw. in: *Petzold, H.G.*, Ausgewählte Schriften, Bd. II, Junfermann, Paderborn 1992a, 2. Aufl 2003a.

Petzold, H.G. (1990j): Drogenabhängigkeit als Krankheit. in: *Gestalt & Integration* 2, 149-159.

Petzold, H.G. (1992g): Das „neue" Integrationsparadigma in Psychotherapie und klinischer Psychologie und die „Schulen des Integrierens" in einer „pluralen therapeutischen Kultur", Bd. II, 2 (1992a) S. 927-1040; (2003a) S. 701-1037

Petzold, H.G. (1993): Das Ko-respondensmodell als Grundlage der Integrativen Therapie und Agogik. in: Petzold (1993a), Bd. I, 19-90.

Petzold, H.G. (1993a/2003a): Integrative Therapie. Modelle, Theorien und ethoden für eine schulenübergreifende Psychotherapie, Bde. I,II,III., Paderborn: Junfermann; 2. überarb. und erw. Auflage (2003a)

Petzold, H.G. (1993b): Die Wiederentdeckung des Gefühls. Emotionen in der Psychotherapie. Düsseldorf: Fritz Perls Institut. Repr. als Einleitung (1995g).

Petzold, H. (1993f): Integrative fokale Kurzzeittherapie und Fokaldiagnostik. Prinzipien, Methoden, Techniken. in: *Petzol/Sieper* (1993), 267-340.

Petzold, H. (1995): Psychotherapie und Babyforschung. Bde. I. und II. (Bd. I: Frühe Schädigungen – späte Folgen? Bd II.: Die Kraft liebevoller Blicke. Säuglingsbeobachtungen revolutionieren die Psychotherapie.) Paderborn: Junfermann.

Petzold, H.G. (1999b) Psychotherapie in der Lebensspanne, in: *Gestalt* (Schweiz) 34, 43-46.

Petzold, H.G. (1999): Psychotherapeutische Begleitung von Sterbenden – ein Integratives Konzept für die Thanatotherapie, Mainzer Beiträge zur Thanatologie und psychologische Medizin. Erw. in: *Psychologische Medizin* (Graz) 2, 2000, 20-35.

*Petzold, H.*G. (2001a): Integrative Therapie. Das „biopsychosoziale" Modell kritischer Humantherapie und Kulturarbeit. Theorie, Praxis, Wirksamkeit. Jubiläumsausgabe 25 Jahre Integrative Therapie 1975-2000. Paderborn: Junfermann

Petzold, H.G. (2001b): „Lebensgeschichten verstehen, Selbstverstehen, Andere verstehen lernen" – Polyloge collagierender Hermeneutik und narrative „Biographiearbeit" bei Traumabelastungen und Behinderungen. Düsseldorf/Hückeswagen. Bei www.FPI-Publikationen.de/materialien.htm – POLYLOGE: *Materialien aus der Europäischen Akademie für Psychosoziale Gesundheit* – 04/2001 auch in: *Integrative Therapie* 4/2002.332-416.

Petzold, H. (2001c): Trauma und „Überwindung" – Menschenrechte, Integrative Traumatherapie und „philosophische Therapeutik". in: *Integrative Therapie* 4/2001.

Petzold, H.G. (2002): Polylog – vielstimmige , vielfältig verkörpernde Ko-respondenzprozesse in und zwischen Menschen und die „Grundregel“ der integrativen Therapie. EAG/FPI-Infobrief, Hückeswagen.

Petzold, H.G. (2003f): Interdisziplinär beraten – sich ergänzen: Überlegungen zu „Beratung“ als Disziplin und Praxeologie in der modernen Wissenschaftsgesellschaft. Düsseldorf/Hückeswagen. Bei *www. FPI-Publikationen.de/materialien.htm* – SUPERVISION: *Theorie – Praxis – Forschung.* Eine interdisziplinäre Internetzeitschrift 02/2003.

Petzold, H.G. (2003h): Wird Psychotherapie Menschen „gerecht“? – Was Patientinnen wirklich brauchen, wird allzuoft übergangen. in: *Integrative Therapie* 1/2003, 3-10. Paderborn.

Petzold, H.G. (2004h): Der „informierte Leib im Polylog“ – ein integratives Leibkonzept für die nonverbale/verbale Kommunikation in der Psychotherapie. in: *Hermer, M., Klinzing, H.G.* (Hrsg.) (2004): Nonverbale Kommunikation in der Psychotherapie. Tübingen: dgtv. 107-156

Petzold, H.G. (2006n): Für Patienten engagiert – Werte, Grundregeln, Ethikprinzipien für die Psychotherapie. Schulenübergreifende, integrative Perspektiven (Hückeswagen, FPI-Publikationen in Vorber.)

Petzold, H., Beek, Y.v., Hoek, A.-M.v.d. (1995): Grundlagen und Grundmuster intimer emotionaler Kommunikation und Interaktion – Intuitive Parenting und Sensitive Caregiving von der Säuglingszeit über die Lebensspanne. in: *Petzold* (1995), Bd. II, 491-648.

Petzold, H.G., Bubolz, E. (1976a) (Hrsg.): Bildungsarbeit mit alten Menschen. Stuttgart: Klett.

Petzold, H.G., Brown, G. (Hrsg.) (1977): Gestaltpädagogik. Konzepte der integrativen Erziehung. München: Pfeiffer.

Petzold, H.G., Frühmann, R. (Hrsg.) (1986a): Modelle der Gruppe in der Psychotherapie und psychosozialer Arbeit, 2 Bde. Paderborn: Junfermann.

Petzold, H., Goffin, J., Oudhof, J. (1993): Protektive Faktoren und Prozesse. Die positive Perspektive in der longitudinalen klinischen Entwicklungspsychologie und ihre Umsetzung in der Praxis in der Integrativen Therapie. in: *Petzold/Sieper* (1993), Bd. I, 173-267.

Petzold, H.G., Heinl, H. (1980): Gestalttherapeutische Fokaldiagnose und Fokalinterventon bei Störungen aus der Arbeitswelt. in: *Integrative Therapie* 1/1980, 20-57. Paderborn.

Petzold, H.G., Heinl, H. (1983): Psychotherapie und Arbeitswelt. Pedrborn: Junfermann.

Petzold, H.G., Heinl, H., Falenstein, A.(1983): Das Arbeitspanorama. in: *Petzold, H.G. Heinl, H.* (1983), 356-408.

Petzold, H., Leuenberger, R., Steffan, A. (1998): Ziele in der Integrativen Therapie. in: *Gestalt und Integration*, 2/96-2/98, 142-188.

Petzold, H.G., Märtens, M. (1998): Qualitätssicherung durch Evaluation der Psychotherapieausbildung. Ein Beitrag aus dem Bereich der Integrativen Therapie. in: *Laireiter, A., Vogel, H.* (Hrsg.): Qualitätssicherung in der Psychotherapie. Ein Werkstattbuch. Tübingen: DGVT., 683-711.

Petzold, H.G., Märtens, M. (Hrsg.) (1999a): Wege zu effektiven Psychotherapien. Psychotherapieforschung und Praxis. Band 1: Modelle, Konzepte, Settings. Opladen: Leske + Budrich.

Petzold, H., Orth, I. (1990): Die neuen Kreativitätstherapien. Handbuch der Kunsttherapie. Bde. I. und II, Paderborn: Junfermann.

Petzold, H., Orth, I. (1991): Körperbilder in der Integrativen Therapie. darstellungen des phantasmatischen Leibes durch „body charts“ als Technik projektiver Diagnostik und kreativer Therapeutik. in: *Integrative Therapie* 1-2/1991, 117-146.

Petzold, H., Orth, I. (1993a): Therapietagebücher, Lebenspanorama, gesundheits- und Krankheitspanorama als Instrumente der Symbolisierung und karrierebezogenen rbeit in der Integrativen Therapie. in: *Petzold/Sieper* (1993), Bd. I, 125-172.

Petzold, H.G., Orth, I. (1993b): Integrative Kunstpsychotherapie und therapeutische Arbeit mit kreativen Medien an der Europäischen Akademie für Psychosoziale Gesundheit (EAG). in: *Petzold, H.G., Sieper, J.* (1993), Bd. II, 559-574.

Petzold, H., Orth, I. (1994): Kreative Persönlichkeitsdiagnostik durch mediengestütze Techniken in der Integrativen Therapie und Beratung. in: *Integrative Therapie* 4/1994, 340-391.

Petzold, H., Orth, I. (1999): Die Mythen der Psychotherapie. Ideologien, Machtstrukturen und Wege kritischer Praxis, Paderborn: Jubfermann.

Petzold, H., Orth, I. (2005): Sinn, Sinnerfahrung, Lebenssinn in Psychologie und Psychotherapie. Köln: Aisthesis.

Petzold, H. G., Orth, I. (2006): Der „Schiefe Turm" fällt nicht : Salutogenetische Arbeit mit Neuromentalisierungen und kreativen Medien in der Integrativen Therapie, bei www. FPI-Publikationen.de/materialien.htm – *POLYLOGE: Materialien aus der Europäischen Akademie für psychosoziale Gesundheit :* Jg. 2006

Petzold, H.G., Orth, I., Sieper, J. (Hrsg.) (1995a): Qualitätssicherung und Didaktik in der therapeutischen Aus- und Weiterbildung. in: Sonderausgabe *Gestalt und Integration*, 1/1995, Düsseldorf: FPI-Pubklikationen.

Petzold, H.G., Orth, I., Sieper, J. (2000a): Transgressionen I – das Prinzip narrativierender Selbst- und Konzeptentwicklung durch „Überschreitung" in der Integrativen Therapie – Hommage an Nietzsche. in: *Integrative Therapie* 2-3/2000, 231-277. Paderborn.

Petzold, H.G., Orth, S., Sieper, J., Telsemeyer, P. (2002): Mythos Supervision? – Zur Notwendigkeit von „konzeptkritischen" Untersuchungen im Hell- und Dunkelfeld zu Risklken, Nebenwirkungen und Rechtsverletzungen. Düsseldorf/ Hückeswagen. Bei www.FPI-Publikationen.de/materialien.htm – in: SUPERVISION: *Theorie – Praxis – Forschung.* Eine interdisziplinäre Internet – Zeitschrift 05/2002 und POLYLOGE: *Materialien aus der Europäischen Akademie für psychosoziale Gesundheit* – 08/2002.

Petzold, H., Osten, P. (2000): Diagnostik und mehrperspektivische Prozessanalyse in der Intergativen Therapie. in: *Laireiter* (2000), 247-266.

Petzold, H.G., Petzold-Heinz, I. (1985): Mutter und Sohn – Poesie und Therapie, in: *Frühmann, R.*, Frauen und Therapie, 339-359. Paderborn: Junfermann.

Petzold, H.G., Rodriguez-Petzold, F. (1997): Anonymisierung und Schweigepflicht in supervisorischen Prozessen – ein methodisches, ethisches, klinisches und juristisches Problem, *Familiendynamik* 3 288-311. Erw. in: *Petzold* (1998a), 191-212 und in: *Eck, D.* (Hrsg.) (1998): Supervision in der Psychiatrie, 79-98. Bonn: Psychiartrie – Verlag.

Petzold, H.G., Schay, P., Sieper, J. (2001): Curriculum Sozialtherapie Schwerpunktbildung: Suchtkrankenhilfe im Verfahren Integrative Therapie/ Gestalttherapie. Hückeswagen: Europäische Akademie für psychozoziale Gesundheit. in: *Petzold, H.G., Schay, P., Scheiblich, W.* (2006) (Hrsg): Integrative Suchtarbeit. Wiesbaden: VS-Verlag.

Petzold, H.G. (1965): Géragogie – nouvelle approche de l'éducation pour la vieillesse et dans la vieillesse. *Publications de L'Institut St. Denis* 1, 1-16. Dtsch.: in: *Petzold* (1985a) 11-30

Petzold, H.G. (1968a): Überforderungserlebnis und nostalgische Reaktion bei ausländischen Arbeitern in der Autoindustrie in der BRD und in Frankreich. Genese, Diagnose, Therapie, Thèse de Licence. Paris

Petzold, H.G. (1968b): Arbeitspsychologische und soziologische Bemerkungen zum Gastarbeiterproblem in der BRD. in: *Zeitschrift f. Prakt. Psychol.* 7 (1968), S. 331-360

Petzold, H.G. (1968c): Überforderungserlebnis und nostalgische Reaktion als pädagogisches Problem an Auslandsschulen. in: *Der deutsche Lehrer im Ausland* 1, S. 2 9

Petzold, H.G. (1969b): L'analyse progressive en psychodrame analytique. Paris: Inst. St. Denis. Auszugsweise dtsch. in: *Petzold H.G.* (1988n)

Petzold, H.G. (1969c): Les Quatre Pas. Concept d'une communauté thérapeutique. Inst. St. Denis, Semin. Psychol. Prof. Vladimir Iljine. Paris

Petzold, H.G. (1970c): Thérapie du mouvement, training relaxatif, thymopratique et éducation corporelle comme integration, Paris, Inst. St. Denis, Semin. Psychol. Prof. Vladimir Iljine, Paris, auszugsweise dtsch. in: *Petzold, H.G.* (1992b) p. 841ff.

Petzold, H.G. (1970d): Psychodramatische Techniken in der Therapie mit Alkoholikern. in: *Zeitschr. f. prakt. Psychol.* 8, S. 387-408

Petzold, H.G. (1971): „Philosophie Clinique, Thérapeutique philosophique, Philopraxie", Institut St. Denis. Paris

Petzold, H.G. (1971b). Psychodramatisch gelenkte Aggression in der Therapie mit Alkoholikern. in: *Gruppenpsychotherapie und Gruppendynamik* 3, S. 268-281

Petzold, H.G. (1971c): Möglichkeiten der Psychotherapie bei drogenabhängigen Jugendlichen. in: *Birdwood, G.* (Hrsg.) (1971): Willige Opfer. Rosenheim

Petzold, H.G. (1971e): Behaviourdrama, eine verhaltenstherapeutische Variante des Psychodramas. in: *Samenspel* 6/7 (1975), S. 139-146

Petzold, H.G. (1972a) (Hrsg.): Angewandtes Psychodrama in Therapie, Pädagogik, Theater und Wirtschaft, Paderborn

Petzold, H.G. (1972e): Komplexes Kreativitätstraining mit Vorschulkindern. in: *Schule und Psychologie* 3, S. 146-157

Petzold, H.G. (1972g): Curriculum zur psychotherapeutischen und soziotherapeutischen Zusatzausbildung im Bereich der Suchtkrankenhilfe. Gesamtverband für Suchtkrankenhilfe. Kassel. in: *Petzold, H.G.* (1974b): Drogentherapie. Paderborn, S. 473-502

Petzold, H.G. (1973): Supervision in der Drogentherapie, Supervisionsbericht für die Therapiekette Hannover. Hannover

Petzold, H.G. (1973a): Gestalttherapie und Psychodrama, Nicol. Kassel

Petzold, H.G. (1973c) (Hrsg.): Kreativität & Konflikte. Psychologische Gruppenarbeit mit Erwachsenen. Paderborn

Petzold, H.G. (1973f). Gestalttherapie und direkte Kommunikation in der Arbeit mit Elterngruppen. in: *Petzold, H.G.* (Hrsg.) (1973c): Kreativität & Konflikte. Psychologische Gruppenarbeit mit Erwachsenen. Paderborn, 271-289

Petzold, H.G. (1973g): Die spektrometische Methode in der Psychotherapie und psychologischen Gruppenarbeit. in: *Zeitschr. f. klinische und Psychol. Psychotherapie* 2, 110-128

Petzold, H.G. (1974b) (Hrsg.): Drogentherapie – Methoden, Modelle, Erfahrungen. Paderborn, 3. Aufl. Frankfurt/M. 1983, 4. Aufl. 2003

Petzold, H.G. (1974c): Die diagnostischen und therapeutischen Möglichkeiten des Psychodramas im „tetradischen System". in: *Dynamische Psychiatrie* 3, S. 151-181

Petzold, H.G. (1974d): Therapeutische Modelle und Methoden in der Behandlung Drogenabhängiger. in: *Petzold H.G.* (1974b), S. 41-61

Petzold, H.G. (1974e): Daytop – das „Konzept" einer Therapeutischen Gemeinschaft zur Behandlung Drogenabhängiger. in: *Petzold H.G.* (1974b), 62-95

Petzold, H.G. (1974f): Das Vierstufenmodell der Therapeutischen Kette in der Behandlung Drogenabhängiger. in: *Petzold* (1974b), 133-222

Petzold, H.G. (1974g): Tetradisches Psychodrama in der Behandlung von Alkoholikern. in: *Petzold* (1974b), S. 269-346 und (1977h), 268-311

Petzold, H.G. (1974h): Programmatische und curriculare Überlegungen zur Ausbildung von Suchtkrankentherapeuten und -betreuern. in: *Petzold* (1974b), 473-502

Petzold, H.G. (1974i): Planspiel und methodenvariables Laboratorium in der Ausbildung von Suchtkrankentherapeuten. in: *Petzold* (1974b), 503-513

Petzold, H.G. (1974j) (Hrsg.): Psychotherapie und Körperdynamik. 3. Aufl. 1979

Petzold, H.G. (1974k): Integrative Bewegungstherapie. in: *Petzold* (1974j), 285-404

Petzold, H.G. (1974l): Konzepte zur Drogentherapie. in: *Petzold* (1974b), 524-529

Petzold, H.G. (1975h): Integrative Therapie ist kreative Therapie. Düsseldorf

Petzold, H.G. (1976g): Vorwort zu: W. Kempler, Gestalt-Familientherapie. Stuttgart

Petzold, H.G. (1977k): Ablösung und Trauerarbeit in der Gestalttherapie mit Abhängigen. *Drogen Informationsdienst aus der Therapiekette Hannover* 2. Erw.: in: *Petzold, Vormann* (1980), 250-282

Petzold, H.G. (1977l): Gegen den Mißbrauch von Körpertherapie. Risiken und Gefahren bioenergetischer, primärtherapeutischer und thymopraktischer Körperarbeit. in: *Petzold, H.G.* (1977n): Die neuen Körpertherapien. Paderborn, 478-490

Petzold, H.G. (1978): Das Korrespondenzmodell in der Integrativen Agogik. in: *Integrative Therapie* 1, 19-20; überarb. u. erw. (1991a)

Petzold, H.G. (1979a): Konzepte zu einer integrativen Rollentheorie auf der Grundlage der Rollentheorie Morenos. Düsseldorf, mimeogr. Erw.: in: *Petzold, Mathias* (1983)

Petzold, H.G. (1979c): Zur Veränderung der sozialen Mikrostruktur im Alter – eine Untersuchung von 40 „sozialen Atomen“ alter Menschen. in: *Integrative Therapie* 1/2, 51-78

Petzold, H.G. (1979k): Psychodrama-Therapie. Paderborn, 2. Aufl. (1985)

Petzold, H.G. (1980c): Zum Konzept der Therapiekette und zur Karriere Drogenabhängiger. in: *Petzold H.G., Vormann O.* (Hrsg.): Therapeutische Wohngemeinschaften, Erfahrungen – Modelle – Supervision. München, 208-228

Petzold, H.G. (1980c): Zum Konzept der Therapiekette und zur Karriere Drogenabhängiger. in: *Petzold, Vormann* (1980), 208-228

Petzold, H.G. (1980g): Die Rolle des Therapeuten und die therapeutische Beziehung. in: *Petzold, H.G.* (Hrsg.) (1980f): Die Rolle des Therapeuten und die therapeutische Beziehung in der Integrativen Therapie. Paderborn, 223-290

Petzold, H.G. (1980q): Zur Methodenintegration in der Psychotherapieausbildung. in: *Gestalt-Bulletin* 2/3, 5-14

Petzold, H.G. (1981e): Das Hier-und-Jetzt-Prinzip in der psychologischen Gruppenarbeit. in: *Bachmann, C.* Kritik der Gruppendynamik, Frankfurt/M. S. 214-299

Petzold, H.G. (1981f). Grundfragen der menschlichen Kommunikation im Lebensverlauf. in: *Gestalt-Bulletin* 1/2, 54-69. Repr.: in: *Petzold, Stöckler* (1988)

Petzold, H.G. (1981g): Sich selbst im Lebensganzen verstehen lernen. in: *Pro Senectute, Schneider, H.G.* (Hrsg.), Vorbereitung auf das Alter, Paderborn, 89-112

Petzold, H.G. (1982): Methodenintegration in der Psychotherapie, Paderborn

Petzold, H.G. (1982d): Kranke lassen sich nicht „recyclen“. in: *Zeitschrift für Humanistische Psychologie* 1/2 (1982), 21-33. Schwerpunktheft I: Humanisierung des Krankenhauses, *Petzold* (Hrsg.)

Petzold, H.G. (1982l): Over de opleiding van dynamisch georienteerde bewegingstherapeuten, *Tijdschrift Psychomotorische Therapie* 1 (1982) 29-48; dtsch. (1983i): Zur Ausbildung von dynamisch orientierten Leib- und Bewegungstherapeuten. in: *Gruppendynamik* 1, 1-84. Repr.: in (1988n/1996a) 583-600

Petzold, H.G. (1982u): Integrative Intervention – a system approach to the planning and realization of drug therapy programs. Proceedings of the 12th Int. Conf. on Drug Dependence, 22.-26.3.1982, Bangkok, International Council on Alcohol and Addictions, Lausanne, Genf 1982, pp. 48-80

Petzold, H.G. (1982v). An integrated model of identity and its impact on the treatment of the drug addict. Proceedings of the 12th Int. Conf. on Drug Dependence, 22.-26.3. 1982, Bangkok, International Council on Alcohol and Addictions, Lausanne/Genf 1982, pp. 260-276

Petzold, H.G. (1983d) (Hrsg.): Psychotherapie, Meditation, Gestalt. Paderborn

Petzold, H.G. (1983e): Nootherapie und „säkulare Mystik“ in der Integrativen Therapie. in: *Petzold* (1983d), 53-100

Petzold, H.G. (1984a) (Hrsg.): Wege zum Menschen. Methoden und Persönlichkeiten moderner Psychotherapie. Ein Handbuch. 2 Bde. Paderborn

Petzold, H.G. (1984i): Vorüberlegungen und Konzepte zu einer integrativen Persönlichkeitstheorie. in: *Integrative Therapie* 1-2/1984, 73-115

Petzold, H.G. (1985a): Mit alten Menschen arbeiten. München

Petzold, H.G. (1985d): Die Verletzung der Alterswürde – zu den Hintergründen der Mißhandlung alter Menschen und zu den Belastungen des Pflegepersonals. in: *Petzold, H.G.* (1985a): Mit alten Menschen arbeiten. München, 553-572

Petzold, H.G. (1985g) (Hrsg.): Leiblichkeit. Philosopische, gesellschaftliche und therapeutische Perspektiven. Paderborn

Petzold, H.G. (1986g): Zeit und Psychotherapie. in: *Integrative Therapie* 3, 155-162

Petzold, H.G. (1987a): Puppen und Puppenspiel in der Integrativen Therapie mit Kindern. in: *Petzold, Ramin* (1987), 427-490

Petzold, H.G. (1987d): Kunsttherapie und Arbeit mit kreativen Medien – Wege gegen die „multiple Entfremdung" in einer verdinglichenden Welt. in: *Richter, K.* (Hrsg.): Psychotherapie und soziale Kulturarbeit – eine unheilige Allianz? *Schriftenreihe des Instituts für Bildung und Kultur.* Bd. 9. Remscheid, S. 38-95. Repr.: in: *Matthies, K.* (1988): Sinnliche Erfahrung, Kunst, Therapie. Bremer Hochschulschriften. Bremen

Petzold, H.G. (1987g): Vertrauenstherapeuten. in: *Gestalt-Bulletin* 1, 120-124

Petzold, H.G. (1988): Integrative Bewegungs- und Leibtherapie, Ein ganzheitlicher Weg leibbezogener Psychotherapie, Schriften zu Theorie, Methodik und Praxis Bd. I/1. Paderborn

Petzold, H.G. (1988a): Integrative Therapie als intersubjektive Hermeneutik bewußter und unbewußter Lebenswirklichkeit. Düsseldorf; überarb. Bd. II, 1(1991a), 153-332; (2003a), S. 181-298

Petzold, H.G. (1988i): Das Leib-Seele-Geist-Problem in der Integrativen Therapie – Überlegungen zu einem differentiellen, emergenten Monismus. Düsseldorf

Petzold, H.G. (1988n): Integrative Bewegungs- und Leibtherapie. Ausgewählte Werke Bd. I, 1 und I, 2. Paderborn 3. überarb. Aufl. 1996a

Petzold, H.G. (1988t): Methoden des therapeutischen Umgangs mit Symbolen und Symbolisierungsprozessen – Überlegungen zu Kernqualitäten des Menschenwesens. Vortrag auf dem 7. Deutschen Symposium für Kunsttherapie, 27.-30.11.1988, Hückeswagen

Petzold, H.G. (1989b): Belastung, Überforderung, Burnout – Gewaltprobleme in Heimen. in: *Behinderte in Familie, Schule, Gesellschaft* 4, 17-44

Petzold, H.G. (1990i): Selbsthilfe und Professionelle – Gesundheit und Krankheit, Überlegungen zu einem im „erweiterten Gesundheitsbegriff", Vortrag auf der Arbeitstagung „Zukunftsperspektiven der Selbsthilfe", 8.-10.06.1990, Dokumentation, Düsseldorf. Auch: in: *Petzold, H.G., Schobert, R.* (1991): Selbsthilfe und Psychosomatik. Paderborn, 17-28

Petzold, H.G. (1990k): Drogentherapie heißt Karrierebegleitung, Reflexionen nach 20 Jahren Arbeit im Felde der Drogenarbeit am Beispiel des Stufenmodells therapeutischer Wohngemeinschaften und des Konzeptes der therapeutischen Kette, Vortrag auf dem Therapiekette-Niedersachsen-Seminar 11, 1989, STEP, Hannover

Petzold, H.G. (1990o): Konzept und Praxis von Mehrperspektivität in der Integrativen Supervision, dargestellt an Fallbeispielen für Einzel- und Teambegleitung. in: *Gestalt und Integration* 2, 7-37; erw. Bd. II, 3, (1993a), 1291-1336 und (2003a), 947-976

Petzold, H.G. (1991a): Integrative Therapie, Modelle, Theorien und Methoden für eine schulenübergreifende Psychotherapie, 1. Klinische Philosophie, Schriften zu Theorie, Methodik und Praxis Bd. II/1. Paderborn 2. überarb. Aufl. 2003a

Petzold, H.G. (1991b): Die Chance der Begegnung. Wiesbaden repr. Bd. II, 3 (1993a), 1047-1087; (2003a), 871-808

Petzold, H.G. (1991l): Menschenbilder als bestimmendes Moment von Grundhaltungen und Konzepten in der Drogenhilfe, Eröffnungsvortrag auf dem 14. Bundeskongreß, 10.-13. Juni 1991, FDR. in: *Fachverband Drogen und Rauschmittel* (Hrsg.): Was hilft! Grundhaltung – Menschenbild – Konzepte. Braunschweig 1992, S. 16-41. in: *Gestalt und Integration* 1, 1994, S. 7-32

Petzold, H.G. (1992a): Integrative Therapie, Modelle, Theorien und Methoden für eine schulenübergreifende Psychotherapie, 2. Klinische Theorie, Schriften zu Theorie, Methodik und Praxis Bd. II/2. Paderborn 2. überarb. Aufl. 2003a

Petzold, H.G. (1992b): Konzepte zu einer integrativen Emotionstheorie und zur emotionalen Differierungsarbeit als Thymopraktik. in: *Petzold, H.G.* (1992a): Integrative Therapie, Bd. II/2. Paderborn, 789-870

Petzold, H.G. (1992d): Empirische Baby- und Kleinkindforschung und der Paradigmenwechsel von psychoanalytischer Entwicklungsmythologie und humanistisch-psychologischer Unbekümmertheit zu einer „mehrperspektivischen, klinischen Entwicklungspsychologie". in: *Integrative Therapie* 1/2, 1-10

Petzold, H.G. (1992e): Integrative Therapie in der Lebensspanne. in: *Petzold* (1992a): Bd. II, 2. S. 649-788; (2003a), 515-606

Petzold, H.G. (1992g): Das „neue" Integrationsparadigma in Psychotherapie und klinischer Psychologie und die „Schulen des Integrierens" in einer „pluralen therapeutischen Kultur". in: *Petzold, H.G.* (1992a) (Hrsg.): Integrative Therapie. Ausgewählte Werke, Bd. II, 2: Klinische Theorie, Paderborn (2003a)

Petzold, H.G. (1992n): Psychotherapie und Interventionsforschung. in: *Integrative Therapie* 4/1992 341-345

Petzold, H.G. (1993a): Integrative Therapie, Modelle, Theorien und Methoden für eine schulenübergreifende Psychotherapie. 3. Klinische Praxeologie, Schriften zu Theorie, Methodik und Praxis. Band II/3. Paderborn, 2. überarb. Auflage 2003a

Petzold, H.G. (1993c): Frühe Schäden, späte Folgen. Psychotherapie und Babyforschung, Bd. I. Paderborn

Petzold, H.G. (1993e): Integrative Therapie mit depressiven Patienten. Düsseldorf

Petzold, H.G. (1993g): Die Krisen der Helfer. in: *Schnyder, U., Sauvant, Ch.*, Krisenintervention in der Psychiatrie. Bern, 157-196

Petzold, H.G. (1993h): Grundorientierungen, Verfahren, Methoden. in: *Integrative Therapie* 4/1993, 341-285

Petzold, H.G. (1993i): Zur Integration motopädagogischer, psychotherapeutischer und familientherapeutischer Interventionen in der Arbeit mit geistig Behinderten. in: *Koch, U., Lotz, W., Stahl, B.* (Hrsg.) (1994): Die psychotherapeutische Behandlung geistig behinderter Menschen. Bern, 226-240

Petzold, H.G. (1993m): Kontrollanalyse und Supervisionsgruppe – zwei unverzichtbare, aber unterschiedliche Methoden in der Weiterbildung von Psychotherapeuten. in: *Frühmann, R., Petzold, H.G.* (1993): Lehrjahre der Seele. Paderborn, 479-616

Petzold, H.G. (1993p): Integrative fokale Kurzzeittherapie (IFK) und Fokaldiagnostik – Prinzipien, Methoden, Techniken. in: *Petzold, Sieper* (1993a), 267-340. Repr.: in: *Petzold* Bd. II, 3 (2003a), 985-1050

Petzold, H.G. (1994a): Mehrperspektivität – ein Metakonzept für die Modellpluralität, konnektivierende Theorienbildung für sozialinterventives Handeln in der Integrativen Supervision. in: *Gestalt und Integration* 2 (1994), 225-297. in: *Petzold* (1998a), 97-174

Petzold, H.G. (1994b): Mut zur Bescheidenheit. in: *Standhardt, R., Löhmer, C.* (1994): Zur Tat befreien: Gesellschaftspolitische Perspektiven der TZI-Gruppenarbeit. Mainz, 161-169

Petzold, H.G. (1994c): Metapraxis: Die „Ursachen hinter den Ursachen" oder das „doppelte Warum" – Skizzen zum Konzept „multipler Entfremdung" und einer „anthropologischen Krankheitslehre" gegen eine individualisierende Psychotherapie. in: *Hermer, M.* (Hrsg.). (1995): Die Gesellschaft der Patienten. Tübingen, 143-174

Petzold, H.G. (1994e): „Psychotherapie mit alten Menschen – die „social network perspective" als Grundlage integrativer Intervention, Vortrag auf der Fachtagung „Behinderung im Alter" am 22.-23.11.1993 in Köln. in: *Berghaus, H.C., Sievert, U.* (Hrsg.). (1994): Behinderung im Alter. Köln, 68-117

Petzold, H.G. (1994f): Jugend und Gewaltprobleme – Gedanken unter einer longitudinalen Entwicklungsperspektive, Vortrag gehalten auf der Tagung der Landesarbeitsgemeinschaft für Erziehungsberatung. Hamburg 10.12.1993, Dokumentation 1994. in: *Gestalt* 24, 1995, 4-21

Petzold, H.G. (1994h): Therapieforschung und die Praxis der Suchtkrankenarbeit – programmatische Überlegungen. in: *Drogalkohol* 3 (1994), 144-158

Petzold, H.G. (1994j): Psychotherapie und Babyforschung, Bd. 2: Die Kraft liebevoller Blicke. Paderborn

Petzold, H.G. (1994m): Stellungnahme zur Erhebung des Wissenschaftsbeirats des SPV. in: *Gestalt* 21, 55-65

Petzold, H.G. (1994o): Integrative Therapie und Psychotherapieforschung oder: Was heißt „auf das richtige Pferd setzen?" in: *Gestalt,* 37-45

Petzold, H.G. (1994q): Entwicklungsorientierte Psychotherapie – ein neues Paradigma. in: *Petzold* (1994j), 13-24

Petzold, H.G. (1995a): Weggeleit und Schutzschild. Arbeit mit protektiven Prozessen und sozioökologische Modellierungen in einer entwicklungsorientierten Kindertherapie. in: *Metzmacher, B., Petzold, H.G., Zaepfel, H.* (1995) Bd. I, 169-280

Petzold, H.G. (1995b). Integrative Kindertherapie als sozialökologische Praxis beziehungszentrierter und netzwerkorientierter Entwicklungsförderung. Düsseldorf. in: *Metzmacher, Petzold, Zaepfel* (1996) Bd. II, 143-188

Petzold, H.G. (1995e). Integrative Eltern- und Familientherapie bzw. -beratung (IFT) – einige Kernkonzepte. in: *Metzmacher, Petzold, Zaepfel*, Bd. II, 189-198

Petzold, H.G. (1995g): Die Wiederentdeckung des Gefühls. Emotionen in der Psychotherapie und der menschlichen Entwicklung. Paderborn

Petzold, H.G. (1995o): Einführungsbriefe für Ausbilsungskandidaten. in: *Petzold, Orth, Sieper* (1995), 256-267

Petzold, H.G. (1996): Integrative fokale Kurzzeittherapie (IFK) und Fokaldiagnostik – Prinzipien, Methoden, Techniken. in: *Petzold, H.G., Sieper, J.* (Hrsg.): Integration und Kreation, Band 1, Modelle und Konzepte der Integrativen Therapie, Agogik und Arbeit mit kreativen Medien. Paderborn, 267-340

Petzold, H.G. (1996f): Krankheitsursachen im Erwachsenenleben – Perspektiven für Diagnostik, Therapie und Lebenshilfe aus integrativtherapeutischer Sicht. in: *Integrative Therapie* 2-3/1996, 288-318

Petzold, H.G. (1996j) Identitätsvernichtung, Identitätsarbeit, „Kulturarbeit". in: *Integrative Therapie* 4/1996, 371-450

Petzold, H.G. (1996k): Der „Andere" – das Fremde und das Selbst. Tentative, grundssätzliche und persönliche Überlegungen für die Psychotherapie anläßlich des Todes von *Emmanuel Lévinas* (1906-1995). in: *Integrative Therapie* 2-3/1996, 319-349

Petzold, H.G. (1996p): Integrative fokale Kurzzeittherapie (IFK) und Fokaldiagnostik – Prinzipien, Methoden, Techniken. in: *Petzold, H.G., Sieper, J.* (1996) (Hrsg.): Integration und Kreation. Paderborn 2. Aufl., 267-340

Petzold, H.G. (1997): Das Ressourcenkonzept in der sozialinterventiven Praxeologie und Systemberatung. in: *Integrative Therapie* 4/1997, 435-471

Petzold, H.G. (1997c): Soziotherapie – ein Beruf ohne Chance? in: *Sticht, U.* (1997) (Hrsg.): Gute Arbeit in schlechten Zeiten – Suchtkrankenhilfe im Umbruch. Freiburg, 57-115

Petzold, H.G. (1997h): Integrative Therapie ist nicht Gestalttherapie. in: *Gestalt* 29 (1997), 39-46

Petzold, H.G. (1998a). Integrative Supervision, Meta-Consulting & Organisationsentwicklung. Modelle und Methoden reflexiver Praxis. Ein Handbuch. Band I. Paderborn

Petzold, H.G. (1998b): Psychotherapieschäden, „riskante Therapie", „iatrogene Behandlungen". FPI/EAG. Auch: in: *Petzold, Orth* (1999a), 393-400

Petzold, H.G. (1998h) (Hrsg.): Identität und Genderfragen in Psychotherapie. Soziotherapie und Gesundheitsförderung. Bd. 1 und 2. Sonderausgabe von *Gestalt und Integration*. Düsseldorf

Petzold, H.G. (1998k): Bewertungs- und Evaluationsverfahren an FPI/EAG. in: *Petzold* (1998h), 550-570

Petzold, H.G. (1999d): Gestalttherapie aus der Sicht der Integrativen Therapie. in: *Fuhr, R., Sreckovic, M., Gremmler-Fuhr, M.* (1999): Handbuch der Gestalttherapie, 309-327. Göttingen

Petzold, H.G. (1999k): „Lebensgeschichten verstehen lernen heißt, sich selbst und andere verstehen lernen – über Biographiearbeit, traumatische Belastungen und Neuorientierung. in: *Behinderte in Familie, Schule und Gesellschaft* 6/99, 41-62

Petzold, H.G. (1999p): Psychotherapie der Zukunft – Reflexionen zur Zukunft und Kultur einer korrespondierenden und evidenzbasierten Humantherapie. in: *Integrative Therapie* 4, 338-393

Petzold, H.G. (1999q): Das Selbst als Künstler und Kunstwerk – Rezeptive Kunsttherapie und die heilende Kraft „ästhetischer Erfahrung". Düsseldorf, Hückeswagen: FPI/EAG. Und: in: *Kunst & Therapie* 1-2/1999, 105-145

Petzold, H.G. (1999r): Integrative Supervision – Ideen, Modelle, Konzepte, Vortrag gehalten auf dem regionalen Studientag für Supervision an der Hochschule Den Haag, Abt. Supervision, Abstract: *Forum voorheen supervisores. Nieuwsbrief* 4, September 1999

Petzold, H.G. (2000a): Eine „Grundregel" für die Integrative Therapie als Verpflichtung zur Transparenz und Anstoß, „riskanter Therapie", Fehlern und Ungerechtigkeiten in der Psychotherapie entgegenzuwirken. Vortrag an der EAG, Düsseldorf, Hückeswagen Mai 2000. www.FPI-Publikationen.de/materialien.htm

Petzold, H.G. (2000d): Client Dignity konkret – PatientInnen und TherapeutInnen als Partner in „kritischer Kulturarbeit" – eine Initiative. in: *Integrative Therapie* 2-3/2000, 388-396

Petzold, H.G. (2000g): Integrative Traumatherapie: Integrierende und Differentielle Regulation (IDR-T) für postraumatische Belastungsstörungen – „quenching" the trauma physiology. in: *Integrative Therapie* 2-3/2000, S 367-388

Petzold, H.G. (2000h). Wissenschaftsbegriff, Erkenntnistheorie und Theorienbildung der „Integrativen Therapie" und ihrer biopsychosozialen Praxis für „komplexe Lebenslagen" (Chartacolloquium III, 2000). Düsseldorf, Hückeswagen

Petzold, H.G. (2000k): Sinn – Sinnerfahrung – Sinnstiftung als Thema der Psychotherapie heute. in: *Integrative Therapie* 4/2000, 403-414

Petzold, H.G. (2001a). Integrative Therapie – Das „biopsychosoziale" Modell kritischer Humantherapie und Kulturarbeit. Ein „lifespan developmental approach". Paderborn

Petzold, H.G. (2001e): Forschung an der „Europäischen Akademie für Psychosoziale Gesundheit" (Chartacolloqium VI). Düsseldorf, Hückeswagen. www.FPI-Publikationen.de/materialien.htm

Petzold, H.G. (2001i) (Hrsg.): Wille und Wollen. Psychologische Modelle und Konzepte. Göttingen

Petzold, H.G. (2001k): Sinnfindung über die Lebensspanne: Gedanken über Sinn, Sinnlosigkeit, Abersinn integrative und differentielle Perspektiven zu transversalem, polylogischem SINN. Düsseldorf, Hückeswagen www.FPI-Publikationen.de/materialien.htm

Petzold, H.G. (2001m): Trauma und „Überwindung" – Menschenrechte,Integrative Traumatherapie und „philosophische Therapeutik", in: *Integrative Therapie*, 4/2001, 344-412. Auch: in: *Petzold, Wolf* et al. (2002), 344-412

Petzold, H.G. (2001o): Der Chartaprozess – die „Charta-Wissenschaftscolloquien" 2000-2001 – Ausgewählte Texte. Düsseldorf, Hückeswagen www. FPI-Publikationen.de/materialien.htm

Petzold, H.G. (2001p): „Transversale Identität und Identiätsarbeit". Die Integrative Identitätstheorie als Grundlage für eine entwicklungspsychologisch und sozialisationstheoretisch begründete Persönlichkeitstheorie und Psychotherapie – Perspektiven „klinischer Sozialpsychologie". Düsseldorf, Hückeswagen www.FPI-Publikationen.de/ materialien.htm

Petzold, H.G. (2001q): Entwicklungen dramatischer Therapieformen – Konzepte und Kontexte. in: *Landschaftsverband Rheinland* (2001): Vorhang auf! Tanz- und Dramatherapie im Rheinland. Pulheim, 98-114

Petzold, H.G. (2002a): Integrative Therapie in Kontext und Kontinuum. Düsseldorf, Hückeswagen www.FPI-Publikationen.de/materialien.htm: als „Einführung". in: *Petzold* (2003a): Integrative Therapie. 3 Bde. Paderborn (überarb. u. erg. Aufl. von 1991a/1992a/1993a, 25-95

Petzold, H.G. (2002b): Zentrale Modelle und Kernkonzepte der „Integrativen Therapie". Düsseldorf, Hückeswagen. www.FPI-Publikationen.de/materialien.htm. Überarbeitete Version, Kernkonzepte II, 2004

Petzold, H.G. (2002c): Polyloge und die „Würde des Differenten": die Dialogzentrierung in der Psychotherapie überschreiten. Integrative Wege zu gerechter Praxis – Perspektiven „klinischer Philosophie". Düsseldorf, Hückeswagen

Petzold, H.G. (2002c): Polyloge: die Dialogzentrierung in der Psychotherapie überschreiten. Perspektiven „Integrativer Therapie" und „klinischer Philosophie". Düsseldorf, Hückeswagen. www.FPI-Publikationen.de/materialien.htm

Petzold, H.G. (2002g): Coaching als „soziale Repräsentation" – sozialpsychologische Reflexionen Untersuchungsergebnisse zu einer modernen Beratungsform. Düsseldorf, Hückeswagen. FPI-Publikationen. www.FPI-Publikationen.de/materialien.htm

Petzold, H.G. (2002h): „Klinische Philosophie" – Menschen zugewandtes Lebenswissen von Natur und Kultur. Über die Quellen der Integrativen Therapie, biographische Einflüsse und ReferenztheoretikerInnen. Düsseldorf,Hückeswagen. www.FPI-Publikationen.de/ materialien.htm

Petzold, H.G. (2002j): Das Leibsubjekt als „informierter Leib" – embodied and embedded. Leibgedächtnis und performative Synchronisationen. Düsseldorf, Hückeswagen. www. FPI-Publikationen.de/materialien.htm

Petzold, H.G. (2003a): Integrative Beratung, differentielle Konflikttheorie und „komplexe soziale Repräsentationen". Düsseldorf, Hückeswagen. www.FPI-Publikationen.de/ materialien.htm

Petzold, H.G. (2003b): Integrative Beratung, differentielle Konflikttheorie und „komplexe soziale Repräsentationen". Düsseldorf, Hückeswagen. www.FPI-Publikationen.de/ materialien. htm

Petzold, H.G. (2003c): Aggression. Perspektiven Integrativer Therapie – Impulse zu Diskursen. Düsseldorf, Hückeswagen. www.FPI-Publikationen.de/materialien.htm

Petzold, H.G. (2003d): Unrecht und Gerechtigkeit, Schuld und Schuldfähigkeit, Menschenwürde – der „Polylog" klinischer Philosophie zu vernachlässigten Themen in der Psychotherapie. www.FPI-Publikationen.de/materialien.htm

Petzold, H.G. (2003e): Menschenbild und Praxeologie. 30 Jahre Theorie- und Praxisentwicklung am Fritz Perls Institut für Integrative Therapie, Gestalttherapie und Kreativitätsförderung (1972/2002). in: *Gestalt* 46, Teil I, 3-50; 47, Teil II, 9-52; 48, Teil III, 9-64

Petzold, H.G. (2003g): Lebensgeschichten erzählen. Biographiearbeit, narrative Therapie, Identität. Paderborn

Petzold, H.G. (2003o): [Interview mit Theodor Itten] Positionen zur Psychotherapieforschung, Entwicklungen im Feld, Schweizer Charta für Psychotherapie und persönliche Standpunkte. in: *Psychotherapieforum* Vol. 11 No. 4, 2003, 141-145

Petzold, H.G. (2004a): Mit alten Menschen arbeiten. Bd. I: Konzepte und Methoden sozialgerontologischer Praxis. Erweiterte und überarbeitete Neuausgabe von 1985a in zwei Bänden. München

Petzold, H.G. (2004b): Referenztheoretiker der Integrativen Therapie. www. FPI-Publikationen. de/materialien.htm

Petzold, H.G. (2004c): Pièrre Janet – ein Referenztheoretiker der Integrativen Therapie, 2004c. in: *Petzold* (2004b): Referenztheoretiker der Integrativen Therapie. www.FPI-Publikationen.de/materialien.htm. Und: in: *Stumm, G.* et al. (2004): Personenlexikon der Psychotherapie. Wien

Petzold, H.G. (2004d): Paul Ricœur – ein Referenztheoretiker der Integrativen Therapie. www.FPI-Publikationen.de/materialien.htm und *Stumm, G.* et al. (2004): Personenlexikon der Psychotherapie. Wien

Petzold, H.G. (2004f): Gabriel Marcel – ein Referenztheoretiker der Integrativen Therapie. www.FPI-Publikationen.de/materialien.htm und *Stumm, G.* et al. (2004): Personenlexikon der Psychotherapie. Wien

Petzold, H.G. (2004h): Der „informierte Leib im Polylog" – ein integratives Leibkonzept für die nonverbale/verbale Kommunikation in der Psychotherapie. in: *Hermer, M.*, Nonverbale Kommunikation in der Psychtherapie. Tübingen, 107-156

Petzold, H.G. (2004l): Integrative Traumatherapie und „Trostarbeit" – ein nicht-exponierender, leibtherapeutischer und lebenssinnorientierter Ansatz risikobewusster Behandlung. www.FPI-Publikationen.de/materialien.htm

Petzold, H.G. (2004o): Positionen zur Psychotherapie, Entwicklungen im Feld – persönliche Standpunkte. Ein Interview von Theodor Itten. www.FPI-Publikationen.de/ materialien. htm

Petzold, H.G. (2005a): Mit alten Menschen arbeiten. Bd. 2: Psychotherapie – Lebenshilfe – Integrationsarbeit. Stuttgart

Petzold, H.G. (2005c): Wohnkollektive und therapeutische Wohngemeinschaften – zur konzeptuellen Systematisierung dieser Lebens- und Arbeitsformen. www.FPI Publikationen. de/materialien.htm

Petzold, H.G. (2005g): „Beratung" als Disziplin und Praxeologie zum Umgang mit subjektiven Theorien und ihren kollektiven Hintergründen in der modernen Wissensgesellschaft. in: *Beratung Aktuell* 1, S. 4-21

Petzold, H.G. (2005r): Entwicklungen in der Integrativen Therapie als „biopsychosozialökologische Modell. www.FPI-Publikationen.de/materialien.htm

Petzold, H.G., et al. (2001b): „Lebensgeschichten verstehen, Selbstverstehen, Andere verstehen lernen" – Polyloge collagierender Hermeneutik und narrative „Biographiearbeit" bei Traumabelastungen und Behinderungen. Düsseldorf, Hückeswagen www.FPI-Publikationen.de/materialien.htm

Petzold, H.G., Beek, Y. van, Hoek, A.-M. van der (1994a): Grundlagen und Grundmuster „intimer Kommunikation und Interaktion" – „Intuitive Parenting" und „Sensitive Caregiving" von der Säuglingszeit über die Lebensspanne. in: *Petzold* (1994j), 491-496

Petzold, H.G., Bloem, J., Moget, P. (2004): Budokünste als „Weg" und therapeutisches Mittel in der körper- und bewegungsorientierten Psychotherapie, Gesundheitsförderung und Persönlichkeitsentwicklung – transversale und integrative Perspektiven. in: *Integrative Therapie* 1-2 (2004), 24-100

Petzold, H.G., Bubolz, E. (1979): Psychotherapie mit alten Menschen, Paderborn

Petzold, H.G., Ebert, W., Sieper, J. (1999/2001): Kritische Diskurse und supervisorische Kultur. Supervision: Konzeptionen, Begriffe, Qualität. Probleme in der supervisorischen „Feldentwicklung" – transdisziplinäre, parrhesiastische und integrative Perspektiven. Düsseldorf, Hückeswagen

Petzold, H.G., Engemann, K., Zachert, D. (2003): Effektive Performanz. Komplexes Lernen in Supervision und Coaching, Düsseldorf, Hückeswagen www.FPI-Publikationen. de/materialien.htm

Petzold, H.G., Frühmann, R., (1993b): Weiterbildung von Lehrtherapeuten an FPI und EAG. in: *Petzold, Sieper* (1993a), S. 659-666

Petzold, H.G., Goffin, J.J.M., Oudhof, J. (1991): Protektive Faktoren – eine positive Betrachtungsweise in der klinischen Entwicklungspsychologie, Faculty of Human Movement Sciences, Dep. Movement Education, Clinical Movement Therapy. Erw.: in: *Petzold, Sieper* (1993a), 173-266

Petzold, H.G., Goffin, J.J.M., Oudhof J. (1993): Protektive Faktoren und Prozesse – die „positive" Perspektive in der longitudinalen, „klinischen Entwicklungspsychologie" und ihre Umsetzung in die Praxis der Integrativen Therapie. in: *Petzold, Sieper* (1993a), 173-266

Petzold, H.G., Gröbelbaur, G., Gschwend, I. (1998): Patienten als „Partner" oder als „Widersacher" und „Fälle". Über die Beziehung zwischen Patienten und Psychotherapeuten – kritische Gedanken und Anmerkungen. in: *Gestalt* 32, 15-41. Und: in: *Petzold, Orth* (1999a), S. 363-392. Sowie: in: *Psychologische Medizin* (Österr.) 1/1999, 32-39 u. 2/1999, 30-35

Petzold, H.G., Hass, W., Jakob, S., Märtens, M., Merten, P. (1995): Evaluation in der Psychotherapieausbildung: Ein Beitrag zur Qualitätssicherung in der Integrativen Therapie. in: *Petzold, Orth, Sieper* (1995a), 180-223

Petzold, H.G., Hass, W., Märtens, M. (1998): Qualitätssicherung durch Evaluation in der Psychotherapieausbildung. Ein Beitrag aus dem Bereich der Integrativen Therapie. in: *Laireiter, A., Vogel, H.* (Hrsg.) (1998): Qualitätssicherung in der Psychotherapie. Ein Werkstattbuch. Tübingen, 683-711

Petzold, H.G., Hass, W., Märtens, M. (1998c): EAG. Bericht des Forschungsinstituts an der Europäischen Akademie. in: *Petzold* (1998a), 503-534

Petzold, H.G., Hass, W., Märtens, M., Steffan, A. (2000): Wirksamkeit Integrativer Therapie in der Praxis-Ergebnisse einer Evaluationsstudie im ambulanten Setting. in: *Integrative Therapie* 2-3/2000, 277-355

Petzold, H.G., Hentschel U. (1991): Niedrigschwellige und karrierebegleitende Drogenarbeit als Element einer Gesamtstrategie der Drogenhilfe. in: *Wiener Zeitschrift für Suchtforschung* I, 11-19

Petzold, H.G., Hentschel, U. (1993): Drogenarbeit und Suchtkrankenhilfe an FPI und EAG – Konzepte, Innovation, Interventionen, Weiterbildung, Supervision. in: *Petzold, Sieper* (1993a), 619-633

Petzold, H.G., Hentschel, U. (1993): Integrative und differentielle Drogenarbeit und Suchtkrankenhilfe an FPI und EAG – Konzepte, Innovation, Intervention, Weiterbildung, Supervision. in: *Petzold, H.G., Sieper. J.* (Hrsg.) (1993a): Integration und Kreation. Paderborn, Bd. 2

Petzold, H.G., Hentschel, U., Schay, P. (2004): Niedrigschwellige Drogenarbeit und „intermittierende Karrierebegleitung" als Elemente einer Gesamtstrategie der Drogenhilfe. in: *Petzold, H.G., Schay, P., Ebert, W.* (2004), 79-108

Petzold, H.G., Josić, Z., Erhardt, J. (2003): Integrative Familientherapie als „Netzwerkintervention" bei Traumabelastungen und Suchtproblemen. www.FPI-Publikationen.de/materialien.htm

Petzold, H.G., Kirchmann, E. (1990): Selbstdarstellungen mit Ton in der Integrativen Kindertherapie. in: *Petzold, H.G., Orth, I.* (1990): Die neuen Kreativitätstherapien. Paderborn

Petzold, H.G., Laschinsky, D., Rinast, M. (1979): Exchange Learning – ein Konzept für die Arbeit mit alten Menschen. in: *Integrative Therapie* 3/1979, 224-245; repr. 2004a, 194-218

Petzold, H.G., Lemke, J. (1979): Gestaltsupervision als Kompetenzgruppe. in: *Gestalt-Bulletin* 3, 88-94

Petzold, H.G., Lemke J., Rodriguez-Petzold, F. (1994): Die Ausbildung von Lehrsupervisoren. Überlegungen zur Feldentwicklung. Zielsetzung und didaktischen Konzeption aus Integrativer Perspektive. in: *Gestalt und Integration*. Düsseldorf, Hückeswagen

Petzold, H.G., Lemke, J., Rodriguez-Petzold, F. (1994b): Die Ausbildung von Lehrsupervisoren. Überlegungen zur Feldentwicklung, Zielsetzung und didaktischen Konzeption aus Integrativer Perspektive. in: *Gestalt und Integration* 2 (1994), 298-349

Petzold, H.G., Leuenberger, R., Steffan, A. (1998): Ziele in der Integrativen Therapie. in: *Ambühl, H., Strauß, B.* (Hrsg.), Therapieziele. Göttingen

Petzold, H.G., Marcel, G. (1976): Anthropologische Bemerkungen zur Bildungsarbeit mit alten Menschen. in: *Petzold, Bubolz* (1976), 9-18

Petzold, H.G., Märtens, M., Steffan, A. (1998a): Bericht des Forschungsinstituts an der Europäischen Akademie für psychosoziale Gesundheit. in: *Petzold* (1998h), 503-527

Petzold, H.G., Mathias, U. (1982): Rollenentwicklung und Identität. Paderborn

Petzold, H.G., Mathias, U. (1983): Rollenentwicklung und Identität. Paderborn

Petzold, H.G., Müller, L. (2002b): Gerontotherapie: Psychotherapie mit älteren und alten Menschen – Forschungsergebnisse, protektive Faktoren, Resilienzen, Grundlagen für eine Integrative Praxis, (Teil 1). in: *Integrative Therapie* 1 (2002), 52-90

Petzold, H.G., Müller, L. (2002c): Gerontotherapie und ihre Wirkung – Methoden und Ansätze. in: *Integrative Therapie* 2, 109-134

Petzold, H.G., Müller, L. (2004a): Biographiearbeit mit alten Menschen – Erarbeiten und Teilen biographischer Erfahrung. www.FPI-Publikationen.de/materialien.htm

Petzold, H.G., Müller, L. (2004b): „Alter Wein in neuen Schläuchen?“ Moderne Alternsforschung, „Philosophische Therapeutik“ und „Lebenskunst“ in einer „gerontothrophen“ Gesellschaft. Überlegungen mit Cicero über die „kompetenten Alten“ für die „Arbeit mit alten Menschen. in: *Petzold* (2004a), 17-85

Petzold, H.G., Müller, L. (2004c): Integrative Kinder- und Jugendlichenpsychotherapie – Protektive Faktoren und Resilienzen in der diagnostischen und therapeutischen Praxis. in: *Psychotherapie Forum* 4, 185-196

Petzold, H.G., Oeltze, J., Ebert, W. (2002a): Mythos „Gütesiegel“ – „Supervision“, ein Markenzeichen ohne Standards? Qualitätssicherung und die Weiterbildungspläne der DGSv – Probleme, Befunde aus der Forschung und Expertenmeinungen von der Basis. Düsseldorf, Hückeswagen. www.FPI-Publikationen.de/materialien.htm

Petzold, H.G., Orth, I. (1990a): Die neuen Kreativitätstherapien. Handbuch der Kunsttherapie. Paderborn 1990 3., erw. Aufl. 2005. Bielefeld

Petzold, H.G., Orth, I. (1993a): Therapietagebücher, Lebenspanorama, Gesundheits-/Krankheitspanorama als Instrumente der Symbolisierung, karrierebezogenen Patientenarbeit und Lehranalyse in der Integrativen Therapie. in: *Integrative Therapie* 1/2 (1993), 95-153

Petzold, H.G., Orth, I. (1993g): La thérapie intégrative du corps et du mouvement. in: *Meyer, R., Liénard, G.*, Les somatothérapies. Historique – Classification – Présentation. Paris S. 89-129

Petzold, H.G., Orth, I. (1994a): Kreative Persönlichkeitsdiagnostik durch „mediengestützte Techniken“ in der Integrativen Therapie und Beratung. in: *Integrative Therapie* 4, 340-391

Petzold, H.G., Orth I. (1994b): Weiterbildung von Lehrtherapeuten – ein Muß für die Qualitätssicherung in der Ausbildung von Psychotherapeuten. Konzepte für die Mitarbeiterfortbildung an FPI und EAG. in: *Gestalt und Integration*

Petzold, H.G., Orth, I. (1997b): Wege zu „fundierter Kollegialität“ – innerer Ort und äußerer Raum der Souveränität. in: *ÖAGG* 3 (Wien 1997) und *Report Psychologie* 3 (1998). Erw. und ergänzt: in: *Slembek, E., Geissner, H.* (1998): Feedback. Das Selbstbild im Spiegel der Fremdbilder. St. Ingbert

Petzold, H.G., Orth, I. (1999a). Die Mythen der Psychotherapie. Ideologien, Machtstrukturen und Wege kritischer Praxis. Paderborn

Petzold, H.G., Orth, I. (2004a): Sinn, Sinnerfahrung, Lebenssinn in Psychologie und Psychotherapie. 2 Bände. Bielefeld

Petzold, H.G., Orth, I. (2004b): „Unterwegs zum Selbst“ und zur „Weltbürgergesellschaft“ – „Wegcharakter“ und „Sinndimension“ des menschlichen Lebens – Perspektiven Integrativer „Kulturarbeit“ – Hommage an Kant. in: *Petzold, Orth* (2004/2005a), 689-791

Petzold, H.G., Orth, I., (1998b): Ökopsychosomatik – die heilende Kraft der Landschaft, Europäische Akademie für psychosoziale Gesundheit. Düsseldorf

Petzold, H.G., Orth, I., Sieper, J. (1995c): Curricular strukturierte Psychotherapieausbildung. Überlegungen zur strukturierten Vermittlung psychotherapeutischer Kompetenz und Performanz. in: *Petzold, Orth, Sieper* (1995a), 12-29

Petzold, H.G., Orth, I., Sieper, J. (1999a): Psychotherapie, Mythen und Diskurse der Macht und der Freiheit. in: *Petzold, Orth* (1999a), 15-66

Petzold, H.G., Orth, I., Sieper, J. (2000b): Curriculum „Postgraduale Weiterbildung" Integrative Psychotherapie mit Schwerpunkt: Psychodrama, Gestalttherapie und körperorientierte Methoden". Düsseldorf, Hückeswagen

Petzold, H.G., Orth, D., Zunker, S. (2005): Qualitätssicherung in der Ausbildung von Integrativer Psychotherapie an FPI/EAG. Veranstaltungsevaluation 1999-2004. Hückswagen

Petzold, H.G., Osten, P. (1998): Diagnostik und mehrperspektivische Prozeßanalyse in der Integrativen Therapie. in: *Laireiter, A.* (1998) (Hrsg.): Diagnostik in der Psychotherapie. Wien. Erweitert: in: *Petzold* (1998h), 118-141

Petzold, H.G., Osterhues, U.J. (1972): Zur Verhaltenstherapeutischen Verwendung von gelenkter katathymer Imagination und Behaviourdrama in einem Lebenshilfezentrum. in: *Petzold* (1972a), 232-241

Petzold, H.G., Petzold, Ch. (1993a): Soziotherapie als methodischer Ansatz in der Integrativen Therapie. in: *Petzold, Sieper* (1993a), 459-482

Petzold, H.G., Rainals, J., Sieper, J., Leitner, T. (2005): Qualitätssicherung und Evaluationskultur in der Ausbildung von Suchttherapeuten. Eine Evaluation der VDR-anerkannten Ausbildung an EAG/FPI. in: *Petzold, H.G., Schay, P., Scheiblich, W.* (2006): Integrative Suchtarbeit, VS Verlag, Wiesbaden, S. 533-588

Petzold, H.G., Ramin, G. (1987): Schulen der Kindertherapie. Paderborn: Junfermann.

Petzold, H.G., Schay, P., Ebert, W. (2004): Integrative Suchttherapie: Theorie, Methoden und Praxis. Wiesbaden

Petzold, H.G., Rodriguez-Petzold, F. (1996): Geht es nur um Schweigepflicht oder um praktische Ethik? Eine Stellungnahme und empirische Erkundung zur Weitergabe von Geheimnissen und zur Anonymisierung in der Supervision. in: *Organisationsberatung Supervision Clinical Management* (*OSC*) 3, 277-288. Erw.: in: *Familiendynamik* 3 (1997), 289-311 und *Petzold* (1998a), 191-211

Petzold, H.G., Rodriguez-Petzold, F. Schneiter, U. (1996): „Reflexives Management", Metaconsulting und Kartierung der Managementqualität (MQC) – Konzepte und Wege zur koreflexiven Optimierung von Management als Systemfunktion. in: *Pühl, H.* (1998): Handbuch 3 – Supervision und Organisationsentwicklung, Opladen, 246-259

Petzold, H.G., Rodriguez-Petzold, F., Sieper, J. (1996a): „Supervisorische Kultur" und Transversalität – Grundkonzepte Integrativer Supervision. Düsseldorf

Petzold, H., Scheiblich, W., Thomas, G. (2000b): Psychotherapeutische Maßnahmen bei Drogenabhängigkeit. in: *Uchtenhagen, A., Zieglgänsberger, W.* (2000), S. 322-341

Petzold, H.G., Schigl, B. (1996): Evaluation eines Supervisionslehrgangs für Altenarbeit, Forschungsbericht des Österreichischen Bundesministeriums für Wissenschaft und Forschung, hrsg. v. Dr.-Karl-Kummer-Institut f. Sozialpolitik und Sozialreform. Wien

Petzold, H.G., Schigl, B., Fischer, M. Höfner, C. (2003): Supervision auf dem Prüfstand. Wirksamkeit, Forschung, Anwendungsfelder, Innovation. Opladen

Petzold, H.G., Schlippe, A. von (1990): Editorial. Die Familie und das schwerkranke Mitglied. Therapeutische Hilfen für Fatum-Familien. in: *Integrative Therapie* 4, 271-275

Petzold, H.G., Schneewind, U. (1986): Konzepte zur Gruppe und Formen der Gruppenarbeit in der Integrativen Therapie und Gestalttherapie. in: *Petzold, H.G., Frühmann, R.* (Hrsg.): Modelle der Gruppe in Psychotherapie und psychosozialer Arbeit, 2 Bde. Paderborn Bd. I, 109-254

Petzold, H.G., Schobert, R. (1991): Selbsthilfe und Psychosomatik. Paderborn

Petzold, H.G., Schobert, R., Schulz, A. (1991): Anleitung zu „wechselseitiger Hilfe“ – Die Initiierung und Begleitung von Selbsthilfegruppen durch professionelle Helfer – Konzepte und Erfahrungen. in: *Petzold, H.G., Schobert, R.*, Selbsthilfe und Psychosomatik, Paderborn, 207-259

Petzold, H.G., Schuch, W. (1991): Der Krankheitsbegriff im Entwurf der Integrativen Therapie. in: *Pritz, Petzold* (1991), 371-486

Petzold, H., Schuch, H.-W. (Grundzüge des Krankheitsbegriffs im Entwurf der Integrativen Therapie. in: *Pritz, A., Petzold, H.* (Hg.): Der Krankheitsbegriff in der modernen Psychotherapie. Paderborn: Junfermann, 371-486.

Petzold, H.G., Schuch, W., Steffan, A. (2000): Theorienbildung und Praxisstrategien in der „Integrativen Therapie“ – Zur Konnektivierung von Menschen- und Weltbild, Heuristiken und Wirkfaktoren im Rahmen der Therapeutischen Beziehung (Chartacolloquim II). Düsseldorf/Hückeswagen: Europäische Akademie für Psychosoziale Gesundheit.

Petzold, H.G., Schulwitz, I. (1972): Tetradisches Psychodrama in der Arbeit mit Schulkindern. in: *Petzold, H.G.,* 1972a (Hrsg.): Angewandtes Psychodrama in Therapie, Pädagogik, Theater und Wirtschaft, Paderborn, 394-413

Petzold, H.G., Sieper, J. (1970): Zur Verwendung des Psychodramas in der Erwachsenenbildung. in: *Zeitschrift f. prakt. Psychol.* 8, 392-447

Petzold, H.G., Sieper, J. (1972b): Ausbildungsrichtlinien des Fritz Perls Instituts, Basel, Würzburg, Düsseldorf

Petzold, H.G., Sieper, J. (1976): Zur Ausbildung von Gestalttherapeuten. in: *Integrative Therapie* 2-3/1976, 120-144

Petzold, H.G., Sieper, J. (1977): Quellen und Konzepte der Integrativen Pädagogik. in: *Petzold, Brown* (1977), 14-36

Petzold, H.G., Sieper, J. (1988b): Die FPI-Spirale – Symbol des „heraklitischen Weges“. in: *Gestalttherapie & Integration, Gestalt-Bulletin* 2, 5-33. Repr.: in: *Petzold* (2003a), 351-374

Petzold, H.G., Sieper, J. (1990b): Die neuen – alten – Kreativitätstherapien. Marginalien zur Psychotherapie mit kreativen Medien. in: *Petzold, Orth* (1990a) II, 519-548

Petzold, H.G., Sieper, J. (1993): Integration und Kreation, Modelle und Konzepte der Integrativen Therapie, Agogik und Arbeit mit kreativen Medien, 2 Bände. Paderborn

Petzold, H.G., Sieper, J. (1993a): Integration und Kreation, 2 Bde. Paderborn 2. Aufl. 1996

Petzold, H.G., Sieper, J. (1998): Einige Überlegungen zur geschlechtsspezifischen Betrachtung von Identitätsprozessen. in: *Petzold* (1998h), 265-299

Petzold, H.G., Sieper, J. (2001a): Psychotherapie – ein „lernendes System“ für den Umgang mit „Evidenzen“. in: *Integrative Therapie*, 1, 3-9

Petzold, H.G., Sieper, J. (2001d): Das „wertgeschätzte Differente“ in einer engagierten, eingreifenden Wissenschaft: Problematisierungen des „Wissenschaftlichkeitsvorbehalts“ in der Charta, Vorschläge und Alternativen. in: *Gestalt* 41: Fortgesetzt in denselben: Düsseldorf, Hückeswagen. www.FPI-Publikationen.de/materialien.httm

*Petzold, H.*G., *Sieper, J.* (2001e): Psychotherapie als „fundierte Pluralität“. in: *Petzold* 2001o. www.FPI-Publikationen.de/materialien.htm

Petzold, H.G., Sieper, J. (2004): Lev Vygotskij – ein Referenztheoretiker der Integrativen Therapie. www.FPI-Publikationen.de/materialien.htm

Petzold, H.G., Sieper, J., Rodriguez-Petzold, F. (1995): Das Wissenschaftsverständnis und die Therapie- und Forschungsorientierung der Integrativen Therapie – Stellungnahme zur Erhebung des Wissenschaftsbeirates des SPV. in: *Petzold, Orth, Sieper* (1995a), 93-111

Petzold, H.G., Sieper, J., Schuch, W., Thomas, G. (1995): Abschluß der Ausbildung und Beurteilungsverfahren – Supervision, Lehranalyse, Kontrollanalyse, Qualitätssicherung. in: *Petzold, Orth, Sieper* (1995), 251-255

Petzold, H., Sieper, J. (1993): Integration und Kreation. Modelle und Konzepte der Integrativen Therapie, Agogik und arbeit mit kreativen Medien. Bd 1. Paderborn: Junfermann.

Petzold, H.G., Sieper, J. (1999): Psychotherapie, Mythen der Macht und der Freiheit. in: *Petzold, H.G., Orth, I.* (1999), 15-66.

Petzold, H.G., Sieper, J. (2003): (Hrsg.): Wille und Wollen in der Psychotherapie. 2 Bde. Göttingen: Vandenhoek & Ruprecht.

Petzold, H.G., Sieper, J. (2003a): Der Wille und das Wollen, Volition und Kovolition – Überlegungen, Konzepte und Perspektiven aus der Sicht der Integrativen Therapie. Bei www.FPI-Publikationen.de/materialien.htm. POLYLOGE: Materialien aus der Europäischen Akademie für psychosoziale Gesundheit – 04/2002.

Petzold, H.G., Steffan, A. (1998): Integrative Therapie – eine Stellungnahme gemäß der BDP-Prüfkriterien für psychotherapeutische Behanbdlungsmethoden: Grundlage für die Akkreditierung der „Integrativen Therapie" durch den BDP. in: *Gestalt und Integration* 2, S. 467-482

Petzold, H.G., Steffan, A. (1999a): Selbsterfahrung in der Ausbildung von PsychotherapeutInnen – empirische Perspektiven aus der Sicht der Integrativen Therapie. in: *Laireiter, A.-R.* (2000) (Hrsg.): Selbsterfahrung in Psychotherapie und Verhaltenstherapie – Empirische Befunde. Tübingen, 297-327

Petzold, H.G., Steffan, A. (1999b): Ausbildung, Selbsterfahrung und Selbstmodelle in der Integrativen Therapie – Hintergründe, Konzepte und Forschungsergebnisse zu einer „transversalen" Weiterbildungskultur. in: *Gestalt* 37 (Februar 2000), S. 25-65

Petzold, H.G., Steffan, A. (2000): Charta-Kolloquium I – Gesundheit, Krankheit, Diagnose und Therapieverständnis in der „Integrativen Therapie" – Stellungnahme der Europäischen Akademie für psychosoziale Gesundheit zum Charta-Kolloquium am 25.03.2000, online-Veröffentlichung www.integrative-therapie.ch/stellungnahme.htm

Petzold, H.G., Steffan, A. (2000): Gesundheit, Krankheit, Diagnose und Therapieverständnis in der „Integrativen Therapie" (Charta-Kolloquium I). Stellungnahme der Europäischen Akademie für psychosoziale Gesundheit zum Charta-Kolloquium am 25.3. 2000. in: *Integrative Therapie* 2-3/2000, 203-230

Petzold, H.G., Steffan, A. (2000b): Ausbildungsevaluation und Qualitätssicherung in der Integrativen Therapie – das EAG-Qualitätssicherungssystem. in: *Integrative Therapie* 2/3, 355-366

Petzold, H.G., Steffan, A. Zdunek, K. (2000b): Qualitätssicherung in der Ausbildung von Integrativer Psychotherapie an FPI/EAG – Dargestellt an Ergebnissen einer Veranstaltungsevaluation im EAG-Qualitätssystem. in: *Integrative Therapie* 1/2000, 96-117

Petzold, H., Stefan, A. (2001): Gesundheit, Krankheit, Diagnose- und Therapieverständnis in der Integrativen Therapie. in: *Petzold* (2001), 203-230.

Petzold, H.G., Thomas, G. (Hrsg.) (1994): Integrative Suchttherapie und Supervision. in: *Gestalt und Integration*, Sonderausgabe 1/1995.

Petzold, H.G., Vormann, G. (1980) (Hrsg.): Therapeutische Wohngemeinschaften. Erfahrungen, Modelle, Supervision. München

Petzold, H., Wolf, H.U., Landgrebe, B., Josic, Z., Steffan, A. (2000a): Integrative Traumatherapie. Modelle und Konzepte für die Behandlung von Patienten mit posttraumatischer Belastungsstörung. in: *van der Kolk et al.* (2000), 445-579.

Petzold, H.G., Wolf, H.-U., Landgrebe, B., Josić, Z. (2002): Das Trauma überwinden. Integrative Modelle der Traumatherapie. Paderborn

Petzold, H.G., Wolf, U., Landgrebe, B., Josic, Z., Steffan, A. (2000): Integrative Traumatherapie – Modelle und Konzepte für die Behandlung von Patienten mit „posttraumatischer Belastungsstörung". in: *van der Kolk, B., McFarlane, A., Weisaeth, L.*: Traumatic Stress. Erweiterte deutsche Ausgabe. Paderborn S. 445-579

Petzold, H.G, Wolff, H.-U., Landgrebe, B., Josić, Z. (2002): Das Trauma überwinden. Integrative Modelle der Traumatherapie. Paderborn: Junfermann

Petzold, H.G., Zander, B. (1985): Stadtteilarbeit mit alten Menschen – ein integrativer Ansatz zur Verhinderung von Segregation. in: *Petzold* (1985a), 159-201
Petzold, H.G., Brown, G. (1977): (Hrsg.) Gestaltpädagogik. Konzepte der integrativen Erziehung. München
Petzold, H.G., Bubolz, E. (1976a) (Hrsg.): Bildungsarbeit mit alten Menschen. Stuttgart
Petzold, H.G., Frühmann, R. (Hrsg.) (1986a): Modelle der Gruppe in Psychotherapie und psychosozialer Arbeit, 2 Bde., Paderborn
Petzold, H.G., Märtens, M. (1999a) (Hrsg.): Wege zu effektiven Psychotherapien. Psychotherapieforschung und Praxis. Band 1: Modelle, Konzepte, Settings. Opladen
Petzold, H.G., Orth, I. (Hrsg.) (1985a): Poesie und Therapie. Über die Heilkraft der Sprache. Poesietherapie, Bibliotherapie, Literarische Werkstätten. Paderborn
Petzold, H.G., Sieper, J. (1996) (Hrsg.): Integration und Kreation, Paderborn
Petzold, H.G., Stöckler, M. (Hrsg.) (1988): Aktivierung und Lebenshilfen für alte Menschen. Aufgaben und Möglichkeiten des Helfers. in: *Integrative Therapie* Beiheft 13. Paderborn
Pfau, B., Fernandez, I. (1994): Körpersprache der Depression. Atlas depressiver Ausdrucksformen. Stuttgart: Schattauer.
Pfeiffer, W., Fahrner, E.M., Feuerlein, W. (1987): Katamnestische Untersuchung von ambulant behandelten Alkoholabhängigen. in: *Suchtgefahren* 33 (5), 309-320
Piontelli, A. (1996): Vom Fetus zum Kind: Die Ursprünge des psychischen Lebens. Eine psychoanalytische Beobachtungsstudie. Stuttgart: Klett.
Platt, J.J. (1995): Vocational Rehabilitation of Drug Abusers. in: *Psychol.Bulletin,* pp. 117
Plessner, H. (1965): Die Einheit der Sinne. Grundlinien einer Ästhesiologie des Geistes. Bonn: Bouvier.
Plessner, H. (1975): Die Stufen des Organischen und der mensch. Einleitung in die philosophische Anthropologie. Berli: DeGruyter.
Plessner, H. (1976): Die Frage nach der Conditio Humana. Frankfurt: Suhrkamp Verlag.
Plessner, H. (1982): Die Stufen des Organischen und der Mensch. Einleitung in die philosophische Anthropologie, Berlin/Leipzig 1928, 1975. in: Gesammelte Schriften, hrsg. *v. Dux, G.v., Marquard, O.*, Frankfurt/M. 1982ff.
Plog, U., Dörner, K. (1996): Irren ist menschlich; Lehrbuch der Psychiatrie und Psychotherapie. Bonn
Plomin, R. (1990):Nature and nurture. An introduction to human behavioral genetics. Pacific Grove CA
Plomin, R., Defries, J.C., McClearn (1999): Gene, Umwelt und Verhalten. Bern : Huber.
Plomin, R. (2000): Behavioral genetics. New York
Plomin, R., Dunn, J. (1986): The study of temperament: Changes, continuities and challenges. Hillsdale
Pohlen, M., Bautz.Holzherr, M. (1995): Psychoanalyse. Das Ende einer Deutungsmacht. Reinbek: Rowohlt.
Pohlen, M., Bautz-Holzherr, M. (2001): Eine andere Psychodynamik. Bern, Göttingen, Toronto, Seattle
Pokorny, A.D., Miller, B.A., Cleveland, S.E. (1968): Response to Treatment of Alcoholism, A Follow-Up Study. in: *Journal of Studies on Alcohol,* 29 (2-A), pp. 364-381
Poldrugo, F., Forti, B. (1988): Personality disorders and alcoholism treatment outcome. in: *Drug and Alcohol Dependence,* 21
Polich, J.M., Armor, D.J. Braiker, H.B. (1981): The course of alcoholism: Four years after treatment. New York
Politzer, G. (1974): Kritik der klassischen Psychologie [orig. 1929]. Köln
Politzer, G. (1978): Kritik der Grundlagen der Psychologie. Frankfurt/M.
Portele, H., Roessler, K. (1994): Macht und Psychotherapie. Ein Dialog. Köln: EHP.
Poschard, U. (1996): DJ-Culture. Hamburg: R&B Zweitausendeins Verlag.

Post, R.M. et al. (1995): Sensitization and kindling: Implications for the envolving neural substrate of PTSD. in: *Friedman, M.J.* et al. (Eds.) (1995), pp. 203-224

Post, R.M., Weiss, S.R.B., Smith, M., Li, H., McCann, U. (1997): Kindling versus Quenching. Implications for the Evolution and Treatment of Posttraumatic Stress Disorder. in: *Yehuda, McFarlane* (1997), pp. 285-295

Premack, D., Woodruff, G. (1978): Does the chimpanzee have a theory of mind? In: *Behavioral and Brain Sciences* 4, pp. 515-526

Pribram, K.H. (1979) Hologramme im Gehirn. in: *Psychologie Heute* 10, 33-42

Pribram, K.H., Galanter, E., Miller, G.A. (1973): Strategien des Handelns. Stuttgart

Prigogine, I, Glansdorff, P. (1971): Structure, Stabilité et Fluctuations. Paris

Prigogine, I. (1979): Vom Sein zum Werden. Zeit und Komplexität in den Naturwissenschaften. München

Pritz, A., Petzold, H.G. (1991): Der Krankheitsbegriff in der modernen Psychotherapie. Paderborn

Prochaska, J.O., DiClemente, C.C. (1982): Transtheoretical Therapy: Toward a more integrative model of change. in: *Psychotherapy: Theory, Research and Practice*, 19, pp. 276-288

Pudel, V, Westerhöfer, J. (1998): Ernährungspsychologie. Eine Einführung. Göttingen: Hogrefe.

Quitmann, H. (1985): Humanistische Psychologie. Göttingen

Rado, S. (1926): Die psychischen Wirkungen der Rauschgifte. in: *Psyche* 29 (1975), 360-376.

Rado, S. (1934): Psychoanalyse der Pharmakothymie. in: *Zt. f. Psychoanalyse* 20, 16-32.

Rahm, D. (1988): Gestaltberatung, Grundlagen und Praxis integrativer Beratungsarbeit. Paderborn: Junfermann.

Rahm, D., Otte, H., Bosse, S., Ruhe-Hallenbach, H. (1993): Einführung in die Integrative Therapie: Grundlagen und Praxis. Paderborn

Raschke, P, Vertheim, U., Kalke, J. (1996): Ambulante Abstinenztherapie mit Drogenabhängigen. Freiburg

Ratey, J.J. (2001): Das menschliche Gehirn. Eine Gebrauchsanweisung, Düsseldorf. Zürich

Rau, H. (1982): Das diagnostische Elterngespräch beim Hausbesuch als Teil einer familienorientierten Diagnostik. in: *Gestalt-Bulletin* 3, 94-118

Rau, H. (1996): Familienorientierte Behandlung in der Integrativen Kinder- und Jugendlichenpsychotherapie. in: *Metzmacher et al.* (1996) Band II, 411-433

Rauschenbach, B. (2001): „Über einen Abgrund der Zeiten hinweg“. Im unterbrochenen Lauf der Geschichte die Spur der Geschlechter. Anknüpfungspunkte im Frühwerk von Simone de Beauvoir, Emmanuel Levinas und Hannah Arendt. in: *Feministische Studien*, 19. Jahrgang Mai 2001 Nr.1. Weineheim: Deutscher Studien Verlag

Rech, P. (1991): Akt und Selbstdarstellung des Körpers. in: *Integrative Therapie*, 1-2/1991, 164-175. Paderborn.

Reck, F. (2005): Nerven, Gehirn, Drogen, Rausch und Sucht. Ein kurzer Überblick. Graduierungsarbeit an FPI/EAG. www.FPI-Publikationen.de/materialien.htm

Reich, W. (1973): Charakteranalyse. Frankfurt a.M.: Fischer.

Reil, J.Ch. (1803): Rhapsodien über die Anwendung der psychischen Curmethode auf Geisteszerrüttungen. Halle

Reimann, H. (Hrsg.) (1997): Weltkultur und Weltgesellschaft. in: *Handschuh-Heiß, S.* (1977): Auf dem Weg zur McWorld-Culture?, 44-78, Opladen.

Reimer C., Freisfeld A. (1984): Einstellungen und emotionale Reaktionen von Ärzten gegenüber Alkoholikern. in: *Therapiewoche* 34, 3514-3529

Reimer, C. (1996): Süchtige Kollegen. in: *Reimer, C.* (Hrsg.) (1996): Psychotherapie: Ein Lehrbuch für Ärzte und Psychologen, 481-483. Berlin, Heidelberg, New York: Springer Verlag.

Reimer, C., Jurkat, H.B., Mäulen, B., Stetter, F. (2001): Zur Problematik der Suchtgefährdung von berufstätigen Medizinern. in: *Psychotherapeut* 46, 376-385.

Renneberg, B., Hammelstein, Ph. (2006): Gesundheitspsychologie. Berlin: Springer.

Rennert, M. (1990): Co-Abhängigkeit. Was Sucht für Famlie bedeutet. Freiburg: Lambertus.

Resch, F. (1996): Entwicklungspsychopathologie des Kindes- und Jugendalters. Ein Lehrbuch. Weiiheim: Beltz.

Retzer, A. (2000): Systemische Psychotherapie. Theoretische Grundlagen, klinische Anwendungsprinzipien. in: *Möller* et al. (2000), 720-744.

Reynolds, F.D., O'Leary, M.R., Walker, R.D. (1982): Family environment as a predictor of alcoholism treatment outcome. in: *Int Journal Add* 17

Ricœur, P. (1965): De l'interprétation. Essai sur Freud, Paris dtsch. Die Interpretation. Versuch über Freud. Frankfurt/M. 1969

Ricoer, P. (1974): Die Interpretation. Ein Versuch über Freud. Frankfurt a.M.: Suhrkamp.

Ricœur, P. (1986): Die lebendige Metapher. München

Ricœur, P. (1987): Du texte à l'action. Essais d'herméneutique II. Paris

Ricœur, P. (1990): Soi-même comme un autre. Paris dtsch.: (1996) Das Selbst als ein Anderer. München, Freiburg

Ricœur, P. (1996): Le Juste. Paris

Ricœur, P. (1998): Hermeneutics & the Human Sciences. Cambridge

Ricœur, P. (2004): Gedächtnis, Geschichte, Vergessen. München

Ricœur, P., Changeux, P. (1998): Ce qui nous fait penser. La nature et la règle. Paris

Riedel, P (1989): Therapiemotivation und Therapieerfolg. Prädiktoren des Inanspruchnahmeverhaltens und deren Bedeutung für das Therapieergebnis in einer stationären Psychotherapie. Regensburg

Riedl, R. (1981): Biologie der Erkenntnis. Die stammesgeschichtlichen Grundlagen der Vernunft. Hamburg

Riedl, R. (1985): Die Spaltung des Weltbildes. Biologische Grundlagen des Erklärens und Verstehens. Berlin

Riedl, R., Wuketits, F.M. (1987): Die evolutionäre Erkenntistheorie. Berlin

Richelshagen, K. (Hrsg.) (1994): Sucht, Macht und Gewalt. Freiburg: Lambertus Verlag.

Rieth, E. (1977): Zur Effektivitätsbeurteilung von Entziehungskuren. in: *Suchtgefahren,* Sonderdruck 4

Ripke, T. (2000): Chancen zum besseren Verständnis des Patienten. in: *Deutsches Ärzteblatt* 97, 237-240.

Rizzolatti, G, Fadiga, L., Gallese, V., Fogassi, L. (1996) Premotor cortex and the recognition of motor actions. in: *Cognitive Brain Research* 3, pp. 131-141

Rizzolatti, G., Fogassi, L., Gallese, V. (2000): Mirror neurons: Intentionality detectors? in: *Int. Journal Psychology* 35, pp. 205-205

Rizzolatti, G., Fogassi, L., Gallese, V. (2001): Neurophysiological mechanisms underlying the understanding and imitation of action. in: *Nature Review Neurosciences* 2, pp. 661-670

Rizzolatti, G., Fadiga, L., Gallese, V., Fogassi, L. (1996): Premotor cortex and the recognition of motor actions. in: *Cognitive Brain Research* 3, pp. 131-141

Robins, L.N., McEvoy, L. (1990): Conduct Problems as predictors of substance abuse. in: *Robins, Rutter* (1990) 182-204.

Robins L.N., Rutter M. (1990): Straight and devious pathways from childhood to adulthood. Cambridge

Robinson, D. (1979): Talking Out of Alcoholism. The Self-help Process of Alkoholics Anonymous. London

Roch, I. et al. (1992): Empirische Ergebnisse zum Therapieabbruch bei Drogenabhängigen: Ein Literaturüberblick. in: *Sucht* 38, 304-322

Rohde-Dachser, Ch. (1985): frauen als Psychotherapeuten – Das Janusgesicht der Emanzipation im Helfer-Milieu. in: *Frühmann, R.* (Hrsg.): Frauen und Therapie. Paderborn: Junfermann Verlag.

Rohde-Dachser, Ch. (1991): Expedition in den dunklen Kontinent. Heidelberg: Springer Verlag.

Rohrbaugh, M., Bartels, B. (1975): Participants' Perceptions of „Curative Factors". in: Therapy and Growth Groups. in: *Small Group Behavior* 6 (4), pp. 430-456

Röhrle, B. (1989): Soziale Netzwerke: Ansatzpunkte psychiatrischer Hilfen. in: *Angermeyer, M.C., Klusmann, D.* (Hrsg.): „Soziales Netzwerk: Ein neues Konzept für die Psychiatrie". Berlin

Röhrle, B. (1994): Soziale Netzwerke und soziale Unterstützung. München: Psychologie Verlags Union, Weinheim.

Röhrle, B., Sommer, G., Nestmann, F. (1998): Netzwerkintervention. Tübingen

Röhrle, B., Sommer, G., Nestmann, F. (1998): Netzwerkintervention. Tübingen: dgtv.

Röper, G., Hagen, C.v., Noam, G. (2001): Entwicklung und Risiko. Perspektiven einer klinischen Entwicklungspsychologie. Stuttgart: Kohlhammer.

Röttgers, K. (1992): Die Erzählbarkeit des Lebens. in: *Kühn/Petzold* (1992), 181-200.

Rolf, J., Masten, A. S., Cicchetti, D., Nuechterlein, K.H., Weintraub, S. (1990) (Eds.): Risk and Protective Factors in the Development of Psychopathology. Cambridge

Romkopf, U. (1983): Drogen-Langzeittherapie in der Justizvollzugsanstalt Münster. in: *Suchtgefahren* 29/la (1983), 102-104

Rosenzweig, S. (1936): Some implicite common factors in diverse methods of psychotherapy. in: *Am. Journal Orthopsychiatry* 6, pp. 412-415

Rösing, I. (2003a): Ist die Burnout-Forschung ausgebrannt? Analyse und Kritik der internationalen Burnout-Forschung. Heidelberg

Rost, W.-D. (1994): Der psychoanalytische Ansatz: Die Therapie der Grundstörung. in: *Scheiblich, W.* (Hrsg.): Sucht aus der Sicht psychotherapeutischer Schulen. Freiburg

Roth, G. (2004): Wie das Gehirn die Seele macht. in: *Schiepek, G.* (Hrsg.): Neurobiologie der Psychotherapie. Stuttgart 28-41

Roth, S. (1993): Aikido mit Drogenabhängigen. in: *Integrative Bewegungstherapie* 2, 23-28

Rowan, J., Cooper, M. (Eds.) (1999): The plural self. Multiplicity in everyday life. London

Royle, N. (2003): Jaques Derrida. London

Rüegg, J.C. (2003²): Psychosomatik, Psychotherapie und Gehirn. Neuronale Plastizität als Grundlage einer biopsychosozialen Medizin. Stuttgart

Rüger, U. (1986): Gestalttherapie. in: *Müller, C.* (1986) (Hrsg.): Lexikon der Psychiatrie. Berlin

Rumpler, P. (2004): Soziokulturelle und biographische Voraussetzungen bei der Theoriebildung von Gestalttherapie durch Fritz und Lore Perls. in: *Hochgerner* et al. (2004), 77-97

Rush, S. (2000): At one with death: destructive narcissm. in: *Psychoanalytic Quarterly* 69 (4), pp. 711-740

Russ, S.W. (1998): Special section on developmentally based integrated psychotherapy with children: Emerging models. in: *Journal of Clinical Child Psychology* 27 (1), pp. 2-3

Rutter, M. (1985): Resilience in the face adversity: protective factors and resistance to psychiatric disorders. in: *British Journal of Psychiatry* 147, 598-611.

Rutter M. (1988): Studies of psychosocial risk. The power of longitudinal data. Cambridge

Rutter, M. (1989): Pathways from childhood to adult life. in: *Journal Child Psychology and Psychiatry* I, pp. 23-51. Dtsch.: in: *Integrative Therapie* 1/2 (1992), 11-44

Rutter, M. (1992): Wege von der Kindheit zum Erwachsenenalter. Integrative Therapie, 18, 11-44.

Rutter, M. (1993): Wege von der Kindheit zum Erwachsenenalter. in: *Petzold, H.G.* (1993c) (Hrsg.): Frühe Schäden, späte Folgen. Psychotherapie und Babyforschung. Paderborn, 23-65

Rutter, M. (1994): Continuities, transitions, and turning points in development. in: *Rutter, M., Hay, D.* (Eds.) (1994): Development through life. Oxford

Rutter, M. (2002): Nature, nurture, and development; From evangelism through science toward policy and practice. in: *Child Development* 73, pp. 1-21

Rutter, M., Giller, H., Hagell, A. (1998): Antisocial Behavior by Young People. Cambridge

Rutter, M., Hay, D.F. (1994): Development Through Life. A handbook for clinicians. Oxford, London

Salvesbergh, G.J.P. (1993): The development of coordination in infancy. North Holland

Salvisberg, H. (1997): Von der amodalen Wahrnehmun zur katathymen Imagination. Gedanken zur Progressin des Primärprozesses. in: *Kottje-Birnbacher, L., Sachse, U., Wilke, E.* (Hg.): Imagination in der Psychotherapie, 73-82. Bern: Huber.

Salzinger, S. (1990): Sozial networks in child rearing and child development. in: *Annals of the New York Academy of Sciences* , pp. 602ff.

Sapolsky, R., Romero, M, Munck, A. (2000): How do glucocorticoids influence the stress-response? Integrating permissive, suppressive, stimulatory, and preparative actions. in: *Endocrine Reviews* 21, pp. 55-89

Sapolsky, R.M. (1996): Why stress is bad for your brain. in: *Science* 273, pp. 749-750

Sapolsky, R.M., Packan, D.R., Vale, W.W. (1988): Glucocorticoid toxicity in the hippocampus. in: *Brain Research* 453, pp. 367-371

Sapolsky, R.W.(1999): Stress in freier Natur. Die Männchen einer Gruppe Anubis-Pavian. in: *Spektrum der Wissenschaft* 3, 70-77

Sarason, G., Sarason, B.R. (1975): Social Support: Theory , research, and application. Den Haag: Nijhoff.

Saß, H., Wittchen, H.U., Zaudig, M. (1996): Diagnostisches und statistisches Manual psychischer Störungen. DSM IV. Bern: Hogrefe Verlag.

Satilmis, A., Jacobs, T. (Hrsg.) (2001): Feministischer Eigensinn. Hamburg: Argument Verlag.

Satir, V. (1973): Familienbehandlung. Freiburg

Satir, V. (1975): Selbstwert und Kommunikation. München

Satir, V. (1990): Kommunikation, Selbstwert, Kongruenz. Paderborn: Junfermann.

Satir, V., Baldwin, M. (1998): Familientherapie in Aktion. Paderborn: Junfermann.

Saup, W. (1993): Alter und Umwelt – Eine Einfuhrung in die ökologische Gerontologie. Kohlhammer

Schacter, D.L. (1996): Wir sind Erinnerung. Gedächtnis und Persönlichkeit. Reinbek: Rowohlt

Schandry, R (2003): Biologische Psychologie. Weinheim

Schank, R.C., Abelson R.P. (1977): Scripts, plans, goals and understanding. Hillsdale, N.J.

Scharenberg, W. (2000): Ärzte und Sucht – ... weil trotzdem ist, was nicht sein darf. in: *Hamburger Ärzteblatt* 12, 618.

Schauenburg, H., Buchheim, P., Cierpka, M., Freyberger, H.J. (1998):Operationalisierte Psychodynamische Diagnostik. Konzepte, Ergebnisse, Anwendungen. Bern: Huber.

Schauenburg, H., Janssen P., Buchheim, P. (1998a): Interview-Führung im Rahmen der OPD. in: *Schauenburg* et al. (1998), 159-166.

Schay, P., Danbynek, M. (1993): Kreative Medien in der Arbeit mit süchtigen Inzestbetroffenen. Paderborn, in: Damin, G. (Hrsg.) (1993): Inzest und sexueller Mißbrauch – Beratung und Therapie, Paderborn .

Schay, P. (1995): Therapeutisch-pädagogisches Bedingungsgefüge in stationären Nachsorge-Wohngemeinschaften in NRW – konzeptionelle Bedingungen. in: *Gestalt und Integration*, 1/1995, 203-224.

Schay, P. (1999): Suchtbehandlung im Verbundsystem der Suchtkrankenhilfe – *Not*Wendigkeiten zur Effizienz rehabilitativer Behandlung und Betreuung?, in: Schriftenreihe des Fachverbandes Sucht e.V., Nr. 22, 298-311, Geesthacht: Neuland.

Schay, P. (2003): Inhalte und Ziele der Adaption. www.therapieverbund-herne.de

Schay, P. (2006): Innovation in der Drogenhilfe. Wiesbaden: Verlag für Sozialwissenschaften

Schay, P., Petzold, H.G., Jakob-Krieger, C. Wagner, M. (2004): Laufen streichelt die Seele. Lauftherapie mit Drogenabhängigen – eine übungs- und erlebniszentrierte Behandlungsmethode der Integrativen Therapie. in: *Integrative Therapie* 1-2, 150-175

Schay, P., Schmidt-Gertz, A. et al. (2002): Therapeutische Weiterbildung/angewandte Verfahren in der ambulanten medizinischen Rehabilitation Suchtkranker, http://www.agpf-ev.de

Schediwy, D. (1995): Zwischen Sucht und Suche. Pfaffenweiler: Centaurus Verlagsgesellschaft.

Schedlowski, M. (1994): Streß, Hormone und zelluläre Immunfunktionen: Ein Beitrag zur Psychoneuroimmunologie. Heidelberg

Scheffler, S. (1996): Typisch männlich – typisch weiblich? Geschlechterdifferenz und Sozialtherapie – Vom Umgang mit einer sozialen Ordnungskategorie. in: *Fett, A.* (Hrsg.): Männer – Frauen -Süchte. Freiurg: Lambertus Verlag.

Scheffler, S. (1999): Nur der Schluck und der Druck sind geschlechtslos. in: Dokumentation der Fachtagung vom 23. Febr. 1999. Hrsg.: Koordinierungsstelle der bayerischen Suchthilfe, München

Schepank, H. et al. (Hrsg.) (1987): Psychogene Erkrankungen in der Stadtbevölkerung, Berlin

Scheiblich (o.J.): Konzept der SKM-Drogenberatungsstelle. SKM Köln.

Scheiblich, W. (1994): Sucht aus der Sicht psychotherapeutischer Schulen. Köln.

Schiebinger, L. (2000): Frauen forschen anders. München: Verlag C.H. Beck.

Schiepek, G. (2001): Die Grundlagen der Systemischen Therapie. Theorie, Praxis, Forschung. Göttingen: Vandenhoek & Ruprecht.

Schiepek, G. (2003): Neurobiologie der Psychotherapie. Stuttgart: Schattauer.

Schiepek, G. (2004): Neurobiologie der Psychotherapie. Stuttgart: Schattauer.

Schifferdecker, M., Schmidt, R., Loevenich, A., Krahl, A. (1995): Der suchtkranke Arzt. in: *Berliner Ärzte* 10, 26-28.

Schigl, B., Petzold, H.G. (1997): Evaluation einer Ausbildung in Integrativer Supervision mit Vertiefungsschwerpunkt für den klinisch-geriatrischem Bereich – ein begleitendes Forschungsprojekt. in: *Integrative Therapie* 1-2, S. 85-145

Schindler, C., Körkel, J. (1995): Rückfallbezogene Attributionen, Emotionen und Kompetenzerwartungen. Eine empirische Prüfung sozial-kognitiver Theorieannahmen. in: *Körkel, Lauer, Scheller* (1995), S. 61-79

Schläpfer, T. (2000): Das Gehirn und die Wirkung von Drogen, eine Einführung. in: *Abhängigkeiten* 3, 5-20

Schläpfer, T.E. (1995): Zur Gefährlichkeit von Ecstasy. Ein nicht ganz unbedenklicher Konsumententyp im Wartezimmer. The dangerousness of Ecstasy. in: *Abhängigkeiten* 1, 40-43

Schlippe, A. von, Schweitzer, J. (1996): Lehrbuch der systemischen Therapie und Beratung. Göttingen

Schmid, W. (1998). Philosophie der Lebenskunst. Frankfurt/M.

Schmid, W. (1991): Auf der Suche nach einer neuen Lebenskunst. Die Frage nach dem Grund und der Neubegründung der Ethik bei Foucault. Frankfurt/M: Suhrkamp

Schmid, W. (1995): Selbstsorge. Zur Biographie eines Begriffs. in: *Endreß, M.* (Hrsg.): Zur Grundlegung einer integrativen Ethik. Frankfurt/M: Suhrkamp.

Schmidbauer, W. (1998): Handbuch der Rauschdrogen. Frankfurt/M

Schmidt-Degenhard, M. (2000): Anthropologische Aspekte psychiatrischer Erkrankungen. in: *Möller* et al. (2000), 259-270.

Schmidt-Lellek, C.J., Heimannsberg, B. (1995): Macht und Machtmißbrauch in der Psychotherapie. Köln: EHP.

Schmid-Schönbein, H., Perlitz, V., Schiepek, G. (2003): Das Paradigma antriebsabhängiger Ordnungsübergänge – eine Verbindung von Tradition und aktueller Forschung in der Physiologie. in: *Schiepek* (2003), 293-301

Schmidt, G. (1992): Sucht-„Krankheit“ und/oder Such(t)-Kompetenzen – Lösungsorientierte systemische Therapiekonzepte für eine gleichrangig-partnerschaftliche Umgestaltung von „Sucht" in Beziehungs- und Lebensressourcen. in: *Rickelshagen, K.* (Hrsg) (1992): Süchte und Systeme. Freiburg

Schmidt, R.F. (1998[3]): Neuro- und Sinnesphysiologie. Berlin

Schmieder, A. (1992): Sucht: Normalität der Abwehr. Freiburg im Breisgau: Lambertus.

Schmitt-Rodermund, E. (1999): Entwicklungsorientierte Prävention am Beispiel des Drogengebrauchs im Jugendalter. in: *Oerter* et al. (1999), 421-436.

Schmitz, H. (1989): Leib und Gefühl. Materialien zu einer philosophischen Therapeutik. Paderborn: Junfermann.

Schmitz, H. (1992): Psychotherapie als leibliche Kommunkation. in: *Integrative Therapie* 3/1992, 292-313. Paderborn.

Schmitz, H. (1998): Gedächtnis und Erinnerung in neophänomenologischer Sicht. in: *Integrative Therapie* 2/1998, 190-213. Paderborn.

Schnakenburg, R.v. (1994): Einbildungskraft als Leibwissen, Rhythmus und physiognomisches Sehen. Grundlagenreflexionen zum Verständnis künstlerischer, kunstpädagogischer und kunsttherapeutischer Arbeit. Frankfurt a.M.: Peter Lang.

Schneewind, K.A., Schmidt, M. (1999): Familiendiagnostik im Kontext der klinischen Entwicklungspsychologie. in: *Oerter* et al. (1999), 270-298.

Schneider, B., Funke, W. (2002): Risiken und Nebenbwirkungen der stationären Entwöhnungsbehandlung bei Alkoholikern. in: *Märtens, Petzold* (2002), 266-281

Schneider, K. (1981): Skillful Frustration, Konfrontation und Support als Interventionsstile in der Gestalttherapie. in: *Integrative Therapie* 1/1981, 26-46

Schneider, K. (1983) Familientherapie in der Sicht der therapeutischen Schulen. Paderborn

Schneider, R. (2004): Das Buch der verrückten Experimente. München

Schneider, W. (1998): Zur Frage von Ausstiegschancen und Selbstheilung bei Opiatabhängigen. in: *Suchtgefahren* 34, 472-490

Schneider, W. (1999): Die Bedeutung der Psychotherapieforschung für die stationäre Psychotherapie. in: *Petzold Märtens* (1999), 285-302

Schnyder, U., Sauvant, J.-D. (1996): Krisenintervention in der Psychiatrie. Bern

Schreyögg, A. (1989): Supervision therapeutischer Arbeit in Organisationen. in: *Integrative Therapie* 3-4/1989, 260-283

Schreyögg, A. (1991): Integrative Supervision – ein integratives Modell. Paderborn

Schreyögg, A. (1991): Supervision – Ein integratives Modell. Lehrbuch zu Theorie und Praxis. Paderborn

Schreyögg, A. (1993a): Prozesse der Organisationsentwicklung von FPI/EAG – Kultur- und Strukturanalyse. in: *Petzold, Sieper* (1993), 25-42

Schreyögg, A. (1993b): Der Supervisionszweig an FPI und EAG. in: *Petzold, Sieper* (1993), 593-604

Schreyögg, A. (1994): Supervision – Didaktik und Evaluation. Paderborn

Schreyögg, A. (1996): Coaching. Eine Einführung für Praxis und Ausbildung. Hamburg

Schreyögg, A. (2002). Konfliktcoaching. Anleitung für den Coach. Hamburg

Schroer, S. (1999): Das Anregen der Selbstorganisation komplexer Systeme: Ressourcenstärkung bei jugendlicher Suizidalität. in: *Oerter et al.* (1999), 437-458.

Schroers, A., Schneider, W. (1998): (Indro e.V. u. Ginko e.V.), Drogengebrauch und Prävention im Party-Setting. Berlin: Verlag für Wissenschaft und Bildung.

Schroots, J.F.J. (1993): Aging, health and competence. The first generation of longitudinal research. Amsterdam

Schubert, K. (1983): Überblick über den Anwendungsbereiche und die Indikation der Gestalttherapie. in: *Integrative Therapie,* 2/3, S. 239-247

Schubiner, H. et al. (1995): The dual diagnosis of attention-deficit/hyperactivity disorder and substance abuse: Case reports and literature review. in: *Journal of Clinical Psychiatry* 56, pp. 146-150

Schubiner, H. et al. (2000): Prevalence of attention-deficit/hyperactivity disorder and conduct disorder among substance abusers. in: *Journal of Clinical Psychiatry* 61, 244-251

Schuch, H.W. (1988): Psychotherapue zwischen Wertorientierungen und Normierung. in: *Integrative Therapie* 2-3/1998, 108-131. Paderborn.

Schuch, H.W. (1990): Apropos Technik-Debatte in der Psychotherapie. in: *Gestalt & Integration* 2/1989-1/1990, 115-122, Düsseldorf: FPI-Publikationen.

Schuch, H.W. (1991): Alles Übertragung? in: *Intergrative Therapie* 4/1991, 489-507. Paderborn.

Schuch, H.W. (1994): Aktive Psychoanalyse. in: *Integrative Therapie* 1-2/1994, 68-100. Paderborn.

Schuch, W. (1999): Intersubjektivität – Kreativität – Leiblichkeit, Einführung in den Entwurf der Integrativen Therapie. in: *Ohrbecker Studien* Nr.17. Georgsmarienhütte: Haus Ohrbeck.

Schuch, H.W. (2001): Grundzüge eines Konzeptes und Modells Integrativer Psychotherapie. in: Jubiläumsausgabe *Integrative Therapie*. Paderborn.

Schuch, W. (2001): Geschichte und Psychotherapie: Chronosophische und Diskursanalytische Vorüberlegungen zur Geschichte und Mythologie der Psychotherapie aus integrativer Perspektive. in: *Gestalt* 41 (2001), 3-27

Schuch, W. (2004): Transversalität und Hominität im Denken von H. Petzold, Vortrag auf der Lehrtherapeutentagung der EAG, Beversee Nov. 2004. in: *Sieper, Orth, Schuch* (2005). Freude am Lebendigen. Bielefeld

Schuhler, P., Wagner, A. (1996): Suchtrehabilitation im Frühstadium: Evaluation der stationären Behandlung und Katamnese. in: *Fachverband Sucht* (Hrsg.), Wie erfüllen Rehabilitationseinrichtungen ihren Auftrag? Beiträge des 8. Heidelberger Kongresses (1995), 203-217. Geesthacht

Schuler, W. (1996): Lauftherapie bei verhaltensauffälligen Kindern. Begründungen – Bausteine – Konzeptentwurf. Oberhaching

Schulz, W., Wegener, B., Dascher, G. (1986): Katamnestische Untersuchung einer stationären Entzugsbehandlung von Alkohol- und Medikamentenabhängigen. in: *Soziale Arbeit,* 35 (5), S. 162-170

Schultz-Henke, H. (1951): Lehrbuch der psychoanalytischen Therapie. Stuttgart: Thieme.

Schumacher, J. (2001): Das Überschreiten des Rubikon. in: *Schröder, H., Heckhausen, W.* (Hrsg.) (2001): Persönlichkeit und Individualität in der Rehabilitation. Frankfurt/M.

Schumann, E.Chr. (1999): Beziehnungsmuster erwachsener Kinder aus Alkohilikerfamilien. Eine qualitative Untersuchung. Wiesbaden: Deutscher Universitätsverlag (DUV).

Schust, G.H. (2000): Human Performance Management. Leonberg

Schüssler, G. (2000): Pychologische Grundlagen psychiatrischer Erkrankungen. in: *Möller* et al. (2000), 172-201.

Schwarz, G. (1985): Die „heilige Ordnung“ der Männer. Opladen: Westdeutscher Verlag.

Schwarzer, R. (1987): Streß, Angst und Hilflosigkeit. Stuttgart

Schwarzer, R. (1992): Self-Efficay: Thought Control of Action. London

Schwarzer, R. (1993[3]): Streß, Angst und Handlungsregulation. Stuttgart 3. erw. u. überarb. Aufl.

Schweizer Charta für Psychotherapie, Fortbildungsauschuss (Hrsg.) (2002): Mann oder Frau. Tübingen: edition diskord.

Schwenk, E. (1976): Ein Beitrag zur Problematik der ambulanten Gruppentherapie bei Alkoholkranken. in: *Gruppenpsychotherapie u.Gruppendynamik*, Band 11

Schwoon, D.R. (1998): Motivation – Über die Nützlichkeit eines unklaren Begriffes. in: *Bundesverband für stationäre Suchtkrankenhilfe, Beutel, M.* (Hrsg.) (1998): Motivation in der Suchttherapie. buss Schriftenreihe Band 2, 27-40

Schwoon, D.R., Krausz, M. (1990): Vorwort. in: *Schwoon, D.R., Krausz M.* (Hrsg.) (1990): Suchtkranke: die ungeliebten Kinder der Psychiatrie. Stuttgart

Seiffge-Krenke, I. (1994): Gesundheitspsychologie des Jugendalters. Göttingen: Hogrefe.

Seiter, H. (1994): Auswirkungen der Rahmenbedingungen des Rehabilitationssystems auf therapeutische Ziele im Suchtbereich. in: *Fachverband Sucht* (Hrsg.): Therapieziele im Wandel? (1993). Geesthacht

Shadish, W.R., Ragsdale, K., Glaser, R.R., Montgomery, L.M. (1997): Effektivität und Effizienz von Paar- und Familientherapie. Eine metaanalytische Perspektive. in: *Familiendynamik* 22, 5-33.

Shazer, S., de (1989): Der Dreh. Überraschende Wendungen und Lösungen in der Kurzzeittherapie. Heidelberg: Carl Auer.

Seligmann, M.G. (1975): helplessness. On dpression, development and death. San Francisco: Freeman.

Seligman, M.E.P. (1979): Gelernte Hilflosigkeit. Müchen

Seligman, M.E.P. (1996): Die Effektivität von Psychotherapie – Die Consumer Reports-Studie. in: *Integrative Therapie,* 2-3/1996, 264-287

Seneca, L.A. (1917): Seneca opera. Leipzig: Teubner; Studienausgabe dt./lt. von *Rosenbach, M.* (1989): Darmstadt: Wissenschaftliche Buchgemeinschaft.

Sennett, R. (1983): Verfall und Ende des öffentlichen Lebens. Die Tyrannei der Intimität. Frankfurt/M.

Sennett, R. (1998): Der flexible Mensch. Berlin

Sennettt, R. (2002): Respekt im Zeitalter der Ungleichheit. Berlin

Seyle, H. (1978): The stress of life, rev. ed. New York

Shiffrin, R.M., Schneider, W. (1977): Controlled and automatic human information processing. in: *Psychol. Rev.* 84, pp. 127-190

Shklar, J.N. (1998): Political Thought and Political Thinkers. Chicago

Shklar, J.N. (2003): Redeeming American Political Thought. Chicago

Shors, T.J. et al.: Neurogenesis in the adult is involved in the formation of trace memories. in: *Nature* 410 (2001), pp. 372-6

Sickinger, R. (1992): Wege aus der Drogenabhängigkeit.

Sidler, J. (2001): Frauenspezifische Drogenarbeit (Lizentiatsarbeit im Departement für Sozialarbeit und Sozialpolitik der Universität Freiburg/CH)

Sieper, J. (1971): Kreativitätstraining in der Erwachsenenbildung, Volkshochschule im Westen 2

Sieper, J. (1985): Bildungspolitische Hintergrunddimensionen für Integrativ-agogische Arbeit an FPI und FPA. in: *Integrative Therapie* 3/4, 340-359

Sieper, J. (1995): Die LehrtherapeutInnenausbildung an FPI/EAG – eine Fragebogenevaluation der durchgeführten Curricula. Düsseldorf, Hückeswagen

Sieper, J. (2001): Das behaviorale Paradigma im „Integrativen Ansatz" klinischer Therapie, Soziotherapie und Agogik: Lernen und Performanzorientierung, Behaviourdrama und Transfertraining, Streßphysiologie. in: *Integrative Therapie* 1-2/2001, 105-144

Sieper, J. (2004): Hilarion G. Petzold: in: *Stumm, G.* et al. (2004): Personenlexikon der Psychotherapie. Wien: Springer.

Sieper, J., Petzold, H.G. (2001c): „Eingreifende Wissenschaft" für „Menschenarbeiter". in: *Integrative Therapie* 1/2001, 208-209. Paderborn.

Sieper, J., Petzold, H.G. (2002): Der Begriff des „Komplexen Lernens"– Dimensionen eines „behavioralen Paradigmas" in der Integrativen Therapie: Lernen und Performanzorientierung, Behaviourdrama, Imaginationstechniken und Transfertraining. Düsseldorf, Hückeswagen

Sieper, J., Orth, I., Schuch, W. (2006): Freude am Lebendigen. Polyloge und Wege Integrativen Denkens – Therapie, Entwicklungspsychologie, Kulturarbeit 40 Jahre Integrative Therapie. Bielefeld (in Vorber.)

Sieper, J., Petzold, H.G. (1993c): Integrative Agogik – ein kreativer Weg des Lehrens und Lernens. in: *Petzold, Sieper* (1993a), 359-370

Sieper, J., Petzold, H.G. (2001b): Der Therapeut – ein „kreatives Medium", Identitätsarbeit – ein kreativer Prozess. in: *Integrativer Therapie*, 1/2001, S. 201-206

Sieper, J., Petzold, H.G. (2002): Der Begriff des „Komplexen Lernens" und seine neurowissenschaftlichen und psychologischen Grundlagen – Dimensionen eines „behavioralen Paradigmas" in der Integrativen Therapie. Lernen und Performanzorientierung, Behaviourdrama, Imaginationstechniken und Transfertraining. Düsseldorf, Hückeswagen. www.FPI-Publikationen.de/materialien.htm

Sifneos, P.E. (1972): Short Term Dynamic Psychotherapie and Emotional Crisis. Cambridge (Mass.): Harvard Univ. Press.

Simonov, P.V. (1991): Uktomskij and the nature of the human ego. in: *Journal of Russian and East European Psychology*, 6, pp. 6-12

Simpson, D.D. (1984): National Treatment System Evaluation Based an the Drug Abuse Reporting Program (DAPP). Follow Up Research. in: *Tims, F.M., Ludford, J.P* (1984) (Eds.): Drug Abuse Treatment Evaluations: Strategies, Progress, and Prospects. NIDA Research Monographs 51. Washington, D.C., pp. 29-41

Simpson, D.D., Crandall, R., Savage, L.J., Pavia-Krueger, E. (1981): Leisure of Opiate Addicts at Posttreatment Follow-Up. in: *Journal of Counseling Psychology*, 28 (1), pp. 36-39

Simpson, D.D., Joe, G.W., Brown, B.S. (1997): Treatment retention and follow-up outcomes in the Drug Abuse Treatment Outcome Study (DATOS). in: *Psychology of Addictive Behaviors*, 11 (4), pp. 294-307

Simpson, D.D. et al. (1997a): Program diversity and treatment retention rates in the drug abuse treatment outcome study (DAT0S). in: *Psychololgy of Addictive Behaviors*, 11, pp. 279-293

Simpson, D.D. et al. (1999): Anational evaluation of treatment outcomes for cocaine dependence. in: *Archives of General Psychiatry*, 56, pp. 507-514

Singer, M.V., Teyssen, S. (2001): Alkoholassoziierte Organschäden. in: *Deutsches Ärzteblatt* 98, A2109-2120.

Singer, W. (1995): Development and plasticity of cortical processing architectures. in: *Science* 270

Singer, W. (2002): Der Beobachter im Gehirn. Frankfurt: Suhrkamp.

Singer, W. (2003): Die Evolution der Kultur. in: *Fischer, Wiegand* (2003), 301-324

Skinner, H.A. (1981): Comparison of Clients Assigned to In-patient and Out-patient Treatment for Alcoholism and Drug Addiction. in: *Brit. Journal Psychiat.*, 138

Smith, E., Grawe, K. (1999): Wirkfaktoren. in: *Psychotherapeuten Forum* 6, 5-8

Smith, E., Regli, D., Grawe, K. (1999): Wenn Therapie weh tut. Wie können Therapeuten zu fruchtbaren Problemaktualisierungen beitragen? In: *Verhaltenstherapie und Psychosoziale Praxis* 2, 227-251

Snyder, C., Ford, C.E. (1987): Coping with negative life events, clinical and social psychological perspectives. New York: Plenum Press.

Sobell, L..C., Cunningham, J.A., Sobell, M.B., Toneatto, T. (1993): A Life-Span Perspective on Natural Recovery (Self-Change) from Alcohol Problems. in: *Baer J.S., Marlatt G.A., McMahon R.J. (Eds.):* Addictive Behaviors across the Life Span. Newbury Park, pp. 34-66

Sollmann, U. (1974): Therapie mit Drogenabhängigen. Gießen

Soltau, R. (1984): Die frauenspezifische Abhängigkeit von Suchtmiteln. in: *Merfert-Diete, Ch., Soltau, R.* (Hrsg.): Frauen und Sucht. Reinbek: Rowohlt Verlag.

Solso, R.L. (1975): Information processing and cognition. Hillsdale

Sonntag, D., Künzel, J. (Hrsg.) (200): Hat die Therapiedauer bei alkohol- und drogenabhängigen Patienten einen positiven Einfluß auf den Therapieerfolg? in: Sonderheft 2/2000 der Zeitschrift *Sucht* 46 (Sonderheft 2), 92-176

Soyka, M. Alkoholkranke Ärzte. in: *Soyka, M., Golg, T.* (Hrsg.) (1995): Die Alkoholkrankheit.Diagnose und Therapie. Weinheim: Chapman & Hall GmbH. 311-312.

Soyka, M (1996): Glutamat- und Opiatantagonisten in der Therapie der Alkoholabhängigkeit. in: *Sucht* 42 (5), S. 310-315
Soyka, M. (2000a): Störungen durch Alkohol. in: *Möller* et al. (2000), 913-950.
Soyka, M. (2000b): Drogen- und Medikamentenabhängigkeit. in: *Möller* et al. (2000), 951-994.
Spiller, G., Weidig, U. (2004): Überlegungen zu männerspezifischen Behandlungsansätzen in der Suchtkrankenhilfe am Beispiel der Ambulanten Rehabilitation Sucht (ARS) unter besonderer Berücksichtigung des Modells der Integrativen Therapie. Graduierungsarbeit der berufsbegleitenden Weiterbildung Sozialtherapie – Schwerpunkt Suchtkrankenhilfe im Verfahren der Integrativen Therapie/Gestalttherapie. Hückeswagen, Düsseldorf
Spitzer, M. (2000): Geist im Netz. Modelle für Lernen, Denken und Handeln. Heidelberg, Berlin
Spitzer, M. (2002): Lernen. Heidelberg
Spock (Hrsg.) (1997): Kursbuch JugendKultur. Mannheim: Rowohlt Verlag.
Sponsel, R. (1995): Handbuch Integrativer Psychologischer Psychotherapie. Erlangen: IPPT, IEC
Spreyermann, Ch. (1995): Probleme wie andere Frauen auch. Bern: Edition Soziothek.
Sroufe, A., Rutter, M. (1984). The Domain of Developmental Pychopathology. in: *Child Development*, 55,17-29.
Staemmler, F., Bock, R. (1987): Neuentwurf der Gestalttherapie. München
Staemmler, F.M. (1999): Gestalttherapeutische Methoden und Techniken. in: *Fuhr, R., Sreckovic, M., Gremmler-Fuhr, M.* (1999): Handbuch der Gestalttherapie, 439-460. Göttingen: Hogrefe.
Stamenov, M., Gallese V. (2002): Mirror Neurons and the Evolution of Brain and Language. New York, Amsterdam
Stanton, M.D., Todd, Th.C. (1982): The family therapy of drug abuse and addiction. New York: Guilford.
Starr, A. (1977): Psychodrama rehearsal for living. Chicago
Staub – Bernasconi, S. (1995): Systemtheorie – Soziale Probleme und Soziale Arbeit. Bern: Haupt Verlag.
Steffan, A. (2002): Integrative Therapie in der Praxis. Ergebnisse einer Psychotherapie-Evaluation im ambulanten Setting. Berlin
Steffan, A., Petzold, H.G. (2001b): Das Verhältnis von Theorie, Forschung und Qualitätsentwicklung in der Integrativen Therapie. (Charta-Colloquium IV). in: *Integrative Therapie* 1/2001, 63-104. Und: in: *Leitner, A.* (2001): Strukturen der Psychotherapie. Wien 447-491
Steffan, W. (1988): Streetwork in der Drogenszene. Freiburg: Lambertus.
Steffny, H. (1999): Das Lauftier in dir – Jogging ohne Qual!. in: *Fischer, J.*: Mein langer Lauf zu mir selbst, Köln, 169-175
Steil, R., Ehlers, A., Clark, D.M. (1997): Kognitive Aspekte bei der Behandlung der posttraumatischen Belastungsstörung. in: *Maercker, A.* (1997): Therapie der posttraumatischen Belastungsstörungen. Berlin, 123-144
Stein, J.A., Newcomb, M.D., Bentler, P.M. (1987): An eight-year study of multiple influences on drug use and drug use consequences. in: *Journal of Personality and Social Psychology* 53, 1094-1105.
Stein-Hilbers, M. (1984): Drogen im weiblichen Zusammenhang. in: *Merfert-Diete,Ch., Soltau,R.* (Hrsg.): Frauen und Sucht. Reinbek: Rowohlt.
Steinfath, H. (1998): Was ist ein gutes Leben. Frankfurt/M.
Steinglass P. (1983): Ein lebensgeschichtliches Modell der Alkoholismusfamilie. in: *Familiendynamik* B. S. 69-91
Stern, D. (1985): The Interpersonal World of the Infant. New York: Basic Book; dtsch. (1992): Die Lebenserfahrung des Säuglings. Stuttgart

Stern, D.N. (1992): Die Lebenserfahrung des Säuglings. Stuttgart: Klett.

Stern, D.N. (1998): Die Mutterschaftskonstellation. Eine vergleichende Darstellung verschiedener Formen der Mutter- Kind Psychotherapien. Suttgart: Klett.

Sternberger, G., Lustig, B. (2004): Gestalttheoretische Beiträge zur Krankheitslehre der Psychotherapie. in: *Hochgerner* et al. (2004), 176-196

Stetter F. (2000): Psychotherapie von Suchterkrankungen, Teil 1: Von der Diagnostik zur Motivationstherapie. in: *Psychotherapeut* 2/2000, 63-71

Stetter, F. (2000): Suchttherapie an der Schwelle der Jahrtausendwende. Geesthacht: Neuland Verlag.

Stetter, F. (2000b): Erschöpfung der Seele. Das Interview mit Priv. Doz. Dr. Friedhelm Stetter. in: *Lippische Landeszeitung* vom 09.02.2000.

Stetter, F. (2001): Motivationstherapie und Entwöhnungsbehandlung bei substanzabhängigen Ärzten. in: *Zedrick, J.* (Hrsg.) (2001a): Suchtmedizin im Dialog. 9. Suchtmedizinischer Kongreß der DGS 3. bis 5. November 2000 in Münster/Westfalen, 235-249. Berlin: Verlag für Wissenschaft und Bildung.

Stetter, F. (2001b): Der „Arzt-Patient" auf dem Weg in die Abstinenz. in: *Neurotransmitter* 4, 36-42.

Stetter, F., Mann, K. (1997): Zum Krankheitsverlauf Alkoholabhängiger nach einer stationären Entgiftungs- und Motivationsbehandlung. in: *Nervenarzt* 68, 574-581.

Stevens, A., Price, J. (2000^2): Evolutionary Psychiatry. A new beginning. London

Stieglitz, R.-D., Baumann, U., Freyberger, H.-J. (2001): Psychodiagnostik in Klinischer Psychologie, Psychiatrie, Psychotherapie. Suttgart: Thieme.

Stickel, H., Schlimpen, P. (2004): The Big Bang – die Teufelsdroge Kokain oder „Schnee von gestern": diagnostische und therapeutische Perspektiven aus Integrativer Sicht. Graduierungsarbeit an der Europäischen Akademie für psychosoziale Gesundheit. Düsseldorf, Hückeswagen

Stierlin, H., Rücker-Embden, I., Wetzel, N., Wirsching, M. (1994): Das erste Familiengespräch. Theorie, Praxis, Beispiele. Stuttgart: Klett, 2. Aufl.

Stosberg, K. (1993): Sozialisation und Drogen. Entstehung, Fortdauer und Rückfall des Drogenverhaltens. Frankfurt/M.

Strauss, A.L. (1978): A social world perspective. in: *Denzin, M.K.,* Studies in symbolic interaction, Vol. I, JAI Press, Greenwich, S. 119-128.

Streek-Fischer, A., Sachsse, U., Özkan, I. (2001): Körper, Seele, Trauma. Biologie, Klinik, Praxis. Göttingen: Vandenhoek & Ruprecht.

Streek-Fischer, A. (2004): Adoleszenz – Bindung – Destruktivität. Stuttgart

Strierlin, H., Rücker-Emdden, I., Wetzel, N., Wirsching, M. (1994): Das erste Familiengespräch. Theorie, Praxis, Beispiele. Stuttgart: Klett, 2. Aufl.

Stohler, R. (2000): Komorbidität. in: *Uchtenhagen/Zieglgänsberger* (2000), 271-273.

Stosberg, K. (1993): Sozialisation und Drogen. Ensteheung, Verlauf und Rückfall des Drogenverhaltens. Frankfurt: Lang.

Strauß, B., Buchheim, P., Kächele, H. (2002): Klinische Bindungsforschung. Methoden und Konzepte. Suttgart: Schattauer.

Stroebe, W., Hewstone, M., Codol, J.-P., Stephenson, G.M. (1992): Sozialpsychologie. Heidelberg

Strupp, H. (1999): Können Praktikerinnen von Forschung lernen?, in: *Petzold, Märtens* (1999), 13-30

Strupp, H. H. (1989): Psychotherapy. Can the practitioner learn from the researcher. in: *American Psychologist*, 44, pp. 717-724

Strupp, H.H., Hadley, S.W., Gomes-Schwartz, B. (1977): Psychotherapy for better or worse: An analysis of the problem of negative effects. Montvale, NJ

Stumm, G., Pritz, A. (2000): Wörterbuch der Psychotherapie. Wien. Springer.

Süß, H.-M. (1988): Evaluation von Alkoholismustherapie. Bern

Süß, H.-M. (1995): Zur Wirksamkeit der Therapie bei Alkoholabhängigen: Ergebnisse einer Meta-Analyse. in: *Psychologische Rundschau* 46 (4), 248-266

Suls, J.M., Miller, R.L. (1977): Social Comparism Process. New York: Wiley.

Taureck, B.H.F. (1997): Emmanuel Levinas. Hamburg: Junius Verlag.

Taylor, S.E. (1993): Positive Illusionen. Produktive Selbsttäuschung und seelische Gesundheit. Reinbek: Rowohlt.

Terhaar S., Tigges-Limmer K. (1993): Zum Einfluß von Coping, irrationalem Denken und sozialer Unterstützung auf Rückfälle während einer stationären Entwöhnungsbehandlung. in: *de Jong-Meyer R., Heyden T. (Hrsg)*: Rückfälle bei Alkoholabhängigen. München, 181-200

Thelen, E., Smith, L.B. (1993): A dynamic system approach to the development of cognition and action. Cambridge

Thelen, E., Smith, L.B. (1994): A dynamic systems approach to the development of cognition and action, Cambridge

Thiel, G. (1995): Allgemeine und differentielle Katamneseergebnisse in einer Hamburger Sozialtherapeutischen Wohngemeinschaft für Drogenabhängige. in: *Zeitschrift Suchtforschung* 18/3, 17-25

Thole, M. (1988): Rückfall und Verbesserung der Problemlösefähigkeit, unveröffentl. Diplomarbeit FB Psychologie. Uni Münster

Thomae, H. (1983): Alternsstile und Alternsschicksale. Ein Beitrag zur differentiellen Gerontologie, Bern: Huber.

Thomae, H. (1988): Das Individuum und seine Welt, Verlag für Psychologie. Göttingen

Thomas, A., Chess, S. (1980): Temperament und Entwicklung. Stuttgart: Enke.

Thomas, G.J. (1986): Unterschicht, Psychosomatik & Psychotherapie. Paderborn

Thomas, G.J. (1987): Evaluationsforschung in der Psychotherapie. Ein Überblick zur Gestalttherapie. in: *Integrative Therapie* 13 4/1987, 304-335

Thomas, G.J. (1995): „Sie haben hier alleine gar nichts zu entscheiden" – Supervisionsrelevante Burnoutphänomene und ihre Bedingungen in der stationären Therapie mit Alkoholkranken. in: *Petzold, H., Thomas, G.J.* (Hrsg): Integrative Suchttherapie und Supervision. Düsseldorf (Sonderausgabe *Gestalt und Integration* 1/95), 33-47

Thomas, G.J. (1997): Umgang mit Burn-Out in der Teamsupervision. in: *Organisationsberatung, Supervision, Clinical Management* 4 (2), 137-150

Thomas, G.J., Schmitz, B. (1993): Zur Effektivität ambulanter Psychotherapien. Eine empirische Untersuchung der Arbeitsunfähigkeits-Tage von 240 Klienten mit kassenfinanzierten Behandlungen. in: *Report Psychologie* 18, Heft 5-6, sowie: dies. (1993): Anmerkungen. in: *Report Psychologie* Heft 11-12

Thomasius, R. (2000): Psychotherapie der Suchterkrankungen. Stuttgart. Thieme.

Thompson, R.A. (1999): Early attachment and later development. in: *Cassidy, J., Shaver, P.R.*, Handbook of Attachment: Theory Research and Clinical Application. New York: Guilford Press.

Thurstin, A.H., Alfano, A.M. (1988): The Association of Alcoholic Subtype with Treatment Outcome: An 18-Month Follow-up. in: *International Journal of the Addictions,* 23 (3), 321-330

Tossmann, H.P., Heckmann, W. (1997): Bundeszentrale für gesundheitliche Aufklärung. Bonn.

Traue, H.C. (1989): Gefühlsausdruck, Hemmung und Muskelspannung unter sozialem Streß. Göttingen

Traue, H.C. (1998): Emotion und Gesundheit. Heidelberg

Trenkmann, U., Bandeow, B. (1999): Empfehlungen zur Patienteninformation Psychiatrie und Psychotherapie. Darmstadt: Dr. Dietrich Steinkopff Verlag.

Tress, W. (1997): Psychosomatische Grundversorgung. Kompendium der interpersonellen Medizin. Stuttgart: Schattauer.

Tretter, F. (1998): Ökologie der Sucht. Das Beziehungsgefüg Mensch – Umwelt – Droge. Göttingen: Hogrefe.

Trice, H.M. (1957): A study of the process of affiliation with Alcoholics Anonymous. in: *Quarterly Journal of Studies on Alcohol*, 18, pp. 39-54

Truax, C.B., Carkhuff, R.R. (1967): Toward effective counselling an psychotherapy. Chicago

Truax, C.B., Mitchell, K.M. (1971): Research on certain therapist interpersonal skills in relation to process and outcome. in: *Miller, Rollinck* (Eds.) 1999

Turkle, S. (1998): Leben im Netz. Identität in Zeiten des Internet. Reinbek

Uchtenhagen, A., Zieglgänsberger, W. (2000): Suchtmedizin. Konzepte, Strategien und Therapeutisches Management. Jena: Urban & Fischer.

Uchtenhagen, A., Zimmer-Höfler (1985): Heroinabhängige und ihre „normalen" Altersgenossen. Bern: Haupt.

Uchtenhagen, A. (2000): Risiko- und Schutzfaktoren. Eine Übersicht. in: *Uchtenhagen/ Zieglgänsberger* (2000), 196-199.

Uexküll, Th.v., Fuchs, M., Müller-Braunschweig, H., Johnen, R. (1994): Subjektive Anatomie. Theorie und Praxis körperbezogener Psychotherapie. Suttgart: Schattauer.

Ulich, D. (1987): Krise und Entwicklung. Zur Psychologie der seelischen Gesundheit. München: Urban & Schwarzenberg.

Ullmann, R. (2001): Medikamentöse Behandlung immer mehr erschwert. in: *Deutsches Ärzteblatt* 98, 1374-1377.

Unger, H.L., Huppmann, G. (1990): Suchtkranke Ärzte. in: *Psycho* 16, 7-11.

Vaillant, G.E. (1989): Was können wir aus Langzeitstudien über Rückfall und Rückfallprophylaxe bei Drogen-und Alkoholabhängigen lernen? in: *Watzl H., Cohen R.* (Hrsg): Rückfall und Rückfallprophylaxe. Berlin, 29-52

Valenti, S.S., Pittenger, J.B. (1993): studies in perception and action II. Hillsdale: Erlbaum.

Valle, S.K. (1981): Interpersonal functioning of alcoholismcounselors and treatment outcome. in: *Journal of Studies on Alcohol*, 42

Vannicelli, M., Pfau, B., Ryback, R.S. (1976): Data Attrition in Follow-Up Studies of Alcoholics. in: *Journal of Studies on Alcohol*, 37 (9), pp. 1325-1330

Van Soer, J., Stratenwerth, I: (1991): Süchtig geboren. Hamburg.

Varevics, P., Petzold,H. G. (2004): Einführende Aspekte zum Thema Macht im supervisorischen Kontext- eine Powerpoint Präsentation mit Erläuterungen vor dem Hintergrund Integrativer Theorie. www.FPI-Publikationen.de/materialien.htm

Vauth, R. (1995). Qualitätssicherung in der ambulanten Versorgung. Qualitätszirkel und ihr didaktisches Konzept. in: *Haug, H.-J., Stieglitz, R.-D.* (Hrsg.), Qualitätssicherung in der Psychiatrie. Stuttgart, 112-131

VDR (1994): Kriterien zur Bestimmung der Adaptionsphase, Rundschreiben der LVA Westfalen

VDR (1994): Leitlinien zur Bestimmung einer ambulanten und/oder stationären Entwöhnungsbehandlung. Münster

VDR (1995): Richtlinien, Empfehlungen und Vereinbarungen zur Rehabilitation in der gesetzlichen Rentenversicherung. Münster

Veltrup, C. (1996): Motivationale Interventionen bei Menschen mit Alkoholproblemen. in: *Deutsche Hauptstelle gegen die Suchtgefahren* (Hrsg.): Alkoholabhängigkeit Motivation und Diagnose, Schriftenreihe zum Problem der Suchtgefahren, Band 39, 9-20

Venth, A. (2001): Differenz und Gleichheit als theoretische Prämisse von Frauenbildung. in: *Gieseke, W.* (Hrsg.): Handbuch zur Frauenbildung. Opladen: Leske + Budrich.

Verhulst, F. (2004): Kann dissoziales Verhalten vorhergesagt werden? Eine Untersuchung an Kindern, Jugendlichen und Erwachsenen über einen Zeitraum von 14. Jahren. in: *Streek-Fischer* (2004), 208-224

Vilrilio, P. (1996): Die Eroberung des Körpers. Frankfurt a. M.: Kultur und Medien Fischer Verlag.

Vocate, D.R. (1987): The Theory of A. R. Lurija. Functions of Spoken Language in the Development of Higher Mental Processes. Hillsdale

Voelke, A.-J. (1993): La philosophie comme thérapie de l'âme. Études de phisosophie hellénistique. Fribourg, Paris

Vogel, E. (2004): Ausgewählte Aspekte zur Geschlechterdifferenzierung in der ambulanten Suchtbehandlung und -beratung. in: *Petzold, H.G., Schay, P., Ebert, W.* (2004): Integrative Suchttherapie, VS Verlag, Wiesbaden, 51-78

Vogeley, K. et al. (2001): Mind reading: Neural mechanisms of theory of mind and selfperspective. in: *Neuroimage* 14, pp. 170-181

Vogt, I. (1985): Für alle Leiden gibt es eine Pille. Opladen: Westdeutscher Verlag.

Vogt, I. (1986): Alkoholikerinnen. Freiburg: Lambertus Verlag.

Vogt, I. (1991): Frauen, Gewalterfahrungen und Beratung/Therapie: Eine Einstellungsuntersuchung. Frankfurt. Überreicht durch den Verband ambulanter Behandlungsstellen für Suchtkranke/Drogenabhängige e.V. (VABS), Postfach 420, Freiburg.

Vogt, I., Leopold, B., Tödte, M., Breuker-Gerbig, U. (1998): Frauen und Sucht, Konzeptentwicklung Trägerberatung zur Umsetzung ferauenspezifischer Angebote im Drogen- und Suchthilfe-Systems des Trägers, im Auftrag des Ministeriums für Frauen, Jugend, Familie und Gesundheit des Landes NRW. Düsseldorf.

Vogt, I., Someerfeld, S.A.-D., Richter, I. (1981): Analyse von Anamnesedaten von alkoholabhängigen Frauen. in: *Frau und Sucht*, Band 23. Hrsg.: Deutsche Hauptstelle gegen Suchtgefahren. Hamm: Hoheneck Verlag.

Vogt, I., Winkler, K. (1996): Beratung süchtiger Frauen. Freiburg: Lambertus Verlag.

Vogt, M. (1994): Sehn-Sucht; Der Zusammenhang zwischen Sehnsucht und Sucht. Lausanne

Vollmer, G. (1975): Evolutionäre Erkenntnistheorie. Stuttgart

Vollmer, G. (2003): Wieso können wir die Welt erkennen. Zur Evolution des Erkenntnisvermögens. in: *Fischer, Wiegand* (2003), 274-300

Vosshagen, A. (1996): Männeralkoholismus – Das starke Geschlecht und seine Abhängigkeit. in: *Fett, A.* (Hrsg.): Männer – Frauen – Süchte. Freiburg: Lambertus Verlag.

Voutta Voß, M. (1997): Entspannungstechniken in der Integrativen Therapie. in: *Integrative Bewegungstherapie* 1, 27-41 und *Integrative Bewegungstherapie* 2, 27-38

Vygotsky, L.S. (1978): Mind and Society. A development of higher psychological processes. Harvard: Cambridge UP.

Vygotskij, L. S. (1985): Die Krise der Psychologie in ihrer historischen Bedeutung. in: *ders.*: Ausgewählte Schriften. Köln, 57-277

Vygotskij, L.S. (1 989): Konkrete Psychologie des Menschen. in: *Holodynski, M., Jantzen, W.* (1989): Studien zur Tätigkeitstheorie. Bielefeld, 292-307

Vygotskij, L.S. (1960): Razvitie vysšich psichičeskich funktie, dtsch.: Entwicklung der höheren psychischen Funktionen. Teilweise übersetzt: In ders. (1992): Geschichte der höheren psychischen Funktionen. Münster

Vygotskij, L.S. (1972): Denken und Sprechen. Frankfurt/M.

Vygotskij, L.S. (1985): Die Krise der Psychologie in ihrer historischen Bedeutung. in: *ders.*: Ausgewählte Schriften, Bd. I. Köln, 57-277

Vygotskij, L.S. (1985): Die Psychologie und die Lehre von der Lokalisation psychischer Funktionen. in: *ders.*: Ausgewählte Schriften Bd. I. Köln, 353-362

Vygotskij, L.S. (1989): Konkrete Psychologie des Menschen. in: *Holodynski, M., Jantzen, W.* (1989): Studien zur Tätigkeitstheorie. Bielefeld, 292-307

Vyjotskij, L.S. (1985): Die Psychologie und die Lehre von der Lokalisation psychischer Funktionen. in: *ders.*: Ausgewählte Schriften, Bd. I Köln, 353-362

Wagner, R.F., Becker, P. (1999, Hrsg.), Allgemeine Psychotherapie. Neue Ansätze zu einer Integration psychotherapeutischer Schulen. Göttingen

Waibel, M. (2004): Konzepte des Sozialen Netzwerks, des sozialen Rückhalts sowie des sozioemotionalen Rückhaltes für die Praxis der Integrativen Supervision. www.fpi-publikationen.de/supervision

Walder, P. (1995): Techno. Zürich: Bilger Verlag.

Waldow, M., Klink, M.(1986): Rehabilitationsverlauf Alkohol- und Medikamentenabhängiger nach stationärer Behandlung. Marburg

Wallner, F. (1990): Acht Vorlesungen über den konstruktiven Realismus. Wien: WUV.

Wallon, H. (1942): De l'acte à la pensée. Paris

Wallon, H. (1977): La Psychomotricité. Paris

Walper, S., Pekrun, R. (2001): Familie und Entwicklung. Aktuelle Perspektiven der Familienpsychologie. Göttingen: Hogrefe.

Walter-Hamann, R. (2002): Frühe Schädigungen – spätere Sucht? Das Konzept der Risiko- und Schutzfaktoren in der Suchthilfe. Freiburg: Lambertus.

Wanke, K. (1990): Ist Alkoholismus eine Art Berufskrankheit bei Medizinern? in: *Psycho* 16, 3-4.

Warren, B. (1993): Unsing the creative arts in therapy. London: Routledge.

Watzl, H. (1979): Überlegungen zur Bewertung von Abstinenzraten. in: *Suchtgefahren* 25 (1), 37-38

Watzlawick, P. (Hrsg.) (1985): Die erfundene Wirklichkeit: Beiträge zum Konstruktivismus. Bern: Huber.

Watzlawick, P., Beavin, J.-H., Jackson, D.-D. (1969): Menschliche Kommunikation. Formen, Störungen, Paradoxien. Bern: Huber.

Weber, A. (1984): Laufen als Behandlungsmethode – eine experimentelle Untersuchung an Alkoholabhängigen in der Klinik. in: *Suchtgefahren* 3, 160-167

Weber, A. (1994): Laufen als Psycho-Therapie. in: *Becker, U.* (Hrsg.): Leichtathletik im Lebenslauf. Aachen

Weber, A. (1999): Hilf dir selbst: Laufe! Paderborn

Weber, G., Schneider, W. (1992): Herauswachsen aus der Sucht illegaler Drogen. Düsseldorf

Weber-Kellermann, I. (1983): Frauenlaben im 19. Jahrhundert. München: C.H. Beck Verlag.

Weintraub, S., Winters, K.C., Neale, J.M. (1986): Competence and vulnerability in children with an affectively disordered parent. in: *Rutter, M., Izard, C.E., Read, P.B.* (1986) (Eds.): Depression in young people. New York

Weiss, S.R.B. et al. (1995): Quenching: Inhibition of development and expression of amygdala kindled seizures with low frequenzy stimulation. in: *Neuro Report* 6, pp. 2171-2176

*Weiss, S.R.B.*et al. (1997): Quenching: Persistent alterations in seizure and afterdischarge threshold following low-frequency stimulation. in: *Corcoran, V.M., Moshe, S.* (Eds.), Kindling. New York

Weizsäcker, C.F.,v. (1969): Rene Descartes. in: Schmidt, H. (Hg.): Philosophisches Wörterbuch. Suttgart: Kröner.

Weizsäcker, V.,v. (1947): Der Gestaltkreis. Frankfurt a.M.: Suhrkamp.

Weizsäcker, V.,v. (1948): Grundfragen medizinischer Anthropologie. Hamburg: Furche.

Weller, W., Meier-Räder, D. (1991): Arbeits- und Tätigkeitsfeld von Gestalttherapeuten in der Bundesrepublik Deutschland. Ergebnis einer Umfrage 1986/1987. in: *Gestalt und Integration* 1, 91-105

Wells, E.A., Hawkins, J.D., Catalano, R.F. (1988): Choosing drug use measures for treatment outcome studies: I. The influence of measurement approach on treatment results. in: *International Journal of the Addictions,* 23 (8), pp. 851-873

Welsch, W. (1987): Unsere postmoderne Moderne. Weinheim: VCH, Acta Humaniora.

Welsch, W. (1987): Aisthesis. Grundzüge und Perspektiven der Aristotelischen Sinneslehre. Stuttgart

Welsch, W. (1996): Vernunft. Frankfurt/M.

Welte, J., Hynes, G., Sokolow, L., Lyons, J.P. (1981): Effect of Length of Stay in Inpatient Alcoholism Treatment on Outcome. in: *Journal of Studies on Alcohol,* 42 (5), pp. 483-491

Welteke, J. (1997): Jahresbericht der Step gGmbH. Hannover

Wenar, C. (1994): Developmental Psychopathology. New York

Wendt, W.R. (1990): Ökosozial denken und handeln. Freiburg: Lambertus Verlag.

Werner, E.E., Smith, R.S. (1983): Vulnerable but Invincible. A study of Relisent Children. New York: McGraw-Hill.

Westermeyer, J. (1989): Nontreatment factors affecting treatment autcome in substance abuse. in: *American Journal of Drug and Alcohol Abuse,* 15 (1), pp. 13-29

Wetterling, T., Veltrup, C., Junghanns, K. (1996): Mögliche Indikationen zur Behandlung mit „Anti-Craving"-Medikamenten. in: *Sucht* 42 (5), 323-330

Weyer-Menkhoff, C. (2005): Läßt sich der Kohärenzsinn fördern? Integrative ressourcenorientierte Arbeit am kreativen Ausdrucksvermögen. Bei: www.fpi-publikationen.de/ polyloge – *POLyLOGE: Materialien aus der Europäischen Akademie für psychosoziale Gesundheit* – 11/2006 Einleitung

Wienand, M.W. (1985): Therapeutische Mißerfolge aus rechtlicher Sicht. in: *ZPP Zeitschrift für personenzentrierte Psychologie und Psychotherapie*, 4 (4), 427-436

Wijnen, H. van, Petzold, H.G. (2003): Moderne Identitätstheorien und ihre Bedeutung für die Supervision. www.FPI-Publikationen.de/materialien.htm

Wilensky, A.E., Schafe, G.E., LeDoux, J.E. (2000): The amygdala modulates memory consolidation of fear-motivated inhibitory avoidance learning but not classical fear conditioning. in: *Journal of Neuroscience* 20, pp. 7059-7066

Williams, L.M., Banyard, V. (1999): Trauma & Memory. London

Willken, B., Kemmler, L. (1999): Zum Verhältnis von Psychotherapie und klinischer Psychologie: in: *Petzold, Märtens* (1999), 81-97

Willutzki, U. (2000): Modelle und Strategien der Diagnostik in der Verhaltenstherapie. in: *Laireiter* (2000), 107-128.

Wirsching, M., Scheib, P. (2002): Paar- und Familientherapie. Berlin: Springer.

Wirsching, M., Stierlin, H. (1994): Krankheit und Familie. Konzepte, Forschungsergebnisse, Therapie. Stuttgart: Klett, 2. Aufl.

Wirth, N., Pultke, U. (1997): Ecstasy, Mushrooms, Speed & Co – Das Info-Buch. Berlin: Ullstein.

Withbourne, S., Weinstock, C. (1982): Die mittlere Lebensspanne. Entwicklungspsychologie des Erwachsenenalters. München: Urban und Schwarzenberg.

Wittkuhn, K., Bartscher, T. (2001): Improving Performance. Neuwied

Wöhrle, W. (1994): Gruppenpsychotherapie, Soziometrie und Psychodrama nach J.L. Moreno in der Arbeit mit Suchtkranken. in: *Scheiblich, W.* (Hrsg.): Sucht aus der Sicht psychotherapeutischer Schulen. Freiburg, 65-88

Wölfl, E. (2001): Gewaltbereite Jungen. München: Ernst Reinhardt Verlag.

Wolf, U. (1996): Die Suche nach dem guten Leben. Platons Frühdialoge. Reinbek

Wolff, D. (1996): Total Quality Management (TQM) in der Weiterbildung und Zertifizierung nach DIN EN ISO 9000ff. – mit exemplarischen Überlegungen für die Umsetzbarkeit in einer Psychotherapie-Weiterbildungseinrichtung. in: *Integrative Therapie* 1, 67-78

Wolff, J., Masten, A., Cicchetti, D., Nuechterlein, K., Weintraub, S. (1990): Risk and protective factors in the development of psychology. New York: Cambridge University Press.

Wolff, W. (1989): Die medien, das sind wir selbst. Reinbek: Rowohlt.

Wollstonecraft, M. (1993): Das Unrecht an den Frauen. Frankfurt: Ullstein Verlag.

Woodruff, G., Premack, D. (1979): Intentional communication in the chimpanzee: The development of deception. in: *Cognition* 7, 333-362

Woolfe R., Dryden, W. (Eds.) (1996): Handbook of Counseling Psychology. London

Wurmser, L. (1990): Die Maske der Scham. Die Psychoanalyse von Schamaffekten und Schamkonflikten. Berlin: Springer.

Wyer, R.S. (1996): Ruminative thoughts. Mahwah, NJ

Wyss, D. (1977): Die tiefenspychologischen Schulen von den Anfängen bis zur Gegenwart, Göttingen

Yablonsky, L. (1990): Die therapeutische Gemeinschaft. Ein erfolgreicher Weg aus der Drogenabhängigkeit. Weinheim: Beltz.

Yamaguchi, K., Kandel, D.B. (1984): Patterns of drug use from adolescence to young adulthood: II. Sequences of progressions. in: *American Journal of Public Health* 74, 668-672.

Yehuda, R., McFarelane, A.C. (1997): Psychobiology of posttraumatic stress disorder. New York: Academy of Sciences.

Yehuda, R. (1997): Sensitization of the Hypothalamic-Pituitary-Adrenal Axis in Posttraumatic Stress Disorder. in: *Yehuda, McFarlane* (1997), pp. 57-75

Yehuda, R. (2001), Die Neuroendokrinologie bei posttraumatischer Belastungsstörung im Lichte neuroanatomischer Befunde. in: *Streek-Fischer, A., Sachsse, U., Özkan, I.* (2001): Körper, Seele, Trauma. Biologie, Klinik, Praxis. Göttingen, 43-71

Yehuda, R., McFarlane, A.C. (1997): Psychobiology of traumatic stress. New York

Yehuda, R., Southwick, S.M., Edell, W.S., Giller, E.L. (1989): Low platelet monoamine oxidase activity in borderline personality disorder. in: *Psychiatric Research* 30, pp. 265-273

Zaepfel, H., Metzenmacher, B. (1992): Perspektivenwandel gefordert. Möglichkeiten und Aufgaben der Erziehungsberatung in einer vielfach bedrohten Welt. in: *Integrative Therapie* 4/1992, 455-466. Paderborn.

Zaepfel, H., Metzenmacher, B. (1998): Kinder- und Jugendpsychotherapie in komplexen Lebenswelten. Das Konzept des sozialen Sinnverstehen. in: *Integrative Therapie* 2-3/1998, 314-335. Paderborn.

Zang, K.D. (1984): Klinische Genetik des Alkoholismus. Stuttgart: Kohlhammer.

Zapotoczky, H.G., Fischof, P.K. (1996): Handbuch der Gerontopsychiatrie. Wien: Springer.

Zaporonež, A. V. (1990): Entstehung und Aufbau der Motorik. Eine tätigkeitspsychologische Studie. Berlin

Zeidner, M., Endler, N.S. (1996): Handbook of Coping. Theory, Research, Applications. New York: Wiley.

Zelen, S.L. (1991): New Models, new extensions of Attribution Theory. New York: Springer.

Zemlin, U., Herder, F. (1994): Ergebnisse der summativen und differentiellen Evaluation eines individualisierten stationären Behandlungsprogrammes für Alkohol- und Medikamentenabhängige. in: *Praxis der Klinischen Verhaltensmedizin und Rehabilitation,* 7 (Heft 27), 128-192

Zentner, M.R. (1993): Die Wiederentdeckung des Temperaments. Die Entwicklung des Kindes im Licht moderner Temperamentforschung und ihrer Anwendung. Paderborn: Junfermann.

Zerbin-Rüdin, (1985): Vererbung und Umwelt bei der Entstehung psychisher Störungen. Erträge der Forschung. Darmstadt: Wiss. Buchgesellschaft.

Zdunek, K., Petzold, H.G. (1999): Feldexploration, Professionalisierung, Qualitätsentwicklung und Forschung. in: *Kunst & Therapie* 1-2, 156-178

Zimbardo, P.G. (1969): The human choice: individuation, reason, and order versus deindividuation, impulse and chaos. in: *Arnold, W. D., Levine, D.*: Nebrasca Symposion on Motivation, vol 17. Lincoln, Nebrasca, pp. 237-307

Zimbardo, P.G. (1971): The power and pathology of imprisonment. in: *Congressional Record.* Seria No. 15, October 25, 1971. Government

Zimmermann-Brunner, G. (2003): Der schuldfähige Mensch: ein integratives Therapieziel? In: *Integrative Therapie* 29/2, 133-163

Zobel, M. (2000): Kinder aus alkoholbelasteten Familien. Entwicklungsrisiken und -chancen. Göttingen: Hogrefe.

Zundel, R. (1987): Hilarion Petzold – Integrative Therapie. in: *Zundel, E., Zundel, R.*: Leitfiguren der Psychotherapie. München: Kösel, 191-214; repr. *Petzold, H.G., Sieper, J.* (1993), 407-420.

Zupanc, G.K.H. (2003): Behavioural Neurobiology. An integrative approach. Oxford: UP.

Autorinnen und Autoren

Norbert Bläsing, Niederkrüchten, Dipl. Sozialpädagoge, Sozialtherapeut (Sucht), Heilkundlicher Psychotherapeut (HPG), Ausbildung in Gestalttherapie beim Institut für Gestalt-Bildung e.V. Frankfurt a.M. (GENI), seit 13 J. in der ambulanten Sucht- und Drogenhilfe tätig, seit 1999 Geschäftsführer der Arbeitsgemeinschaft Drogenarbeit und Drogenpolitik in NRW e.V. (AG DROPO).

Prof. Dr. Wolfgang Ebert, Langenfeld, Dipl. Supervisor, Dipl. Pädagoge, Dipl. Sozialarbeiter, Lehrtherapeut und -supervisor am FPI, Leiter der Studienrichtung Rehabilitation an der Berufsakademie Thüringen – Staatlichen Studienakademie Gera.

Christine Flinks, Berlin, Dipl. Sozialarbeiterin, Ausbildung in Integrativer Therapie am FPI, 10 Jahre therapeutische Tätigkeit im Suchtbereich, seit zwei Jahren Leiterin einer Beratungsstelle für Schwangerenberatung, Konfliktberatung, Sexualpädagogik und Paarberatung.

Wilfried Görgen, Köln, Dipl. Psychologe, Dipl. Sportlehrer, Psychologischer Psychotherapeut, Supervisor, Arbeitschwerpunkte: Versorgungsforschung, Evaluation, Systemplanung und -steuerung.

Ulrich Hentschel, Wipperfürth, Dipl. Sozialarbeiter, Dipl. Soziologe, Seminar- und Forschungsarbeit im Bereich von Betriebsalkoholismus und Drogenarbeit.

Cornelia Jakob-Krieger, Geldern, Krankengymnastin, heilkundliche Psychotherapeutin (HPG), Ausbildungen in Integrativer Leib- und Bewegungstherapie und Integrativer Körperpsychotherapie am FPI, Praxis für Psychotherapie, Psychosomatik, Supervision und Coaching, Lehrtherapeutin am FPI/EAG.

Barbara Könnecke-Ebert, Langenfeld, Diplom-Sozialarbeiterin, Lehrtherapeutin am Fritz Perls Institut, Ausbildung in Psycho-, Sozio-, und Sozialtherapie–Schwerpunkt Suchtkrankenhilfe am FPI, Approbation als KuJ-Psychotherapeutin, Heilkundliche Psychotherapeutin (HPG).

Prof. Dr. Ute Antonia Lammel, Aachen, Dipl. Sozialarbeiterin, Dipl. Soziologin, Supervisorin (DGSv), Soziotherapeutin (Fritz Perls Institut), 10jährige Tätigkeit in unterschiedlichen Feldern der Sozialarbeit (Suchtberatung/-therapie, Prävention, Hilfe für HIV-Infizierte/Aids Erkrankte), seit 1991 Lehrtätigkeit an der Kath. Fachhochschule Nordrhein Westfalen (KFH NW) in der Fachwissenschaft Soziale Arbeit (Schwerpunkte: Theorien/Konzepte Sozialer Arbeit, Suchtarbeit/-prävention und Gesundheitsförderung). Seit 1997 Forschungsprojekte im Bereich von Jugendkultur, Suchtentwicklung/-behandlung.

Dr. Christoph Mühlau-Mahlke, Bochum, Facharzt für Psychiatrie und Psychotherapie, Arbeitsschwerpunkt: Qualifizierte Entzugsbehandlung Abhängigkeitskranker. Fachkunde Suchtmedizinische Grundversorgung. Ausbildung in Integrativer Psychotherapie am FPI.

Ilse Orth, Erkrath, Dipl. Supervisorin, Studium der Germanistik, Philosophie, Psychologie. Eingetragene Psychotherapeutin nach dem österreich. Psychotherapeutengesetz, Heilkundliche Psychotherapeutin (HPG), arbeitete mehrere Jahre bei M. Hippius und Graf Dürckheim in Todtmoos-Rütte mit Meditation und Bewegung, Ausbildung in Körpertherapie bei Malcolm Brown, Gestalttherapieausbildung bei Ruth Cohn, Fachbereichsleiterin an der EAG, Lehrtherapeutin am FPI.

Peter Osten, München, Dipl. Sozialpädagoge, Lehrtherapeut und Kontrollanalytiker am FPI, Heilkundlicher Psychotherapeut (HPG), freie Praxis für Integrative Psychotherapie, Paartherapie, Supervision, Personal Coaching und Weiterbildung.

Doris Ostermann, Osnabrück, Dipl. Sozialpädagogin/-arbeiterin, Ausbildung in Logotherapie und Existenzanalyse, Psychotherapie (HPG), Ausbildung in Integrativer Sozialtherapie–Schwerpunkt Sucht am FPI, langjährige Tätigkeit in der stationären Suchttherapie.

Prof. Dr. mult. Hilarion G. Petzold, Düsseldorf, Lehrstuhl für Psychologie an der Freien Universität Amsterdam, Wissenschaftlicher Leiter der Studiengänge Psychotraumatologie und Supervision an der Donau-Universität Krems, Approbation als Psycholog.- und KuJ-Psychotherapeut, arbeitete bei V. Iljine, F. Perls und J.L. Moreno, Direktor bei NTL, Bethel. Mitbegründer des FPI, wissenschaftlicher Leiter der EAG, Herausgeber der Zeitschrift INTEGRATIVE THERAPIE.

Ulrich Pultke, Dortmund, Dipl. Sozialpädagoge, Ausbildung in Integrativer Sozialtherapie–Schwerpunkt Suchtkrankenhilfe am FPI, mehrjährige Tätigkeit in ambulanten und stationären Einrichtungen der Drogenhilfe, Bezugstherapeut in den Einrichtungen der Kadesch gGmbH in Herne.

Peter Schay, Recklinghausen, Dipl. Sozialarbeiter, Dipl. Supervisor (FU Amsterdam), Approbation als KuJ-Psychotherapeut, Psychotherapeut (HPG), European Certificate of Psychotherapy (ECP) des Europäischen Verbandes für Psychotherapie (EAP), Ausbildungen in Integrativer Psychotherapie, Soziotherapie, Kunst- und Kreativitätstherapie und Poesie- und Bibliotherapie am Fritz Perls Institut (FPI), Lehrtherapeut und Kontrollanalytiker am FPI und an der Europäischen Akademie für psychosoziale Gesundheit (EAG), Fachberater für Psychotraumatologie (DIPT e.V. Köln), Lauftherapeut (DLZ).

Michael Schneider, Köln, Dipl. Sozialarbeiter Ausbildung in Integrativer Sozialtherapie-Schwerpunkt Suchtkrankenhilfe am FPI, 3jährige Tätigkeit als freier Musikjournalist, DJ und Konzertveranstalter, seit 1997 Tätigkeit in der Drogenhilfe (Notschlafstelle, Drogenberatungs- und Behandlungsstelle).

Elisabeth Vogel, Dipl. Sozialpädagogin, seit 24 J. Tätigkeit in verschiedenen Feldern der Sozialarbeit (Heimerziehung für Mädchen, Allgemeiner Sozialdienst, Ambulant betreutes Wohnen für Jugendliche), Ausbildung in Gestalttherapie bei Sid Gershenson und beim Symbolon Institut und Integrative und Sozialtherapie–Schwerpunkt Suchtkrankenhilfe am FPI, seit 1989 in der Psychosozialen Beratungsstelle des Caritasverbandes Fürth für Suchtberatung und -behandlung.

Gerhild Wächter, Diplom Sozialpädagogin, Ausbildung in Integrativer Sozialtherapie–Schwerpunkt Suchtkrankenhilfe am FPI, Gründung und Leitung einer privaten Kinderfrüherziehungsstätte, Meisterprüfung als Fotografin, freie Mitarbeit bei mehreren Zeitschriften. Seit 1996 Mitarbeiterin in der Psychosozialen Beratungs- und Behandlungsstelle, mit dem Schwerpunkt Fototherapeutischer Intervention.